本书的出版得到

国家重点文物保护专项补助经费资助

益阳黄泥湖楚墓（上）

湖南省文物考古研究所　编著

文物出版社

北京·2017

图书在版编目（CIP）数据

益阳黄泥湖楚墓／湖南省文物考古研究所编著．—北京：文物出版社，2017.11

ISBN 978 – 7 – 5010 – 5384 – 1

Ⅰ．①益… Ⅱ．①湖… Ⅲ．①战国墓 – 考古发掘 – 益阳 Ⅳ．①K878.85

中国版本图书馆 CIP 数据核字（2017）第 271869 号

益阳黄泥湖楚墓

编　　著：湖南省文物考古研究所

责任编辑：张庆玲
责任印制：陈　杰
封面设计：周小玮

出版发行：文物出版社
社　　址：北京市东直门内北小街 2 号楼
邮　　编：100007
网　　址：http://www.wenwu.com
邮　　箱：web@wenwu.com
经　　销：新华书店
印　　刷：中国铁道出版社印刷厂
开　　本：889mm×1194mm　1/16
印　　张：68.25
版　　次：2017 年 11 月第 1 版
印　　次：2017 年 11 月第 1 次印刷
书　　号：ISBN 978 – 7 – 5010 – 5384 – 1
定　　价：990.00 元（全三册）

The Chu Tombs of Huangnihu in Yiyang City

(I)

(With an English Abstract)

by

Hu'nan Provincial Institute of Cultural Relics and Archaeology

Cultural Relics Press

Beijing · 2017

目　录

表 格 目 录

插 图 目 录

第一章　绪论

第一节　地理位置及自然地貌

　　益阳市位于湖南省中北部的雪峰山东北边缘，下辖赫山、资阳、朝阳、大通湖四区，桃江、安化、南县三县以及沅江一个县级市。属资水下游，东北部为洞庭湖。最北端的南县与湖北省的石首市连圻；西北与本省常德市、西与怀化市、南与娄底市接壤；东与岳阳市、东南与省会长沙市交界。

　　雪峰山为资、沅二水分水岭，是湖南最大山脉，呈西南—东北走向。益阳地势随山脉走向由东北向西南抬升，东北部的南县、沅江处洞庭湖腹地，湖泊星播，河流交织；西南部的安化、桃江属雪峰山余脉，山峦逶迤，溪流蜿蜒。资水又名资江（下文悉称"资水"），是湖南四大水系之一。有西、南二源，南源为主源，发源于广西壮族自治区的资源县，上游称夫夷水；西源称邵水，两源在邵阳县境合流后始称资水。资水由南向北流经湖南省邵阳市的新宁、邵阳、新邵等县以及邵阳市区和娄底市的冷水江市（县级市）、新化县，至益阳市的安化县折向东奔，并进入下游，再经桃江县流过市区，至资阳区的茈湖口镇汇入洞庭湖。市区地理坐标北纬28°36′，东经112°30′，海拔27.4~266.2米①（图一；彩版一）。

　　益阳市区跨资水南北两岸，北为新城区资阳区，南为老城区赫山区。地势西南高，东北低，西、南部为冈峦起伏的丘陵台地，东、北部则为洞庭湖平原，益阳市地处雪峰山向洞庭湖的过渡地带。黄泥湖墓地坐落在益阳市赫山区西北部，北临资水。资水在这里形成一个河湾，河湾的东南部有由丘陵发育的志溪河流入资水，使这一带形成三面环水的地貌。墓群便分布在河湾内的丘陵岗地上，墓葬所在海拔高约64~72米（图二）。

---

① 益阳市志编纂委员会：《益阳市志·概述》，中国文史出版社，1990年。

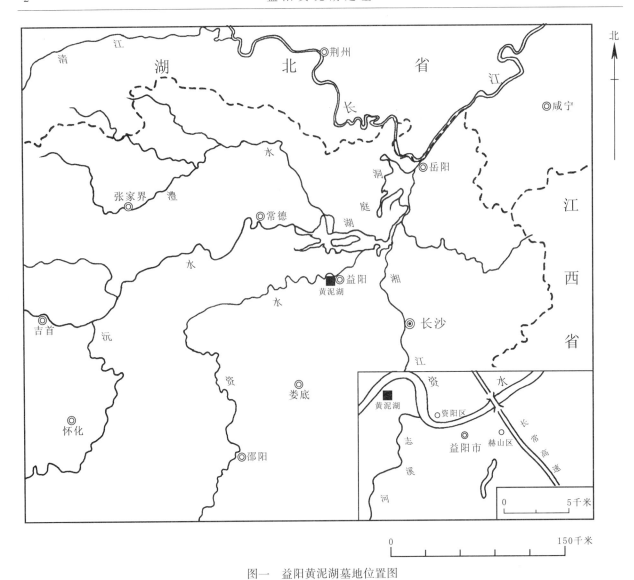

图一　益阳黄泥湖墓地位置图

第二节　历史文化背景及建置沿革

　　益阳东望吴舒，西通巴蜀，南据濮越，北控荆楚。进可通湖达江，退则镇关踞隘，自然条件优越。自古是江南鱼米之乡，人文荟萃之区，有古雅礼仪之风，衣冠文物之美。其区域优势明显，战略位置十分重要，为兵家必争之地。

　　从历年考古调查发掘所取得的成果分析，春秋以远益阳地区都应属濮越之地。濮、越是一个模糊的民族和地域概念，所谓"百越""百濮"是也。其疆界及族别都很难准确区分，但却有其独具特色的考古学文化，与相邻地域的楚、巴蜀、夜郎及东部的吴越文化都有较大差异。1989年及1990年，由湖南省文物局和益阳市文物工作队联合在桃江腰子仑墓地举办考古发掘培训班，共清理春秋时期墓葬113（实为114）座。原报告根据随葬品类别将这批墓葬分为楚人墓和越人墓两

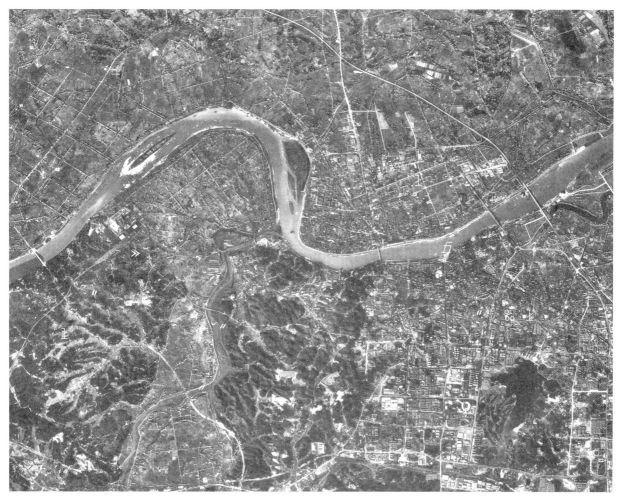

图二　益阳市及黄泥湖墓地地貌图

类。认为其中出所谓"楚式鬲"的墓为楚人墓，共16座，其余为越人墓①。其实通览这些墓葬的形制、器物组合及形态都与楚墓基本特征有着天渊之别。所谓"楚式鬲"实际是一种日用炊器，并非楚人专"鬲"。越人无礼制，毋论穷达墓中均仅随葬日常用器，焉能仅凭有鬲与否以定墓主族属？须知楚人随葬鬲也是有讲究的，一般都与其他日用器呈组合出现，极少单出鬲的现象，更鲜与越器混葬。我们认为，这114座墓葬都是越人墓。这是益阳境内发现的一处集中且性质明确的越人墓地。这批墓葬以春秋时期墓葬为主，部分墓的下限应到战国早期。

　　进入战国以后，益阳地区所发现的墓葬主要为楚墓，据现有资料，这些墓葬的时代最早也只能早到战国早期，而且数量极少。腰子仑越人墓的年代下限和益阳楚墓的年代上限表明，越、楚文化在此地的交替即应为战国早期。至于《益阳楚墓》的编者将年代上限定在春秋晚期则难以成立②，有的墓葬实为越人墓，而有的墓葬断代明显偏早③。也就是说，战国早期伊始，楚国的势力范围才到达资水流域一带。出土文献及墓葬性质均表明：战国早期以后至秦灭楚，楚黔中、苍梧

　　① 益阳市文物管理处：《湖南桃江腰子仑春秋墓》，《考古学报》2003年第4期第511～543页。
　　② 益阳市文物管理处、益阳市博物馆：《益阳楚墓》第281页，文物出版社，2008年。
　　③ a. 高成林：《关于益阳楚墓的几个问题——读〈益阳楚墓〉》，《楚文化研究论集》第十集第287、288页，湖北美术出版社，2011年。b. 谭远辉：《益阳楚墓再辨析》，《楚文化研究论集》第十二集，上海古籍出版社，2017年。

一带一直都属楚国版图①。

益阳何时设治？《汉书·地理志下》："长沙国，秦郡，高帝五年为国。……县十三：临湘，莽曰抚睦。罗，连道，益阳，湘山在北……"《后汉书·郡国志四》："长沙郡，秦置。"其辖县亦有益阳②。两《汉书》所载是汉代的益阳县。里耶1号井中出有县邑名"益阳"的简若干枚，试举第八层中所出两枚简如下：

简8-151：

　　　迁陵已计卅四年余见弩臂百六十九
　　　● 凡百六十九
　　　出弩臂四输益阳
　　　出弩臂三输临沅
　　　● 凡出七
　　　今八月见弩臂百六十二

简8-1494：

　　　一牍书以智□子居益阳者（正）
　　　卅五年三月（背）

这两枚简都有纪年，"卅四年"即秦始皇三十四年（前213年）；"卅五年"即秦始皇三十五年（前212年）。也即秦统一后的第九和第十年。由此，秦代确已存在益阳县③。

益阳设治还可追索到战国楚时期。湖北荆门包山2号墓中所出简83中即见有"益阳公"，黄锡全、徐少华等先生研究认为，此"益阳公"应是楚益阳县之县公（详"附录四"）。古益阳县城何在？此前大概无人能够准确解答这一问题。2013年，在益阳市区兔子山地段的考古勘探发掘中，又挖出16口古井，从其中11口井中出土简牍13000余枚④。这是继里耶古井出土秦简牍之后，三湘大地再次发生"井喷"。通过本所张春龙先生的初步整理发现，这批简牍的时代自战国晚期楚延续至三国吴，前后历500余年。其中J4和J9所出为战国晚期楚至秦代简，这是首次从遗址中出土战国时期楚国的地方政府文书档案。这无疑为我们掀开了战国楚益阳县的神秘面纱（详"附录三"）。

益阳古井在六朝时期便在里巷成为神秘的传说。《后汉书·郡国志》刘昭注引《荆州记》曰："（益阳）县南十里有平冈，冈有金井数百，浅者四五尺，深者不测。俗传曰有金人以杖撞地，辄便成井。"⑤《水经注·资水》："又东北过益阳县北……水南十里，有井数百口，浅者四五尺，或三五丈，深者亦不测其深。古老相传：昔人以杖撞地，辄便成井，或云古人采金沙处，莫详其实

① 谭远辉：《论"江旁十五邑"的孤岛文化》，《楚文化研究论集》第九集第173页，上海古籍出版社，2011年。
② a.（汉）班固撰：（唐）颜师古注：《汉书》卷二八下第1639页，中华书局，1962年。b.（南朝宋）范晔撰，（唐）李贤等注：《后汉书·志第二十二》第3485页，中华书局，1965年。
③ 湖南省文物考古研究所：《里耶秦简》〔壹〕第19、73页，文物出版社，2012年。
④ 张兴国：《益阳兔子山遗址考古发掘》，湖南省文物考古研究所编《湖湘文化考古之旅·2013》第79~86页。内部资料。
⑤《后汉书·志第二十二》第3485页。

也。"① 所谓"县南十里""水南十里"只是推估，方位则与益阳县城地望合。传说中的古井与兔子山古井有何关系或者说有无关系，不得而知。但许多传说往往是有现实依据的，并非完全是空穴来风。至于传说将其神秘化和添加故事情节则无可厚非。

益阳缘何得名？《汉书·地理志》注引应劭曰："在益水之阳。"②《水经注·资水》戴震注曰："应劭曰：'县在益水之阳。'今无益水，亦或资水之殊目矣。"③"殊目"即别名。然而此说存在两大疑窦，其一，资水自古未闻有"殊目"。益阳设治始于战国楚，1957 年 4 月，在安徽寿县出土楚国鄂君启金节四枚，其中舟节记有湖南境内水系若干条，湘、资、沅、澧均依次在列（"资"作"綮"，隶定为"资"）④。《汉书·地理志》："路山，资水所出，东北至益阳入沅。"⑤ 在汉以前的典籍中从未见有"益水"之名。其二，兔子山古益阳县遗址位于资水南岸，"益水"如系资水"殊目"，显然与地望不合。在地理学上水北山南为阳。《春秋穀梁传》僖公二十八年曰："水北为阳，山南为阳"⑥，反之，则水南山北为阴。如《辛氏三秦记》曰："咸阳，秦所都。在九嵕山南，渭水北，山水俱阳，故名'咸阳'"⑦；"衡阳"因处衡山之南而得名；而"江阴""湘阴"则因县城分别位于长江和湘江之南而得名；今益阳市的资阳区沿资水北岸而设。古益阳县城一带尚为丘陵，资水也不会在此改道而致"南水北调"。《水经注疏·资水》曰：

> 应劭曰："县在益水之阳"。会贞按：《汉志》颜《注》引应说同。"今无益水，亦或资水之殊目矣。"守敬按：资水过益阳北，则县在水之阴，与应说不相应，故郦氏亦不敢质言之。然郦氏时已无此水，自当阙疑。而《元和志》云："益水出县东南益山，东北流入濆水。"盖后人求益水不得，又见以资水为益水不合，因别指一水以当之也⑧。

《元和志》即唐李吉甫撰《元和郡县图志》，此条见"江南道五"⑨。杨守敬一针见血地指出其谬之所自："盖后人求益水不得，又见以资水为益水不合，因别指一水以当之也。"应劭杜撰了"益水"，李吉甫更杜撰出"益山"。目的就是给"益阳"这个地名一个合理的说法。笔者认为，"益阳"可能并非因山水得名，不一定凡带"阴""阳"的地名都与地貌有关，许多就没有与之对应的山水或与山水地望不合，如"岳阳""龙阳"等。或许原先是有的，但由于地名更易、讹变或迁址、河流改道等原因而失考。

应劭，东汉汝南郡人，曾任泰山太守，《后汉书》有传。其祖应郴、父应奉都曾为武陵（今常德）太守⑩。应劭是否到过湖南不得而知，但从所注南方地理看他对南方很不熟悉，所注错漏频出。除"在益水之阳"外，又如注武陵郡零阳县曰："零水所出，东南入湘"；注酉阳县曰：

---

① （北魏）郦道元撰，（清）戴震注：《水经注》第六册第 79 页，王云五主编：《万有文库》，商务印书馆，1929 年。
② 《汉书》卷二八下第 1639 页。
③ （北魏）郦道元撰，（清）戴震注：《水经注》第六册第 79 页。
④ 于省吾：《"鄂君启节"考释》，《考古》1963 年第 8 期。
⑤ 《汉书》卷二八上第 1596 页。
⑥ （晋）范宁集解，（唐）杨仕勋疏：《春秋穀梁传注疏》卷九第 149 页，李学勤主编《十三经注疏·九》，北京大学出版社，1999 年。
⑦ （汉）辛氏撰：《辛氏三秦记》，（清）王谟辑：《汉唐地理书钞》第 361 页，中华书局，1961 年影印。
⑧ （北魏）郦道元撰，杨守敬、熊会贞疏：《水经注疏》，《续修四库全书》第 727 册第 672 页，上海古籍出版社，2002 年。
⑨ （唐）李吉甫撰，贺次君点校：《元和郡县图志》第 703 页，中华书局，1983 年。
⑩ 《后汉书》卷四八第 1606～1615 页。

"酉水所出，东入湘"。都是信口开河。可见应劭并不是一个严谨的学者，所谓"益水之阳"并无实据。

"益阳"作为政区名自战国楚伊始一直沿用至今不变，而且衙署也恒守于斯，这是极少见的现象。自战国迄元均为县一级行政区划，元代中晚期一度为州，明兴又复为县。直到1950年益阳才升为市，其后又几度升沉，1985年正式成为计划单列市①。

第三节　益阳资水下游以往周、秦考古成果

益阳市的考古发掘是从20世纪70年代开始的。其中周、秦的考古收获主要是墓葬发掘，主要发掘工作大致有以下几项。

1. 1975年上半年，在距益阳市区20千米的烂泥湖水利工地发现一批小型楚墓，省博物馆派人进行了发掘。1977年下半年至1978年底，湖南省博物馆、益阳地区文化局等单位先后配合益阳县赫山庙、新桥山一带的基建施工发掘古墓220多座，墓葬多为战国至秦代的楚墓和西汉墓②。

2. 自1979年2月至1981年底，益阳地区文物工作队配合基建施工先后在桃花仑、天成垸、赫山庙、羊舞岭等地发掘清理古墓葬160余座，其中楚墓93座③。

3. 1982年在桃江出土西周时期四马方座铜簋1件④。

4. 1982至1984年，益阳市文物部门继续在益阳滨湖柴油机厂、农机厂、地区缝纫机厂、益阳供销社等基建工地清理发掘楚墓70余座。

5. 1985年，配合资江机器厂和益阳热电厂施工，清理发掘楚墓150多座。

6. 1986至1988年，先后配合益阳科技馆、益阳电梯厂、赫山房产公司及羊舞岭砖瓦厂生产施工，共发掘清理楚墓130余座。

7. 另1989年及1990年，由湖南省文物局和益阳市文物工作队联合对桃江腰子仑墓地进行发掘，共清理春秋至战国早期越人墓葬113座⑤。

8. 1989至1994年，在益阳县财政局、招待所、粮食局、地区农校等基本建设工地发掘楚墓150余座。

9. 1995至2001年，先后配合市区内泞家铺粮站、赫山区医院、市轴承厂、市农机学校、地区财校、市一中、市政协及市郊李昌港乡政府等单位基本建设和农田生产建设施工清理发掘楚墓200余座。

10. 1996年，湖南省文物考古研究所配合长沙至益阳高速公路建设在益阳市赫山区龙光桥镇罗家嘴地段清理发掘古墓葬92座，其中楚墓49座、汉墓42座、空墓1座。这批墓葬资料现正在整理当中。

① 益阳市志编纂委员会：《益阳市志·大事记》，中国文史出版社，1990年。
② 湖南省博物馆、益阳市文化馆：《湖南益阳战国两汉墓》，《考古学报》1981年第4期。
③ 湖南省益阳地区文物工作队：《益阳楚墓》，《考古学报》1985年第1期。
④ 陈国安：《湖南桃江县出土四马方座铜簋》，《考古》1983年第9期。
⑤ 益阳市文物管理处：《湖南桃江腰子仑春秋墓》，《考古学报》2003年第4期第511～543页。

11. 1996 至 1997 年，湖南省文物考古研究所配合益阳火电厂建设工程在黄泥湖一带清理发掘古墓 837 座，其中战国至秦代墓葬 602 座。这是本报告纳入对象。

1982 至 2001 年，由益阳市文物部门清理发掘的楚墓 653 座已编成专题报告——《益阳楚墓》出版①。

以上仅为见于报道的益阳市范围内历年清理发掘的周、秦墓葬，其总数为 1700 多座，实际数量应超过 2000 座。

第四节 黄泥湖墓地发掘经过

1997 年，益阳市赫山区黄泥湖兴建益阳火力发电厂，为了配合电厂基建工程项目，湖南省文物考古研究所会同益阳市文物管理处在该工程范围内进行了全面地调查、勘探、发掘。

1997 年 1 至 4 月，在征地范围内开挖探沟上千条，初步确定了古墓的分布情况和大体数量。为了尽快完成考古发掘任务，除省考古所和益阳市文物管理处多名文物考古工作人员以外，还从岳阳、张家界、湘潭、衡阳等市抽调文物干部 20 余名协助进行突击性发掘。历时一个月，共发掘墓葬 700 余座，其余部分由留守人员配合工程陆续清理。

参加发掘的工作人员有：

贺刚、柴焕波、向桃初、储友信、袁伟、吴仕林、张双北、李德生、周治、李付平、严华平、易跃进、盛定国、潘茂辉、陈学斌、符伏田、姚旭天、盛春来、丁国荣、郭胜斌、欧继凡、周晓赤、胡铁南、易立勤、刘应兵、胥卫华、黄阳秋、张碧武、杨岳楼、赵立恒、向新民、陈默、伍元军、唐忠、吴贤龙、盛兆华、胡勇、倪光明、周建华、陈望明。

从 1996 年底开始至 1997 年 12 月 31 日结束，历时 370 余天，共发掘战国时期楚墓 835 座。1998 年，在进厂铁路的建设工程中，又发现战国、西汉墓 10 余座，由益阳市文物管理处组织专业技术人员进行了清理发掘。

在发掘期间，得到了益阳市人民政府、赫山区人民政府和黄泥湖乡政府的大力支持、协助与市、区、乡公安部门的全力配合，并由黄泥湖乡派出所干警晚上在工地值班巡逻，确保了发掘工作的顺利进行及出土文物的安全。

第五节 资料整理情况

1997 年黄泥湖墓葬清理发掘结束后，陶器运往石门考古工作站，并随即完成了所有陶器的修复工作；铜器、玉器、玻璃器等珍贵文物入藏本所文物库房；影像资料移交本所资料室；文字记录、图纸等纸质资料则由向桃初保管，待后整理和编写考古报告。后因向桃初到北京大学考古文博学院攻读博士学位而未遑整理。向桃初博士毕业后又调入湖南大学岳麓书院，调走前所领导安

---

① 益阳市文物管理处、益阳市博物馆：《益阳楚墓》，文物出版社，2008 年。

排高成林接管了纸质资料。高成林因任所长助理，事务性工作繁忙，亦无暇顾及。2014 年初，在制定本所年度工作计划时，所领导拟启动黄泥湖楚墓的资料整理和报告编写工作。经所长助理高成林提议，所长郭伟民同意指定谭远辉为主来完成此项工作。谭远辉接受了这项任务，同时还接受了益阳罗家嘴楚汉墓的资料整理和报告编写工作，两项工作同时进行。春节过后，谭远辉便带领三名绘图人员前往石门工作站，工作正式开展。至 2016 年 9 月，报告初稿完成。

关于墓葬图和器物图的说明：

1. 墓葬剖面图除特别标明剖切位置者外，其余未标剖切位置者均为假设从纵向或横向的正中剖切。

2. 墓葬图如一个视图（平面图）能够达意且不会造成误解的则只画一个图（随葬器物分布图）；如一个视图（平面图）不能完全达意或可能造成误解的则加画 1 至 2 个剖面图；如墓葬规模较大，则分别画缩小比例的平、剖面图和放大比例的随葬器物分布图；少数墓有打破关系图和棺椁结构分解图。

3. 平面图上壁龛内随葬器物的表现方式：如墓坑口、底等大，则壁龛和随葬器物都画实线，视为将墓坑壁龛以上剖去；如口大底小或口小底大则画俯视图，壁龛看不见的部分画虚线，随葬品的表现则分两种：①如只一两件器物则以虚线画在壁龛内；②如龛内器物较多，则另在墓外附实线壁龛画随葬器物。

4. 原则上剖面图上都不表现随葬器物，因多从中间剖开，有的可以存留部分或全部器物，有的则没有器物存留，为统一起见，都省去器物；如为带龛墓以及龛内有随葬器物的，则在正面表现壁龛的剖面图（头或足龛为横剖面图，边龛则为纵剖面图）上与平面图对应表现随葬器物。

5. 器物上有彩绘的，红彩以涂黑表现；白彩以规则点表现；黑彩以斜线表现。

6. 金属器物（铜、铁器）的剖面以涂黑表现；其他器物剖面则为内外轮廓线内填 45° 右上斜线。

第二章　墓葬分布及墓号整合

第一节　墓葬分布情况

黄泥湖墓葬发掘面积较大，根据墓葬分布状况，最初将整个发掘区分为八个墓区，分别为 A 区、B 区、C 区、D 区、E 区、F 区、G 区、H 区。后因 C 区墓葬较少且与 E 区相连，遂将 C 区并入 E 区，故最后形成七个墓区。七个墓区分布于相邻的七个小山包，就墓区分布而言，A、B、D 三区位于资水东南侧丘岗的北部边缘，E、F 二区位于丘岗的中部，G、H 二区位于丘岗的南部（图三）。分别介绍如下：

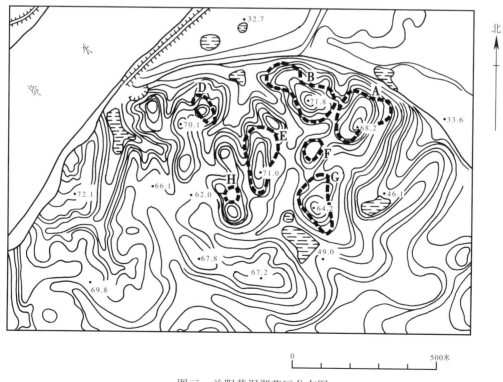

图三　益阳黄泥湖墓区分布图

1. A 区（仙峰山）

位于墓地东北部，山形大致呈长圆形，东北—西南走向。发掘墓葬 319 座，墓葬主要分布于山包的顶部及山坡。分布范围东西通宽约 190 米，南北通长约 163 米。该墓区是墓葬数量最多和密度最大的墓区，尤以山的北段分布密集，而且墓葬的规格也较高。东侧山脚也有零星分布，均为小型墓。本墓区共有五组打破关系墓葬（图四）。

图四　A 区墓葬分布图

2. B 区（飞蛾子山）

位于紧邻 A 区西侧的山包，山形东西两侧延伸如蝴蝶翅翼，故名。山包大致呈西北—东南走向。发掘墓葬 175 座，墓葬沿山形分布，分布范围东西通宽约 192 米，南北通长约 144 米。北部和南部之间有一间隙带。南部墓葬较北部多，规格也略高（图五）。

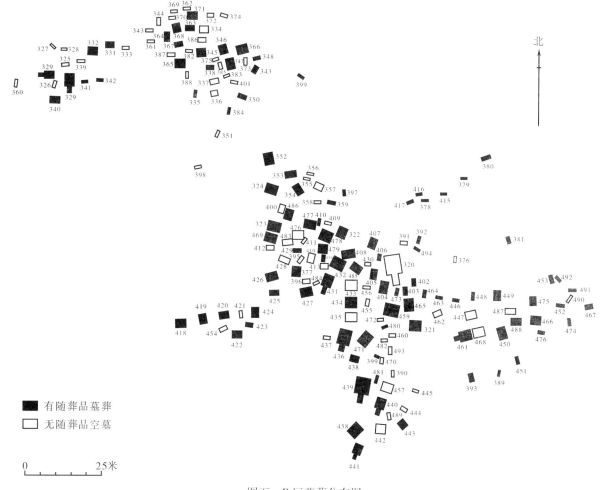

图五　B区墓葬分布图

3. D区（圆笼山）

位于B区西侧的小山包，山包顶部呈圆形，故名。发掘墓葬43座，墓葬呈西北—东南走向长条形分布于山顶部。墓葬数量较少，分布也较稀疏。分布范围东西通宽约78米，南北通长约113米。有两座空墓之间的打破关系（图六）。

4. E区（猴子山）

位于B、D两区的南部，山包呈南北走向的长圆形。发掘墓葬83座，墓葬沿山形分布，分布带较狭窄。分布范围东西通宽约100米，南北通长约237米。墓葬规模均较小，方向以南北向居多（图七）。

5. F区（乌龟山）

位于E区东侧的小山包，地名乌龟山。发掘墓葬43座，墓葬分布较集中。分布范围东西通宽约58米，南北通长约88米。该墓区墓葬数量虽少，但规格较其他墓区都略

图六　D区墓葬分布图

高，其中带墓道的墓就有9座，方向多为东西向。但该墓区空墓率也较高，有18座，约占该墓区墓葬总数的42%（图八）。

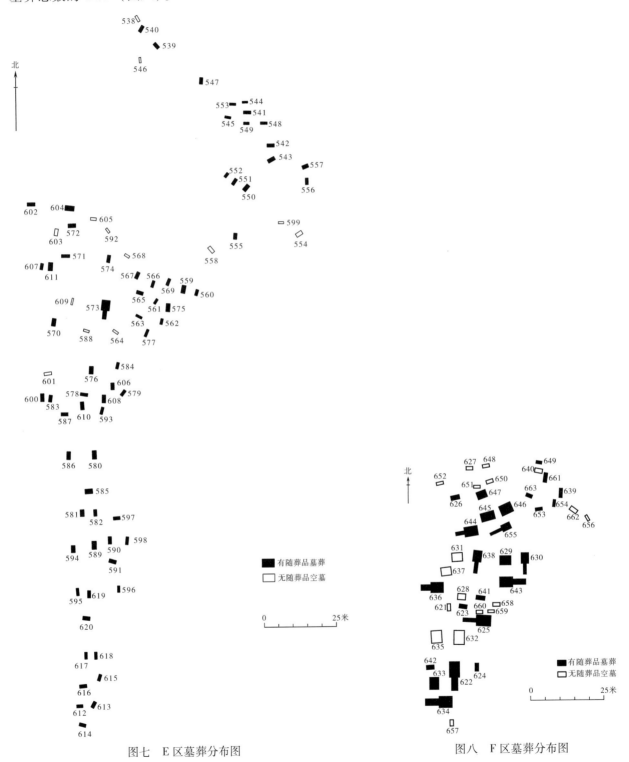

图七　E区墓葬分布图　　　　　　　　　　图八　F区墓葬分布图

6. G区（石笼山）

位于F区南部。发掘墓葬154座，墓葬分布约呈三角形，分布较均匀。分布范围东西通宽约120米，南北通长约220米。本墓区有两组打破关系墓葬（图九）。

图九　G区墓葬分布图

7. H 区

位于 E 区南部。发掘墓葬 20 座，墓葬数量少。因无墓葬分布图，分布情况不清。

第二节　墓葬编号调整

墓葬发掘时按墓区编号。为了检索和引用便利，现将所有墓葬按照分区和原始墓号的先后顺序进行统一编号。其中 A 区墓葬 319 座，新编号 M1～M319；B 区墓葬 175 座，新编号 M320～

M494；D 区墓葬 43 座，新编号 M495～M537；E 区墓葬 83 座，新编号 M538～M620；F 区墓葬
43 座，新编号 M621～M663；G 区墓葬 154 座，新编号 M664～M817；H 区墓葬 20 座，新编
号 M818～M837。原始编号中因各种原因存在一部分空号，我们无须计较；在已有编号的墓葬中，
其中 A 区一座明墓和 G 区一座宋墓未纳入本报告中，故实有墓葬 835 座（表一）。

表一　　　　　　　　　　　　　　各墓区新、旧墓号对照表

调整墓号	原始墓号	调整墓号	原始墓号	调整墓号	原始墓号	调整墓号	原始墓号
1	97YHAM1	36	97YHAM36	71	97YHAM71	106	97YHAM106
2	97YHAM2	37	97YHAM37	72	97YHAM72	107	97YHAM107
3	97YHAM3	38	97YHAM38	73	97YHAM73	108	97YHAM108
4	97YHAM4	39	97YHAM39	74	97YHAM74	109	97YHAM109
5	97YHAM5	40	97YHAM40	75	97YHAM75	110	97YHAM110
6	97YHAM6	41	97YHAM41	76	97YHAM76	111	97YHAM111
7	97YHAM7	42	97YHAM42	77	97YHAM77	112	97YHAM112
8	97YHAM8	43	97YHAM43	78	97YHAM78	113	97YHAM113
9	97YHAM9	44	97YHAM44	79	97YHAM79	114	97YHAM114
10	97YHAM10	45	97YHAM45	80	97YHAM80	115	97YHAM115
11	97YHAM11	46	97YHAM46	81	97YHAM81	116	97YHAM116
12	97YHAM12	47	97YHAM47	82	97YHAM82	117	97YHAM117
13	97YHAM13	48	97YHAM48	83	97YHAM83	118	97YHAM118
14	97YHAM14	49	97YHAM49	84	97YHAM84	119	97YHAM119
15	97YHAM15	50	97YHAM50	85	97YHAM85	120	97YHAM120
16	97YHAM16	51	97YHAM51	86	97YHAM86	121	97YHAM121
17	97YHAM17	52	97YHAM52	87	97YHAM87	122	97YHAM122
18	97YHAM18	53	97YHAM53	88	97YHAM88	123	97YHAM123
19	97YHAM19	54	97YHAM54	89	97YHAM89	124	97YHAM124
20	97YHAM20	55	97YHAM55	90	97YHAM90	125	97YHAM125
21	97YHAM21	56	97YHAM56	91	97YHAM91	126	97YHAM126
22	97YHAM22	57	97YHAM57	92	97YHAM92	127	97YHAM127
23	97YHAM23	58	97YHAM58	93	97YHAM93	128	97YHAM128
24	97YHAM24	59	97YHAM59	94	97YHAM94	129	97YHAM129
25	97YHAM25	60	97YHAM60	95	97YHAM95	130	97YHAM130
26	97YHAM26	61	97YHAM61	96	97YHAM96	131	97YHAM131
27	97YHAM27	62	97YHAM62	97	97YHAM97	132	97YHAM132
28	97YHAM28	63	97YHAM63	98	97YHAM98	133	97YHAM133
29	97YHAM29	64	97YHAM64	99	97YHAM99	134	97YHAM134
30	97YHAM30	65	97YHAM65	100	97YHAM100	135	97YHAM135
31	97YHAM31	66	97YHAM66	101	97YHAM101	136	97YHAM136
32	97YHAM32	67	97YHAM67	102	97YHAM102	137	97YHAM137
33	97YHAM33	68	97YHAM68	103	97YHAM103	138	97YHAM138
34	97YHAM34	69	97YHAM69	104	97YHAM104	139	97YHAM139
35	97YHAM35	70	97YHAM70	105	97YHAM105	140	97YHAM140

续表一

调整墓号	原始墓号	调整墓号	原始墓号	调整墓号	原始墓号	调整墓号	原始墓号
141	97YHAM141	176	97YHAM176	211	97YHAM211	246	97YHAM246
142	97YHAM142	177	97YHAM177	212	97YHAM212	247	97YHAM247
143	97YHAM143	178	97YHAM178	213	97YHAM213	248	97YHAM248
144	97YHAM144	179	97YHAM179	214	97YHAM214	249	97YHAM249
145	97YHAM145	180	97YHAM180	215	97YHAM215	250	97YHAM250（明墓）
146	97YHAM146	181	97YHAM181	216	97YHAM216	251	97YHAM251
147	97YHAM147	182	97YHAM182	217	97YHAM217	252	97YHAM252
148	97YHAM148	183	97YHAM183	218	97YHAM218	253	97YHAM253
149	97YHAM149	184	97YHAM184	219	97YHAM219	254	97YHAM254
150	97YHAM150	185	97YHAM185	220	97YHAM220	255	97YHAM255
151	97YHAM151	186	97YHAM186	221	97YHAM221	256	97YHAM256
152	97YHAM152	187	97YHAM187	222	97YHAM222	257	97YHAM257
153	97YHAM153	188	97YHAM188	223	97YHAM223	258	97YHAM258
154	97YHAM154	189	97YHAM189	224	97YHAM224	259	97YHAM259
155	97YHAM155	190	97YHAM190	225	97YHAM225	260	97YHAM260
156	97YHAM156	191	97YHAM191	226	97YHAM226	261	97YHAM261
157	97YHAM157	192	97YHAM192	227	97YHAM227	262	97YHAM262
158	97YHAM158	193	97YHAM193	228	97YHAM228	263	97YHAM263
159	97YHAM159	194	97YHAM194	229	97YHAM229	264	97YHAM264
160	97YHAM160	195	97YHAM195	230	97YHAM230	265	97YHAM265
161	97YHAM161	196	97YHAM196	231	97YHAM231	266	97YHAM266
162	97YHAM162	197	97YHAM197	232	97YHAM232	267	97YHAM267
163	97YHAM163	198	97YHAM198	233	97YHAM233	268	97YHAM268
164	97YHAM164	199	97YHAM199	234	97YHAM234	269	97YHAM269
165	97YHAM165	200	97YHAM200	235	97YHAM235	270	97YHAM270
166	97YHAM166	201	97YHAM201	236	97YHAM236	271	97YHAM271
167	97YHAM167	202	97YHAM202	237	97YHAM237	272	97YHAM272
168	97YHAM168	203	97YHAM203	238	97YHAM238	273	97YHAM273
169	97YHAM169	204	97YHAM204	239	97YHAM239	274	97YHAM274
170	97YHAM170	205	97YHAM320	240	97YHAM240	275	97YHAM275
171	97YHAM171	206	97YHAM321	241	97YHAM241	276	97YHAM276
172	97YHAM172	207	97YHAM207	242	97YHAM242	277	97YHAM277
173	97YHAM173	208	97YHAM208	243	97YHAM243	278	97YHAM278
174	97YHAM174	209	97YHAM209	244	97YHAM244	279	97YHAM279
175	97YHAM175	210	97YHAM210	245	97YHAM245	280	97YHAM280

续表一

调整墓号	原始墓号	调整墓号	原始墓号	调整墓号	原始墓号	调整墓号	原始墓号
281	97YHAM281	316	97YHAM316	351	97YHBM40	386	97YHBM75
282	97YHAM282	317	97YHAM317	352	97YHBM41	387	97YHBM76
283	97YHAM283	318	97YHAM318	353	97YHBM42	388	97YHBM77
284	97YHAM284	319	97YHAM319	354	97YHBM43	389	97YHBM78
285	97YHAM285	320	97YHBM1	355	97YHBM44	390	97YHBM79
286	97YHAM286	321	97YHBM2	356	97YHBM45	391	97YHBM80
287	97YHAM287	322	97YHBM3	357	97YHBM46	392	97YHBM81
288	97YHAM288	323	97YHBM4	358	97YHBM47	393	97YHBM82
289	97YHAM289	324	97YHBM5	359	97YHBM48	394	97YHBM83
290	97YHAM290	325	97YHBM6	360	97YHBM49	395	97YHBM84
291	97YHAM291	326	97YHBM7	361	97YHBM50	396	97YHBM85
292	97YHAM292	327	97YHBM8	362	97YHBM51	397	97YHBM86
293	97YHAM293	328	97YHBM9	363	97YHBM52	398	97YHBM87
294	97YHAM294	329	97YHBM11	364	97YHBM53	399	97YHBM88
295	97YHAM295	330	97YHBM12	365	97YHBM54	400	97YHBM89
296	97YHAM296	331	97YHBM15	366	97YHBM55	401	97YHBM90
297	97YHAM297	332	97YHBM16	367	97YHBM56	402	97YHBM101
298	97YHAM298	333	97YHBM18	368	97YHBM57	403	97YHBM102
299	97YHAM299	334	97YHBM19	369	97YHBM58	404	97YHBM103
300	97YHAM300	335	97YHBM24	370	97YHBM59	405	97YHBM104
301	97YHAM301	336	97YHBM25	371	97YHBM60	406	97YHBM105
302	97YHAM302	337	97YHBM26	372	97YHBM61	407	97YHBM106
303	97YHAM303	338	97YHBM27	373	97YHBM62	408	97YHBM107
304	97YHAM304	339	97YHBM28	374	97YHBM63	409	97YHBM108
305	97YHAM305	340	97YHBM29	375	97YHBM64	410	97YHBM109
306	97YHAM306	341	97YHBM30	376	97YHBM65	411	97YHBM110
307	97YHAM307	342	97YHBM31	377	97YHBM66	412	97YHBM111
308	97YHAM308	343	97YHBM32	378	97YHBM67	413	97YHBM112
309	97YHAM309	344	97YHBM33	379	97YHBM68	414	97YHBM113
310	97YHAM310	345	97YHBM34	380	97YHBM69	415	97YHBM114
311	97YHAM311	346	97YHBM35	381	97YHBM70	416	97YHBM115
312	97YHAM312	347	97YHBM36	382	97YHBM71	417	97YHBM116
313	97YHAM313	348	97YHBM37	383	97YHBM72	418	97YHBM117
314	97YHAM314	349	97YHBM38	384	97YHBM73	419	97YHBM118
315	97YHAM315	350	97YHBM39	385	97YHBM74	420	97YHBM119

续表一

调整墓号	原始墓号	调整墓号	原始墓号	调整墓号	原始墓号	调整墓号	原始墓号
421	97YHBM120	456	97YHBM156	491	97YHBM193	526	97YHDM33
422	97YHBM121	457	97YHBM157	492	97YHBM194	527	97YHDM34
423	97YHBM122	458	97YHBM158	493	97YHBM195	528	97YHDM35
424	97YHBM123	459	97YHBM159	494	97YHBM196	529	97YHDM36
425	97YHBM124	460	97YHBM160	495	97YHDM1	530	97YHDM37
426	97YHBM125	461	97YHBM162	496	97YHDM2	531	97YHDM38
427	97YHBM126	462	97YHBM163	497	97YHDM3	532	97YHDM39
428	97YHBM127	463	97YHBM164	498	97YHDM4	533	97YHDM40
429	97YHBM128	464	97YHBM165	499	97YHDM5	534	97YHDM41
430	97YHBM129	465	97YHBM166	500	97YHDM6	535	97YHDM42
431	97YHBM130	466	97YHBM167	501	97YHDM7	536	97YHDM43
432	97YHBM131	467	97YHBM168	502	97YHDM9	537	97YHDM44
433	97YHBM133	468	97YHBM169	503	97YHDM10	538	97YHEM1
434	97YHBM134	469	97YHBM171	504	97YHDM11	539	97YHEM2
435	97YHBM135	470	97YHBM172	505	97YHDM12	540	97YHEM3
436	97YHBM136	471	97YHBM173	506	97YHDM13	541	97YHEM4
437	97YHBM137	472	97YHBM174	507	97YHDM14	542	97YHEM5
438	97YHBM138	473	97YHBM175	508	97YHDM15	543	97YHEM6
439	97YHBM139	474	97YHBM176	509	97YHDM16	544	97YHEM7
440	97YHBM140	475	97YHBM177	510	97YHDM17	545	97YHEM8
441	97YHBM141	476	97YHBM178	511	97YHDM18	546	97YHEM9
442	97YHBM142	477	97YHBM179	512	97YHDM19	547	97YHEM10
443	97YHBM143	478	97YHBM180	513	97YHDM20	548	97YHEM11
444	97YHBM144	479	97YHBM181	514	97YHDM21	549	97YHEM12
445	97YHBM145	480	97YHBM182	515	97YHDM22	550	97YHEM13
446	97YHBM146	481	97YHBM183	516	97YHDM23	551	97YHEM14
447	97YHBM147	482	97YHBM184	517	97YHDM24	552	97YHEM15
448	97YHBM148	483	97YHBM185	518	97YHDM25	553	97YHEM16
449	97YHBM149	484	97YHBM186	519	97YHDM26	554	97YHEM17
450	97YHBM150	485	97YHBM187	520	97YHDM27	555	97YHEM18
451	97YHBM151	486	97YHBM188	521	97YHDM28	556	97YHEM19
452	97YHBM152	487	97YHBM189	522	97YHDM29	557	97YHEM20
453	97YHBM153	488	97YHBM190	523	97YHDM30	558	97YHEM21
454	97YHBM154	489	97YHBM191	524	97YHDM31	559	97YHEM22
455	97YHBM155	490	97YHBM192	525	97YHDM32	560	97YHEM23

续表一

调整墓号	原始墓号	调整墓号	原始墓号	调整墓号	原始墓号	调整墓号	原始墓号
561	97YHEM24	596	97YHEM59	631	97YHFM11	666	97YHGM3
562	97YHEM25	597	97YHEM60	632	97YHFM12	667	97YHGM4
563	97YHEM26	598	97YHEM61	633	97YHFM13	668	97YHGM5
564	97YHEM27	599	97YHEM64	634	97YHFM14	669	97YHGM6
565	97YHEM28	600	97YHEM65	635	97YHFM15	670	97YHGM7
566	97YHEM29	601	97YHEM66	636	97YHFM16	671	97YHGM8
567	97YHEM30	602	97YHEM67	637	97YHFM17	672	97YHGM9
568	97YHEM31	603	97YHEM68	638	97YHFM18	673	97YHGM10
569	97YHEM32	604	97YHEM69	639	97YHFM19	674	97YHGM11
570	97YHEM33	605	97YHEM70	640	97YHFM20	675	97YHGM12
571	97YHEM34	606	97YHEM71	641	97YHFM21	676	97YHGM13
572	97YHEM35	607	97YHEM72	642	97YHFM22	677	97YHGM14
573	97YHEM36	608	97YHEM73	643	97YHFM23	678	97YHGM15
574	97YHEM37	609	97YHEM74	644	97YHFM24	679	97YHGM16
575	97YHEM38	610	97YHEM75	645	97YHFM25	680	97YHGM17
576	97YHEM39	611	97YHEM76	646	97YHFM26	681	97YHGM18
577	97YHEM40	612	97YHEM77	647	97YHFM27	682	97YHGM19
578	97YHEM41	613	97YHEM78	648	97YHFM28	683	97YHGM20
579	97YHEM42	614	97YHEM79	649	97YHFM29	684	97YHGM21
580	97YHEM43	615	97YHEM80	650	97YHFM30	685	97YHGM22
581	97YHEM44	616	97YHEM81	651	97YHFM31	686	97YHGM23
582	97YHEM45	617	97YHEM82	652	97YHFM32	687	97YHGM24
583	97YHEM46	618	97YHEM83	653	97YHFM33	688	97YHGM25
584	97YHEM47	619	97YHEM84	654	97YHFM34	689	97YHGM26
585	97YHEM48	620	97YHEM85	655	97YHFM35	690	97YHGM27
586	97YHEM49	621	97YHFM1	656	97YHFM36	691	97YHGM28
587	97YHEM50	622	97YHFM2	657	97YHFM37	692	97YHGM29
588	97YHEM51	623	97YHFM3	658	97YHFM38	693	97YHGM30
589	97YHEM52	624	97YHFM4	659	97YHFM39	694	97YHGM31
590	97YHEM53	625	97YHFM5	660	97YHFM40	695	97YHGM32
591	97YHEM54	626	97YHFM6	661	97YHFM41	696	97YHGM33
592	97YHEM55	627	97YHFM7	662	97YHFM42	697	97YHGM34
593	97YHEM56	628	97YHFM8	663	97YHFM43	698	97YHGM35
594	97YHEM57	629	97YHFM9	664	97YHGM1	699	97YHGM36
595	97YHEM58	630	97YHFM10	665	97YHGM2	700	97YHGM37

续表一

调整墓号	原始墓号	调整墓号	原始墓号	调整墓号	原始墓号	调整墓号	原始墓号
701	97YHGM38	736	97YHGM73	771	97YHGM108	806	97YHGM144
702	97YHGM39	737	97YHGM74	772	97YHGM109	807	97YHGM145
703	97YHGM40	738	97YHGM75	773	97YHGM110	808	97YHGM146
704	97YHGM41	739	97YHGM76	774	97YHGM111	809	97YHGM147
705	97YHGM42	740	97YHGM77	775	97YHGM112	810	97YHGM148
706	97YHGM43	741	97YHGM78	776	97YHGM113	811	97YHGM149
707	97YHGM44	742	97YHGM79	777	97YHGM114	812	97YHGM150
708	97YHGM45	743	97YHGM80	778	97YHGM115	813	97YHGM151
709	97YHGM46	744	97YHGM81	779	97YHGM116	814	97YHGM152
710	97YHGM47	745	97YHGM82	780	97YHGM117	815	97YHGM153
711	97YHGM48	746	97YHGM83	781	97YHGM118	816	97YHGM154
712	97YHGM49	747	97YHGM84	782	97YHGM119	817	97YHGM155
713	97YHGM50	748	97YHGM85	783	97YHGM120	818	97YHHM1
714	97YHGM51	749	97YHGM86	784	97YHGM121	819	97YHHM2
715	97YHGM52	750	97YHGM87	785	97YHGM122	820	97YHHM3
716	97YHGM53	751	97YHGM88	786	97YHGM123	821	97YHHM4
717	97YHGM54	752	97YHGM89	787	97YHGM124	822	97YHHM5
718	97YHGM55	753	97YHGM90	788	97YHGM125	823	97YHHM6
719	97YHGM56	754	97YHGM91	789	97YHGM126	824	97YHHM7
720	97YHGM57	755	97YHGM92	790	97YHGM127	825	97YHHM8
721	97YHGM58	756	97YHGM93	791	97YHGM128	826	97YHHM9
722	97YHGM59	757	97YHGM94	792	97YHGM129	827	97YHHM10
723	97YHGM60	758	97YHGM95	793	97YHGM130	828	97YHHM11
724	97YHGM61	759	97YHGM96	794	97YHGM131	829	97YHHM12
725	97YHGM62	760	97YHGM97	795	97YHGM132	830	97YHHM13
726	97YHGM63	761	97YHGM98	796	97YHGM134	831	97YHHM14
727	97YHGM64	762	97YHGM99	797	97YHGM135	832	97YHHM15
728	97YHGM65	763	97YHGM100	798	97YHGM136	833	97YHHM16
729	97YHGM66	764	97YHGM101	799	97YHGM137	834	97YHHM17
730	97YHGM67	765	97YHGM102	800	97YHGM138（宋墓）	835	97YHHM18
731	97YHGM68	766	97YHGM103	801	97YHGM139	836	97YHHM19
732	97YHGM69	767	97YHGM104	802	97YHGM140	837	97YHHM20
733	97YHGM70	768	97YHGM105	803	97YHGM141		
734	97YHGM71	769	97YHGM106	804	97YHGM142		
735	97YHGM72	770	97YHGM107	805	97YHGM143		

第三章　墓葬概述

第一节　随葬品组合分类

　　已发掘的黄泥湖的 835 座楚秦墓葬中有超过四分之一的墓葬（233 座）未出土随葬品。在有随葬品的 602 座墓葬中，通过对随葬品组合、类别及墓葬规模等方面因素归纳、分析，可将其划分为甲、乙、丙、丁四大组。四大组为随葬器物的四种基本组合形态。其中甲、乙两组以随葬仿铜陶礼器为主，甲组为两套仿铜陶礼器，乙组为一套仿铜陶礼器；丙组以日用陶器为主；丁组以铜兵器和日用铜器为主。

　　关于仿铜陶礼器与日用陶器分组的标准需要说明一下：仿铜陶礼器组合的主要器类有鼎、敦、盒、壶，附属器类有盘、勺、匜、匕、斗、灯形器、杯等；日用陶器的主要器类有鬲、盂及各种形态的罐。豆具有兼类性质，既与仿铜陶礼器形成组合，也与日用陶器形成组合。仿铜陶礼器的组合形态有鼎、敦、壶、豆；鼎、盒、壶、豆；或外加盘、勺、匜、匕等。日用陶器的组合形态有鬲、盂、豆，罐、盂、豆和鬲、罐、盂、豆等。组合完整的分组自然不存在疑问。在组合不完整的情况下，如出组合中主要器类的一两种也不难判断，但如果属两类组合中主要器类的混搭则视其主从关系而定，如罐也会经常在以随葬仿铜陶礼器为主的墓中出现。豆还经常单出，且多见于窄坑和狭长坑的墓中，因此，我们将单一出豆（含多件）的墓定为日用陶器组合墓。对于甲、乙组的区分有时也模棱两可，因许多墓葬都被盗扰，有的陶器太过残碎难以修复，故将仿铜陶礼器的主要器类鼎、敦、壶中一种出有两件者都定为甲组墓。

　　墓坑的宽狭与墓主的身份、等级、时代都有着密切关系，但墓坑的宽狭不是绝对的，为了后文墓葬分类理论的确立，我们对三种宽度墓坑的尺寸标准分别给予了界定。其标准是以墓底的宽度尺寸为依据，因为衡量一个墓葬规模的大小、规格的高低起决定性作用的因素还是墓底尺寸。我们基本沿用《沅陵窑头发掘报告》中战国至秦代墓葬的分类标准。其标准为：

　　宽坑墓（A 类）：墓底宽度在 140 厘米（不含 140 厘米）以上；

窄坑墓（B 类）：墓底宽底在 85 厘米（不含 85 厘米）至 140 厘米（含 140 厘米）之间；

狭长坑墓（C 类）：墓底宽度在 85 厘米（含 85 厘米）以下。

随葬甲组合的墓只有宽坑和窄坑两种，其他几种组合的墓则三类墓坑形态都有，只是分配比例有所差异而已。这样，我们就将有随葬品的墓葬分为四大组十一小组，还有九座因器物太残碎无法区分组别（表二、三）。

表二 随葬品组合分类统计总表

组	特征	类	特征	合计（座）		百分比（%）	
甲	随葬两套仿铜陶礼器为主	A	宽坑	52	63	8.64	10.47
		B	窄坑	11		1.83	
乙	随葬一套仿铜陶礼器为主	A	宽坑	85	149	14.12	24.75
		B	窄坑	59		9.8	
		C	狭长坑	5		0.83	
丙	随葬日用陶器为主	A	宽坑	90	334	14.95	55.48
		B	窄坑	104		17.28	
		C	狭长坑	140		23.26	
丁	随葬铜兵器或日用铜器为主	A	宽坑	25	49	4.15	8.14
		B	窄坑	14		2.33	
		C	狭长坑	10		1.66	
组别不明				7		1.16	
合计				602		100	

表三 随葬品组合分类登记表

组	类	墓葬	举例墓葬
甲	A	1、2、8、9、11、59、60、61、67、85、101、103、130、142、147、157、212、215、246、249、267、269、322、352、393、404、424、441、450、458、485、495、497、498、502、504、505、515、523、532、542、543、580、611、625、630、638、644、821、823、830、835	1、2、60、61、101、103、130、142、147、157、212、246、393、441、495、497、515、611、823、830
	B	180、296、519、526、540、550、551、572、575、836、837	180、296、526、551
乙	A	10、18、30、40、42、43、70、75、76、87、95、96、99、100、104、105、106、118、122、131、132、134、137、139、156、162、167、169、172、186、198、201、232、233、252、262、274、283、286、291、294、299、321、329、330、350、366、371、405、418、419、420、426、431、432、434、438、439、440、443、449、461、467、471、475、510、589、622、632、634、636、655、663、666、673、678、680、691、693、700、710、721、727、813、816	75、99、100、118、132、134、156、233、252、262、274、371、420、440、475、663、666、721
	B	6、20、29、36、91、115、126、143、145、148、151、154、158、178、183、195、206、245、251、303、311、312、380、381、392、451、453、464、492、508、509、511、525、529、547、548、557、559、567、571、576、578、579、581、587、590、591、594、597、598、602、613、639、640、661、818、826、828、829	6、36、126、143、154、178、195、251、492、509、529、557、567、571、581、587、613、818
	C	379、528、534、535、649	379、528、534、649

续表三

组	类	墓葬	举例墓葬
丙	A	5、15、41、45、54、63、93、94、98、102、123、129、165、168、199、205、207、210、211、217、218、226、227、239、248、253、255、263、265、268、275、277、278、281、285、317、318、320、323、324、331、332、340、345、346、347、354、364、365、367、368、377、407、422、425、427、459、465、469、478、488、573、586、629、633、645、646、647、668、681、683、694、697、699、701、702、703、716、739、743、759、767、772、775、801、802、807、815、817、819	41、45、102、205、239、263、277、367、368、459、465、478、646、647、703、739、767、802、817
	B	12、14、16、21、24、27、28、31、35、49、50、52、64、65、66、73、89、121、127、138、141、149、153、174、175、176、181、185、187、192、208、222、225、229、236、241、242、247、266、273、284、290、295、300、305、306、315、335、341、342、349、363、394、429、446、452、466、474、500、501、507、516、530、531、533、536、537、539、541、556、566、569、570、574、577、585、593、595、600、604、606、608、614、620、623、626、653、665、704、711、722、742、745、783、788、790、793、795、805、808、809、810、820、831	12、14、16、21、50、65、66、127、149、153、174、175、192、229、236、241、242、247、266、290、306、474、531、537、556、574、585、606、608、620、623、626、665、711、742、788、793、810、820、831
	C	3、4、17、22、25、26、32、33、34、38、39、56、69、74、77、79、80、107、108、109、110、112、114、119、124、133、135、136、140、159、161、164、170、173、182、189、213、228、235、237、254、256、257、258、297、301、302、304、307、308、309、310、314、316、376、378、384、389、399、402、414、415、416、417、423、448、463、480、481、491、494、499、512、513、514、517、518、524、527、544、545、549、552、555、560、561、562、563、565、582、583、584、596、607、610、612、615、616、617、618、619、624、654、664、669、676、692、724、726、728、729、731、732、733、734、736、740、741、744、746、747、755、763、764、765、777、778、779、781、799、804、806、814、822、824、825、827、832、833、834	3、25、26、39、69、74、79、80、109、110、135、159、161、164、173、182、189、228、235、237、256、297、304、307、308、310、314、378、389、416、417、423、527、555、560、607、610、612、615、616、654、664、676、728、732、733、741、746、765、777、781、804、806、824、825、827、833、834
丁	A	13、37、62、83、97、177、179、184、196、202、223、231、264、276、280、293、353、408、436、477、486、679、690、695、715	13、83、97、177、179、184、231、264、276、353、408、436、477、486
	B	111、214、234、272、292、338、403、553、670、688、754、771、773、787	111、292、403、670、688、754、773、787
	C	48、90、146、155、359、397、406、473、641、776	48、90、155、359、397、473、641、776
组别不明		72、117、128、152、348、479、643	

　　从统计情况看，甲组合数量较少，主要存在于宽坑墓中，只有少量存在于窄坑墓中，不见与狭长坑墓相匹配。乙组合依然以宽坑墓为主，但窄坑墓的比例明显提高，狭长坑墓只有几座。丙组合则完全逆转了甲、乙组合与不同墓类相匹配的数量关系，主要是与狭长坑墓相匹配，次为窄

坑墓，宽坑墓数量则较少。丁组合为一种特殊组合，各类墓中都有，宽坑稍多。

不同组合和类别的墓葬在各墓区的分布比例有所侧重和差异。甲 A 类墓在 D 区和 H 区所占比重较大；甲 B 类墓则主要分布于 E 区；乙 A 类墓以 A、B、F、G 四个区多见；乙 B 类墓在 D、E、H 三个区数量偏多；乙 C 类墓则主要在 D 区；丙 A 类墓与乙 A 类墓的分布情况相同，也是以 A、B、F、G 四个区多见；丙 B 类墓和丙 C 类墓在各区均有分布，丙 B 类墓在 A、D、E 三区比例较高，在 B 区和 G 区也有一定数量；丙 C 类墓在各区分布相对较均衡；丁组墓主要分布于 A、B、G 三区；空墓率最高的为 B、F、G 三区，次为 A、D、E 三区（表四）。

表四　　　　　　　　　　各墓区墓葬分类统计表　　　　　　　　单位：座

墓区		甲 A	甲 B	乙 A	乙 B	乙 C	丙 A	丙 B	丙 C	丁 A	丁 B	丁 C	组别不明	空墓	合计
A 区	墓数	22	2	42	22		37	47	54	17	5	4	4	63	319
	%	6.89	0.63	13.17	6.89		11.6	14.73	16.93	5.33	1.57	1.25	1.25	19.75	
B 区	墓数	9		23	7	1	24	11	17	5	2	4	2	70	175
	%	5.14		13.14	4	0.57	13.71	6.29	9.71	2.86	1.14	2.29	1.14	40	
D 区	墓数	9	2	1	5	3		9	8					6	43
	%	20.93	4.65	2.33	11.63	6.98		20.93	18.6					13.95	
E 区	墓数	4	5	1	18		2	17	22		1			13	83
	%	4.82	6.02	1.2	21.69		2.41	20.48	26.51		1.2			15.66	
F 区	墓数	4		6	3	1	5	3	2			1	1	17	43
	%	9.3		13.95	6.98	2.33	11.63	6.98	4.65			2.33	2.33	39.53	
G 区	墓数			12			21	15	30	3	6	1		64	152
	%			7.89			13.82	9.87	19.74	1.97	3.95	0.66		42.11	
H 区	墓数	4	2		4		1	2	7						20
	%	20	10		20		5	10	35						
合计		52	11	85	59	5	90	104	140	25	14	10	7	233	835

注：百分比为相对于各墓区墓葬数的百分比。

第二节　墓葬形制

上文我们已经按墓坑的宽狭将所有墓葬划分为宽坑墓（A 类）、窄坑墓（B 类）和狭长坑墓（C 类）三大类。但墓葬的形态、结构复杂多样，为了叙述的简便和便于综合研究，对应于墓坑的分类标准，将所有墓葬分作 A 型（宽坑）、B 型（窄坑）和 C 型（狭长坑）三型。各型墓根据自身结构的差异，分作若干式（表五、六）。各种型、式的墓葬与随葬器物组合的匹配关系也有一定之规（表七）。

型、式在这里纯属一种代号，其次序不具有年代学意义。

表五　　　　　　　　　　　　　　　墓葬形制统计总表

型	式	特征	墓数（座）				百分比（％）	
			楚墓	非楚墓	空墓	合 计		
A 型（宽坑，288 座）	Ⅰ	普通长方形	139	18	24	181	21.68	34.49
	Ⅱa	墓道	35	2	1	38	4.55	
	Ⅱb	墓道 + 台阶	20	2	1	23	2.75	
	Ⅱc	墓道 + 二层台	1			1	0.12	
	Ⅲa	台阶	27	2	1	30	3.59	
	Ⅲb	台阶 + 二层台	2			2	0.24	
	Ⅳa	平行二层台	4			4	0.48	
	Ⅳb	封闭二层台	3		1	4	0.48	
	Ⅳc	单边二层台			1	1	0.12	
	Ⅴ	头龛	1			1	0.12	
	Ⅵ	腰坑		1		1	0.12	
	Ⅶ	底沟	1		1	2	0.24	
B 型（窄坑，261 座）	Ⅰ	普通长方形	114	10	63	187	22.4	31.26
	Ⅱ	墓道 + 头龛	1			1	0.12	
	Ⅲa	平行二层台	3		2	5	0.6	
	Ⅲb	封闭二层台			1	1	0.12	
	Ⅳa	高头龛	52	4	4	60	7.19	
	Ⅳb	边龛	2		1	3	0.36	
	Ⅳc	头、足双龛			1	1	0.12	
	Ⅴ	高头龛、二层台	2			2	0.24	
	Ⅵ	台阶			1	1	0.12	
C 型（狭长坑，286 座）	Ⅰ	普通长方形	10	5	106	121	14.49	34.25
	Ⅱa	平行二层台	18	1	3	22	2.63	
	Ⅱb	半封闭二层台	5	1	1	7	0.84	
	Ⅱc	封闭二层台	3	1	4	8	0.96	
	Ⅲa	高头龛	48	1	12	61	7.31	
	Ⅲb	平头龛	5		1	6	0.72	
	Ⅲc	高边龛	8			8	0.96	
	Ⅲd	头、足双龛	2			2	0.24	
	Ⅳa	高头龛、二层台	17		1	18	2.16	
	Ⅳb	平头龛、二层台	28		1	29	3.47	
	Ⅳc	双头龛、二层台	2			2	0.24	
	Ⅴ	底坑		1		1	0.12	
	Ⅵ	墓道 + 台阶			1	1	0.12	
合计（座）			553	49	233	835	100	

表六 墓葬形制登记表

型	式	墓葬	墓葬举例
A型（宽坑，288座）	I	5、9、10、13、15、18、30、37、41、42、45、54、59、62、63、70、72、85、94、96、98、101、102、103、104、122、123、131、134、137、142、152、156、157、162、165、167、172、177、179、186、196、198、199、201、202、205、207、211、215、217、218、223、227、232、239、246、248、249、253、255、267、268、269、274、275、276、277、278、280、281、283、285、286、291、293、294、299、317、318、323、324、331、332、340、345、346、347、350、352、353、354、364、365、366、371、377、405、407、418、419、420、422、424、425、426、427、434、449、450、458、461、467、477、479、485、486、488、498、502、504、505、510、515、523、532、542、543、580、586、589、611、629、645、647、663、673、678、679、680、681、683、690、695、697、701、715、727、739、743、759、767、819、821、823、830、835、【19、23、47、125、193、197、204、279、319、334、386、428、433、435、457、462、468、483、487、496、558、631、637、671】	13、41、45、101、102、103、134、142、156、157、177、179、205、239、246、274、276、277、353、371、420、477、486、515、611、647、663、739、767、823、830
	IIa	11、67、147、168、210、212、226、231、233、252、262、263、264、265、329、330、495、573、630、638、643、655、668、694、700、710、716、721、772、775、801、802、807、813、815、816、817、【209】	147、212、231、233、252、262、263、264、495、721、802、817
	IIb	8、118、130、139、184、320、431、436、439、440、441、622、625、634、636、644、666、691、693、699、702、703、【714】	118、130、184、436、440、441、666、703
	IIc	497	497
	IIIa	1、2、40、43、60、75、76、87、93、95、97、99、100、105、106、129、132、169、321、322、404、408、432、438、443、459、471、632、633、【635】	1、2、60、75、97、99、100、132、408、459
	IIIb	128、478	478
	IVa	117、368、475、646	368、475、646
	IVb	393、465、469、【447】	393、465
	IVc	【442】	442
	V	367	367
	VI	83	83
	VII	61、【216】	61、216

续表六

型	式	墓葬	墓葬举例
B 型 （窄坑， 261 座）	I	6、16、20、24、27、29、49、50、52、64、65、73、91、115、126、138、141、145、148、149、151、154、158、174、176、178、180、181、183、187、206、208、214、222、225、229、234、245、251、272、284、290、292、295、296、303、305、311、312、338、363、380、381、392、394、451、452、453、464、466、492、500、501、507、508、509、511、516、519、525、526、529、530、531、533、536、537、540、547、548、550、551、553、559、566、570、571、572、574、575、576、577、578、581、585、587、590、591、594、595、597、598、602、604、608、613、614、620、640、661、670、688、754、787、790、808、818、820、826、828、829、831、836、837、【55、57、78、86、120、160、166、194、203、219、220、221、224、240、288、289、298、313、333、336、344、357、362、369、370、372、373、375、385、388、398、410、411、412、413、430、455、470、490、521、554、564、592、601、603、621、658、659、660、662、685、686、709、718、719、738、758、762、784、785、786、797、798】	6、16、50、65、126、149、154、174、178、180、229、251、290、292、296、492、509、526、529、531、537、551、571、574、581、585、587、608、613、620、670、688、754、787、818、820、831
	II	711	711
	IIIa	36、474、567、【546、628】	36、474、567
	IIIb	【421】	421
	IVa	12、14、21、28、31、35、66、89、111、121、127、143、153、175、185、192、236、241、247、266、273、300、315、335、341、342、349、403、429、446、539、541、556、557、569、579、593、600、606、626、639、653、665、704、722、742、745、771、773、783、788、793、795、805、809、810、【387、391、657、677】	12、14、21、66、111、127、143、153、175、192、236、241、247、266、403、556、557、606、626、665、742、773、788、793、810
	IVb	195、306、【396】	195、306
	IVc	【400】	400
	V	242、623	242、623
	VI	【337】	337
C 型 （狭长坑， 286 座）	I	48、146、254、359、406、414、448、480、481、491、524、544、619、741、776、【7、44、51、58、68、71、81、82、84、88、92、116、144、163、171、188、190、191、200、230、238、260、270、282、287、325、326、327、328、339、343、351、355、356、358、360、361、374、382、383、390、395、401、409、437、445、454、456、460、472、476、482、484、489、493、520、522、538、588、599、605、609、627、648、650、651、652、656、667、672、674、675、682、684、687、696、698、706、708、712、717、720、725、735、737、748、749、750、751、752、756、757、760、761、768、769、770、774、780、789、791、792、796、803、811、812】	48、51、68、230、359、741、776、811、812
	IIa	17、22、38、77、189、301、302、310、389、423、473、512、518、527、582、596、617、618、827、【150、506、723】	189、310、389、423、473、527、827

续表六

型	式	墓葬	墓葬举例
C型 （狭长坑， 286座）	Ⅱb	25、69、155、304、513、517、【113】	25、69、155、304
	Ⅱc	90、297、534、535、【243、244、503、782】	90、297、534
	Ⅲa	32、33、34、80、107、108、112、114、119、170、213、256、257、258、308、314、348、402、463、494、565、624、641、664、669、692、724、726、729、731、733、734、736、740、744、746、747、755、763、764、765、777、778、779、781、799、804、806、814、【53、259、261、271、642、689、707、713、730、753、766、794】	80、256、308、314、641、664、733、746、765、777、781、804、806
	Ⅲb	378、379、384、415、416、【444】	378、379、416
	Ⅲc	56、74、79、124、133、136、140、376	74、79
	Ⅲd	109、728	109、728
	Ⅳa	3、4、26、110、135、161、164、173、235、307、316、528、555、610、615、676、732、【568】	3、26、110、135、161、164、173、235、307、528、555、610、615、676、732
	Ⅳb	159、182、228、309、399、417、499、514、545、549、552、560、561、562、563、583、584、607、612、616、649、654、822、824、825、832、833、834、【46】	159、182、228、417、560、607、612、616、649、654、824、825、833、834
	Ⅳc	39、237	39、237
	Ⅴ	397	397
	Ⅵ	【705】	705

注：方括弧内墓号为无随葬品空墓。

表七　　　　　　　　　　墓葬形制分类统计表　　　　　　　　　单位：座

型	式	甲组 A	甲组 B	乙组 A	乙组 B	乙组 C	丙组 A	丙组 B	丙组 C	丁组 A	丁组 B	丁组 C	其他	合计
A型	Ⅰ	31		45			60			18			27	181
	Ⅱa	7		10			17			2			2	38
	Ⅱb	6		11			3			2			1	23
	Ⅱc	1												1
	Ⅲa	5		18			4			2			1	30
	Ⅲb						1						1	2
	Ⅳa			1			2						1	4
	Ⅳb	1					2						1	4
	Ⅳc												1	1
	Ⅴ						1							1
	Ⅵ										1			1
	Ⅶ	1											1	2

续表七

型	式	甲组 A	甲组 B	乙组 A	乙组 B	乙组 C	丙组 A	丙组 B	丙组 C	丁组 A	丁组 B	丁组 C	其他	合计
B型	I		11		51			52			10		63	187
	II							1						1
	IIIa				2			1					2	5
	IIIb												1	1
	IVa				5			47			4		4	60
	IVb				1			1					1	3
	IVc												1	1
	V							2						2
	VI												1	1
C型	I								10			5	106	121
	IIa								18			1	3	22
	IIb								5			1	1	7
	IIc					2			1			1	4	8
	IIIa								47			1	13	61
	IIIb					1			4				1	6
	IIIc								8					8
	IIId								2					2
	IVa					1			16				1	18
	IVb					1			27				1	29
	IVc								2					2
	V											1		1
	VI												1	1
合计		52	11	85	59	5	90	104	140	25	14	10	240	835

一　A 型（宽坑）墓

288 座。一般口大底小呈覆斗形，墓壁倾斜度有的较大，有的较小；有的墓上部倾斜，与椁顶平齐位置以下垂直；有的则均匀下斜。也有部分墓墓壁垂直或近乎垂直，或四壁倾斜或四壁垂直，或两端较直两侧略斜，或两侧较直两端略斜。还有少数墓葬墓底大于墓口，或四壁外张呈斗形，或仅两侧或仅两端外张，或一侧和一端曲尺形外张，或仅一端或仅一侧外张。墓的长宽尺寸差别较小，有的墓口接近正方形，有两座墓（M212、M322）的墓口长宽尺寸完全相同，为标准的正方形。还有部分墓平面呈梯形，或口、底均呈梯形；或墓口梯形，墓底长方形；或墓口长方形，墓底梯形；或为两侧斜边的长梯形；或为两端斜边的宽梯形；或口、底为同向梯形；或口、底为反向梯形。部分墓底有枕木沟，有的无枕木沟，但墓底两侧壁边有枕木槽；有的枕木沟两端不抵壁边；或仅有一条枕木沟。枕木沟均横向位于墓底两端。有的墓壁边掏有供上下的脚窝。这些现象除墓口宽度接近正方形一项外，在 B 型和 C 型墓中也都存在，只是所占比例和程度不尽相同而已。A 型墓可分七式。

（一）Ⅰ式

普通宽坑墓。181 座。该式墓为宽坑墓的基本形态，约占宽坑墓的 63%。部分墓因上部被推毁，原先有无墓道或台阶不得而知。

（二）Ⅱ式

带墓道的宽坑墓。62 座。约占宽坑墓的 21%。益阳黄泥湖墓地带墓道的墓中仅有斜坡墓道一种，只有一座（M118）墓的墓道下端有一段为平底。墓道均位于墓口一端的中间，少数或略偏向一侧。带墓道的宽坑墓中有单一墓道、墓道加台阶和墓道加二层台三个亚式。

1. Ⅱa 式

单一斜坡墓道。38 座。

2. Ⅱb 式

斜坡墓道，墓口有一级台阶。23 座。除一座（M440）为半封闭形（三方）台阶外，余均为封闭形台阶（头端被墓道切断）。台阶以上墓壁一般较直，台阶以下墓壁一般倾斜。

3. Ⅱc 式

斜坡墓道，墓下部有二层台。仅 1 座（M497）。墓底两侧在距底 94 厘米高处有平行的生土二层台。

（三）Ⅲ式

墓口有台阶的宽坑墓。32 座。这类墓墓口长宽差距一般较小，多接近正方形。绝大多数都仅有一级台阶，有两级台阶的墓仅一座（M75）。台阶多四壁分布，一座（M132）为两侧平行的台阶；一座（M99）为两端平行的台阶。带台阶的墓在宽坑墓中也占有较大比重，如加上与墓道共存的 23 座，则占到宽坑墓的将近 20%。台阶与墓道在宽坑墓中是除普通宽坑墓以外的两种主要形态。分二亚式。

1. Ⅲa 式

带单一台阶的墓。30 座。

2. Ⅲb 式

墓口有一级台阶，近底部还有二层台。2 座。M128 底部封闭形二层台很低，距底高仅 10 厘米；M478 为两侧平行二层台，距底高也只有 34 厘米。

（四）Ⅳ式

带生土二层台的宽坑墓。9 座。数量虽不多，却有三种形态，有平行二层台、封闭二层台和单边二层台。

1. Ⅳa 式

平行二层台。4 座。三座为墓底两侧有平行二层台，一座（M368）为墓底两端有平行二层台。

2. Ⅳb 式

封闭二层台。4 座。其中一座（M393）二层台极低，仅高出墓底 4 厘米，墓口小底大，且墓底有两条枕木沟。

3. Ⅳc 式

单边二层台。1 座（M442）。墓底一侧边有一座二层台。

（五）Ⅴ式

带头龛的宽坑墓。1 座（M367）。头龛底高于墓底，龛内置一陶豆。

（六）Ⅵ式

带腰坑的宽坑墓。1 座（M83）。墓底中间有一方弧形腰坑。

（七）Ⅶ式

带底沟的宽坑墓。2 座。M61 墓底两侧边各有一条通沟，其中一条沟在一端还略有转弯呈短曲尺形，沟较浅；M216 仅墓底一端有一条通沟，沟较 M61 深。

二 B 型（窄坑）墓

261 座。墓壁较 A 型墓普遍要直，或上下垂直，或近直，或略斜，也有一部分墓底大于墓口。一部分墓有枕木沟，但多数墓仅在两侧壁底部掏枕木槽。分六式。

（一）Ⅰ式

普通长方形窄坑墓。187 座。和 A 型 Ⅰ 式墓相同，B 型 Ⅰ 式墓也是窄坑墓中的基本形态，两者数量也接近。B 型 Ⅰ 式墓在窄坑墓中所占比例更高，达 71.5%。

（二）Ⅱ式

带斜坡墓道和头龛的窄坑墓。仅 1 座（M711）。带墓道的墓在窄坑墓中骤减。M711 在墓道一端的墓壁中间还开有一个长龛，龛内置有日用陶器鬲、罐、盂、豆。

（三）Ⅲ式

带生土二层台的窄坑墓。6 座。有平行二层台和封闭二层台两个亚式。

1. Ⅲa 式

平行二层台。5 座。二层台均位于墓底两侧。有两座（M474、M567）二层台很窄，仅 4~8 厘米。

2. Ⅲb 式

封闭二层台。1 座（M421）。该墓不见随葬品，二层台也较低较窄。

（四）Ⅳ式

带壁龛的窄坑墓。64 座。数量较 A 型宽坑墓激增。有头龛，边龛和头、足双龛三种形态。

1. Ⅳa 式

带头龛的窄坑墓。60 座。均为龛底高出墓底的高头龛，少数较低而贴近墓底。

2. Ⅳb 式

带边龛的窄坑墓。3 座。龛位于墓室一侧壁上，一般略偏向一端，均为高出墓底许多的"吊龛"。

3. Ⅳc 式

带头、足双龛的窄坑墓。1 座（M400）。墓室两端的墓壁中间各有一龛，龛内不见随葬品，墓底也不见随葬品。

（五）Ⅴ式

带生土二层台、头龛的窄坑墓。2 座。M242 一端推毁至二层台以下，只可见三方二层台，龛底略高于墓底；M623 为半封闭二层台，头端无二层台，二层台较低，头龛高于二层台。

（六）Ⅵ式

带台阶的窄坑墓。1 座（M337）。仅墓口一端和一侧有台阶，呈曲尺形。因台阶距墓底仅 130 厘米，也可能是高二层台。

三　C 型（狭长坑）墓

286 座。墓壁一般较直或略斜，但也有斜度较大的墓。长、宽比例较大，很多都达 3∶1 或更大。M39 长、宽之比达 5∶1，墓底宽仅 46 厘米。分六式。

（一）Ⅰ式

普通长方形狭长坑墓。121 座。占狭长坑墓的 42%。与 A 型Ⅰ式墓和 B 型Ⅰ式墓不同，C 型Ⅰ式墓绝大多数都是空墓，只有 15 座墓有随葬品。

（二）Ⅱ式

带生土二层台的狭长坑墓。37 座。根据二层台的结构形态，分三亚式。

1. Ⅱa 式

平行二层台。22 座。其中一座（M423）二层台较低，距底仅 10 厘米。

2. Ⅱb 式

半封闭二层台。7 座。

3. Ⅱc 式

封闭二层台。8 座。

（三）Ⅲ式

带壁龛的狭长坑墓。77 座。有头龛、边龛和头、足双龛几种。其分配比例和结构形态与 B 型Ⅳ式壁龛墓相似，只是多出几座平头龛的墓。分四亚式。

1. Ⅲa 式

高头龛。61 座。

2. Ⅲb 式

平头龛。6 座。

3. Ⅲc 式

高边龛。8 座。

4. Ⅲd 式

头、足双龛。2 座。只一个龛中有随葬器物。

（四）Ⅳ式

头龛与二层台共存的墓。49 座。头龛有高头龛、平头龛和双头龛；二层台的形态更多，有平行二层台、半封闭二层台、封闭二层台、单边二层台、双层平行二层台以及双层封闭二层台等。依据头龛的形态分三亚式。

1. Ⅳa 式

高头龛、二层台。18 座。因头龛与二层台相搭配，龛或低于二层台；或高于二层台；或龛底与二层台平齐；一座双层平行二层台墓（M110）分别为两侧和两端平行，实际上是一种错位的封闭二层台，头龛则位于两台之间。半封闭二层台足端无二层台；单边二层台则均位于足端。

2. Ⅳb 式

平头龛、二层台。29 座。二层台依然有平行、半封闭、封闭、单边和双层几种。五座半封闭二层台中四座为头端不封，一座为足端不封。有两座双层封闭二层台墓（M417、M833）。一座单边二层台墓（M228）的二层台位于墓底一侧。该类墓的头龛多数与墓底同宽，只少数略窄于墓底。

3. Ⅳc 式

双头龛、二层台。2 座。两墓形态完全相同。双头龛一上一下，均高于墓底，而又均低于二层台。二层台均为双侧平行二层台。随葬品均置于下龛中，上龛中无随葬品。

（五）Ⅴ式

带边坑的狭长坑墓。1 座（M397）。墓底一侧有一长方形边坑。

（六）Ⅵ式

带墓道和一级台阶的狭长坑墓。1 座（M705）。由于墓壁斜度较大，故墓底较窄。

第三节　墓坑方向、结构、填土及封土

一　方向

墓葬的方向一般应即头向，因墓葬中葬具及人骨架均朽残殆尽，头向的确定只能参照墓道朝向、头龛位置以及随葬品放置位置、方法等因素而定。少部分墓和空墓中的大部分方向无法确定，则以墓坑朝向给出参照方向。方向大致明确的墓共 625 座，分八个方向，顺时针方向依次为：北、东北、东、东南、南、西南、西、西北，每个方向 45°。北向不自零度始，而是向西、向东两边平分角度，因而北向自 338° 开始，其他方向依此类推。无法确定头向的墓共 208 座，则给出墓葬的朝向。还有两座墓的原始记录未标注方向（表八）。

表八　　　　　　　　　　　　　方向分类统计表　　　　　　　　　　单位：座

方向	甲		乙			丙			丁			其他	合计	百分比（%）
	A	B	A	B	C	A	B	C	A	B	C			
北（338~22°）	12	1	9	10	3	5	14	14	1			3	72	8.62
东北（23~67°）	2		2			3	3	5				1	16	1.92
东（68~112°）	5	2	14	17	2	14	25	36	4	4	2	10	135	16.17
东南（113~157°）		1	2	4		2	6	6	1	1	1	1	25	2.99
南（158~202°）	18	2	23	17		30	26	47	8	5	4	5	185	22.16
西南（203~247°）	3	3	3	4		9	5	9	1			2	39	4.67
西（248~292°）	12	2	29	5		26	23	18	8	4	3	8	138	16.53
西北（293~337°）			3	2		1	2	3	2			2	15	1.8
北—南												54	54	6.47
东—西												115	115	13.77
东北—西南												19	19	2.28
西北—东南												20	20	2.4
头向不清的墓								2					2	0.24
合计	52	11	85	59	5	90	104	140	25	14	10	240	835	100

由表中看出，在头向明确的墓葬中，正方向居主导地位。向南的最多，次为向东和向西，向北的相对较少。偏方向也以处在南半部的东南和西南居多。但在各类墓中，各种朝向的比例分配并不等同。在甲 A 类墓中，南、北、西三个朝向的较多，而向东的就较少。在乙 A 类墓中，向西的墓明显优于其他朝向，而在乙 B 类墓中向西的墓又甚少。

二　墓道

墓道形制基本只有斜坡式一种，仅一座墓（M118）的墓道下端有一段为平底，往上为斜坡。

带墓道的墓共 64 座，其中 62 座为宽坑墓，主要存在于甲 A、乙 A、丙 A 和丁 A 四类墓中，其在四类墓中所占比例分别为 24%、27%、22% 和 16%。带墓道的墓在窄坑和狭长坑墓中各仅 1 座。墓道坡度一般较平缓，多在 20°左右，墓道坡度在 30°以上的只有 3 座。有两座墓（M636、M694）的墓道坡度仅 10°，一座墓（M495）的墓道坡度达 40°。墓道距墓底普遍较高，一般在 200 厘米左右，最高 290 厘米（M817），最低 120 厘米（M226、M711）。带单一墓道的墓 38 座，与台阶共存的墓 24 座，与二层台共存和与头龛共存的墓各 1 座。在丙 A 类墓中以单一墓道为主，在甲 A 和乙 A 两类墓中单一墓道和与台阶共存的墓数量相差无几。墓道口宽一般在 150 厘米左右，最窄的为 120 厘米（M147、M801），最宽的为 230 厘米（M714）。墓道均设于墓坑一端的正中，以南向为主，次为东向和西向（表九）。

表九　　　　　　　　　　墓道分类分项统计表　　　　　　　　单位：座

项目		甲 A	乙 A	丙 A	丙 B	丁 A	空墓及其他		合计	百分比（%）
							A	C		
坡度	20°以下	1	9	9					19	29.69
	20°~30°	9	13	11	1	4	3	1	42	65.63
	30°以上	2	1						3	4.69
距底高	151 厘米以下	1	5	2	1		1	1	11	17.19
	155~220 厘米	11	16	16		3	2		48	75
	240 厘米以上		2	2		1			5	7.81
共存形态	单一墓道	7	11	16		2	2		38	59.38
	与台阶共存	4	12	4		2	1	1	24	37.5
	与二层台共存	1							1	1.56
	与头龛共存				1				1	1.56
方向	北	1	3	1					5	7.81
	东北		1	2					3	4.69
	东	3	3	5		1			12	18.8
	东南		1			1			2	3.13
	南	5	8	8	1	2			24	37.5
	西南		2				1		3	4.69
	西	3	5	4			1	1	14	21.88
	西北					1			1	1.56
合计		12	23	20	1	4	3	1	64	100

注：墓道四项统计合为一表，"合计"中数量为每一单项的统计数，各项纵列数量相同。

三　台阶

带台阶的墓共 57 座，绝大多数都存在于宽坑墓中，窄坑墓和狭长坑墓各仅一座。以乙 A 类墓最为多见，带台阶的墓约占该类墓的 30%，次为甲 A 类墓和丙 A 类墓。除一座墓中有二级台阶外，余均为一级台阶。台阶主要为分布于墓口四周的封闭形态，台阶与墓道共存的墓的台阶在墓道一端被切断。极个别的为平行、半封闭和曲尺形台阶。以单一的台阶墓为多，也有相当一部分墓的台阶与墓道共存，还有两座墓的台阶与二层台共存（表一〇）。

表一〇　　　　　　　　　　　　　　　台阶分类分项统计表　　　　　　　　　　　单位：座

项目		甲A	乙A	丙A	丁A	空墓及其他			合计	百分比（%）
						A	B	C		
级数	一级	9	29	9	4	3	1	1	56	98.25
	二级		1						1	1.75
形状	两侧平行		1					1	2	3.51
	两端平行		1						1	1.75
	半封闭		1						1	1.75
	封闭	9	27	9	4	3			52	91.23
	曲尺形							1	1	1.75
共存形态	单一台阶	6	20	4	2	1	1		34	59.65
	与墓道共存	3	10	4	2	1		1	21	36.84
	与二层台共存		1		1				2	3.51
合计		9	30	9	4	3	1	1	57	100

注 1：台阶三项统计合为一表，"合计"中数量为每一单项的统计数，各项纵列数量相同。
注 2：所谓"封闭"台阶即墓口四周都有台阶，单一台阶无疑为全封闭，而与墓道共存的台阶在墓道一端被墓道切断。

四　二层台

带二层台的墓共 106 座。二层台多设于狭长坑的墓中，而以随葬日用陶器组合的丙组 C 类墓最多，占二层台墓的 65%，在本类墓中达半数，在乙 C 和丁 C 两类墓中所占比例也较高。二层台的形态多样，有平行二层台、半封闭二层台、封闭二层台、单边二层台以及两级二层台等。其中平行二层台有两侧平行和两端平行之别；半封闭二层台有两侧和足端的半封闭，也有两侧和头端的半封闭；单边二层台也有一侧或一端之分；两级二层台还有封闭形两级和两端与两侧错位平行的两级。以平行二层台居多，次为封闭形二层台，半封闭和单边的二层台又次之，两级二层台较少。二层台高度以 50 厘米以上高度为多，最高距墓底 125 厘米（M117）；也有少数二层台较低，有的只略高于墓底，最低的仅 4 厘米（M393），两级二层台则分别在 50 厘米上下。一般说来，狭长坑墓中的二层台都较高，而宽坑和窄坑墓中的二层台相对较低（表一一）。

表一一　　　　　　　　　　　　　　　　二层台分类分项统计表　　　　　　　　　　　　　　　　单位：座

项目		甲A	乙			丙			丁C	空墓及其他			合计	百分比（%）
			A	B	C	A	B	C		A	B	C		
形态	平行	1	1	3	1	3		33	1	1	2	4	50	47.17
	半封闭						1	13					14	13.21
	封闭	1			2	2	1	17	2	1		3	29	27.36
	单边							4		2	1	3	10	9.43
	两级							3					3	2.83
合计		2	1	3	3	5	2	70	3	4	3	10	106	100
墓葬总数		52	85	59	5	90	104	140	10					
百分比（%）		3.84	1.18	5.08	60	5.56	1.92	50	30					
高度	50厘米以下	1		1	1	1	2	11	1	3	2	6	29	27.36
	50厘米以上	1	1	2	2	3		59	2	2	1	4	77	72.64

注1：二层台两项统计合为一表，"合计"中数量为每一单项的统计数，两项纵列数量相同。

注2：右侧百分比为相对于二层台总数（106 座）的百分比；下方百分比为每一单项墓类中二层台数的百分比。

五　壁龛

带壁龛的墓共 194 座。壁龛的设置与二层台相似，主要设于窄坑墓和狭长坑墓中，又以狭长坑墓为主。其中丙 C 类墓最多，占该类墓的 76.09%；次为乙 C 和丙 B 两类。壁龛的分布较二层台稍广，有接近四分之一的墓都有壁龛。

壁龛以头龛为主，占壁龛墓总数的 92.78%。头龛又有高于墓底的高头龛，龛底和墓底平齐的平头龛以及双头龛三种形态。双头龛一下一上，均高于墓底。另有 11 座边龛和 3 座头、足双龛，均为高于墓底的高龛。高龛是壁龛的主要形态，占壁龛墓的 81.96%，余为平头龛（表一二）。

表一二　　　　　　　　　　　　　　　　壁龛分类统计表　　　　　　　　　　　　　　　　单位：座

龛类		乙		丙			丁		空墓及其他		合计	百分比（%）	
		B	C	A	B	C	B	C	B	C			
头龛	高头龛	4	2	1	51	62	4	1	4	14	143	73.71	
	平头龛		2			31				2	35	18.04	92.78
	双头龛					2					2	1.03	
头、足双龛						2			1		3	1.55	
高边龛		1			1	8			1		11	5.67	
合计		5	4	1	52	105	4	1	6	16	194		
墓葬总数		59	5	90	104	140	14	10					
百分比（%）		8.47	80	1.11	50	75	28.57	10				100	

注：右侧百分比为相对于壁龛总数（194 座）的百分比；下方百分比为每一单项墓类中壁龛数的百分比。

壁龛常与二层台共存一墓，共51座，和单一二层台墓的数量相当。但单一壁龛墓则远多于共存墓。二层台只见与头龛共存，不见与边龛共存的墓例。在头龛与二层台共存的墓中，高头龛少于平头龛。另有一座高头龛与墓道共存。高头龛与封闭二层台共存的现象较为普遍，而平头龛与平行、半封闭和封闭三种形态的二层台墓共存的几率差别不是很明显。

共存亦主要发生在狭长坑墓中，宽坑墓中没有，窄坑墓中也仅有两座（表一三）。

表一三　　　　　　　　　　　二层台、壁龛共存情况分类统计表　　　　　　　　　　单位：座

墓类		甲A	乙			丙			丁		空墓及其他			合计	百分比（%）	
			A	B	C	A	B	C	B	C	A	B	C			
单一二层台墓		1	1	3	2	3		24		3	4	3	8	52	21.22	21.22
单一壁龛墓				6	1	1	49	60	4	1		6	14	142	57.96	57.96
高头龛	+平行二层台							4						4	1.63	8.16
高头龛	+半封闭二层台						1	2						3	1.22	
高头龛	+封闭二层台				1		1	7					1	10	4.08	
高头龛	+其他二层台							3						3	1.22	
平头龛	+平行二层台				1			9					1	11	4.49	11.84
平头龛	+半封闭二层台							6						6	2.45	
平头龛	+封闭二层台							9						9	3.67	
平头龛	+其他二层台							3						3	1.22	
双头龛+二层台								2						2	0.82	0.82
合计		1	1	9	5	4	51	129	4	4	4	9	24	245	100	
墓葬总数		52	85	59	5	90	104	140	14	10						
百分比（%）		1.9	1.2	15.3	100	4.4	49	92.1	28.57	40						

注：右侧百分比为相对于245座的百分比；下方百分比为各单项墓类台、龛数的百分比。

高头龛与二层台的高度关系有四种形态：高于二层台、与二层台平齐、跨二层台上下和低于二层台，四种形态墓的数量相差无几，头龛低于二层台的略多。有三座墓跨二层台上下龛的龛底仅比二层台低几厘米；两座头龛跨二层台上下的墓中，一为两侧平行二层台，一为足端二层台，因此头龛与二层台没有直接接触（表一四）。

表一四　　　　　　　　　高头龛与二层台高度关系分析统计表　　　　　　　　单位：座

共存关系	高于二层台	与二层台平齐	跨二层台上下	低于二层台	合计
高头龛+平行二层台	1	1	2		4
高头龛+半封闭二层台	2	1			3
高头龛+封闭二层台	1	3	2	4	10
高头龛+其他二层台	1		1	1	3
双头龛+二层台				2	2
合计	5	5	5	7	22
百分比（%）	22.73	22.73	22.73	31.82	100

除以上基本结构外，还有为数较少的底沟、腰坑、边坑以及掏在墓壁上的脚窝等（参见本章第二节）。

六　填土及封土

有椁室的墓填土一般分两部分，椁室周围填青膏泥或白膏泥。膏泥黏性大，密度大，可以有效地起到防腐作用。但因棺椁多已腐朽净尽，膏泥一般仅在墓底有一薄层。椁室上部至墓口填五花土，五花土一般为墓坑中挖出的土回填，填土或夯筑，或未经夯筑。无椁室的单棺墓有的也在下部填有少量膏泥，上部填五花土，有的则从下至上都填五花土。

保存有封土的墓很少，封土一般取自附近地表或地层中，或夯筑或不夯筑。封土不如填土纯净，颜色驳杂，层次分明。夯层厚 20 厘米至 80 厘米不等。

第四节　葬具、葬式、随葬品

葬具保存情况较差，绝大多数墓都无葬具保存，只有极少数墓中残存棺椁枕木、底板和壁板。根据残存椁板和棺椁朽痕观察，椁室内除棺厢外，或有头厢，或头厢加一边厢，或有头厢加两边厢。棺的形态只有平底方棺（盒形棺）一种可以确定。

墓中没有完整的或较完整的人骨架保存，因而其葬式不清。

有椁室的墓随葬品一般都置于椁室内。或置于木棺与椁壁板之间的空隙内，或置于特意用隔板隔出的头厢或边厢内。当然这些都是根据棺椁朽痕判断。无椁室的墓绝大多数属于狭长坑墓和部分窄坑墓，这类墓中绝大多数都设有壁龛放置随葬品，或设置二层台充当椁室（少数距墓底只有几厘米的二层台和单边二层台应不具有此功能）。带壁龛的墓器物一般放在壁龛内，也有不放在壁龛内而放在墓底头端的。带二层台而没有壁龛的墓器物多放在墓底头端，铜兵器或靠一侧壁放置。陶璧或玻璃璧都放在头端正中。

第四章　代表性墓葬

共发掘墓葬835座，其中233座墓中没有出土随葬品，有随葬品的墓葬602座。本章主要对出有随葬品的墓葬进行介绍。由于墓的数量太多，不可能对602座墓葬进行全资料发表，故拟从两个层面进行介绍。第一个层面就是挑选墓例作全面介绍；第二个层面就是在本章末尾将未举例墓葬中的代表性器物的线图以墓葬为单位全部发表。

墓例的挑选主要是从墓葬形制、随葬器物组合等几个方面考虑，以使其各方面都具有代表性，其中尤注重墓葬形制的差别。墓葬形制特殊且数量较少的墓则不管随葬品保存状况如何都要举例介绍；墓葬形制相同而随葬品组合有别的墓也分别举例介绍；无随葬品的空墓原则上不予举例，但有少数无随葬品的空墓因墓葬形制独特或与有随葬品的墓葬存在打破关系故也放在后面加以介绍；墓葬形制相同且数量较多的墓葬则依据随葬品的保存状况和组合形态挑选墓例；有打破关系的墓葬除一组空墓之间打破的不予介绍外，余七组则集中介绍。根据以上原则，本章共选取222座墓葬为例（其中11座为空墓，有随葬品的墓为211座）。举例墓葬除打破关系的墓和空墓外，概以随葬品组合类别为纲，以墓葬形制为目依次叙述。

第一节　甲组 A 类墓例

甲组 A 类墓为随葬二套仿铜陶礼器为主的宽坑（A 型）墓。共52座，约占甲组墓的82%。棺椁保存都不好，从椁、棺腐朽痕迹判断，多数墓都有椁有棺。普通长方形墓31座，占该类墓的62%；其次带斜坡墓道的墓12座；带台阶的墓9座。在前三类墓中墓道与台阶共存的有4座；其他2座。本节从中选取代表性的墓葬20座予以举例介绍。

墓例一　M101

（一）墓葬形制（A 型 I 式）

普通宽长方形土坑竖穴。方向 260°。墓壁两侧较直，两端略斜。墓底有两条横枕木沟，沟两端不抵墓壁。枕木沟宽 14、深 5 厘米。墓口长 382、宽 205 厘米，墓底长 326、宽 195、深 290 厘米。随葬品置于头端。墓中填五花土，填土较疏松。葬具及人骨架不存（图一○）。

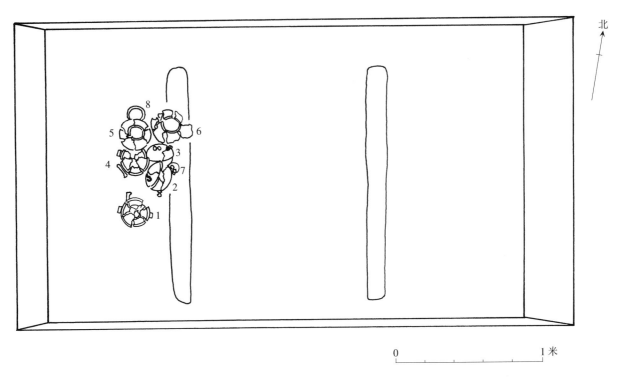

0　　　　　　　　　　　　　　1 米

图一○　M101 随葬器物分布图
1、4. 陶鼎　2、3. 陶敦　5、6. 陶壶　7. 陶匜　8. 陶盘

（二）出土器物

8 件。均为仿铜陶礼器（图版一，1）。

鼎　2 件。形态相同。

标本 M101：1，高子母口，窄肩承盖。腹深直，圜底。口外及上腹有一周凸圈。蹄形足直立，足断面略呈八边形。方附耳直立。盘状浅盖。盖顶平。顶边有一周凸圈，顶中有一个扁纽。口径 15.8、通宽 21.2、通高 20.4 厘米（图一一，1）。

敦　2 件。形态大致相同。

M101：2，存一半。直口微敛，口外有凸边。弧壁，圜底。方足直立。口径 16.2、高 10.2 厘米（图一一，3）。

M101：3，身、盖略等大，足、纽同形，身、盖相合呈橄榄形。斜沿，勾唇，腹较 M101：2 浅。弧壁，圜底较平。盖顶有小平面。方形足、纽略向内斜。口径 15、通高 18 厘米（图一一，2）。

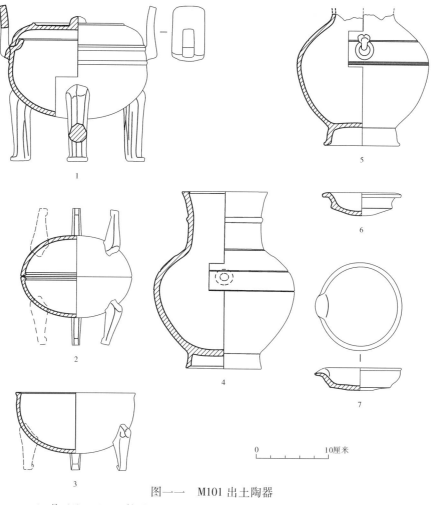

图一一　M101 出土陶器

1. 鼎（1）　2、3. 敦（3，2）　4、5. 壶（5，6）　6. 盘（8）　7. 匜（7）

壶　2 件。形态大致相同。

M101：5，颈以上残。溜肩，鼓腹，底微凹，矮直圈足。肩有对称鼻纽衔环。肩及上腹饰三周弦纹。腹径 18、残高 17.2 厘米（图一一，5）。

M101：6，平口内凸，粗弧颈，颈、肩有折，圆肩，弧腹，平底，矮直圈足。肩部有环，已残。颈至肩饰三周弦纹。颈中部有一道凸箍。口径 11.4、腹径 19、高 23.2 厘米（图一一，4）。

盘　1 件。

M101：8，敞口，折沿，斜壁近底向外弧，底边折转，圜底。口径 10.6、高 3 厘米（图一一，6）。

匜　1 件。

M101：7，敛口，弧壁，底边折转，小平底。口部一侧有宽弧流。口径 11.4～12、高 3 厘米（图一一，7）。

墓例二　M103

（一）墓葬形制（A 型 I 式）

普通宽长方形土坑竖穴。方向 190°。墓口以上残存封土高约 50、底径 1400 厘米。墓底有两条横枕木沟，沟两端不抵墓壁。枕木沟宽20、深3厘米。墓壁略斜。墓口长306、宽222、深50厘米，墓底长236、宽156、深420厘米。随葬品靠一长壁放置。墓中填五花土，填土经夯筑。葬具及人骨架不存（图一二）。

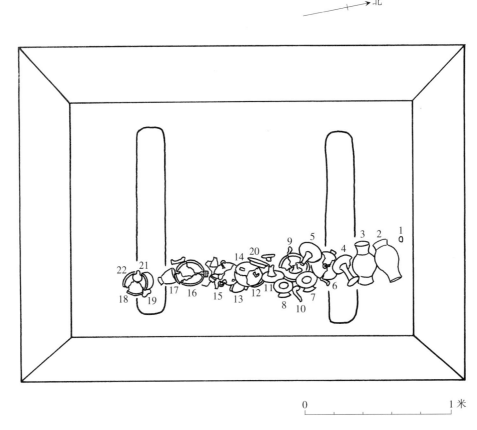

图一二　M103 随葬器物分布图

1. 玻璃珠　2、3. 陶壶　4、5、11、22. 陶豆　6、16. 陶鼎　7、8. 陶高柄小壶　9、14. 陶敦
10、12. 陶斗　13、17. 陶杯　15. 陶匕　18、20. 陶盘　19、21. 陶匜

（二）出土器物

22件。除一件玻璃珠外，余为陶器。

1. 陶器

21件。为仿铜陶礼器（彩版二，1；图版一，2）。

鼎　2件。形态相同。

标本M103：6，子母口内敛，窄肩承盖。扁弧腹，圜底较平。上腹略突出。蹄形高足直立。方附耳弧曲较甚。足、耳穿透器壁。弧形盖，口微敛。盖面有两周凸圈，第一周凸圈上等列三个扁凸纽，盖顶鼻纽衔环。口径14.8、通宽22、通高20厘米（图一三，1）。

敦　2件。形态相同。

标本M103：14，身、盖等大，足、纽同形，身、盖相合略呈椭球形。敞口，弧壁，圜底、顶。抽象卧兽形高足、纽。足、纽穿透器壁。身、盖各饰两周弦纹。身、盖口部施黑衣白彩和一道红彩弦纹。口径17、通高26厘米（图一三，2）。

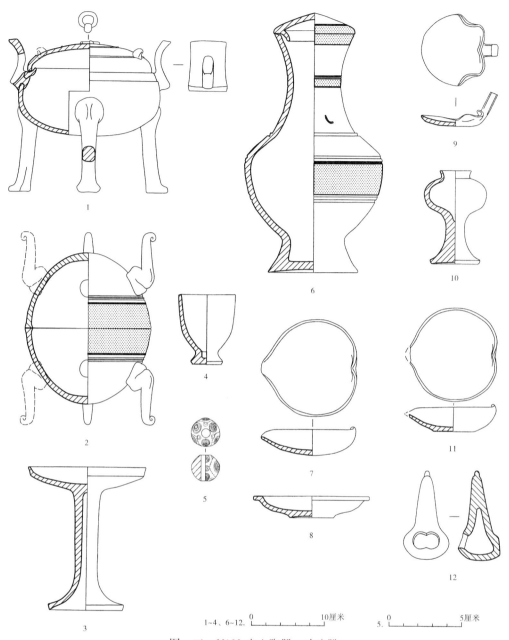

图一三　M103 出土陶器、玻璃器

1. 陶鼎（6）　2. 陶敦（14）　3. 陶高柄豆（5）　4. 陶杯（13）　5. 玻璃珠（1）　6. 陶壶（2）
7、11. 陶匜（19，21）　8. 陶盘（18）　9. 陶匕（15）　10. 陶高柄小壶（8）　12. 陶斗（10）

壶　2件。形态相同。

标本 M103：2，敞口，长弧颈，斜肩，弧腹，腹下部向外斜伸呈假圈足状，底微凹。颈至腹饰八周弦纹，口、颈及腹部饰三周黑彩宽带和红彩弦纹，颈部还有红彩图案脱落。盖呈斗笠状，高子母口。盖边有红、黑彩各一道。口径 10.8、腹径 18.8、通高 33.9 厘米（图一三，6）。

高柄豆　4件。形态相同。

标本 M103：5，敞口，斜折壁浅盘，细高柱状柄，喇叭状圈足。口径 16、高 18.8 厘米（图一三，3）。

杯　2件。形态相同。

标本 M103：13，直口，弧壁，下部向外斜伸呈假圈足状，平底。口径 7.6、高 9.2 厘米（图一三，4）。

高柄小壶　2件。形态相同。

标本 M103：8，侈口，短颈，宽圆肩，扁弧腹。弧形实心高柄，底座呈喇叭形，底微凹。口径4.2、腹径8.4、高12.3厘米（图一三，10）。

盘　2件。形态相同。

标本 M103：18，敞口，平折沿，弧壁浅盘，底微凹。口径16、高2.8厘米（图一三，8）。

匜　2件。形态略异。

M103：19，口微敛，弧壁，圜底。口部一侧有弧形流，与流对应一侧捏出手握凹边。口径12.6~13、残高3.8厘米（图一三，7）。

M103：21，平面形状同 M103：19。平底。口径12.2、残高3.6厘米（图一三，11）。

匕　1件。

M103：15，敞口，弧壁，平底。口部两侧捏出凹腰，短方柄斜伸。长10.4、宽9.4、高4.5厘米（图一三，9）。

斗　2件。形态相同。

标本 M103：10，整体呈葫芦形。斗身为椭圆形，一面为"8"字形口，中空。斗柄呈圆锥形，尾端有一乳凸纽。长11.7、宽6.2厘米（图一三，12）。

2. 玻璃器

珠　1件。

M103：1，灰黑色。圆形。中有圆孔。周边有白色菱形联珠纹和同心圆纹，同心圆中央镶嵌蓝色晶体。直径2、孔径0.6、高1.7厘米（图一三，5）。

墓例三　M142

（一）墓葬形制（A 型 I 式）

普通宽长方形土坑竖穴。方向180°。墓壁较直，墓底两端略大于墓口。墓口长250、宽160厘米，墓底长260、宽150、深440厘米。墓底部残存棺椁，为一椁一棺，棺为盒形方棺，朽残较甚。椁长226、宽104、高56厘米，棺长206、宽50、高48厘米。随葬品靠一长壁放置。椁周有约10厘米厚白膏泥，其上填五花土，填土经夯筑。人骨架不存（图一四~一七）。

（二）出土器物

15件。有陶器和铜器。

1. 陶器

12件。为仿铜陶礼器（彩版二，2；图版二，1）。

鼎　2件。形态相同。

标本 M142：13，子母口内敛，窄凹肩承盖。弧腹较直，圜底较平。中腹有一周凸圈。蹄形足直立，足断面呈六边形。方附耳弧曲微奓。弧形盖，口较直。盖边等列三个扁纽，盖顶亦有一扁纽。器腹以上及盖涂白彩。口径13.8、通宽20.2、通高20.4厘米（图一八，1）。

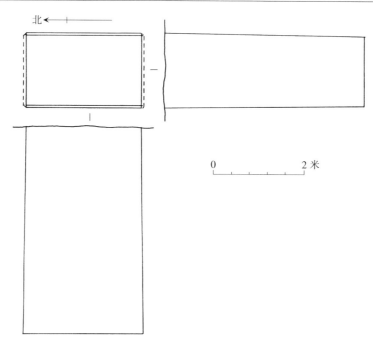

图一四　M142 平、剖面图

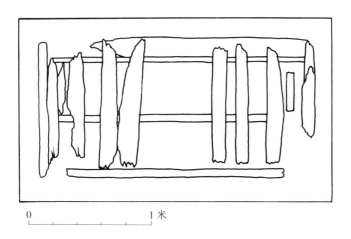

图一五　M142 椁室平面图

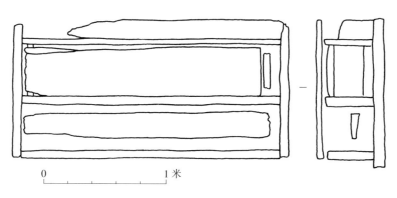

图一六　M142 棺椁平、剖面图

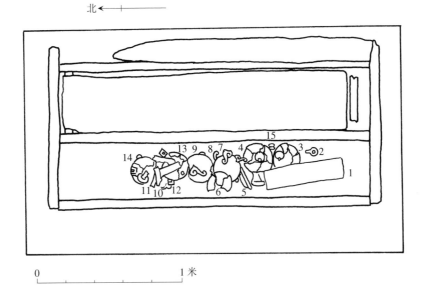

图一七　M142 随葬器物分布图

1. 铜剑及木椟　2. 铜带钩　3、4. 陶壶　5. 陶匜　6. 陶盘　7、9. 陶敦　8. 陶勺
10、11. 陶豆　12. 陶匕　13、14. 陶鼎　15. 铜箭镞

敦　2 件。形态相同。

M142：7，身、盖等大，足、纽同形。直口，弧壁，圜底、顶较平。抽象卧兽形足、纽。器腹以上及盖涂白彩。口径 17.8、通高 26 厘米（图一八，2）。

盘　1 件。

M142：6，直口，宽平折沿，弧壁浅盘，平底。口径 15.6、高 3.2 厘米（图一八，3）。

匜　1 件。

M142：5，口微敛，弧壁，圜底近平。口部一侧有方弧形流，与流对应一侧捏出手握凹边。口径 13～13.3、高 3.1 厘米（图一八，6）。

匕　1 件。

M142：12，敞口，弧壁，平底。口部两侧捏出凹腰，圆柄斜伸。长 16、宽 11.1、高 10.4 厘米（图一八，5）。

还有壶、高柄豆各 2 件，勺 1 件，残甚，形态不明。

2. 铜器

3 件。有兵器和日用器。

剑（附木质剑椟）　1 套。

M142：1-1，双箍剑。墨绿色。喇叭形首，圆实茎上有双箍，“凹”字形宽格。剑身菱形脊，刃缘略有崩损。通长 49.4、身长 39.8、茎长 9.6、身宽 4.5 厘米（图一八，4）。M142：1-2，木剑椟，椟身整木剜制，保存完好，盖已失。长方体，上部空敞，两挡上部有“Ｖ”形缺口。两侧边前、中、后分三段以红漆绘框线、网目及三角纹，纹饰局部因朽损脱落。长 60.4、宽 7.6、高 7.2、内深 4 厘米（图一八，7；图版三，1～3）。

镞　4 支（以 1 件计）。

M142：15，灰绿色。三角形镞头，长圆关，圆铤残。残长 5.7 厘米（图一八，9）。

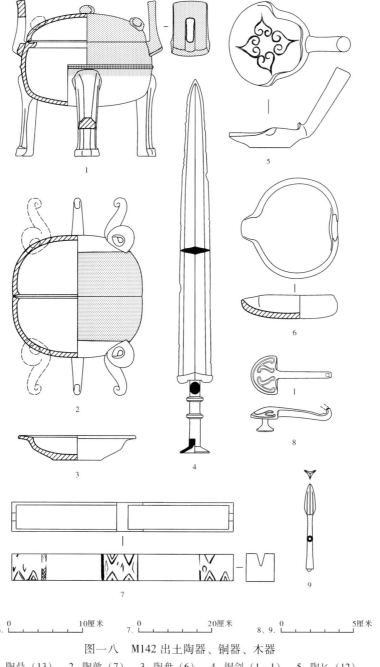

图一八 M142 出土陶器、铜器、木器

1. 陶鼎（13） 2. 陶敦（7） 3. 陶盘（6） 4. 铜剑（1－1） 5. 陶匕（12）
6. 陶匜（5） 7. 木剑椟（1－2） 8. 铜带钩（2） 9. 铜镞（15）

带钩 1件。

M142:2，青灰色。后部呈扇形，方茎，圆扣。钩首残。长5.6厘米（图一八，8）。

墓例四 M157

（一）墓葬形制（A型Ⅰ式）

普通宽长方形土坑竖穴。方向360°。墓口以上残存封土高约60厘米。墓底有两条横枕木沟，沟宽20、深3厘米。墓壁较直。墓口长290、宽160、深60厘米，墓底长270、宽146、深340厘米。随葬品靠一长壁放置。墓中填五花土。葬具及人骨架不存（图一九）。

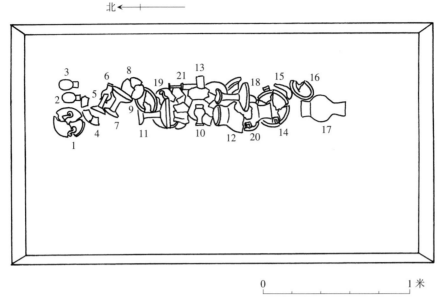

图一九　M157随葬器物分布图

1、19. 陶敦　2、3. 陶俑头　4. 陶璧　5、7、11、18. 陶豆　6、10. 陶高柄小壶　8. 陶匜
9. 陶匕　12、17. 陶壶　13. 滑石剑璏　14、20. 陶鼎　15. 陶勺　16. 陶盘　21. 铜剑

（二）出土器物

21件。包括陶器19件，其他2件。

1. 陶器

19件。为仿铜陶礼器（彩版三，1；图版二，2）。

鼎　2件。形态相同。

标本M157:14，子母口内敛，窄肩承盖。扁腹斜直，底边折转，圜底。蹄形高足直立，足根部外侧有模印简化兽面，足断面呈六边形。方附耳向外斜伸，耳外侧下部两边各有两个小孔。足、耳穿透器壁。弧形盖，口较直。盖面有两周凸圈，第一周凸圈上等列三个扁凸纽，盖顶有一乳突纽。口径15.2、通宽23.8、通高19.4厘米（图二○，1）。

敦　2件。形态相同。

标本M157:1，身、盖等大，足、纽同形，身、盖相合呈球形。敛口，内凸唇，弧壁，圜底、顶。抽象卧兽形高足、纽直立。身、盖各饰两周弦纹。口径18、通高25厘米（图二○，3）。

壶　2件。形态相同。

标本M157:12，敞口，长弧颈，斜肩，弧腹，腹下部向外斜伸呈假圈足状，底微凹。颈至腹饰八周弦纹。盖呈斗笠状，子母口。口径10.6、腹径19.6、通高34厘米（图二○，2）。

高柄豆　4件。形态接近。

标本M157:7，敞口斜直，折壁浅弧盘，细高柱状柄，喇叭状圈足。口径15、高17.8厘米（图二○，5）。

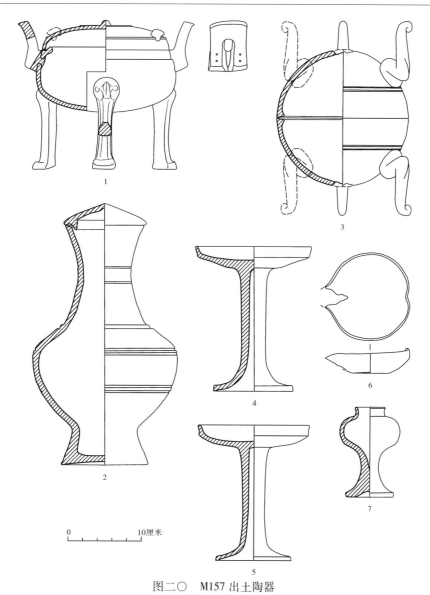

图二〇　M157 出土陶器

1. 鼎（14）　2. 壶（12）　3. 敦（1）　4、5. 高柄豆（18，7）　6. 匜（8）　7. 高柄小壶（10）

标本 M157：18，敞口，折壁盘斜直，余大致同 M157：7。口径15.8、高19厘米（图二〇，4）。另有两件与之同。

高柄小壶　2件。形态相同。

标本 M157：10，口微侈，短弧颈，圆肩，扁弧腹。弧形柄，底座呈喇叭形，底边斜直，下底内凹。口径4.2、腹径8.2、高11.8厘米（图二〇，7）。

盘　1件。

M157：16，敞口，平折沿，弧壁浅盘，底微凹。口径16、高3.1厘米（图二一，5）。

勺　1件。

M157：15，敞口，斜直壁，圜底。柄残。口径5.2、残高2.4厘米（图二一，3）。

匜　1件。

M157：8，口微敛，弧壁，底微凹。口部一侧有流，已残，与流对应一侧捏出手握凹边。口径

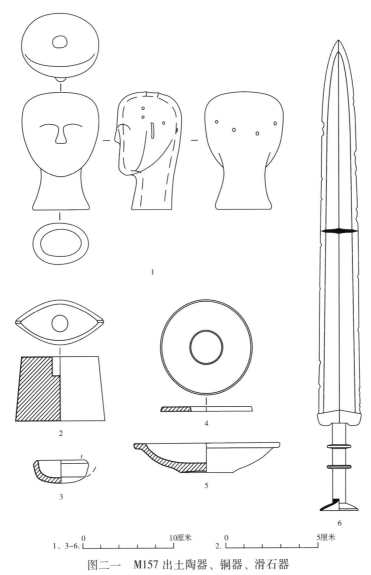

图二一　M157 出土陶器、铜器、滑石器

1. 陶俑头（2）　2. 滑石剑璏（13）　3. 陶勺（15）　4. 陶璧（4）　5. 陶盘（16）　6. 铜剑（21）

11.4～11.6（残）、高 3.3 厘米（图二〇，6）。

璧　1 件。

M157：4，圆形，双面平，边缘略斜，中间圆孔。肉径 10、好径 3.4、厚 0.5 厘米（图二一，4；图版四，1）。

俑头　2 件，形态相同。应为木俑的陶制俑头，俑身已朽不存。

标本 M157：2，头略呈鸭蛋形，颈弧形。有鼻梁和眉棱。中空。头顶一圆孔，双耳部位各有一长条形孔，两侧及脑后共有 8 个小孔。高 12.4 厘米（图二一，1；彩版三，2；图版五，1）。

还有匕 1 件，残甚，形态不明。

2. 其他

2 件。

铜剑　1 件。

M157：21，青绿色。喇叭形首，圆茎上有双箍，"凹"字形宽格。剑身菱形脊。通长 49.4 厘米（图二一，6）。

滑石剑璏　1 件。

M157：13，粉白色。平面呈梯形，断面呈合瓦形。上面中心有一圆孔。底宽 4.9、高 3.4、厚 2.4 厘米（图二一，2；图版四，2、3）。

墓例五　M246

（一）墓葬形制（A 型 I 式）

普通宽长方形土坑竖穴。方向 350°。墓壁较直。墓口长 260、宽 170 厘米，墓底长 240、宽 160、深 400 厘米。随葬品靠一长壁放置。墓中填五花土，填土经夯筑。葬具及人骨架不存（图二二）。

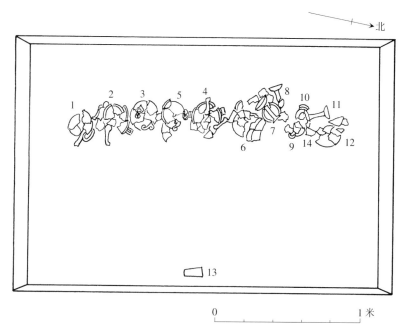

图二二　M246 随葬器物分布图

1、7、8、11. 陶豆　2、4. 陶鼎　3、5. 陶敦　6、12. 陶壶　7、8、11. 陶豆
9. 陶勺　10. 陶高柄小壶　12. 残陶器　13. 铁锸　14. 陶盘

（二）出土器物

14 件。除铁锸 1 件外，余为陶器。铁锸残甚，形态不明。

陶器

13 件。均为仿铜陶礼器（图版五，2）。

鼎　2 件。形态相同。

标本 M246：4，子母口内敛，窄肩承盖。扁折腹，上腹斜直，下腹折收，小平底。蹄形高足直立，足根部外侧有模印简化兽面，足断面呈铲形。小方附耳向外弧折。足、耳穿透器壁。弧形浅盖。盖面有两周凸圈。凸圈间饰一周黑衣红彩涡纹，顶部亦有红彩，已脱落。口径 14.6、通宽 22.7、通高 21 厘米（图二三，1）。

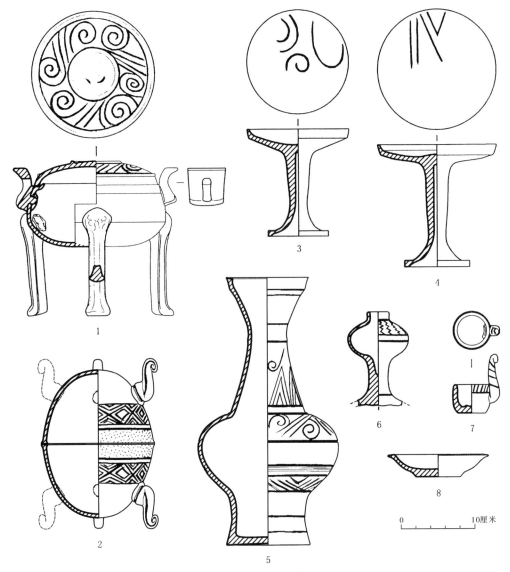

图二三　M246 出土陶器

1. 鼎（4）　2. 敦（5）　3、4. 高柄豆（7，1）　5. 壶（6）　6. 高柄小壶（10）　7. 勺（9）　8. 盘（14）

敦　2 件。形态相同。

标本 M246：5，身、盖等大，足、纽同形，身、盖相合呈椭球形。直口，深弧壁，圜底、顶。抽象卧兽形高足、纽，足、纽穿透器壁。身、盖口部各饰一圈黑衣白彩宽带，其下（上）至中腹饰三周黑衣红彩弦纹及一周菱形纹。口径 15.6、通高 22.8 厘米（图二三，2）。

壶　2 件。形态相同。

标本 M246：6，敞口略呈盘状，弧颈细长，颈、肩折转。圆肩，上腹鼓，下腹向下直折呈假圈足状，底微凹。颈至腹饰七周弦纹。通体饰黑衣红彩，口外至假圈足有十二道红彩弦纹，颈、肩及下腹有红彩三角纹、涡纹及交叉斜线纹。口径 11.2、腹径 19.4、高 35.4 厘米（图二三，5）。

高柄豆　4 件。形态接近。

标本 M246：1，敞口，折壁浅盘，盘心微凸。细高柄上粗下细，盖状圈足边缘呈台状平伸直折。豆盘内红彩曲折纹脱落。口径 16.2、高 16.2 厘米（图二三，4）。

标本 M246：7，基本形态同 M246：1。盘径较小。盘内红彩涡纹脱落。口径 14.1、高 15.2 厘米（图二三，3）。另有两件与之同。

高柄小壶　1 件。

M246：10，小口，短直颈，斜肩，扁弧腹。柱状柄，底座残。颈、腹及圈足上有红彩弦纹，肩部饰红彩波折纹。口径 3、腹径 8.2、残高 12.6 厘米（图二三，6）。

盘　1 件。

M246：14，敞口，折沿微坠，弧壁浅盘，平底。口径 13.8、高 3 厘米（图二三，8）。

勺　1 件。

M246：9，直口，直壁，平底。柄直立，柄梢弯曲。口部及柄有红彩斜线纹和弦纹。口径 4.8、通宽 6.4、高 7.8 厘米（图二三，7）。

还有残陶器 1 件，器形不明。

墓例六　M515

（一）墓葬形制（A 型 I 式）

普通宽长方形土坑竖穴。方向 272°。墓上部被推毁。墓壁垂直。长 250、宽 150、残深 310 厘米。随葬品靠一长壁放置，一件玻璃璧置于头端中部。葬具及人骨架不存（图二四）。

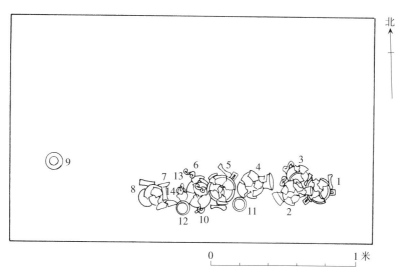

图二四　M515 随葬器物分布图

1、5. 陶鼎　2、4. 陶壶　3、6. 陶敦　7、8. 陶豆　9. 玻璃璧　10、13. 陶勺　11、12. 陶盘　14. 陶匜

（二）出土器物

14 件。除一件玻璃璧外，余为陶器。

1. 陶器

13 件。均为仿铜陶礼器。

鼎　2 件。一件残甚，形态不明，另一件仅存器盖。

标本 M515：1，仅鼎盖保存完好。敞口，弧壁，顶面较平，盖边弧曲。口径 16.4、高 4.2 厘米

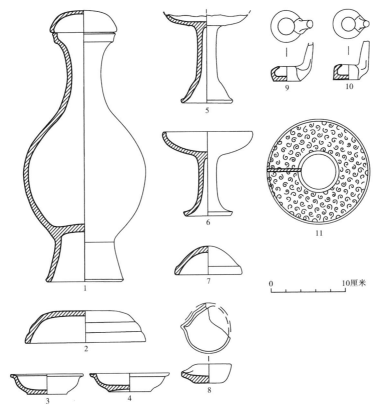

图二五　M515 出土陶器、玻璃器

1. 陶壶（2）　　2. 陶鼎盖（1）　　3、4. 陶盘（11，12）　　5. 陶高柄豆（7）　　6. 陶矮柄豆（8）

7. 陶壶盖（4）　　8. 陶匜（14）　　9、10. 陶勺（13，10）　　11. 玻璃璧（9）

（图二五，2）。

壶　2 件。

M515:2，小盘状口，细弧颈，溜肩，长鼓腹，底微凹，高圈足外撇。弧形素盖，弧顶较平。口径 8.6、腹径 16.6、通高 36 厘米（图二五，1）。

M515:4，仅存壶盖。隆弧形素盖，口有宽边。盖径 9.2、高 3.7 厘米（图二五，7）。

高柄豆　1 件。

M515:7，口残。弧壁盘，高柱状柄，喇叭状圈足高而弧曲。残高 11.6 厘米（图二五，5）。

矮柄豆　1 件。

M515:8，口微敛，弧壁盘，矮柱状柄，喇叭状圈足。口径 11.8、高 11 厘米（图二五，6）。

盘　2 件。形态略异。

M515:11，敞口，斜折沿，弧壁，平底。口径 10、高 2.6 厘米（图二五，3）。

M515:12，敞口，平折凹沿，弧壁，凹底。口径 11、高 2.4 厘米（图二五，4）。

勺　2 件。形态接近。

M515:10，舁口，斜直壁，平底微凹。锥形柄略斜，柄稍残。口径 1.8、通宽 4.8、残高 5 厘米（图二五，10）。

M515:13，舁口，折壁，平底微凹。锥形柄略斜，柄稍残。口径 2.2、通宽 5.6、残高 4.7 厘米（图二五，9）。

匜　1件。

M515∶14，口微敛，弧壁，平底。口部一侧有流。半边已残。口径6.6（残）、高2.5厘米（图二五，8）。

还有敦2件，残甚，形态不明。

2. 玻璃器

璧　1件。

M515∶9，墨绿色。分正、反两面，正面光洁，反面毛糙。双面均有纹饰，纹样相同，内外各有一周弦纹，弦纹内饰散点式涡纹。肉径13.9、好径4.65、厚0.4厘米（图二五，11）。

墓例七　M611

（一）墓葬形制（A型Ⅰ式）

普通宽长方形土坑竖穴。方向5°。墓上部被推毁。墓底一端有一条枕木沟，沟宽28、深6厘米。墓壁垂直。长280、宽150、残深220厘米。随葬品靠一长壁放置。葬具及人骨架不存（图二六）。

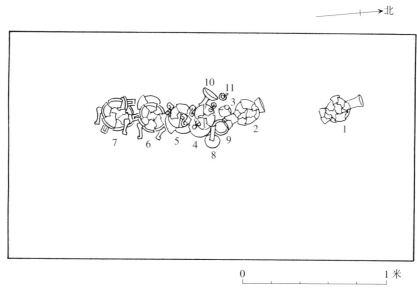

图二六　M611随葬器物分布图

1、2. 陶壶　3. 陶匕　4、5. 陶敦　6、7. 陶鼎　8、10. 陶豆　9. 陶盘　11. 陶勺

（二）出土器物

11件。为仿铜陶礼器（图版六，1）。

鼎　2件。形态相同。

标本M611∶6，低子母口，窄凹肩承盖。上腹直，下腹弧收，凹底。上腹略突出。蹄形足直立，足断面略呈铲形。方附耳微侈，耳平板无孔。弧形盖。盖面饰两周弦纹。盖顶下凹。顶边等列三个扁纽，顶中有一长方纽。口径14、通宽20、通高18厘米（图二七，1）。

敦　2件。形态略异。

M611∶4，身较盖略大，足、纽同形，身、盖相合呈椭球形。口较直，深弧壁，器身腹壁呈瓦

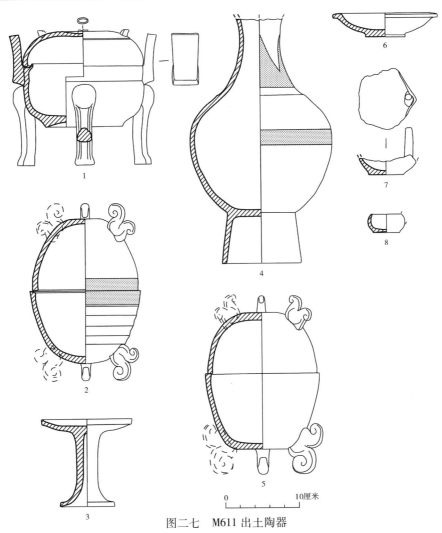

图二七　M611 出土陶器

1. 鼎（6）　2、5. 敦（4，5）　3. 高柄豆（8）　4. 壶（1）　6. 盘（9）　7. 匕（3）　8. 勺（11）

楞状凹弧。圜底，顶有小平面。抽象双卷兽形足、纽。身、盖口部各有一圈黑衣白彩宽带。口径 15.4、通高 23.4 厘米（图二七，2）。

M611：5，身较盖略大，足、纽同形，纽较小。直口，深弧壁，平底、顶。抽象双卷兽形足、纽。口径 15.6、通高 22.8 厘米（图二七，5）。

壶　2件。形态相同。

标本 M611：1，口残。细弧颈，溜肩，鼓腹，平底，高圈足略外撇。颈部有黑衣白彩三角纹，腹有白彩宽带纹。腹径 19.2、残高 32 厘米（图二七，4）。

高柄豆　2件。形态相同。

标本 M611：8，敞口内弧外折，浅平盘，高柱状柄，喇叭状圈足边缘平伸。口径 12.4、高 11.4 厘米（图二七，3）。

盘　1件。

M611：9，敞口，厚折沿，弧壁，平底有出边。口径 14.2、高 3.1 厘米（图二七，6）。

勺　1件。

M611：11，敛口，弧壁，底微凹。柄残。口径 4.8、残高 2.4 厘米（图二七，8）。

匕 1件。

M611:3，敞口略残。弧壁，平底。口部两侧宽出，柱状柄直立。长8、宽7.8、高6.2厘米（图二七，7）。

墓例八 M823

（一）墓葬形制（A型I式）

普通宽长方形土坑竖穴。方向70°。墓壁较直，墓底两端略大于墓口。墓底两长壁前、后各有向壁内掏进的枕木槽。墓口长270、宽152、深30厘米，墓底长280、宽152、深400厘米。随葬品靠一长壁放置。墓底有约20厘米白膏泥，其上填五花土，填土经夯筑。葬具及人骨架不存（图二八）。

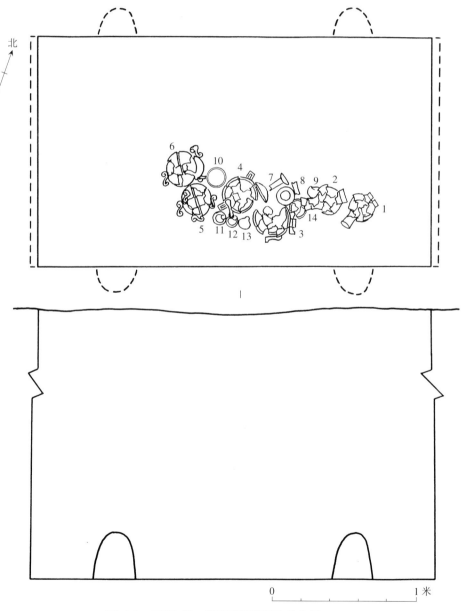

图二八 M823平、剖面及随葬器物分布图

1、2.陶壶 3、4.陶鼎 5、6.陶敦 7、8.陶豆 9.陶匕 10、14.陶盘 11、12.陶勺 13.陶匜

（二）出土器物

14 件。为仿铜陶礼器（图版六，2）。

鼎　2 件。形态相同。

标本 M823：4，子母口，窄凹肩。上腹较直，下腹弧收，圜底近平。上腹略突出。蹄形足直立，足断面略呈铲形。小方附耳微外斜，耳孔未穿透。盖失。口径 13.7、通宽 19、通高 14 厘米（图二九，1）。

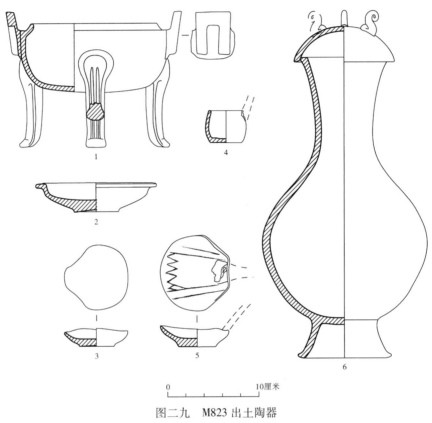

图二九　M823 出土陶器

1. 鼎（4）　2. 盘（10）　3. 匜（13）　4. 勺（11）　5. 匕（9）　6. 壶（2）

壶　2 件。形态相同。

标本 M823：2，敞口。弧颈细长，溜肩，鼓腹，圈足外撇较甚。弧形高盖，盖顶等列三个抽象兽纽。口径 9.4、腹径 18、通高 36.4 厘米（图二九，6）。

盘　2 件。形态相同。

标本 M823：10，直口，平折沿，折壁，底微凹，有出边。口径 13.4、高 3 厘米（图二九，2）。

勺　2 件。形态相同。

标本 M823：11，敛口，筒形弧壁，平底。柄残。口径 3.8、残高 3.4 厘米（图二九，4）。

匜　1 件。

M823：13，敞口，弧壁，底微凹。口部一侧有宽流。口径 6.8～7、高 2 厘米（图二九，3）。

匕　1 件。

M823：9，敞口。弧壁，平底。口部两侧宽出。柄残。残长 7.6、宽 8、残高 2.2 厘米（图二九，5）。

还有敦、矮柄豆各2件，残甚，形态不明。

墓例九 M830

（一）墓葬形制（A 型 I 式）

普通宽长方形土坑竖穴。方向 165°。墓底略大于墓口。墓口长 270、宽 150 厘米，墓底长 290、宽 160、深 360 厘米。随葬品靠一长壁放置。墓中填五花土，填土经夯筑。葬具及人骨架不存（图三〇）。

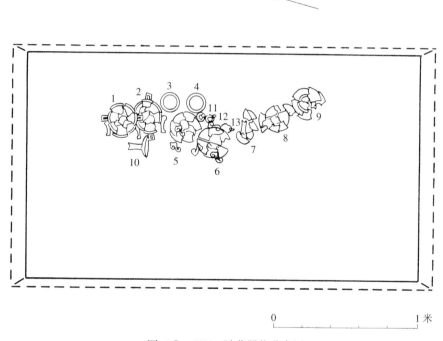

图三〇 M830 随葬器物分布图
1、2. 陶鼎 3、4. 陶盘 5、6. 陶敦 7、10. 陶豆 8、9. 陶壶 11、12. 陶勺 13. 陶匕

（二）出土器物

13 件。为仿铜陶礼器（图版七，1）。

敦 2件。1件残甚，形态不明。

标本 M830：5，仅存一半。口较直，深弧壁，圜底。抽象双卷兽形足。口径 13.4、高 8.6 厘米（图三一，2）。

壶 2件。形态相同。

标本 M830：8，小盘状口。细弧颈，溜肩，弧腹，凹底，高圈足直立。腹径 8.4、高 31 厘米（图三一，1）。

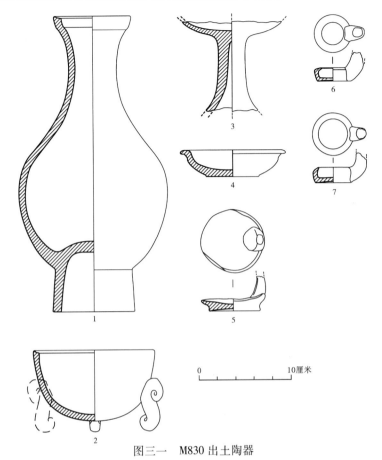

图三一　M830 出土陶器

1. 壶（8）　2. 敦（5）　3. 矮柄豆（7）　4. 盘（3）　5. 匕（13）　6、7. 勺（11, 12）

矮柄豆　2 件。形态相同。均残。

标本 M830：7，口残。弧壁盘，矮弧形柄，喇叭状圈足残。残高 9.4 厘米（图三一，3）。

盘　2 件。形态相同。

标本 M830：3，敞口，厚折沿，弧壁，平底略有出边。口径 11.2、高 2.6 厘米（图三一，4）。

勺　2 件。形态接近。

M830：11，折弇口，斜直壁，底微凹。粗弧形柄残。口径 2.8、残通宽 5.4、残高 3 厘米（图三一，6）。

M830：12，口微敛，余同 M830：11。口径 3.2、残通宽 5.9、残高 3.1 厘米（图三一，7）。

匕　1 件。

M830：13，敞口略残。凹弧壁，底微凹。锥形柄直立，柄稍残。长 7、宽 6.8、残高 3.6 厘米（图三一，5）。

还有鼎 2 件，残甚，形态不明。

墓例一〇　M147

（一）墓葬形制（A 型 Ⅱa 式）

宽长方形土坑竖穴带斜坡墓道。墓道位于墓室东端，方向 100°，坡度 34°。墓道口长 450、宽

120、深 290 厘米，墓道下端距墓底 200 厘米。两端墓壁略外斜，两侧墓壁略内斜。现存墓口长
260、宽 200 厘米，墓底长 270、宽 152、深 490 厘米。随葬品沿一长壁放置。墓底有约 15 厘米白
膏泥，其上填五花土，填土未经夯筑。葬具及人骨架不存（图三二、三三）。

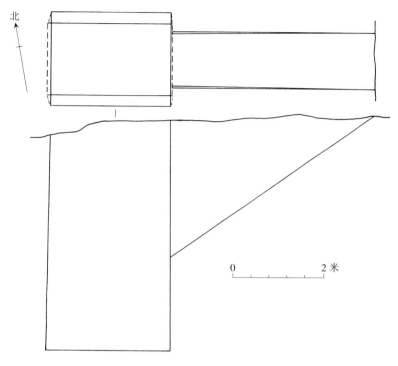

图三二　M147 平、剖面图

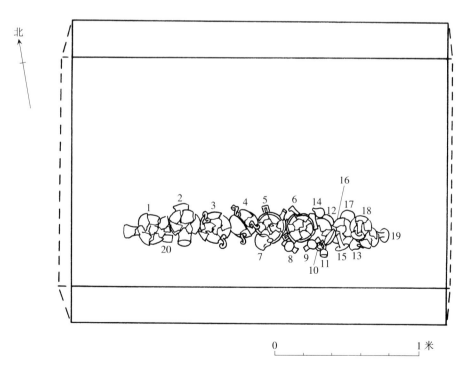

图三三　M147 随葬器物分布图

1、2. 陶壶　3、4. 陶敦　5、6. 陶鼎　7、13. 陶匕　8、9. 陶高柄小壶　10. 陶勺　11、20. 陶杯
12、15、16、18、19. 陶豆　14、17. 陶匜

（二）出土器物

20 件。为仿铜陶礼器（彩版四，1；图版七，2）。

鼎   2 件。形态相同。

标本 M147：6，子母口内敛，窄凹肩。弧腹扁直，圜底。上腹略突出。蹄形高足直立。方附耳弧曲较甚。耳外侧下部两边各有两个小孔。盖失。口径 14、通宽 20.8、高 20 厘米（图三四，1）。

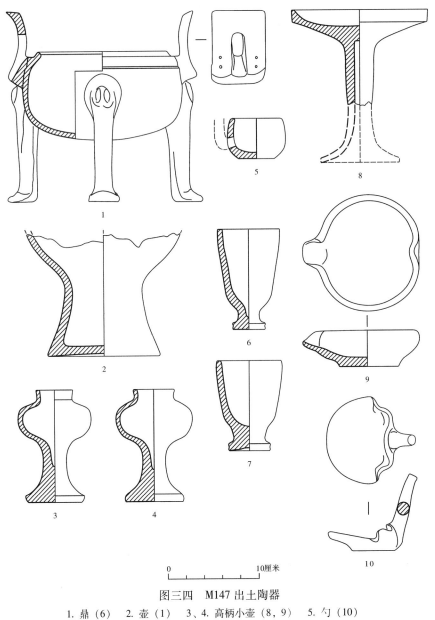

0   10厘米

图三四 M147 出土陶器

1. 鼎（6）   2. 壶（1）   3、4. 高柄小壶（8，9）   5. 勺（10）

6、7. 杯（11，20）   8. 高柄豆（15）   9. 匜（17）   10. 匕（13）

壶   2 件。形态相同。均残。

标本 M147：1，腹以上残。腹下部向外斜伸呈假圈足状，底微凹。残高 12.8 厘米（图三四，2）。

高柄豆   5 件。形态相同。均残。

标本 M147：15，敞口，折壁浅盘，细高柄上粗下细，圈足残。口径 14.6、残高 10 厘米（图三四，8）。

杯　2 件。形态略异。

M147：11，直口，斜弧壁，近底束作短柄，饼形底座。口径 6.7、高 10.6 厘米（图三四，6）。

M147：20，较 M147：11 矮，底微凹。口径 6.8、高 9.5 厘米（图三四，7）。

高柄小壶　2 件。形态接近。

M147：8，直口，短颈，斜肩，扁腹。弧形实心柄，底座呈喇叭形，底边斜。口径 4、腹径 8、高 11.7 厘米（图三四，3）。

M147：9，口略宽，底边较直。余同 M147：8。口径 4.4、腹径 8.4、高 11.8 厘米（图三四，4）。

勺　1 件。

M147：10，直口微敛，弧壁，平底。柄残。器壁有装柄的孔。口径 5.4、残高 4.2 厘米（图三四，5）。

匜　2 件。形态相同。

标本 M147：17，敛口，弧壁，平底。口部一侧有方弧形流，与流对应一侧捏出手握凹边。口径 12.4～13.2、高 3.8 厘米（图三四，9）。

匕　2 件。形态相同。

标本 M147：13，敞口，弧壁，平底。口部两侧捏出凹腰，圆柱形柄斜伸。长 9.6、宽 9.1、高 8 厘米（图三四，10）。

还有敦 2 件，残甚，形态不明。

墓例一一　M212

（一）墓葬形制（A 型 Ⅱa 式）

土坑竖穴宽坑带斜坡墓道。墓口呈正方形。墓道位于墓室南端，方向 175°，坡度 25°。墓道口长 560、宽 170、深 290 厘米，墓道下端距墓底 200 厘米。墓底有两条横枕木沟，沟宽 16～26、深 6 厘米。墓壁倾斜度较大。墓口长 400、宽 400 厘米，墓底长 300、宽 210、深 490 厘米。随葬器物中铜兵器位于头端，陶器沿东侧壁放置。墓中填五花土。葬具及人骨架不存（图三五、三六）。

（二）出土器物

11 件。有陶器和铜器（图版八，1）。

1. 陶器

6 件。为仿铜陶礼器。

敦　2 件。形态相同。

标本 M212：11，身、盖等大，足、纽同形，身、盖相合略呈球形。直口，弧壁，圜底、顶较平。抽象兽形扁足、纽。身、盖口部及腹部各有一圈黑衣白彩带纹及弦纹，底有粗横绳纹。口径 20、通高 24 厘米（图三七，2）。

壶　2 件。形态相同。

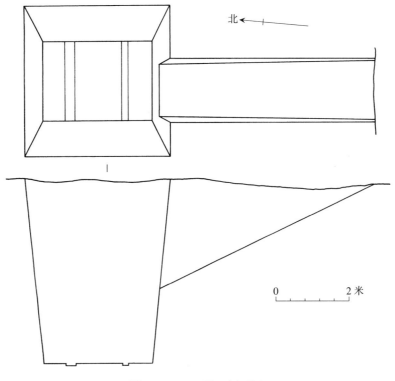

图三五　M212 平、剖面图

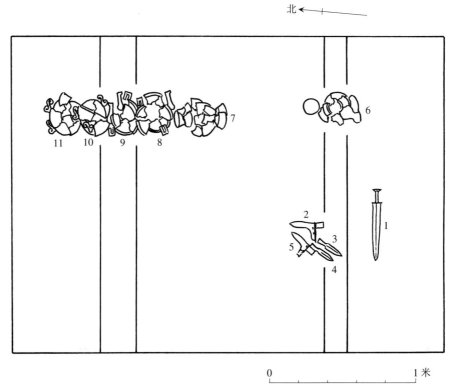

图三六　M212 随葬器物分布图

1. 铜剑　2、5. 铜戈　3、4. 铜矛　6、7. 陶壶　8、9. 陶鼎　10、11. 陶敦

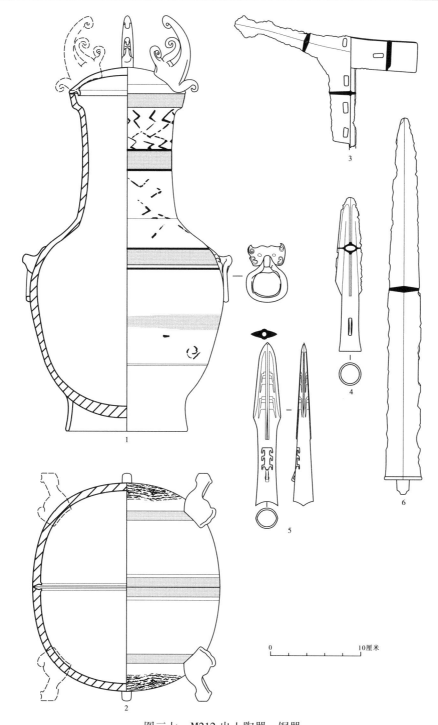

图三七　M212 出土陶器、铜器

1. 陶壶（6）　2. 陶敦（11）　3. 铜戈（2）　4、5. 铜矛（3、4）　6. 铜剑（1）

标本 M212：6，盘状口，粗长颈，溜肩，深弧腹，圜底，矮直圈足。上腹部有对称简化铺首衔环。口、颈、肩、腹各饰一道黑衣白彩带纹，带纹间有红彩弦纹及红彩曲折纹，多脱落。弓弧形盖，子母口。盖边等列三个抽象三首一尾怪兽高纽。口径 11.6、腹径 20.8、通高44.2 厘米（图三七，1）。

还有鼎 2 件，残甚，形态不明。

2. 铜器

5 件。为兵器。

剑　1 件。

M212：1，粉绿色。茎及首残。"一"字形窄格，剑身菱形脊。刃缘及前锋崩残。残通长 39.6 厘米（图三七，6）。

戈　2 件。一件残甚，形态不明。

M212：2，暗绿色。昂援残，菱形脊。长胡四穿，长方内中部有一长方穿。援、内残通长 20、胡残高 11.7 厘米（图三七，3）。

矛　2 件。形态各异。

M212：3，墨绿色。圆骹，銎口略侈。骹一面有一鼻。叶后部折收，薄刃缘，凸棱脊。刃缘及前锋残。残通长 16.1 厘米（图三七，4）。

M212：4，灰黑色。圆骹，凹銎口略呈合瓦形。骹一面有一鼻。叶后部折收。鼻前方铸"王"字形纹，矛叶双面脊两侧上下铸抽象蝉翼纹。凸棱脊。通长 17.1 厘米（图三七，5）。

墓例一二　M495

（一）墓葬形制（A 型 Ⅱa 式）

宽长方形土坑竖穴带斜坡墓道。墓口以上封土残高 260、底径约 880 厘米。墓道位于墓室南端，方向 175°，坡度 40°。墓道口长 400、宽 140、深 360 厘米，墓道下端距墓底 210 厘米。墓壁陡直。墓口长 330、宽 275、深 260 厘米，墓底长 320、宽 262、深 650 厘米。有棺椁朽痕和少量残木渣。随葬器物主要靠西侧放置，应是椁室边厢位置。一件铜镜置于靠东侧壁的中间位置，应在棺内。墓底填白膏泥，其上填五花土。人骨架不存（图三八、三九）。

（二）出土器物

9 件。其中陶器 8 件，铜镜 1 件。陶器有鼎、敦、壶各 2 件，豆、杯各 1 件。所有器物均未见，形态不明。

墓例一三　M130

（一）墓葬形制（A 型 Ⅱb 式）

土坑竖穴宽坑带斜坡墓道及一级生土台阶。墓口近正方形。墓道位于墓室西端，方向 273°，坡度 16°。墓道口长 480、宽 204、深 220 厘米，墓道下端距墓底 204 厘米。台阶分布于墓口四周，西端被墓道切断。台阶面略斜，台阶宽 54～64、高 60 厘米。墓壁两侧斜度大于两端。墓口长 590、宽 540 厘米，墓底长 412、宽 258、深 490 厘米。墓底残存椁底板及枕木，椁分头厢和边厢。随葬器物沿头厢和边厢放置，头厢以及边厢的头端放置铜兵器，边厢中、后部放置陶器。椁周有厚约 20～30 厘米白膏泥，其上填五花土，填土经夯筑。人骨架不存（图四〇、四一）。

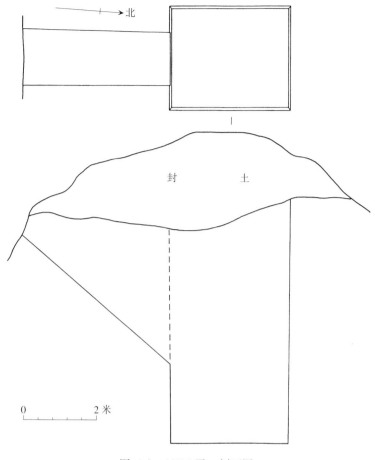

图三八　M495 平、剖面图

（二）出土器物

22 件。有陶器和铜器。

1. 陶器

12 件。为仿铜陶礼器（图版八，2）。

鼎　2 件。形态相同。

标本 M130：12，子母口，窄肩。上腹较直，下腹弧收，圜底较平。中腹饰一周弦纹。蹄形足外撇，足断面略呈六边形。大方附耳外侈。白彩脱落。盖失。口径 19、通宽 26、高 23.6 厘米（图四二，1）。

敦　2 件。形态相同。均残。

标本 M130：11，仅存一半。直口，弧壁，底及足残。器身有红彩弦纹及菱形纹。口径 19、残高 7.8 厘米（图四二，5）。

壶　2 件。形态相同。

标本 M130：9，敞口。粗弧颈，圆肩，弧腹较直，大圜底，矮宽圈足略外斜。肩有对称铺首衔环。口至肩饰七周弦纹，颈、腹饰红彩弦纹及菱形纹。口径 12、腹径 20.6、高 31.2 厘米（图四二，2）。

小口鼎　1 件。

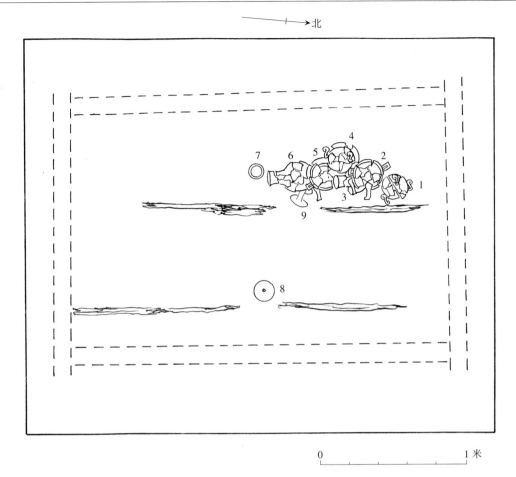

图三九　M495 随葬器物分布图

1、4. 陶敦　2、5. 陶鼎　3、6. 陶壶　7. 陶杯　8. 铜镜　9. 陶豆

M130：22，小口微敛，矮直领，宽斜肩。直腹略斜，底边磬折，底微凹。矮蹄形足。不见耳。弧形盖。盖面有红彩弦纹、涡纹及抽象凤鸟纹。多脱落。口径 6、腹径 13.6、通高 13.2 厘米（图四二，4）。

盉　1 件。

M130：21，小口微敛，矮直领，宽圆肩。扁鼓腹，平底。斜折壁盖，弧顶。足、流及提梁残。口径 6.4、腹径 11.4、残高 7.4 厘米（图四二，7）。

盘　1 件。

M130：19，敞口，平折沿，弧壁，近底内凹，平底。口径 16.8、高 3.9 厘米（图四二，6）。

匜　1 件。

M130：20，敞口，弧壁，近底内凹，平底。口部一侧有短宽流。口径 10.3 ～ 11、高 3.8 厘米（图四二，3）。

还有豆 2 件，残甚，形态不明。

2. 铜器

10 件。有生活用器和兵器。

剑　1 件。

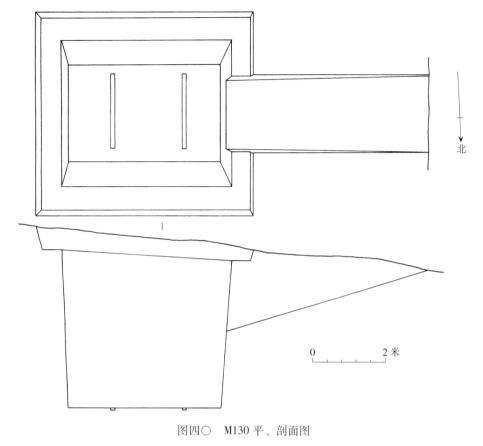

图四〇　M130 平、剖面图

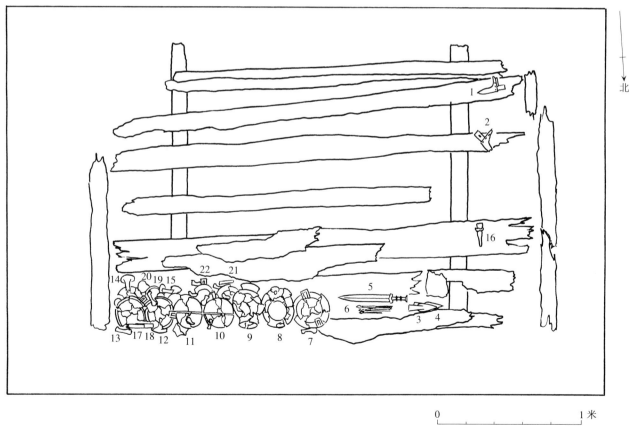

图四一　M130 随葬器物分布图

1、2. 铜戈　3、4. 铜矛　5. 铜剑　6. 铜箭镞　7. 铜鼎　8、9. 陶壶　10、11. 陶敦　12、13. 陶鼎　14、15. 陶豆
16. 铜戈鐏　17、18. 铜矛镦　19. 陶盘　20. 陶匜　21. 陶盉　22. 陶小口鼎

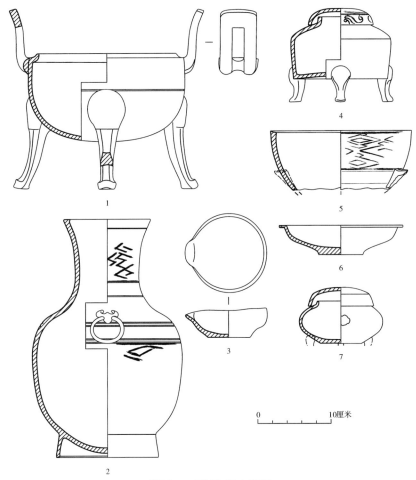

图四二　M130 出土陶器

1. 鼎（12）　2. 壶（9）　3. 匜（20）　4. 小口鼎（22）　5. 敦（11）　6. 盘（19）　7. 盉（21）

　　M130：5，双箍剑。深绿色。喇叭形首，椭圆实茎上有双箍，"凹"字形宽格。剑身较长，菱形脊，有漆剑鞘残留。刃缘略有崩损。通长 61、身长 51.4、茎长 9.6、身宽 4.5 厘米（图四三，7）。

　　戈　2 件。一件残甚，形态不明。

　　标本 M130：2，灰黑色。长昂援，凸棱脊，胡一穿，长方内下坠，前部有一长方穿。援、内残。援、内残通长约 17、胡高 11 厘米（图四三，1）。

　　矛　2 件。形态略异。

　　M130：3，灰色。圆骹，骹一面有一鼻，叶刃缘后部折弧收，与骹有分隔。凸棱脊。通长 28.2、骹长 14.8、叶长 13.4、叶宽 3.8 厘米（图四三，2）。

　　M130：4，灰色。形态大致同 M130：3。叶与骹分隔处位于脊下端。通长 18.7、骹长 8.2、叶长 10.5、叶宽 3.1 厘米（图四三，6）。

　　戈鐏　1 件。

　　M130：16，灰黑色。上段呈筒形，下段呈细束腰形。上段断面呈圭首形，下段断面呈不规则多边形。两段之间铸浮雕凤鸟纹。銎内残存木柲。鐏脚略残。残长 13.8 厘米（图四三，5）。

　　矛镦　2 件。形态略异。

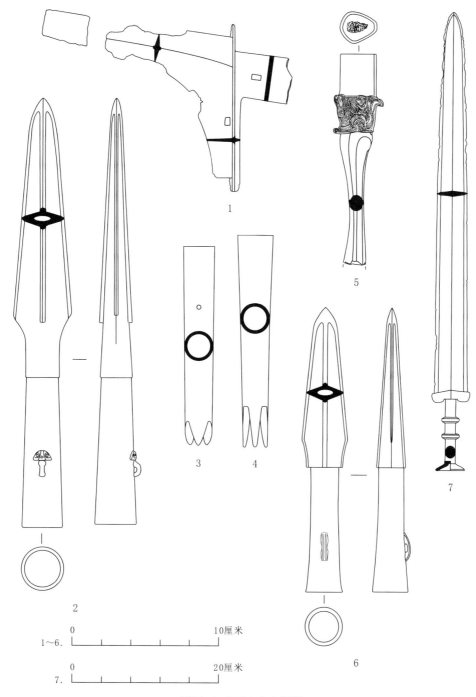

图四三　M130 出土铜器

1. 戈（2）　 2、6. 矛（3、4）　 3、4. 矛镦（17、18）　 5. 戈鐏（16）　 7. 剑（5）

　　M130：17，粉青色。上部圆筒形，镦脚三叉形。中腰有对钻圆孔。长 13.1 厘米（图四三，3）。

　　M130：18，粉青色。略同 M130：17。镦脚三叉较长，中腰无孔。长 14 厘米（图四三，4）。

　　还有鼎 1 件，箭镞数支（以 1 件计），残甚，形态不明。

墓例一四　M441

（一）墓葬形制（A 型 Ⅱ b 式）

宽长方形土坑竖穴带斜坡墓道及一级生土台阶。墓道位于墓室东端，方向111°，坡度23°。墓上部已被推毁。墓道口残长250、宽150、深170厘米，墓道下端距墓底170厘米。台阶分布于墓口四周，东端被墓道切断。台阶宽50~76、高74厘米。墓壁倾斜。墓口长430、宽380厘米，墓底长260、宽160、残深340厘米。随葬器物分两侧放置，南侧为陶器，北侧为铜兵器。葬具及人骨架不存（图四四、四五）。

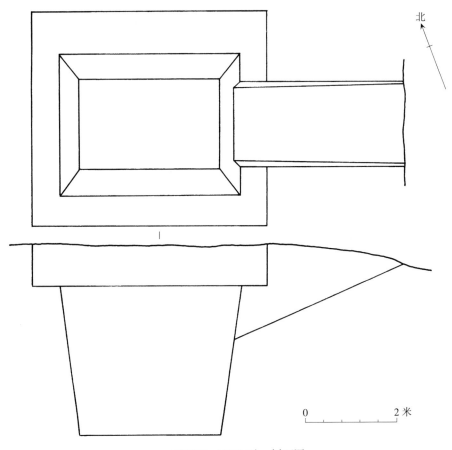

图四四　M441 平、剖面图

（二）出土器物

11件。有陶器和铜器。

1. 陶器

8件。为仿铜陶礼器（彩版四，2；图版九，1）。

鼎　2件。形态相同。

标本 M441：9，子母口内敛，窄凹肩承盖。圆弧腹，圜底近平。蹄形足直立，足断面略呈七边形。方附耳略斜。弧形盖。盖边三组及盖顶一纽均残。器身饰红彩三角形纹，器盖有红彩涡纹，

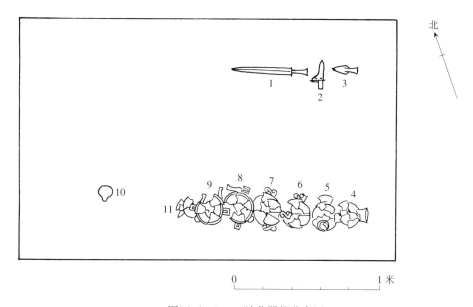

图四五　M441 随葬器物分布图

1. 铜剑　2. 铜戈　3. 铜矛　4、5. 陶壶　6、7. 陶敦　8、9. 陶鼎　10. 陶匜　11. 陶盘

多已脱落。口径 14、通宽 21、通高 19 厘米（图四六，1）。

敦　2 件。形态相同。

标本 M441∶6，敞口较直，弧壁，腹较浅，圜底有小平面。抽象兽形足。口部有红彩弦纹及三角形纹。口径 16.6、高 19 厘米（图四六，3）。

壶　2 件。形态相同。

标本 M441∶4，敞口。粗弧颈，溜肩，弧腹，平底，矮直圈足。上腹部有对称铺首衔环。弧形盖边缘斜折，子母口。盖边三扁纽及盖顶一扁纽残。器身颈、肩有刻划竖条纹。颈及下腹有红彩网格纹，器盖有红彩涡纹，多已脱落。口径 11、腹径 18.8、残通高 31 厘米（图四六，2）。

盘　1 件。

M441∶11，敞口，宽平折沿微坠，斜壁，平底略凸。口径 15、高 2.8 厘米（图四六，5）。

匜　1 件。

M441∶10，口微敛，弧壁，平底微弧。口部一侧有小尖圆流。口径 11 ~ 11.5、高 2.7 厘米（图四六，4）。

2. 铜器

3 件。为兵器。

剑　1 件。

M441∶1，双色，剑身墨绿色，刃缘翠绿色。空茎断面略呈枣核形。"一"字形窄格，剑身菱形脊。首、茎及前锋残。残通长 41.6 厘米（图四六，8）。

戈　1 件。

M441∶2，灰绿色。援菱形脊较平，前锋残。胡亦残，见两穿，顶端一穿亦残。长方内中部有一长方形穿，尾部下方一凹缺。援、内残通长 19.4、胡残高 7.2 厘米（图四六，7）。

矛　1 件。

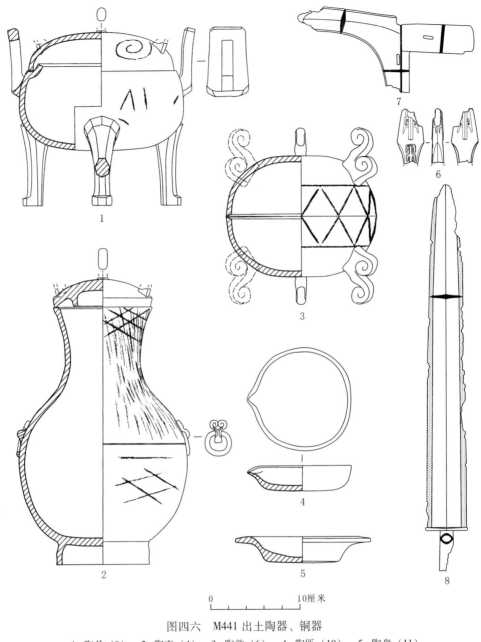

图四六　M441 出土陶器、铜器

1. 陶鼎（9）　2. 陶壶（4）　3. 陶敦（6）　4. 陶匜（10）　5. 陶盘（11）
6. 铜矛（3）　7. 铜戈（2）　8. 铜剑（1）

　　M441:3，灰绿色。残甚。矛叶双面脊两侧铸蝉翼纹，叶下方亦有倒"出"字形纹。凸棱脊。残通长5.8厘米（图四六，6）。

墓例一五　M497

（一）墓葬形制（A 型 Ⅱ c 式）

　　宽长方形土坑竖穴带斜坡墓道及平行生土二层台。墓道位于墓室北端，方向353°，坡度23°。墓道口长280、宽130、深310厘米，墓道下端距墓底190厘米。二层台位于墓坑两侧。二层台宽

18~26厘米，距墓底94厘米。墓壁较直。墓口长300、宽250厘米，墓底长278、宽178、深500厘米。随葬器物沿一侧壁放置。墓中填五花土。葬具及人骨架不存（图四七、四八）。

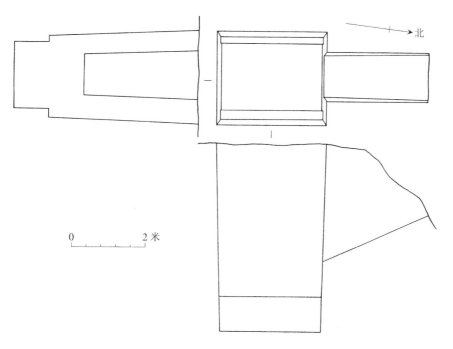

图四七　M497平、剖面图

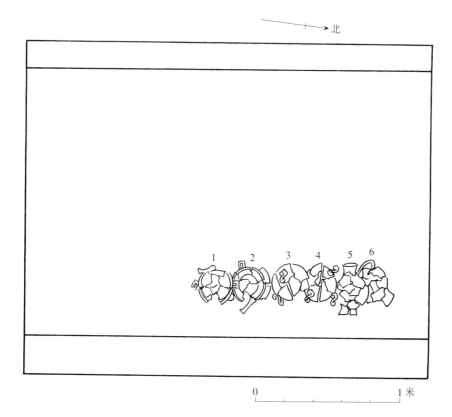

图四八　M497随葬器物分布图
1、2. 陶鼎　3、4. 陶敦　5、6. 陶壶

（二）出土器物

6件。均为陶器。鼎、敦、壶各2件，均残甚，形态不明。

墓例一六　M1

（一）墓葬形制（A型Ⅲa式）

宽长方形土坑竖穴带封闭形一级生土台阶。方向260°。台阶面略斜，台阶宽30～60、高60厘米。墓底有两条横枕木沟，沟宽16、深5～9厘米。墓壁略斜。墓口长440、宽380厘米，墓底长325、宽200、深265厘米。有棺椁朽痕。随葬器物置于头端。墓中填五花土。葬具及人骨架不存（图四九、五〇）。

图四九　M1平、剖面图

（二）出土器物

12件。有陶器和铜器。

1. 陶器

10件。为仿铜陶礼器（彩版五，1；图版九，2）。

鼎　2件。形态相同。

标本M1：3，子母口内敛，窄凹肩承盖。扁弧腹，圜底较平。中腹略突出。蹄形高足直立，足

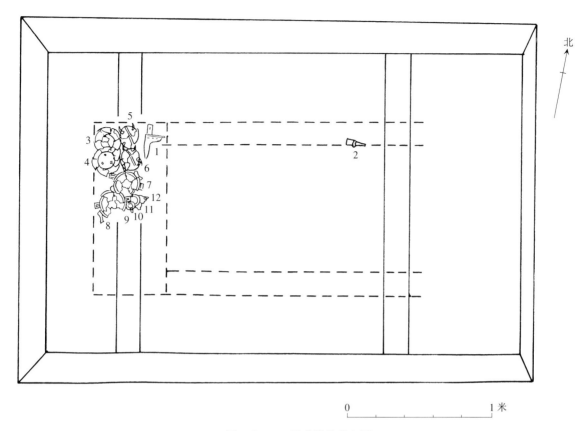

图五〇　M1 随葬器物分布图

1. 铜戈　2. 铜戈鐏　3、4. 陶鼎　5、6. 陶敦　7、8. 陶壶　9. 陶勺　10. 陶盘　11. 陶匜　12. 陶匕

断面圆形。方附耳直立。弧形盖。盖上部有两周低凸圈，第一周凸圈上等列三个扁纽，盖顶一乳凸纽。口径 13.5、通宽 18.5、通高 17 厘米（图五一，1）。

敦　2 件。形态相同。

标本 M1：6，身、盖等大，足、纽同形，身、盖相合略呈橄榄形。敞口较直，弧壁，腹较浅，圜底、顶。牛角形足、纽。口径 13、通高 13 厘米（图五一，2）。

壶　2 件。形态相同。

标本 M1：7，直口微侈。粗弧颈，溜肩，鼓腹，平底，矮宽圈足内斜。上腹部有对称乳凸纽。颈至腹有四组共八周细弦纹。口径 7.2、腹径 14.5、高 17 厘米（图五一，3）。

盘　1 件。

M1：10，侈口，斜折壁，平底有出边。口径 12、高 3.3 厘米（图五一，5）。

勺　1 件。

M1：9，敛口，弧折壁，平底。柱状粗柄斜伸。口径 3.6、通宽 8、高 6 厘米（图五一，6）。

匜　1 件。

M1：11，敛口，弧壁，平底有出边。口部一侧有弧形窄流。口径 7.9~8.2、高 3 厘米（图五一，7）。

匕　1 件。

M1：12，敞口，前宽平，后呈菱弧形，浅弧壁，弧形底。圆柱形粗柄斜伸。长 12、宽 7.3、高 4.4 厘米（图五一，8）。

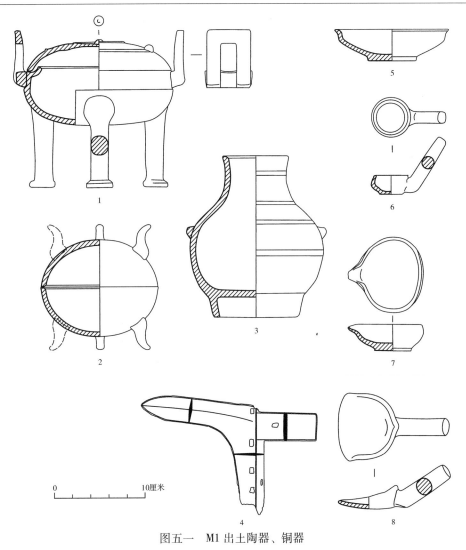

图五一　M1 出土陶器、铜器

1. 陶鼎（3）　2. 陶敦（6）　3. 陶壶（7）　4. 铜戈（1）　5. 陶盘（10）　6. 陶勺（9）　7. 陶匜（11）　8. 陶匕（12）

2. 铜器

2 件。均为兵器。

戈　1 件。

M1：1，青黑色。援略昂，菱形脊。长胡四穿，略残，长方内前部有一方形穿。援、内通长19.2、援长 12.7、内长 6.5、胡残高 11.2 厘米（图五一，4）。

还有戈鐏 1 件，残甚，形态不明。

墓例一七　M2

（一）墓葬形制（A 型Ⅲ a 式）

宽长方形土坑竖穴带封闭形一级生土台阶。方向 190°。台阶面略斜，台阶宽 72～80、高 94 厘米。墓底有两条横枕木沟，沟宽 14～17、深 8 厘米。墓壁略斜，墓底也略斜。墓口长 485、宽335、深 15 厘米，墓底长 300、宽 150、深 280 厘米。随葬器物沿头端和一侧放置。葬具及人骨架不存（图五二、五三）。

图五二　M2 平、剖面图

图五三　M2 随葬器物分布图

1. 陶勺　2. 陶盘　3. 陶匜　4. 陶匕　5、6. 陶敦　7. 铜剑　8、9. 陶鼎　10、11. 陶壶

（二）出土器物

11 件。除一件铜剑外均为陶器。

1. 陶器

10 件。均为仿铜陶礼器（彩版五，2；图版一〇，1）。

鼎　2 件。形态相同。

标本 M2：9，子母口内敛，窄肩承盖。腹深直，圜底。蹄形高足直立，足削出多棱边。方附耳长而斜伸，耳孔呈"回"字形。弧形盖，口外饰一周弦纹，弦纹以上等列三个乳凸纽，盖顶有一长方小纽。口径 13.6、通宽 20、通高 22 厘米（图五四，1）。

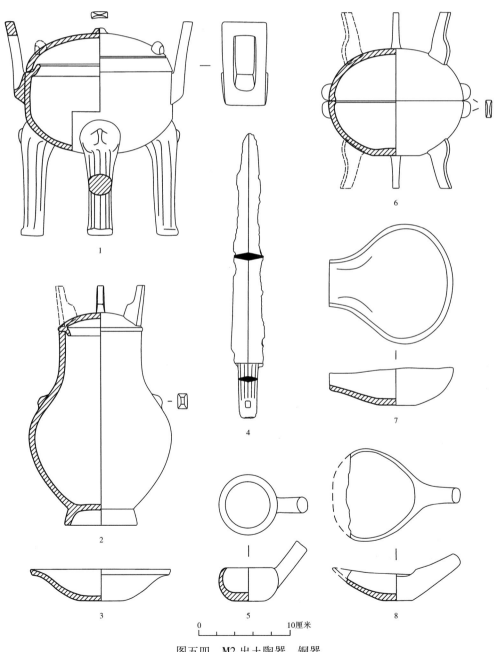

图五四　M2 出土陶器、铜器

1. 陶鼎（9）　2. 陶壶（11）　3. 陶盘（2）　4. 铜剑（7）　5. 陶勺（1）　6. 陶敦（6）　7. 陶匜（3）　8. 陶匕（4）

敦 2件。形态相同。

标本M2：6，身、盖形态略异，足、纽同形。直口微敛，弧壁，腹较浅，小平底，弧顶。身、盖口外均有对称扁扣。扁平高足、纽略斜。口径14.4、通宽16、通高18.6厘米（图五四，6）。

壶 2件。形态相同。

标本M2：11，直口。粗颈，溜肩，鼓腹，平底微凹，矮圈足略外斜。肩部有对称扁梯形纽。弓弧形盖，子母口内敛。盖边有三个扁高梯状纽。口径9、腹径16、通高25.5厘米（图五四，2）。

盘 1件。

M2：2，侈口，弧壁，平底。口径15、高3.4厘米（图五四，3）。

勺 1件。

M2：1，敛口，圆弧壁，平底。柱状粗柄斜伸。口径4.8、通宽9.6、高6.4厘米（图五四，5）。

匜 1件。

M2：3，敞口，弧壁，平底。口部一侧有宽平流。口径12.7~13.4、高4厘米（图五四，7）。

匕 1件。

M2：4，敞口，前部残。斜弧壁，小平底。圆柱形柄斜伸。残长12.4、宽9.8、高4.8厘米（图五四，8）。

2. 铜器

剑 1件。

M2：7，扁茎剑。翠绿色，颜色不均匀。短扁茎下方有一方孔，茎有瓦楞形纵棱，剑身菱形脊。刃缘及前锋崩残。残通长30.1、身残长24.3、茎长5.8、身宽约3.6厘米（图五四，4）。

墓例一八 M60

（一）墓葬形制（A型Ⅲa式）

土坑竖穴宽坑带封闭形一级生土台阶。墓口近正方形。方向285°。墓上部被推毁。台阶面略斜，台阶宽33~53、高80厘米。墓底有两条横枕木沟，沟宽15~17、深6厘米。足端墓底也有一条横通沟，宽度和深度与枕木沟相同。墓壁略斜。现墓口长426、宽370厘米，墓底长320、宽210、残深370厘米。随葬器物主要置于头端。葬具及人骨架不存（图五五、五六）。

（二）出土器物

10件。有陶器和铜器。

0   2米

图五五 M60平、剖面图

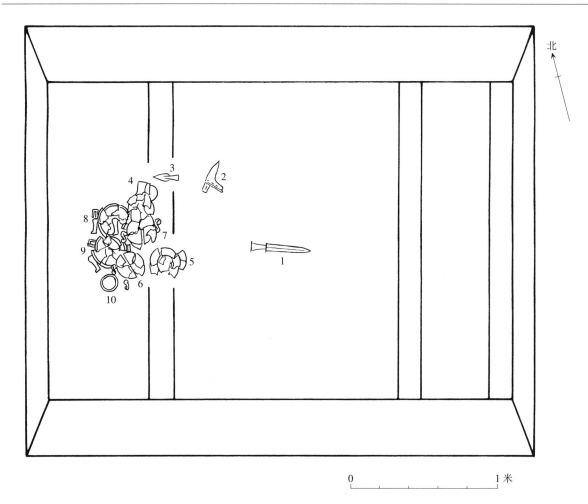

图五六　M60 随葬器物分布图
1. 铜剑　2. 铜戈　3. 铜矛　4、5. 陶壶　6、7. 陶敦　8、9. 陶鼎　10. 陶盘

1. 陶器

7 件。均为仿铜陶礼器。

鼎　2 件。形态相同。均残。

标本 M60：8，子母口内敛，窄肩承盖。弧腹残。蹄形高足。方附耳斜伸，耳孔呈"回"字形。弧壁盘状盖，平顶。顶边有一周细凸圈。鼎足及盖上有红彩图案，多已脱落。口径 18、通宽 25、复原通高 19 厘米（图五七，1）。

敦　2 件。形态相同。

标本 M60：7，身、盖等大，足、纽同形。口微敛，口部直折。腹较浅，尖凸底、顶。抽象兽形矮足、纽。口径 17、通高 19 厘米（图五七，4）。

壶　2 件。形态相同。均残。

标本 M60：4，直口微侈。粗弧颈，溜肩，弧腹。肩部有对称鼻纽衔环。上腹饰一周弦纹。弧形低盖，子母口较直。盖边有三个小扁纽。口径 10.4、残通高 17 厘米（图五七，3）。

盘　1 件。

M60：10，敞口较直，斜折沿，浅弧壁，平底。口径 15、高 2.4 厘米（图五七，2）。

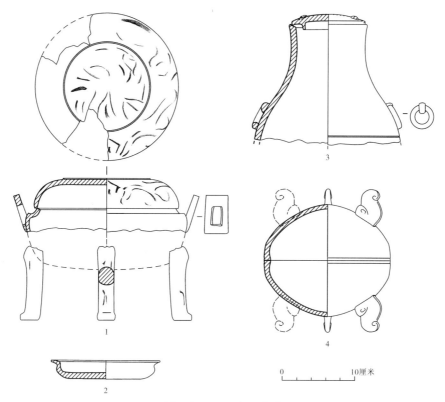

图五七　M60 出土陶器

1. 鼎（8）　2. 盘（10）　3. 壶（4）　4. 敦（7）

2. 铜器

3 件。均为兵器。

剑　1 件。

M60∶1，粉绿色。首、茎及前锋残。空茎，"一"字形窄格，剑身菱形脊。残通长 34.5 厘米（图五八，1）。

戈　1 件。

M60∶2，灰黑色。明器，器身有毛刺。援略昂，正面凸，背略平。长三角形脊。长胡三穿，长方内有坡边，内前部有一长方形穿。内略残。援、内残通长 21.9、胡高 12.8 厘米（图五八，2）。

矛　1 件。

M60∶3，墨绿色。圆骹，骹口略侈。骹一面有一鼻，叶后部折弧收，与骹有分隔。宽凸棱脊。通长 18.4 厘米（图五八，3）。

墓例一九　M393

（一）墓葬形制（A 型Ⅳb 式）

宽长方形土坑竖穴，墓底有封闭形低台。方向 165°。二层台距墓底仅 4 厘米，一端较宽，另三边较窄，宽 20～60 厘米。墓底有两条横向宽枕木沟，枕木沟向墓壁略掏进。枕木沟宽 36～38、深 10 厘米。墓上小下大略呈斗形。墓口长 290、宽 170 厘米，墓底长 320、宽 190、深 270 厘米。

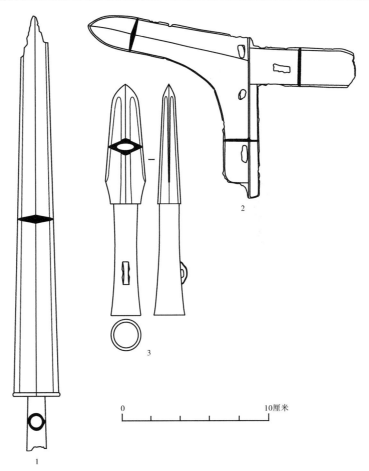

图五八　M60出土铜器
1. 剑（1）　2. 戈（2）　3. 矛（3）

随葬品中陶器沿一长壁放置，一件玻璃璧位于头端中间。墓底填白膏泥，其上填五花土。葬具及人骨架不存（图五九、六〇）。

（二）出土器物

10 件。除一件玻璃璧外，余为陶器。

1. 陶器

9 件。为仿铜陶礼器。

鼎　2 件。形态相同。

标本 M393:3，敛口，凹沿略呈子母口。弧腹，圜底较平。中腹略突出。蹄形高足直立，足外侧有三条竖槽。方附耳略斜。口径 17.5、通宽 21、高 17.7 厘米（图六一，1）。

壶　2 件。形态相同。均残。

标本 M393:2，颈以上残。细颈，斜肩，弧腹，平底，高圈足略撇。足下部残。上腹部有对称圆洞，可能为安装铺首所设。腹径 16、残高 20.6 厘米（图六一，2）。

勺　1 件。

M393:10，敞口，折壁，平底。柄残。口径 2.2、腹径 3.75、残高 1.4 厘米（图六一，4）。

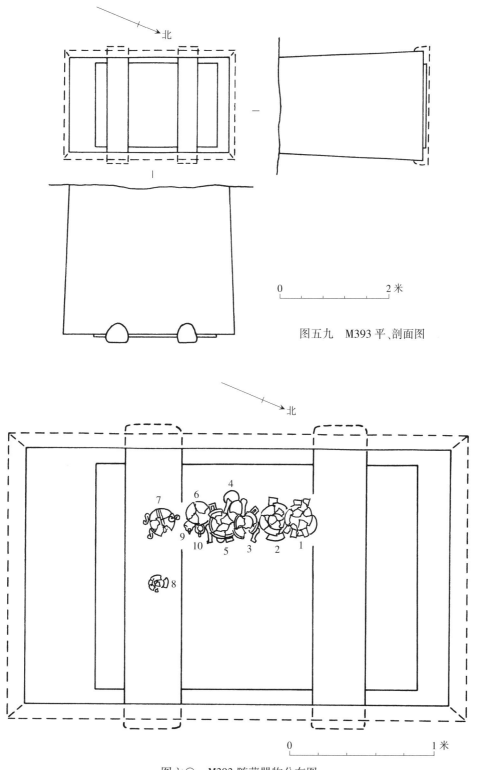

图五九　M393 平、剖面图

图六〇　M393 随葬器物分布图
1、2. 陶壶　3、5. 陶鼎　4、6. 陶豆　7. 陶敦　8. 玻璃璧　9. 陶匕　10. 陶勺

匕　1件。

M393：9，敞口，斜弧壁，平底。口前宽后窄而高。后侧壁有一圆孔，应为装柄所设。柄不存。残长4.5、宽4.4、残高1.3厘米（图六一，3）。

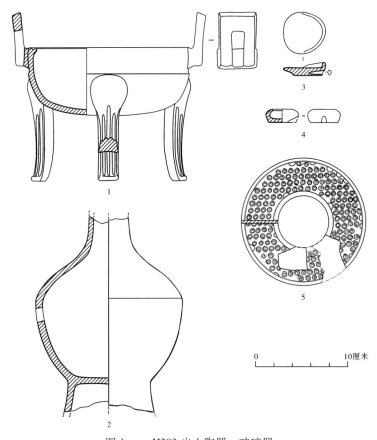

图六一　M393 出土陶器、玻璃器

1. 陶鼎（3）　　2. 陶壶（2）　　3. 陶匕（9）　　4. 陶勺（10）　　5. 玻璃璧（8）

还有敦 1 件、矮柄豆 2 件，残甚，形态不明。

2. 玻璃器

璧　1 件。

M393：8，翠绿色。分正、反两面，正面光洁，反面毛糙。双面均有纹饰，纹样相同，内外各有一周弦纹，弦纹内饰散点式涡纹。肉径 13.5、好径 5.5、厚 0.3 厘米（图六一，5）。

墓例二〇　M61

（一）墓葬形制（A 型Ⅶ式）

宽长方形土坑竖穴带底沟。方向 360°。墓上部被推毁。墓口平面略呈梯形，底沟位于墓底两侧，其中东壁底沟向墓底头端略转折呈曲尺形。底沟宽 18、深 8 厘米。墓壁略斜。现存墓口长 314、宽 220、足端宽 230 厘米，墓底长 274、宽 170、残深 316 厘米。随葬器物分布于墓底一侧。葬具及人骨架不存（图六二、六三）。

（二）出土器物

12 件。均为陶器，为仿铜陶礼器（彩版六，1；图版一〇，2）。

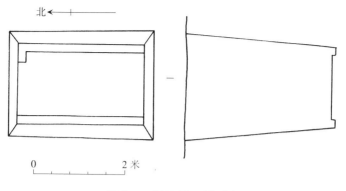

图六二 M61 平、剖面图

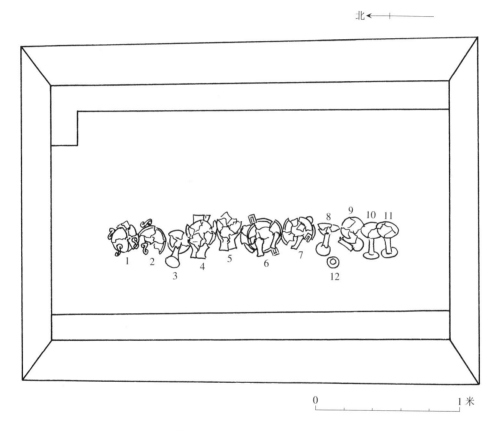

图六三 M61 随葬器物分布图

1、2. 陶敦 3、8~11. 陶豆 4、5. 陶壶 6、7. 陶鼎 12. 玻璃璧

鼎 2件。形态相同。

标本 M61:6，高子母口内敛，窄凹肩承盖。圆弧腹。圜底有小平面。上腹略突出。蹄形高足直立。方附耳弧曲。弧形隆盖。盖面有一周凸圈。第一周凸圈上等列三个扁纽。口径15、通宽22、通高20厘米（图六四，1）。

敦 2件。形态相同。

标本 M61:1，存一半。直口微敛，弧壁。圜底。抽象兽形高足直立。身饰一周弦纹。口径16.8、高15厘米（图六四，4）。

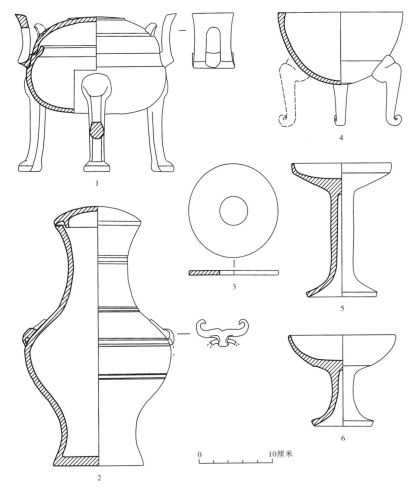

图六四　M61 出土陶器

1. 鼎（6）　2. 壶（4）　3. 璧（12）　4. 敦（1）　5. 高柄豆（8）　6. 矮柄豆（3）

壶　2 件。形态相同。

标本 M61：4，敞口。粗弧颈，斜肩，上腹鼓，下腹向外弧折呈高假圈足状，平底。肩部有对称牛首状铺首衔环，环残。颈至腹饰四组共八周弦纹。弧形素盖，子母口较直。口径 11.2、通高 34 厘米（图六四，2）。

高柄豆　1 件。

M61：8，口斜直，折壁浅平盘，外壁斜直。细高柱状柄，喇叭状圈足。口径 13.4、高 17.6 厘米（图六四，5）。

矮柄豆　1 件。

M61：3，敞口，弧壁，盘底边折转。矮弧形柄，喇叭状圈足。口径 14.4、高 12 厘米（图六四，6）。

璧　1 件。

M61：12，圆形，两面及侧边平直，中有孔。肉径 12.4、好径 3.7、厚 0.3 厘米（图六四，3）。

还有豆 3 件，残甚，形态不明。

第二节　甲组 B 类墓例

甲组 B 类墓为随葬二套仿铜陶礼器为主的窄坑（B 型）墓。数量少，仅 11 座。墓葬形制也仅有普通长方形一种。本节从中选取代表性墓葬 4 座予以举例介绍。

墓例二一　M180

（一）墓葬形制（B 型 I 式）

普通窄长方形土坑竖穴。方向 180°。墓壁略斜。墓口长 292、宽 180 厘米，墓底长 255、宽 135、残深 400 厘米。随葬品主要沿一长壁放置，一件陶璧位于头端正中。葬具及人骨架不存（图六五）。

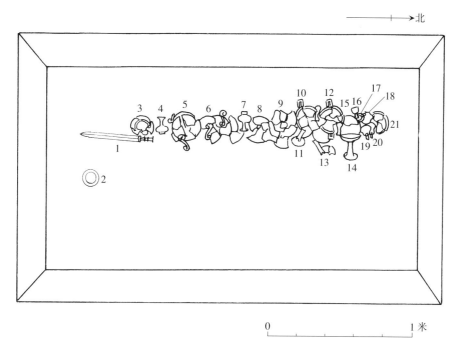

图六五　M180 随葬器物分布图

1. 铜剑　2. 陶璧　3、21. 陶盘　4、7. 陶高柄小壶　5、6. 陶敦　8、9. 陶壶　10、12. 陶鼎
11、13～15. 陶豆　16. 陶杯　17. 陶勺　18. 陶匜　19、20. 陶匕

（二）出土器物

21 件。除一件铜剑外，余为陶器。

1. 陶器

20 件。为仿铜陶礼器（彩版六，2；图版一一，1）。

鼎　2 件。形态相同。

标本 M180：12，高子母口内敛，窄肩承盖。斜直扁腹，圜底。中腹略突出。蹄形高足直立，

足断面略呈铲形。方附耳微侈。弧形盖。盖面有两周凸圈，盖顶有鼻纽衔环。口径 16、通宽
23.4、通高 20 厘米（图六六，1）。

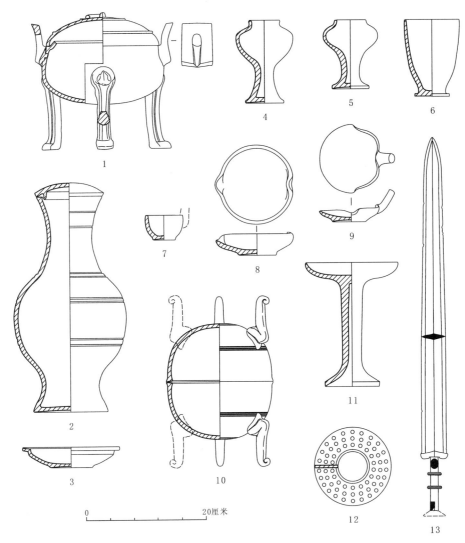

图六六　M180 出土陶器、铜器

1. 陶鼎（12）　　2. 陶壶（8）　　3. 陶盘（3）　　4、5. 陶高柄小壶（7，4）　　6. 陶杯（16）　　7. 陶勺（17）
8. 陶匜（18）　　9. 陶匕（19）　　10. 陶敦（5）　　11. 陶高柄豆（14）　　12. 陶璧（2）　　13. 铜剑（1）

敦　2 件。形态相同。

标本 M180：5，身、盖等大，足、纽同形。直口微敛，圆弧壁，圜底、顶较平缓。抽象卧兽形
高足、纽。身、盖各有两组弦纹。口径 17.6、通高 27.2 厘米（图六六，10）。

壶　2 件。形态相同。

标本 M180：8，敞口。长弧颈，溜肩，长鼓腹，下腹向外斜折呈假圈足状，平底微凹。颈至腹
有八周弦纹。浅弧盖，直立子母口。口径 10.8、腹径 18.6、通高 36.2 厘米（图六六，2）。

高柄豆　4 件。形态接近。

标本 M180：14，敞口，弧壁浅盘，细高柱状柄，喇叭状圈足。口径 14.8、高 19.6 厘米（图六
六，11）。

杯 1件。

M180:16，直口，弧壁，平底出边呈饼形。口径9、高12.3厘米（图六六，6）。

高柄小壶 2件。形态接近。

M180:4，口微敛，短斜颈，溜肩，扁弧腹。弧形柄，底座呈喇叭形。底微凹，底边直折，器内中空至底。口径4.4、腹径9、高11厘米（图六六，5）。

M180:7，基本形态同M180:4。直口微侈，短直颈，斜肩。柄较M180:4略高。口径4.4、腹径9.5、高13厘米（图六六，4）。

盘 2件。形态相同。

标本M180:3，敞口，折沿，斜折壁，底微凹，有出边。口径16.1、高3.3厘米（图六六，3）。

勺 1件。

M180:17，敞口，弧壁，底微凹。柄残。口径6、残高4厘米（图六六，7）。

匜 1件。

M180:18，敛口，弧壁，底微凹，有出边。口部一侧有弧形流。与流对应一侧捏出手握凹边。口径12.4~12.8、高3.6厘米（图六六，8）。

匕 2件。形态相同。

标本M180:19，敞口，前宽平，两侧捏出凹腰，后呈凹弧形，浅弧壁，底微凹。圆柱形短柄斜伸。长12.2、宽10.8、高5厘米（图六六，9）。

璧 1件。

M180:2，双面平直。正面戳印三周圆圈纹。肉径12.4、好径4.7、厚0.4厘米（图六六，12；图版一一，2）。

2. 铜器

剑 1件。

M180:1，双箍剑。灰绿色。首残。椭圆实茎上有双箍，"凹"字形宽格。剑身较长，菱形脊。残通长60、身长51.4、茎残长8.6、身宽4厘米（图六六，13；图版一一，3）。

墓例二二 M296

（一）墓葬形制（B型Ⅰ式）

普通窄长方形土坑竖穴。方向270°。墓上部被推毁。两侧墓壁垂直，两端略斜。墓口长270、宽130厘米，墓底长260、宽130、残深270厘米。随葬品沿一长壁放置，一件陶璧置于头端中间。墓中填五花土。葬具及人骨架不存（图六七）。

（二）出土器物

22件。为仿铜陶礼器（图版一二，1）。

鼎 2件。一件残甚，形态不明。

标本M296:3，子母口内敛，窄凹肩。扁弧腹，底残。上腹略突出。蹄形高足，足根部外侧有一竖纽。足断面略呈圆形。方附耳残。盖失。口径18.8、通宽28、残高16.8厘米（图六八，1）。

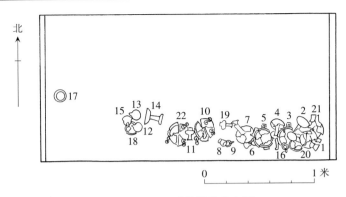

图六七　M296 随葬器物分布图

1、21. 陶壶　2、4、7、14. 陶豆　3、5. 陶鼎　6、15. 陶匕　8. 陶杯　9、16. 陶勺

10、22. 陶敦　11、19. 陶高柄小壶　12、13. 陶匜　17. 陶璧　18、20. 陶盘

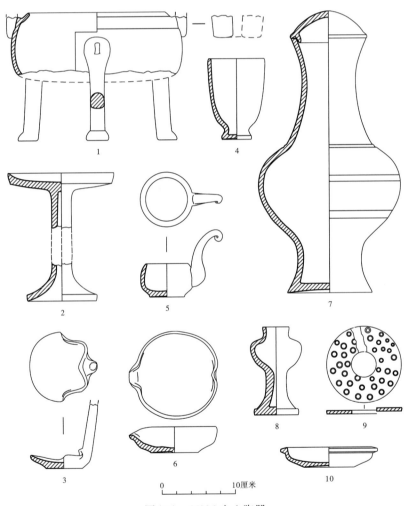

图六八　M296 出土陶器

1. 鼎（3）　2. 高柄豆（7）　3. 匕（6）　4. 杯（8）　5. 勺（9）　6. 匜（13）

7. 壶（1）　8. 高柄小壶（19）　9. 璧（17）　10. 盘（18）

壶　2 件。形态相同。

标本 M296：1，敞口。长弧颈，溜肩，鼓腹，下腹向外斜折呈假圈足状，底微凹。颈、腹有六周细弦纹。弧形高盖，小子母口。口径 8.8、腹径 19.6、通高 37 厘米（图六八，7）。

高柄豆　4件。形态相同，均残。

标本 M296：7，敞口，折壁浅平盘，细高柱状柄，柄中腰残。喇叭状圈足。口径 14、复原高 17 厘米（图六八，2）。

杯　1件。

M296：8，直口，弧壁，平底有出边。口径 6.8、高 10.6 厘米（图六八，4）。

高柄小壶　2件。形态相同。

标本 M296：19，直口，短颈，斜肩，扁弧腹。弧形柄，底座呈喇叭形。平底出边呈饼形，器内中空至底。口径 2.8、腹径 7.1、高 11.6 厘米（图六八，8）。

盘　2件。形态相同。

标本 M296：18，敞口，短折沿，斜折壁，底微凹。口径 11.2、高 2.6 厘米（图六八，10）。

勺　2件。形态相同。

标本 M296：9，口微敛，弧壁较直，平底微凹，有出边。弧形卷头柄。口径 5.6、通宽 11、高 8.8 厘米（图六八，5）。

匜　2件。形态相同。

标本 M296：13，敛口，弧壁，底微凹。口部一侧有弧形平口流。与流对应一侧捏出手握凹边。口径 11.6～12.2、高 3.4 厘米（图六八，6）。

匕　2件。形态相同。

标本 M296：6，敞口，前宽平，两侧捏出凹腰，后呈凹弧形，浅弧壁，平底。圆柱形柄首残。残长 9.2、宽 9.2、残高 8.4 厘米（图六八，3）。

璧　1件。

M296：17，略残。双面平直。正面戳印不规则圆圈纹。肉径 10.2、好径 3.2、厚 0.5 厘米（图六八，9）。

还有敦 2件，残甚，形态不明。

墓例二三　M526

（一）墓葬形制（B 型 I 式）

普通窄长方形土坑竖穴。方向 84°。墓上部被推毁。墓底两侧壁前后各有两个对称的枕木槽。墓壁垂直。墓长 270、宽 110、残深 260 厘米。随葬品置于头端。墓中填五花土。葬具及人骨架不存（图六九）。

（二）出土器物

14 件。除一件铜镜外，余为陶器。

1. 陶器

13 件。为仿铜陶礼器（图版一二，2）。

鼎　2件。均残，仅存鼎盖 1件。

标本 M526：2，弧形盖。盖面饰两周弦纹。第一周弦纹上等列三个扁凸纽，盖顶有一扁圆纽。盖径 17.8、高 5.3 厘米（图七〇，2）。

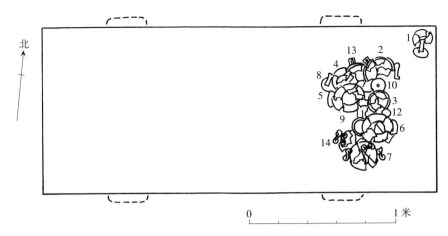

图六九　M526 随葬器物分布图

1、4、8. 陶豆　2、13. 陶鼎　3、9. 陶盘　5、6. 陶壶　7、14. 陶敦　10. 铜镜　11、12. 陶匜

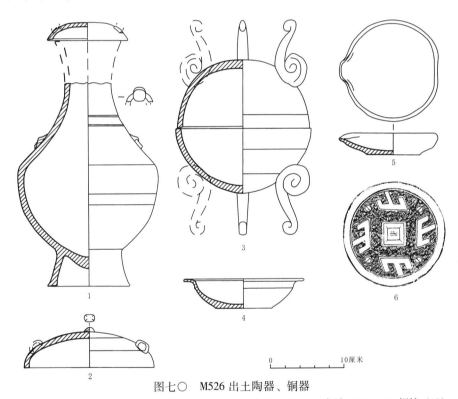

图七〇　M526 出土陶器、铜器

1. 陶壶（5）　2. 陶鼎盖（2）　3. 陶敦（7）　4. 陶盘（9）　5. 陶匜（12）　6. 铜镜（10）

敦　2 件。形态相同。

标本 M526：7，身、盖形态略异，足、纽同形。器身腹较浅。敞口，弧壁，圈底尖凸。腹饰两周弦纹。盖腹较深，敞口较直。口外有一周弦纹。抽象卧兽形高足、纽均残。口径 18.4、残通高 24 厘米（图七〇，3）。

壶　2 件。形态相同，均残。

标本 M526：5，口残。弧颈较细，斜肩微凹弧，肩有折。弧腹，凸圈底，外撇高圈足残。肩部对称有鼻纽衔环，环残。下腹饰两周弦纹。弧形盖顶面较平。盖边三个扁纽亦残。腹径 20、复原通高 35 厘米（图七〇，1）。

盘　2件。形态相同。

标本 M526：9，敞口，宽平折沿，弧壁，平底。口径 16.4、高 3.8 厘米（图七〇，4）。

匜　2件。形态相同。

标本 M526：12，敛口，弧壁，平底。口部一侧有平口流。与流对应一侧略捏出手握凹边。口径 13.2～13.4、高 2.9 厘米（图七〇，5）。

还有高柄豆 3 件，残甚，形态不明。

2. 铜器

镜　1件。

M526：10，四花叶羽状地四山纹镜。亮黑色。圆形。镜体较小。窄素高缘，两弦纽，方纽座。花纹由主纹和地纹构成，主纹为四个左斜的"山"字纹，"山"字底边与纽座平行，由纽座四角向两"山"字间伸出一素条纹，条纹顶端各有一个心形花叶，共四花叶。地纹为涡纹和羽状纹。直径 13.9、缘厚 0.47 厘米，重 56.2 克（图七〇，6）。

墓例二四　M551

（一）墓葬形制（B 型 I 式）

普通窄长方形土坑竖穴。方向 205°。墓上部被推毁。墓壁垂直。墓长 250、宽 140、残深 370 厘米。随葬品沿一长壁放置。墓中填五花土。葬具及人骨架不存（图七一）。

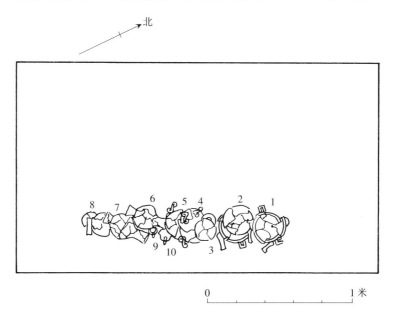

图七一　M551 随葬器物分布图

1、2. 陶鼎　3、8. 陶豆　4、5. 陶敦　6、7. 陶壶　9. 陶勺　10. 陶匕

（二）出土器物

10 件。为仿铜陶礼器（图版一三，1）。

鼎　2件。形态相同。

标本 M551：2，高子母口内敛，窄肩承盖。扁弧腹，平底微凹。蹄形高足直立，足断面略呈铲形，外侧有简化兽面装饰。方附耳外侈，残。弧形素盖。口径14.2、通宽20、通高17厘米（图七二，1）。

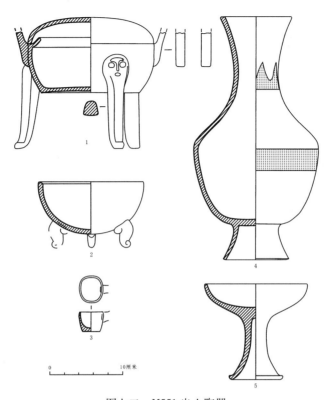

图七二　M551 出土陶器
1. 鼎（2）　2. 敦（4）　3. 勺（9）　4. 壶（6）　5. 矮柄豆（3）

敦　2件。形态相同。

标本 M551：4，仅存一半。直口，圆弧壁，圜底、顶。抽象卧兽形矮足、纽。口径19.4、残高8.5厘米（图七二，2）。

壶　2件。形态相同。

标本 M551：6，敞口，长弧颈，斜肩，弧腹斜直，平底，喇叭形高圈足。颈有黑衣白彩三角纹，腹饰一周白彩宽带。口径9.6、腹径16.8、高31.8厘米（图七二，4）。

矮柄豆　2件。形态相同。

标本 M551：3，敞口，弧壁，矮弧形柄，喇叭状圈足边缘微翘。口径14、高12.6厘米（图七二，5）。另有一件与之同。

勺　1件。

M551：9，直口，弧壁，平底。柄残。口径3.2、残高2.6厘米（图七二，3）。

还有匕1件，残甚，形态不明。

第三节　乙组 A 类墓例

乙组 A 类墓为随葬一套仿铜陶礼器为主的宽坑（A 型）墓。共85座，约占乙组墓的57%，其比重较甲组 A 类墓骤减。几无棺椁保存，部分墓有椁、棺朽痕，原都应有椁有棺。普通长方形墓 42 座，为主要形态；带斜坡墓道的墓 23 座；带台阶的墓 30 座，其中有 12 座墓墓道与台阶共存；还有 1 座带二层台的墓。本节从中选取代表性的墓葬 17 座予以举例介绍。

墓例二五　M134

（一）墓葬形制（A 型 I 式）

普通宽长方形土坑竖穴。方向 10°。墓底有两条不抵壁的横枕木沟，位置略偏。沟宽 16～20、深 3 厘米。墓壁垂直。长 270、宽 160、深 390 厘米。随葬品靠一长壁放置。墓中填五花土，填土为夯筑。葬具及人骨架不存（图七三）。

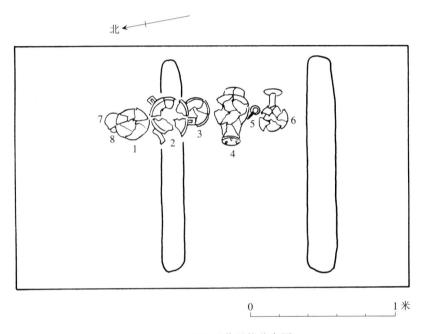

图七三　M134 随葬器物分布图
1. 陶盒　2. 陶鼎　3. 陶盘　4. 陶壶　5. 陶勺　6. 陶豆　7. 陶匜　8. "金印"

（二）出土器物

8 件。除一件"金印"外，余为陶器。

1. 陶器

7 件。为仿铜陶礼器（图版一三，2）。

鼎　1 件。

M134：2，高子母口内敛，窄凹肩。弧腹较直，凹底。中腹微突出。蹄形足直立，足根部外侧有简化兽面装饰，下有多条纵棱。方附耳外斜，线性耳孔未穿透。盖失。口径 13.6、通宽 22.8、高 17.2 厘米（图七四，1）。

盒　1 件。

M134：1，直口，弧壁，底、顶微凹。身、盖有数周瓦楞纹。口径 14.6、通高 16.6 厘米（图

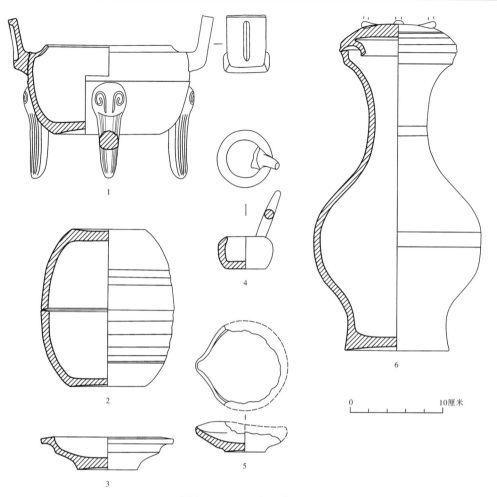

图七四　M134 出土陶器

1. 鼎（2）　2. 盒（1）　3. 盘（3）　4. 勺（5）　5. 匜（7）　6. 壶（4）

七四，2）。

壶　1件。

M134:4，盘状口，长弧颈较细，溜肩，弧腹。下腹近底向下直折呈假圈足状，底微凹。颈、腹各有两周细弦纹。弧形盖略有折，凹弧形子母口。盖顶三个扁纽残。口径 12.4、腹径 18、通高 34.5 厘米（图七四，6）。

盘　1件。

M134:3，敞口较直，平折沿微坠，折壁，平底微凹。口径 14.6、高 3.4 厘米（图七四，3）。

勺　1件。

M134:5，敛口，弧壁，平底。锥形柄斜伸。口径 4、腹径 6、高 8.2 厘米（图七四，4）。

匜　1件。

M134:7，口部呈尖弧形。弧壁，底微凹。后部残。高 3.2 厘米（图七四，5）。

还有豆 1件，残甚，形态不明。

2. 金器

印　1件。原始记录称有"金印"1件，不见实物。疑为发掘过程中的误判。是否应为一镀金的铜构件。

墓例二六　M156

（一）墓葬形制（A型I式）

普通宽长方形土坑竖穴。方向318°。墓上部被推毁。墓壁略斜。现墓口长270、宽166厘米，墓底长256、宽150、残深260厘米。随葬品靠一长壁放置。墓中填五花土。葬具及人骨架不存（图七五）。

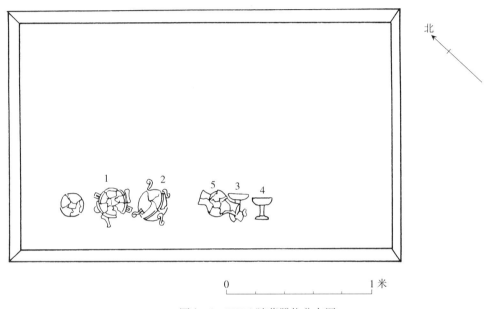

0　　　　　　　1米

图七五　M156随葬器物分布图
1. 陶鼎　2. 陶敦　3、4. 陶豆　5. 陶壶

（二）出土器物

5件。为仿铜陶礼器（图版一四，1）。

鼎　1件。

M156∶1，子母口内敛，窄凹肩承盖。扁直腹略外斜，底边有折。圜底残。蹄形高足略撇，足断面呈五边形，外侧有数道纵棱。方附耳外侈。弧形高盖。盖面有两周凸棱。口径14.4、通宽21、通高20.4厘米（图七六，1）。

敦　1件。

M156∶2，身、盖等大，足、纽同形，身、盖相合呈椭圆形。直口，内外凸唇。圆弧壁，圜底、顶。抽象兽形高足、纽直立。身、盖有数周弦纹。口径17.4、通高30.8厘米（图七六，3）。

壶　1件。

M156∶5，敞口，长弧颈，溜肩，鼓腹，下腹外撇呈假高圈足状，平底。颈至腹有五组弦纹，每组两道。折壁盘状盖，凸弧顶。口径10.2、腹径18.2、通高33.6厘米（图七六，2）。

高柄豆　2件。形态略异。

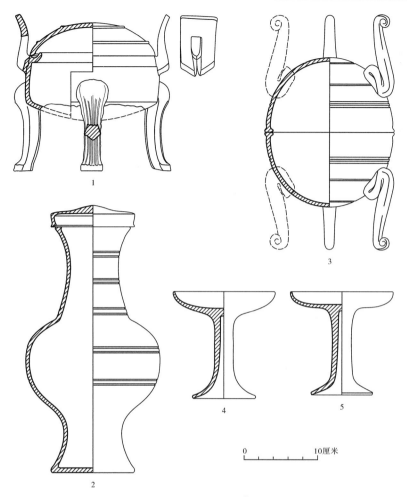

图七六　M156 出土陶器

1. 鼎（1）　2. 壶（5）　3. 敦（2）　4、5. 高柄豆（3、4）

M156：3，敞口，浅弧壁，高弧形柄，喇叭状圈足较低。口径 13.8、高 14 厘米（图七六，4）。

M156：4，敞口，弧壁浅平，高柱状柄，喇叭状圈足弧形转折。口径 13.8、高 13.4 厘米（图七六，5）。

墓例二七　M274

（一）墓葬形制（A 型 I 式）

普通宽长方形土坑竖穴。方向 280°。墓上部被推毁。墓壁垂直。墓长 280、宽 160、残深 210 厘米。随葬品纵向放置于墓中部。墓中填五花土。葬具及人骨架不存（图七七）。

（二）出土器物

11 件。为仿铜陶礼器（图版一四，2）。

鼎　1 件。

M274：1，子母口微敛，窄肩。扁弧腹斜，圜底近平。上腹略突出。蹄形足高挑直立，足根部

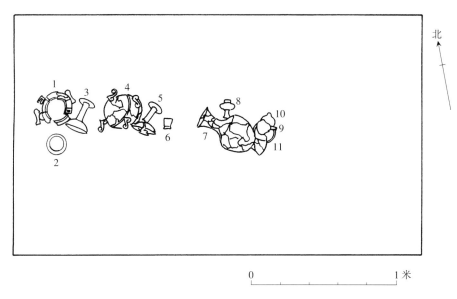

图七七 M274 随葬器物分布图
1. 陶鼎 2. 陶璧 3、5. 陶豆 4. 陶敦 6. 陶杯 7. 陶壶 8. 陶高柄小壶 9. 陶匕 10. 陶匜 11. 陶盘

外侧有四个小孔，足呈多棱边。方附耳外侈。耳外侧下部两边各有两个小孔。耳、足穿透器壁。弧形盖口部较直。盖面有两周凸圈，盖顶鼻纽衔环。口径 14.6、通宽 22.8、通高 19 厘米（图七八，1）。

敦 1件。

M274：4，身、盖等大，足、纽同形，身、盖相合呈椭圆形。直口，唇内凸。圆弧壁，圜底、顶。抽象兽形足、纽直立，足、纽穿透器壁。足、纽根部两侧有小孔。口径 16.4、通高 24.8 厘米（图七八，2）。

壶 1件。

M274：7，敞口，长弧颈，颈以下残。颈部饰两周弦纹。斗笠状盖，子母口。盖面饰一周弦纹，弦纹上有三个小孔。口径 11.4、残高 15 厘米（图七八，7）。

高柄豆 2件。形态相同。

标本 M274：5，敞口，折壁浅盘，细高柄上粗下细，盖状圈足，边缘呈台状。口径 16.8、高 16.8 厘米（图七八，9）。

高柄小壶 1件。

M274：8，直口，卷沿，短直颈，斜肩，扁腹。弧形柄，喇叭形圈足，边缘斜折。口径 4.3、腹径 7.6、高 10.6 厘米（图七八，4）。

盘 1件。

M274：11，敞口，宽平折沿，弧壁，底微凹。口径 14.6、高 2.7 厘米（图七八，8）。

匜 1件。

M274：10，敛口，弧壁，底微凹。口部一侧有方弧形流，与流对应一侧捏出手握凹边。口径 12.6～12.7、高 3.2 厘米（图七八，6）。

匕 1件。

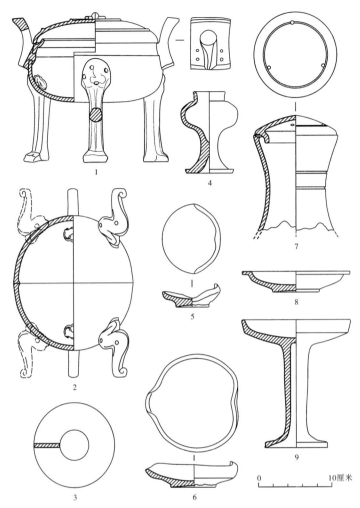

图七八　M274 出土陶器

1. 鼎（1）　2. 敦（4）　3. 璧（2）　4. 高柄小壶（8）　5. 匕（9）
6. 匜（10）　7. 壶（7）　8. 盘（11）　9. 高柄豆（5）

M274：9，敞口，弧壁，底微凹，有出边。口部中间较低，两侧及后部卷边。柄残。长 7.9、宽 9、残高 3 厘米（图七八，5）。

璧　1 件。

M274：2，双面平直。素面。肉径 11.2、好径 4、厚 0.5 厘米（图七八，3；图版一五，1）。

还有杯 1 件，残甚，形态不明。

墓例二八　M371

（一）墓葬形制（A 型 I 式）

普通宽长方形土坑竖穴。方向 270°。墓上部被推毁。墓壁倾斜。现墓口长 340、宽 260 厘米，墓底长 276、宽 190、残深 165 厘米。随葬品中陶器置于头端，铜剑置于一侧。墓中填五花土。葬具及人骨架不存（图七九）。

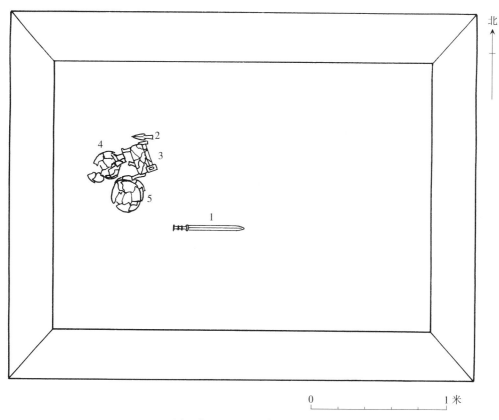

图七九　M371 随葬器物分布图
1. 铜剑　2. 铜矛　3. 陶鼎　4. 陶壶　5. 陶盒

（二）出土器物

5 件。有陶器和铜器。

1. 陶器

3 件。为仿铜陶礼器（彩版七，1；图版一五，2）。

鼎　1 件。

M371:3，高子母口内敛，窄凹肩。扁弧腹，平底微凹。棱柱状足直立，足根部外侧有两个重圈纹泥片装饰。方附耳略内斜，耳孔呈"回"字形。弧形盖顶面较平，口部较直。盖顶一重圈纹泥片纽饰。口径 16.6、通宽 24.4、通高 23.6 厘米（图八〇，1）。

盒　1 件。

M371:5，身、盖形态略异。器身直口微敛，弧壁略有折，小平底。弧壁盖顶面较平。口径 18、通高 14 厘米（图八〇，4）。

壶　1 件。

M371:4，敞口，弧颈粗短，溜肩，圆腹。下腹微凹，平底。口径 13.4、腹径 18.4、高 25.4 厘米（图八〇，2）。

2. 铜器

2 件。为兵器。

剑　1 件。

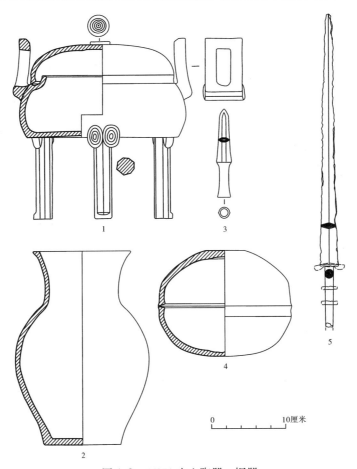

图八〇　M371 出土陶器、铜器

1. 陶鼎（3）　2. 陶壶（4）　3. 铜矛（2）　4. 陶盒（5）　5. 铜剑（1）

M371：1，灰绿色。圆形实茎，剑身较长，菱形脊。首、箍、格及剑身均残。残通长 41 厘米（图八〇，5）。

矛　1 件。

M371：2，灰黑色。圆骹，銎口略侈。窄叶，平脊。通长 11.5、骹长 4.6、叶长 6.9 厘米（图八〇，3）。

墓例二九　M420

（一）墓葬形制（A 型 I 式）

普通宽长方形土坑竖穴。方向 260°。墓上部被推毁。墓口有 30 厘米厚表土。墓底一端有一条横枕木沟，沟宽 16、深 5 厘米。墓壁倾斜，墓底平面略呈宽梯形。墓口长 340、宽 280、深 30 厘米，墓底左侧长 284、右侧长 274、宽 165、残深 280 厘米。随葬器物置于头端。墓中填五花土。葬具及人骨架不存（图八·）。

（二）出土器物

6 件。有陶器和铜器。

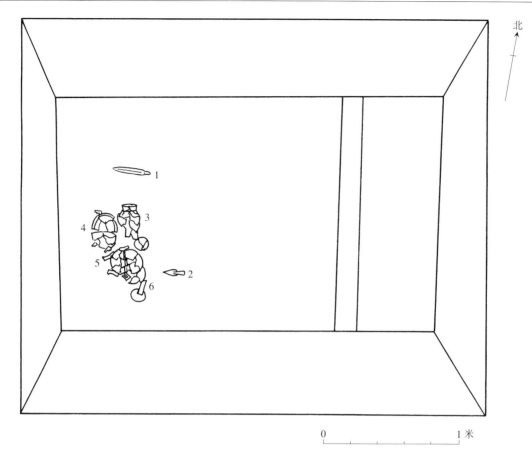

图八一　M420 随葬器物分布图
1. 铜剑　2. 铜矛　3. 陶壶　4. 陶敦　5. 陶鼎　6. 陶豆

1. 陶器

4 件。为仿铜陶礼器（图版一五，3）。

鼎　1 件。

M420：5，高子母口，窄肩。弧腹，圜底。口、腹饰三周弦纹。蹄形高足略撇，足断面呈圆角方形。方附耳狭窄直立，狭长耳孔呈"回"字形。弧形盖顶面较平，口部较直。盖边有三个扁梯状纽，盖顶有一长方纽。口径 15.8、通宽 22、通高 20.6 厘米（图八二，1）。

敦　1 件。

M420：4，身、盖等大，足、纽同形。直口，弧壁，凸圜底、顶。扁梯状足、纽外斜。口径 16.5、通高 20.4 厘米（图八二，2）。

壶　1 件。

M420：3，直口微侈，粗直颈微弧，溜肩，鼓腹，平底。圈足残。上腹等列三个纽饰。口径 11.4、腹径 16.6、残高 22.4 厘米（图八二，3）。

还有豆 1 件，残甚，形态不明。

2. 铜器

2 件。为兵器。

剑　1 件。

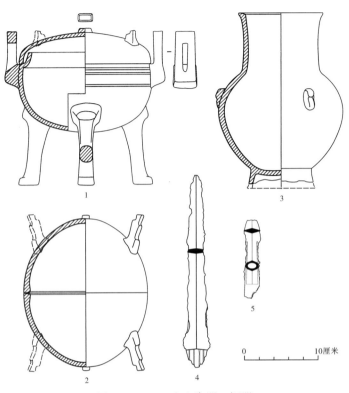

图八二　M420 出土陶器、铜器

1. 陶鼎（5）　2. 陶敦（4）　3. 陶壶（3）　4. 铜剑（1）　5. 铜矛（2）

M420：1，青灰色，茎宽扁，茎双面各有四道纵棱。茎、刃缘及前锋残。菱形脊。残通长 25.2
厘米（图八二，4）。

矛　1 件。

M420：2，灰色。圆骹。叶后部两侧有血槽。骹、叶及前锋均残。菱形脊。残通长 10.2 厘米
（图八二，5）。

墓例三〇　M663

（一）墓葬形制（A 型 I 式）

普通宽长方形土坑竖穴。方向 102°。墓上部被毁。墓口长 250、宽 140 厘米，墓底长 280、宽
160、残深 390 厘米。随葬品靠长壁放置。墓中填五花土。葬具及人骨架不存（图八三）。

（二）出土器物

10 件。均为仿铜陶礼器。

鼎　1 件。

M663：1，子母口内敛，窄肩承盖。扁腹斜直，圜底较平。蹄形高足直立，足根部外侧有抽象
兽面装饰，足断面略呈铲形。足穿透器壁。方附耳大侈。弓弧形盖。盖面有两周低凸圈，第一周
凸圈上等列三个扁立纽。口径 14.8、通宽 22.6、通高 19 厘米（图八四，1）。

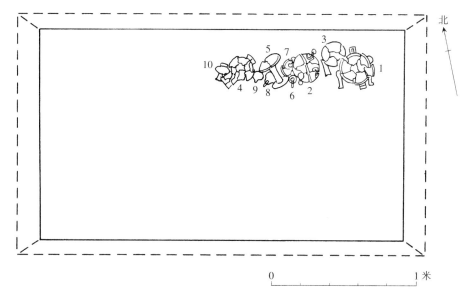

图八三　M663 随葬器物分布图

1. 陶鼎　2. 陶敦　3、5. 陶豆　4. 陶壶　6. 陶勺　7. 陶盘　8. 陶匕　9. 陶匜　10. 陶高柄小壶

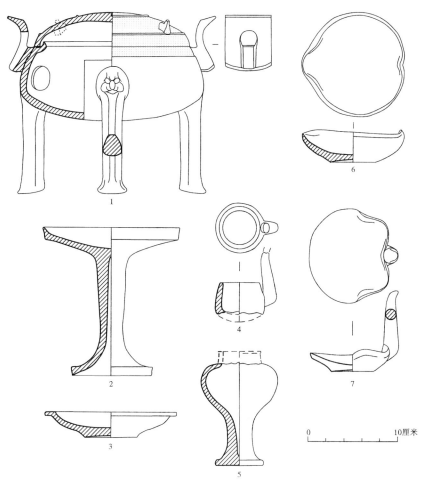

图八四　M663 出土陶器

1. 鼎（1）　2. 高柄豆（3）　3. 盘（7）　4. 勺（6）　5. 高柄小壶（10）　6. 匜（9）　7. 匕（8）

高柄豆　2件。形态相同。

标本 M663：3，敞口，折壁浅盘，细高柄上粗下细，盖状圈足，边缘呈台状。口径 14.8、高 15.5 厘米（图八四，2）。

高柄小壶　1件。

M663：10，口残。圆肩，弧腹。弧形柄，平底边缘平伸呈饼形。腹径 8.3、残高 10.7 厘米（图八四，5）。

盘　1件。

M663：7，敞口，平折沿，弧壁，底微凹。口径 14.2、高 2.6 厘米（图八四，3）。

勺　1件。

M663：6，敛口，斜直壁，底残。锥形柄直立，卷尾残。口径 4.4、通宽 6.6、残高 6.5 厘米（图八四，4）。

匜　1件。

M663：9，敛口，弧壁，底微凹。口部一侧有弧形流，与流对应一侧捏出手握凹边。口径 11～11.3、高 3.4 厘米（图八四，6）。

匕　1件。

M663：8，敞口，斜壁，底微凹。口沿两侧捏出凹腰，后呈凹弧形。锥形柄直立，尾端微卷。长 9.8、宽 9.8、高 8.4 厘米（图八四，7）。

还有敦、壶各 1 件，残甚，形态不明。

墓例三一　M233

（一）墓葬形制（A 型Ⅱa 式）

宽长方形土坑竖穴带斜坡墓道。墓道位于墓室南端，方向 170°，坡度 21°。墓上部被推毁。墓道口长 350、宽 140、深 140 厘米，墓道下端距墓底 160 厘米。墓底有两条横枕木沟，两端向墓壁略掏进。枕木沟宽 18～20、深 5 厘米。墓口平面略呈梯形，墓壁倾斜。现墓口长 330、头端宽 230、足端宽 220 厘米，墓底长 265、宽 160、残深 300 厘米。随葬器物主要沿一长壁放置，一件陶璧置于头端。墓中填五花土。葬具及人骨架不存（图八五、八六）。

（二）出土器物

12 件。为仿铜陶礼器（彩版七，2；图版一六，1）。

鼎　1件。

M233：5，子母口内敛，窄凹肩承盖。扁弧腹，底近平。蹄形高足略外撇，足断面呈多棱形。方附耳微张。耳孔呈"回"字形。弧形盖口沿较直。盖面有两周低凸圈，第一周凸圈上等列三个扁立纽。口径 14.8、通宽 22、通高 20.6 厘米（图八七，1）。

敦　1件。

M233：6，身、盖略不等大，盖腹较浅，足、纽同形。敞口，弧壁，圜底、顶。抽象兽形高足、纽直立。器身有四周弦纹，盖口部饰一圈黑衣白彩带纹。口径 15.6、通高 23.4 厘米（图八七，8）。

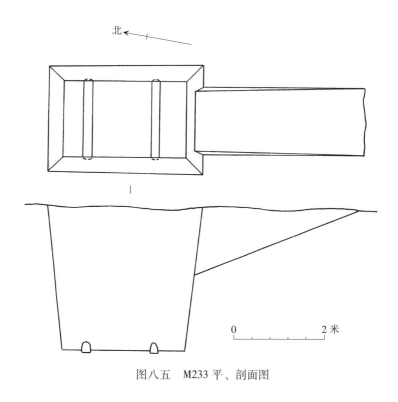

图八五　M233 平、剖面图

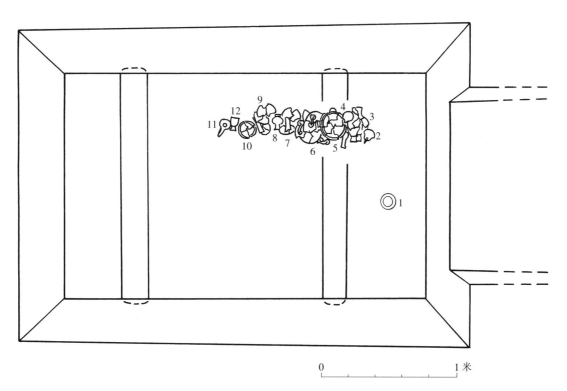

图八六　M233 随葬器物分布图

1. 陶璧　2. 陶匕　3. 陶壶　4. 陶匜　5. 陶鼎　6. 陶敦　7、9. 陶豆　8. 陶高柄小壶　10. 陶盘　11. 陶斗　12. 陶杯

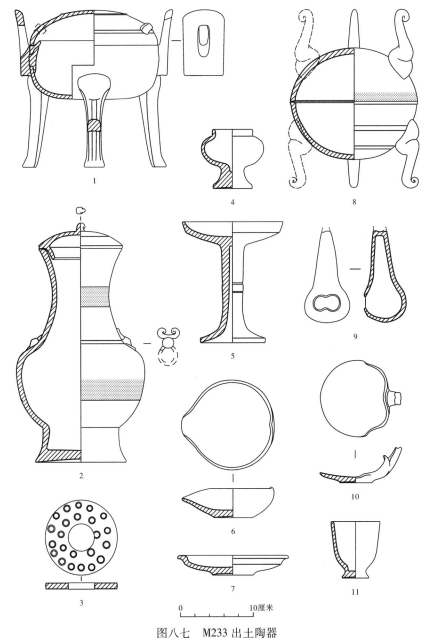

图八七　M233 出土陶器

1. 鼎（5）　　2. 壶（3）　　3. 璧（1）　　4. 高柄小壶（8）　　5. 高柄豆（7）　　6. 匜
（4）　　7. 盘（10）　　8. 敦（6）　　9. 斗（11）　　10. 匕（2）　　11. 杯（12）

壶　1件。

M233：3，敞口。长弧颈，斜肩，弧腹，下腹向外斜折呈假圈足状，底微凹。颈至腹饰五周细弦纹。颈、腹弦纹间各有一圈黑衣白彩宽带纹。弧形盖，高子母口内敛。盖面饰一周弦纹，盖顶有一卷纽。口径 9.6、腹径 17.6、通高 31.4 厘米（图八七，2）。

高柄豆　2件。形态相同。

标本 M233：7，敞口，折壁浅盘，细高柱状柄，喇叭状低圈足。柄中腰饰两周弦纹。口径 13.2、高 15.8 厘米（图八七，5）。

杯　1件。

M233：12，敞口，直壁，平底微凹，有出边。口径6、高7.4厘米（图八七，11）。

高柄小壶　1件。

M233：8，直口，短直颈，圆肩，扁圆腹。弧形矮柄，底座呈喇叭形。平底微凹。口径4.8、腹径8.5、高7.8厘米（图八七，4）。

盘　1件。

M233：10，敞口较直，平折沿，斜折壁，底微凹。口径15、高2.6厘米（图八七，7）。

匜　1件。

M233：4，敛口，弧壁，底微凹。口部一侧有弧形平口流。与流对应一侧捏出手握凹边。口径11.8～12.6、高3.8厘米（图八七，6）。

匕　1件。

M233：2，敞口，口沿两侧捏出凹腰，后呈凹弧形，浅弧壁，平底微凹。方柱形柄斜伸，残。残长11、宽10、残高4.6厘米（图八七，10）。

斗　1件。

M233：11，整体呈葫芦形。斗身椭圆形，一面为"8"字形口，中空。斗柄呈圆锥形，尾端残。残长12、宽6厘米（图八七，9）。

璧　1件。

M233：1，双面平直。正面戳印两周圆圈纹。肉径9.8、好径3.5、厚0.8厘米（图八七，3）。

墓例三二　M262

（一）墓葬形制（A型Ⅱa式）

土坑竖穴宽坑带斜坡墓道。墓口宽近正方形。墓道位于墓室北端，方向240°，坡度22°。墓上部被推毁。墓道口长400、宽160、深195厘米，墓道下端距墓底220厘米。墓壁略斜。现存墓口长320、宽310厘米，墓底长280、宽230、残深415厘米。随葬器物置于头端。葬具及人骨架不存（图八八、八九）。

（二）出土器物

5件。为仿铜陶礼器（图版一六，2）。

鼎　1件。

M262：2，子母口内敛，窄凹肩承盖。扁弧腹较直，大平底。蹄形高足略外撇，长方附耳微侈。弧形盖口部残。盖面有两周凸圈，盖顶有一扁纽。器身、足、耳等部位有红彩弦纹、斜线纹等，多脱落。口径16.6、通宽22.8、通高22.6厘米（图九〇，1）。

敦　1件。

M262：1，身、盖相合呈球形。直口，弧壁，圜底、顶。扁方矮足直立，纽为卷首卷尾抽象长颈兽形，首向外卷作扭头状。器身饰两周弦纹，器盖饰一周弦纹。口径18.6、通高26厘米（图九〇，2）。

壶　1件。

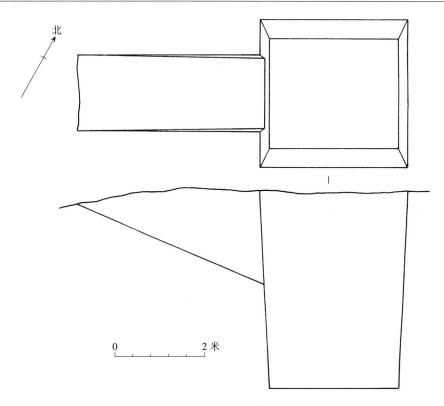

图八八　M262 平、剖面图

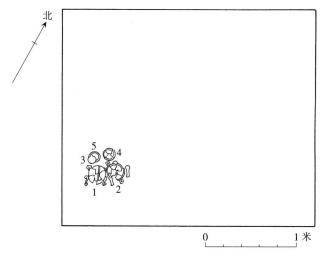

图八九　M262 随葬器物分布图
1. 陶敦　2. 陶鼎　3. 陶匜　4. 陶壶盖　5. 陶盘

　　M262：4，壶身已残，仅存壶盖。弓弧形盖，盖边斜折，低子母口。盖面有三个双卷首抽象兽形高纽。首端残。盖径 13.1、复原高 10.8 厘米（图九〇，3）。

　　盘　1件。

　　M262：5，敞口，弧壁，平底。口径 17.4、高 3.7 厘米（图九〇，4）。

　　匜　1件。

　　M262：3，敛口，弧壁，平底。口部一侧有弧形宽流。口径 12.8～14.5、高 4.4 厘米（图九〇，5）。

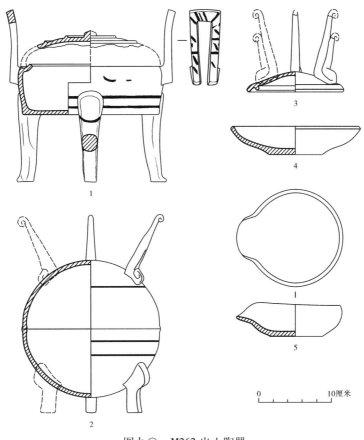

图九〇　M262 出土陶器

1. 鼎（2）　2. 敦（1）　3. 壶盖（4）　4. 盘（5）　5. 匜（3）

墓例三三　M721

（一）墓葬形制（A 型 Ⅱa 式）

宽长方形土坑竖穴带斜坡墓道。墓道位于墓室南端，方向175°，坡度24°。墓上部被推毁。墓道口长220、宽160、深120厘米，墓道下端距墓底220厘米。墓壁倾斜度很大，墓底平面略呈梯形。现墓口长400、宽320厘米，墓底长280、头端宽155、足端宽165、残深340厘米。墓底有棺椁朽痕，椁分棺室和头厢。随葬器物中陶器位于头端，铜兵器位于西侧。葬具及人骨架不存（图九一、九二）。

（二）出土器物

5 件。有陶器和铜器。

1. 陶器

3 件。为仿铜陶礼器。

鼎　1 件。

M721：4，直口微敛，斜沿承盖。弧腹，平底。腹有一周凸圈。棱锥形高足直立。长方附耳微

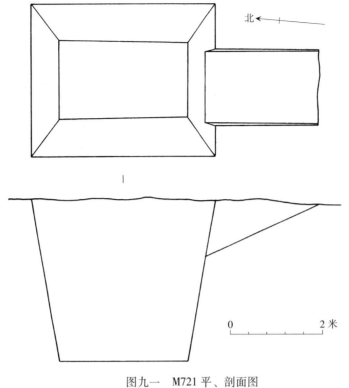

图九一　M721 平、剖面图

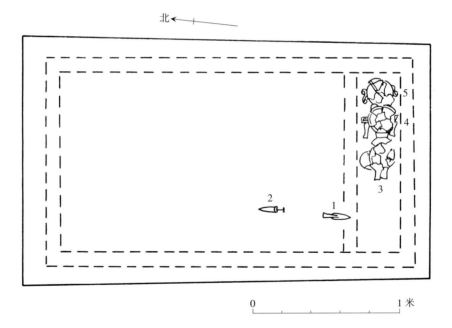

图九二　M721 随葬器物分布图
1. 铜矛　2. 铜匕首　3. 陶壶　4. 陶鼎　5. 陶敦

侈。弧形盖口部较直。盖面有一周凹圈,盖顶有一方梯形纽。口径19、通宽21.8、通高23.6厘米（图九三,1）。

壶　1件。

M721:3,敞口,长直颈微弧,溜肩,鼓腹,平底。矮圈足略外撇。口至腹饰五周弦纹。

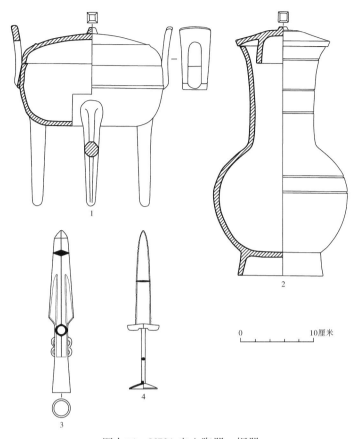

图九三　M721 出土陶器、铜器
1. 陶鼎（4）　2. 陶壶（3）　3. 铜矛（1）　4. 铜匕首（2）

斜折壁低盖，平顶，高子母口直立。盖顶一方纽。口径 11.6、腹径 18.2、通高 32.5 厘米（图九三，2）。

还有敦 1 件，残甚，形态不明。

2. 铜器

2 件。为兵器。

矛　1 件。

M721:1，灰青色。骹分两段，前段八边形，后段圆形。銎口略侈。骹两侧有双连鼻。叶后部两侧有血槽。菱形脊。通长 21.4 厘米（图九三，3）。

匕首　1 件。

M721:2，青灰色。喇叭形首，枣核形细茎，"凹"字形格，窄叶。薄棱形脊。通长 20.8 厘米（图九三，4）。

墓例三四　M118

（一）墓葬形制（A 型Ⅱb 式）

土坑竖穴宽坑带斜坡墓道及一级生土台阶。墓口宽近正方形。墓道位于墓室西端，方向 287°。

墓道下端有长 220 厘米一段为平底，往前为斜坡，坡度 16°。墓上部被推毁。墓道口长 540、宽 165、深 180 厘米，墓道下端距墓底 156 厘米。台阶分布于墓口四周，西端被墓道切断。台阶宽 27~40、高 60 厘米。墓壁两端垂直，两侧倾斜，足端近底反向略斜。现墓口长 352、宽 348 厘米，墓底长 276、宽 158、残深 350 厘米。随葬器物主要靠一侧放置，一件铜矛置于另一侧。墓底有厚约 20 厘米白膏泥，其上填五花土。葬具及人骨架不存（图九四、九五）。

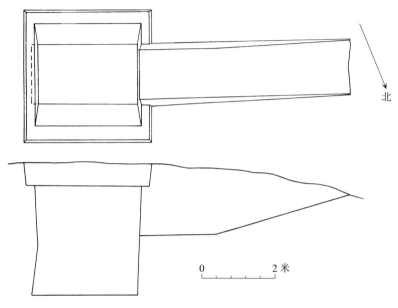

0　　　　　2 米

图九四　M118 平、剖面图

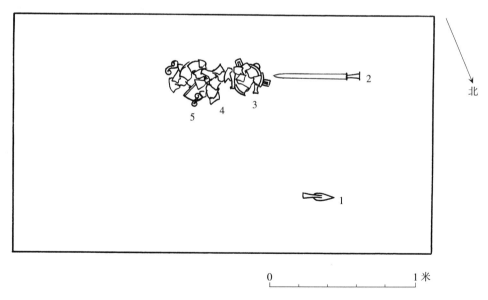

0　　　　　1 米

图九五　M118 随葬器物分布图
1. 铜矛　2. 铜剑　3. 陶鼎　4. 陶壶　5. 陶敦

（二）出土器物

5 件。有陶器和铜器。

1. 陶器

3 件。均为仿铜陶礼器，包括鼎、敦、壶各 1 件，均残甚，形态不明。

2. 铜器

2 件。为兵器。

剑　1 件。

M118：2，灰色。空首，空茎，"一"字形窄格，剑身菱形脊。首、茎及前锋残。残通长 47.8 厘米（图九六，1；图版一七，1）。

矛　1 件。

M118：1，灰绿色。圆骹，銎口略侈。骹两侧有双连鼻。叶两侧有深血槽。菱形脊。叶一边略残。通长 19.3 厘米（图九六，2；图版一七，2）。

墓例三五　M440

（一）墓葬形制（A 型 Ⅱ b 式）

土坑竖穴宽坑带斜坡墓道及一级生土台阶。墓口几呈正方形。墓道位于墓室南端，方向 198°，坡度 30°。墓上部被推毁。墓道下端与台阶相接。墓道口残长 180、宽 164、深 90 厘米，墓道下端距墓底 250 厘米。台阶分布于墓口三方，足端一方无台阶。台阶高度不甚一致，台阶宽 32 ~ 48、高 60 ~ 90 厘米。墓壁倾斜度较大。现墓口长 434、宽 432 厘米，墓底长 280、宽 170、残深 340 厘米。墓被盗扰。随葬器物十分残碎。葬具及人骨架不存（图九七、九八）。

（二）出土器物

4 件。为仿铜陶礼器。

鼎　1 件。

M440：1，器身已残，仅存器盖。浅折壁盖，口沿较直，盖面弧形。盖面有两周凸圈，盖顶鼻纽衔环。盖径 19、高 3.5 厘米（图九九，1）。

壶　1 件。

M440：2，器身已残，仅存器盖。弧形盖边缘斜折，子母口内敛。盖面饰两周弦纹。盖径 11.8、高 3.5 厘米（图九九，2）。

高柄豆　2 件。形态相同。

M440：3，敞口，弧壁浅盘，高柱状柄，喇叭状圈足弧形转折。口径 13.2、高 16.2 厘米（图九九，3）。

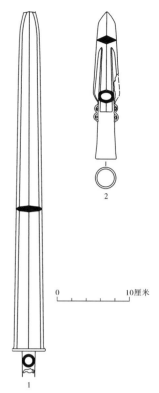

图九六　M118 出土铜器
1. 剑（2）　2. 矛（1）

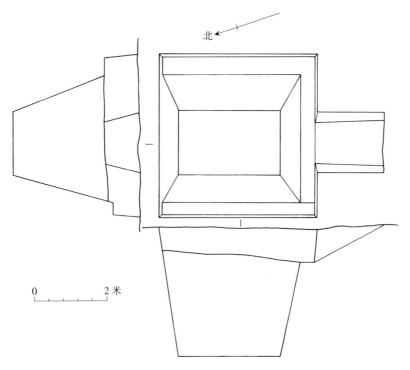

图九七　M440 平、剖面图

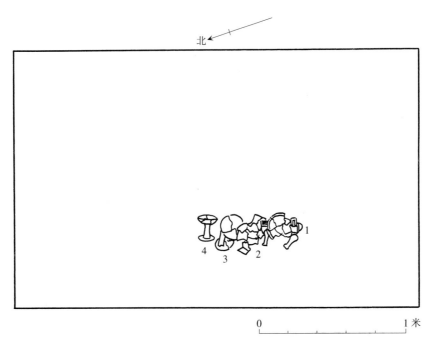

图九八　M440 随葬器物分布图
1. 陶鼎　2. 陶壶　3、4. 陶豆

墓例三六　M666

（一）墓葬形制（A 型Ⅱb 式）

土坑竖穴宽坑带斜坡墓道及一级生土台阶。墓口几呈正方形。墓道位于墓室东端，方向110°，

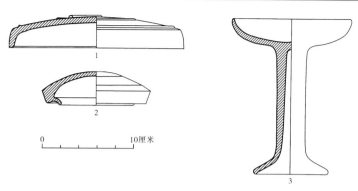

图九九　M440 出土陶器
1. 鼎盖（1）　2. 壶盖（2）　3. 高柄豆（3）

坡度38°。墓上部被推毁。墓道口残长180、宽200、深230厘米，墓道下端距墓底190厘米。台阶分布于墓口四周，东端被墓道切断。台阶宽80、残高40厘米。墓壁倾斜。现墓口长560、宽500厘米，墓底长300、宽180、残深420厘米。随葬器物置于墓底头端及一侧。葬具及人骨架不存（图一〇〇、一〇一）。

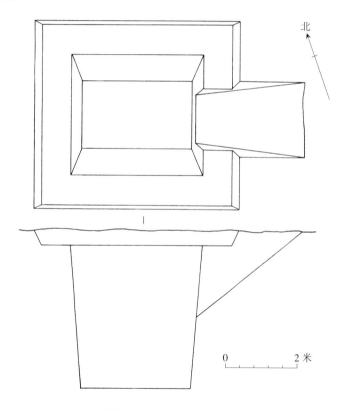

图一〇〇　M666 平、剖面图

（二）出土器物

8件。有陶器和铜器。

1. 陶器

3件。为仿铜陶礼器。

敦　1件。

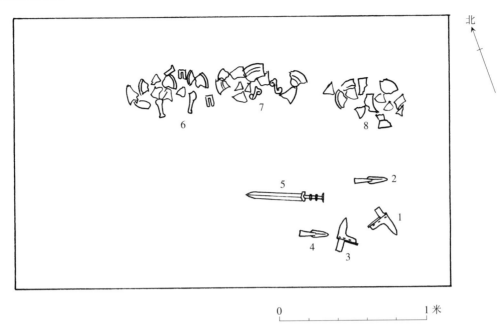

图一〇一　M666 随葬器物分布图

1、3. 铜戈　2、4. 铜矛　5. 铜剑　6. 陶鼎　7. 陶敦　8. 陶壶

M666：7，仅存一半。直口微敛，弧壁，小平底。抽象兽形足略伸。器身饰五组弦纹，每组两周。口径 17.6、高 13.8 厘米（图一〇二，6）。

还有鼎、壶各 1 件，残甚，形态不明。

2. 铜器

5 件。为兵器。

剑　1 件。

M666：5　铜双箍剑。青绿色。喇叭形首，圆实茎上有双箍，"凹"字形格较窄。剑身狭长，菱形脊。刃缘崩损。残通长 66.8、身长 55.9、茎长 10.9、身宽 4.6 厘米（图一〇二，7；图版一七，3）。

戈　2 件。

M666：1，青绿色。援较平，锋端略坠，菱形脊。长胡三穿，胡部有两个镂刻铭文。长方内前部有一长条形穿。后部有刃，尾上翘。胡略残。援、内通长 27.5、胡残高 11.2 厘米（图一〇二，1、2）。

M666：3，青绿色。昂援，长胡三穿，菱形脊。长方内上有一长条形穿。尾部下方一浅凹缺。援、胡、内均残。援、内残通长约 16.3、胡残高 10.7 厘米（图一〇二，3）。

矛　2 件。

M666：2，青绿色。圆骹，銎口略侈。骹一面有一鼻。骹内残存木柲。骹前部残破。凸棱脊。通长 20.2 厘米（图一〇二，4）。

M666：4，青绿色。圆骹残。叶后部折弧收，与骹有分隔。刃缘崩残。凸棱脊。残通长 15.8 厘米（图一〇二，5）。

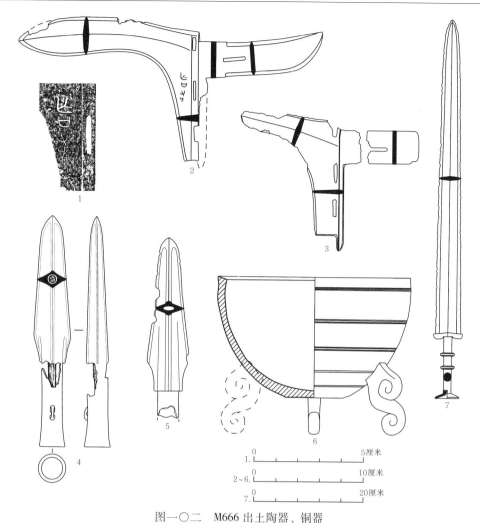

图一〇二　M666 出土陶器、铜器

1. 铜戈铭文拓片（1）　　2、3. 铜戈（1、3）　　4、5. 铜矛（2、4）　　6. 陶敦（7）　　7. 铜剑（5）

墓例三七　M75

（一）墓葬形制（A 型 Ⅲ a 式）

宽长方形土坑竖穴带两级封闭生土台阶。方向 283°。墓上部被推毁。第一级台阶宽 60、高 46~70 厘米；第二级台阶宽 40、高 110 厘米。第一级台阶墓壁垂直，第二级台阶及以下墓壁倾斜。现墓口长 595、宽 470 厘米，墓底长 320、宽 190、残深 410 厘米。墓底有棺椁朽痕。墓有盗扰迹象。随葬器物置于头端。墓底有厚约 30 厘米较纯净的白膏泥层，其上填五花土，填土经夯筑。葬具及人骨架不存（图一〇三、一〇四）。

（二）出土器物

12 件。有陶器和铜器。

1. 陶器

9 件。为仿铜陶礼器。

图一〇三　M75 平、剖面图

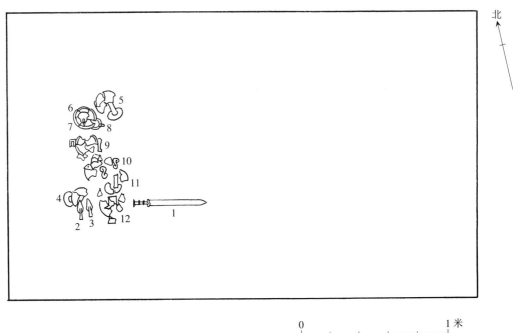

图一〇四　M75 随葬器物分布图
1. 铜剑　2、3. 铜矛　4、5、11. 陶豆　6. 陶盘　7. 陶匕　8. 陶勺　9. 陶鼎　10. 陶敦　12. 陶壶

　　豆　3件。有高柄豆、矮柄豆和形态不明的豆各1件，仅高柄豆保存完好，余两件残甚，形态不明。

　　标本 M75∶4，敞口，弧壁，细高柱状柄，盖状圈足。柄和圈足转折处有两周台棱。口径12.6、高15.8厘米（图一〇五，2）。

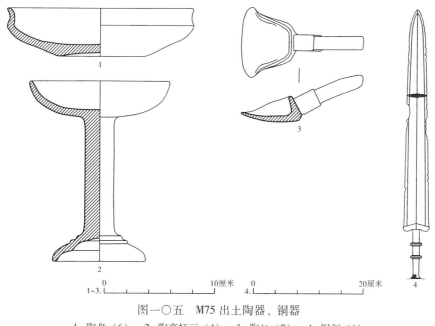

图一〇五　M75 出土陶器、铜器
1. 陶盘（6）　2. 陶高柄豆（4）　3. 陶匕（7）　4. 铜剑（1）

盘　1件。

M75：6，侈口，斜折壁，底微凹。口径16.8、高4.2厘米（图一〇五，1）。

匕　1件。

M75：7，敞口，两侧凹腰，平面呈钟形。长方形柄斜伸，柄作两段。长11、宽6.2、高4.2厘米（图一〇五，3）。

还有鼎、敦、壶、勺各1件，残甚，形态不明。

2. 铜器

3件。为兵器。

剑　1件。

M75：1，墨绿色。剑首残。圆茎上有双箍，"凹"字形宽格，剑身菱形脊。刃缘崩损。残通长47.2厘米（图一〇五，4；图版一七，4）。

还有矛2件，残甚，形态不明。

墓例三八　M99

（一）墓葬形制（A型Ⅲa式）

宽长方形土坑竖穴带两端平行一级生土台阶。方向72°。墓上部被推毁。台阶宽60、高40厘米。墓底有两条横枕木沟，沟宽18、深3厘米。墓壁倾斜。现墓口长490、宽280厘米，墓底长280、宽200、残深330厘米。随葬器物沿两长壁放置。葬具及人骨架不存（图一〇六、一〇七）。

（二）出土器物

7件。有陶器和铜器。

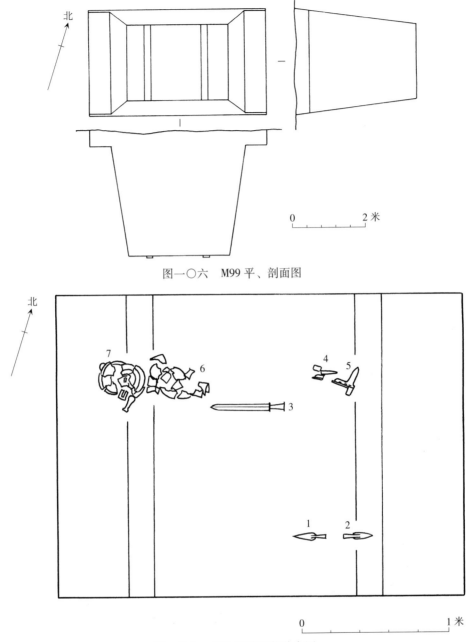

图一〇六　M99 平、剖面图

0　　　　　　2 米

图一〇七　M99 随葬器物分布图

1、2. 铜矛　3. 铜剑　4、5. 铜戈　6. 陶壶　7. 陶鼎

0　　　　　　　　　　　　1 米

1. 陶器

2 件。为仿铜陶礼器。

鼎　1 件。

M99：7，器身已残，仅存器盖。浅弧壁盖，口沿较直。盖面饰两周弦纹，盖顶有一长方小纽。盖径 18.3、高 4 厘米（图一〇八，2）。

还有壶 1 件，残甚，形态不明。

2. 铜器

5 件。为兵器。

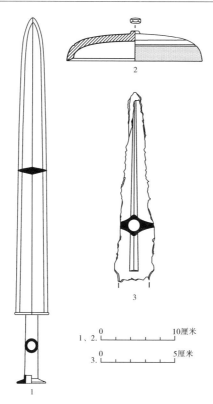

图一○八　M99 出土陶器、铜器
1. 铜剑（3）　2. 陶鼎盖（7）　3. 铜矛（1）

剑　1 件。

M99 : 3，墨绿色。空首，空茎，"一"字形窄格，剑身菱形脊。通长 48 厘米（图一○八，1；图版一八，1）。

矛　2 件。一件残甚，形态不明。

M99 : 1，灰青色。骹及叶均残。凸棱脊。残通长 12.5 厘米（图一○八，3）。

还有戈 2 件，残甚，形态不明。

墓例三九　M100

（一）墓葬形制（A 型 Ⅲa 式）

宽长方形土坑竖穴带封闭一级生土台阶。方向 265°。台阶宽 52 ~ 60、高 120 厘米。墓壁略斜，台阶以下墓坑平面呈梯形。现墓口长 540、宽 420 厘米，墓底长 330、头端宽 228、足端宽 200、残深 400 厘米。随葬器物沿头端和一侧呈曲尺形放置。墓中填五花土。葬具及人骨架不存（图一○九、一一○）。

（二）出土器物

12 件。有陶器和铜器。

1. 陶器

5 件。为仿铜陶礼器。

北

0   2 米

图一〇九　M100 平、剖面图

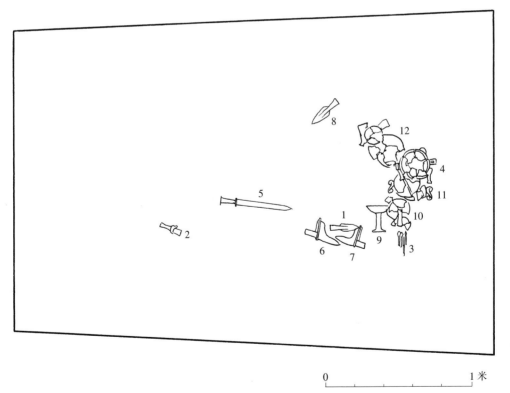

北

0   1 米

图一一〇　M100 随葬器物分布图

1、8. 铜矛　2. 铜戈鐏　3. 铜箭镞　4. 陶鼎　5. 铜剑　6、7. 铜戈　9、10. 陶豆　11. 陶敦　12. 陶壶

鼎　1件。

M100：4，敛口，口外有一周凸圈以承盖，深直腹微弧。腹有两周弦纹。腹、底弧形转折。底、足、耳均残。弧形盖低平。盖面平。盖面饰两周弦纹，盖边有三个扁半环纽，盖顶有一桥形纽。口径17.5、残高12厘米（图一一一，1）。

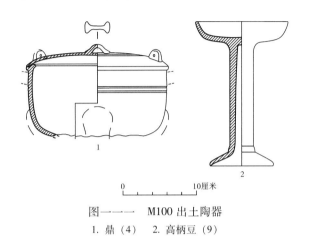

图一一一　M100出土陶器
1. 鼎（4）　2. 高柄豆（9）

高柄豆　2件。形态相同。

标本M100：9，敞口，斜折壁，高柱状柄，盖状圈足。柄和圈足转折处有一周凸圈。口径12.8、高19厘米（图一一一，2）。

还有敦、壶各1件，残甚，形态不明。

2. 铜器

7件。为兵器。

剑　1件。

M100：5，青黑色。空首，空茎略呈喇叭形，"一"字形窄格，剑身菱形脊。刃缘及前锋崩残。残通长51.4厘米（图一一二，6）。

戈　2件。

M100：6，绿色。昂援，菱形脊。长胡三穿，长方内前部一长方穿。援前锋及胡略残。援、内残通长22.8、胡残高14.3厘米（图一一二，1；图版一八，2）。

M100：7，绿色。援较平，菱形脊。长胡四穿，长方内前部有一长方形穿，尾部下方一浅凹缺。援、内通长20.5、胡高9.4厘米（图一一二，2）。

戈鐏　1件。

M100：2，青绿色。上段呈筒形，断面呈圭首形，中腰有一圆孔。下段呈八边形，鐏脚渐细。上下两段之间铸浮雕兽纹。长14.3厘米（图一一二，5）。

矛　2件。

M100：1，墨绿色。圆骹，銎口略侈。骹一面有一鼻，鼻上方有一框格纹。矛叶双面脊两侧铸蝉翼纹。凸棱脊。通长21.8厘米（图一一二，3）。

M100：8，青黑色。圆骹，銎口略侈。骹一面有一鼻。叶后部弧收，与骹有分隔。凸棱脊。通长17.1厘米（图一一二，4）。

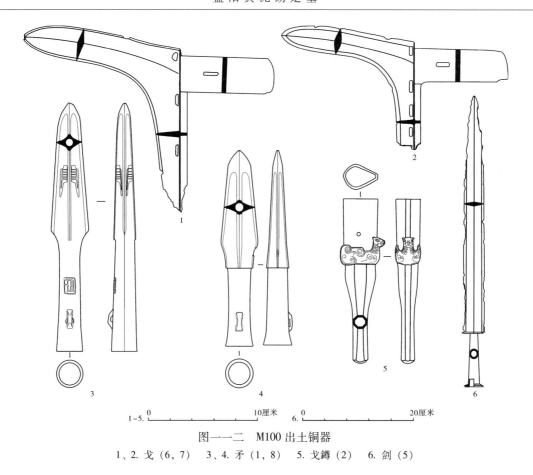

图一一二　M100 出土铜器

1、2. 戈（6，7）　3、4. 矛（1，8）　5. 戈鐏（2）　6. 剑（5）

还有箭镞数枚，残甚，形态不明。

墓例四〇　M132

（一）墓葬形制（A 型Ⅲa 式）

土坑竖穴宽坑带两侧平行一级生土台阶。墓口近正方形。方向103°。墓口以上有厚38 厘米表土。台阶宽40～55、高84 厘米。墓底有两条横枕木沟，沟宽26、深3 厘米。墓壁倾斜。墓口长430、宽390、深38 厘米，墓底长350、宽196、深332 厘米。墓底有棺椁朽痕。随葬器物中陶器置于头端，铜兵器置于两侧，应是椁室的头厢和两边厢位置。墓底填有厚约10 厘米的白膏泥，其上填五花土，填土经夯筑。葬具及人骨架不存（图一一三、一一四）。

（二）出土器物

11 件。有陶器和铜器。

1. 陶器

6 件。为仿铜陶礼器。

矮柄豆　3 件。形态相同。

M132：7，敞口，弧壁，矮弧形柄，喇叭状圈足边缘内勾。口径11.6、高9.6 厘米（图一一五，3）。

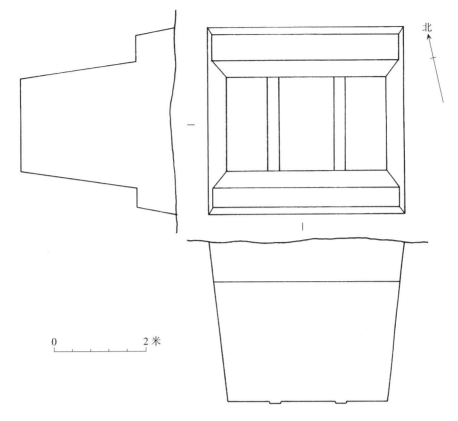

图一一三　M132 平、剖面图

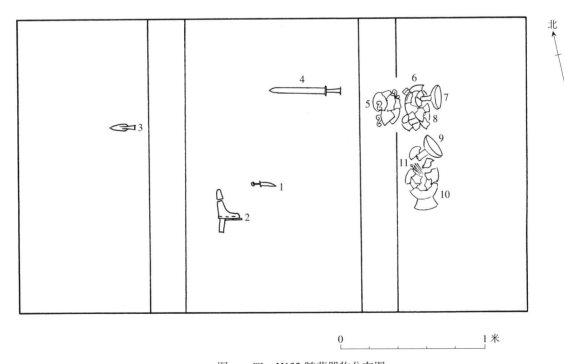

图一一四　M132 随葬器物分布图

1. 铜削　2. 铜戈　3. 铜矛　4. 铜剑　5. 陶敦　6. 陶鼎　7~9. 陶豆　10. 陶壶　11. 铜箭镞

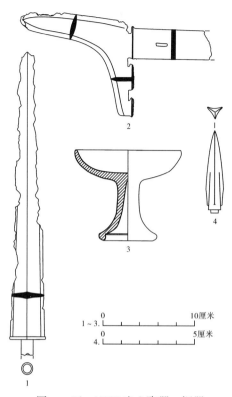

图一一五　M132 出土陶器、铜器

1. 铜剑（4）　2. 铜戈（2）　3. 陶矮柄豆（7）　4. 铜箭镞（11）

还有鼎、敦、壶各 1 件，残甚，形态不明。

2. 铜器

5 件。为兵器。

剑　1 件。

M132：4，灰青色。剑茎及首残。空茎，"一"字形窄格，剑身菱形脊。刃缘及前锋崩残。残通长 31.6 厘米（图一一五，1）。

戈　1 件。

M132：2，青绿色。援较平，梭形脊。长胡三穿，长方内前部有一长条形穿。援、胡、内均略残。援、内残通长 20.8、胡残高 9.6 厘米（图一一五，2）。

箭镞　1 枚。

M132：11　铜箭镞。灰绿色。三角形长镞头，短圆关，圆铤残。残长 4.3 厘米（图一一五，4）。

还有矛、削各 1 件，残甚，形态不明。

墓例四一　M475

（一）墓葬形制（A 型Ⅳa 式）

宽长方形土坑竖穴带平行生土二层台。方向 180°。墓上部被推毁。二层台位于墓底两侧。二层台宽 12～20、距墓底 60 厘米。墓底两对角各有一个大致呈正方形的浅坑。坑边宽 34～40、深 4

厘米。墓壁略斜，墓口平面呈梯形。现墓口长 320、头端宽 252、足端宽 230 厘米，墓底长 300、宽 155、残深 320 厘米。墓有盗扰迹象。随葬品位于头端和一侧，头端浅坑内也有数块陶片。墓中填五花土。葬具及人骨架不存（图一一六、一一七）。

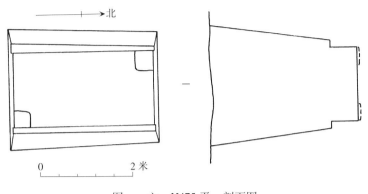

图一一六　M475 平、剖面图

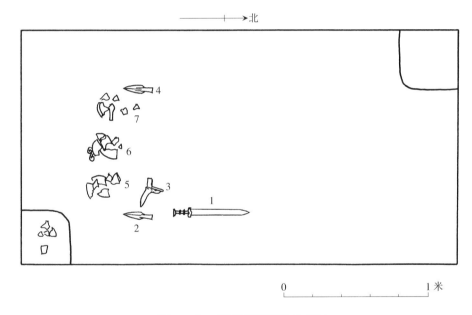

图一一七　M475 随葬器物分布图
1. 铜剑　2、4. 铜矛　3. 铜戈　5. 陶壶　6. 陶敦　7. 陶鼎

（二）出土器物

7 件。有陶器和铜器。

1. 陶器

3 件。为仿铜陶礼器。鼎、敦、壶各 1 件，均残甚，形态不明。

2. 铜器

4 件。为兵器。

剑　1 件。

M475：1，青绿色。喇叭形首，椭圆形实茎上有双箍，"凹"字形宽格。剑身菱形脊。前锋略残。残通长 43 厘米（图一一八，1）。

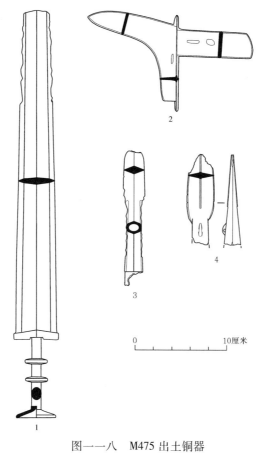

图一一八　M475 出土铜器
1. 剑（1）　2. 戈（3）　3、4. 矛（4，2）

戈　1 件。

M475：3，青黑色。昂援，平脊。胡一穿，长方内前部有一窄一宽两个穿，内尾部略弧。援、内通长 18、援长 9.7、内长 8.3、胡高 10.1 厘米（图一一八，2）。

矛　2 件。

M475：2，灰黑色。圆骹残。骹一面有单鼻。叶呈柳叶形。凸棱脊。骹及前锋残。残通长 9.5 厘米（图一一八，4）。

M475：4，灰绿色。圆骹残。叶两侧有血槽。菱形脊。骹、叶及前锋均残。残通长 14.1 厘米（图一一八，3）。

第四节　乙组 B 类墓例

乙组 B 类墓为随葬一套仿铜陶礼器为主的窄坑（B 型）墓。共 59 座，少于乙组 A 类墓。普通长方形墓 50 座，为主要形态；带头龛和二层台的墓 8 座。本节从中选取代表性的墓葬 17 座予以举例介绍。

墓例四二　M6

（一）墓葬形制（B 型 I 式）

普通窄长方形土坑竖穴。方向 195°。墓上部被推毁。墓底略大于墓口。墓口长 268、宽 105 厘米，墓底长 275、宽 110、残深 230 厘米。随葬品置于头端。墓中填五花土，填土经夯筑。葬具及人骨架不存（图一一九）。

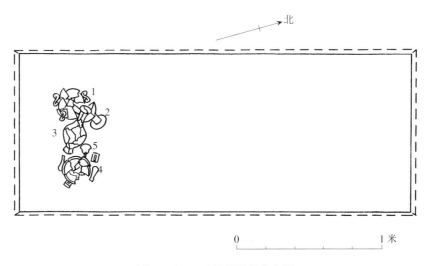

图一一九　M6 随葬器物分布图
1. 陶敦　2. 陶豆　3. 陶壶　4. 陶鼎　5. 陶匕

（二）出土器物

5 件。为仿铜陶礼器（彩版八，1；图版一九，1）。

鼎　1 件。

M6：4，低子母口，窄凹肩承盖。上腹较直，下腹弧收，小平底。蹄形足直立，足呈多棱形。足根部外侧两个反向涡状纹象征兽面。方附耳微侈。弧形素盖。盖顶面较平。口径 14.2、通宽 19.8、通高 19.2 厘米（图一二〇，1）。

敦　1 件。

M6：1，身、盖形态有别。器身直口，深弧壁，平底。盖呈半球形。抽象双卷矮兽形足、纽。盖口径略大。盖径 14.4、通高 21.5 厘米（图一二〇，2）。

壶　1 件。

M6：3，喇叭状敞口。细弧颈略束，斜肩，肩、腹有折。弧腹，平底，高圈足外撇。颈至腹饰五周弦纹。弧形盖略有折。盖边有三个扁纽。口径 10.4、腹径 17、通高 35.4 厘米（图一二〇，3）。

矮柄豆　1 件。

M6：2，敞口，弧壁盘，矮弧形柄，喇叭状圈足边缘微折。口径 12.6、高 11.4 厘米（图一二〇，4）。

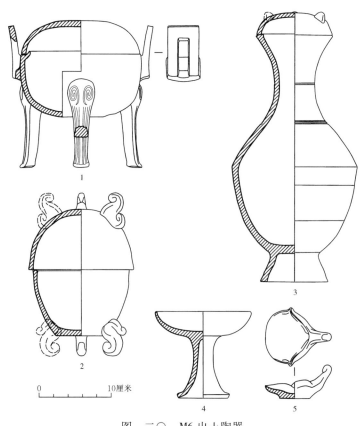

图一二〇　M6 出土陶器

1. 鼎（4）　2. 敦（1）　3. 壶（3）　4. 矮柄豆（2）　5. 匕（5）

匕　1件。

M6:5，敞口。弧壁，平底。口部两侧突出，卷首柄斜伸。长9、宽7.6、高4.4厘米（图一二〇，5）。

墓例四三　M126

（一）墓葬形制（B 型 I 式）

普通窄长方形土坑竖穴。方向255°。墓壁略斜。墓口长260、宽140厘米，墓底长250、宽136、残深400厘米。墓底残存三块椁底板及壁板。底板长228、宽114、厚12厘米；壁板残高20厘米。随葬品沿底板一侧放置，应为椁室边厢位置。墓底部有厚约20厘米白膏泥，其上填五花土。人骨架不存（图一二一）。

（二）出土器物

4件。为仿铜陶礼器。

壶　1件。

M126:1，敞口，长弧颈，斜肩，弧腹，下腹直折呈假高圈足状，平底。口径12.2、腹径23、高38.4厘米（图一二二，1）。

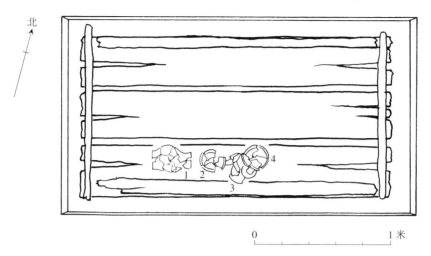

图一二一　M126 随葬器物分布图

1. 陶壶　2. 陶盘　3、4. 陶豆

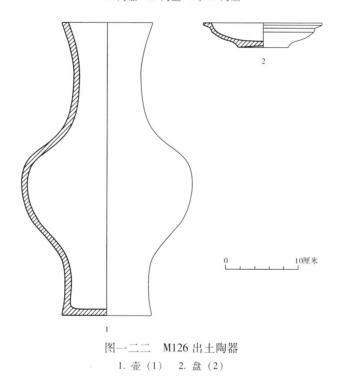

图一二二　M126 出土陶器

1. 壶（1）　2. 盘（2）

盘　1件。

M126：2，敞口，平折沿，弧壁，底微凹。口径16.1、高3.2厘米（图一二二，2）。

还有高柄豆2件，残甚，形态不明。

墓例四四　M154

（一）墓葬形制（B型Ⅰ式）

普通窄长方形土坑竖穴。方向145°。墓上部被推毁。墓壁略斜。墓口长266、宽140厘

米，墓底长260、宽110、残深234厘米。随葬品置于头端。墓中填五花土。葬具及人骨架不

存（图一二三）。

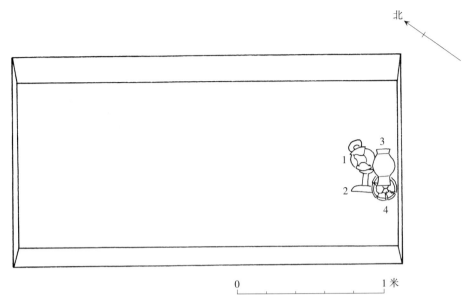

图一二三　M154 随葬器物分布图

1、2. 陶豆　3. 陶壶　4. 陶盒

（二）出土器物

4件。为仿铜陶礼器（彩版八，2；图版一九，2）。

盒　1件。

M154：4，为两件盂上下相扣，形态基本相同。口微敛，折沿微坠，束颈，斜壁微弧，底微

凹。口径21.8、通高15厘米（图一二四，2）。

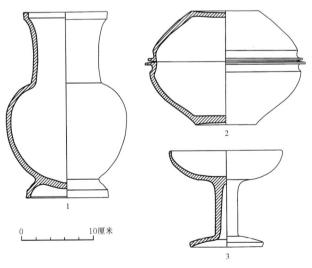

图一二四　M154 出土陶器

1. 壶（3）　2. 盒（4）　3. 矮柄豆（2）

壶　1件。

M154：3，浅盘状直口。粗弧颈较直，圆肩，颈、肩有折。圆腹，圜底，矮圈足呈折壁盘状。口径11.6、腹径16.6、高24.4厘米（图一二四，1）。

矮柄豆　2件。形态相同。

标本M154：2，口较直，弧壁盘下底有折，矮柱状柄，盖状圈足低平。口径15、高12.6厘米（图一二四，3）。

墓例四五　M178

（一）墓葬形制（B型 I 式）

普通窄长方形土坑竖穴。方向194°。墓上部被推毁。墓壁倾斜。墓口长325、宽220厘米，墓底长240、宽135、残深400厘米。随葬品沿墓壁一侧放置。墓中填五花土。葬具及人骨架不存（图一二五）。

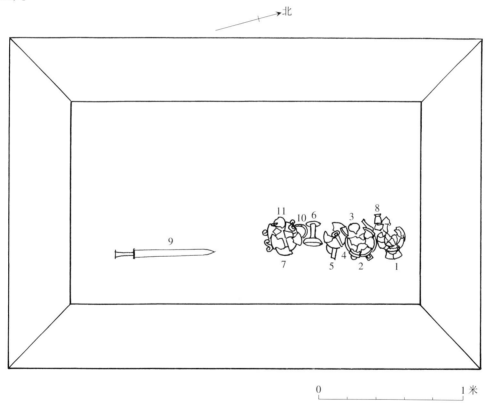

图一二五　M178随葬器物分布图

1. 陶壶　2. 陶鼎　3. 陶匜　4. 陶斗　5、6. 陶豆　7. 陶敦　8. 陶杯　9. 铜剑　10. 陶盘　11. 陶匕

（二）出土器物

11件。除一件铜剑外，余为陶器。

1. 陶器

10件。为仿铜陶礼器（彩版九，1；图版二〇，1）。

鼎　1件。

M178：2，子母口内敛，窄肩承盖。扁弧腹较直，圜底，底边折转。上腹略突出。蹄形高足略撇，足呈多棱形，足根部外侧有简化兽面装饰。方附耳直立。足、耳穿透器壁。弧形隆盖。盖面有两周凸圈，盖顶鼻纽衔环。口径17.2、通宽22.6、通高19.6厘米（图一二六，1）。

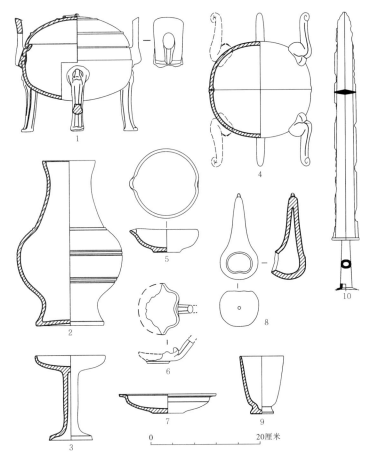

图一二六　M178出土陶器、铜器

1.陶鼎（2）　2.陶壶（1）　3.陶高柄豆（5）　4.陶敦（7）　5.陶匜（3）　6.陶匕（11）　7.陶盘（10）　8.陶斗（4）　9.陶杯（8）　10.铜剑（9）

敦　1件。

M178：7，身、盖等大，足、纽同形，身、盖相合近球形。直口内外微凸，圆弧壁，圜底、顶较平缓。抽象兽形高足、纽直立。口径18.6、通高26.8厘米（图一二六，4）。

壶　1件。

M178：1，直口，粗弧颈下部外斜，溜肩，鼓腹，腹下部向外斜伸呈假矮圈足状，底微凹。颈、腹饰六周弦纹。口径9.6、腹径19.4、高28.8厘米（图一二六，2）。

高柄豆　2件。形态相同。

标本M178：5，敞口较直，浅弧壁盘略有折，细高柱状柄，喇叭状圈足低平，边缘斜折。口径12.8、高14.8厘米（图一二六，3）。

杯　1件。

M178：8，敞口，斜直壁，下部向外斜折呈假矮圈足状，平底。口径8、高10厘米（图一二六，9）。

盘　1件。

M178：10，敞口，宽平斜折沿，弧壁浅盘略有折，平底。口径17.8、高3.4厘米（图一二六，7）。

匜　1件。

M178：3，口微敛，弧壁近底凹弧，底微凹。口部一侧有弧形窄流，与流对应一侧捏出手握凹边。口径12～12.6、残高4.2厘米（图一二六，5）。

匕　1件。

M178：11，口前端残。弧壁，饼形平底。口部两侧捏出凹腰，六棱边柄斜伸，柄端略残。残长8.8、宽9、残高4厘米（图一二六，6）。

斗　1件。

M178：4，整体呈葫芦形。斗身椭圆形，一面圆弧形口下方凹弧，斗下方有一小圆窝。中空。斗柄呈圆锥形，尾端有一乳突纽。长15、宽6.9厘米（图一二六，8）。

2. 铜器

剑　1件。

M178：9，粉绿色。空茎呈圆角方形，首残。"一"字形窄格，剑身菱形脊。刃缘及前锋崩残。残通长48.4厘米（图一二六，10）。

墓例四六　M492

（一）墓葬形制（B型Ⅰ式）

普通窄长方形土坑竖穴。方向150°。墓上部被推毁。墓底有两条横枕木沟，两端略向墓壁掘进。枕木沟宽20、深3厘米。墓壁垂直。墓长270、宽130、残深310厘米。随葬品沿一长壁放置。墓中填五花土。葬具及人骨架不存（图一二七）。

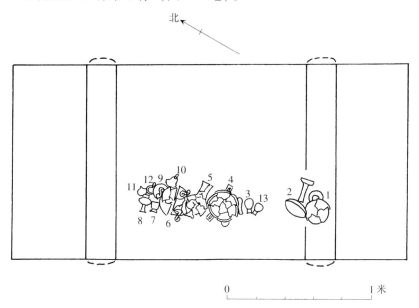

图一二七　M492随葬器物分布图

1、2. 陶豆　3、13. 陶俑头　4. 陶鼎　5. 陶壶　6. 陶敦　7. 陶杯　8. 陶高柄小壶
9. 陶盘　10. 陶匕　11. 陶匜　12. 陶勺

（二）出土器物

13 件。为仿铜陶礼器（图版二〇，2）。

敦　1 件。

M492：6，身、盖等大，足、纽同形，身、盖相合略呈椭球形。直口，弧壁，凸圜底、顶。抽象兽形高足、纽略内斜。足、纽穿透器壁。口径 15.8、通高 25.2 厘米（图一二八，1）。

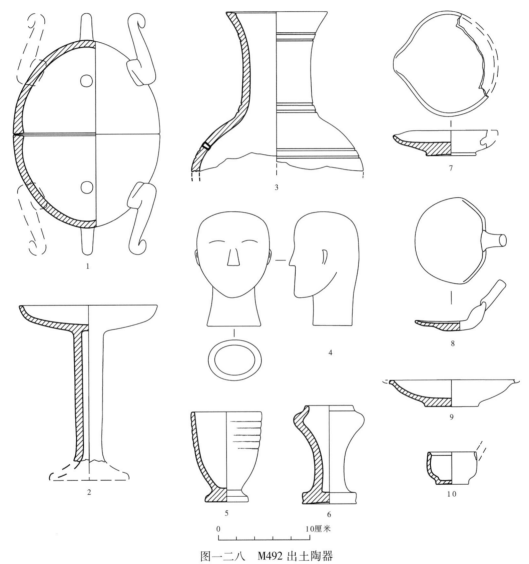

图一二八　M492 出土陶器

1. 敦（6）　2. 高柄豆（1）　3. 壶（5）　4. 俑头（3）　5. 杯（7）　6. 高杯小壶（8）　7. 匜（11）
8. 匕（10）　9. 盘（9）　10. 勺（12）

壶　1 件。

M492：5，敞口，长弧颈，溜肩，弧腹，腹以下残。口下至肩有六周弦纹。口径 11、残高 16.8 厘米（图一二八，3）。

高柄豆　2 件。均残，形态相同。

标本 M492：1，敞口，弧壁浅盘略有折，细高柱状柄。圈足残。口径 15、残高 16.5 厘米（图一二八，2）。

杯　1件。

M492：7，敞口较直，弧壁，下部向外斜折呈假矮圈足状，平底，边缘斜折。上腹有数周瓦楞状弦纹。口径7.5、高9.6厘米（图一二八，5）。

高柄小壶　1件。

M492：8，直口微敛，短颈，斜肩，扁弧腹。弧形高柄，内空至底。饼形底座，底微凹。口径5.2、腹径7.7、高10.4厘米（图一二八，6）。

盘　1件。

M492：9，敞口，平折沿略残，弧壁盘近底向下折，呈极矮的假圈足状，平底。口径约14.6、高2.8厘米（图一二八，9）。

勺　1件。

M492：12，敛口，弧壁近底向下直折，呈极矮的假圈足状，平底微凹。柄残。口径5.2、残高3.4厘米（图一二八，10）。

匜　1件。

M492：11，口微敛，弧壁，平底略出边。口部一侧有弧形流，与流对应一侧残。两侧口径11、高2.7厘米（图一二八，7）。

匕　1件。

M492：10，敞口，弧壁浅平，底略弧。口部两侧向后折收，短圆柱形柄斜伸。长9.8、宽9、高5.4厘米（图一二八，8）。

俑头　2件。形态相同。应为木俑的陶制俑头，俑身已朽不存。

M492：3，头略呈蛋形，颈弧形。有鼻梁、眉棱和双耳。中空。高12厘米（图一二八，4；图版二一，1）。

还有鼎1件，残甚，形态不明。

墓例四七　M509

（一）墓葬形制（B型Ⅰ式）

普通窄长方形土坑竖穴。方向95°。墓壁垂直。墓长260、宽120、深400厘米。随葬品置于头端。墓中填五花土。葬具及人骨架不存（图一二九）。

（二）出土器物

7件。为仿铜陶礼器（图版二一，2）。

鼎　1件。

M509：3，鼎身残，仅存盖。弧形高素盖。盖径16.2、高5.2厘米（图一三〇，5）。

敦　1件。

M509：5，身、盖等大，足、纽同形。直口，弧壁，底、顶有小平面。抽象兽形足、纽极矮。口径14.6、通高18.4厘米（图一三〇，4）。

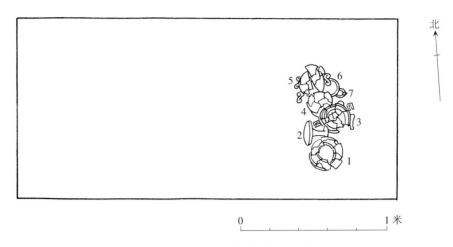

图一二九　M509 随葬器物分布图
1. 陶壶　2、4. 陶豆　3. 陶鼎　5. 陶敦　6. 陶盘　7. 陶勺

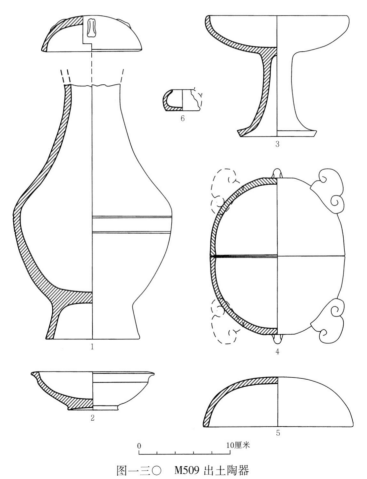

图一三〇　M509 出土陶器
1. 壶（1）　2. 盘（6）　3. 矮柄豆（2）　4. 敦（5）　5. 鼎盖（3）　6. 勺（7）

壶　1 件。

M509：1，口残。长弧颈与斜肩相连，弧腹，平底，圈足略外撇。腹部饰两周弦纹。弧形高盖，盖边有三个扁纽。腹径 17.4、残高 26.6 厘米，盖径 11、高 3.8 厘米（图一三〇，1）。

矮柄豆　2 件，形态相同。

标本 M509∶2，口微敛，弧壁盘，矮弧形柄。喇叭状圈足。口径 15、高 12.6 厘米（图一三〇，3）。

盘　1件。

M509∶6，敞口，短平折沿微坠，有短弧颈。弧壁盘，出边平底微凹。口径 13.6、高 4 厘米（图一三〇，2）。

勺　1件。

M509∶7，弇口，弧壁，平底。柄侧器壁连柄均残。口径 2.2、残高 2.2 厘米（图一三〇，6）。

墓例四八　M529

（一）墓葬形制（B 型 I 式）

普通窄长方形土坑竖穴。方向 350°。墓平面略呈梯形，墓壁略斜。墓口长 266、头端宽 114、足端宽 106 厘米，墓底长 250、头端宽 100、足端宽 90、深 300 厘米。随葬品置于头端。墓中填五花土。葬具及人骨架不存（图一三一）。

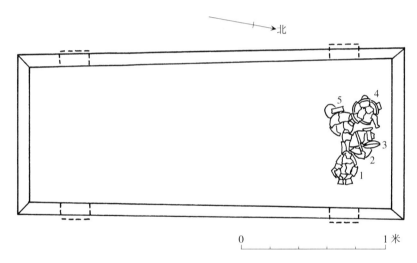

图一三一　M529 随葬器物分布图
1. 陶壶　2. 陶盒　3、5. 陶豆　4. 陶鼎

（二）出土器物

5 件。为仿铜陶礼器（图版二二，1）。

鼎　1件。

M529∶4，子母口内敛，窄凹肩。弧腹，小平底。蹄形足直立，足断面略呈梯形。方附耳外斜。盖失。口径 16.4、通宽 20、高 15 厘米（图一三二，1）。

盒　1件。

M529∶2，器身敞口，斜弧壁，小平底。盖为敞口，弧壁，弧顶。口径 15、通高 16.4 厘米（图一三二，2）。

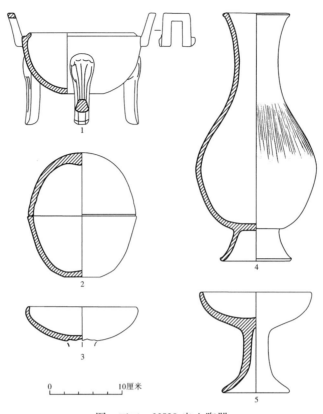

图一三二　M529 出土陶器

1. 鼎（4）　2. 盒（2）　3、5. 矮柄豆（5，3）　4. 壶（1）

壶　1 件。

M529：1，敞口。细长弧颈与斜肩相连，弧腹，平底，高圈足外撇。肩部有竖划纹。口径 9、腹径 16.2、高 32.4 厘米（图一三二，4）。

矮柄豆　2 件。形态略异。

标本 M529：3，敞口，弧壁盘，矮弧形柄。喇叭状圈足。口径 15.2、高 13.2 厘米（图一三二，5）。

M529：5，口微敛，弧壁盘。盘以下残。口径 14.8、残高 4.4 厘米（图一三二，3）。

墓例四九　M571

（一）墓葬形制（B 型 I 式）

普通窄长方形土坑竖穴。方向 90°。墓口以上有厚 70 厘米表土。两侧墓壁垂直，两端略斜。墓口长 285、宽 114、深 70 厘米，墓底长 275、宽 114、深 300 厘米。随葬品置于头端。墓中填五花土。葬具及人骨架不存（图一三三）。

（二）出土器物

8 件。除一件铜带钩外，余为陶器。

1. 陶器

7 件。为仿铜陶礼器（图版二二，2）。

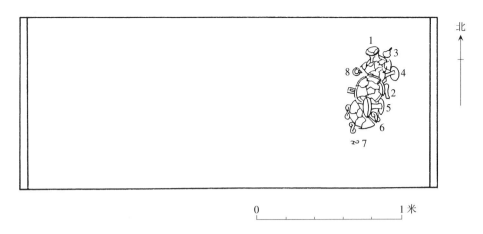

图一三三　M571 随葬器物分布图

1. 陶壶　2. 陶鼎　3. 陶匕　4、5. 陶豆　6. 陶敦　7. 铜带钩　8. 陶勺

鼎　1件。

M571:2，低子母口内敛，窄凹肩承盖。扁弧腹，平底略弧。腹部略突出。蹄形足较矮，外撇，足断面略呈梯形。方附耳外斜，耳孔呈"回"字形。弧形盖，平顶。盖面有两周凸圈，第一周凸圈上等列三个桥形纽，盖顶有一长方纽。口径15.2、通宽22.8、通高19厘米（图一三四，1）。

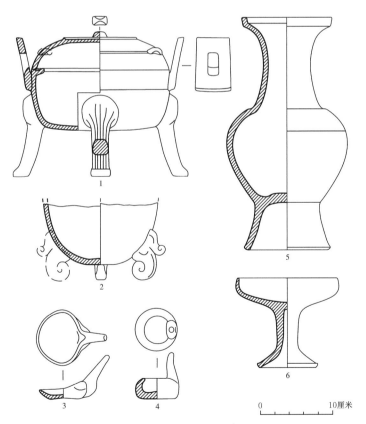

图一三四　M571 出土陶器

1. 鼎（2）　2. 敦（6）　3. 匕（3）　4. 勺（8）　5. 壶（1）　6. 矮柄豆（5）

敦　1件。

M571:6，仅存一半，口部亦残。弧壁，底有小平面。抽象兽形足矮而粗壮。口径约 16、残高 10 厘米（图一三四，2）。

壶　1件。

M571:1，浅盘状口。长弧颈，斜肩，颈、肩折转。弧腹有折，底微凹，高圈足外撇。口径 11.2、腹径 16.8、高 30.5 厘米（图一三四，5）。

矮柄豆　2件。形态相同。

标本 M571:5，直口，弧折壁盘，矮弧形柄。喇叭状圈足。口径 14、高 11.8 厘米（图一三四，6）。

勺　1件。

M571:8，弇口，弧壁，平底。牛角形柄直立。口径 1.4、腹径 5.9、高 6 厘米（图一三四，4）。

匕　1件。

M571:3，敞口，弧壁浅平，底微凹。口部两侧向后折收，圆锥形柄斜伸。长 9.7、宽 7.3、高 5.7 厘米（图一三四，3）。

2. 铜器

带钩　1件。残甚，形态不明。

墓例五〇　M581

（一）墓葬形制（B 型 I 式）

普通窄长方形土坑竖穴。方向 360°。墓壁垂直。墓长 250、宽 126、深 350 厘米。随葬品置于头端。墓中填五花土。葬具及人骨架不存（图一三五）。

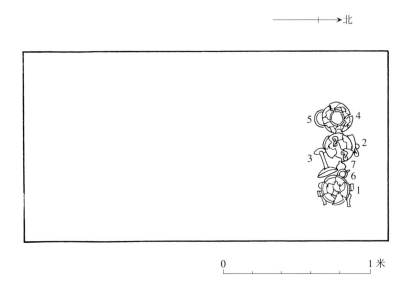

图一三五　M581 随葬器物分布图

1. 陶鼎　2. 陶敦　3. 陶豆　4. 陶壶　5. 陶盘　6. 陶勺　7. 陶匜

（二）出土器物

7 件。为仿铜陶礼器（图版二三，1）。

鼎 1 件。

M581∶1，高子母口，窄肩承盖。弧腹，凹底有出边。蹄形高足略变形。方附耳直立，耳孔呈"回"字形，未穿透。弧形素盖。身、盖的口部各有一圈黑衣白彩宽带。口径15.2、通宽21.6、通高20.6 厘米（图一三六，1）。

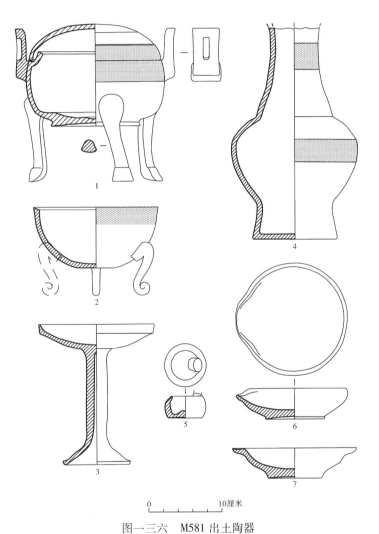

图一三六 M581 出土陶器

1. 鼎（1） 2. 敦（2） 3. 高柄豆（3） 4. 壶（4） 5. 勺（6） 6. 匜（7） 7. 盘（5）

敦 1 件。

M581∶2，仅存一半，敞口，弧壁，底有小平面。抽象兽形足直立。口部有一圈黑衣白彩宽带。口径17、残高10 厘米（图一三六，2）。

壶 1 件。

M581∶4，口残。弧颈细长，斜肩，颈、肩折转。上腹鼓，下腹向外斜折呈假圈足状，平底。颈、腹各有一圈黑衣白彩宽带。腹径17.2、残高27.6 厘米（图一三六，4）。

高柄豆　1 件。

M581：3，敞口，折壁浅盘，下底有一周凹圈。高柱状柄，喇叭状圈足。口径 15.6、高 18.4 厘米（图一三六，3）。

盘　1 件。

M581：5，敞口，宽平折沿，沿面微凹。曲弧壁，底微凹。口径 17、高 4 厘米（图一三六，7）。

勺　1 件。

M581：6，弇口，弧壁，平底微凹。柄残。口径 3.8、腹径 5.6、残高 3.3 厘米（图一三六，5）。

匜　1 件。

M581：7，敛口，弧壁，底微凹，有出边。口部一侧有弧形宽流。口径 14.6～15.2、高 4 厘米（图一三六，6）。

墓例五一　M587

（一）墓葬形制（B 型 I 式）

普通窄长方形土坑竖穴。方向 270°。墓壁垂直。墓长 270、宽 120、深 335 厘米。随葬品置于头端。墓中填五花土。葬具及人骨架不存（图一三七）。

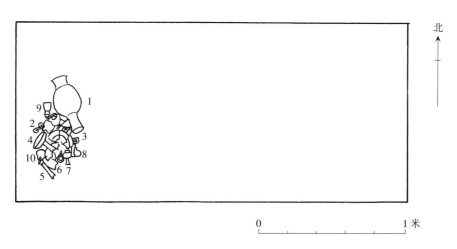

图一三七　M587 随葬器物分布图

1. 陶壶　2. 陶敦　3. 陶鼎　4、5. 陶豆　6. 陶勺　7. 陶高柄小壶　8. 陶匜　9. 陶杯　10. 陶匕

（二）出土器物

10 件。为仿铜陶礼器（图版二三，2）。

鼎　1 件。

M587：3，器身残，仅存器盖。弓弧形盖。盖面有两周低凸圈。盖径 18、高 4 厘米（图一三八，5）。

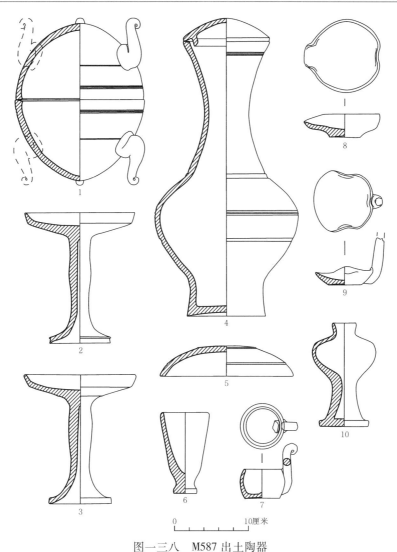

图一三八　M587 出土陶器

1. 敦（2）　　2、3. 高柄豆（4、5）　　4. 壶（1）　　5. 鼎盖（3）　　6. 杯（9）

7. 勺（6）　　8. 匜（8）　　9. 匕（10）　　10. 高柄小壶（7）

敦　1件。

M587:2，身、盖形态接近，足、纽同形。敞口，弧壁，底、顶尖凸。抽象兽形矮足、纽直立。身、盖各饰三周弦纹。口径17.5、通高21.8厘米（图一三八，1）。

壶　1件。

M587:1，敞口，弧颈细束，斜肩，颈、肩折转。上腹鼓，下腹向下直折呈假圈足状，底微凹。口至腹饰八周弦纹。斗笠形盖，矮子母口。口径10、腹径19.4、通高39厘米（图一三八，4）。

高柄豆　2件。形态相同。

M587:4，敞口，斜折壁浅平盘，高柄中腰微鼓呈纺锤形，喇叭状圈足边缘低平。口径14.8、高17厘米（图一三八，2）。

M587:5，口径15、高17厘米（图一三八，3）。

杯　1件。

M587:9,敞口,斜直壁,下部向外斜折呈假矮圈足状,平底,边缘直折。口外器壁有一小孔。口径6、高10.6厘米(图一三八,6)。

高柄小壶 1件。

M587:7,侈口,短束颈,宽斜肩,扁腹。弧形高柄,内空至底。饼形平底座。口径3.2、腹径8.8、高13.6厘米(图一三八,10)。

勺 1件。

M587:6,敛口,弧壁,平底微凹。卷首柄直立,柄穿透器壁。口径4.6、通宽7.8、高7.2厘米(图一三八,7)。

匜 1件。

M587:8,敛口,弧壁,底微凹。口部一侧有方弧形宽流,与流对应一侧捏出手握凹边。口径9.6~10.4、高3厘米(图一三八,8)。

匕 1件。

M587:10,敞口,斜弧壁,底微凹。口部两侧凹腰,圆柄直立,尾端残。长9.5、宽8、残高6.2厘米(图一三八,9)。

墓例五二 M613

(一)墓葬形制(B型Ⅰ式)

普通窄长方形土坑竖穴。方向20°。墓口小底大。墓口长240、宽100厘米,墓底长260、宽110、深300厘米。随葬品置于头端。墓中填五花土。葬具及人骨架不存(图一三九)。

(二)出土器物

5件。为仿铜陶礼器。

鼎 1件。

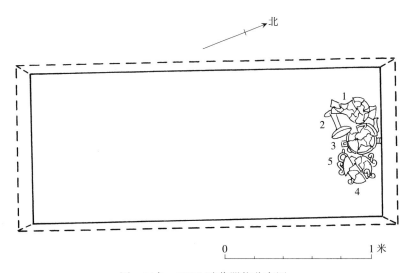

图一三九 M613随葬器物分布图

1. 陶壶 2. 陶豆 3. 陶鼎 4. 陶敦 5. 陶勺

M613：3，低子母口内敛，窄肩。浅弧腹，圜底，底边有折。蹄形高足略撇。方附耳微侈。盖失。口径13.8、通宽19.8、高16.2厘米（图一四〇，1）。

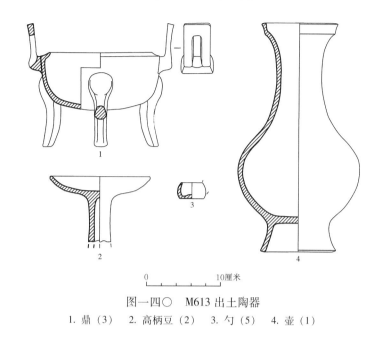

图一四〇　M613出土陶器
1. 鼎（3）　2. 高柄豆（2）　3. 勺（5）　4. 壶（1）

壶　1件。

M613：1，浅盘状口，长弧颈，溜肩，鼓腹，平底，高圈足外撇。口径10.4、腹径16.8、高30厘米（图一四〇，4）。

高柄豆　1件。

M613：2，敞口，弧壁浅盘，高柱状柄残。口径13.6、残高8.6厘米（图一四〇，2）。

勺　1件。

M613：5，敛口，弧壁，平底。柄残。口径2.8、腹径3.8、残高2.1厘米（图一四〇，3）。

还有敦1件，残甚，形态不明。

墓例五三　M818

（一）墓葬形制（B型Ⅰ式）

普通窄长方形土坑竖穴。方向10°。墓上部被推毁。两端墓壁垂直，两侧略斜。墓口长270、宽120厘米，墓底长270、宽100、残深210厘米。随葬品置于头端。墓中填五花土。葬具及人骨架不存（图一四一）。

（二）出土器物

7件。为仿铜陶礼器（图版二四，1）。

鼎　1件。

M818：5，低子母口内敛，窄肩承盖。弧腹，平底。上腹微突出。蹄形高足直立。方附耳残。

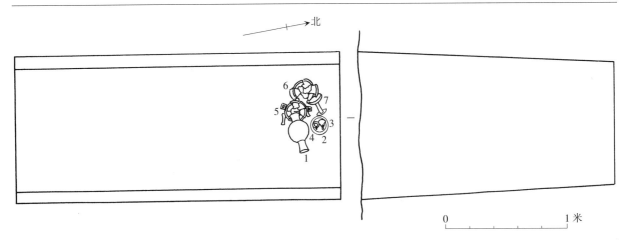

图一四一　M818 平、剖面及随葬器物分布图

1. 陶壶　2. 陶盘　3. 陶匕　4. 陶勺　5. 陶鼎　6. 陶盒　7. 陶豆

耳孔呈"回"字形，未穿透。弧形高盖。盖面有三个扁纽，盖顶有一乳突纽。口径 16.1、残通宽
20、通高 19.8 厘米（图一四二，1）。

盒　1 件。

M818∶6，仅存一半，口部亦残。斜弧壁，底微凹。残高 6.4 厘米（图一四二，2）。

壶　1 件。

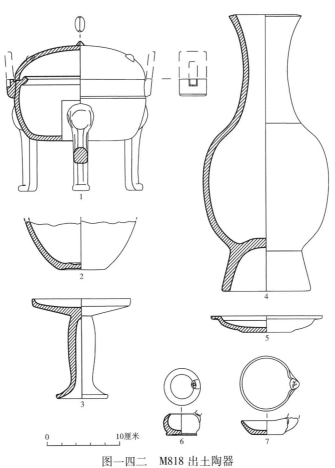

图一四二　M818 出土陶器

1. 鼎（5）　2. 盒（6）　3. 高柄豆（7）　4. 壶（1）　5. 盘（2）　6. 勺（4）　7. 匕（3）

M818：1，敞口，细弧颈，溜肩，长弧腹，底微凹，高圈足外斜。口径9.8、腹径17、高36厘米（图一四二，4）。

高柄豆 1件。

M818：7，口内斜外直，折壁浅平盘，高柄中腰鼓呈纺锤形，喇叭状圈足。口径13.4、高13厘米（图一四二，3）。

盘 1件。

M818：2，敞口，宽平折沿，斜折壁，平底。口径14.7、高2.2厘米（图一四二，5）。

勺 1件。

M818：4，弇口，弧壁，平底微凹，有出边。纽残。口径4.2、腹径4.9、残高2.8厘米（图一四二，6）。

匕 1件。

M818：3，圆盘状。敞口，斜弧壁，底微凹。柄残。口径6.4、残高2厘米（图一四二，7）。

墓例五四 M36

（一）墓葬形制（B型Ⅲa式）

窄长方形土坑竖穴带平行二层台。方向225°。二层台位于墓底两侧。二层台宽17～19、高40厘米。墓底有两条横向枕木沟，沟宽13～15、深6厘米。墓壁倾斜。墓口长356、宽222厘米，墓底长277、宽113、深305厘米。随葬器物位于墓底头端。墓中填五花土。葬具及人骨架不存（图一四三、一四四）。

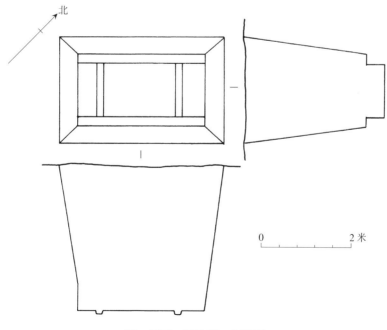

图一四三 M36平、剖面图

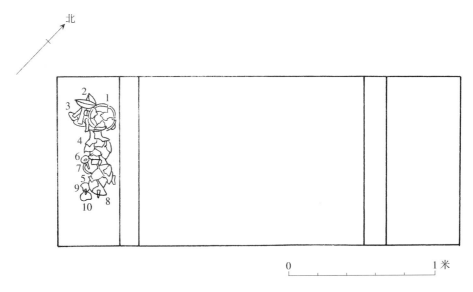

图一四四　M36随葬器物分布图

1. 陶鼎　2、3. 陶豆　4. 陶壶　5. 陶杯　6. 陶斗　7. 陶盘　8. 陶敦　9. 陶匕　10. 陶匜

（二）出土器物

10件。为仿铜陶礼器（彩版九，2；图版二四，2）。

鼎　1件。

M36：1，子母口内敛，窄肩承盖。扁腹斜直，大平底。腹饰一周弦纹。蹄形高足直立，足断面呈八边形。大方附耳外斜。耳孔呈"回"字形。弧形高盖，盖口微敛。盖面有两周凸圈，盖顶鼻纽衔环。口径17.2、通宽25.5、通高23.6厘米（图一四五，1）。

敦　1件。

M36：8，身、盖等大，足、纽同形。口微敛，弧壁，圜底、顶。扁宽高足、纽外斜。身、盖口外各有一周凹圈，腹饰三周弦纹。口径19.4、通高29.6厘米（图一四五，2）。

壶　1件。

M36：4，敞口，粗弧颈，斜肩，弧腹，平底，圈足略撇。颈至腹饰四周弦纹。浅弧盖，矮子母口。盖面有三个扁立纽。口径11.4、腹径17.8、通高31.4厘米（图一四五，7）。

高柄豆　2件。形态相同。

标本M36：2，敞口，斜折壁浅平盘，盘下底有折。高柱状柄下端微凹弧，喇叭状圈足边缘低平。口径13.4、高17.8厘米（图一四五，5）。

杯　1件。

M36：5，敞口，斜直壁，下部向外斜折呈假矮圈足状，底边斜折，饼形平底。口径9、高10.6厘米（图一四五，4）。

盘　1件。

M36：7，敛口，斜折沿，上壁直，下壁弧收，底微凹。口径20.6、高4.8厘米（图一四五，3）。

匜　1件。

M36：10，敞口较直，平面呈方弧形。弧壁，圜底。口部一侧有方弧形长流。口径14.4～

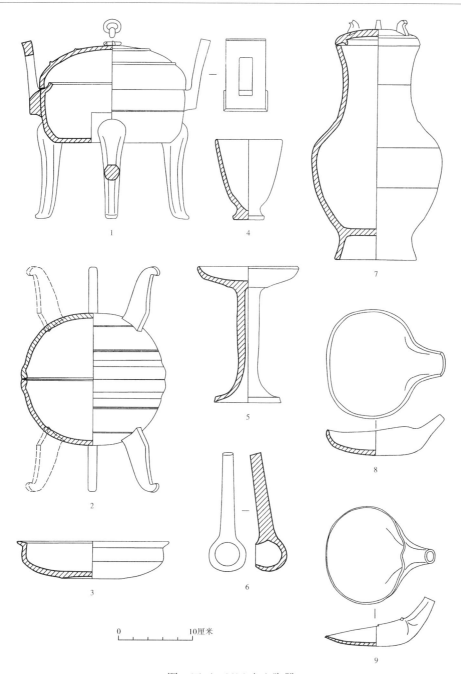

图一四五　M36 出土陶器

1. 鼎（1）　2. 敦（8）　3. 盘（7）　4. 杯（5）　5. 高柄豆（2）　6. 斗（6）　7. 壶（4）　8. 匜（10）　9. 匕（9）

16.2、高 5.4 厘米（图一四五，8）。

　　匕　1件。

　　M36：9，敞口，弧壁，圜底较平。口部后端凹弧，短圆柄斜伸。长 15、宽 12.8、高 6.6 厘米（图一四五，9）。

　　斗　1件。

　　M36：6，整体呈蒜形。斗身椭圆形，一面有椭圆形口。中空。圆柱状长柄。长 15.6、斗宽 5 厘米（图一四五，6）。

墓例五五　M567

(一) 墓葬形制 (B 型 Ⅲ a 式)

窄长方形土坑竖穴带平行二层台。方向200°。墓口以上有80厘米厚表土。二层台位于墓底两侧。二层台较窄,宽8、高74厘米。墓壁垂直。墓口长352、宽134、深80厘米,墓底长352、宽116、深272厘米。随葬器物沿墓底一长壁放置。墓中填五花土。葬具及人骨架不存(图一四六)。

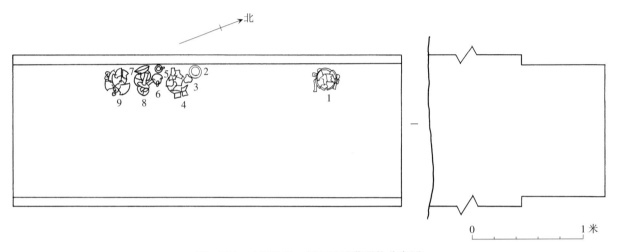

图一四六　M567 平、剖面及随葬器物分布图

1. 陶鼎　2. 陶盘　3. 陶匜　4. 陶壶　5. 陶勺　6. 陶匕　7、8. 陶豆　9. 陶敦

(二) 出土器物

9 件。为仿铜陶礼器。

鼎　1 件。

M567:1,子母口内敛,窄肩。扁弧腹内斜,平底。蹄形高足直立。方附耳直立。耳孔狭窄,未穿透器壁。口径15.2、通宽22、高19.6厘米(图一四七,1)。

壶　1 件。

M567:4,颈以上残,颈斜直,斜肩,上腹弧,下腹向外斜折呈高假圈足状,底微凹。弧形盖,子母口内敛。腹径17.4、残高23厘米,盖径11.5厘米(图一四七,2)。

高柄豆　2 件。形态相同。均残。

标本 M567:8,敞口,斜折壁浅平盘,高柱状柄,喇叭状圈足残。口径14.4、残高12厘米(图一四七,3)。

盘　1 件。

M567:2,敞口较直,平折沿,上壁直,下壁折收,底微凹。口径11.4、高2.8厘米(图一四七,7)。

勺　1 件。

M567:5,弇口,弧折壁,底微凹,有出边。纽残。口径3、腹径5.3、残高3.4厘米(图一四七,4)。

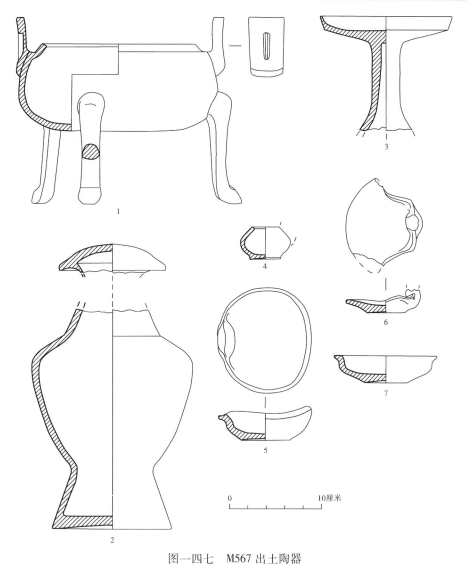

图一四七 M567 出土陶器

1. 鼎（1） 2. 壶（4） 3. 高柄豆（8） 4. 勺（5） 5. 匜（3） 6. 匕（6） 7. 盘（2）

匜 1 件。

M567：3，敞口较直，弧壁，底微凹。口部一侧有短方弧形流。口径 10.2～11、高 3.9 厘米（图一四七，5）。

匕 1 件。

M567：6，敞口，斜壁，平底微凹。口部两侧凹腰略残，后端平，直立圆柄残。长 8.4、残宽 9.4、残高 2.4 厘米（图一四七，6）。

还有敦 1 件，残甚，形态不明。

墓例五六 M143

（一）墓葬形制（B 型Ⅳa 式）

窄长方形土坑竖穴带高头龛。方向 105°。头龛距墓底 80 厘米，龛宽 70、深 40、高 47 厘米。

墓壁垂直。长 250、宽 125、深 298 厘米。随葬器物置于龛内。墓中填五花土。葬具及人骨架不存（图一四八、一四九）。

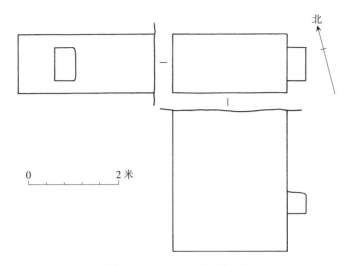

图一四八　M143 平、剖面图

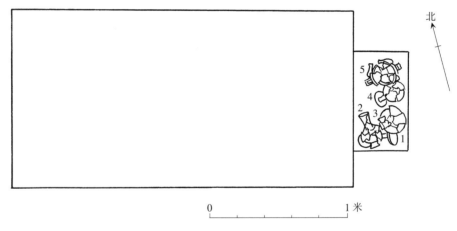

图一四九　M143 随葬器物分布图
1、4. 陶豆　2. 陶壶　3. 陶盒　5. 陶鼎

（二）出土器物

5 件。为仿铜陶礼器。

鼎　1 件。

M143：5，子母口内敛，窄凹肩。扁折腹，大平底。中腹微凸。蹄形高足直立，足根部外侧有简化兽面装饰，足断面呈七边形。方附耳残。盖失。口径 12.6、通宽 19.8、残高 18.4 厘米（图一五〇，1）。

盒　1 件。

M143：3，仅存盒盖。敞口，弧壁，弧顶，呈倒扣釜形。口径 15.4、高 9.2 厘米（图一五〇，3）。

壶　1 件。

M143：2，喇叭形敞口，唇内凸，长弧颈，斜肩，弧腹，凹底，高圈足外撇。口径 11.8、腹径

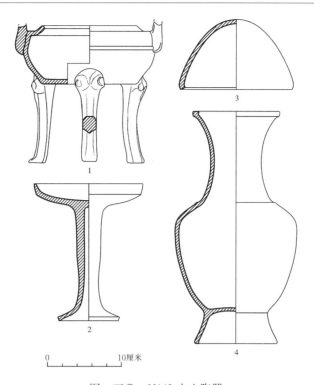

图一五〇　M143 出土陶器

1. 鼎（5）　2. 高柄豆（4）　3. 盒（3）　4. 壶（2）

16.4、高 30.4 厘米（图一五〇，4）。

高柄豆　2 件。形态相同。

标本 M143：4，敞口，斜折壁浅平盘。细高柄下部凹弧，喇叭状圈足低平。口径 14.6、高 18 厘米（图一五〇，2）。

墓例五七　M557

（一）墓葬形制（B 型Ⅳa 式）

窄长方形土坑竖穴带高头龛。方向 247°。墓上部被推毁。头龛距墓底 64 厘米，龛内壁及顶呈圆弧形。龛宽 62、深 32、高 46 厘米。墓壁垂直。长 240、宽 100、残深 185 厘米。随葬器物置于龛内。墓中填五花土。葬具及人骨架不存（图一五一、一五二）。

（二）出土器物

8 件。为仿铜陶礼器。

鼎　1 件。

M557：3，子母口内敛，窄凹肩承盖。扁弧腹，圜底近平。蹄形高足直立。足呈多棱边，足根部外侧有简化兽面装饰，方附耳外侈。圆形耳孔。弓弧形盖，盖边饰一周弦纹。口径 14.8、通宽 22、通高 19 厘米（图一五三，1）。

壶　1 件。

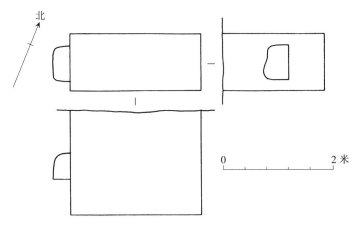

图一五一　M557 平、剖面图

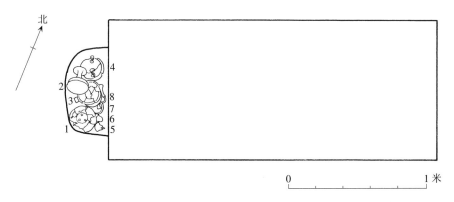

图一五二　M557 随葬器物分布图
1. 陶壶　2. 陶豆　3. 陶鼎　4. 陶敦　5.陶匕　6. 陶匜　7. 陶盘　8. 陶勺

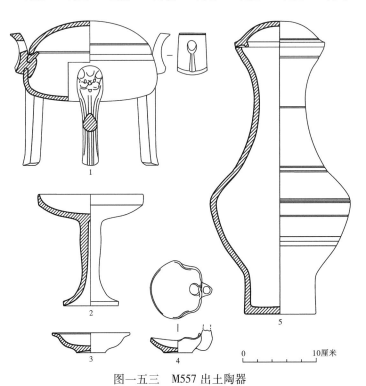

图一五三　M557 出土陶器
1. 鼎（3）　2. 高柄豆（2）　3. 盘（7）　4. 匕（5）　5. 壶（1）

M557：1，敞口，弧颈细长，斜肩，上腹弧，下腹直折呈高假圈足状，平底。盉形弧盖，盖边饰一周弦纹。低子母口。口径12、腹径19、通高39厘米（图一五三，5）。

高柄豆　1件。

M557：2，口内斜外直，斜折壁盘，高柄下部凹弧，喇叭状圈足。口径14.4、高14.6厘米（图一五三，2）。

盘　1件。

M557：7，敞口，斜折沿，弧壁，底微凹。口径10.8、高2.6厘米（图一五三，3）。

匕　1件。

M557：5，敞口，斜壁，底微凹。口部两侧凹腰，后端中部凸尖，圆柄穿透器壁，残。长8.4、宽7.7、残高3厘米（图一五三，4）。

还有敦、勺、匜各1件，残甚，形态不明。

墓例五八　M195

（一）墓葬形制（B型Ⅳb式）

窄长方形土坑竖穴带边龛。方向170°。墓上部被推毁。边龛位于西壁偏南端。龛呈圆弧形。龛距墓底76厘米，龛宽60、深20、高28厘米。墓壁略斜。墓口长255、宽110厘米，墓底长245、宽90、残深270厘米。随葬品置于龛内，部分从龛内滑落坑内。墓中填五花土。葬具及人骨架不存（图一五四）。

（二）出土器物

7件。为仿铜陶礼器（图版二五，1）。

鼎　1件。

M195：2，高子母口内敛，窄凹肩。扁腹内斜，圜底。上腹微突出。蹄形高足略内聚，足根部外侧有简化兽面装饰，足断面略呈铲形。方附耳外侈。圆形耳孔。盖失。口径16、通宽22、高18.4厘米（图一五五，1）。

敦　1件。

M195：1，仅存一半。敞口微敛，弧壁，圜底。简化兽形矮足。口径16.4、高11.3厘米（图一五五，3）。

壶　1件。

M195：4，敞口略呈盘状，细长弧颈，斜肩，上腹鼓，下腹向外斜折呈高假圈足状，底微凹。颈至腹饰八周弦纹。盉形盖，矮子母口。盖面饰两周弦纹。口径11.4、腹径17.8、通高39.4厘米（图一五五，2）。

勺　1件。

M195：7，敛口，斜直壁，饼形平底。纽穿透器壁，纽残。口径4.4、腹径5.4、残高3.4厘米（图一五五，6）。

匜　1件。

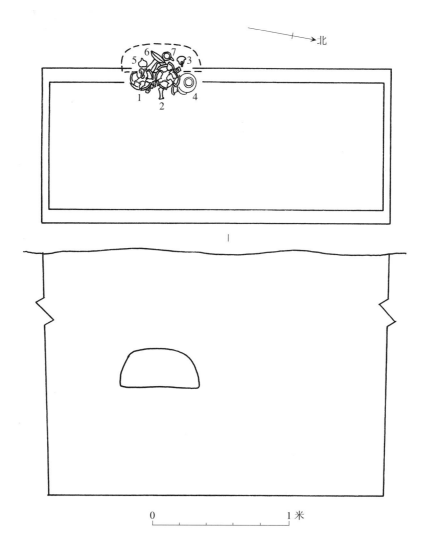

图一五四　M195 平、剖面及随葬器物分布图
1. 陶敦　2. 陶鼎　3. 陶匕　4. 陶壶　5. 陶匜　6. 陶豆　7. 陶勺

M195：5，敞口，弧壁，底微凹。口部一侧有弧形短流，与流对应一侧捏出内凹握手。口径 10.2～10.6、高 3.2 厘米（图一五五，3）。

匕　1 件。

M195：3，敞口，斜壁，平底。口部两侧凹腰，柄端残。宽 7.2、残高 2.2 厘米（图一五五，5）。

还有高柄豆 1 件，残甚，形态不明。

第五节　乙组 C 类墓例

乙组 C 类墓为随葬一套仿铜陶礼器为主的狭长坑（C 型）墓。数量很少，仅 5 座。都是带头龛和二层台的墓，二层台多与头龛共存。本节从中选取代表性的墓葬 4 座予以举例介绍。

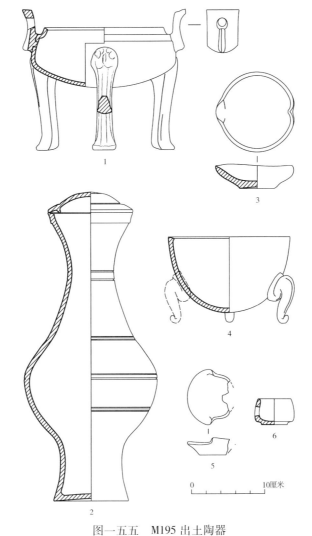

图一五五　M195 出土陶器

1. 鼎（2）　2. 壶（4）　3. 匜（5）　4. 敦（1）　5. 匕（3）　6. 勺（7）

墓例五九　M534

（一）墓葬形制（C 型 Ⅱc 式）

狭长形土坑竖穴带封闭二层台。方向80°。二层台宽 15～27、高 60 厘米。墓坑平面略呈梯形，墓壁垂直。墓口长 280、头端宽 90、足端宽 100 厘米，墓底长 226、头端宽 60、足端宽 66、深 290 厘米。随葬器物置于头端。墓中填五花土。葬具及人骨架不存（图一五六）。

（二）出土器物

4 件。为仿铜陶礼器（图版二五，2）。

鼎　1 件。

M534:1，子母口内敛，窄肩承盖。扁弧腹，平底。上腹略突出。蹄形足外撇，足断面呈六边形。方附耳外斜。弧形素盖，盖边较直。口径 17、通宽 21、通高 17 厘米（图一五七，1）。

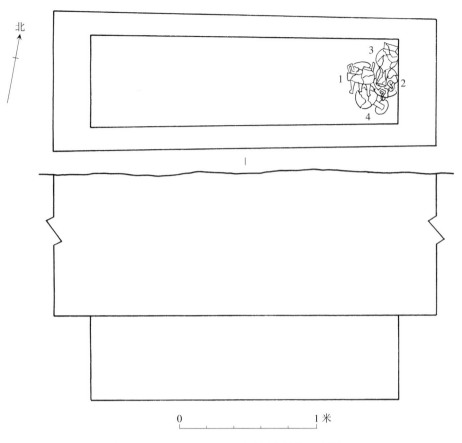

图一五六　M534 平、剖面及随葬器物分布图
1. 陶鼎　2. 陶敦　3. 陶壶　4. 陶豆

敦　1 件。

M534：2，身、盖略不等大，足、纽同形。直口，弧壁，圜底、顶。简化兽形矮足、纽。口径 13.6、通高 18.2 厘米（图一五七，2）。

壶　1 件。

M534：3，敞口，细弧颈，斜肩，弧腹，平底，圈足外斜。颈至腹饰五周弦纹。高弧盖。口径 9、腹径 18.4、通高 34.6 厘米（图一五七，3）。

矮柄豆　1 件。

M534：4，敞口，斜折壁浅盘，矮柱状柄，喇叭状圈足低平。口径 11、高 9.4 厘米（图一五七，4）。

墓例六〇　M379

（一）墓葬形制（C 型 Ⅲ b 式）

狭长形土坑竖穴带平头龛。方向 85°。墓被推毁殆尽。头龛底与墓底平，龛宽 52、深 25、高 32 厘米。墓壁垂直。墓长 214、宽 70、残深 70 厘米。随葬器物置于龛内。墓中填五花土。葬具及人骨架不存（图一五八）。

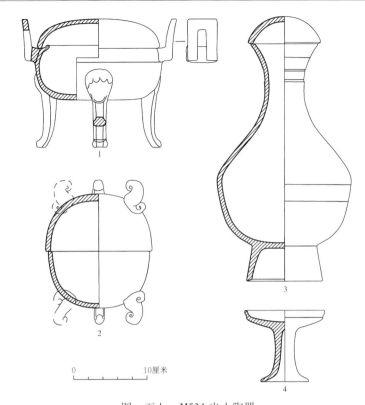

图一五七 M534 出土陶器

1. 鼎（1） 2. 敦（2） 3. 壶（3） 4. 矮柄豆（4）

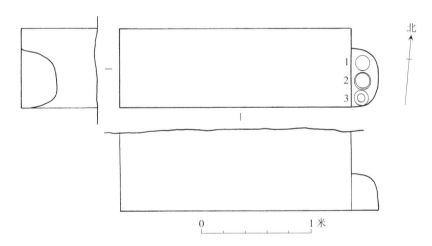

图一五八 M379 平、剖面及随葬器物分布图

1. 陶豆 2. 陶敦 3. 陶壶

（二）出土器物

3 件。为仿铜陶礼器。

敦 1 件。

M379：2，仅存一半。敛口，弧壁，圜底。扁宽足外斜，略
残。口径 16.8、残高 10.5 厘米（图一五九）。

还有壶、豆各 1 件，残甚，形态不明。

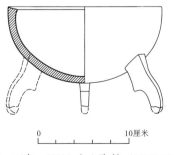

图一五九 M239 出土陶敦（M379：2）

墓例六一　M528

（一）墓葬形制（C 型 Ⅳa 式）

狭长形土坑竖穴带封闭形生土二层台和高头龛。方向 355°。二层台宽 12、距墓底 70 厘米。头龛底与二层台平，龛宽 56、深 30、高 50 厘米。墓壁垂直。墓口长 230、宽 84 厘米，墓底长 206、宽 60、残深 370 厘米。随葬器物置于头龛内。墓中填五花土。葬具及人骨架不存（图一六〇）。

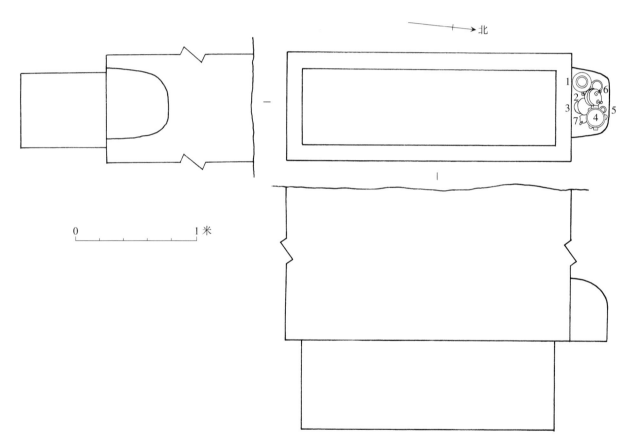

图一六〇　M528 平、剖面及随葬器物分布图
1. 陶壶　2. 陶敦　3. 陶豆　4. 陶鼎　5. 陶勺　6. 陶盘　7. 陶匕

（二）出土器物

7 件。为仿铜陶礼器（图版二六，1）。

鼎　1 件。

M528：4，子母口内敛，窄凹肩。扁弧腹，圜底。蹄形高足直立，足断面略呈菱形。方附耳外侈。耳孔呈“回”字形。盖失。口径 17、通宽 20、高 17 厘米（图一六一，1）。

敦　1 件。

M528：2，身、盖形态大致相同。直口，弧壁，平底、顶。简化兽形矮足、纽。口径 14、通高

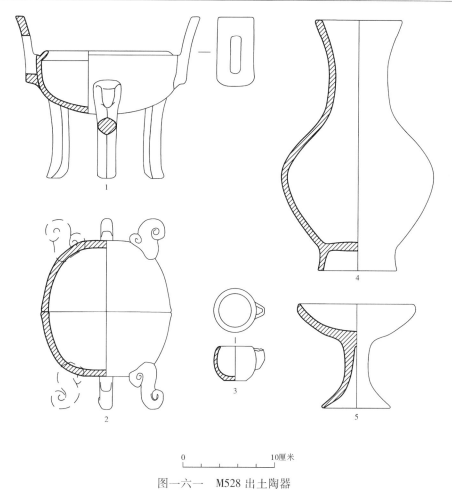

图一六一 M528 出土陶器

1. 鼎 (4) 2. 敦 (2) 3. 勺 (5) 4. 壶 (1) 5. 矮柄豆 (3)

20 厘米 (图一六一, 2)。

壶 1件。

M528:1, 敞口, 弧颈, 斜肩, 腹凸鼓, 平底。矮圈足。口径 9.6、腹径 16.6、高 26.2 厘米 (图一六一, 4)。

矮柄豆 1件。

M528:3, 敞口, 斜壁盘, 矮弧形柄, 喇叭状圈足。口径 12.8、高 10.8 厘米 (图一六一, 5)。

勺 1件。

M528:5, 敛口, 弧壁, 平底。纽残。口径 3.6、腹径 4.6、残高 3.6 厘米 (图一六一, 3)。

还有盘、匕各 1件, 残甚, 形态不明。

墓例六二 M649

(一) 墓葬形制 (C 型 IVb 式)

狭长形土坑竖穴带平行二层台、平头龛。方向 96°。墓上部被破坏。二层台位于墓底两侧, 宽 10、高 47 厘米。龛底与墓底平, 龛宽 60、深 20、高 46 厘米。墓壁垂直。墓口长 220、宽 80 厘米,墓底长200、宽60、残深70厘米。随葬器物置于龛内。墓中填五花土。葬具及人骨架不存（图一六二）。

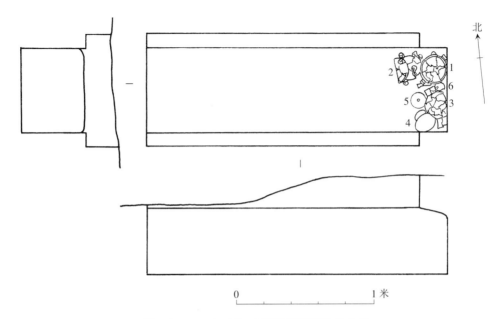

图一六二　M649平、剖面及随葬器物分布图
1. 陶鼎　2. 陶敦　3. 陶壶　4. 陶豆　5. 铜镜　6. 陶匕

（二）出土器物

6件。除一件铜镜外，余为陶器。

1. 陶器

5件。为仿铜陶礼器。

鼎　1件。

M649：1，低子母口内敛，窄肩承盖。斜直腹，圜底近平，底边折转。蹄形高足略残。方附耳外斜。浅弧盖。口径15、通宽20.3、残高16.5厘米（图一六三，1）。

壶　1件。

M649：3，盘状口，细颈，溜肩，折腹，圜底。矮圈足外撇。中腹以下有一圆孔。口径9.2、腹径19.4、高29.8厘米（图一六三，3）。

矮柄豆　1件。

M649：4，盘残，矮弧形柄，喇叭状低圈足。残高8.8厘米（图一六三，2）。

还有敦、匕各1件，残甚，形态不明。

2. 铜器

镜　1件。

M649：5，八花叶羽状地四山纹镜。正面灰绿色，背面灰黑色。圆形。窄素缘，窄单弦纽，方纽座。花纹由主纹和地纹构成，主纹为四个右斜的"山"字纹，"山"字底边与纽座平行，纽座四角上下各有一个心形花叶，共八花叶。地纹为涡纹和羽状纹。直径11.5、缘厚0.35厘米，重83.2克（图一六三，4）。

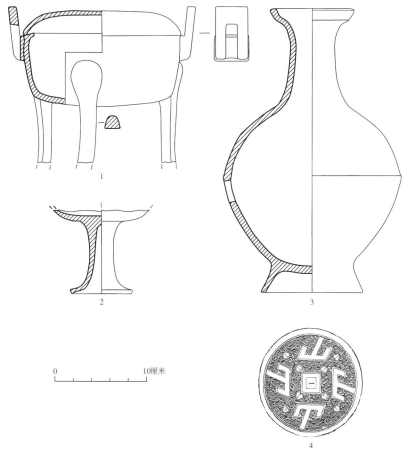

图一六三 M649 出土陶器、铜器

1. 陶鼎（1） 2. 陶矮柄豆（4） 3. 陶壶（3） 4. 铜镜（5）

第六节 丙组 A 类墓例

丙组 A 类墓为随葬日用陶器为主的宽坑（A 型）墓。共 90 座，约占丙组墓的 27%。普通长方形墓 62 座，为主要形态；其次带斜坡墓道的墓 20 座；带台阶的墓 8 座，其中墓道与台阶共存的墓 4 座；其他 5 座。本节从中选取代表性的墓葬 19 座予以举例介绍。

墓例六三 M41

（一）墓葬形制（A 型 I 式）

普通宽长方形土坑竖穴。方向 257°。墓上部被推毁。墓壁倾斜。墓口长 360、宽 250 厘米，墓底长 270、宽 170、残深 230 厘米。随葬器物置于头端。墓中填五花土。葬具及人骨架不存（图一六四）。

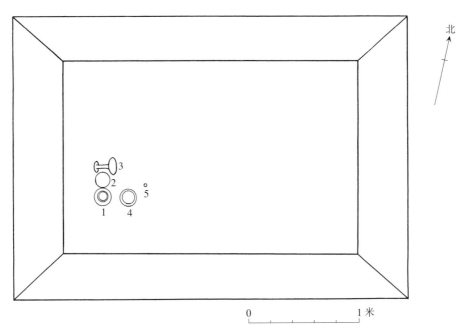

图一六四　M41 随葬器物分布图

1. 陶罐　2、3. 陶豆　4. 陶盂　5. 玻璃珠

（二）出土器物

5 件。除一件玻璃珠外，余为陶器。

1. 陶器

4 件。为日用陶器（图版二六，2）。

矮领罐　1 件。

M41:1，侈口，矮弧领，圆肩，鼓腹，凹底。口径 10、腹径 14.8、高 11.2 厘米（图一六五，1）。

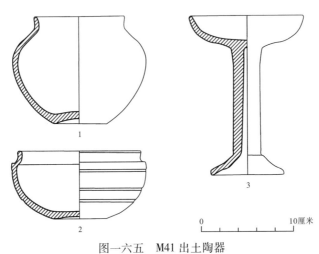

图一六五　M41 出土陶器

1. 矮领罐（1）　2. 盂（4）　3. 高柄豆（2）

盂　1 件。

M41:4，直口微侈，窄肩呈子母口，弧腹，底微凹。腹有三周弦纹。口径 13.6、腹径 14.8、

高 7.2 厘米（图一六五，2）。

高柄豆　2 件，形态相同。

M41：2，敞口，弧壁，高柱状柄，盖状圈足与柄呈窄台棱状转折。口径 12.2、高 16.6 厘米（图一六五，3）。

2. 玻璃器

珠　1 件。残甚，形态不明。

墓例六四　M45

（一）墓葬形制（A 型 I 式）

普通宽长方形土坑竖穴。方向 360°。墓上部被推毁。墓底有两条横枕木沟，沟宽 18～22、深 5 厘米。墓口略呈梯形，墓底略斜，墓壁倾斜。墓口长 410、头端宽 300、足端宽 310 厘米，墓底长 290、宽 180、残深 285 厘米。随葬器物置于头端。墓中填五花土。葬具及人骨架不存（图一六六）。

北 ←—→

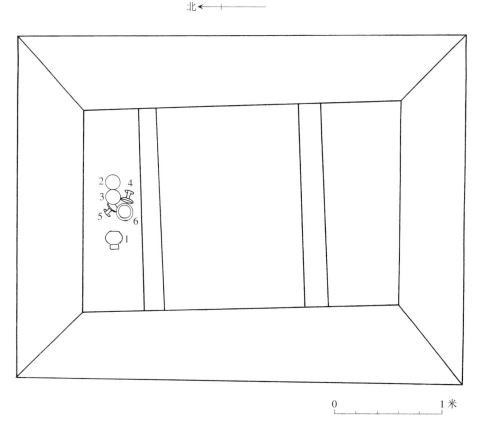

0　　　　　　　　1 米

图一六六　M45 随葬器物分布图
1. 陶罐　2～5. 陶豆　6. 陶盉

（二）出土器物

6 件。为日用陶器（彩版一〇，1；图版二七，1）。

矮领罐　1件。

M45：1，侈口，矮弧领，圆肩，弧腹，凹底。颈、肩饰四周弦纹。口径11、腹径13.4、高11.5厘米（图一六七，1）。

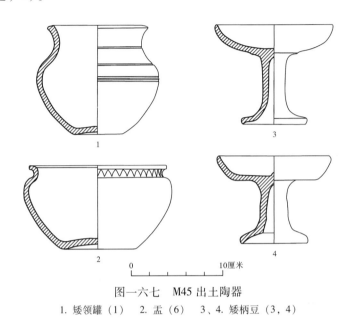

图一六七　M45 出土陶器
1. 矮领罐（1）　2. 盂（6）　3、4. 矮柄豆（3、4）

盂　1件。

M45：6，侈口，短斜折沿，束颈，窄圆肩，斜弧壁，凹底。颈部有锯齿状刻划纹。口径15、腹径16.2、高8.8厘米（图一六七，2）。

矮柄豆　4件。

标本 M45：3，敞口，弧壁盘下底微凸，矮柱状柄，盖状圈足低平，唇微勾。口径12.8、高10.4厘米（图一六七，3）。另两件与之同。

标本 M45：4，敞口，斜直壁，平底盘，矮弧柄，盖状圈足折转。口径12、高9.1厘米（图一六七，4）。

墓例六五　M102

（一）墓葬形制（A 型 I 式）

普通宽长方形土坑竖穴。方向180°。墓上部被推毁。墓底两侧壁前后掏有对称的枕木槽。墓壁倾斜。现墓口长330、宽220厘米，墓底长270、宽150、残深260厘米。墓有盗扰迹象。墓底有葬具朽痕。随葬品分布于头、足两处。墓中填五花土，未经夯筑。人骨架不存（图一六八）。

（二）出土器物

5件。为日用陶器（彩版一〇，2；图版二七，2）。

鬲　1件。

M102：1，侈口，束颈，窄圆肩，弧腹，圜底，柱状高足，裆较宽。腹、足饰竖粗绳纹，底饰

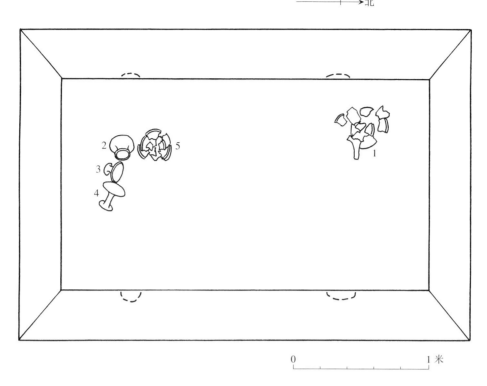

图一六八　M102 随葬器物分布图
1. 陶鬲　2. 陶罐　3、4. 陶豆　5. 陶盂

横粗绳纹，上腹两周抹刮弦纹。口径 24、腹径 25、高 21.2 厘米（图一六九，1）。

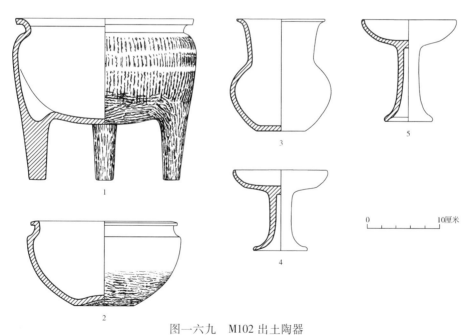

图一六九　M102 出土陶器
1. 鬲（1）　2. 盂（5）　3. 高领罐（2）　4. 矮柄豆（3）　5. 高柄豆（4）

高领罐　1件。

M102:2，侈口略有折，高领斜直，斜肩，鼓腹，平底。口径 11.9、腹径 14、高 14.9 厘米

（图一六九，3）。

盂　1 件。

M102:5，直口微侈，短折沿微坠，短弧颈，窄斜肩，弧壁较深，凹底。下腹有横粗绳纹。口径 19.8、腹径 21、高 11 厘米（图一六九，2）。

高柄豆　1 件。

M102:4，敞口较直，弧壁盘，高弧柄，喇叭状圈足较小。口径 12.8、高 13.4 厘米（图一六九，5）。

矮柄豆　1 件。

M102:3，敞口，斜直壁下底略有折，矮柱柄，喇叭状圈足低平。口径 12.6、高 10.6 厘米（图一六九，4）。

墓例六六　M205

（一）墓葬形制（A 型 I 式）

普通宽长方形土坑竖穴。方向 80°。墓上部被推毁。墓壁倾斜。墓口长 360、宽 270 厘米，墓底长 320、宽 210、残深 270 厘米。随葬器物置于头端。墓中填五花土。葬具及人骨架不存（图一七〇）。

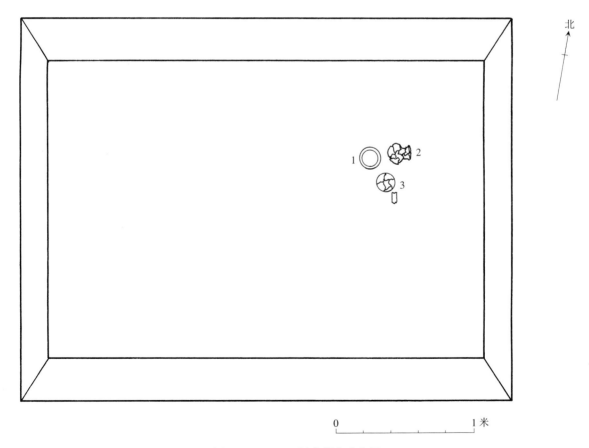

图一七〇　M205 随葬器物分布图

1. 陶盂　2. 陶罐　3. 陶豆

（二）出土器物

3 件。为日用陶器。

高领罐　1 件。

M205：2，领以上残。圆肩，弧腹较深，底微凹。腹径 18.8、残高 16 厘米（图一七一，1）。

盂　1 件。

M205：1，直口微侈，短折沿微坠，短弧颈，窄斜肩，深弧壁，凹底。口径 13、腹径 13.9、高 8.4 厘米（图一七一，2）。

还有豆 1 件，残甚，形态不明。

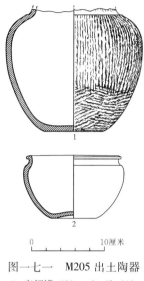

图一七一　M205 出土陶器
1. 高领罐（2）　2. 盂（1）

墓例六七　M239

（一）墓葬形制（A 型 Ⅰ 式）

普通宽长方形土坑竖穴。方向 360°。墓上部被推毁。墓壁略斜。墓口长 280、宽 180 厘米，墓底长 270、宽 160、残深 180 厘米。随葬器物置于头端一侧。墓中填五花土。葬具及人骨架不存（图一七二）。

→北

图一七二　M239 随葬器物分布图
1. 陶罐　2. 陶盂　3、4. 陶豆

（二）出土器物

4 件。为日用陶器（图版二八，1）。

高领罐　1 件。

M239：1，侈口，短平沿，高弧领，圆肩，圆弧腹，凹底。上腹部饰两周弦纹，下腹及底饰斜细绳纹。口径13.8、腹径18.4、高16.4厘米（图一七三，1）。

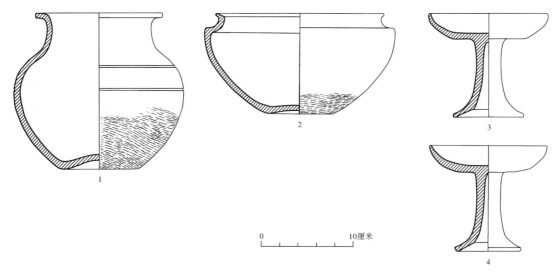

图一七三　M239 出土陶器
1. 高领罐（1）　2. 盂（2）　3、4. 矮柄豆（3、4）

盂　1件。

M239：2，敛口，短斜折沿，短弧颈，窄肩微耸，弧壁，底微凹。下腹及底有横细绳纹。口径18.2、腹径20.4、高10.6厘米（图一七三，2）。

矮柄豆　2件。

M239：3，敞口较直，弧壁盘下底平折，矮弧柄，喇叭状圈足内壁有折。口径12.8、高10.8厘米（图一七三，3）。

M239：4，形态基本同 M239：3。敞口，盘略深，体略高。口径12.6、高11.2厘米（图一七三，4）。

墓例六八　M277

（一）墓葬形制（A型Ⅰ式）

普通宽长方形土坑竖穴。方向290°。墓上部被推毁，墓壁垂直。长260、宽200、残深120厘米。随葬器物置于头端一角。墓中填五花土。葬具及人骨架不存（图一七四）。

（二）出土器物

2件。为日用陶器（图版二八，2）。

高领罐　1件。

M277：1，侈口，短平折沿，高弧领，圆肩，圆弧腹，凹底。肩部饰两周弦纹。口径12、腹径16.8、高21厘米（图一七五，1）。

矮柄豆　1件。

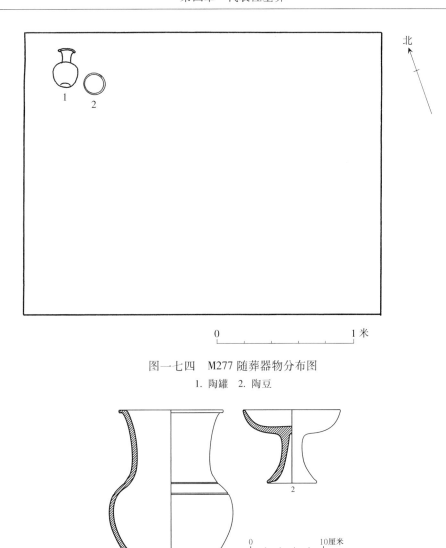

图一七四　M277 随葬器物分布图

1. 陶罐　2. 陶豆

图一七五　M277 出土陶器

1. 高领罐（1）　　2. 矮柄豆（2）

M277∶2，敞口，弧壁盘内底微凸，矮弧柄，喇叭状圈足内壁有折。口径 13.4、高 9.6 厘米（图一七五，2）。

墓例六九　M647

（一）墓葬形制（A 型 I 式）

普通宽长方形土坑竖穴。方向 250°。墓上部被推毁。墓底有两条横枕木沟，沟宽 18、深 5 厘米。墓口略呈梯形，墓壁倾斜。墓口长 320、宽 260 厘米，墓底长 260、宽 160、深 260 厘米。随葬器物中陶纺轮一件置于头端，两件陶盂置于足端一侧。墓中填五花土。葬具及人骨架不存（图一七六）。

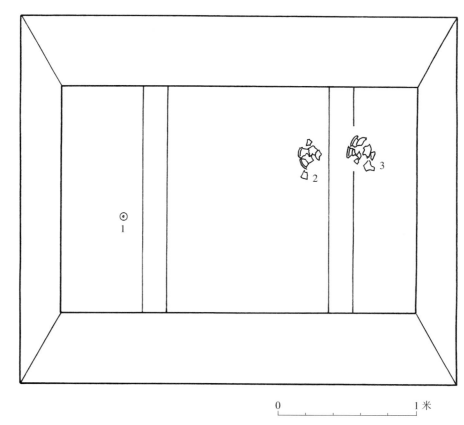

图一七六　M647 随葬器物分布图
1. 陶纺轮　2、3. 陶盂

（二）出土器物

3 件。为日用陶器。

纺轮　1 件。

M647：1，算珠形。直径 3.9、孔径 0.55、厚 1.9 厘米（图一七七；图版二八，3）。
还有盂 2 件，残甚，形态不明。

墓例七〇　M739

（一）墓葬形制（A 型 I 式）

普通宽长方形土坑竖穴。方向 205°。墓上部被推毁。墓壁
倾斜。墓口长 340、宽 250 厘米，墓底长 280、宽 150、残深 245
厘米。随葬器物置于头端。墓中填五花土。葬具及人骨架不存
（图一七八）。

（二）出土器物

4 件。为日用陶器（图版二九，1）。

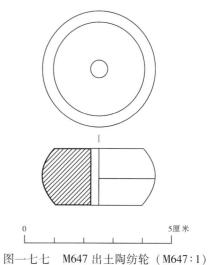

图一七七　M647 出土陶纺轮（M647：1）

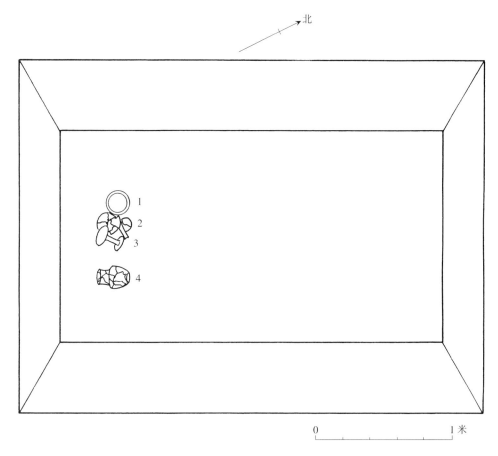

图一七八　M739 随葬器物分布图

1. 陶盂　2、3. 陶豆　4. 陶罐

高领罐　1件。

M739：4，直口，短平折沿，高直领，斜肩，弧腹，底微凹。口径 11.4、腹径 15、高 17.4 厘米（图一七九，1）。

盂　1件。

M739：1，直口微侈，窄卷沿，短弧颈，窄肩，弧壁斜直，凹底。下腹及底有交错粗绳纹。口径 19.8、腹径 21、高 10 厘米（图一七九，2）。

高柄豆　2件。

M739：2，敞口，斜壁略有折，高弧柄中腰微鼓，盖状圈足。口径 13.6、高 13.8 厘米（图一七九，3）。

M739：3，敞口，弧壁盘，细高柱状柄，盖状圈足低平。口径 13、高 16.8 厘米（图一七九，4）。

墓例七一　M767

（一）墓葬形制（A 型 I 式）

普通宽长方形土坑竖穴。方向 202°。墓上部被推毁。墓壁倾斜。墓口长 370、宽 300 厘米，墓底长 270、宽 150、残深 260 厘米。随葬器物置于头端。墓中填五花土。葬具及人骨架不存（图一八〇）。

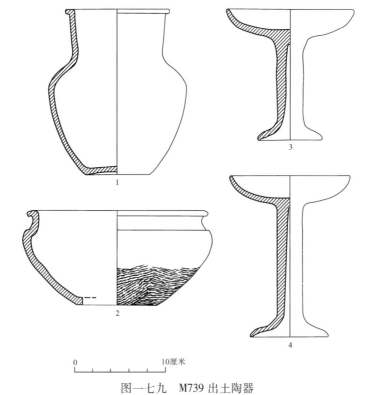

0　　　　　　　　　　10厘米

图一七九　M739 出土陶器

1. 高领罐（4）　2. 盂（1）　3、4. 高柄豆（2，3）

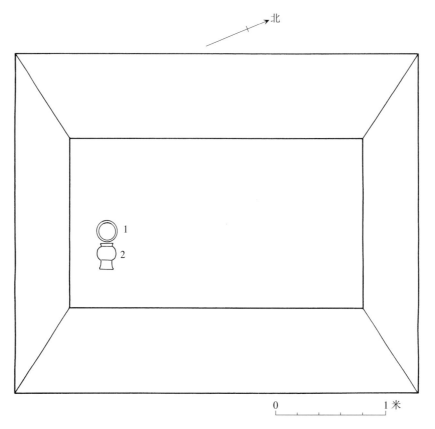

图一八〇　M767 随葬器物分布图

1. 陶盂　2. 陶壶

（二）出土器物

2 件。为日用陶器（图版二九，2）。

壶　1 件。

M767：2，敞口，粗弧颈，斜肩，鼓腹，圜底较平，矮圈足外斜。颈至上腹饰四周弦纹。口径 13、腹径 15.4、高 22 厘米（图一八一，1）。

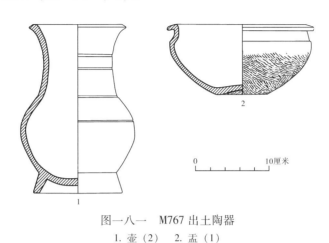

图一八一　M767 出土陶器
1. 壶（2）　2. 盂（1）

盂　1 件。

M767：1，侈口，折沿微坠，短弧颈，斜窄肩，弧壁斜直，凹底。腹、底有交错粗绳纹。口径 19.6、高 9.2 厘米（图一八一，2）。

墓例七二　M263

（一）墓葬形制（A 型 Ⅱa 式）

宽长方形土坑竖穴带斜坡墓道。墓道位于墓室东北端，方向 60°，坡度 15°。墓道口长 565、宽 130、深 284 厘米，墓道下端距墓底 204 厘米。墓壁倾斜。墓口长 350、宽 260 厘米，墓底长 260、宽 180、深 510 厘米。随葬器物位于墓底靠近头端的中部。葬具及人骨架不存（图一八二、一八三）。

（二）出土器物

3 件。为日用陶器（图版二九，3）。

鬲　1 件。

M263：3，侈口，平折沿，沿面微凹。短弧颈，窄斜肩，深弧腹，圜底，柱状高足，裆较宽。腹、足饰竖粗绳纹，底饰横粗绳纹，上腹两周抹刮弦纹。口径 23、腹径 23、高 22.3 厘米（图一八四，1）。

高领罐　1 件。

M263：1，直口，平折沿，沿面微凹。高直领，圆肩，鼓腹，凹底。口径 15.4、腹径 18.4、高

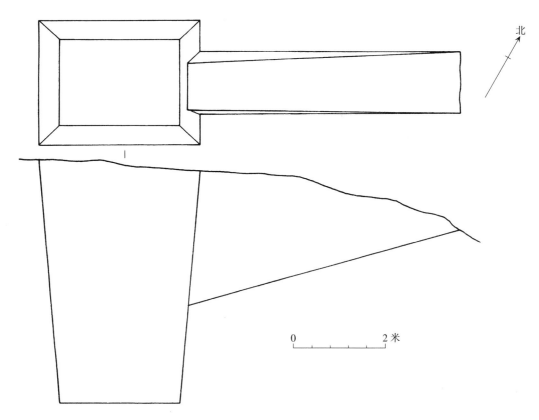

图一八二　M263 平、剖面图

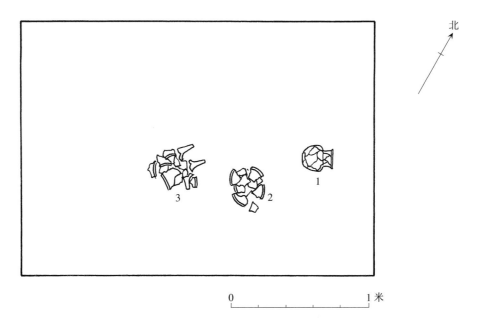

图一八三　M263 随葬器物分布图
1. 陶罐　2. 陶盂　3. 陶鬲

21.6 厘米（图一八四，3）。

　　盂　1件。

　　M263:2，侈口，平折沿，束颈，窄圆肩，深弧壁下部残。腹有竖粗绳纹。口径 18.8、残高

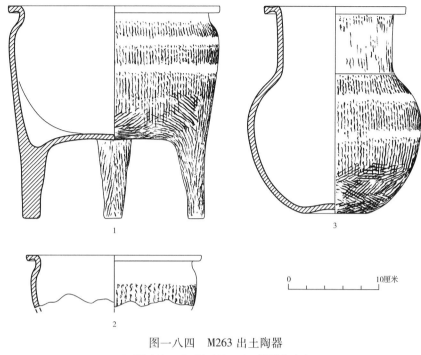

图一八四　M263 出土陶器
1. 鬲（3）　2. 盂（2）　3. 高领罐（1）

5.4 厘米（图一八四，2）。

墓例七三　M802

（一）墓葬形制（A 型 Ⅱa 式）

土坑竖穴宽坑带斜坡墓道。墓口近长方形。墓上部被推毁。墓道位于墓室北端，方向 355°，坡度 15°。墓道口长 340、宽 160、深 120 厘米，墓道下端距墓底 220 厘米。墓底有两条横枕木沟，沟宽 20～28、深 3 厘米。两侧墓壁斜度较两端大许多。墓口长 360、宽 340 厘米，墓底长 280、宽 160、残深 340 厘米。随葬器物位于靠头端的两侧。墓中填五花土。葬具及人骨架不存（图一八五、一八六）。

（二）出土器物

8 件。有陶器和铜器。

1. 陶器

6 件。为日用陶器（图版三〇，1）。

矮领罐　1 件。

M802：2，侈口，短平折沿，矮弧领，圆肩，鼓腹，凹底。口径 10.4、腹径 16.4、高 14.4 厘米（图一八七，1）。

盂　2 件。一件残甚，形态不明。

标本 M802：7，敛口，短平折沿，弧壁较深，凹底。上腹有三周弦纹。口径 16.4、高 9 厘米

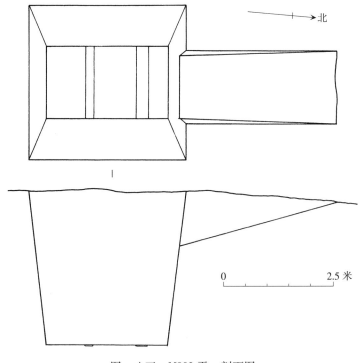

图一八五　M802 平、剖面图

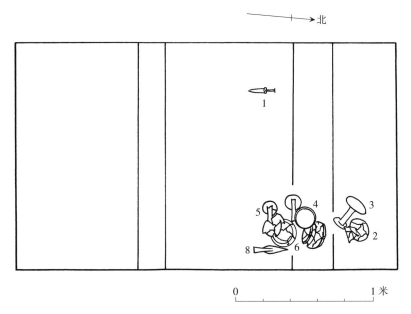

图一八六　M802 随葬器物分布图
1. 铜匕首　2. 陶罐　3~5. 陶豆　6、7. 陶盉　8. 铜矛

（图一八七，2）。

　　高柄豆　3件。

　　标本 M802:3，敞口，浅弧壁盘，细高柱状柄，喇叭状圈足。口径16、高16厘米（图一八七，3）。另一件与之同。

　　标本 M802:4，敞口，弧壁斜直，细高柱状柄，盖状圈足低平。口径14.4、高16.4厘米（图

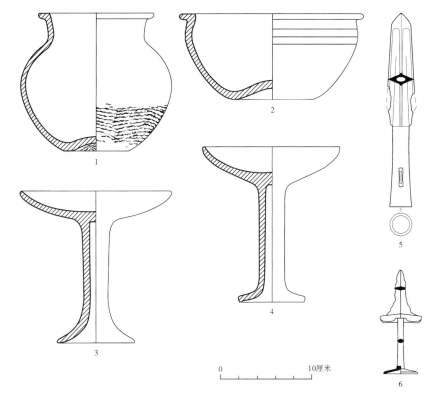

图一八七 M802 出土陶器、铜器

1. 陶矮领罐（2） 2. 陶盂（7） 3、4. 陶高柄豆（3，4） 5. 铜矛（8） 6. 铜匕首（1）

一八七，4）。

2. 铜器

2 件。为兵器。

矛 1 件。

M802：8，墨绿色。圆骹，銎口略侈。骹一面有一鼻，叶后部折弧收，与骹有分隔。凸棱脊。刃缘崩残。通长 20.4 厘米（图一八七，5）。

匕首 1 件。

M802：1，灰绿色。喇叭形首，枣核形细茎残，"凹"字形窄格。叶残。菱形脊。残通长 10.9 厘米（图一八七，6）。

墓例七四 M817

（一）墓葬形制（A 型 Ⅱa 式）

宽长方形土坑竖穴带斜坡墓道。墓上部推毁墓道位于墓室东端，方向 80°，坡度 21°。墓道口长 450、宽 140、残深 160 厘米，墓道下端距墓底 290 厘米。墓壁倾斜。现墓口长 350、宽 280 厘米，墓底长 260、宽 150、深 450 厘米。随葬器物位于一侧的中部。墓中填五花土。葬具及人骨架不存（图一八八、一八九）。

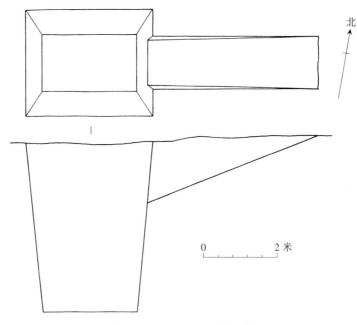

图一八八　M817 平、剖面图

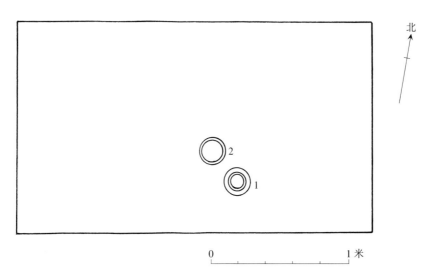

图一八九　M817 随葬器物分布图
1. 陶罐　2. 陶盂

（二）出土器物

2 件。为日用陶器（图版三〇，2）。

矮领罐　1 件。

M817：1，直口，短平折沿，矮直领，斜肩，弧腹较浅，凹底。口径 11.6、腹径 15、高 11.6 厘米（图一九〇，1）。

盂　1 件。

M817：2，侈口，平折沿微坠，短弧颈，弧壁，凹底。颈、腹交接处有两周凹凸相间弦纹，下腹及底饰交错粗绳纹。口径 21、高 7.4 厘米（图一九〇，2）。

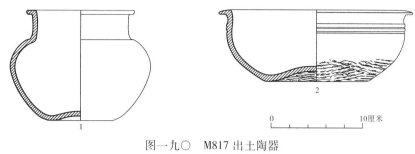

图一九〇　M817 出土陶器
1. 矮领罐（1）　2. 盂（2）

墓例七五　M703

（一）墓葬形制（A 型 Ⅱ b 式）

土坑竖穴宽坑带斜坡墓道及一级生土台阶。墓口近正方形。墓上部被推毁。墓道位于墓室南端，方向 185°，坡度 25°。墓道口长 410、宽 185、深 260 厘米，墓道下端距墓底 170 厘米。台阶分布于墓口四周，南端被墓道切断。台阶两侧较两端略宽，宽 32～60、高 120 厘米。墓底有两条横枕木沟，两端略向墓壁掏进。枕木沟宽 20、深 4～6 厘米。墓壁倾斜。现墓口长 490、宽 440 厘米，墓底长 285、宽 150、深 435 厘米。随葬器物置于头端。墓中填五花土。葬具及人骨架不存（图一九一、一九二）。

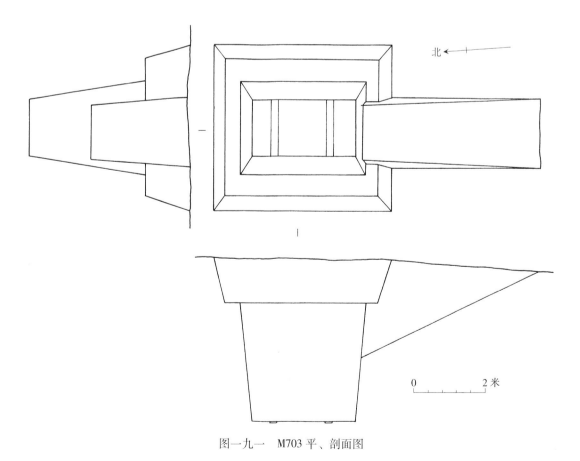

图一九一　M703 平、剖面图

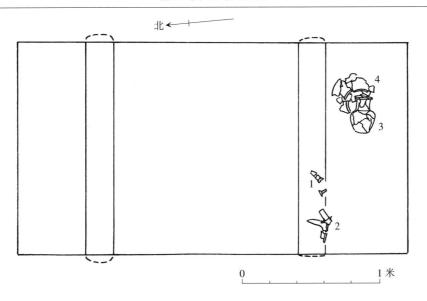

图一九二　M703 随葬器物分布图
1. 铜匕首　2. 铜戈　3. 陶罐　4. 陶盂

（二）出土器物

4 件。有陶器和铜器。

1. 陶器

2 件。为日用陶器。

高领罐　1 件。

M703：3，敞口，高弧领，圆肩，弧腹，底微凹。口径 11、腹径 17.2、高 23.4 厘米（图一九三，1）。

盂　1 件。

M703：4，侈口，短弧颈，窄肩，弧壁。以下残。口径 17、残高 4.6 厘米（图一九三，2）。

2. 铜器

2 件。为兵器。

戈　1 件。

M703：2，绿色。昂援，菱形脊。长胡三穿，顶部一穿残。长方内中部有一长方穿，内上刻两周凹框，框内后部有一鸟纹。援、胡残。援、内残通长 20.8、胡残高 11.6 厘米（图一九三，3）。

匕首　1 件。

M703：1，灰绿色。喇叭形首，枣核形细茎一侧有毛刺，"凹"字形窄格。宽叶前锋残。平脊。残通长 22.2 厘米（图一九三，4）。

墓例七六　M459

（一）墓葬形制（A 型Ⅲa 式）

宽长方形土坑竖穴带封闭一级生土台阶。墓上部被推毁。方向 280°。台阶宽 60～64、残高

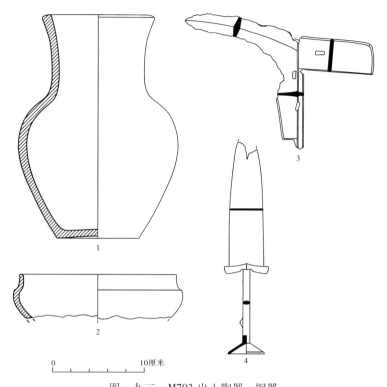

图一九三　M703 出土陶器、铜器

1. 陶高领罐（3）　2. 陶盂（4）　3. 铜戈（2）　4. 铜匕首（1）

20 厘米。墓壁略斜。现墓口长 520、宽 410 厘米，墓底长 330、宽 230、深 280 厘米。墓底有棺椁朽痕。随葬器物位于墓底中部靠一端和一侧。墓中填五花土。葬具及人骨架不存（图一九四、一九五）。

（二）出土器物

3 件。为日用陶器。

高领罐　1 件。

M459：1，侈口，斜折沿，高弧领，圆肩，弧腹，平底。上腹饰竖粗绳纹，下腹饰交错粗绳纹。口径 8.8、腹径 11.2、高 11.4 厘米（图一九六）。

还有豆 2 件，残甚，形态不明。

墓例七七　M478

（一）墓葬形制（A 型 Ⅲb 式）

土坑竖穴宽坑带封闭一级生土台阶及生土二层台。墓口近正方形。方向 110°。台阶

图一九四　M459 平、剖面图

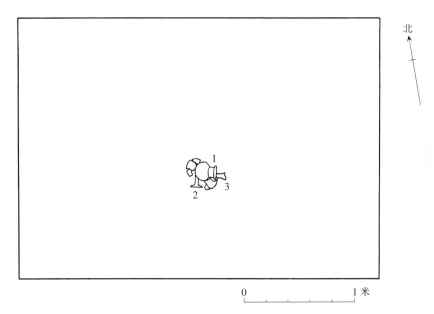

图一九五　M459 随葬器物分布图
1. 陶罐　2、3. 陶豆

宽 42 ~ 50、高 100 厘米。二层台宽 20 ~ 28、距墓底 34 厘米。两侧
墓壁较两端斜度大。墓口长 430、宽 390 厘米，墓底长 324、宽
172、深 380 厘米。随葬器物置于头端。墓中填五花土。葬具及人
骨架不存（图一九七）。

（二）出土器物

陶小罐　1 件。

M478：1，侈口，三角形短沿，高弧领，圆肩，弧腹，平底微凹。
肩部饰两周细弦纹。口径 9、腹径 12.2、高 11.8 厘米（图一九八）。

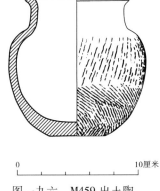

图一九六　M459 出土陶
高领罐（M459：1）

墓例七八　M368

（一）墓葬形制（A 型 Ⅳa 式）

宽长方形土坑竖穴带平行生土二层台。方向 171°。墓上部被推毁。二层台位于墓坑两端，足
端二层台较头端宽。二层台宽 10 ~ 20、距墓底 100 厘米。两端墓壁二层台以上略斜，两侧墓壁上
段倾斜下段垂直。现墓口长 340、宽 260 厘米，墓底长 290、宽 180、残深 260 厘米。随葬器物仅
陶罐 1 件，置于头端。墓中填五花土。葬具及人骨架不存（图一九九）。

（二）出土器物

陶矮领罐　1 件。

M368：1，斜折沿，矮弧领，斜肩，弧腹，平底微凹。口径 10、腹径 14.9、高 9.8 厘米（图二
〇〇）。

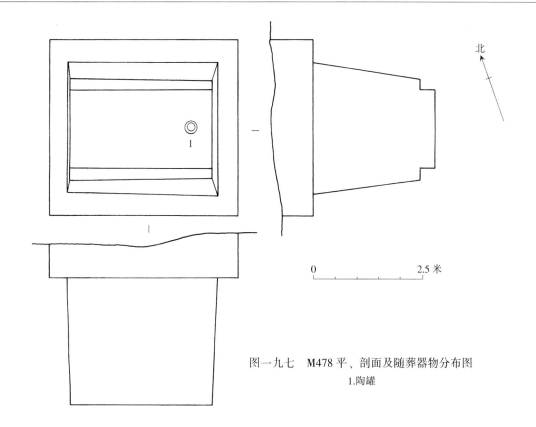

图一九七　M478 平、剖面及随葬器物分布图
1.陶罐

墓例七九　M646

（一）墓葬形制（A 型Ⅳa 式）

宽长方形土坑竖穴带平行生土二层台。方向 240°。墓上部被推毁。二层台位于墓坑两侧，宽 30、距墓底 100 厘米。墓壁及二层台壁均倾斜。现墓口长 360、宽 300 厘米，墓底长 280、宽 160、深 280 厘米。随葬器物仅残陶豆 1 件，位于头部。墓中填五花土。葬具及人骨架不存（图二〇一）。

（二）出土器物

陶豆 1 件，残甚，形态不明。

墓例八〇　M465

（一）墓葬形制（A 型Ⅳb 式）

宽长方形土坑竖穴带封闭生土二层台。方向 172°。二层台宽 14、距墓底 80 厘米。墓壁及二层台壁均倾斜。墓口长 400、宽 320 厘米，墓底长 270、宽 160、深 310 厘米。随葬器物仅陶豆 1 件，位于头端。墓中填五花土。葬具及人骨架不存（图二〇二）。

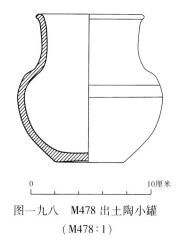

图一九八　M478 出土陶小罐
（M478∶1）

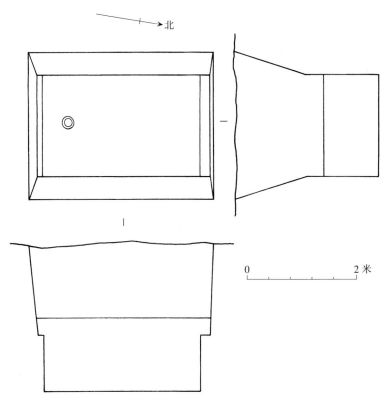

图一九九　M368 平、剖面及随葬器物分布图
1. 陶罐

（二）出土器物

陶高柄豆　1 件。

M465：1，敞口，浅斜壁盘，下底有折，弧形高柄，喇叭状圈足略有折。口径 12、高 9.8 厘米（图二〇三）。

墓例八一　M367

（一）墓葬形制（A 型Ⅴ式）

宽长方形土坑竖穴带高头龛。方向 80°。墓上部被

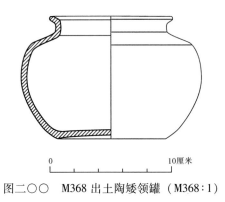

图二〇〇　M368 出土陶矮领罐（M368：1）

推毁。头龛距墓底 76 厘米，龛宽 34、深 18、高 34 厘米。墓壁垂直。墓长 280、宽 160、残深 140 厘米。随葬器物仅陶豆 1 件，置于龛内。墓中填五花土。葬具及人骨架已朽不存（图二〇四）。

（二）出土器物

陶矮柄豆　1 件。

M367：1，敞口，浅弧壁盘，矮弧形柄，喇叭状圈足。口径 12、高 10 厘米（图二〇五）。

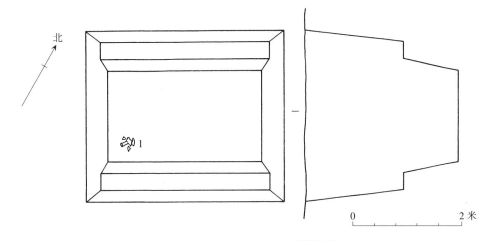

图二〇一　M646 平、剖面及随葬器物分布图
1. 陶豆

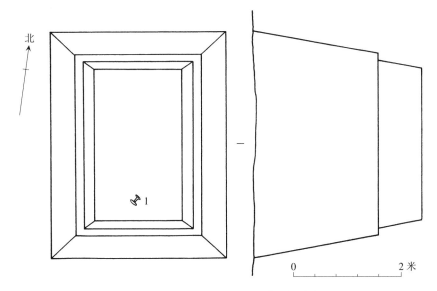

图二〇二　M465 平、剖面及随葬器物分布图
1. 陶豆

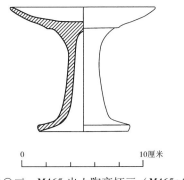

图二〇三　M465 出土陶高柄豆（M465∶1）

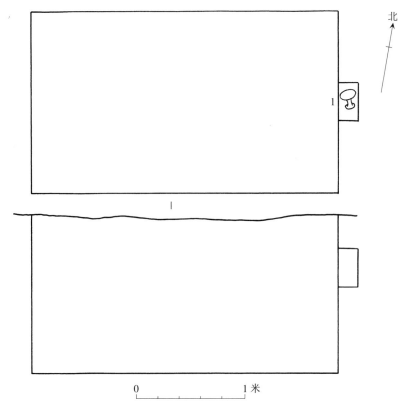

图二〇四　M367 平、剖面及随葬器物分布图
1. 陶豆

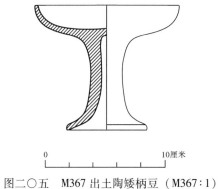

图二〇五　M367 出土陶矮柄豆（M367∶1）

第七节　丙组 B 类墓例

丙组 B 类墓为随葬日用陶器为主的窄坑（B 型）墓。共 104 座，占丙组墓的 31.14%。主要为普通长方形墓和带高头龛的墓，分别为 52 座和 48 座；其他仅 4 座。本节从中选取代表性的墓葬 35 座予以举例介绍。

墓例八二 M16

（一）墓葬形制（B型Ⅰ式）

普通窄长方形土坑竖穴。方向122°。墓上部被推毁。墓坑平面略呈梯形，墓壁略斜。墓口长280、头端宽116、足端宽108厘米，墓底长276、头端宽112、足端宽104、残深132厘米。随葬器物置于头端。墓中填五花土。葬具及人骨架不存（图二〇六）。

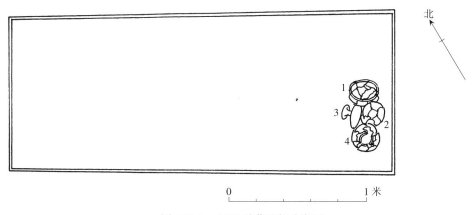

图二〇六 M16随葬器物分布图
1. 陶盂 2、3. 陶豆 4. 陶罐

（二）出土器物

4件。为日用陶器（彩版一一，1；图版三〇，3）。

矮领罐 1件。

M16：4，口微侈，矮弧领，宽斜肩，上腹直，下腹斜收，平底。口径9.2、腹径18.4、高13厘米（图二〇七，1）。

盂 1件。

M16：1，侈口，三角形沿，短弧颈，斜弧壁，小平底。口径16.8、高8厘米（图二〇七，2）。

矮柄豆 2件。

M16：2，敞口，浅弧壁盘，矮柱状柄，喇叭状圈足与豆柄折转。口径13.6、高12厘米（图二〇七，3）。

M16：3，敞口，浅弧壁盘，下底有凸圈，矮弧形柄，喇叭状圈足。口径13.2、高9.6厘米（图二〇七，4）。

墓例八三 M65

（一）墓葬形制（B型Ⅰ式）

普通窄长方形土坑竖穴。方向97°。墓上部被推毁。墓底一侧前后各掏有一个枕木槽。墓坑平

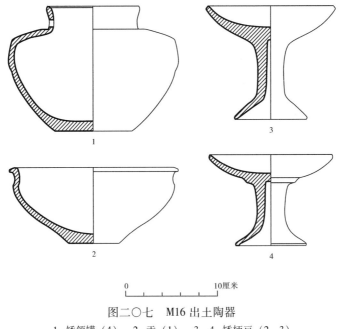

0　　　　　　　　　　10厘米

图二〇七　M16 出土陶器
1. 矮领罐（4）　2. 盂（1）　3、4. 矮柄豆（2，3）

面呈宽梯形，墓壁垂直。墓左侧长 280、右侧长 256、头端宽 100、足端宽 110、残深 230 厘米。随葬品置于头端。墓中填五花土。葬具及人骨架不存（图二〇八）。

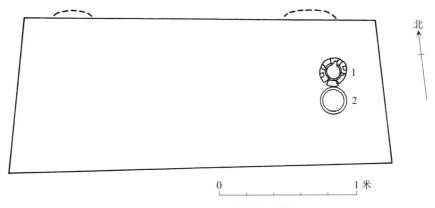

北

0　　　　　　　　　　1米

图二〇八　M65 随葬器物分布图
1. 陶罐　2. 陶盂

（二）出土器物

2 件。为日用陶器（图版三一，1）。

双耳罐　1 件。

M65：1，口残。矮弧领，斜肩，弧腹，凹底。肩部有对称宽竖耳。中腹至底饰竖粗绳纹和交错粗绳纹。腹径 19.4、残高 14.4 厘米（图二〇九，1）。

盂　1 件。

M65：2，敛口，斜折沿，器壁口部直，下部弧曲，底微凹。口径 18.4、高 5.6 厘米（图二〇九，2）。

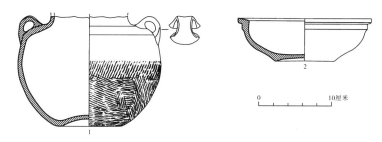

图二〇九　M65 出土陶器
1. 双耳罐（1）　2. 盂（2）

墓例八四　M149

（一）墓葬形制（B 型 I 式）

普通窄长方形土坑竖穴。方向 80°。墓上部被推毁。墓壁垂直。墓口长 280、宽 120、残深 270 厘米。随葬品置于头端。墓中填五花土。葬具及人骨架不存（图二一〇）。

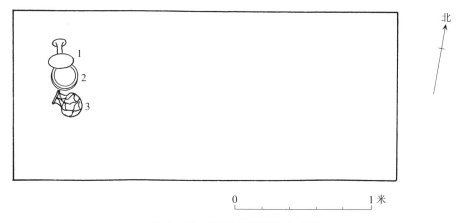

图二一〇　M149 随葬器物分布图
1. 陶豆　2. 陶盒　3. 陶罐

（二）出土器物

3 件。为日用陶器（彩版一一，2；图版三一，2）。

高领罐　1 件。

M149：3，口微侈，厚卷沿，高弧领，溜肩，弧腹，底微凹。颈、腹饰竖条纹，肩部饰两周弦纹。口径 11.4、腹径 15.8、高 17.8 厘米（图二一一，1）。

盒　1 件。

M149：2，由形态相同的两件盂扣合而成。敛口，斜折凹沿，器壁口部直，下部弧曲，底微凹。口径 17.8、通高 10.8 厘米（图二一一，2）。

高柄豆　1 件。

M149：1，敞口，浅折壁盘，细高柱状柄，圈足残。口径 16、残高 14.8 厘米（图二一一，3）。

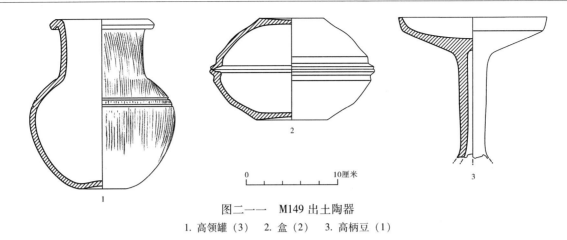

图二一一　M149 出土陶器
1. 高领罐（3）　2. 盒（2）　3. 高柄豆（1）

墓例八五　M290

（一）墓葬形制（B 型 I 式）

普通窄长方形土坑竖穴。方向 30°。墓上部被推毁。墓壁倾斜。墓口长 310、宽 240 厘米，墓底长 250、宽 140、残深 170 厘米。随葬品置于头端。墓中填五花土。葬具及人骨架不存（图二一二）。

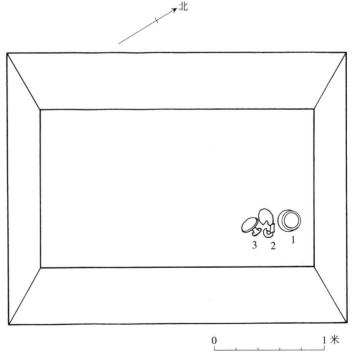

图二一二　M290 随葬器物分布图
1. 陶罐　2、3. 陶豆

（二）出土器物

3 件。为日用陶器（图版三一，3）。

高领罐　1件。

M290:1，侈口，高弧领，溜肩，鼓腹，平底。颈至腹饰四周弦纹。口径11.2、腹径14.8、高14.9厘米（图二一三，1）。

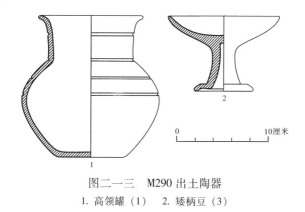

图二一三　M290出土陶器
1. 高领罐（1）　2. 矮柄豆（3）

矮柄豆　2件。形态相同。

标本M290:3，敞口，浅弧壁，矮弧柄，圈足呈倒扣折壁浅平盘状。口径12、高7.8厘米（图二一三，2）。

墓例八六　M531

（一）墓葬形制（B型Ⅰ式）

普通窄长方形土坑竖穴。方向165°。墓上部被推毁。两侧墓壁垂直，两端略斜。现墓口长300、宽110厘米，墓底长275、宽110、残深280厘米。随葬品置于头端。墓中填五花土。葬具及人骨架不存（图二一四）。

（二）出土器物

3件。为日用陶器（图版三二，1）。

双耳罐　1件。

M531:1，口微侈。矮弧领，溜肩，弧腹，平底。肩部有对称竖耳及两周弦纹。口径9.2、腹径15、高14.2厘米（图二一五，1）。

盂　1件。

M531:2，直口，折沿微坠，颈微束，弧壁，底残。口径19、残高6.2厘米（图二一五，2）。

矮柄豆　1件。

M531:3，敞口，弧壁，矮弧柄，喇叭状圈足。口径14.8、高12.4厘米（图二一五，3）。

墓例八七　M537

（一）墓葬形制（B型Ⅰ式）

普通窄长方形土坑竖穴。方向340°。墓上部被推毁。墓底有两条横枕木沟，沟宽14～16、深

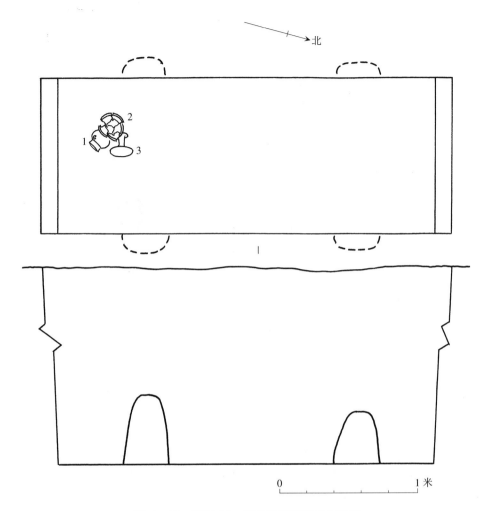

图二一四　M531 平、剖面及随葬器物分布图
1. 陶罐　2. 陶盂　3. 陶豆

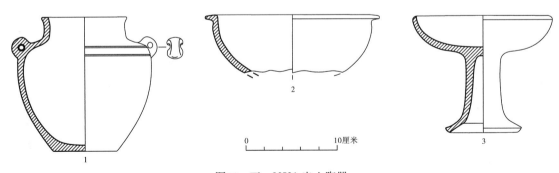

图二一五　M531 出土陶器
1. 双耳罐（1）　2. 盂（2）　3. 矮柄豆（3）

2 厘米。墓壁垂直。墓长 280、宽 120、残深 130 厘米。随葬品置于头端。墓中填五花土。葬具及人骨架不存（图二一六）。

（二）出土器物

4 件。为日用陶器（图版三二，2）。

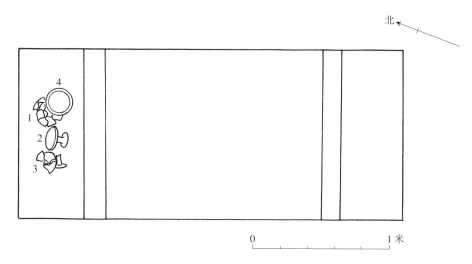

图二一六　M537 随葬器物分布图
1. 陶罐　2、3. 陶豆　4. 陶盉

矮领罐　1 件。

M537∶1，口微侈。矮弧领，斜肩，弧腹，平底。颈部有对称圆孔，腹有三周弦纹。口径 10.6、腹径 16.2、高 13.4 厘米（图二一七，1）。

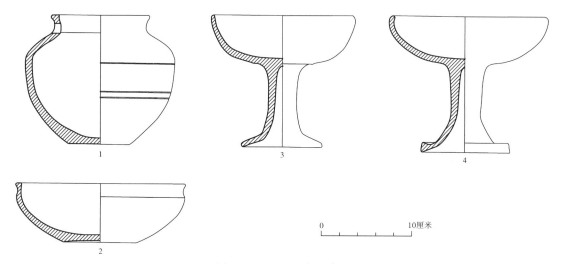

图二一七　M537 出土陶器
1. 矮领罐（1）　2. 盉（4）　3、4. 矮柄豆（2，3）

盉　1 件。

M537∶4，直口，短弧颈，弧壁，平底微凹。口径 18.4、高 6.2 厘米（图二一七，2）。

矮柄豆　2 件。

M537∶2，敞口，深弧壁，下底有折，矮弧柄，盖状圈足。口径 15.6、高 13.8 厘米（图二一七，3）。

M537∶3，敛口，弧壁，矮柄弧折，喇叭状圈足边缘上翘。口径 17.2、高 14.2 厘米（图二一七，4）。

墓例八八   M574

（一）墓葬形制（B 型 I 式）

普通窄长方形土坑竖穴。方向 360°。墓上部被推毁。墓壁略斜。墓口长 270、宽 110 厘米，墓底长 250、宽 110、残深 300 厘米。随葬品置于头端。墓中填五花土。葬具及人骨架不存（图二一八）。

图二一八   M574 平、剖面及随葬器物分布图
1. 陶盂   2. 陶罐

（二）出土器物

2 件。为日用陶器（图版三三，1）。

高领罐   1 件。

M574：2，口略侈，折沿略呈三角形，高领斜直，圆肩，球形鼓腹，圜底微凹。通体饰粗绳纹，颈部绳纹抹去。口径 14.2、腹径 21.6、高 22.8 厘米（图二一九，1）。

盂   1 件。

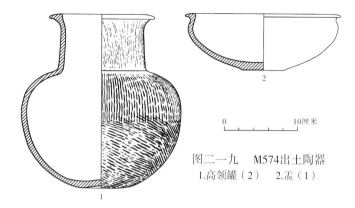

图二一九　　M574出土陶器
1.高领罐（2）　2.盂（1）

M574：1，敛口，短折沿微坠，束颈，窄圆肩，弧壁，小平底。口径21.2、高7.4厘米（图二一九，2）。

墓例八九　M585

（一）墓葬形制（B型Ⅰ式）

普通窄长方形土坑竖穴。方向90°。墓上部被推毁。墓底有两条横枕木沟，沟两端向墓壁内掏进。枕木沟宽28～40、深4厘米。墓壁垂直。墓长280、宽110、残深235厘米。随葬品置于头端。墓中填五花土。葬具及人骨架不存（图二二〇）。

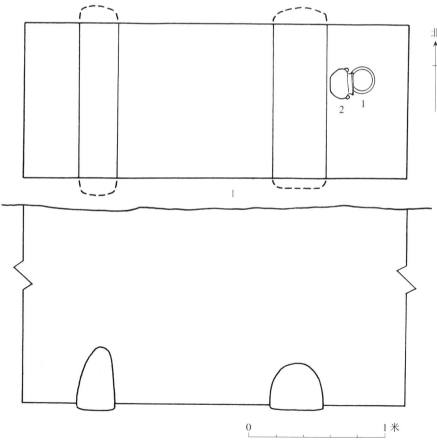

图二二〇　M585平、剖面及随葬器物分布图
1. 陶盂　2. 陶罐

（二）出土器物

2件。为日用陶器（图版三三，2）。

双耳罐 1件。

M585：2，侈口，矮弧领，溜肩，鼓腹，凹底。肩部有对称宽竖耳。领、腹及底饰粗绳纹。口径12.8、腹径19、高15.8厘米（图二二一，1）。

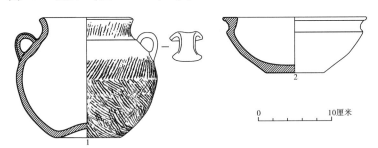

图二二一 M585 出土陶器
1. 双耳罐（2） 2. 盂（1）

盂 1件。

M585：1，敛口，平折沿，束颈，斜折壁，平底。口径19.2、高7.4厘米（图二二一，2）。

墓例九〇 M608

（一）墓葬形制（B型Ⅰ式）

普通窄长方形土坑竖穴。方向180°。墓上部被推毁。两端墓壁垂直，两侧略斜。墓口长290、宽140厘米，墓底长290、宽128、残深270厘米。随葬品置于头端。墓中填五花土。葬具及人骨架不存（图二二二）。

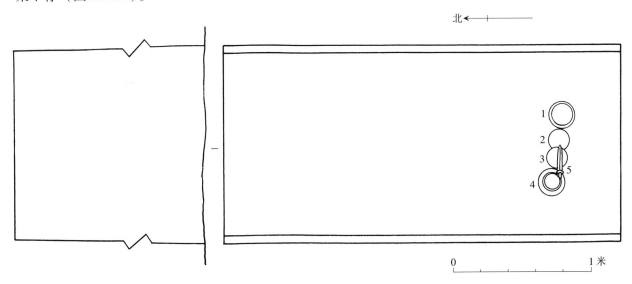

图二二二 M608 平、剖面及随葬器物分布图
1. 陶盂 2、3. 陶豆 4. 陶罐 5. 铜剑

（二）出土器物

5 件。除一件铜剑外，余为陶器。

1. 陶器

4 件。为日用陶器（图版三四，1）。

高领罐　1 件。

M608：4，直口，宽平折沿，沿面有一圈凹沟。高弧领，溜肩，鼓腹，凹底。通体饰粗绳纹，颈部绳纹抹去。口径 14.4、腹径 17、高 18.2 厘米（图二二三，1）。

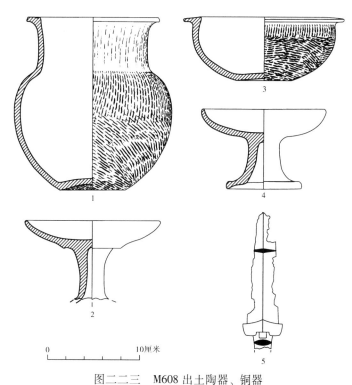

图二二三　M608 出土陶器、铜器

1. 陶高领罐（4）　2、4. 陶矮柄豆（3，2）　3. 陶盂（1）　5. 铜剑（5）

盂　1 件。

M608：1，敛口，宽平折沿微坠，圆弧壁，底微凹。通体饰粗绳纹。口径 17.6、高 6.6 厘米（图二二三，3）。

矮柄豆　2 件。

M608：2，敞口，浅弧壁盘，矮弧柄，喇叭状圈足边缘平伸。口径 13.4、高 8.4 厘米（图二二三，4）。

M608：3，敞口，浅弧壁盘，下底凹弧，矮弧柄。圈足残。口径 14.6、残高 8.2 厘米（图二二三，2）。

2. 铜器

剑　1 件。

M608：5，扁茎剑。粉绿色。"凹"字形宽格，两侧凹缺中间下方有簧形片。扁茎呈梭形。茎残，刃缘及前锋崩残。菱形脊。残通长 14.3 厘米（图二二三，5）。

墓例九一　M620

（一）墓葬形制（B 型 I 式）

普通窄长方形土坑竖穴。方向 90°。墓上部被推毁。墓壁垂直。墓长 270、宽 105、残深 240 厘米。随葬品置于头端。墓中填五花土。葬具及人骨架不存（图二二四）。

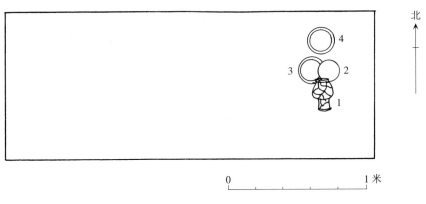

图二二四　M620 随葬器物分布图
1. 陶壶　2. 陶豆　3、4. 陶盂

（二）出土器物

4 件。为日用陶器（图版三四，2）。

壶　1 件。

M620：1，侈口，粗弧领，斜肩，弧腹，平底微凹，略呈矮假圈足状。内底有轮刮涡纹。口径 10、腹径 15.8、高 18.4 厘米（图二二五，1）。

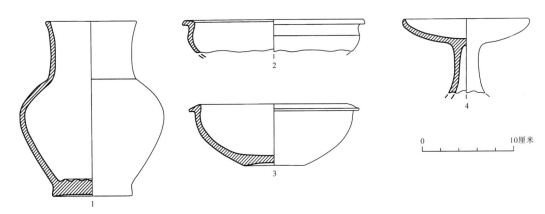

图二二五　M620 出土陶器
1. 壶（1）　2、3. 盂（4，3）　4. 矮柄豆（2）

盂 2 件。

M620:3，口微敛，翻沿，圆弧壁，底微凹。口径 18.6、高 6.4 厘米（图二二五，3）。

M620:4，口微敛，平折沿略斜，短弧颈，弧壁，以下残。口径 20、残高 3.4 厘米（图二二五，2）。

矮柄豆 1 件。

M620:2，敞口，浅弧壁盘，矮弧柄，圈足残。口径 13.8、残高 7.8 厘米（图二二五，4）。

墓例九二 M820

（一）墓葬形制（B 型 I 式）

普通窄长方形土坑竖穴。方向 180°。墓上部被推毁。墓底两侧墓壁前后掏有对称的枕木槽。墓壁略斜。墓口长 270、宽 140 厘米，墓底长 240、宽 130、残深 250 厘米。随葬品置于头端。墓中填五花土。葬具及人骨架不存（图二二六）。

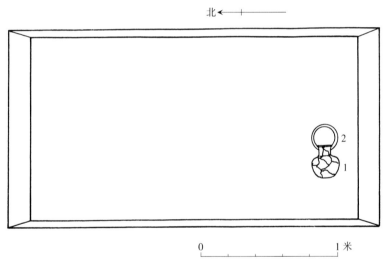

图二二六 M820 随葬器物分布图
1. 陶罐 2. 陶盂

（二）出土器物

2 件。为日用陶器（图版三三，3）。

高领罐 1 件。

M820:1，侈口，折沿微坠，高弧领，圆肩，鼓腹，凹底。上腹饰竖粗绳纹，下腹至底饰交错粗绳纹。颈部绳纹抹去。上腹有两周抹刮弦纹。口径 13.6、腹径 20、高 21.4 厘米（图二二七，1）。

盂 1 件。

M820:2，直口微敛，斜折沿，短弧颈，斜壁，平底。口径 16.4、高 4.4 厘米（图二二七，2）。

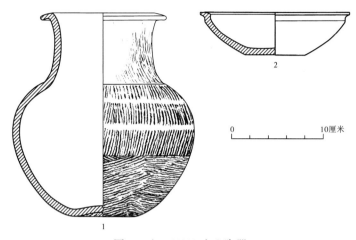

图二二七　M820 出土陶器
1. 高领罐（1）　2. 盂（2）

墓例九三　M831

（一）墓葬形制（B 型 Ⅰ 式）

普通窄长方形土坑竖穴。方向 360°。墓上部被推毁。墓壁垂直。墓长 260、宽 100、残深 280 厘米。随葬品置于头端。墓中填五花土。葬具及人骨架不存（图二二八）。

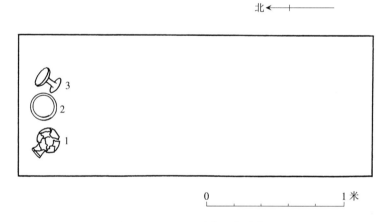

图二二八　M831 随葬器物分布图
1. 陶罐　2. 陶盂　3. 陶豆

（二）出土器物

3 件。为日用陶器（图版三五，1）。

高领罐　1 件。

M831:1，颈以上残。斜肩，肩、腹折转，弧腹，平底微凹。腹饰两组弦纹，每组三道。腹径 14.4、残高 10.8 厘米（图二二九，1）。

盂　1 件。

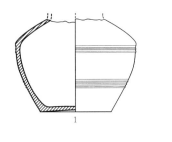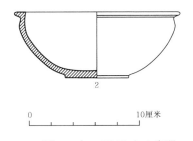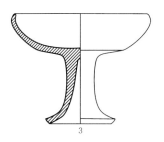

图二二九 M831 出土陶器

1. 高领罐（1） 2. 盂（2） 3. 矮柄豆（3）

M831:2，口微敛，平折沿，弧壁，平底略有出边。口径17.2、高7.6厘米（图二二九，2）。

矮柄豆 1件。

M831:3，敛口略有折，弧壁盘，矮弧柄，喇叭状圈足。口径16.4、高12.8厘米（图二二九，3）。

墓例九四 M711

（一）墓葬形制（B型Ⅱ式）

窄长方形土坑竖穴带斜坡墓道、高头龛。墓口近正方形。墓上部被推毁。墓道位于墓坑南端，方向195°，坡度20°。墓道口残长340、宽150、深220厘米，墓道下端距墓底120厘米。头龛位于墓道下方，距墓底56厘米，龛宽110、深28、高34厘米。墓室两侧坑壁斜度较两端大。现墓口长300、头端宽280、足端宽270厘米，墓底长230、头端宽124、足端宽114、残深340厘米。墓底部有棺椁朽痕。随葬器物中陶器置于龛内，铜兵器位于墓底头端两侧。墓底填白膏泥，其上填五花土。葬具及人骨架不存（图二三〇、二三一）。

（二）出土器物

9件。有陶器和铜器。

1. 陶器

6件。为日用陶器。其中鬲、盂各1件，高领罐、矮柄豆各2件，未见实物，形态不明。

2. 铜器

3件。为兵器。

剑 1件。

M711:9，双箍剑。青绿色。喇叭形首，圆茎上有双箍，"凹"字形宽格。剑身菱形脊。刃缘及前锋崩残。残通长45厘米（图二三二，1；图版三五，2）。

矛 1件。

M711:7，青色。圆骹残，骹内残存木柲。叶后部折弧收，与骹有分隔。凸棱脊。刃缘崩残。残通长22.3厘米（图二三二，2）。

还有戈1件，残甚，形态不明。

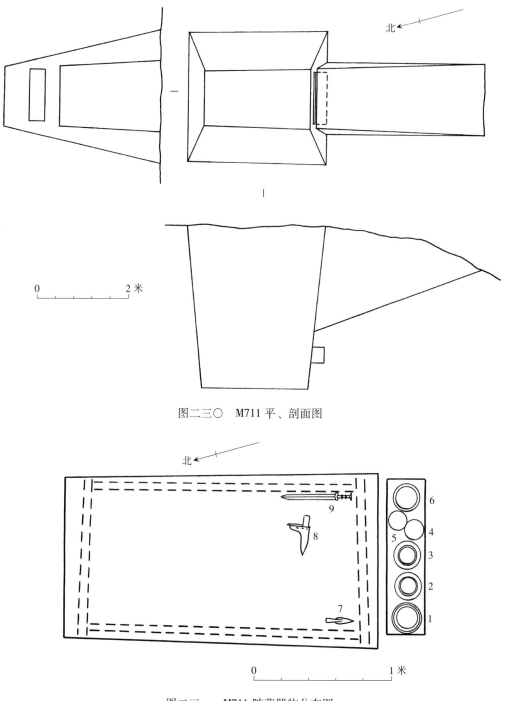

图二三〇　M711 平、剖面图

图二三一　M711 随葬器物分布图
1. 陶鬲　2、3. 陶罐　4、5. 陶豆　6. 陶盂　7. 铜矛　8. 铜戈　9. 铜剑

墓例九五　M474

（一）墓葬形制（B 型Ⅲa 式）

窄长方形土坑竖穴带平行二层台。方向 170°。二层台位于墓底两侧。二层台极窄，宽仅

4、高70厘米。墓壁垂直。墓口长280、宽116厘米，墓底长280、宽108、深440厘米。随葬器物仅陶壶1件，位于墓底头端。墓中填五花土。葬具及人骨架不存（图二三三）。

（二）出土器物

双耳壶　1件。

M474:1，敞口，粗弧颈，圆肩，鼓腹，圜底，高圈足略撇。肩部有对称竖耳。口径11.8、腹径19、高28厘米（图二三四；图版三五，3）。

墓例九六　M12

（一）墓葬形制（B型Ⅳa式）

窄长方形土坑竖穴带高头龛。方向268°。头龛距墓底68厘米，龛宽62、深26、高42厘米。墓壁垂直。墓长270、宽130、深370厘米。随葬器物置于龛内。墓内填五花土。葬具及人骨架不存（图二三五）。

（二）出土器物

4件。为日用陶器。

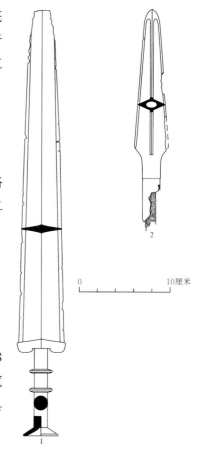

图二三二　M711出土铜器
1. 剑（9）　2. 矛（7）

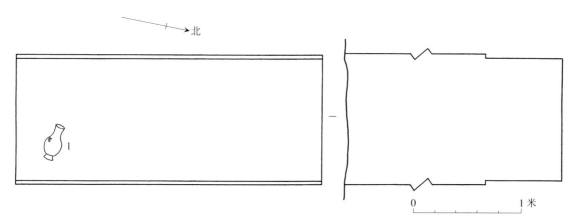

图二三三　M474平、剖面及随葬器物分布图
1. 陶双耳壶

小壶　1件。

M12:4，直口，短平折沿，粗颈斜直，圆肩，弧腹，下腹向内凹弧呈假圈足状，底微凹。口径8.4、腹径12.8、高17.6厘米（图二三六，3）。

矮柄豆　2件。

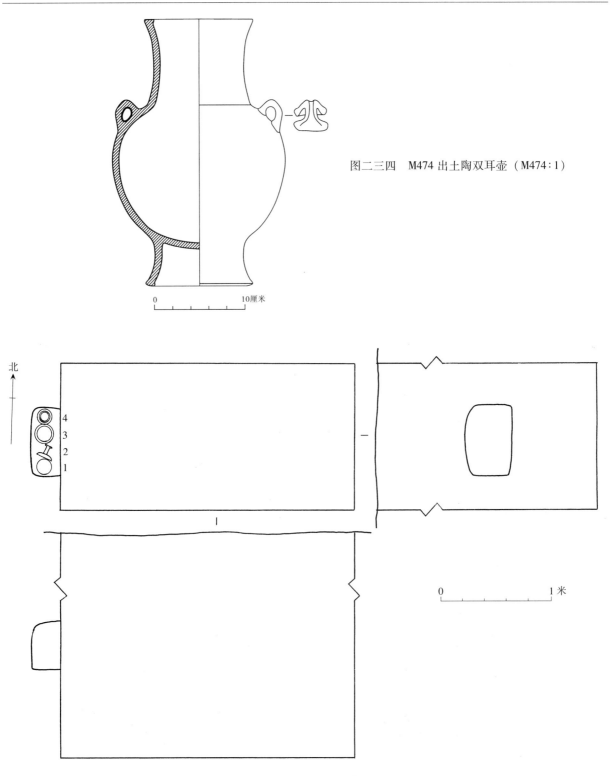

图二三四　M474 出土陶双耳壶（M474：1）

图二三五　M12 平、剖面及随葬器物分布图
1、2. 陶豆　3. 陶盂　4. 陶小壶

M12：1，敞口，弧壁盘，矮柱状柄，喇叭状圈足略有折。口径 14.4、高 12.4 厘米（图二三六，1）。

M12：2，敛口，余大致同 M12：1。口径 14.4、高 12.6 厘米（图二三六，2）。

还有盂 1 件，残甚，形态不明。

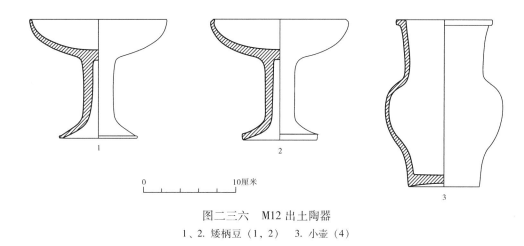

图二三六　M12 出土陶器
1、2. 矮柄豆（1，2）　3. 小壶（4）

墓例九七　M14

（一）墓葬形制（B 型Ⅳa 式）

窄长方形土坑竖穴带高头龛。方向 15°。头龛距墓底 60 厘米，龛宽 90、深 36、高 50 厘米。墓底两侧壁前后各有一个对称枕木槽。墓坑不甚规则，口小底大。墓口长 250、宽 106 厘米，墓底长 272、宽 120、深 340 厘米。随葬器物中陶器置于龛内，一件铜剑和一件铁斧位于墓底。墓内填五花土。葬具及人骨架不存（图二三七）。

（二）出土器物

5 件。有陶器、铜器和铁器。

1. 陶器

3 件。为日用陶器。

高领罐　1 件。

M14：1，侈口，平折沿微坠，高弧领，圆肩，球形腹，底微凹。上腹饰竖粗绳纹，下腹饰交错粗绳纹。口径 13.2、腹径 20、高 23.6 厘米（图二三八，1）。

矮柄豆　2 件。形态相同。均残。

标本 M14：2，口残。弧壁盘，矮弧形柄，喇叭状圈足。残高 11.6 厘米（图二三八，3）。

2. 铜器

剑格　1 件。

M14：4，翠绿色。"凹"字形格。双面铸有内凹的云纹及圆圈纹等，纹饰内原应有镶嵌物，已脱落。略残。宽 5、高 1.9、厚 2 厘米（图二三八，2）。

3. 铁器

铁斧　1 件。残甚，形态不明。

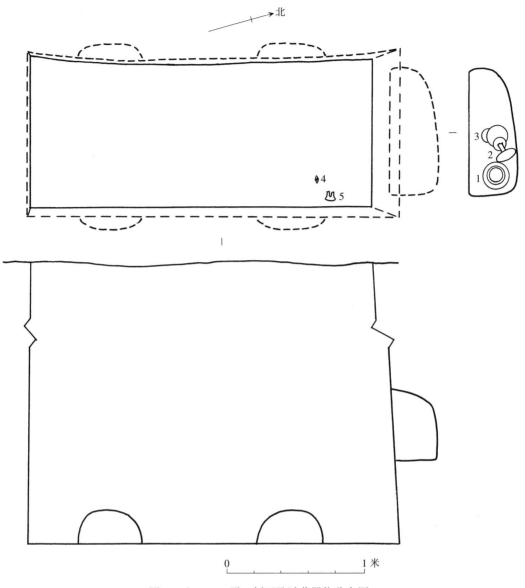

图二三七　M14 平、剖面及随葬器物分布图
1. 陶罐　2、3. 陶豆　4. 铜剑格　5. 铁臿

墓例九八　M21

（一）墓葬形制（B 型Ⅳa 式）

窄长方形土坑竖穴带高头龛。方向 105°。墓上部被推毁。头龛距墓底 60 厘米，龛宽 48、深 28、高 35 厘米。墓底两侧壁靠头前各有一个对称枕木槽。墓口小底大，墓底平面略呈梯形。现墓口长 240、宽 100 厘米，墓底长 252、头端宽 100、足端宽 110、深 152 厘米。随葬器物置于龛内。墓内填五花土。葬具及人骨架不存（图二三九）。

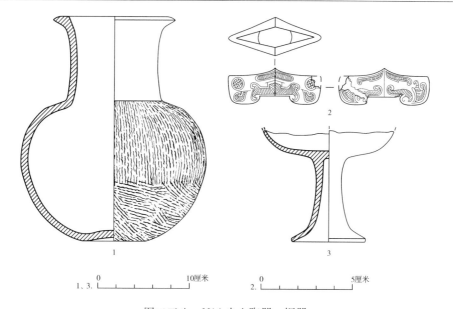

图二三八　M14 出土陶器、铜器

1. 陶高领罐（1）　2. 铜剑格（4）　3. 陶矮柄豆（2）

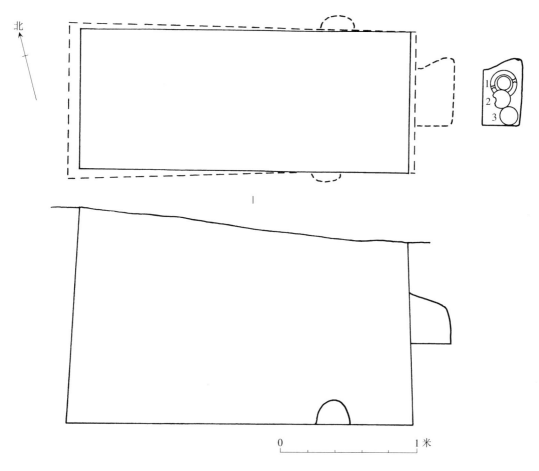

图二三九　M21 平、剖面及随葬器物分布图

1. 陶罐　2、3. 陶豆

（二）出土器物

3 件。为日用陶器（图版三六，1）。

双耳罐　1 件。

M21：1，敞口。矮弧领，溜肩，鼓腹，底残。肩部有对称宽竖耳。上腹饰竖粗绳纹，下腹饰交错粗绳纹。领部亦有竖绳纹抹去。口径 12.6、腹径 17.6、残高 14.5 厘米（图二四〇，1）。

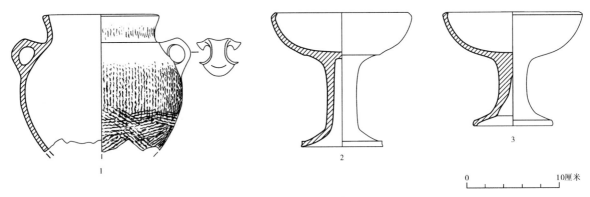

图二四〇　M21 出土陶器
1. 双耳罐（1）　2、3. 矮柄豆（2、3）

矮柄豆　2 件。

M21：2，敛口，深弧壁盘，下底有折。矮柱状柄，盖状圈足低平。口径 14.4、高 14 厘米（图二四〇，2）。

M21：3，敛口，深弧壁盘，矮弧形柄，盖状圈足低平。口径 14.4、高 12 厘米（图二四〇，3）。

墓例九九　M66

（一）墓葬形制（B 型Ⅳa 式）

窄长方形土坑竖穴带高头龛。方向 190°。头龛距墓底 88 厘米，龛宽 74、深 22、高 32 厘米。墓壁略斜。墓口长 270、宽 120 厘米，墓底长 240、宽 100、深 380 厘米。墓底头部低于足部 18 厘米，使墓底呈台阶状。随葬器物置于龛内。墓内填五花土。葬具及人骨架不存（图二四一）。

（二）出土器物

4 件。为日用陶器（彩版一二，1；图版三六，2）。

矮领罐　1 件。

M66：1，侈口，矮弧领，圆肩，弧腹，平底微凹。领有对称圆孔。口径 11、腹径 15.2、高 11.6 厘米（图二四二，1）。

盂　1 件。

M66：3，直口，平折沿，短颈，凸肩，浅弧壁，平底微凹。口径 20.6、高 7 厘米（图二四二，2）。

矮柄豆　1 件。

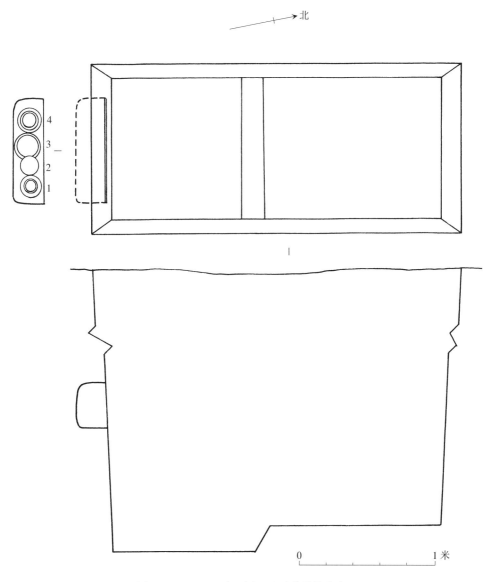

图二四一　M66 平、剖面及随葬器物分布图
1、4. 陶罐　2. 陶豆　3. 陶盂

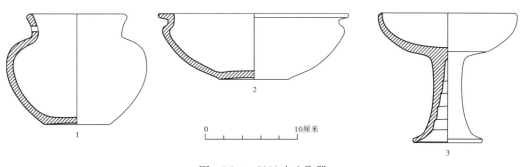

图二四二　M66 出土陶器
1. 矮领罐（1）　2. 盂（3）　3. 矮柄豆（2）

M66:2，直口微敛，弧壁盘，矮弧形柄，喇叭状圈足较小。柄内壁有瓦楞状凹圈。口径 14.4、高 13.6 厘米（图二四二，3）。

还有高领罐 1 件，残甚，形态不明。

墓例一〇〇 M127

（一）墓葬形制（B 型Ⅳa 式）

窄长方形土坑竖穴带高头龛。方向 285°。墓上部被推毁。头龛距墓底 66 厘米，龛宽 32、深 20、高 26 厘米。墓口平面呈梯形，墓壁倾斜。现墓口长 255、头端宽 155、足端宽 134 厘米，墓底长 220、宽 90、残深 140 厘米。随葬器物仅陶豆 1 件，置于龛内。墓内填五花土。葬具及人骨架不存（图二四三）。

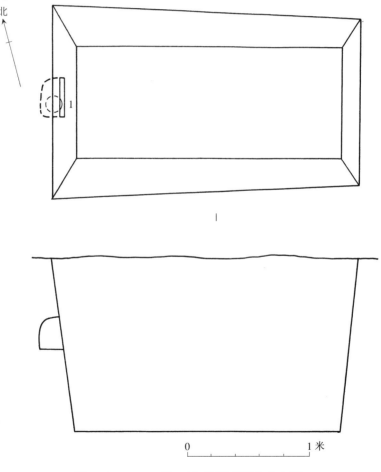

图二四三　M127 平、剖面及随葬器物分布图
1. 陶豆

（二）出土器物

陶矮柄豆　1 件。

M127:2，敞口，浅弧壁盘，矮弧形柄，盖状圈足。圈足内壁凸起呈子母口状。口径 11.6、高

9.5 厘米（图二四四）。

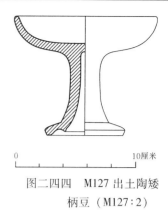

图二四四　M127 出土陶矮
柄豆（M127：2）

墓例一〇一　M153

（一）墓葬形制（B 型Ⅳa 式）

窄长方形土坑竖穴带高头龛。方向 185°。墓上部被推毁。头龛
距墓底 60 厘米，龛宽 70、深 30、高 33 厘米。墓壁垂直。长 250、宽
105、残深 200 厘米。随葬器物置于龛内。墓内填五花土。葬具及人
骨架不存（图二四五）。

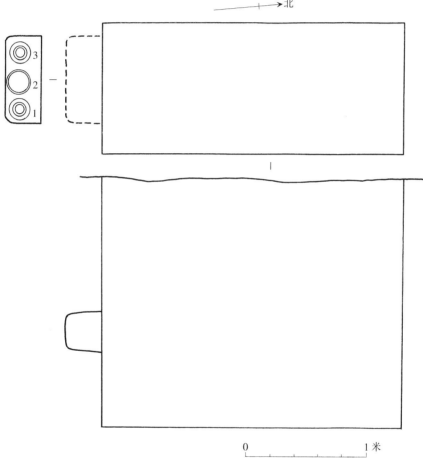

图二四五　M153 平、剖面及随葬器物分布图
1、3. 陶罐　2. 陶盂

（二）出土器物

3 件。为日用陶器（图版三六，3）。

矮领罐　2 件。形态相同。

标本 M153：3，敞口，矮领斜直，圆肩，弧腹，平底微凹。口径 9.2、腹径 15.4、高 13.4 厘米
（图二四六，1）。

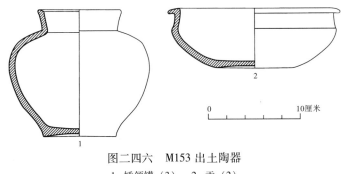

图二四六　M153 出土陶器
1. 矮领罐（3）　2. 盂（2）

盂　1件。

M153∶2，直口，平折沿微坠，斜颈，凸肩，弧壁，平底微凹。口径 18.6、高 6.4 厘米（图二四六，2）。

墓例一〇二　M192

（一）墓葬形制（B 型Ⅳa 式）

窄长方形土坑竖穴带高头龛。方向 290°。墓上部被推毁。头龛距墓底 56 厘米，龛宽 60、深 25、高 30 厘米。墓坑不甚规则，平面呈梯形，墓壁略斜。现墓口长 250、头端宽 140、足端宽 108 厘米，墓底长 230、头端宽 110、足端宽 76、残深 180 厘米。随葬器物置于龛内。墓内填五花土。葬具及人骨架不存（图二四七）。

（二）出土器物

2 件。为日用陶器（图版三七，1）。

小罐　1件。

M192∶2，侈口，高弧领，斜肩，斜直腹，平底微凹。口径 5.6、腹径 9.6、高 12.2 厘米（图二四八，1）。

高柄豆　1件。

M192∶1，敞口，弧壁盘，高柱状柄，喇叭状圈足。口径 12、高 12.6 厘米（图二四八，2）。

墓例一〇三　M236

（一）墓葬形制（B 型Ⅳa 式）

窄长方形土坑竖穴带高头龛。方向 10°。头龛距墓底 60 厘米，龛宽 68、深 30、高 40 厘米。墓底有两条横枕木沟，沟两端向墓壁略掏进。枕木沟宽 18、深 5 厘米。墓壁上部倾斜，下部垂直。墓口长 300、宽 130 厘米，墓底长 240、宽 110、深 320 厘米。随葬器物置于龛内。墓内填五花土。葬具及人骨架不存（图二四九）。

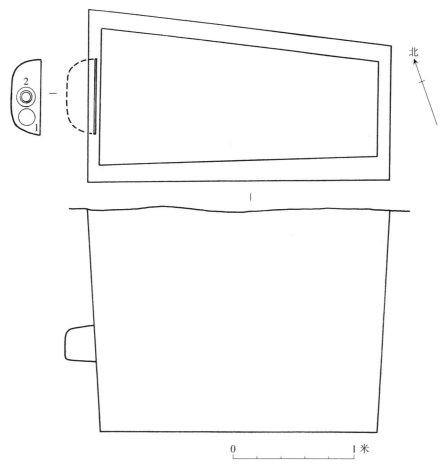

图二四七 M192 平、剖面及随葬器物分布图
1. 陶豆 2. 陶罐

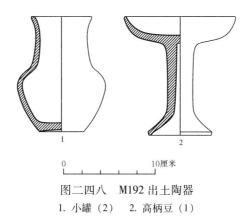

图二四八 M192 出土陶器
1. 小罐（2） 2. 高柄豆（1）

（二）出土器物

4 件。为日用陶器（彩版一二，2；图版三八，1）。

高领罐 1 件。

M236：4，直口，平折沿，高弧领，溜肩，鼓腹，圜底微凹。通体饰粗绳纹，领部绳纹抹去。

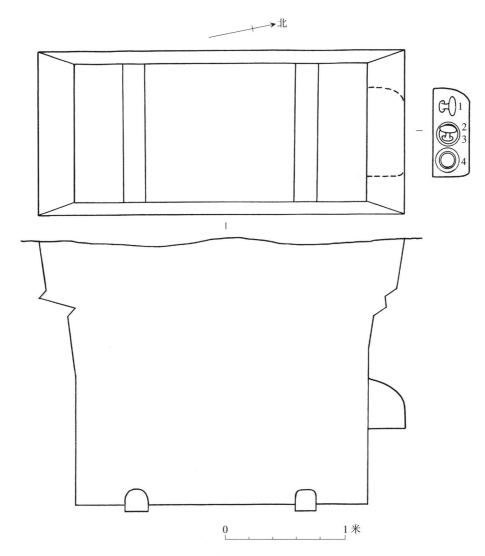

图二四九　M236平、剖面及随葬器物分布图
1、3. 陶豆　2. 陶盂　4. 陶罐

上腹饰两周弦纹。口径13.6、腹径20.2、高21.4厘米（图二五〇，1）。

　　盂　1件。

　　M236：2，直口，折沿微坠，弧壁近底微凹，平底。口径23.4、高7厘米（图二五〇，2）。

　　矮柄豆　2件。

　　M236：1，直口微敛，弧壁盘，矮柱柄，喇叭状圈足。口径16、高12.4厘米（图二五〇，3）。

　　M236：3，口微敛，弧壁盘较深，矮柱柄，盖状圈足低平。口径14.6、高13.6厘米（图二五〇，4）。

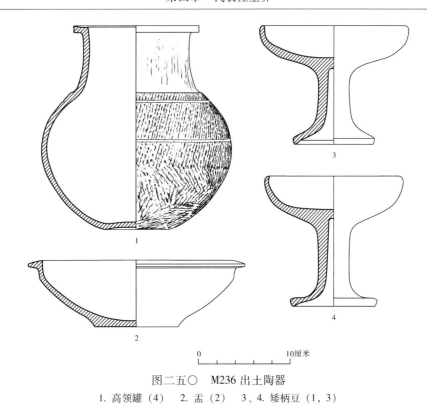

图二五〇　M236 出土陶器

1. 高领罐（4）　2. 盂（2）　3、4. 矮柄豆（1, 3）

墓例一〇四　M241

（一）墓葬形制（B 型 Ⅳa 式）

窄长方形土坑竖穴带高头龛。方向 270°。墓上部被推毁。头龛距墓底 70 厘米，龛宽 70、深 32、高 34 厘米。墓壁两端略斜，两侧垂直。现墓口长 260、宽 120 厘米，墓底长 240、宽 120、残深 180 厘米。随葬器物置于龛内。墓内填五花土。葬具及人骨架不存（图二五一）。

（二）出土器物

5 件。为日用陶器（彩版一三，1；图版三八，2）。

双耳罐　1 件。

M241：2，直口微凸。高弧领，溜肩，鼓腹，凹底。肩部有对称竖耳。中腹饰一圈竖绳纹，以下饰横绳纹。口径 17.2、腹径 25、高 24.8 厘米（图二五二，1）。

盂　1 件。

M241：3，敛口，宽平折沿，束颈，深弧壁，凹圜底。腹以下饰斜绳纹。口径 24.4、高 10.6 厘米（图二五二，2）。

矮柄豆　2 件。形态相同。

标本 M241：1，直口，弧壁盘较深，矮弧形柄，喇叭状圈足。口径 16、高 14.2 厘米（图二五二，3）。

杯　1 件。

M241：5，直口微敛，弧壁，平底，圈足外撇。口径 8.4、高 9.8 厘米（图二五二，4）。

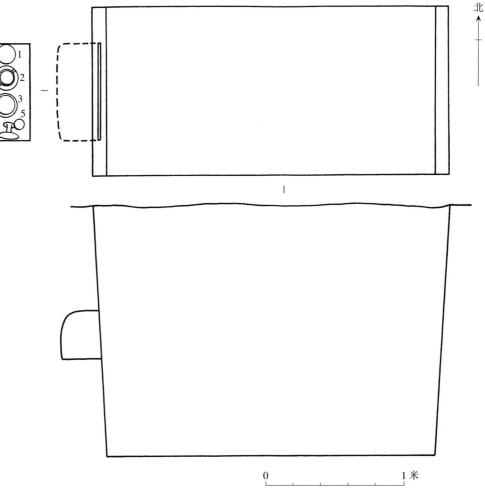

图二五一　M241 平、剖面及随葬器物分布图

1、4. 陶豆　2. 陶罐　3. 陶盂　5. 陶杯

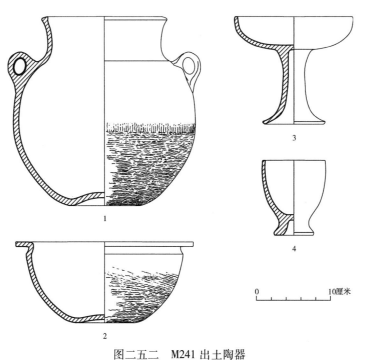

图二五二　M241 出土陶器

1. 双耳罐（2）　2. 盂（3）　3. 矮柄豆（1）　4. 杯（5）

墓例一〇五　M247

（一）墓葬形制（B 型 Ⅳa 式）

窄长方形土坑竖穴带高头龛。方向 75°。墓上部被推毁。头龛距墓底 60 厘米，龛宽 54、深 24、高 42 厘米。墓壁倾斜。现墓口长 260、宽 140 厘米，墓底长 220、宽 90、残深 200 厘米。随葬器物中陶器置于龛内，一件铜剑位于墓底一侧。墓内填五花土。葬具及人骨架不存（图二五三）。

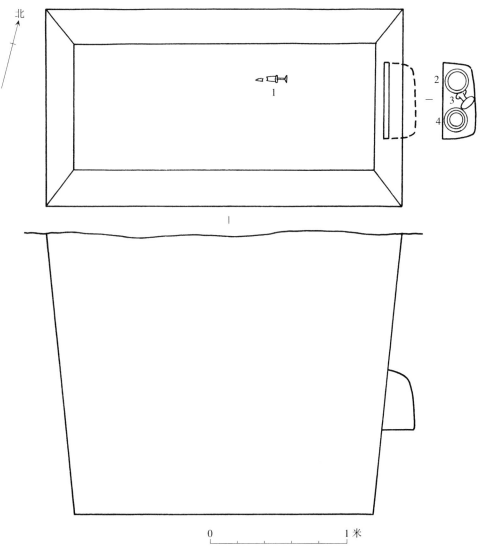

图二五三　M247 平、剖面及随葬器物分布图
1. 铜匕首　2. 陶盂　3. 陶豆　4. 陶罐

（二）出土器物

4 件。除一件铜匕首外，余为陶器。

1. 陶器

3件。为日用陶器（图版三七，2）。

高领罐　1件。

M247：4，口微侈，短斜折沿，高弧领，圆肩，弧腹，凹底。肩部有对称圆孔。颈部绳纹抹去。口径11.6、腹径16、高14.4厘米（图二五四，2）。

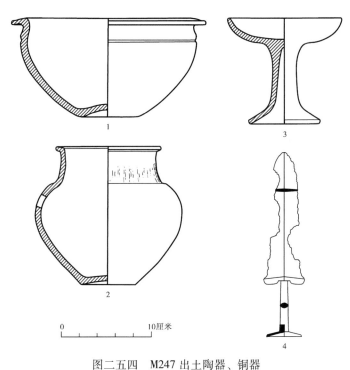

图二五四　M247出土陶器、铜器
1. 陶盂（2）　2. 陶高领罐（4）　3. 陶矮柄豆（3）　4. 铜匕首（1）

盂　1件。

M247：2，口微侈，平折沿微坠，短弧颈，深弧壁，凹圈底。上腹饰一周弦纹。口径21.2、高10.4厘米（图二五四，1）。

矮柄豆　1件。

M247：3，敞口，弧壁浅盘，矮弧形柄略高，喇叭状圈足。口径12.4、高11.2厘米（图二五四，3）。

2. 铜器

匕首　1件。

M247：1，粉绿色。喇叭形首，枣核形细茎，"凹"字形窄格，宽叶残。薄菱形脊。通长19.3厘米（图二五四，4）。

墓例一〇六　M266

（一）墓葬形制（B型Ⅳa式）

窄长方形土坑竖穴带高头龛。方向170°。墓上部被推毁。头龛距墓底74厘米，龛宽50、深 25、高 28 厘米。墓壁倾斜，墓底平面呈梯形。现墓口长 280、宽 120 厘米，墓底长 245、头端宽 84、足端宽 100、残深 150 厘米。随葬器物置于龛内。墓内填五花土。葬具及人骨架不存（图二五五）。

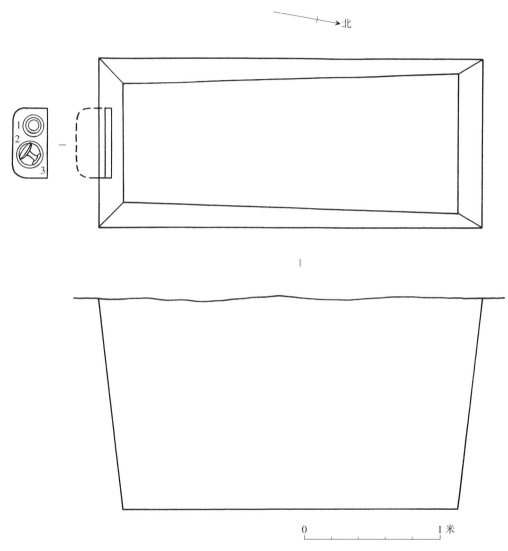

图二五五　M266 平、剖面及随葬器物分布图
1. 陶罐　2. 陶盂　3. 陶豆

（二）出土器物

3 件。为日用陶器（彩版一三，2；图版三七，3）。

双耳罐　1 件。

M266：1，侈口。矮弧领，溜肩，鼓腹，凹圜底。肩部有对称竖耳及四周瓦楞状弦纹。上腹饰竖粗绳纹，下腹及底饰斜粗绳纹。口径 12.6、腹径 17.6、高 15.6 厘米（图二五六，1）。

盂　1 件。

M266：2，侈口，平折沿微坠，短弧颈，凸肩，深弧壁，凹圜底。上腹有一周瓦楞纹。下腹饰

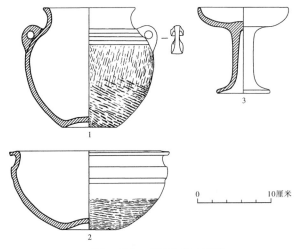

图二五六　M266 出土陶器

1. 双耳罐（1）　2. 盂（2）　3. 矮柄豆（3）

横粗绳纹。口径 21.8、高 10.4 厘米（图二五六，2）。

矮柄豆　1 件。

M266：3，敞口，弧壁浅盘，内底中心微凸，矮柱状柄略高，喇叭状圈足低平。口径 12.2、高 11.2 厘米（图二五六，3）。

墓例一〇七　M556

（一）墓葬形制（B 型Ⅳa 式）

窄长方形土坑竖穴带高头龛。方向 360°。墓上部被推毁。头龛距墓底 66 厘米，龛宽 54、深 22、高 34 厘米。墓壁略斜，平面略呈梯形。现墓口长 245、头端宽 120、足端宽 126 厘米，墓底长 232、头端宽 90、足端宽 95、残深 160 厘米。随葬器物置于龛内。墓内填五花土。葬具及人骨架不存（图二五七）。

（二）出土器物

3 件。为日用陶器。

高领罐　1 件。

M556：1，直口微侈，高直领，溜肩，弧腹，凹圜底。下腹饰交错粗绳纹。口径 11.2、腹径 15.2、高 19.6 厘米（图二五八，1）。

矮柄豆　2 件。

M556：2，敞口，斜壁盘浅平，矮柱柄中腰微凸，盖状圈足低平。口径 13.3、高 10.5 厘米（图二五八，2）。

M556：3，敞口，弧壁浅盘，矮柱柄，喇叭状圈足宽而低平。口径 15.6、高 10.6 厘米（图二五八，3）。

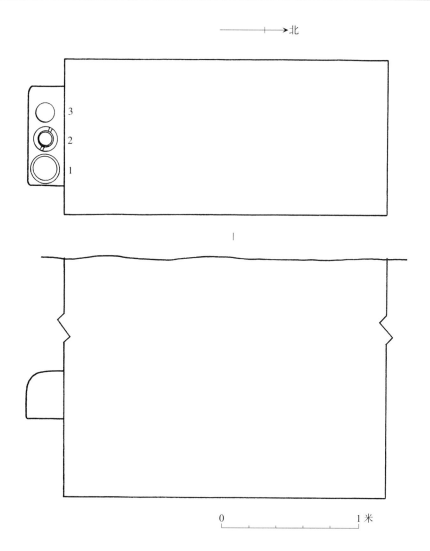

图二五七　M556 平、剖面及随葬器物分布图
1. 陶罐　2、3. 陶豆

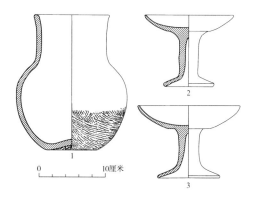

图二五八　M556 出土陶器
1. 高领罐（1）　2、3. 矮柄豆（2，3）

墓例一〇八　M606

（一）墓葬形制（B 型Ⅳa 式）

窄长方形土坑竖穴带高头龛。方向 180°。墓上部被推毁。头龛距墓底 56 厘米，龛宽 70、深 26、高 34 厘米。墓壁垂直。墓长 235、宽 110、残深 157 厘米。随葬器物置于龛内。墓内填五花土。葬具及人骨架不存（图二五九）。

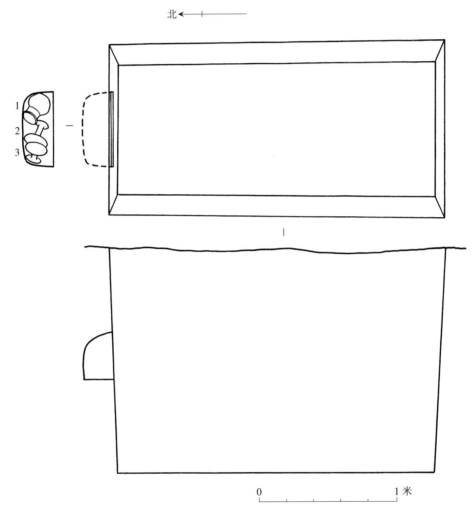

北 ←—

0　　　　　　　　　　1 米

图二五九　M606 平、剖面及随葬器物分布图
1. 陶盂　2. 陶罐　3. 陶豆

（二）出土器物

3 件。为日用陶器（图版三九，1）。

双耳罐　1 件。

M606：2，敞口。矮弧领，圆肩，鼓腹，凹圜底。肩部有对称宽竖耳。中腹以下饰粗绳纹。口径 12.4、腹径 18、高 15.8 厘米（图二六〇，1）。

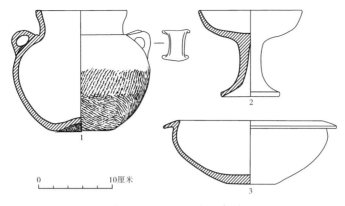

图二六〇 M606 出土陶器
1. 双耳罐（2） 2. 矮柄豆（3） 3. 盂（1）

盂 1件。

M606:1，敛口，宽翻沿，弧壁，小平底。口径23.6、高8.4厘米（图二六〇，3）。

矮柄豆 1件。

M606:3，敞口，弧壁盘，矮弧形柄，喇叭状圈足。口径14、高11.2厘米（图二六〇，2）。

墓例一〇九 M626

（一）墓葬形制（B型Ⅳa式）

窄长方形土坑竖穴带高头龛。方向260°。墓上部被推毁。头龛距墓底100厘米，龛宽34、深28、高28厘米。墓壁倾斜。现墓口长280、宽160厘米，墓底长220、宽90、残深160厘米。随葬器物置于龛内。墓内填五花土。葬具及人骨架不存（图二六一）。

（二）出土器物

2件。为日用陶器（图版三九，2）。

高领罐 1件。

M626:1，侈口，短折沿，矮弧领，斜肩，鼓腹，凹底。口径10、腹径15、高12.8厘米（图二六二，1）。

盂 1件。

M626:2，侈口，短弧颈，凸肩，深弧壁，凹圜底。上腹有两周弦纹。口径13.2、高8厘米（图二六二，2）。

墓例一一〇 M665

（一）墓葬形制（B型Ⅳa式）

窄长方形土坑竖穴带高头龛。方向150°。墓上部被推毁。头龛距墓底70厘米，龛宽42、深22、高36厘米。墓壁略斜。现墓口长240、宽105厘米，墓底长218、宽90、残深160厘米。随葬器物中

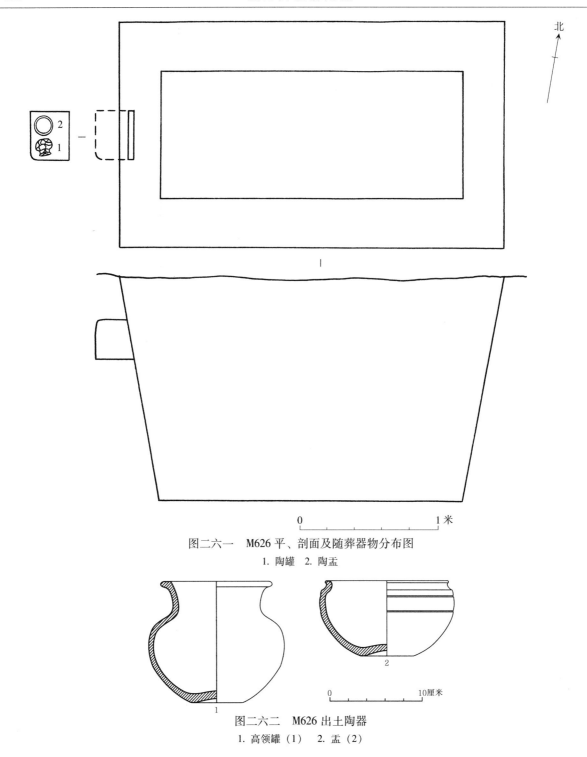

图二六一　M626 平、剖面及随葬器物分布图
1. 陶罐　2. 陶盂

图二六二　M626 出土陶器
1. 高领罐（1）　2. 盂（2）

陶器置于龛内，一件铜剑置于墓底头端一侧。墓内填五花土。葬具及人骨架不存（图二六三）。

（二）出土器物

3 件。有陶器和铜器。

1. 陶器

2 件。为日用陶器（图版三九，3）。

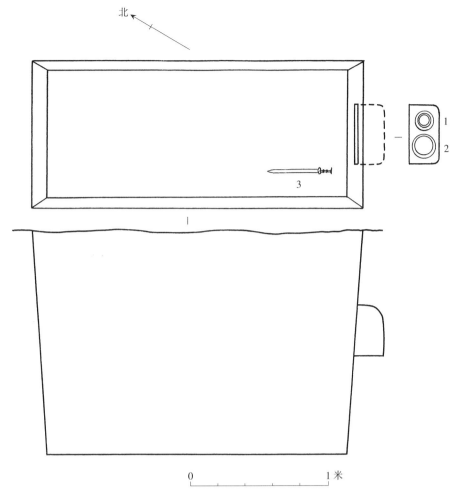

图二六三　M665 平、剖面及随葬器物分布图
1. 陶罐　2. 陶盂　3. 铜剑

高领罐　1 件。

M665：1，侈口，高弧领，圆肩，弧腹，凹底。颈、肩各饰一周弦纹。口径 9.8、腹径 13.6、高 15 厘米（图二六四，1）。

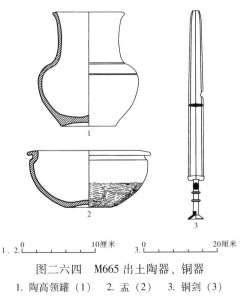

图二六四　M665 出土陶器、铜器
1. 陶高领罐（1）　2. 盂（2）　3. 铜剑（3）

盂　1件。

M665：2，直口，平折沿微坠，束颈，窄肩，弧壁较深，凹圜底。下腹饰交错绳纹。口径 16.8、高 7.4 厘米（图二六四，2）。

2. 铜器

剑　1件。

M665：3，双箍剑。粉绿色。喇叭形首，圆茎上有双箍，"凹"字形宽格。剑身菱形脊。前锋 残。残通长 55.2 厘米（图二六四，3；图版四〇，1）。

墓例一一一　M742

（一）墓葬形制（B 型 Ⅳa 式）

窄长方形土坑竖穴带高头龛。方向 164°。墓上部被推毁。头龛距墓底 55 厘米，龛宽 42、深 24、高 36 厘米。墓壁倾斜。现墓口长 290、宽 168 厘米，墓底长 225、宽 94、残深 290 厘米。随葬 器物置于龛内。墓内填五花土。葬具及人骨架不存（图二六五）。

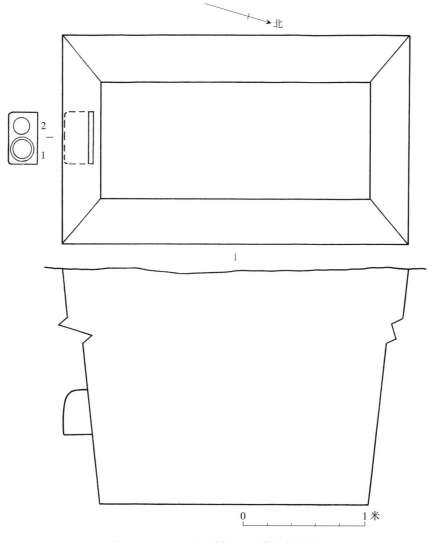

图二六五　M742 平、剖面及随葬器物分布图

1. 陶盂　2. 陶豆

（二）出土器物

2件。为日用陶器（图版四〇，2）。

盂　1件。

M742：1，口微侈，平折沿略斜，短弧颈，窄肩，弧壁较深，凹圜底。腹饰交错粗绳纹。口径20.2、高9.9厘米（图二六六，1）。

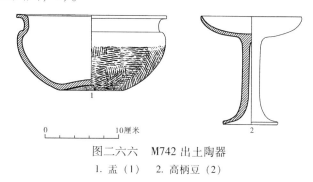

图二六六　M742出土陶器
1. 盂（1）　2. 高柄豆（2）

高柄豆　1件。

M742：2，敞口，弧壁浅盘，高柱状柄，喇叭状圈足低平。口径13.8、高14.1厘米（图二六六，2）。

墓例一一二　M788

（一）墓葬形制（B型Ⅳa式）

窄长方形土坑竖穴带高头龛。方向260°。墓上部被推毁。头龛距墓底90厘米，龛宽46、深20、高24厘米。墓壁倾斜。现墓口长295、宽200厘米，墓底长215、宽105、残深190厘米。随葬器物仅陶盂1件，置于龛内。墓内填五花土。葬具及人骨架不存（图二六七）。

（二）出土器物

陶盂　1件。

M788：1，口微侈，平折沿，短弧颈，窄肩，深弧壁，凹圜底。上腹饰竖粗绳纹，下腹饰交错粗绳纹。口径16.4、高12厘米（图二六八）。

墓例一一三　M793

（一）墓葬形制（B型Ⅳa式）

窄长方形土坑竖穴带高头龛。方向190°。墓上部被推毁。头龛距墓底45厘米，龛宽52、深22、高34厘米。墓壁倾斜。现墓口长250、宽125厘米，墓底长225、宽90、残深120厘米。随葬器物中陶器置于龛内，一件铜剑和一只铜带钩置于墓底。墓内填五花土。葬具及人骨架不存（图二六九）。

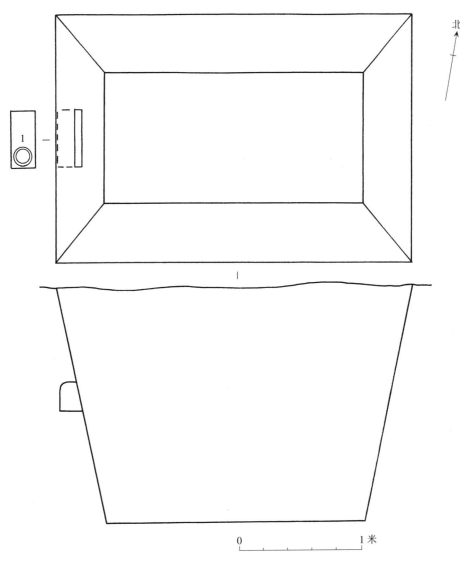

图二六七　M788 平、剖面及随葬器物分布图

1. 陶盂

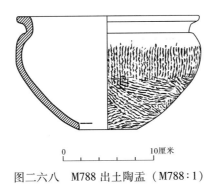

图二六八　M788 出土陶盂（M788：1）

（二）出土器物

4 件。有陶器和铜器。

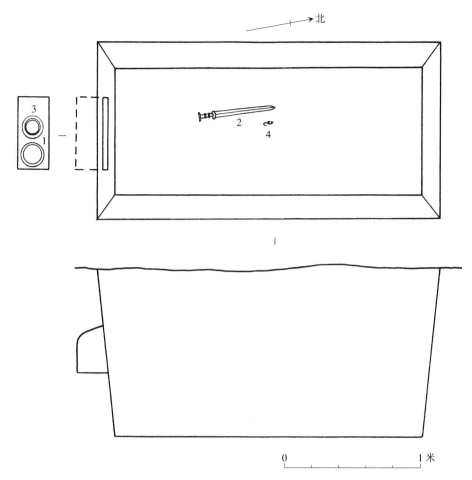

图二六九　M793 平、剖面及随葬器物分布图
1. 陶盂　2. 铜剑　3. 陶罐　4. 铜带钩

1. 陶器

2 件。为日用陶器（图版四〇，3）。

高领罐　1 件。

M793：3，侈口，沿微坠，高弧领，溜肩，弧腹，凹圜底。颈至腹饰六周弦纹。口径 11.6、腹径 15、高 17.8 厘米（图二七〇，1）。

盂　1 件。

M793：1，侈口，短弧颈，凸肩，弧壁，凹圜底。上腹有两周弦纹。下腹饰交错粗绳纹。口径 17.6、高 9 厘米（图二七〇，2）。

2. 铜器

2 件。

剑　1 件。

M793：2，双箍剑。灰黑色。喇叭形首，圆茎上有双箍，"凹"字形宽格。剑身菱形脊。通长 50.8 厘米（图二七〇，3；图版四一，1）。

还有带钩 1 件，残甚，形态不明。

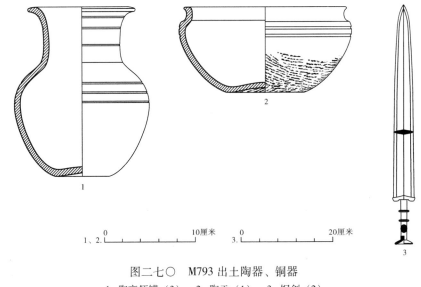

图二七〇　M793 出土陶器、铜器
1. 陶高领罐（3）　2. 陶盂（1）　3. 铜剑（2）

墓例一一四　M306

（一）墓葬形制（B 型Ⅳb 式）

窄长方形土坑竖穴带边龛。方向 95°。墓上部被推毁。边龛位于南壁偏东端。龛距墓底 84 厘米，龛宽 40、深 22、高 30 厘米。墓壁略斜。现墓口长 250、宽 110 厘米，墓底长 240、宽 90、残深 150 厘米。随葬品仅豆 1 件，置于龛内。墓中填五花土。葬具及人骨架不存（图二七一）。

（二）出土器物

陶矮柄豆　1 件。
M306：1，敞口，弧壁盘，矮弧形柄，喇叭状圈足较小。口径 12.8、高 10.8 厘米（图二七二）。

墓例一一五　M242

（一）墓葬形制（B 型Ⅴ式）

窄长方形土坑竖穴带封闭二层台、高头龛。方向 115°。墓上部被推毁。二层台宽 12～14、距墓底 60 厘米。头龛低于二层台，头龛距墓底仅 4 厘米，龛宽与墓底宽同，宽 90、深 16、高 30 厘米。墓壁垂直。墓口长 245、宽 120 厘米，墓底长 220、宽 90、残深 175 厘米。随葬品置于龛内。墓中填五花土。葬具及人骨架不存（图二七三）。

（二）出土器物

3 件。为日用陶器。
高领罐　1 件。

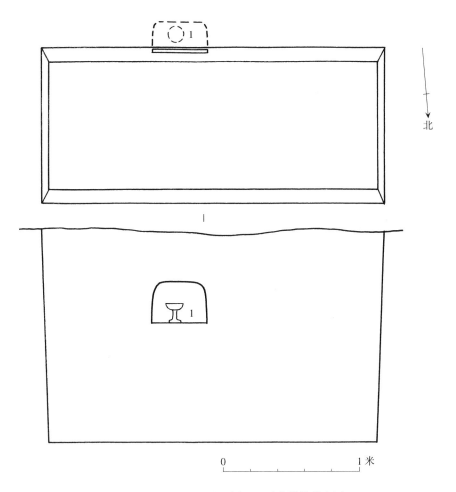

图二七一　M306 平、剖面及随葬器物分布图
1. 陶豆

M242:3，敞口，高弧领，圆肩，腹斜直，平底。底边器壁上有一环耳。颈、肩各饰两周弦纹。口径9.6、腹径12.7、高16厘米（图二七四，1）。

盂　1件。

M242:1，直口微侈，平折沿略斜，短直颈，窄肩，弧壁以下残。口径20、残高4.3厘米（图二七四，2）。

矮柄豆　1件。

M242:2，敛口，弧壁较深，矮弧形柄，圈足残。口径15、残高11.2厘米（图二七四，3）。

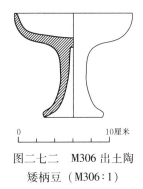

图二七二　M306 出土陶矮柄豆（M306:1）

墓例——六　M623

（一）墓葬形制（B 型 V 式）

窄长方形土坑竖穴带半封闭二层台、高头龛。方向180°。墓上部被推毁。头端无二层台。二

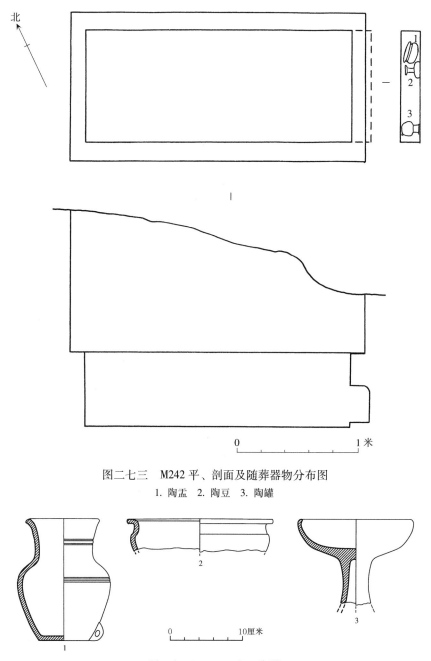

图二七三　M242 平、剖面及随葬器物分布图
1. 陶盂　2. 陶豆　3. 陶罐

图二七四　M242 出土陶器
1. 高领罐（3）　2. 盂（1）　3. 矮柄豆（2）

层台宽 20、距墓底 20 厘米。头龛高于二层台，距墓底 50 厘米，龛宽 40、深 18、高 26 厘米。墓壁倾斜。现墓口长 240、宽 150 厘米，墓底长 200、宽 90、残深 140 厘米。随葬品仅陶罐 1 件，置于龛内。墓中填五花土。葬具及人骨架不存（图二七五）。

（二）出土器物

陶罐　1 件。

M623：1，腹以上残。弧腹，平底。腹径 14.3、残高 9 厘米（图二七六）。

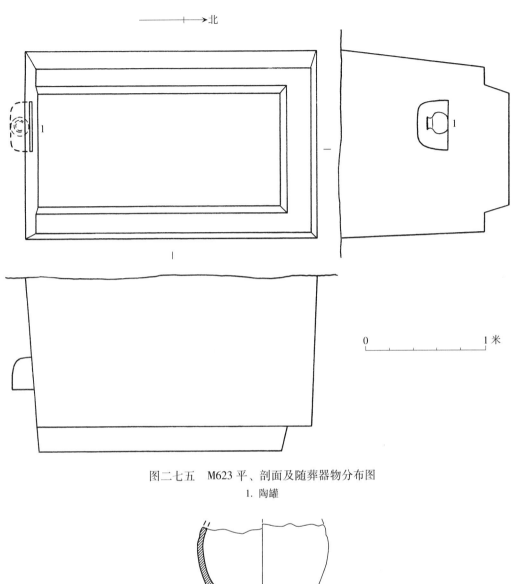

图二七五 M623 平、剖面及随葬器物分布图
1. 陶罐

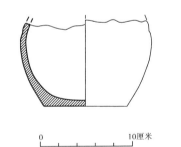

图二七六 M623 出土陶罐（M623：1）

第八节 丙组 C 类墓例

丙组 C 类墓为随葬日用陶器为主的狭长坑（C 型）墓。共 140 座，在丙组墓中数量最多，占丙组墓的 41.62% 。其中有随葬品的普通长方形墓较少，仅 10 座，其余都是带壁龛和二层台的墓。本节从中选取有代表性的墓葬 55 座予以举例介绍。

墓例一一七　M189

（一）墓葬形制（C 型 Ⅱa 式）

狭长形土坑竖穴带平行生土二层台。方向 360°。墓上部被推毁。平行二层台位于墓坑两侧壁。二层台宽 15、距墓底 50 厘米。墓壁垂直。墓口长 210、宽 80 厘米，墓底长 210、宽 50、残深 270 厘米。随葬品位于墓底头端。墓中填五花土。葬具及人骨架不存（图二七七）。

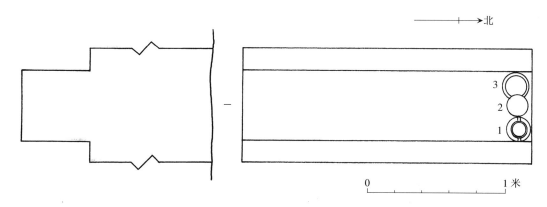

图二七七　M189 平、剖面及随葬器物分布图
1. 陶罐　2. 陶豆　3. 陶簋

（二）出土器物

3 件。为日用陶器（彩版一四，1；图版四一，2）。

双耳罐　1 件。

M189：1，敞口。矮弧领，斜肩，弧腹，凹圜底。肩部有对称竖耳及一周弦纹。上腹饰竖粗绳纹，下腹饰交错粗绳纹。口径 11.8、腹径 16、高 14 厘米（图二七八，1）。

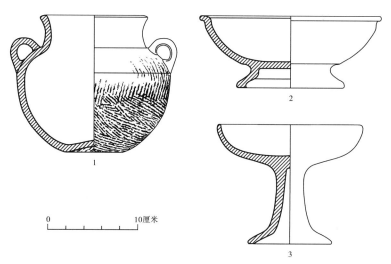

图二七八　M189 出土陶器
1. 双耳罐（1）　2. 簋（3）　3. 矮柄豆（2）

簋　1 件。

M189:3，敞口，短平折沿，弧壁，平底，盖状矮圈足。口径 19.4、高 7.6 厘米（图二七八，2）。

矮柄豆　1 件。

M189:2，敞口较直，弧壁盘，矮弧形柄，盖状圈足略有折。口径 15.6、高 12.6 厘米（图二七八，3）。

墓例一一八　M310

（一）墓葬形制（C 型 Ⅱa 式）

狭长形土坑竖穴带平行生土二层台。方向 100°。墓上部被推毁。平行二层台位于墓坑两侧壁。二层台宽 10、距墓底 60 厘米。墓壁倾斜。现墓口长 250、宽 100 厘米，墓底长 230、宽 60、残深 220 厘米。随葬品位于墓底头端。墓中填五花土。葬具及人骨架不存（图二七九）。

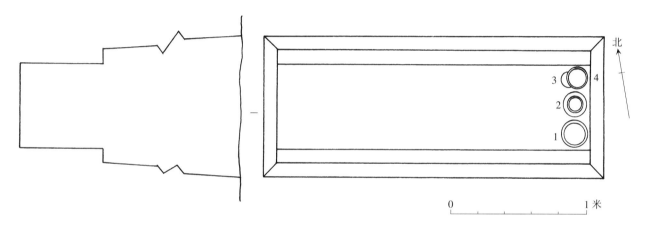

图二七九　M310 平、剖面及随葬器物分布图
1. 陶盂　2. 陶罐　3. 铜镜　4. 陶豆

（二）出土器物

4 件。除一件铜镜外余为陶器。

1. 陶器

3 件。为日用陶器（图版四一，3）。

矮领罐　1 件。

M310:2，敞口，矮领斜直，斜肩，折腹，平底微凹。下腹有两道瓦楞状弦纹。口径 12.2、腹径 17.6、高 12.6 厘米（图二八〇，1）。

盂　1 件。

M310:1，敛口，斜折沿，短颈，弧壁，平底微凹。口径 19.8、高 6.6 厘米（图二八〇，2）。

矮柄豆　1 件。

M310:4，敞口，弧壁盘，外壁有两道瓦楞状弦纹。矮柱状柄，喇叭状圈足略有折。口径 16.2、高 13 厘米（图二八〇，3）。

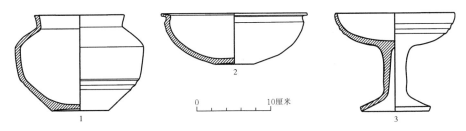

图二八〇　M310 出土陶器
1. 矮领罐（2）　2. 盂（1）　3. 矮柄豆（4）

2. 铜器

镜　1件。

M310:3，残甚。黑色。圆形。三角形缘，三弦纽。八花叶羽状地四"山"字纹。直径11.4、缘厚0.3厘米，重77.3克。

墓例一一九　M389

（一）墓葬形制（C型Ⅱa式）

狭长形土坑竖穴带平行生土二层台。方向193°。墓上部被推毁。平行二层台位于墓坑两侧壁。二层台宽13～15、距墓底60厘米。墓壁垂直。现墓口长225、宽90厘米，墓底长225、宽62、残深200厘米。随葬品位于墓底头端。墓中填五花土。葬具及人骨架不存（图二八一）。

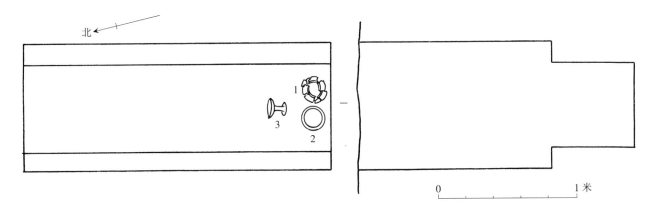

图二八一　M389 平、剖面及随葬器物分布图
1. 陶罐　2. 陶盂　3. 陶豆

（二）出土器物

3件。为日用陶器（图版四二，1）。

高领罐　1件。

M389:1，领以上残。直领，斜折肩，弧腹，平底微凹。腹径17.2、残高14.4厘米（图二八二，1）。

盂　1件。

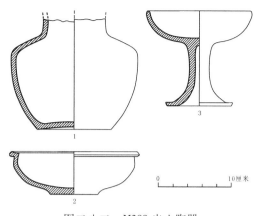

图二八二　M389 出土陶器
1. 高领罐（1）　2. 盂（2）　3. 矮柄豆（3）

M389：2，敛口，斜折沿，沿面又向下折，弧壁略有折，近底凹弧，平底。口径 17.6、高 5.6 厘米（图二八二，2）。

矮柄豆　1 件。

M389：3，敞口，弧壁，矮柱柄，喇叭状圈足边缘平伸。口径 14.4、高 12.4 厘米（图二八二，3）。

墓例一二〇　M423

（一）墓葬形制（C 型 Ⅱa 式）

窄长方形土坑竖穴带平行二层低台。方向 102°。墓上部被推毁。二层台位于墓道两侧，宽 20、距墓底 10 厘米。墓壁倾斜。现墓口长 250、宽 160 厘米，墓底长 220、宽 60、残深 148 厘米。随葬器物中一件陶豆置于头端，铜剑置于一侧。墓中填五花土。葬具及人骨架不存（图二八三）。

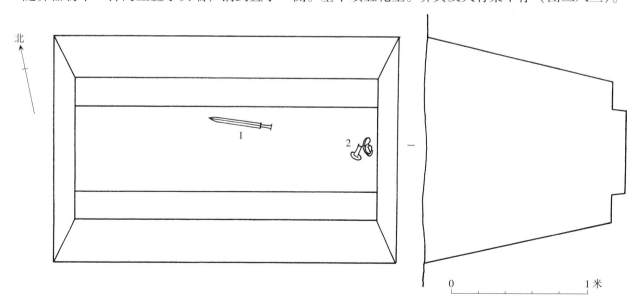

图二八三　M423 平、剖面及随葬器物分布图
1. 铜剑　2. 陶豆

（二）出土器物

2 件。陶器和铜器各 1 件。

1. 陶器

高柄豆　1 件。

M423:2，口及圈足残。弧壁盘，内底中心微凸，矮弧形柄。残高 7.2 厘米（图二八四，1）。

2. 铜器

剑　1 件。

M423:1，空首剑。墨绿色。首、茎残。空茎，"一"字形窄格，剑身菱形脊。残通长 46 厘米（图二八四，2；图版四二，2）。

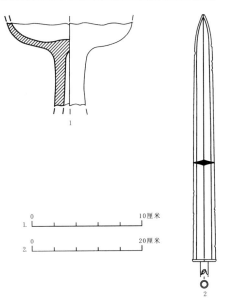

图二八四　M423 出土陶器、铜器
1. 陶高柄豆（2）　2. 铜剑（1）

墓例一二一　M527

（一）墓葬形制（C 型 IIa 式）

狭长形土坑竖穴带平行生土二层台。方向 74°。墓上部被推毁。平行二层台位于墓坑两侧壁。二层台宽 20、距墓底 60 厘米。墓壁垂直，二层台处向墓壁内略凹进。现墓口长 220、宽 86 厘米，墓底长 220、宽 60、残深 210 厘米。随葬品位于墓底头端。墓中填五花土。葬具及人骨架不存（图二八五）。

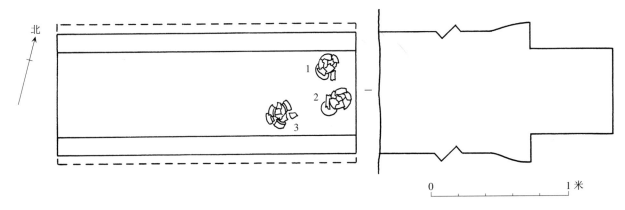

图二八五　M527 平、剖面及随葬器物分布图
1、2. 陶豆　3. 陶罐

（二）出土器物

3 件。为日用陶器。

矮柄豆　2 件。形态相同。

标本 M527:1，口微敛。弧壁盘，矮弧形柄，喇叭状圈足。口径 14.2、高 12.4 厘米（图二八六）。

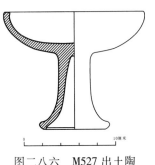

图二八六　M527 出土陶矮柄豆（M527:1）

还有罐 1 件，残甚，形态不明。

墓例一二二　M827

（一）墓葬形制（C 型 Ⅱa 式）

狭长形土坑竖穴带平行生土二层台。方向 175°。墓口以上有 30 厘米厚表土。平行二层台位于墓坑两侧壁。二层台宽 15、距墓底 70 厘米。墓壁垂直。现墓口长 240、宽 90、深 30 厘米，墓底长 240、宽 60、残深 210 厘米。随葬品位于墓底头端。墓中填五花土。葬具及人骨架不存（图二八七）。

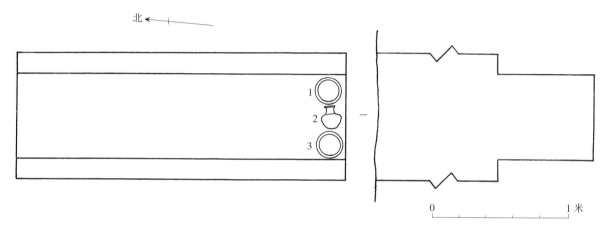

图二八七　M827 平、剖面及随葬器物分布图
1、3. 陶盂　2. 陶罐

（二）出土器物

3 件。为日用陶器（图版四二，3）。

高领罐　1 件。

M827：2，敞口略呈盘状，短平折沿微坠，高弧领，溜肩，鼓腹，凹圜底。上腹饰竖粗绳纹，下腹饰交错粗绳纹。口径 13.6、腹径 18.7、高 20.4 厘米（图二八八，1）。

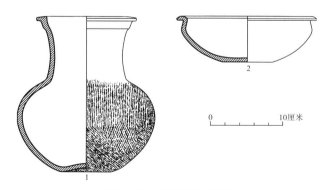

图二八八　M827 出土陶器
1. 高领罐（2）　2. 盂（1）

盂　2件。形态相同。

标本 M827∶1，直口微敛，折沿微坠，短弧颈，浅弧壁，平底。口径 19、高 6 厘米（图二八八，2）。

墓例一二三　M25

（一）墓葬形制（C 型 Ⅱ b 式）

狭长形土坑竖穴带半封闭生土二层台。方向 82°。墓上部被推毁。半封闭二层台位于两侧及足端。二层台宽 20 厘米，距墓底 58 厘米。墓壁垂直。现墓口长 246、宽 92 厘米，墓底长 225、宽 52、残深 128 厘米。随葬品位于墓底头端。墓中填五花土。葬具及人骨架不存（图二八九）。

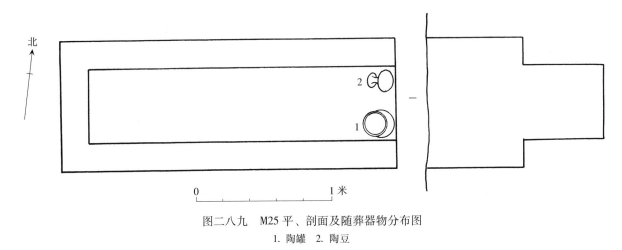

图二八九　M25 平、剖面及随葬器物分布图
1. 陶罐　2. 陶豆

（二）出土器物

2 件。为日用陶器（图版四三，1）。

高领罐　1件。

M25∶1，直口，斜折沿，高弧领外壁口部向外略突出，溜肩，弧腹，圜底微凹。通体饰细绳纹。口径 19.2、腹径 20.8、高 21 厘米（图二九〇，1）。

矮柄豆　1件。

M25∶2，敞口较直。弧壁盘较深，下底微凸，矮弧形柄，喇叭状圈足较低。口径 15.8、高 13.3 厘米（图二九〇，2）。

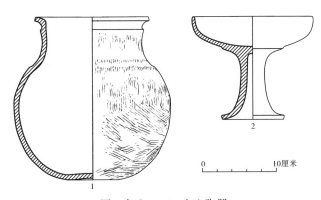

图二九〇　M25 出土陶器
1. 高领罐（1）　2. 矮柄豆（2）

墓例一二四　M304

（一）墓葬形制（C 型 Ⅱ b 式）

狭长形土坑竖穴带半封闭生土二层台。方向 105°。墓上部被推毁。半封闭二层台位于两侧及

足端。二层台宽 14～20 厘米，距墓底 60 厘米。二层台以上墓壁倾斜，二层台以下墓壁垂直。现墓口长 285、宽 115 厘米，墓底长 220、宽 57、残深 170 厘米。随葬品位于墓底头端。墓中填五花土。葬具及人骨架不存（图二九一）。

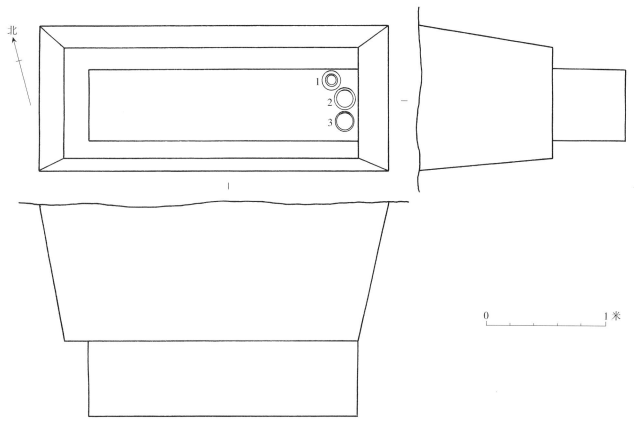

图二九一　M304 平、剖面及随葬器物分布图
1. 陶罐　2. 陶盂　3. 陶豆

（二）出土器物

3 件。为日用陶器（彩版一四，2；图版四三，2）。

矮领罐　1 件。

M304：1，侈口，矮弧领，斜肩，折腹，平底。口径 10.4、腹径 15、高 10.8 厘米（图二九二，1）。

盂　1 件。

M304：2，直口，窄沿，唇外凸，弧壁，平底。腹呈瓦楞状弧曲。口径 18、高 5.3 厘米（图二九二，2）。

矮柄豆　1 件。

M304：3，敛口，弧壁盘较深，矮弧形柄，喇叭状圈足边缘平伸。口径 15.8、高 12.8 厘米（图二九二，3）。

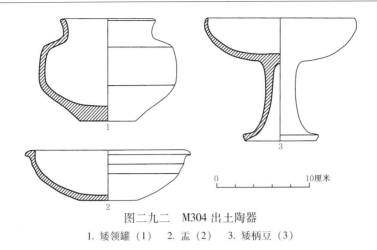

图二九二　M304 出土陶器

1. 矮领罐（1）　2. 盂（2）　3. 矮柄豆（3）

墓例一二五　M297

（一）墓葬形制（C 型 Ⅱ c 式）

狭长形土坑竖穴带封闭二层台。方向220°。墓上部被推毁。二层台宽11～22厘米，距墓底50厘米。墓壁倾斜。现墓口长270、宽120厘米，墓底长190、宽50、残深240厘米。随葬品位于墓底头端。墓中填五花土。葬具及人骨架不存（图二九三）。

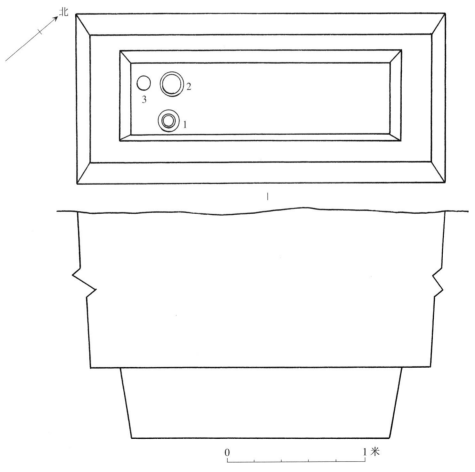

图二九三　M297 平、剖面及随葬器物分布图

1. 陶罐　2. 陶盂　3. 陶豆

（二）出土器物

3 件。为日用陶器（图版四三，3）。

矮领罐　1 件。

M297：1，直口，矮弧领，斜肩，折弧腹，平底微凹。领部有对称圆孔。口径 9.2、腹径 15.2、高 12.6 厘米（图二九四，1）。

盂　1 件。

M297：2，直口微侈，平折沿微坠，束颈，弧壁，凹圜底。下腹饰交错粗绳纹。口径 17.2、高 7.8 厘米（图二九四，2）。

矮柄豆　1 件。

M297：3，口残。弧壁盘较深，矮弧形柄，喇叭状圈足略有折。高 12.2 厘米（图二九四，3）。

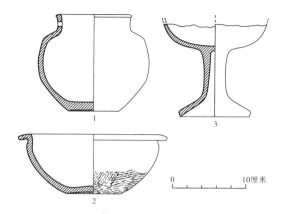

图二九四　M297 出土陶器
1. 矮领罐（1）　2. 盂（2）　3. 矮柄豆（3）

墓例一二六　M80

（一）墓葬形制（C 型 Ⅲa 式）

狭长形土坑竖穴带高头龛。方向 18°。墓上部被推毁。头龛距墓底 36 厘米，龛宽 57、深 25、高 40 厘米。墓壁垂直。墓长 200、宽 70、残深 135 厘米。随葬器物置于龛内。墓中填五花土。葬具及人骨架不存（图二九五）。

（二）出土器物

3 件。为日用陶器（图版四四，1）。

长颈壶　1 件。

M80：3，浅盘状口，长弧颈，圆肩，弧腹下段微凹，平底。口径 10.6、腹径 14.4、高 21.5 厘米（图二九六，1）。

盂　2 件。形态相同。

标本 M80：1，敛口，宽平折沿，沿面微凹，束颈，弧壁，平底。口径 23、高 7.4 厘米（图二九六，2）。

墓例一二七　M256

（一）墓葬形制（C 型 Ⅲa 式）

狭长形土坑竖穴带高头龛。方向 260°。墓上部被推毁。头龛距墓底 70 厘米，龛宽 64、深 24、高 34 厘米。墓壁倾斜。现墓口长 250、宽 110 厘米，墓底长 230、宽 70、残深 190 厘米。随葬器物

北

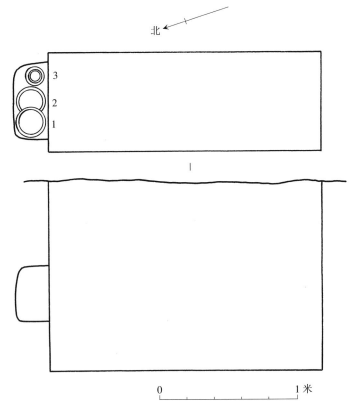

0 ————————————————— 1 米

图二九五　M80 平、剖面及随葬器物分布图

1、2. 陶盂　3. 陶长颈壶

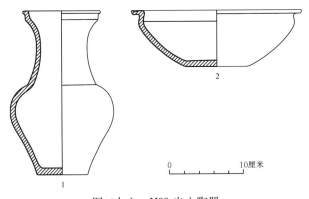

0 ——————————— 10厘米

图二九六　M80 出土陶器

1. 长颈壶（3）　2. 盂（1）

置于龛内。墓中填五花土。葬具及人骨架不存（图二九七）。

（二）出土器物

3 件。为日用陶器（图版四四，2）。

高领罐　1 件。

M256：1，敞口，平折沿，高弧领，溜肩，鼓腹，凹圜底略残。领部饰两周弦纹。口径 13、腹径 15.6、高 19.8 厘米（图二九八，1）。

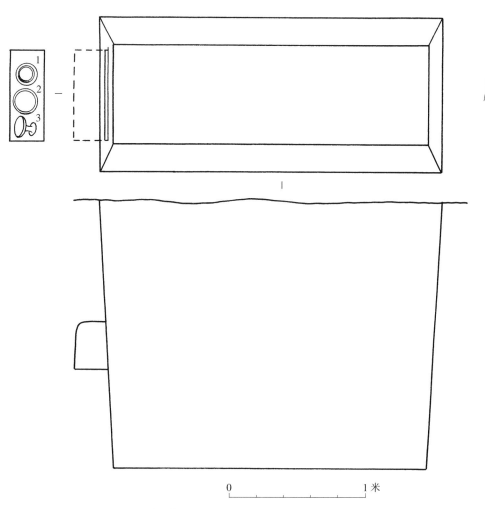

图二九七　M256 平、剖面及随葬器物分布图
1. 陶罐　2. 陶盂　3. 陶豆

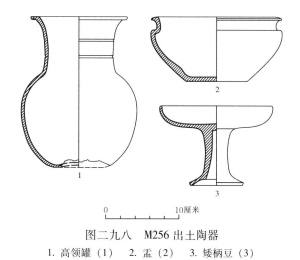

图二九八　M256 出土陶器
1. 高领罐（1）　2. 盂（2）　3. 矮柄豆（3）

盂　1件。

M256：2，口微侈，三角形折沿，短弧颈，窄肩，弧壁，平底。口径17.8、高8.4厘米（图二九八，2）。

矮柄豆　1件。

M256：3，口较直，弧壁浅盘，矮弧形柄，盖状圈足。口径 15.4、高 10.5 厘米（图二九八，3）。

墓例一二八　M308

（一）墓葬形制（C 型Ⅲa 式）

狭长形土坑竖穴带高头龛。方向 65°。墓上部被推毁。头龛距墓底 50 厘米，龛宽 70、深 22、高 35 厘米。墓壁倾斜。现墓口长 250、宽 90 厘米，墓底长 210、宽 70、残深 210 厘米。随葬器物置于龛内。墓中填五花土。葬具及人骨架不存（图二九九）。

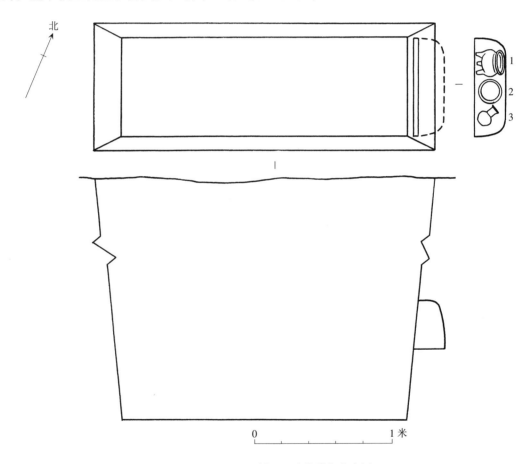

图二九九　M308 平、剖面及随葬器物分布图
1. 陶鬲　2. 陶盂　3. 陶长颈壶

（二）出土器物

3 件。为日用陶器（彩版一五，1；图版四四，3）。

鬲　1件。

M308：1，口斜直，折沿微坠，短斜颈，弧腹，圜底，柱状高足，裆较宽。腹、足饰竖粗绳纹，底饰横粗绳纹。口径 19.8、腹径 20.1、高 19.6 厘米（图三〇〇，1）。

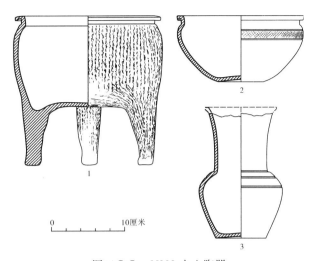

图三〇〇　M308 出土陶器
1. 鬲（1）　2. 盂（2）　3. 长颈壶（3）

长颈壶　1 件。

M308：3，敞口残。斜长颈，圆肩，弧腹，平底微凹。颈及肩部饰三周弦纹。腹径 11.4、高 16.4 厘米（图三〇〇，3）。

盂　1 件。

M308：2，直口微侈，短折沿微坠，短弧颈，凸肩，壁斜直，凹圜底。上腹饰两周弦纹间刻划网目纹。口径 17.2、高 8.6 厘米（图三〇〇，2）。

墓例一二九　M314

（一）墓葬形制（C 型 Ⅲ a 式）

狭长形土坑竖穴带高头龛。方向 60°。墓上部被推毁。头龛距墓底 70 厘米，龛宽 30、深 30、高 20 厘米。墓壁略斜。现墓口长 250、宽 100 厘米，墓底长 240、宽 80、残深 160 厘米。随葬器物置于龛内。墓中填五花土。葬具及人骨架不存（图三〇一）。

（二）出土器物

2 件。为日用陶器（图版四五，1）。

矮领罐　1 件。

M314：1，弇口。窄折肩，弧腹略有折，平底微凹。内底中心有一凸圈。口径 8.8、腹径 12.4、高 7 厘米（图三〇二，1）。

盂　1 件。

M314：2，敞口，宽平折沿微坠，沿面微凹，短斜颈，窄斜肩，深弧壁，凹圜底。上腹饰竖粗绳纹，下腹饰交错粗绳纹。口径 18.6、高 8.1 厘米（图三〇二，2）。

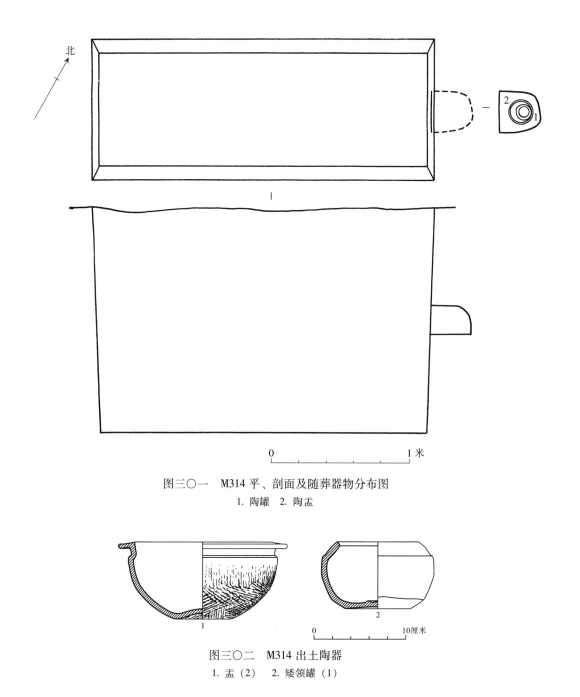

北

0　　　　　　　　1 米

图三〇一　M314 平、剖面及随葬器物分布图

1. 陶罐　2. 陶盂

0　　　　　　10厘米

图三〇二　M314 出土陶器

1. 盂（2）　2. 矮领罐（1）

墓例一三〇　M664

（一）墓葬形制（C 型Ⅲa 式）

狭长形土坑竖穴带高头龛。方向 80°。墓上部被推毁。现墓口以上覆盖约 10 厘米厚的表土。头龛距墓底 70 厘米，龛宽 46、深 22、高 28 厘米。墓壁略斜。现墓口长 240、宽 90、深 10 厘米，墓底长 230、宽 84、残深 150 厘米。随葬器物置于龛内。墓中填五花土。葬具及人骨架不存（图三〇三）。

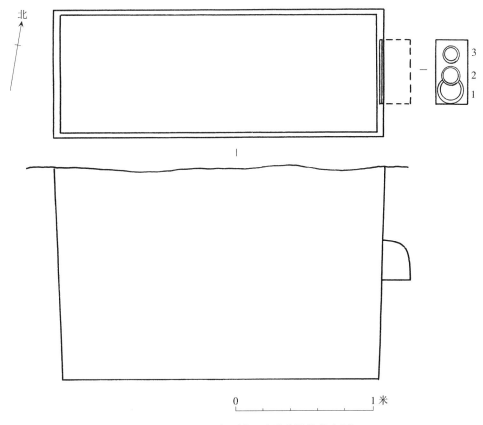

图三〇三 M664 平、剖面及随葬器物分布图
1. 陶盂 2. 陶豆 3. 陶罐

（二）出土器物

3 件。为日用陶器。

矮领罐 1 件。

M664：3，直口，矮直领，圆肩，弧腹。下腹及底残。口径 9、腹径 12.6、残高 6 厘米（图三〇四，2）。

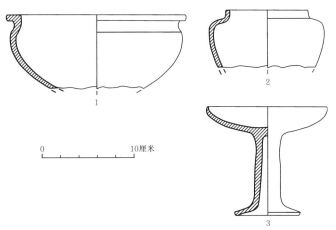

图三〇四 M664 出土陶器
1. 盂（1） 2. 矮领罐（3） 3. 矮柄豆（2）

盂　1件。

M664:1，直口，平折沿，短弧颈，凸肩，弧壁。底残。口径19.4、残高7.8厘米（图三〇四，1）。

矮柄豆　1件。

M664:2，口较直，弧壁浅盘，矮柱状柄，盖状圈足低平。口径13.2、高11.4厘米（图三〇四，3）。

墓例一三一　M733

（一）墓葬形制（C型Ⅲa式）

狭长形土坑竖穴带高头龛。方向277°。墓上部被推毁。头龛距墓底86厘米，龛宽32、深20、高26厘米。墓口与墓底平面呈反向梯形，墓壁倾斜，两侧较两端斜度大。现墓口长270、头端宽200、足端宽160厘米，墓底长210、头端宽60、足端宽70、残深240厘米。随葬器物仅陶罐1件，置于龛内。墓中填五花土。葬具及人骨架不存（图三〇五）。

图三〇五　M733平、剖面及随葬器物分布图
1. 陶罐

（二）出土器物

陶矮领罐　1件。

M733：1，直口，矮直领，圆肩，弧腹，平底。口径8.2、腹径12.2、高7.8厘米（图三〇六）。

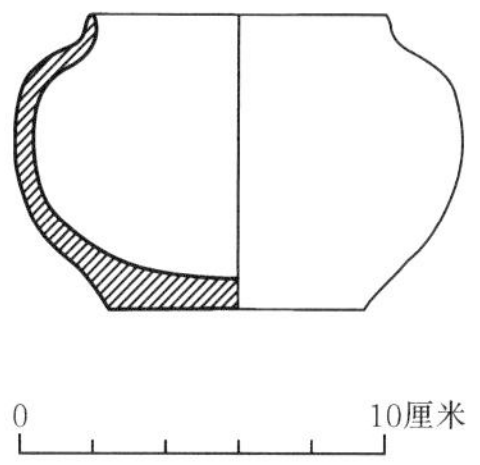

墓例一三二　M746

（一）墓葬形制（C型Ⅲa式）

狭长形土坑竖穴带高头龛。方向280°。龛顶及以上墓坑被毁。头龛距墓底80厘米，龛宽58、深22、残高30厘米。墓壁倾斜。现墓口长240、宽100厘米，墓底长220、宽75、残深110厘米。随葬器物置于龛内。墓中填五花土。葬具及人骨架不存（图三〇七）。

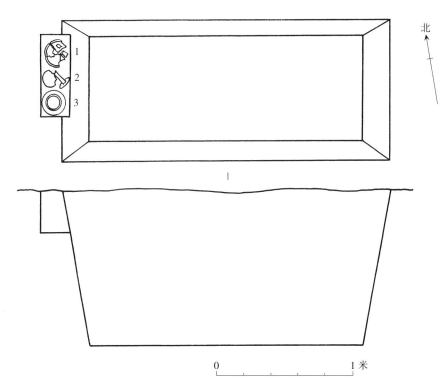

图三〇六　M733出土陶矮领罐（M733：1）

图三〇七　M746平、剖面及随葬器物分布图
1. 陶盂　2. 陶豆　3. 陶罐

（二）出土器物

3件。为日用陶器（彩版一五，2；图版四五，2）。

高领罐　1件。

M746：3，直口略侈，翻沿，高弧领，溜肩，鼓腹，凹圜底。上腹饰竖粗绳纹，下腹饰交错粗绳纹，颈部竖绳纹抹去。口径12、腹径18.2、高19厘米（图三〇八，1）。

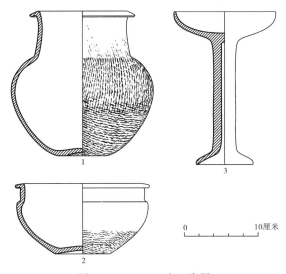

图三〇八　M746 出土陶器
1. 高领罐（3）　2. 盂（1）　3. 高柄豆（2）

盂　1 件。

M746：1，直口，短折沿微坠，弧颈，凸肩，弧壁较深，凹圜底。下腹饰交错粗绳纹。口径 16、高 9.2 厘米（图三〇八，2）。

高柄豆　1 件。

M746：2，敞口较直，弧壁盘，细高柱状柄，盖状小圈足。口径 13.6、高 20 厘米（图三〇八，3）。

墓例一三三　M765

（一）墓葬形制（C 型Ⅲa 式）

狭长形土坑竖穴带高头龛。方向 94°。墓上部被推毁。头龛距墓底 58 厘米，龛宽 48、深 27、高 28 厘米。墓壁倾斜。现墓口长 235、宽 110 厘米，墓底长 215、宽 85、残深 130 厘米。随葬器物中一件陶罐置于龛内，一件铜矛置于墓底头端。墓中填五花土。葬具及人骨架不存（图三〇九）。

（二）出土器物

2 件。陶器和铜器各 1 件。

1. 陶器

矮领罐　1 件。

M765：1，弇口，矮斜领，窄耸肩，鼓腹，底残。口径 10.2、腹径 17.2、残高 10.2 厘米（图三一〇，1）。

2. 铜器

矛　1 件。

M765：2，粉绿色。圆骹，銎口略侈。骹一面有一鼻。叶后部折收。凸棱脊。刃及前锋崩残。残通长 18.7 厘米（图三一〇，2）。

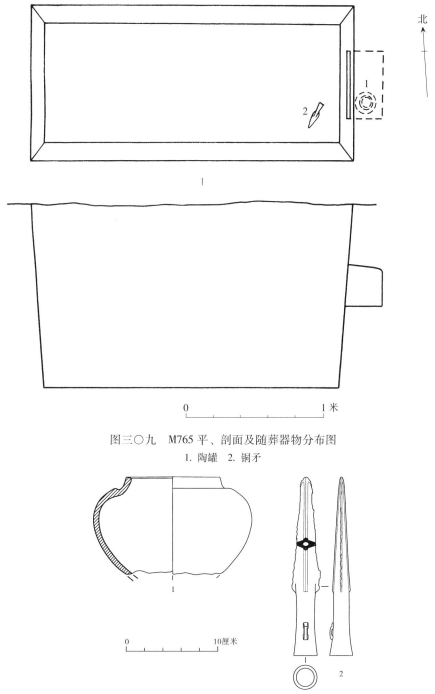

图三〇九　M765 平、剖面及随葬器物分布图
1. 陶罐　2. 铜矛

图三一〇　M765 出土陶器、铜器
1. 陶矮领罐（1）　2. 铜矛（2）

墓例一三四　M777

（一）墓葬形制（C 型Ⅲa 式）

狭长形土坑竖穴带高头龛。方向 183°。墓上部被推毁。头龛距墓底 70 厘米，龛宽 50、深 20、高 25 厘米。墓壁略斜。现墓口长 220、宽 90 厘米，墓底长 200、宽 75、残深 170 厘米。随葬器物

置于龛内。墓中填五花土。葬具及人骨架不存（图三一一）。

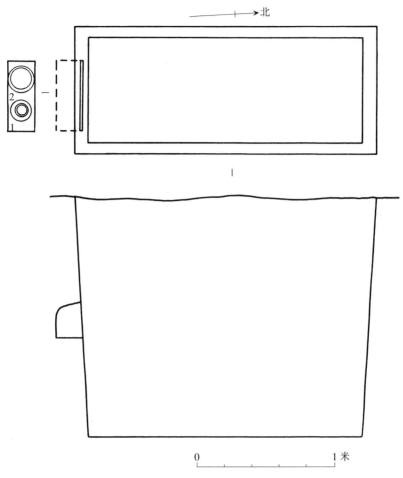

图三一一　M777 平、剖面及随葬器物分布图
1. 陶罐　2. 陶盂

（二）出土器物

2 件。为日用陶器（图版四五，3）。

矮领罐　1 件。

M777:1，侈口，矮弧领，圆肩，弧腹，平底。领部有对称圆孔。口径 8.8、腹径 12、高 8.4 厘米（图三一二，1）。

盂　1 件。

M777:2，侈口，平折沿，沿面凹，束颈，凸圆肩，深弧壁，凹圜底。上腹有两周弦纹。上腹弦纹下饰竖粗绳纹，下腹饰交错粗绳纹。口径 20、高 11.8 厘米（图三一二，2）。

墓例一三五　M781

（一）墓葬形制（C 型Ⅲa 式）

狭长形土坑竖穴带高头龛。方向 270°。墓上部被推毁。头龛偏向左侧。龛距墓底 70 厘米，龛

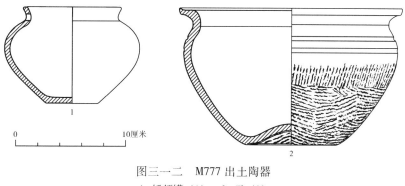

图三一二　M777 出土陶器
1. 矮领罐（1）　2. 盂（2）

宽 48、深 30、高 30 厘米。墓壁倾斜。现墓口长 260、宽 120 厘米，墓底长 210、宽 80、残深 110
厘米。随葬器物置于龛内。墓中填五花土。葬具及人骨架不存（图三一三）。

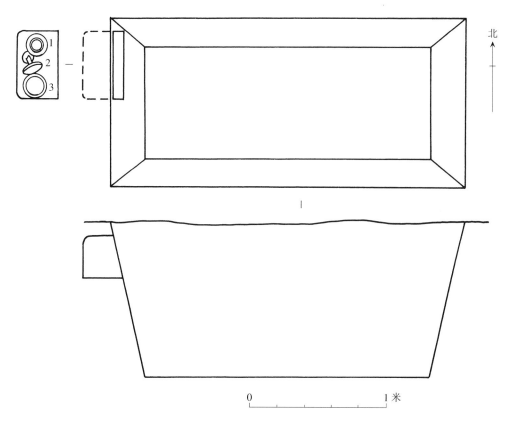

图三一三　M781 平、剖面及随葬器物分布图
1. 陶罐　2. 陶豆　3. 陶盂

（二）出土器物

3 件。为日用陶器（图版四六，1）。

高领罐　1 件。

M781：1，敞口，平折沿微凹，高弧领，溜肩，弧腹，凹圜底。腹、底隐见粗绳纹。口径
10.4、腹径 16.2、高 18.8 厘米（图三一四，1）。

盂　1件。

M781:3，直口，短斜折沿，短弧颈，窄肩，深弧壁，底残。腹饰粗绳纹。口径18.1、残高9.4厘米（图三一四，2）。

矮柄豆　1件。

M781:2，敞口，弧壁平盘，矮弧形柄，喇叭状圈足低平，圈足内壁有折。口径16、高12.4厘米（图三一四，3）。

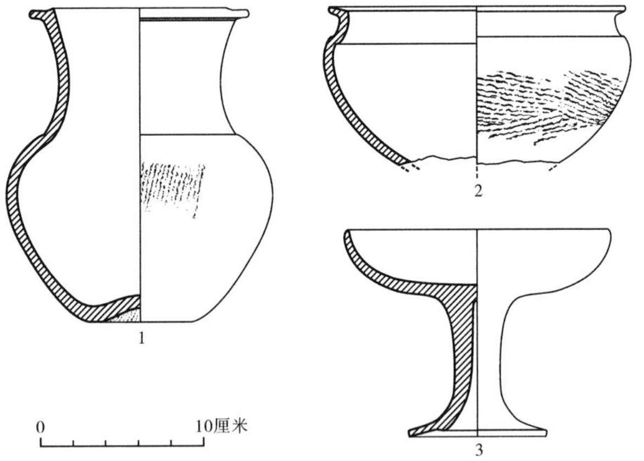

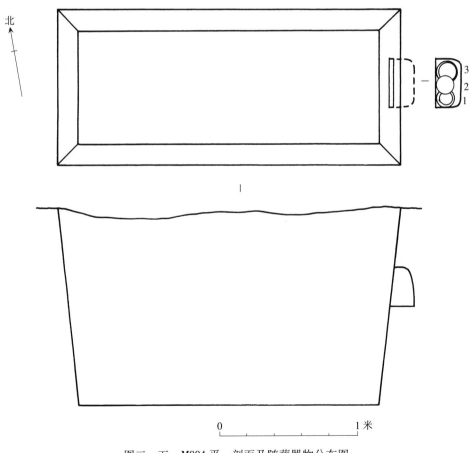

图三一四　M781出土陶器
1. 高领罐（1）　2. 盂（3）　3. 矮柄豆（2）

墓例一三六　M804

（一）墓葬形制（C型Ⅲa式）

狭长形土坑竖穴带高头龛。方向100°。墓上部被推毁。头龛距墓底70厘米，龛宽34、深18、高28厘米。墓壁倾斜。现墓口长250、宽110厘米，墓底长220、宽80、残深140厘米。随葬器物置于龛内。墓中填五花土。葬具及人骨架不存（图三一五）。

图三一五　M804平、剖面及随葬器物分布图
1. 陶罐　2. 陶豆　3. 陶盂

（二）出土器物

3 件。为日用陶器（彩版一六，1；图版四六，2）。

高领罐　1 件。

M804：1，直口，平折沿微坠，高弧领，斜肩，上腹较直，下腹弧收，凹圜底。通体饰绳纹，上腹饰竖粗绳纹，下腹饰交错粗绳纹，颈部竖绳纹抹去。肩部两道抹刮弦纹。口径 14、腹径 17、高 20.2 厘米（图三一六，1）。

图三一六　M804 出土陶器
1. 高领罐（1）　2. 盂（3）　3. 高柄豆（2）

盂　1 件。

M804：3，敞口，折沿微坠，短斜颈，凸肩，深弧壁，凹圜底。腹至底饰粗绳纹。口径 18.4、残高 9.6 厘米（图三一六，2）。

高柄豆　1 件。

M804：2，直口，弧壁盘浅平，细高柱状柄，盖状圈足低平。口径 13.2、高 15.6 厘米（图三一六，3）。

墓例一三七　M806

（一）墓葬形制（C 型 Ⅲa 式）

狭长形土坑竖穴带高头龛。方向 190°。墓口以上有厚 40 厘米的表土。头龛距墓底 34 厘米，龛宽 40、深 16、高 26 厘米。墓壁略斜。现墓口长 280、宽 100、深 40 厘米，墓底长 265、宽 85、残深 210 厘米。随葬器物置于龛内。墓中填五花土。葬具及人骨架不存（图三一七）。

（二）出土器物

3 件。为日用陶器（图版四六，3）。

高领罐　1 件。

M806：1，侈口，折沿略残。高弧领，斜肩，弧腹，平底微凹。肩部饰一周弦纹。口径 7.2、腹径 12.4、高 11.6 厘米（图三一八，1）。

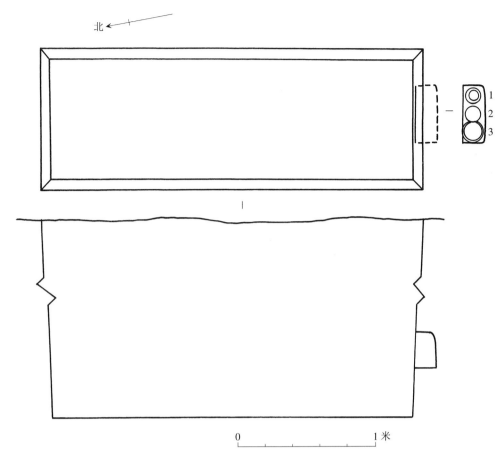

图三一七　M806 平、剖面及随葬器物分布图
1. 陶罐　2. 陶豆　3. 陶盂

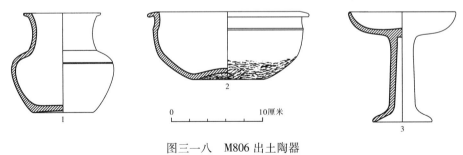

图三一八　M806 出土陶器
1. 高领罐（1）　2. 盂（3）　3. 高柄豆（2）

盂　1件。

M806：3，直口，平折沿微坠，短直颈，弧壁，凹圜底。下腹至底饰交错粗绳纹。口径17.2、高8厘米（图三一八，2）。

高柄豆　1件。

M806：2，敞口，弧壁浅盘，高柱状柄下部略粗，喇叭状圈足略有折。口径12.8、高13厘米（图三一八，3）。

墓例一三八　　M378

（一）墓葬形制（C 型Ⅲb 式）

狭长形土坑竖穴带平头龛。方向270°。墓上部被推毁。头龛底与墓底平，龛宽同墓底宽。龛宽80、深16、高36厘米。墓坑平面呈梯形，墓壁垂直。墓长240、头端宽80、足端宽90、残深110厘米。随葬器物置于龛内。墓中填五花土。葬具及人骨架不存（图三一九）。

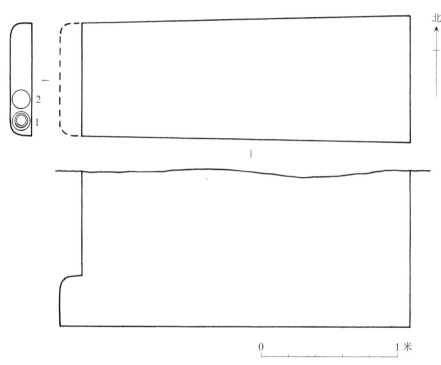

图三一九　M378 平、剖面及随葬器物分布图
1. 陶罐　2. 陶豆

（二）出土器物

2 件。陶罐和矮柄豆各 1 件，形态不明。

墓例一三九　　M416

（一）墓葬形制（C 型Ⅲb 式）

狭长形土坑竖穴带平头龛。方向80°。墓上部被推毁。头龛底与墓底平。龛宽46、深16、高34 厘米。墓壁垂直。墓长240、宽80、残深164 厘米。随葬器物置于龛内。墓中填五花土。葬具及人骨架不存（图三二○）。

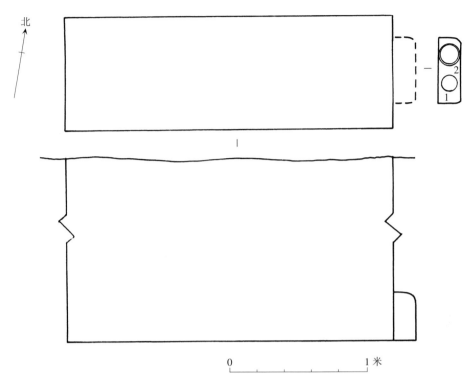

图三二〇　M416 平、剖面及随葬器物分布图
1. 陶豆　2. 陶盂

（二）出土器物

2 件。为日用陶器（图版四七，1）。

盂　1 件。

M416：2，敛口，斜折沿，短弧颈，凸肩，弧壁，小平底。通体饰粗绳纹。口径 19.2、高 8.8 厘米（图三二一，1）。

矮柄豆　1 件。

M416：1，敞口，弧壁浅盘，高柱状柄下部略粗，喇叭状圈足略有折。口径 12.8、高 13 厘米（图三二一，2）。

墓例一四〇　M74

（一）墓葬形制（C 型Ⅲc 式）

狭长形土坑竖穴带高边龛。方向 125°。墓上部被推毁。龛位于墓坑一条长壁边，偏向一端。龛底距墓底 60 厘米，龛宽 50、深 24、高 32 厘米。墓口平面略呈宽梯形，两侧墓壁垂直，两端倾斜。现墓口壁龛一侧长 236、

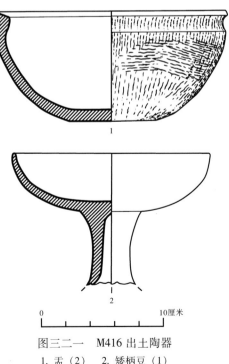

图三二一　M416 出土陶器
1. 盂（2）　2. 矮柄豆（1）

另一侧长 244、宽 84 厘米，墓底长 210、宽 84、残深 100 厘米。随葬器物置于龛内。墓中填五花土。葬具及人骨架不存（图三二二）。

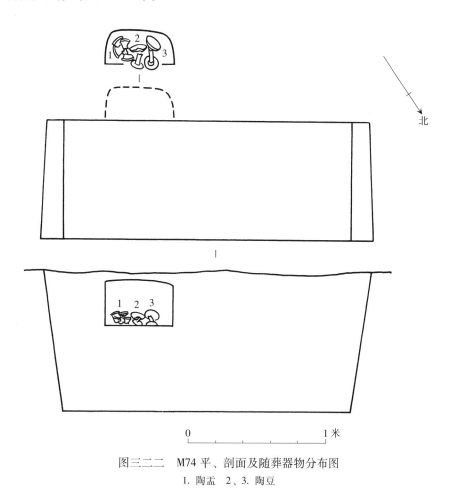

图三二二　M74 平、剖面及随葬器物分布图
1. 陶盂　2、3. 陶豆

（二）出土器物

3 件。为日用陶器。

高柄豆　1 件。

M74∶3，敞口，口外略有折，斜壁盘，高柱状柄，喇叭状圈足。圈足与柄交接处有一周凸圈。口径 13.2、高 15.4 厘米（图三二三，1）。

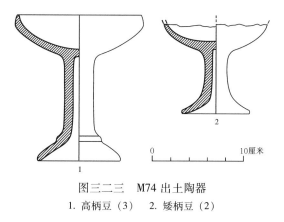

图三二三　M74 出土陶器
1. 高柄豆（3）　2. 矮柄豆（2）

矮柄豆　1件。

M74:2，口残。弧壁，矮弧形柄，喇叭状圈足。残高9.4厘米（图三二三，2）。

还有盂1件，残甚，形态不明。

墓例一四一　M79

（一）墓葬形制（C型Ⅲc式）

狭长形土坑竖穴带高边龛。方向200°。墓上部被推毁。龛位于墓坑一条长壁边，偏向一端。龛底距墓底84厘米，龛宽60、深28、高42厘米。墓壁倾斜。现墓口长250、宽100厘米，墓底长210、宽75、残深157厘米。随葬器物置于龛内。墓中填五花土。葬具及人骨架不存（图三二四）。

图三二四　M79平、剖面及随葬器物分布图
1. 陶鬲　2. 陶盂　3、4. 陶豆

（二）出土器物

4 件。为日用陶器（彩版一六，2；图版四七，2）。

鬲　1 件。

M79:1，直口，斜折沿，短弧颈，凸肩，弧腹，圜底，柱状高足，裆宽平。腹、足饰竖粗绳纹，底饰横粗绳纹，颈部绳纹抹去。口径 21.4、腹径 22、高 20 厘米（图三二五，1）。

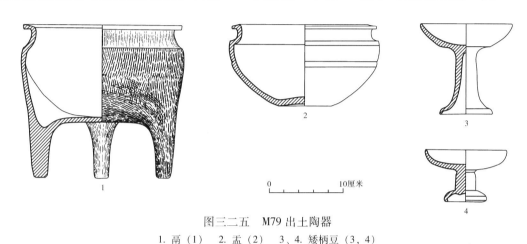

图三二五　M79 出土陶器
1. 鬲（1）　2. 盂（2）　3、4. 矮柄豆（3，4）

盂　1 件。

M79:2，直口微侈，短折沿微坠，短弧颈，窄平肩，弧壁较深，凹圜底。腹有一周凸棱。口径 19.6、高 10.8 厘米（图三二五，2）。

矮柄豆　2 件。

M79:3，敞口，斜壁，盘外底平折，柄较高，盖状圈足。口径 12.6、高 11.8 厘米（图三二五，3）。

M79:4，敞口，弧壁浅平盘，柱状柄特矮，盖状圈足沿边微勾。柄与盘交接处有一周凹圈。口径 11.2、高 6.8 厘米（图三二五，4）。

墓例一四二　M109

（一）墓葬形制（C 型 Ⅲd 式）

狭长形土坑竖穴带头、足双高龛。方向 245°。头龛底距墓底 72 厘米，龛宽 35、深 20、高 30 厘米；足龛底距墓底 62 厘米，龛宽 34、深 23、高 26 厘米。墓壁倾斜，两侧斜度较两端大。墓口长 260、宽 180 厘米，墓底长 220、宽 85、深 280 厘米。随葬品中陶器置于头龛内，一件铜剑位于墓底中部一侧。足龛内无随葬品。墓中填五花土。葬具及人骨架不存（图三二六）。

（二）出土器物

3 件。有陶器和铜器。

1. 陶器

2 件。为日用陶器（图版四七，3）。

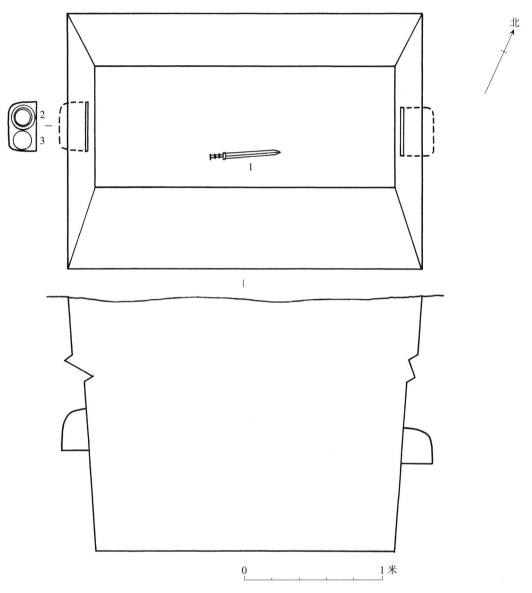

图三二六　M109 平、剖面及随葬器物分布图
1. 铜剑　2. 陶罐　3. 陶豆

高领罐　1 件。

M109:2，侈口，三角形折沿，高弧领，圆肩，鼓腹，凹圜底。上腹饰竖粗绳纹，下腹饰交错粗绳纹，颈部绳纹抹去。上腹有两道抹刮弦纹。口径 14.8、腹径 18.7、高 17.8 厘米（图三二七，1）。

高柄豆　1 件。

M109:3，敞口，口外略有折，浅弧壁盘，细高柱状柄，喇叭状圈足低平。口径 14、高 13.8 厘米（图三二七，2）。

2. 铜器

剑　1 件。

M109:1，双箍剑。青灰色。剑首残。圆形实茎首端略凹弧，茎上有双箍，"凹"字形宽格。剑身菱形脊。刃缘及前锋崩残。残通长 47.6 厘米（图三二七，3）。

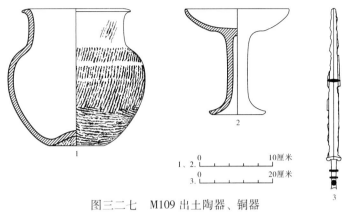

图三二七　M109 出土陶器、铜器

1. 陶高领罐（2）　　2. 陶高柄豆（3）　　3. 铜剑（1）

墓例一四三　M728

（一）墓葬形制（C 型Ⅲd 式）

狭长形土坑竖穴带头、足双高龛。方向 278°。墓上部被推毁。头龛底距墓底 60 厘米，龛宽 24、深 16、高 28 厘米；足龛底距墓底 60 厘米，龛宽 28、深 10、高 20 厘米。墓壁倾斜。现墓口长 230、宽 110 厘米，墓底长 200、宽 70、残深 130 厘米。随葬器物仅陶豆 1 件，置于头龛内。足龛内无随葬品。墓中填五花土。葬具及人骨架不存（图三二八）。

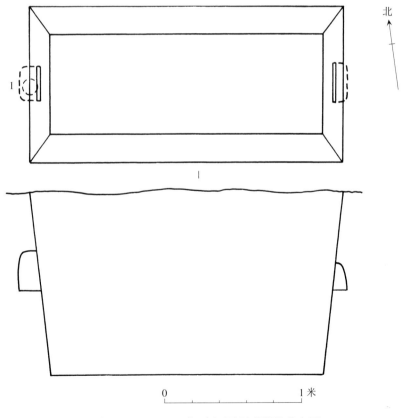

图三二八　M728 平、剖面及随葬器物分布图

1. 陶豆

（二）出土器物

陶矮柄豆　1 件。

M728：1，敞口，弧壁盘，下底略有折，矮柱柄，盖
状圈足较低。口径 12.9、高 9 厘米（图三二九）。

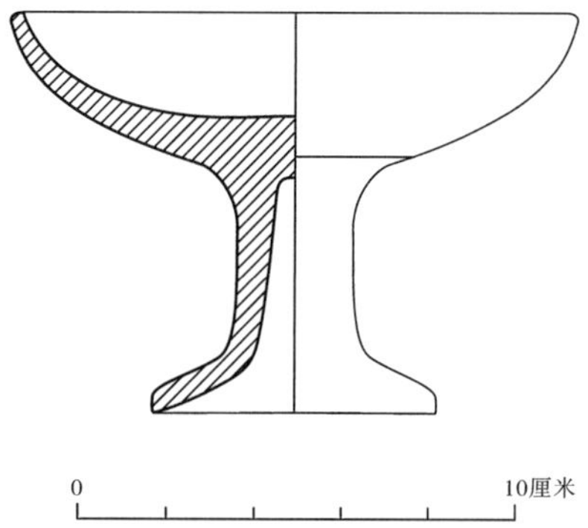

墓例一四四　M3

（一）墓葬形制（C 型Ⅳa 式）

狭长形土坑竖穴带封闭生土二层台、高头龛。方向 5°。墓上部被推毁。二层台宽 10～20、距
墓底 62 厘米。头龛位于二层台以下。龛底距墓底 23 厘米，龛宽 66、深 16、高 36 厘米。墓坑不甚
规则。现墓口长 246、宽 100 厘米，墓底长 220、宽 60、残深 130 厘米。随葬品位于墓底头端，应
是从龛内滑落。墓中填五花土。葬具及人骨架不存（图三三〇）。

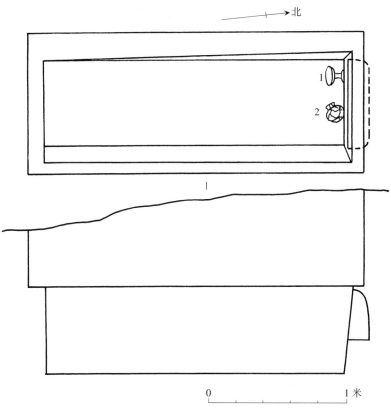

图三二九　M728 出土陶矮柄豆（M728：1）

图三三〇　M3 平、剖面及随葬器物分布图
1. 陶豆　2. 陶罐

（二）出土器物

2 件。为日用陶器。

矮柄豆　1 件。

M3：1，敞口、弧壁盘，矮弧形柄，喇叭状圈足。口径
15、高 11.4 厘米（图三三一）。

还有罐 1 件，残甚，形态不明。

墓例一四五　　M26

（一）墓葬形制（C 型Ⅳa 式）

狭长形土坑竖穴带封闭生土二层台、高头龛。方向
207°。二层台宽 18、距墓底 54 厘米。头龛底与二层台平。
龛底距墓底 54 厘米，龛宽 46、深 23、高 34 厘米。二层台以上墓壁略斜。墓口长 250、宽 106 厘
米，墓底长 192、宽 58、深 300 厘米。随葬器物置于龛内。墓中填五花土。葬具及人骨架不存
（图三三二）。

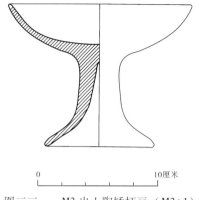

图三三一　M3 出土陶矮柄豆（M3：1）

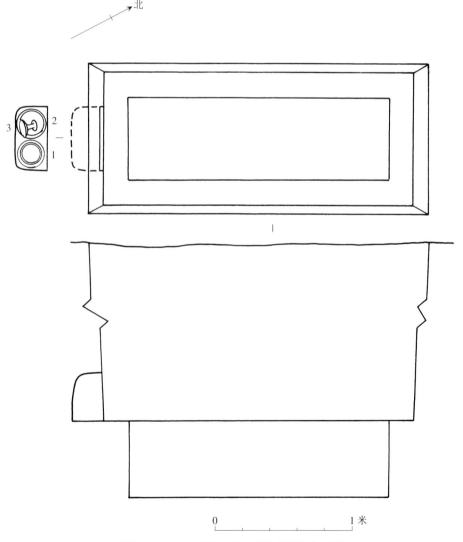

图三三二　M26 平、剖面及随葬器物分布图
1. 陶罐　2. 陶盉　3. 陶豆

（二）出土器物

3 件。为日用陶器（彩版一七，1；图版四八，1）。

高领罐　1 件。

M26：1，直口微侈，平折沿微坠，高弧领，溜肩，鼓腹，凹圜底。通体饰粗绳纹，领及上腹饰竖粗绳纹，下腹饰交错粗绳纹。口径 16、腹径 21、高 19.8 厘米（图三三三，1）。

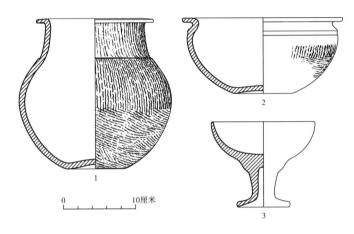

图三三三　M26 出土陶器
1. 高领罐（1）　2. 盂（2）　3. 矮柄豆（3）

盂　1 件。

M26：2，敛口，宽平折沿，束颈，凸肩，弧壁较深，凹圜底。上腹饰竖粗绳纹，下腹饰交错粗绳纹。口径 21.6、高 10 厘米（图三三三，2）。

矮柄豆　1 件。

M26：3，敞口，深弧壁，矮弧形柄与盘底弧连，盖状圈足低平。口径 14、高 11 厘米（图三三三，3）。

墓例一四六　M110

（一）墓葬形制（C 型Ⅳa 式）

狭长形土坑竖穴带双层平行生土二层台、高头龛。方向 200°。墓口以上有厚约 24 厘米表土。二层台分别为两侧和两端平行，两端二层台在下，两侧二层台在上，两端二层台窄于两侧二层台。这实际上是一种错位的封闭二层台。两端二层台宽 6、距墓底 12 厘米；两侧二层台宽 20、距墓底 66 厘米。头龛位于两级二层台之间。龛底距墓底 18 厘米，龛宽 50、深 24、高 42 厘米。两侧墓壁近直，两端倾斜。墓口长 216、宽 95、深 24 厘米，墓底长 178、宽 60、深 190 厘米。随葬器物置于龛内。墓中填五花土。葬具及人骨架不存（图三三四）。

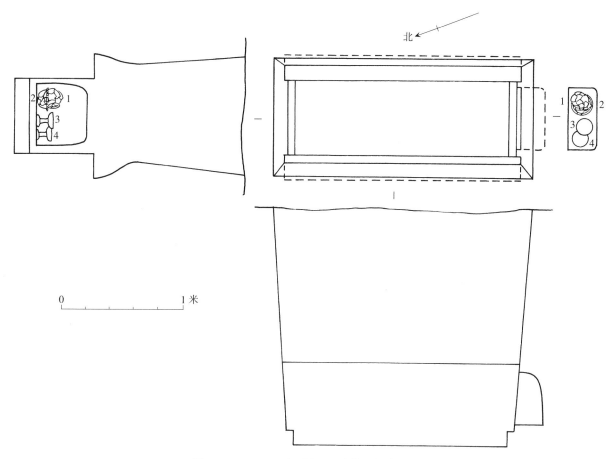

图三三四　M110 平、剖面及随葬器物分布图
1. 陶罐　2. 陶盂　3、4. 陶豆

（二）出土器物

4 件。为日用陶器（图版四八，2）。

矮领罐　1 件。

M110：1，敞口斜直，矮斜直领，斜折肩，折腹，平底。口径 10、腹径 15.4、高 11.4 厘米（图三三五，1）。

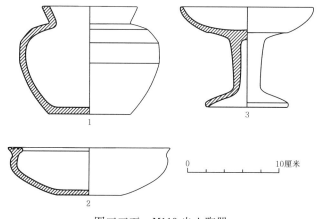

图三三五　M110 出土陶器
1. 矮领罐（1）　2. 盂（2）　3. 矮柄豆（3）

盂　1件。

M110：2，敛口，平折沿，沿面有两周凹圈。束颈，凸肩，斜弧壁较浅，平底。口径17.6、高5厘米（图三三五，2）。

矮柄豆　2件。形态相同。

标本M110：3，敞口，浅弧壁盘，矮柱状柄下端略细，盖状圈足折转。口径14.4、高10.6厘米（图三三五，3）。

墓例一四七　M135

（一）墓葬形制（C型Ⅳa式）

狭长形土坑竖穴带平行生土二层台、高头龛。方向295°。墓上部被推毁。二层台较低，位于墓坑两侧壁。二层台宽16、距墓底28厘米。头龛高于二层台。龛底距墓底60厘米，龛宽40、深20、高24厘米。墓坑不甚规则，略呈梯形，墓壁倾斜。现墓口长238、头端宽124、足端宽130厘米，墓底长210、头端宽70、足端宽64、残深150厘米。随葬器物置于龛内。墓中填五花土。葬具及人骨架不存（图三三六）。

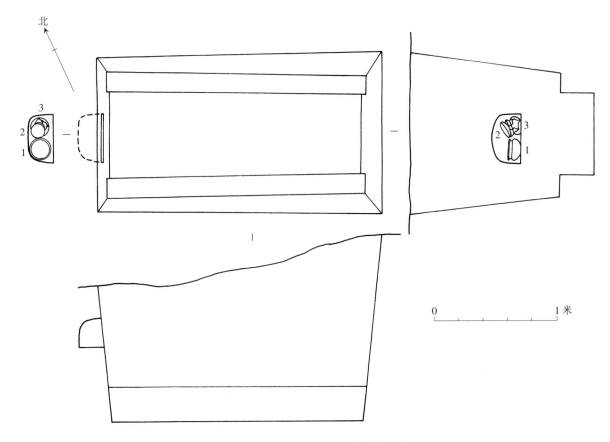

图三三六　M135平、剖面及随葬器物分布图

1. 陶盂　2. 陶豆　3. 陶罐

（二）出土器物

3 件。为日用陶器（图版四八，3）。

矮领罐　1 件。

M135：3，直口，矮弧领，斜肩，弧腹，凹底。口径 10.8、腹径 16、高 11 厘米（图三三七，1）。

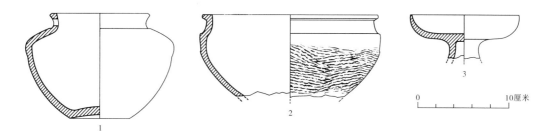

图三三七　M135 出土陶器
1. 矮领罐（3）　2. 盂（1）　3. 矮柄豆（2）

盂　1 件。

M135：1，直口，短平折沿，短弧颈，凸肩，深弧壁略有折。底残。腹饰交错粗绳纹。口径 19、残高 8.6 厘米（图三三七，2）。

矮柄豆　1 件。

M135：2，敞口，弧壁盘浅平，矮弧形柄。圈足残。口径 12、残高 4.6 厘米（图三三七，3）。

墓例一四八　M161

（一）墓葬形制（C 型 Ⅳa 式）

狭长形土坑竖穴带半封闭生土二层台、高头龛。方向 277°。二层台较低，位于两侧及头端。二层台宽 14、距墓底 24 厘米。头龛底与二层台平。龛底距墓底 24 厘米，龛宽 47、深 22、高 26 厘米。墓壁垂直。墓口长 224、宽 88 厘米，墓底长 210、宽 60、深 204 厘米。随葬器物置于龛内。墓中填五花土。葬具及人骨架不存（图三三八）。

（二）出土器物

2 件。为日用陶器（图版四九，1）。

矮领罐　1 件。

M161：2，直口，矮直领，斜肩，弧腹，平底。口径 10.5、腹径 15、高 11.6 厘米（图三三九，1）。

矮柄豆　1 件。

M161：1，直口微敛，弧壁盘，矮弧形柄。喇叭形圈足较低。口径 15.2、高 13.8 厘米（图三三九，2）。

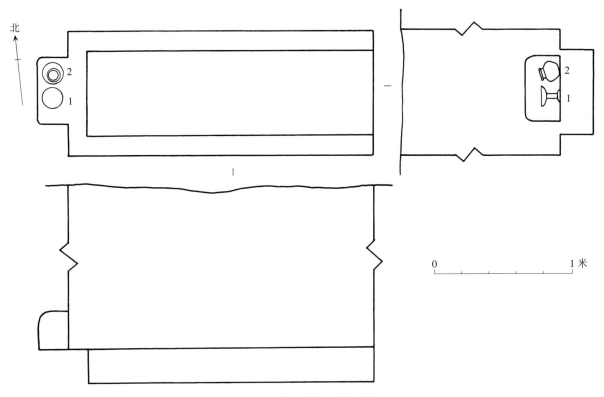

图三三八　M161 平、剖面及随葬器物分布图
1. 陶豆　2. 陶罐

墓例一四九　M164

（一）墓葬形制（C 型 Ⅳa 式）

狭长形土坑竖穴带封闭生土二层台、高头龛。方向 108°。二层台宽 10、距墓底 50 厘米。头龛低于二层台。龛底距墓底 12 厘米，龛宽 60、深 24、高 28 厘米。墓壁倾斜。墓口长 250、宽 100 厘米，墓底长 200、宽 60、深 230 厘米。随葬器物置于龛内。墓中填五花土。葬具及人骨架不存（图三四〇）。

（二）出土器物

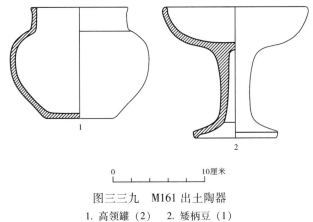

图三三九　M161 出土陶器
1. 高领罐（2）　2. 矮柄豆（1）

2 件。为日用陶器（图版四九，2）。

小壶　1 件。

M164：2，侈口，平折沿微坠，粗弧颈，斜肩，弧腹近底向下直折呈假圈足状，平底。口径 10.6、腹径 13、高 16.3 厘米（图三四一，1）。

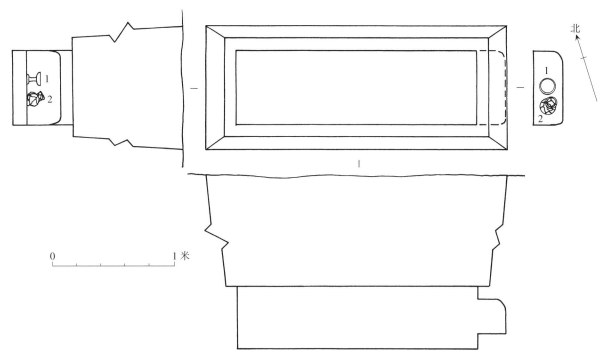

图三四〇 M164 平、剖面及随葬器物分布图
1. 陶豆 2. 陶小壶

矮柄豆 1件。

M164:1，直口微敛，斜壁盘微弧，下底略有折。矮柱状柄。喇叭形圈足较低。口径 14.6、高 13.8 厘米（图三四一，2）。

墓例一五〇 M173

（一）墓葬形制（C型Ⅳa式）

狭长形土坑竖穴带半封闭生土二层台、高头龛。方向 75°。二层台位于两侧及头端。二层台宽 12、距墓底 52 厘米。头龛略

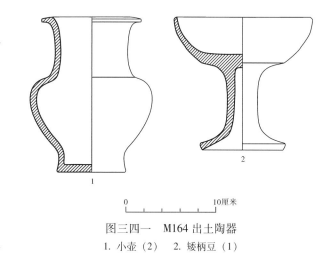

图三四一 M164 出土陶器
1. 小壶（2） 2. 矮柄豆（1）

高于二层台。龛底距墓底 56 厘米，龛宽 60、深 38、高 36 厘米。墓壁垂直。墓口长 218、宽 84 厘米，墓底长 206、宽 60、深 140 厘米。随葬器物仅陶罐 1件，置于龛内。墓中填五花土。葬具及人骨架不存（图三四二）。

（二）出土器物

陶高领罐 1件。

M173:1，直口微侈，平折沿，沿面凹，高弧领，溜肩，鼓腹，凹圜底。上腹饰竖粗绳纹，下腹饰交错粗绳纹。领部绳纹抹去。口径 14.4、腹径 20、高 23 厘米（图三四三）。

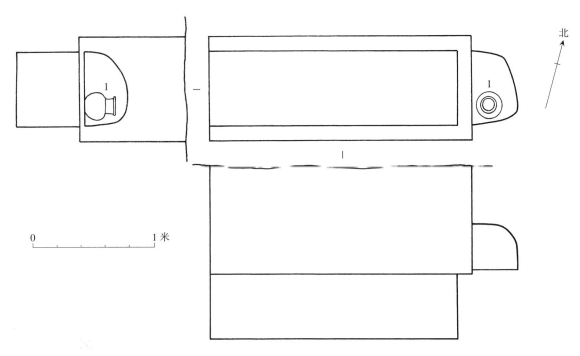

图三四二　M173 平、剖面及随葬器物分布图
1. 陶罐

墓例一五一　M235

（一）墓葬形制（C 型Ⅳa 式）

狭长形土坑竖穴带封闭生土二层台、高头龛。方向 355°。
墓上部被推毁。二层台一侧较宽，余三方较窄。二层台宽 10～
20、距墓底 48 厘米。头龛位于二层台外侧，略低于二层台。龛
底距墓底 46 厘米，龛宽 60、深 22、高 30 厘米。墓壁垂直。现
墓口长 240、宽 90 厘米，墓底长 220、宽 60、残深 140 厘米。
随葬器物中陶器置于龛内，两件铜带钩位于墓底。墓中填五花
土。葬具及人骨架不存（图三四四）。

（二）出土器物

5 件。有陶器和铜器（彩版一七，2；图版四九，3）。

1. 陶器

3 件。为日用陶器。

高领罐　1 件。

M235：5，敞口，宽平折沿，高弧领，溜肩，鼓腹，凹圜底。上腹饰竖粗绳纹，下腹饰交
错粗绳纹。领部绳纹抹去。肩部饰一周弦纹。口径 15.8、腹径 20.4、高 22.6 厘米（图三四
五，1）。

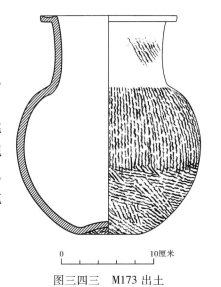

图三四三　M173 出土
陶高领罐（M173：1）

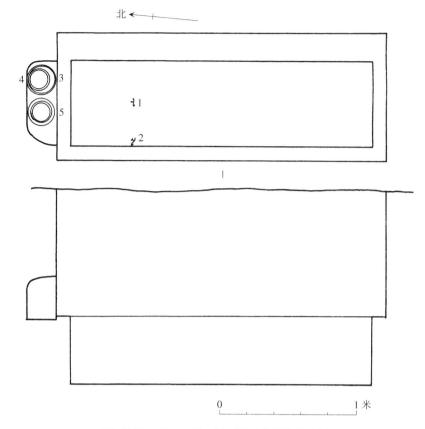

图三四四　M235 平、剖面及随葬器物分布图
1、2. 铜带钩　3. 陶盂　4. 陶豆　5. 陶罐

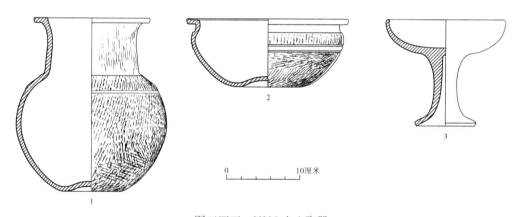

图三四五　M235 出土陶器
1. 高领罐（5）　2. 盂（3）　3. 矮柄豆（4）

盂　1件。

M235：3，直口，宽平折沿，沿面微凹，短弧颈，凸圆肩，弧壁，凹圜底。上腹饰竖粗绳纹，下腹饰交错粗绳纹。上腹绳纹间有两周弦纹。口径22、高9厘米（图三四五，2）。

矮柄豆　1件。

M235：4，直口微敛，弧壁盘，矮弧形柄，喇叭状圈足。口径16、高14厘米（图三四五，3）。

2. 铜器

带钩　2件。残甚，形态不明。

墓例一五二　　M307

（一）墓葬形制（C 型 Ⅳa 式）

狭长形土坑竖穴带平行生土二层台、高头龛。方向 175°。二层台位于墓坑两侧壁。二层台宽
13～15、距墓底 60 厘米。头龛底与二层台平。龛底距墓底 60 厘米，龛宽 74、深 25、高 30 厘米。
墓壁在二层台以上倾斜。墓口长 250、宽 110 厘米，墓底长 220、宽 60、深 220 厘米。随葬器物置
于龛内。墓中填五花土。葬具及人骨架不存（图三四六）。

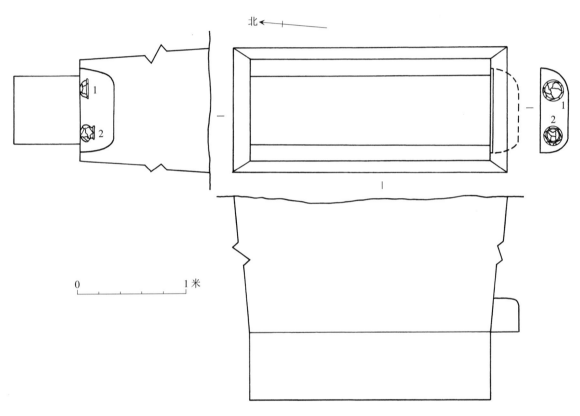

图三四六　　M307 平、剖面及随葬器物分布图
1. 陶盂　2. 陶罐

（二）出土器物

2 件。为日用陶器。

罐　1 件。

M307：2，领以上残。斜肩，弧腹，平底。肩部饰一周弦
纹。腹径 18、残高 11.8 厘米（图三四七）。

还有盂 1 件，形态不明。

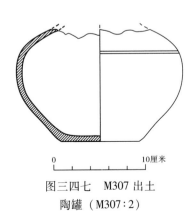

图三四七　　M307 出土
陶罐（M307：2）

墓例一五三　M555

（一）墓葬形制（C 型Ⅳa 式）

狭长形土坑竖穴带平行生土二层台、高头龛。方向 180°。二层台位于墓坑两侧壁。二层台宽 10、距墓底 62 厘米。头龛略低于二层台。龛底距墓底 60 厘米，龛宽 60、深 22、高 26 厘米。墓壁略斜。墓口长 230、宽 110 厘米，墓底长 212、宽 63、深 260 厘米。随葬器物置于龛内。墓中填五花土。葬具及人骨架不存（图三四八）。

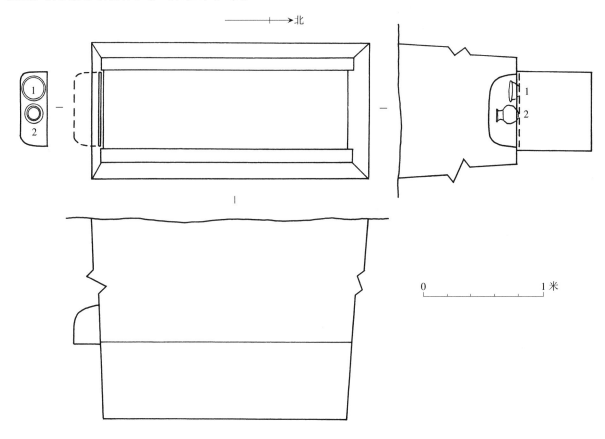

图三四八　M555 平、剖面及随葬器物分布图
1. 陶盂　2. 陶罐

（二）出土器物

2 件。为日用陶器（图版五〇，1）。

高领罐　1 件。

M555：2，敞口，三角形唇，高弧领，圆肩，弧腹，平底微凹。口径 11.8、腹径 15.6、高 19.9 厘米（图三四九，1）。

盂　1 件。

M555：1，敞口，短斜折沿，短弧颈，弧壁斜直，凹圜底。腹、底饰交错绳纹。口径 19.4、高 6.8 厘米（图三四九，2）。

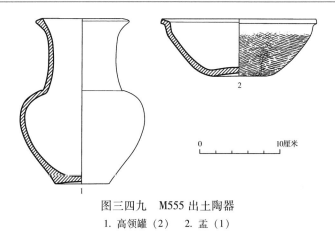

图三四九　M555 出土陶器
1. 高领罐（2）　2. 盂（1）

墓例一五四　M610

（一）墓葬形制（C 型Ⅳa 式）

狭长形土坑竖穴带封闭形生土二层台、高头龛。方向 180°。墓上部被推毁。二层台两侧宽两端窄。二层台宽 5 ~ 18、距墓底 50 厘米。头龛低于二层台。龛底距墓底 16 厘米，龛宽 54、深 20、高 20 厘米。墓壁垂直。现墓口长 210、宽 90 厘米，墓底长 200、宽 54、残深 140 厘米。随葬器物置于龛内。墓中填五花土。葬具及人骨架不存（图三五○）。

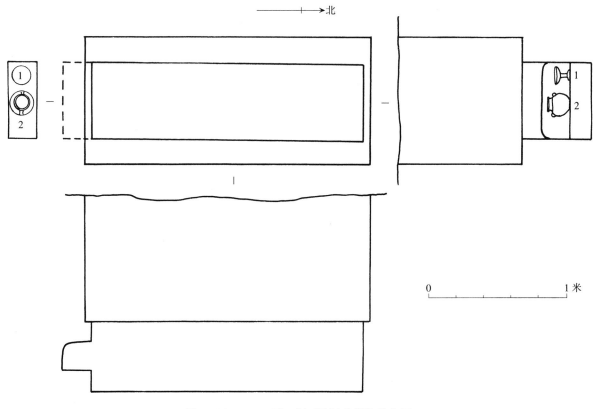

图三五○　M610 平、剖面及随葬器物分布图
1. 陶豆　2. 陶罐

（二）出土器物

2 件。为日用陶器。

双耳罐 1 件。

M610:2，侈口，三角形唇，矮弧领，斜肩，鼓腹，凹圜底。肩部有对称宽竖耳。中腹以下饰粗绳纹，颈部绳纹抹去。口径 12.8、腹径 19、高 15.6 厘米（图三五一）。

还有矮柄豆 1 件，残甚，形态不明。

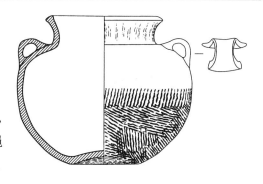

图三五一 M610 出土陶双耳罐（M610:2）

墓例一五五 M615

（一）墓葬形制（C 型 Ⅳa 式）

狭长形土坑竖穴带平行生土二层台、高头龛。方向 190°。墓上部被推毁。墓底呈一级阶梯状。二层台位于墓坑两侧壁。二层台宽 15、距墓底 55 厘米。头龛底略低于二层台。龛底距墓底 40 厘米，龛宽 50、深 18、高 24 厘米。墓壁垂直。现墓口长 210、宽 95 厘米，墓底长 210、宽 65、残深 160 厘米。随葬器物仅陶豆 1 件，置于龛内。墓中填五花土。葬具及人骨架不存（图三五二）。

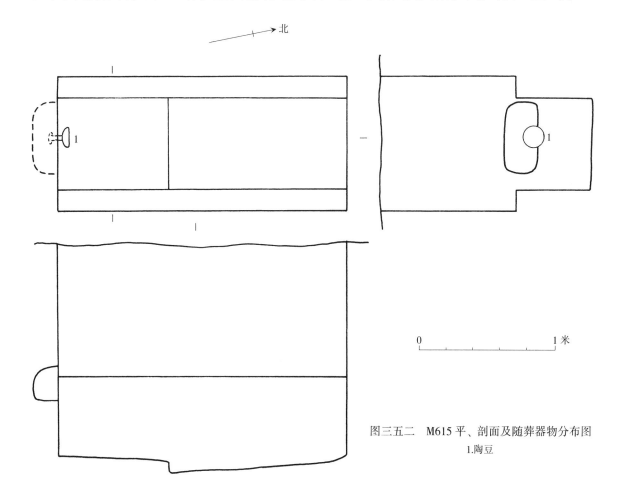

图三五二 M615 平、剖面及随葬器物分布图

1.陶豆

（二）出土器物

陶高柄豆　1件。

M615：1，直口微侈，弧壁盘口部略有折，高弧形柄，喇叭状圈足中部微凸起。口径15.2、高16.6厘米（图三五三）。

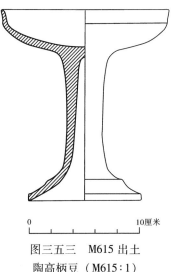

图三五三　M615出土
陶高柄豆（M615：1）

墓例一五六　M676

（一）墓葬形制（C型Ⅳa式）

狭长形土坑竖穴带一端生土二层台、高头龛。方向90°。墓上部被推毁。二层台仅见于足端。二层台宽22、距墓底60厘米。头龛距墓底70厘米，龛宽40、深22、高30厘米。足端墓壁垂直，余三方倾斜。现墓口长270、宽130厘米，墓底长230、宽85、残深120厘米。随葬器物置于龛内。墓中填五花土。葬具及人骨架不存（图三五四）。

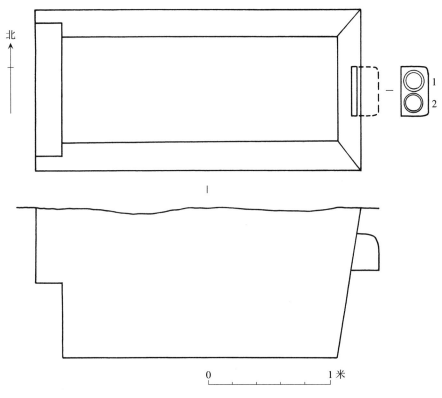

图三五四　M676平、剖面及随葬器物分布图
1. 陶盂　2. 陶豆

（二）出土器物

2件。为日用陶器（图版五〇，2）。

盂　1件。

M676：1，侈口，翻沿，短弧颈，窄斜肩，深弧壁，凹圜底。上腹饰横断竖绳纹，下腹饰交错绳纹。口径18.4、高11.8厘米（图三五五，1）。

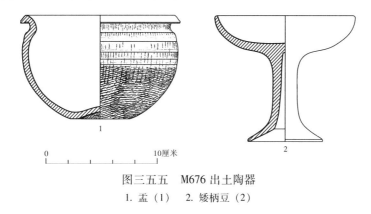

图三五五　M676 出土陶器
1. 盂（1）　2. 矮柄豆（2）

矮柄豆　1件。

M676：2，敞口，弧壁，矮柱柄，喇叭状圈足。圈足内壁折转。口径12.7、高11.2厘米（图三五五，2）。

墓例一五七　M732

（一）墓葬形制（C 型Ⅳa 式）

狭长形土坑竖穴带一端生土二层台、高头龛。方向290°。墓上部被推毁。二层台仅见于足端。二层台宽42、距墓底84厘米。头龛距墓底76厘米，龛宽24、深24、高20厘米。足端二层台以上及余三方墓壁倾斜。现墓口长300、宽140厘米，墓底长200、宽70、残深170厘米。随葬器物仅陶豆1件，置于龛内。墓中填五花土。葬具及人骨架不存（图三五六）。

（二）出土器物

陶矮柄豆　1件。

M732：1，敞口，弧壁浅盘，矮弧形柄，喇叭状圈足较低。圈足内壁折转。口径12.2、高8.6厘米（图三五七）。

墓例一五八　M159

（一）墓葬形制（C 型Ⅳb 式）

狭长形土坑竖穴带半封闭生土二层台、平头龛。方向120°。墓上部被推毁。二层台位于两侧及足端。二层台宽17、距墓底48厘米。头龛底与墓底平，龛宽同墓底宽。龛宽56、深25、高48厘米。墓壁垂直。墓口长227、宽90厘米，墓底长210、宽56、深194厘米。随葬器物置于龛内。墓中填五花土。葬具及人骨架不存（图三五八）。

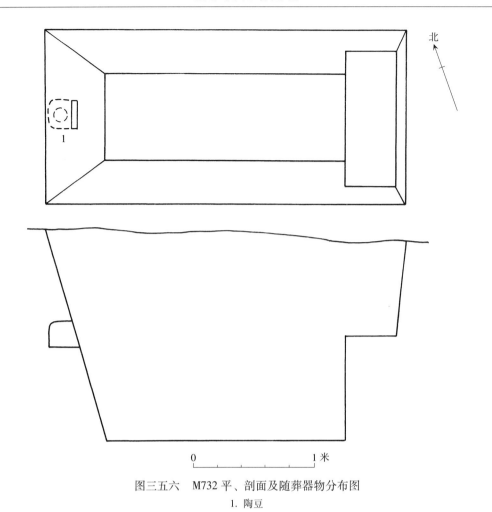

图三五六　M732 平、剖面及随葬器物分布图
1. 陶豆

（二）出土器物

2 件。为日用陶器（图版五〇，3）。

高领罐　1 件。

M159：1，直口，平折沿微坠，高弧领，圆肩，鼓腹，凹圜底。通体饰粗绳纹，上腹饰横断竖粗绳纹，下腹饰交错粗绳纹。颈部绳纹抹去。口径 13.8、腹径 19.8、高 20.8 厘米（图三五九，1）。

图三五七　陶矮柄豆（M732：1）

矮柄豆　1 件。

M159：2，敞口，弧壁盘，矮弧形柄，喇叭状圈足低平。圈足内壁折转。口径 17、高 13.2 厘米（图三五九，2）。

墓例一五九　M182

（一）墓葬形制（C 型Ⅳb 式）

狭长形土坑竖穴带封闭生土二层台、平头龛。方向 265°。墓上部被推毁。二层台宽 15～28、

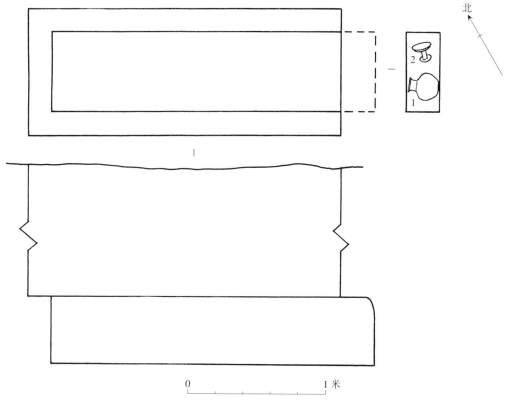

图三五八 M159 平、剖面及随葬器物分布图
1. 陶罐 2. 陶豆

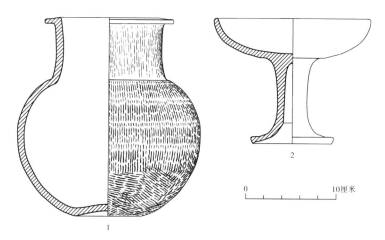

图三五九 M159 出土陶器
1. 高领罐（1） 2. 矮柄豆（2）

距墓底 58 厘米。头龛底与墓底平，龛宽同墓底宽。龛宽 70、深 21、高 46 厘米。墓壁垂直。墓口长 258、宽 100 厘米，墓底长 210、宽 70、残深 220 厘米。随葬器物置于龛内。墓中填五花土。葬具及人骨架不存（图三六〇）。

（二）出土器物

4 件。为日用陶器（图版五一，1）。

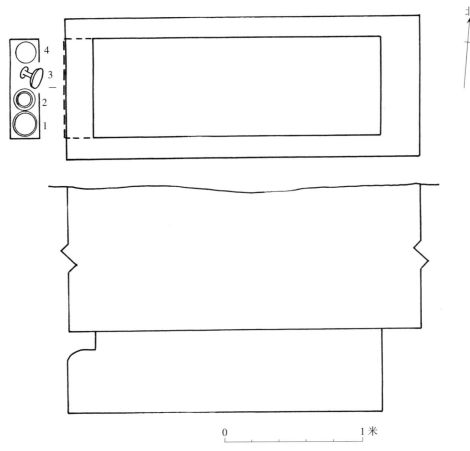

图三六〇　M182 平、剖面及随葬器物分布图
1. 陶盂　2. 陶罐　3、4. 陶豆

矮领罐　1 件。

M182：2，直口微敛，矮直领，斜肩，折腹，平底微凹。口径 11.4、腹径 16.4、高 10.8 厘米
（图三六一，1）。

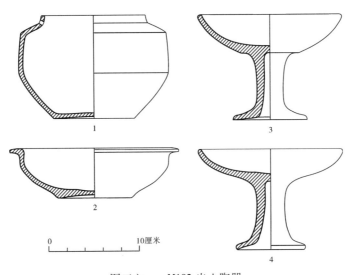

图三六一　M182 出土陶器
1. 矮领罐（2）　2. 盂（1）　3、4. 矮柄豆（3，4）

盂 1件。

M182:1，直口，平折沿，弧壁近底凹弧，底微凹。口径18.4、高5.2厘米（图三六一，2）。

矮柄豆 2件。

M182:3，敞口，弧壁盘下底有折，矮弧形柄，圈足低平。圈足内壁折转。口径15.6、高11厘米（图三六一，3）。

M182:4，敞口，弧壁浅盘，矮弧形柄，盖状低圈足略有折。口径15.6、高10.6厘米（图三六一，4）。

墓例一六〇 M228

（一）墓葬形制（C型Ⅳb式）

狭长形土坑竖穴带单边生土二层台、平头龛。方向102°。墓上部被推毁。二层台位于墓坑一长壁。二层台宽9、距墓底60厘米。头龛底与墓底平，龛宽同墓底宽。龛宽66、深26、高50厘米。墓壁垂直。墓口长220、宽75厘米，墓底长220、宽66、残深160厘米。随葬器物置于龛内。墓中填五花土。葬具及人骨架不存（图三六二）。

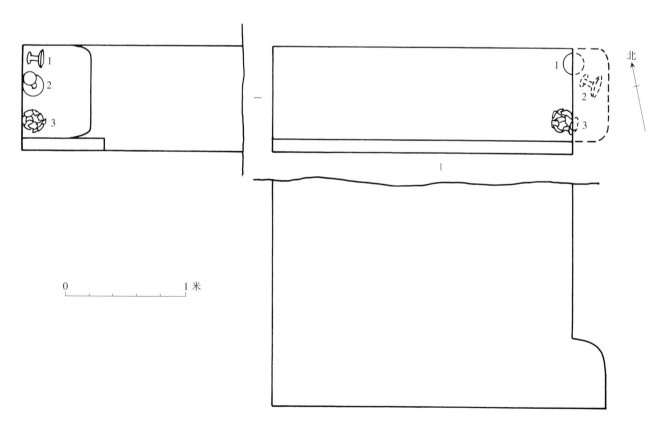

图三六二 M228平、剖面及随葬器物分布图

1、2. 陶豆 3. 陶罐

（二）出土器物

3 件。为日用陶器（图版五一，2）。

高领罐　1 件。

M228：3，敛口，平折沿微坠，高领斜直，溜肩，鼓腹，凹圜底。上腹饰竖粗绳纹，下腹饰交错粗绳纹。口径 14.4、腹径 20、高 21.4 厘米（图三六三，1）。

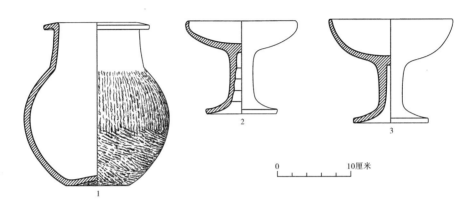

图三六三　M228 出土陶器
1. 高领罐（3）　2、3. 矮柄豆（1，2）

矮柄豆　2 件。

M228：1，敛口，弧壁浅盘，矮柱柄，喇叭状圈足低平。圈足内壁呈瓦楞状凹弧。口径 14.4、高 12.2 厘米（图三六三，2）。

M228：2，敞口，弧壁深盘，矮弧形柄，喇叭状圈足低平。口径 16.4、高 13.6 厘米（图三六三，3）。

墓例一六一　M417

（一）墓葬形制（C 型 Ⅳb 式）

狭长形土坑竖穴带两级封闭生土二层台、平头龛。方向 60°。墓上部被推毁。第一级二层台宽 10 ~ 26、距墓底 50 厘米；第二级二层台宽 6 ~ 10、距墓底 44 厘米。头龛底与墓底平。龛宽 64、深 30、高 30 厘米。墓口平面略呈梯形，墓壁垂直。墓口长 250、头端宽 130、足端宽 120 厘米，墓底长 210、宽 68、残深 290 厘米。随葬器物置于龛内。墓中填五花土。葬具及人骨架不存（图三六四）。

（二）出土器物

2 件。为日用陶器。

高领罐　1 件。

M417：2，敞口，短平折沿，高弧领外壁弧曲，窄耸肩，弧腹，凹圜底。通体饰粗绳纹。口径 14、腹径 20.6、高 19.6 厘米（图三六五，1）。

豆　1 件。

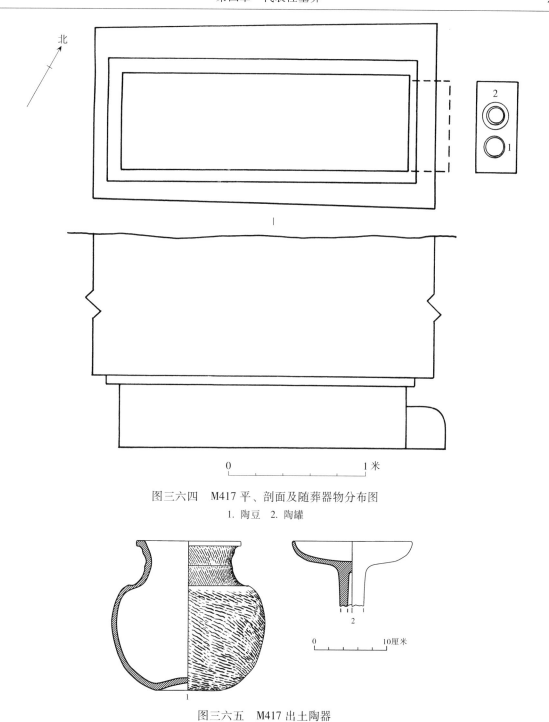

图三六四　M417 平、剖面及随葬器物分布图
1. 陶豆　2. 陶罐

图三六五　M417 出土陶器
1. 高领罐（2）　2. 豆（1）

M417∶1，敞口，弧壁浅盘，柱状柄。柄下段及圈足残。口径 16.4、残高 8.4 厘米（图三六五，2）。

墓例一六二　M560

（一）墓葬形制（C 型Ⅳb 式）

狭长形土坑竖穴带平行生土二层台、平头龛。方向 15°。墓上部被推毁。墓口以上有 40 厘米

厚的表土。二层台位于墓坑两侧壁。二层台宽 10 ~ 14、距墓底 56 厘米。龛底与墓底平。龛宽 58、
深 20、高 42 厘米。墓坑平面略呈梯形,墓壁垂直。墓口长 210、头端宽 82、足端宽 86、深 40 厘
米,墓底长 210、头端宽 58、足端宽 62、残深 120 厘米。随葬器物置于龛内。墓中填五花土。葬
具及人骨架不存(图三六六)。

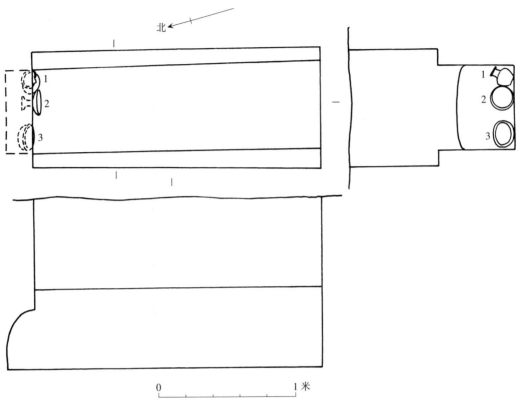

图三六六　M560 平、剖面及随葬器物分布图
1. 陶小壶　2. 陶豆　3. 陶盂

(二)出土器物

3 件。为日用陶器(图版五一,3)。

小壶　1 件。

M560:1,敞口,短平折沿,高弧领,斜肩,弧腹近底直折呈矮假圈足状,平底微凹。颈及上
腹饰三周弦纹。口径 12、腹径 14.4、高 16.2 厘米(图三六七,1)。

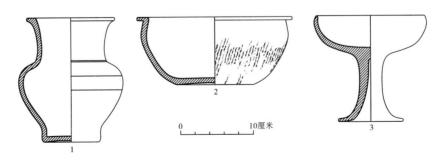

图三六七　M560 出土陶器
1. 小壶(1)　2. 盂(3)　3. 矮柄豆(2)

盂　1 件。

M560：3，直口微敛，平折沿，折壁，平底微凹。腹饰竖粗绳纹。口径 21.2、高 8.8 厘米（图三六七，2）。

矮柄豆　1 件。

M560：2，直口，弧壁盘较深，矮细弧形柄，喇叭状圈足低平。圈足内壁折转。口径 15、高 14 厘米（图三六七，3）。

墓例一六三　M607

（一）墓葬形制（C 型 IVb 式）

狭长形土坑竖穴带封闭生土二层台、平头龛。方向 183°。墓上部被推毁。二层台宽 14～20、距墓底 56 厘米。龛底与墓底平。龛宽 50、深 30、高 50 厘米。墓壁垂直。墓口长 220、宽 85 厘米，墓底长 180、宽 55、深 130 厘米。随葬器物置于龛内。墓中填五花土。葬具及人骨架不存（图三六八）。

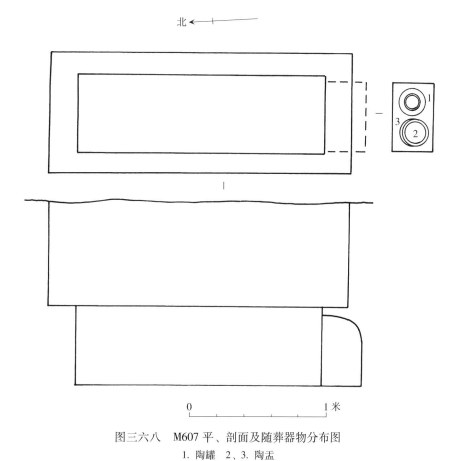

图三六八　M607 平、剖面及随葬器物分布图
1. 陶罐　2、3. 陶盂

（二）出土器物

3 件。为日用陶器（图版五二，1）。

高领罐　1件。

M607：1，侈口，折沿残。高弧领，领、肩折转，溜肩，鼓腹，凹圜底。上腹饰竖粗绳纹，下腹饰交错粗绳纹。口径12、腹径19.6、高22厘米（图三六九，1）。

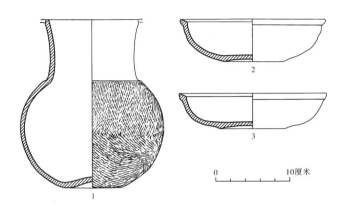

图三六九　M607 出土陶器
1. 高领罐（1）　2、3. 盂（2、3）

盂　2件。

M607：2，敞口较直，短斜折沿，弧壁呈瓦楞状弧曲，凹底。口径19.6、高5.6厘米（图三六九，2）。

M607：3，大致同 M607：2。较浅平，弧壁均匀。口径20、高4.6厘米（图三六九，3）。

墓例一六四　M612

（一）墓葬形制（C 型 Ⅳb 式）

狭长形土坑竖穴带平行生土二层台、平头龛。方向90°。墓上部被推毁。二层台位于墓坑两侧壁。二层台宽10、距墓底76厘米。龛底与墓底平，龛宽同墓底宽。龛宽60、深24、高40厘米。墓壁垂直。墓口长220、宽80厘米，墓底长220、宽60、残深176厘米。随葬器物置于龛内。墓中填五花土。葬具及人骨架不存（图三七〇）。

（二）出土器物

4件。为日用陶器（彩版一八，1；图版五二，2）。

高领罐　1件。

M612：2，侈口，三角形折沿。高弧领，溜肩，鼓腹，凹圜底。上腹饰竖粗绳纹，下腹饰交错粗绳纹。口径13.6、腹径19、高23.6厘米（图三七一，1）。

簋　1件。

M612：1，敛口，短平折沿，弧壁，矮弧形柄，喇叭状圈足。口径19.2、高13厘米（图三七一，2）。

矮柄豆　2件。形态相同，其中一件残甚。

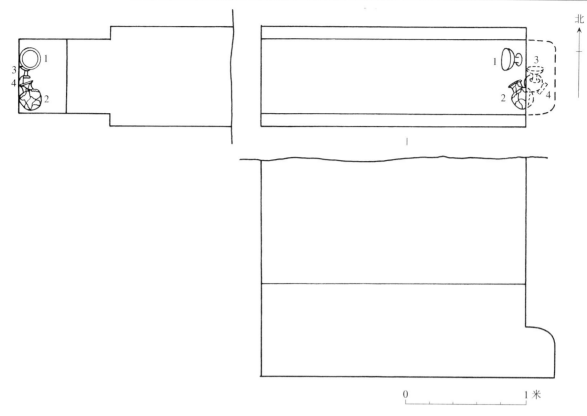

图三七〇 M612 平、剖面及随葬器物分布图

1. 陶簋 2. 陶罐 3、4. 陶豆

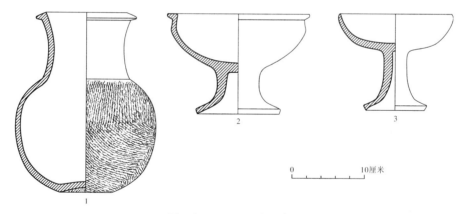

图三七一 M612 出土陶器

1. 高领罐（2） 2. 簋（1） 3. 矮柄豆（4）

标本 M612：4，敞口，弧壁盘，矮弧形柄，喇叭状圈足。口径 15.2、高 12.6 厘米（图三七一，3）。

墓例一六五 M616

（一）墓葬形制（C 型 IVb 式）

狭长形土坑竖穴带半封闭生土二层台、平头龛。方向 78°。墓上部被推毁。二层台位于两侧及头端。二层台宽5~10、距墓底50厘米。龛底与墓底平，龛宽同墓底宽。龛宽55、深20、高30厘米。墓壁垂直。墓口长210、宽75厘米，墓底长205、宽55、残深140厘米。随葬器物仅陶豆1件，置于龛内。墓中填五花土。葬具及人骨架不存（图三七二）。

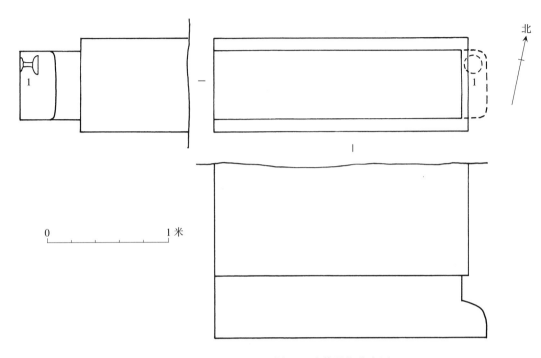

图三七二　M616平、剖面及随葬器物分布图
1. 陶豆

（二）出土器物

陶矮柄豆　1件。残甚，形态不明。

墓例一六六　M654

（一）墓葬形制（C型Ⅳb式）

狭长形土坑竖穴带半封闭生土二层台、平头龛。方向174°。二层台位于两侧及足端。二层台宽8~10、距墓底50厘米。龛底与墓底平，龛宽同墓底宽。龛宽60、深30、高40厘米。墓壁垂直。墓口长230、宽80厘米，墓底长222、宽60、深240厘米。随葬器物置于龛内。墓中填五花土。葬具及人骨架不存（图三七三）。

（二）出土器物

2件。为日用陶器（图版五二，3）。

高领罐　1件。

M654:1，敞口，矮弧领，斜肩，弧腹，平底。上腹饰竖粗绳纹。口径13.8、腹径19.4、高16厘米（图三七四，1）。

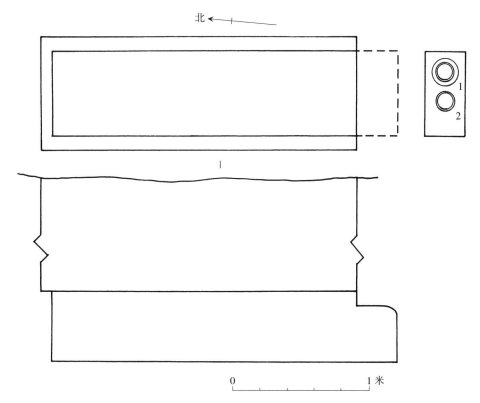

图三七三　M654平、剖面及随葬器物分布图
1. 陶罐　2. 陶盂

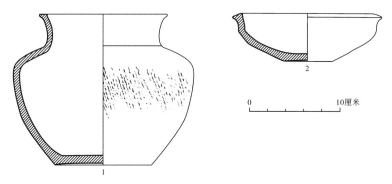

图三七四　M654出土陶器
1. 高领罐（1）　2. 盂（2）

盂　1件。

M654：2，斜直口，三角形折沿，斜折壁，平底。口径14.4、高5厘米（图三七四，2）。

墓例一六七　M824

（一）墓葬形制（C型Ⅳb式）

狭长形土坑竖穴带封闭生土二层台、平头龛。方向360°。墓口以上有30厘米厚表土。二层台宽15～20、距墓底60厘米。龛底与墓底平。龛宽40、深15、高40厘米。两端墓壁垂直，两侧略斜。墓口长230、宽90、深30厘米,墓底长190、宽60、深210厘米。随葬器物置于龛内。墓中填五花土。葬具及人骨架不存(图三七五)。

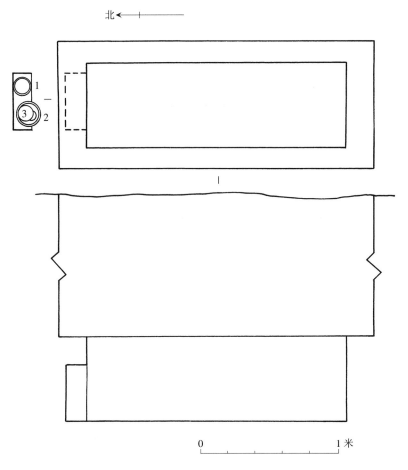

图三七五　M824平、剖面及随葬器物分布图
1. 陶罐　2. 陶盂　3. 陶豆

(二)出土器物

3件。为日用陶器(图版五三,1)。

高领罐　1件。

M824:1,敞口,平折沿,高弧领,斜肩,上腹鼓,下腹凹弧,平底微凹。口径11.8、腹径13、高17.2厘米(图三七六,1)。

盂　1件。

M824:2,直口微敛,短折沿微坠,短弧颈,凸肩,弧壁近底微凹,平底。口径18.4、高7.6厘米(图三七六,2)。

矮柄豆　1件。

M824:3,口残。弧壁,矮柱柄,喇叭状圈足低平。残高11厘米(图三七六,3)。

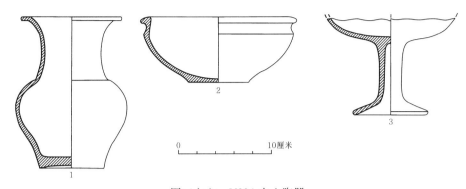

图三七六　M824 出土陶器

1. 高领罐（1）　　2. 盂（2）　　3. 矮柄豆（3）

墓例一六八　M825

（一）墓葬形制（C 型Ⅳb 式）

狭长形土坑竖穴带平行生土二层台、平头龛。方向 170°。墓口以上有 30 厘米厚表土。二层台位于墓坑两侧壁。二层台宽 20、距墓底 60 厘米。龛底与墓底平，龛宽同墓底宽。龛宽 60、深 26、高 50 厘米。墓壁垂直。墓口长 220、宽 100、深 30 厘米，墓底长 220、宽 60、深 190 厘米。随葬器物置于龛内。墓中填五花土。葬具及人骨架不存（图三七七）。

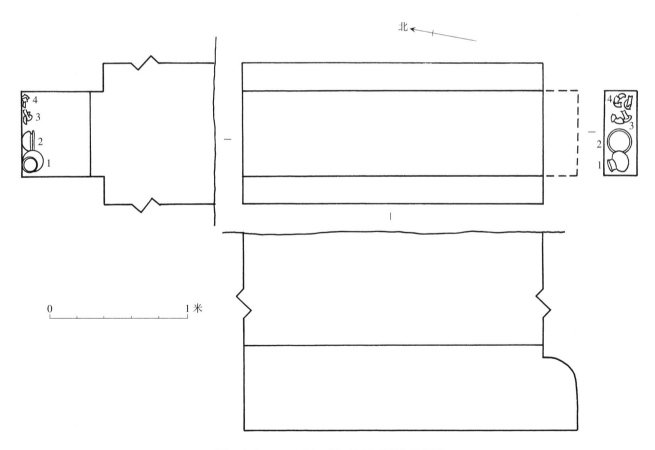

图三七七　M825 平、剖面及随葬器物分布图

1. 陶罐　2. 陶盂　3、4. 陶豆

（二）出土器物

4 件。为日用陶器（图版五三，2）。

矮领罐 1 件。

M825：1，敛口，矮弧领，斜肩，弧腹，凹圜底。领部有对称圆孔。口径 12.8、腹径 18.8、高 13.4 厘米（图三七八，1）。

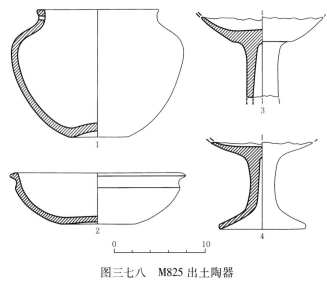

图三七八 M825 出土陶器
1. 矮领罐（1） 2. 盂（2） 3. 豆（4） 4. 矮柄豆（3）

盂 1 件。

M825：2，敞口，三角形沿，短弧领，凸肩，浅弧壁，平底微凹。口径 19.4、高 5.4 厘米（图三七八，2）。

矮柄豆 1 件。

M825：3，口残。弧壁盘，矮弧形柄，喇叭状圈足略有折。残高 9.2 厘米（图三七八，4）。

豆 1 件。

M825：4，口残。弧壁盘下底有折，柱状柄残。残高 8.4 厘米（图三七八，3）。

墓例一六九 M833

（一）墓葬形制（C 型 IVb 式）

狭长形土坑竖穴带两级封闭生土二层台、平头龛。原始记录无方向。第一级二层台宽 10、距墓底 60 厘米；第二级二层台宽 12、距墓底 56 厘米。龛底与墓底平。龛宽 38、深 42、高 52 厘米。墓壁垂直。墓口长 250、宽 90 厘米，墓底长 208、宽 46、深 240 厘米。随葬器物置于龛内。墓中填五花土。葬具及人骨架不存（图三七九）。

（二）出土器物

2 件。为日用陶器（图版五三，3）。

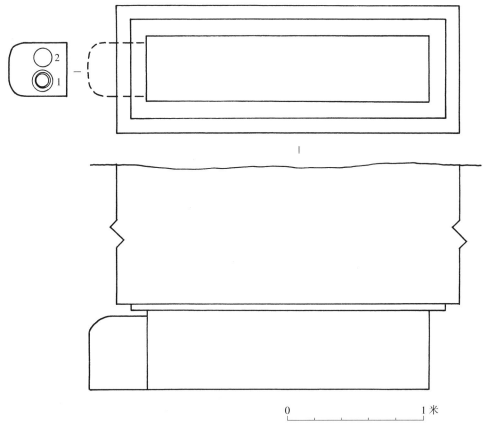

图三七九 M833 平、剖面及随葬器物分布图
1. 陶罐 2. 陶豆

矮领罐 1 件。

M833∶1，直口，矮弧领，斜肩，斜直腹，平底，下底中心有一凹圈。领部有对称圆孔。口径 11.6、腹径 17.4、高 12.4 厘米（图三八〇，1）。

矮柄豆 1 件。

M833∶2，直口。弧壁深盘，矮弧形柄，喇叭状小圈足。口径 13.8、高 12.6 厘米（图三八〇，2）。

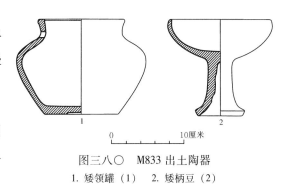

图三八〇 M833 出土陶器
1. 矮领罐（1） 2. 矮柄豆（2）

墓例一七〇 M834

（一）墓葬形制（C 型 IVb 式）

狭长形土坑竖穴带封闭生土二层台、平头龛。方向 210°。墓上部被推毁。二层台宽 10～15、距墓底 60 厘米。龛底与墓底平，龛宽同墓底宽。龛宽 60、深 16、高 22 厘米。墓壁垂直。墓口长 220、宽 90 厘米，墓底长 200、宽 60、残深 150 厘米。随葬器物置于龛内。墓中填五花土。葬具及人骨架不存（图三八一）。

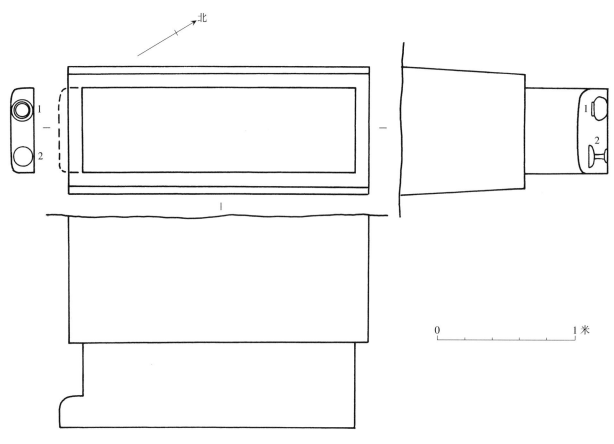

图三八一　M834 平、剖面及随葬器物分布图

1. 陶罐　2. 陶豆

（二）出土器物

2 件。为日用陶器（图版五四，1）。

矮领罐　1 件。

M834：1，直口微侈，矮弧领，斜折肩，弧腹，平
底微凹。领部有对称圆孔。口径 11.4、腹径 16.8、高
10.8 厘米（图三八二，1）。

矮柄豆　1 件。

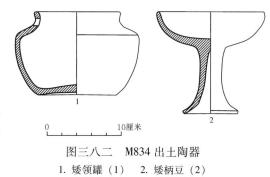

图三八二　M834 出土陶器

1. 矮领罐（1）　2. 矮柄豆（2）

M834：2，敞口。弧壁盘，矮弧形柄，喇叭状圈足。口径 14.6、高 13.4 厘米（图三八二，2）。

墓例一七一　M39

（一）墓葬形制（C 型 Ⅳc 式）

狭长形土坑竖穴带平行生土二层台、双高头龛。方向 92°。二层台位于墓坑两侧壁。二层台宽
15、距墓底 55 厘米。双头龛一上一下，均高于墓底，又均低于二层台。龛宽同墓底宽。上龛距墓

底 32 厘米，龛宽 60、深 12、高 20 厘米；下龛距墓底 8 厘米，龛宽 60、深 20、高 20 厘米。墓坑平面呈梯形，墓壁略斜。墓口长 247、头端宽 100、足端宽 87 厘米，墓底长 233、头端宽 60、足端宽 46、深 210 厘米。随葬器物置于下龛内，上龛内无器物。墓中填五花土。葬具及人骨架不存（图三八三）。

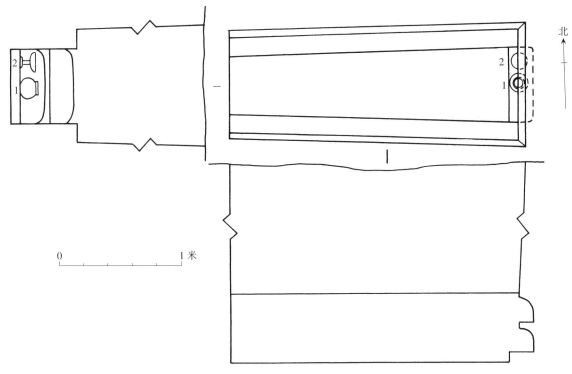

图三八三　M39 平、剖面及随葬器物分布图
1. 陶罐　2. 陶豆

（二）出土器物

2 件。为日用陶器（图版五四，2）。

矮领罐　1 件。

M39：1，侈口，矮弧领，斜肩，弧腹，平底微凹。领部有对称圆孔。口径 8.8、腹径 14.8、高 11 厘米（图三八四，1）。

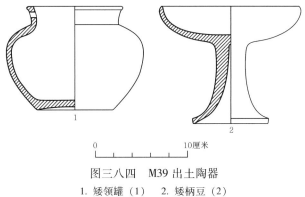

图三八四　M39 出土陶器
1. 矮领罐（1）　2. 矮柄豆（2）

矮柄豆　1件。

M39:2，敞口。弧壁浅盘，矮弧形柄，喇叭状圈足。口径15、高12.4厘米（图三八四，2）。

墓例一七二　M237

（一）墓葬形制（C型Ⅳc式）

狭长形土坑竖穴带平行生土二层台、双高头龛。方向85°。二层台位于墓坑两侧壁。二层台宽20、距墓底70厘米。双头龛一上一下，均高于墓底，又均低于二层台。龛宽同墓底宽。上龛距墓底57厘米，龛宽60、深14、高16厘米；下龛距墓底20厘米，龛宽60、深20、高20厘米。两侧墓壁垂直，两端略斜。墓口长230、宽100厘米，墓底长220、宽60、深220厘米。随葬器物置于下龛内，一件陶罐滑落墓底，上龛内无器物。墓中填五花土。葬具及人骨架不存（图三八五）。

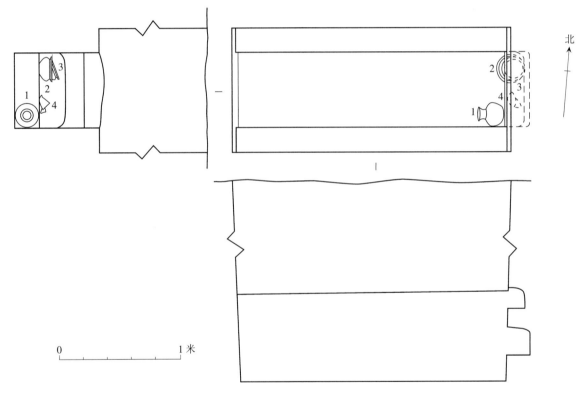

图三八五　M237平、剖面及随葬器物分布图
1、4.陶罐　2、3.陶盂

（二）出土器物

4件。为日用陶器（图版五五，1）。

高领罐　2件。形态相同。一件残。

标本M237:1，直口，平折沿微坠，高弧领较直，溜肩，鼓腹，凹圜底。通体饰绳纹，上腹饰

横断竖绳纹，下腹饰斜绳纹，领部绳纹抹去，领部并有五道细弦纹。口径15、腹径22.4、高22厘米（图三八六，1）。

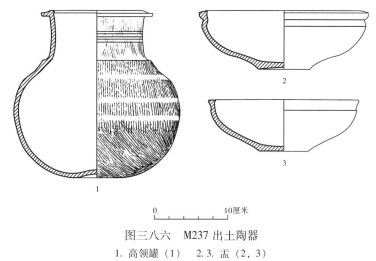

图三八六　M237 出土陶器
1. 高领罐（1）　2.3. 盂（2，3）

盂　2件。

M237：2，直口凹弧，短厚折沿，短弧颈，浅弧壁近底微凹，平底微凹。口径23.2、高7.7厘米（图三八六，2）。

M237：3，直口微敛，窄平沿，窄凸肩，浅弧壁，平底。口径20.4、高6.8厘米（图三八六，3）。

第九节　丁组 A 类墓例

丁组 A 类墓为随葬铜兵器为主的宽坑（A 型）墓。共25座。其中普通长方形墓18座，带斜坡墓道和台阶的墓6座，有腰坑的墓1座。本节从中选取代表性的墓葬14座予以举例介绍。

墓例一七三　M13

（一）墓葬形制（A 型 I 式）

普通宽长方形土坑竖穴。方向200°。墓上部被推毁。墓壁斜度两侧大于两端。现墓口长292、宽220厘米，墓底长272、宽170、残深140厘米。墓底有两条横枕木沟，沟宽10～12、深8厘米。墓底有棺椁朽痕。随葬器物置于头端。底部有厚约12厘米的白膏泥层，其上填五花土。葬具及人骨架不存（图三八七）。

（二）出土器物

3件。为铜兵器。

北

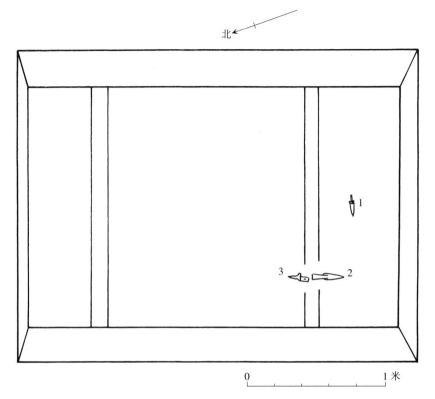

0 _____ 1 米

图三八七　M13 随葬器物分布图
1. 铜匕首　2. 铜矛　3. 铜戈

矛　1 件。

M13：2，灰绿色。圆骹，骹内残存木柲。骹一面有一
鼻。凸棱脊。叶刃缘及前锋残。残通长 21.8 厘米（图三
八八，1）。

匕首　1 件。

M13：1，灰绿色。首残，枣核形细长茎，"凹"字形
格。叶略崩残，前锋圆弧形。薄平脊。残通长 18 厘米
（图三八八，2）。

还有戈 1 件，残甚，形态不明。

墓例一七四　M177

（一）墓葬形制（A 型 I 式）

普通宽长方形土坑竖穴。方向 85°。墓上部被推毁。
墓底有两条横枕木沟，两端不抵墓壁，位置略偏。枕木
沟宽 20 ～ 30、深 6 厘米。墓壁倾斜。现墓口长 380、宽
240 厘米，墓底长 340、宽 208、残深 300 厘米。随葬品置于墓底头部。墓中填五花土。葬具及人
骨架不存（图三八九）。

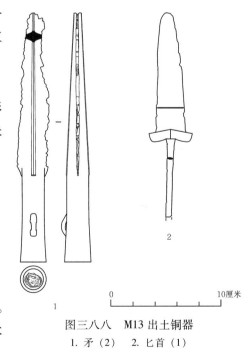

0 _____ 10厘米

图三八八　M13 出土铜器
1. 矛（2）　2. 匕首（1）

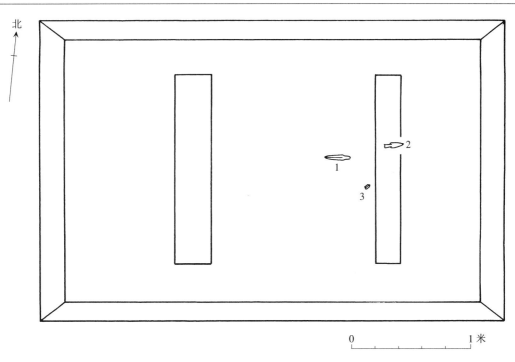

图三八九　M177 随葬器物分布图
1. 铜剑　2. 铜矛　3. 铜刮刀

（二）出土器物

3 件。为铜器，有兵器和工具。

剑　1 件。

M177：1，扁茎剑。灰绿色。截刃为茎，身、茎一体。茎亦有刃。茎下方有一圆孔。凸棱高脊。刃缘及前锋崩残。残通长 21.5 厘米（图三九〇，1）。

矛　1 件。

M177：2，灰黑色。圆骹，銎口略侈。骹一面有一鼻，鼻面有网状纹。叶与骹有分隔。菱形脊。刃缘及前锋崩残。残通长 13.1 厘米（图三九〇，2）。

刮刀　1 件。

M177：3　青黑色。后部残。高脊，双坡边，前端收尖。残长 5 厘米（图三九〇，3）。

墓例一七五　M179

（一）墓葬形制（A 型 I 式）

普通宽长方形土坑竖穴。方向 180°。墓上部被推毁。墓壁倾斜。现墓口长 410、宽 280 厘米，墓底

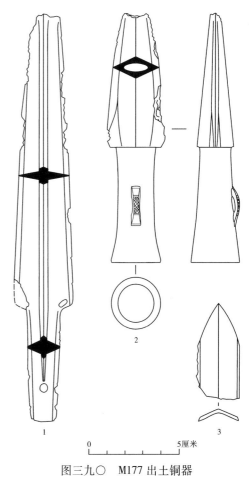

图三九〇　M177 出土铜器
1. 剑（1）　2. 矛（2）　3. 刮刀（3）

长 290、宽 160、残深 330 厘米。随葬品置于墓底头部。墓中填五花土。葬具及人骨架不存（图三 九一）。

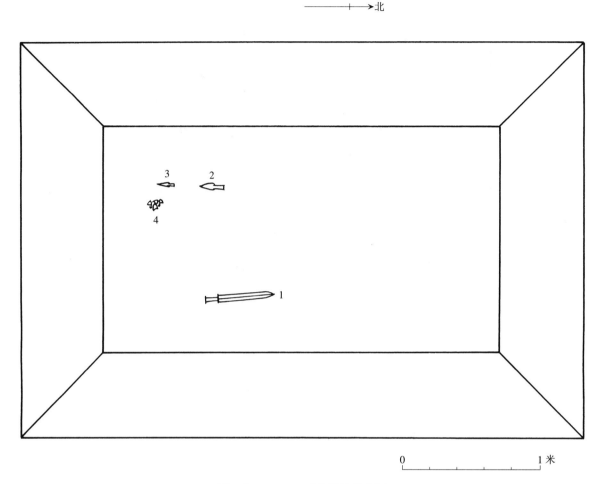

图三九一　M179 随葬器物分布图
1. 铜剑　2、3. 铜矛　4. 残陶器

（二）出土器物

4 件。一件陶器残甚，形态不明，余三件为铜兵器。

铜剑　1 件。

M179∶1，空首剑。灰黑色。首残。茎作两端，前端为空茎，残，后端实茎呈凹腰形。"一"字形窄格，剑身菱形脊。刃缘略崩损。残通长 46.8、身长 38.6、茎残长 8.2、身宽 4.2 厘米（图三九二，1）。

铜矛　2 件。

M179∶2，翠绿色。圆骹，銎口略侈。骹一面有一鼻。凸棱脊。叶及前锋残。残通长 16.3 厘米（图三九二，2）。

M179∶3，墨绿色。圆骹，銎口残，骹一面有一鼻，鼻残。凸棱脊。刃缘及前锋残。残通长 18.8、骹残长 9.3、叶残长 9.5 厘米（图三九二，3）。

墓例一七六　M276

（一）墓葬形制（A 型 I 式）

普通宽长方形土坑竖穴。方向255°。墓上部被推毁。墓底有两条横枕木沟，沟宽12、深2厘米。两侧墓壁倾斜，两端垂直。现墓口长310、宽240厘米，墓底长310、宽200、残深130厘米。随葬器物分布于墓底中部。墓中填五花土。葬具及人骨架不存（图三九三）。

（二）出土器物

4件。为铜兵器。

剑　1件。

M276：1，双箍剑。青色。喇叭形首，圆形实茎较细，双箍，"凹"字形宽格。剑身菱形脊。刃缘崩损。通长44.7厘米（图三九四，1）。

戈　1件。

M276：3，墨绿色，黑色斑纹。昂援，菱形脊。长胡三穿。长方内中部一长方穿，尾部下方一凹缺。援、胡残，刃缘崩缺。援、内残通长18.6、胡残高6.8厘米（图三九四，2）。

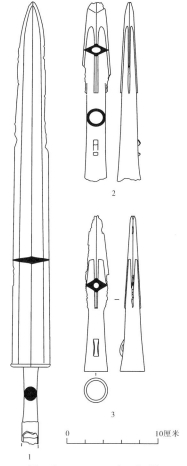

图三九二　M179 出土铜器
1. 剑（1）　2、3. 矛（2、3）

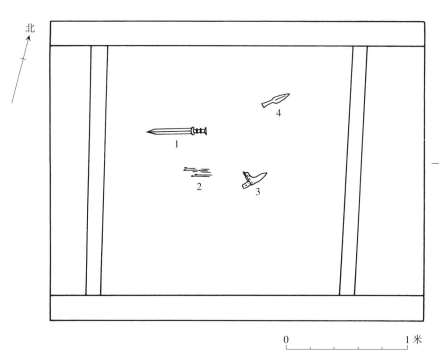

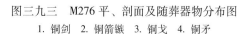

图三九三　M276 平、剖面及随葬器物分布图
1. 铜剑　2. 铜箭镞　3. 铜戈　4. 铜矛

矛 1件。

M276∶4，墨绿色，叶部青绿色，上有墨绿色斑纹。圆骹残。叶后部折弧收，与骹有分隔。凸棱脊。残通长30.2厘米（图三九四，3）。

还有箭镞数支，残甚，形态不明。

墓例一七七 M353

（一）墓葬形制（A 型 I 式）

普通宽长方形土坑竖穴。方向 260°。墓上部被推毁。墓壁倾斜。现墓口长380、宽230厘米，墓底长310、宽190、残深300厘米。随葬器物分布于墓底中部。墓中填五花土。葬具及人骨架不存（图三九五）。

（二）出土器物

3件。为铜兵器。

剑 1件。

M353∶3，空首剑。灰黑色。茎及首残。"一"字形窄格，剑身菱形脊。刃缘及前锋崩残。残通长42.8厘米（图三九六）。

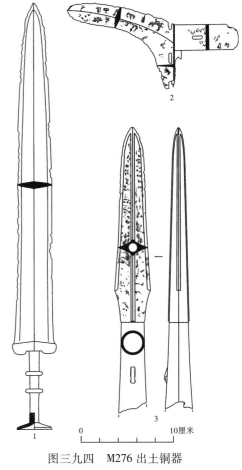

图三九四 M276 出土铜器
1. 剑（1） 2. 戈（3） 3. 矛（4）

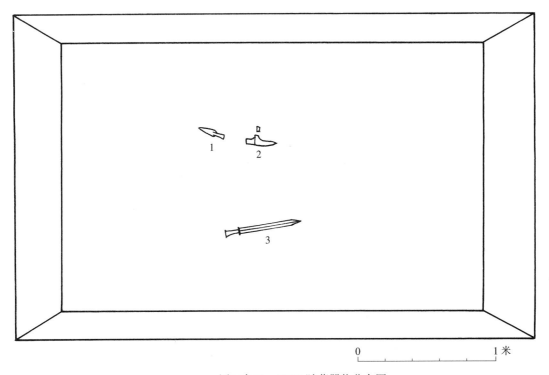

图三九五 M353 随葬器物分布图
1. 铜矛 2. 铜戈 3. 铜剑

还有戈、矛各1件，残甚，形态不明。

墓例一七八　M477

（一）墓葬形制（A型Ⅰ式）

普通宽长方形土坑竖穴。方向273°。墓上部被推毁。墓壁倾斜。现墓口长400、宽334厘米，墓底长280、宽180、残深286厘米。随葬器物分布于墓底两侧。墓中填五花土。葬具及人骨架不存（图三九七）。

（二）出土器物

3件。为铜兵器。

剑　1件。

M477：1，空首剑。铁灰色。茎及首残，"一"字形窄格，剑身菱形脊。刃缘及前锋崩残。残通长39厘米（图三九八，1）。

矛　1件。

M477：2，墨绿色。圆骹，骹一面有一鼻。叶后部弧收。凸棱脊。通长16.3厘米（图三九八，2）。

还有戈1件，残甚，形态不明。

墓例一七九　M486

（一）墓葬形制（A型Ⅰ式）

普通宽长方形土坑竖穴。方向200°。墓上部被推毁。墓壁倾斜。现墓口长380、宽280厘米，墓底长280、宽180、残深280厘米。随葬器物分布于墓底中部。墓中填五花土。葬具及人骨架不存（图三九九）。

（二）出土器物

3件。为铜兵器。

剑　1件。

M486：1　扁茎剑。翠绿色。短茎下方有一孔，茎有瓦楞形纵棱，剑身菱形脊。刃缘及前锋崩残。有活动剑格，格有重圈纹，格已失。残通长24.6、身残长17.3、茎长7.3、身宽约3.8厘米（图四〇〇，1）。

戈　1件。

M486：3，银黑色。援略昂，菱形脊。长胡四穿，长方内前部有一长条形穿。尾部下方有一凹缺。援、内通长20.9、援长12.5、内长8.4、胡高12.3厘米（图四〇〇，2）。

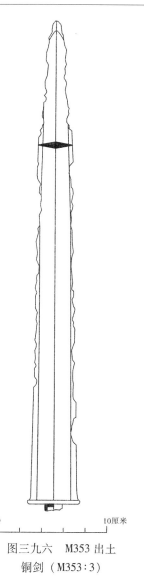

0　　　　　　　10厘米

图三九六　M353出土
铜剑（M353：3）

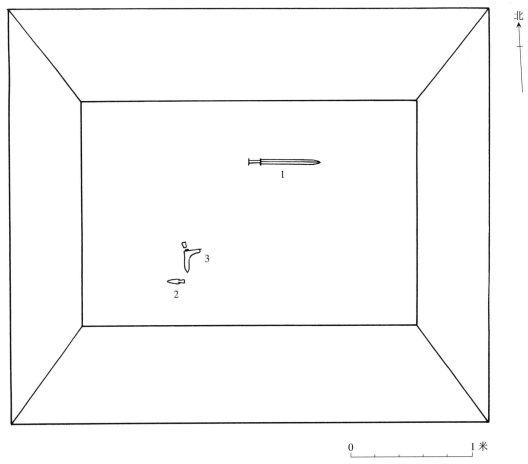

北

0　　　　　　　　1 米

图三九七　M477 随葬器物分布图
1. 铜剑　2. 铜矛　3. 铜戈

还有矛（骹两侧有双连鼻）1 件，残甚。

墓例一八〇　M231

（一）墓葬形制（A 型 Ⅱa 式）

土坑竖穴宽坑带斜坡墓道。墓口宽近正方形。墓道位于墓室南端，方向175°，坡度25°。墓上部被推毁。墓道口长430、宽170、深280厘米，墓道下端距墓底180厘米。墓壁倾斜。现墓口长390、宽340厘米，墓底长280、宽175、残深460厘米。随葬器物位于墓底头端和一侧。墓中填五花土。葬具及人骨架不存（图四〇一、四〇二）。

（二）出土器物

3 件。为铜兵器。

剑　1 件。

M231:1，粉绿色。实心剑茎呈凹弧形，断面呈枣核形。"一"字形格。菱形脊。剑首、格残，刃缘及前锋崩残。残通长44.4厘米（图四〇三，1）。

矛　1件。

M231：2，墨绿色。圆骹，銎口略侈。骹一面有一鼻。叶后部折收。凸棱脊。前锋残。残通长14.5厘米（图四〇三，2）。

还有戈1件，残甚，形态不明。

墓例一八一　M264

（一）墓葬形制（A型Ⅱa式）

宽长方形土坑竖穴带斜坡墓道。墓道位于墓室东南端，方向140°，坡度20°。墓上部被推毁。墓道口长400、宽160、深270厘米，墓道下端距墓底170厘米。墓壁倾斜。现墓口长370、宽280厘米，墓底长320、宽200、残深440厘米。随葬器物位于墓底头端和一侧。墓中填五花土。葬具及人骨架不存（图四〇四、四〇五）。

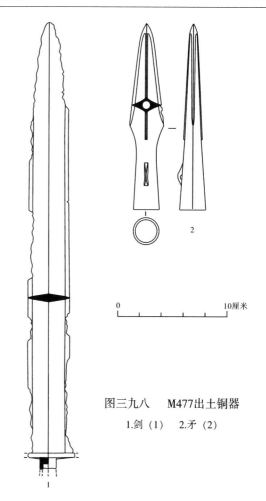

图三九八　M477出土铜器

1.剑（1）　2.矛（2）

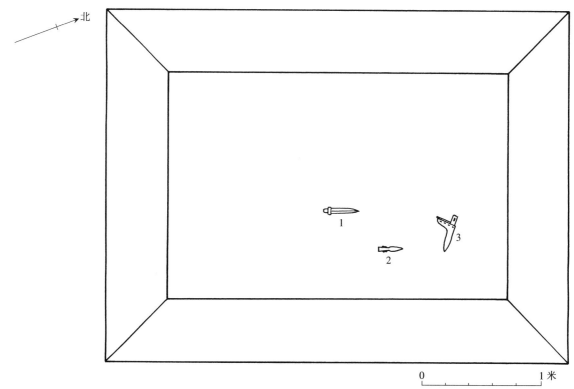

图三九九　M486随葬器物分布图

1. 铜剑　2. 铜矛　3. 铜戈

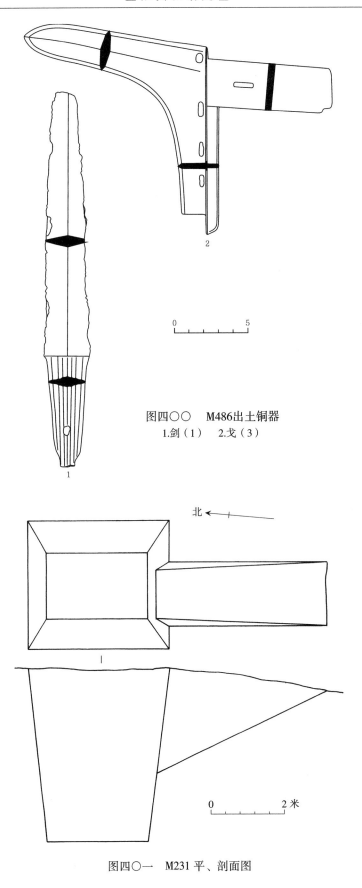

图四〇〇　M486出土铜器
1.剑（1）　2.戈（3）

图四〇一　M231平、剖面图

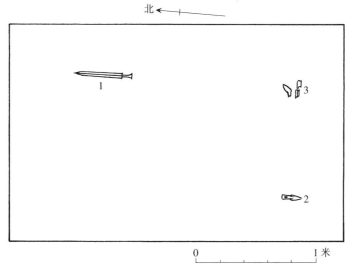

图四〇二　M231 随葬器物分布图
1. 铜剑　2. 铜矛　3. 铜戈

（二）出土器物

6 件。除一件陶小壶外，余为铜器。

1. 陶器

小壶　1 件。

M264：1，直口微侈，高弧领，圆肩，弧腹近底微凹，平底微凹。口径 8.4、腹径 14.7、高 20.2 厘米（图四〇六，1）。

2. 铜器

5 件。为兵器。

剑　1 件。

M264：2　双箍剑。双色，茎、格及剑脊绿色，余黑色。喇叭形首，圆茎上有双箍，"凹"字形宽格。剑身菱形脊。前锋残。残通长 44.8 厘米（图四〇六，5）。

戈　2 件。

M264：3，青灰色。昂援狭长，梭形脊。胡残，仅见一穿，长方内后部上下有刃。援、胡、内均残。援、内残通长 25.5、胡残高 9.9 厘米（图四〇六，3）。

M264：4，青灰色。援较平，平脊。长胡三穿，长方内前部有一长方形穿。援、内均残。援、内复原通长约 24、胡高 12.1 厘米（图四〇六，2）。

矛　2 件。形态、大小相同。

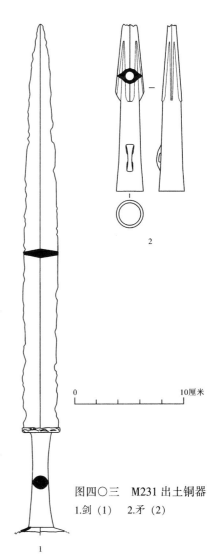

图四〇三　M231 出土铜器
1.剑（1）　2.矛（2）

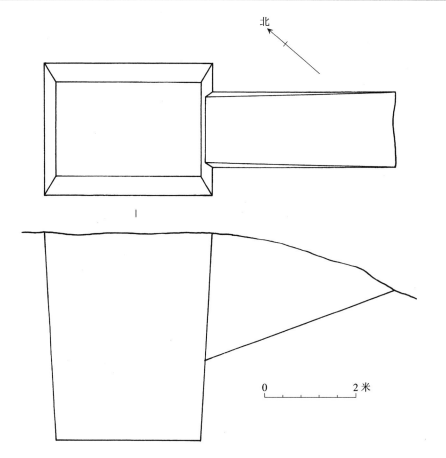

图四〇四　M264 平、剖面图

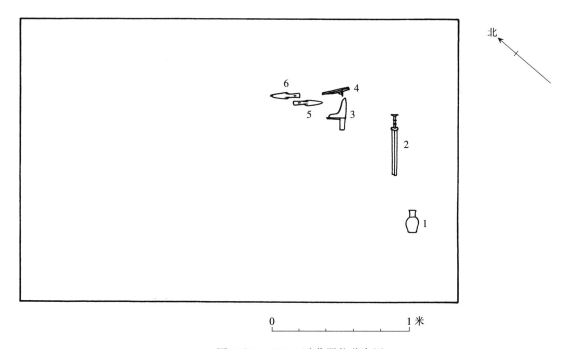

图四〇五　M264 随葬器物分布图
1. 陶小壶　2. 铜剑　3、4. 铜戈　5、6. 铜矛

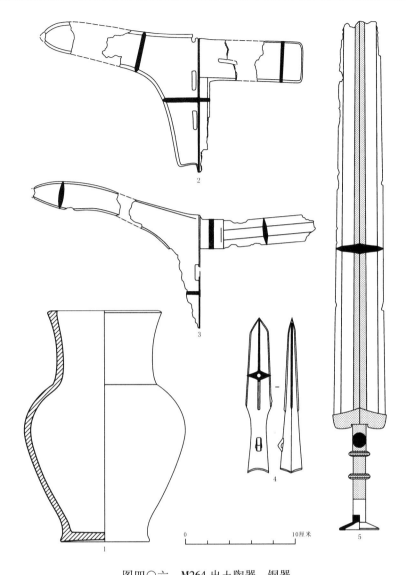

图四〇六　M264 出土陶器、铜器

1. 陶小壶（1）　　2、3. 铜戈（4、3）　　4. 铜矛（5）　　5. 铜剑（2）

M264：5，青黑色。圆骹，銎口凹。骹一面有一鼻。叶后部折收。前锋呈圭首形。凸棱脊。通长 13.5、骹长 8、叶长 5.5 厘米（图四〇六，4）。

墓例一八二　M184

（一）墓葬形制（A 型 Ⅱ b 式）

土坑竖穴宽坑带斜坡墓道及一级生土台阶。墓口近正方形。墓道位于墓室西北端，方向 300°，坡度 26°。墓上部被推毁。墓道口长 400、宽 200、深 210 厘米，墓道下端距墓底 240 厘米。台阶分布于墓口四周，西北端被墓道切断。台阶宽 34 ~ 56、高 140 厘米。墓壁倾斜。现墓口长 440、宽 380 厘米，墓底长 270、宽 190、残深 450 厘米。随葬器物位于墓底两侧。墓中填五花土。葬具及人骨架不存（图四〇七、四〇八）。

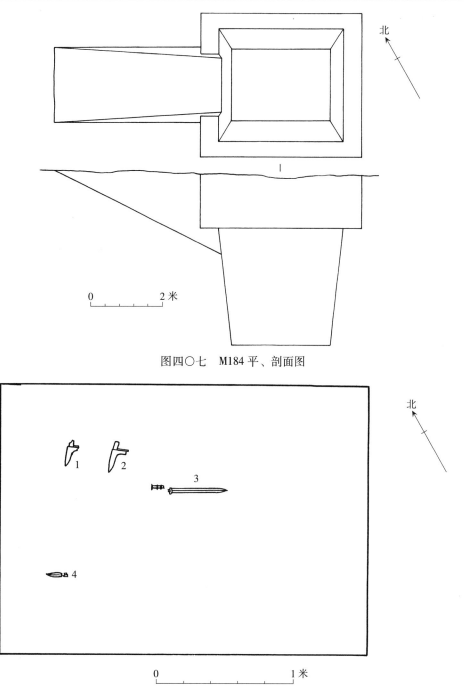

图四〇七　M184 平、剖面图

图四〇八　M184 随葬器物分布图
1、2. 铜戈　3. 铜剑　4. 铜矛

（二）出土器物

4 件。为铜兵器。

剑　1 件。

M184：3，双箍剑。灰绿色。椭圆形实茎。剑首残，圆茎上有双箍，"凹"字形宽格。剑身菱形脊。刃缘及前锋崩残。残通长 46.4 厘米（图四〇九）。

还有戈 2 件、矛 1 件，形态不明。

墓例一八三 M436

（一）墓葬形制（A型Ⅱb式）

土坑竖穴宽坑带斜坡墓道及一级生土台阶。墓口近正方形。墓道位于墓室南端，方向192°，坡度20°。墓上部被推毁。墓道口长580、宽180、深200厘米，墓道下端距墓底180厘米。台阶分布于墓口四周，南端被墓道切断。台阶宽60、高60厘米。墓壁倾斜，墓底平面呈梯形。现墓口长500、宽440厘米，墓底长310、头端宽200、足端宽180、残深380厘米。随葬器物位于墓底两侧。墓中填五花土。葬具及人骨架不存（图四一〇、四一一）。

（二）出土器物

7件。有陶器和铜器。

1. 陶器

2件。

片状器 1件。

M436∶5，用途不明。长9.1、宽2.1、厚0.7厘米（图四一二，6）。
还有鼎1件，残甚，形态不明。

2. 铜器

5件。为兵器。

剑 1件。

M436∶1，双箍剑。灰绿色。喇叭形首，圆茎上有双箍，"凹"字形宽格。剑身菱形脊。前锋略残。残通长46.8厘米（图四一二，1）。

戈 1件。

M436∶2，灰色。援较平，菱形脊。长胡，残存二穿，长方内前部有一长方形穿。胡、内残。援、内残通长20.5、胡残高8.7厘米（图四一二，2）。

矛 2件。

M436∶3，暗绿色。圆骹残，骹内残存木柲。骹一面有一鼻，鼻残。叶与骹有分隔。凸棱脊。骹及叶残。残通长16.1厘米（图四一二，4）。

M436∶6，灰绿色。圆骹，銎口略侈。骹两侧有单鼻，鼻残。叶两侧有血槽。菱形脊。叶残。通长21厘米（图四一二，3）。

箭镞 1支。

M436∶4，灰绿色。长镞头，断面呈蒺藜形。短圆关，圆铤残。残长4.9厘米（图四一二，5）。

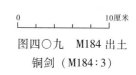

图四〇九 M184出土铜剑（M184∶3）

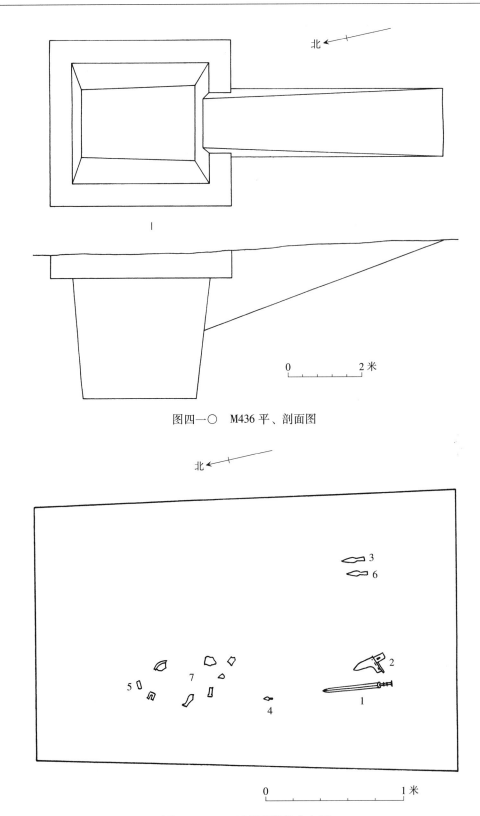

图四一〇　M436 平、剖面图

图四一一　M436 随葬器物分布图

1. 铜剑　2. 铜戈　3、6. 铜矛　4. 铜箭镞　5. 陶片状器　7. 残陶鼎

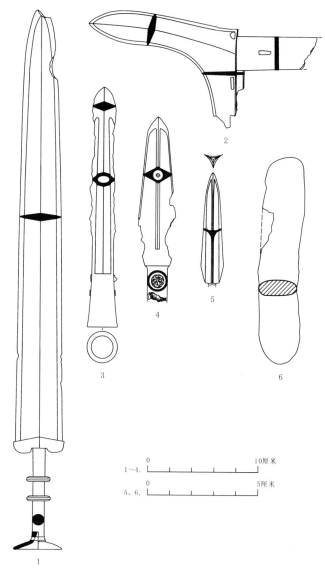

图四一二　M436 出土陶器、铜器

1. 铜剑（1）　2. 铜戈（2）　3、4. 铜矛（6、3）　5. 铜镞（4）　6. 陶片状器（5）

墓例一八四　M97

（一）墓葬形制（A 型Ⅲa 式）

宽长方形土坑竖穴带封闭一级生土台阶。方向 180°。墓上部被推毁。台阶宽 60、高 80 厘米。墓壁倾斜。墓底有两条横枕木沟，沟宽 18～20、深 4 厘米。现墓口长 530、宽 450 厘米，墓底长 310、宽 190、残深 430 厘米。随葬器物置于墓底一侧。墓中填五花土。葬具及人骨架不存（图四一三、四一四）。

（二）出土器物

3 件。为铜兵器。

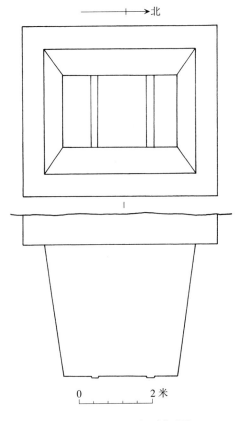

图四一三　M97 平、剖面图

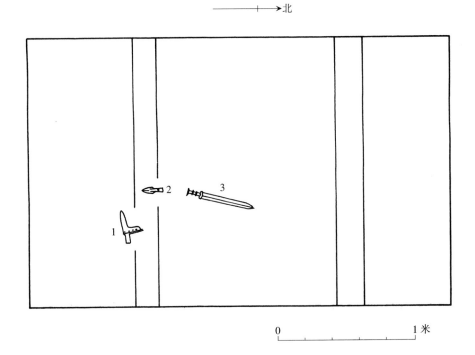

图四一四　M97 随葬器物分布图
1. 铜戈　2. 铜矛　3. 铜剑

剑　1件。

M97:3，双箍剑。粉绿色。喇叭形首，圆形实茎较细。"凹"字形格较窄，剑身菱形脊。前锋残。残通长47.4厘米（图四一五，1）。

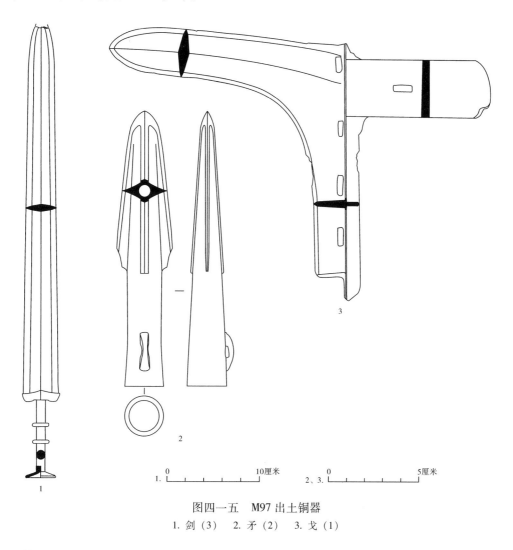

0　　　　　　　10厘米
1.

0　　　　　5厘米
2、3.

图四一五　M97出土铜器
1. 剑（3）　2. 矛（2）　3. 戈（1）

戈　1件。

M97:1，粉青色。援较平，菱形脊。长胡四穿，长方内中部有一长方穿，尾部下方有一凹缺。援、内通长20.9、胡高13.5厘米（图四一五，3）。

矛　1件。

M97:2，粉绿色。圆骹，骹一面有一鼻。叶后部折收。凸棱脊。通长14.4厘米（图四一五，2）。

墓例一八五　M408

（一）墓葬形制（A型Ⅲa式）

宽长方形土坑竖穴带封闭一级生土台阶。方向260°。墓上部被推毁。台阶宽30～34、残高20厘米。墓底有两条横枕木沟，沟两端不抵墓壁。枕木沟宽16～20、深5厘米。墓壁略斜。现墓口长 440、宽 350 厘米，墓底长 337、宽 255、残深 300 厘米。随葬器物置于头端一侧。墓中填五花土。葬具及人骨架不存（图四一六、四一七）。

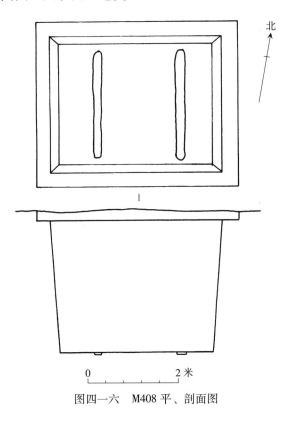

图四一六　M408 平、剖面图

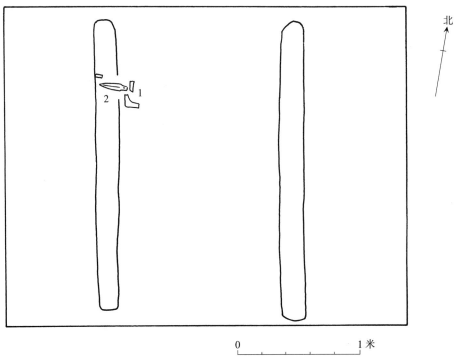

图四一七　M408 随葬器物分布图
1. 铜戈　2. 铜剑

（二）出土器物

2 件。为铜兵器。

剑　1 件。

M408∶2　扁茎剑。墨绿色。截刃为茎，身、茎一体。茎亦有刃。茎首端残。剑身凸棱脊。残通长 18 厘米（图四一八）。

还有戈 1 件，残甚，形态不明。

墓例一八六　M83

（一）墓葬形制（A 型Ⅵ式）

宽长方形土坑竖穴带腰坑。方向 261°。墓上部被推毁。腰坑位于墓底中部，呈圆角方形。腰坑长 38、宽 30、深 6 厘米。墓底有两条横枕木沟，沟两端不抵墓壁。枕木沟宽 24～27、深 4 厘米。墓壁略斜。现墓口长 365、宽 255 厘米，墓底长 320、宽 210、残深260 厘米。随葬品位于墓底头部。墓中填五花土。葬具及人骨架不存（图四一九、四二〇）。

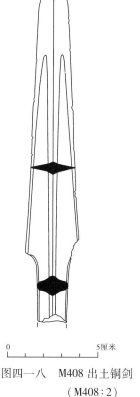

0　　　　　　5厘米

图四一八　M408 出土铜剑
（M408∶2）

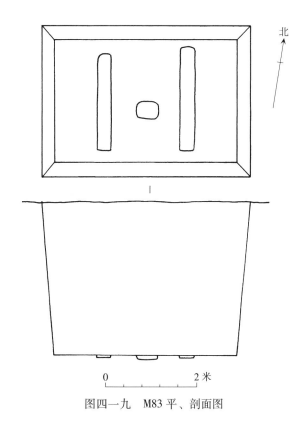

北

0　　　　2 米

图四一九　M83 平、剖面图

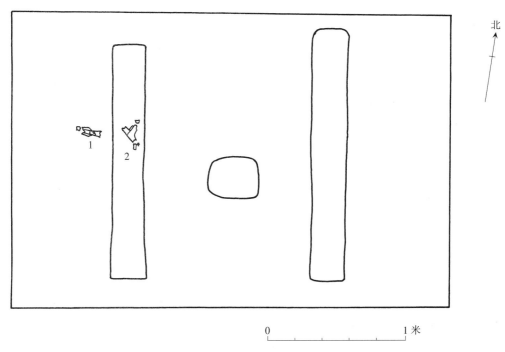

图四二〇　M83 随葬器物分布图
1. 铜矛　2. 铜戈

（二）出土器物

2 件。为铜兵器。戈、矛各 1 件，均残甚，形态不明。

第一〇节　丁组 B 类墓例

丁组 B 类墓为随葬铜兵器为主的窄坑（B 型）墓。共 14 座。其中普通长方形墓 10 座，带高头龛的墓 4 座，本节从中选取 7 座代表性墓葬予以举例介绍。

墓例一八七　M292

（一）墓葬形制（B 型 I 式）

普通窄长方形土坑竖穴。方向 180°。墓上部被推毁。墓壁垂直。墓长 230、宽 120、残深 80 厘米。随葬器物仅铜扁茎短剑 1 件，位于墓底一侧。墓中填五花土。葬具及人骨架不存（图四二一）。

（二）出土器物

铜扁茎剑　1 件。

M292:1，粉绿色。短茎下端有一半圆形凹缺，茎断面呈棱形。凸棱脊。刃缘及前锋崩残。通

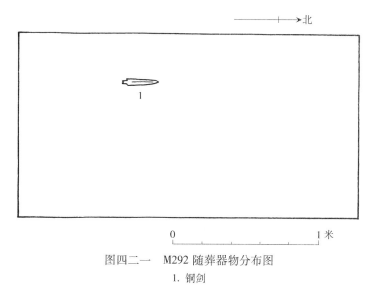

图四二一　M292 随葬器物分布图
1. 铜剑

长 27.6、身长 24.4、茎长 3.2、身宽约 3.8 厘米（图四二二）。

墓例一八八　M670

（一）墓葬形制（B 型 I 式）

普通窄长方形土坑竖穴。方向 100°。墓上部被推毁。墓壁极倾斜。现墓口长 300、宽 210 厘米，墓底长 220、宽 100、残深 170 厘米。随葬器物位于墓底中部一线。墓中填五花土。葬具及人骨架不存（图四二三）。

3 件。为铜兵器。

剑　1 件。

M670：2，空首剑。灰绿色。茎及首残。空茎，"一"字形窄格，剑身菱形脊。刃缘及前锋崩残。残通长 40.2、身残长 36.4、茎残长 3.8、身宽 4 厘米（图四二四）。

还有矛和矛镦各 1 件，残甚，形态不明。

墓例一八九　M688

（一）墓葬形制（B 型 I 式）

普通窄长方形土坑竖穴。方向 180°。墓上部被推毁。墓壁倾斜。现墓口长 360、宽 260 厘米，墓底长 260、宽 135、残深 300 厘米。随葬器物位于墓底一侧。墓中填五花土。葬具及人骨架不存（图四二五）。

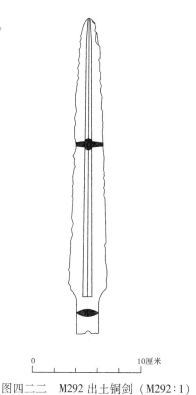

图四二二　M292 出土铜剑（M292：1）

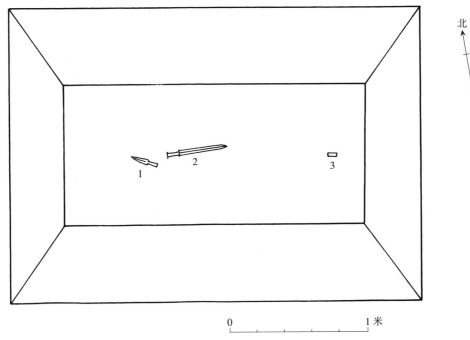

图四二三　M670 随葬器物分布图
1. 铜矛　2. 铜剑　3. 铜矛镦

（二）出土器物

3 件。有陶器和铜器，陶器 1 件残甚，形态不明。

铜剑　1 件。

M688：1，空首剑。灰黑色。茎、首及格残。空茎，"一"字形窄格，剑身菱形脊。刃缘及前锋崩残。残通长 32.7 厘米（图四二六，1）。

铜矛　1 件。

M688：2，黑色。圆骹，銎口略侈。骹一面有一鼻。矛叶有血槽，薄刃缘，叶中部断面呈八边形。叶后部折弧收。通长 12.2 厘米（图四二六，2）。

墓例一九〇　M787

（一）墓葬形制（B 型 I 式）

普通窄长方形土坑竖穴。方向 92°。墓上部被推毁。墓壁倾斜。现墓口长 270、宽 140 厘米，墓底长 230、宽 100、残深 175 厘米。随葬器物仅铜剑 1 件，位于墓底中部。墓中填五花土。葬具及人骨架不存（图四二七）。

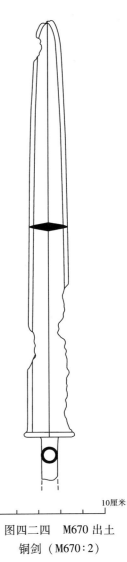

图四二四　M670 出土
铜剑（M670：2）

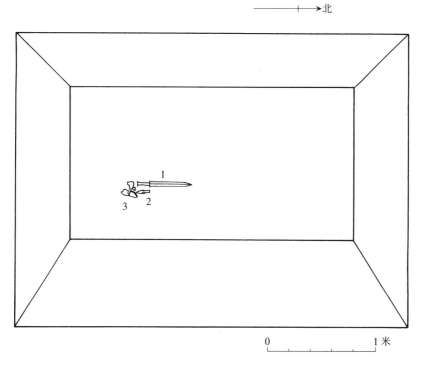

图四二五　M688 随葬器物分布图
1. 铜剑　2. 铜矛　3. 残陶器

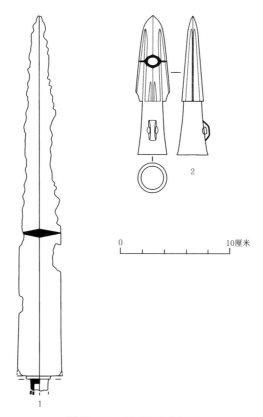

图四二六　M688 出土铜器
1. 剑（1）　2. 矛（2）

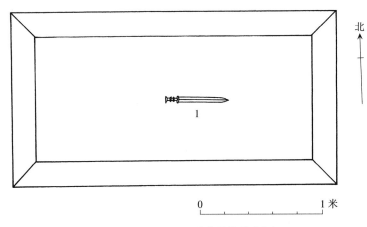

北

0　　　　　　　　1 米

图四二七　M787 随葬器物分布图
1. 铜剑

（二）出土器物

铜剑　1 件。

M787：1　双箍剑。青黑色。喇叭形首，圆实茎上有双箍，
"凹"字形格较窄。剑身菱形脊。前锋残。残通长 45 厘米（图四
二八）。

墓例一九一　M111

（一）墓葬形制（B 型Ⅳa 式）

窄长方形土坑竖穴带高头龛。方向 285°。墓上部被推毁。
头龛距墓底 60 厘米，龛宽 32、深 22、高 25 厘米。墓坑平面呈
梯形，墓壁倾斜，两侧斜度较两端大。现墓口长 240、头端宽
146、足端宽 125 厘米，墓底长 220、头端宽 95、足端宽 90、残
深 127 厘米。随葬器物位于墓底一侧，龛内无器物。墓中填五
花土。葬具及人骨架不存（图四二九）。

（二）出土器物

2 件。为铜兵器。

剑　1 件。

M111：1，空首剑。青黑色，剑首翠绿色。空首，空茎，"一"
字形窄格，剑身菱形脊。通长 49.4 厘米（图四三〇）。

还有矛 1 件，残甚，形态不明。

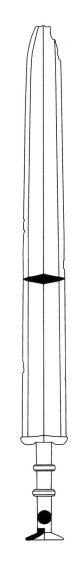

0　　　　　　　　10厘米

图四二八　M787 出土
铜剑（M787：1）

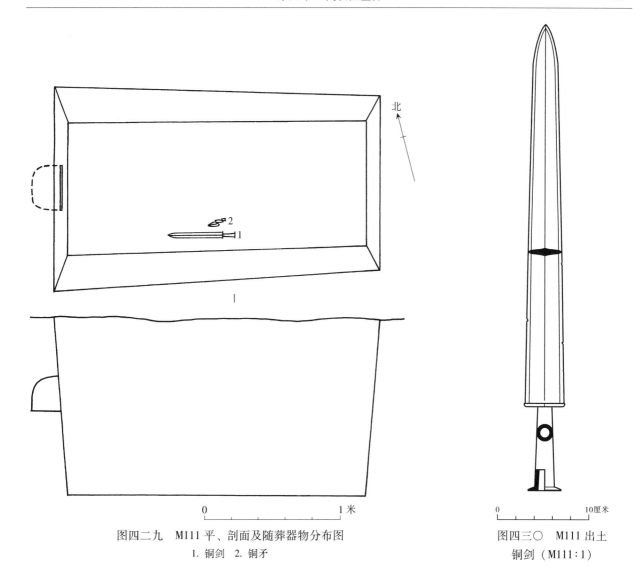

图四二九　M111 平、剖面及随葬器物分布图
1. 铜剑　2. 铜矛

图四三〇　M111 出土
铜剑（M111：1）

墓例一九二　M403

（一）墓葬形制（B 型Ⅳa 式）

窄长方形土坑竖穴带高头龛。方向 175°。墓上部被推毁。头龛距墓底 20 厘米，龛宽 50、深 20、高 30 厘米。墓壁倾斜。现墓口长 290、宽 170 厘米，墓底长 212、宽 90、残深 160 厘米。随葬器物中铜兵器位于墓底一侧，一件陶豆位于龛内。墓中填五花土。葬具及人骨架不存（图四三一）。

（二）出土器物

3 件。有陶器和铜器。

1. 陶器

高柄豆　1 件。

M403：3，敞口，弧壁，柱状柄特高。圈足残。口径 14.6、残高 19.4 厘米（图四三二，1）。

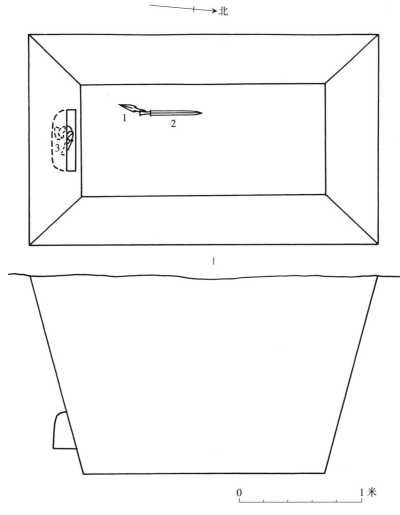

图四三一　M403 平、剖面及随葬器物分布图
1. 铜矛　2. 铜剑　3. 陶豆

2. 铜器

2 件。为兵器。

剑　1 件。

M403：2，空首剑。灰绿色。空首内有玻璃塞，空茎首端略粗，"一"字形窄格，剑身菱形脊。锋端略残。残通长 44.4、身残长 36.4、茎长 8、身宽 3.7 厘米（图四三二，3）。

矛　1 件。

M403：1　黑色。圆骹，銎口略侈。骹一面有一鼻。叶后部折弧收，与骹有分隔。凸棱脊。通长 17.6 厘米（图四三二，2）。

墓例一九三　M773

（一）墓葬形制（B 型 Ⅳ a 式）

窄长方形土坑竖穴带高头龛。方向 90°。墓上部被毁。头龛距墓底高 90 厘米，龛宽 40、深

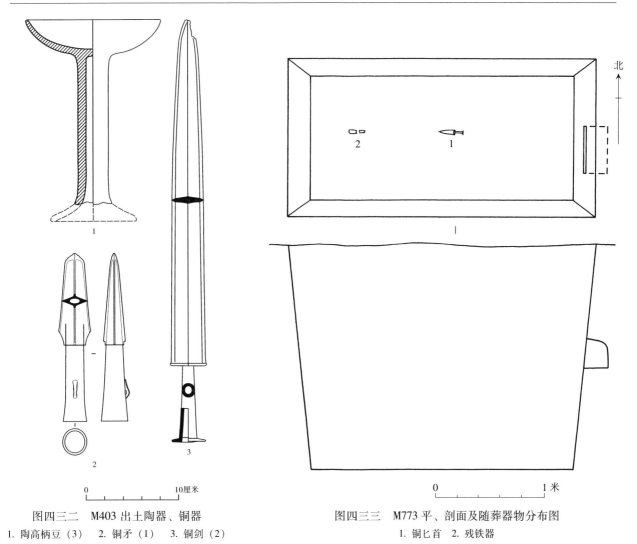

图四三二　M403 出土陶器、铜器
1. 陶高柄豆（3）　2. 铜矛（1）　3. 铜剑（2）

图四三三　M773 平、剖面及随葬器物分布图
1. 铜匕首　2. 残铁器

22、高 26 厘米。墓壁倾斜。现墓口长 280、宽 140 厘米，墓底长 240、宽 110、残深 200 厘米。随葬器物位于墓底中部一线，龛内无器物。墓中填五花土。葬具及人骨架不存（图四三三）。

（二）出土器物

2 件。包括铜器和铁器各 1 件，铁器残甚，形态不明。

铜匕首　1 件。

M773：1　灰绿色。首残，枣核形细长茎，"凹"字形格。叶略残，前锋圆弧形。薄平脊。残通长 18 厘米（图四三四）。

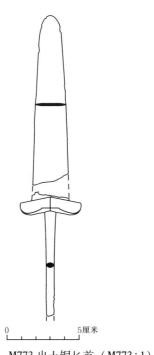

图四三四　M773 出土铜匕首（M773：1）

第一一节　丁组 C 类墓例

丁组 C 类墓为随葬铜兵器为主的狭长坑（C 型）墓。共 10 座。其中普通长方形墓 5 座；带二层台的 3 座；带头龛和底坑的各 1 座。本节从中选取 8 座代表性墓葬予以举例介绍。

墓例一九四　M48

（一）墓葬形制（C 型 I 式）

普通狭长形土坑竖穴。方向 98°。墓坑平面呈宽梯形，墓壁垂直。墓南壁长 247、北壁长 240、宽 75、深 237 厘米。随葬品位于墓底头部。墓中填五花土。葬具及人骨架不存（图四三五）。

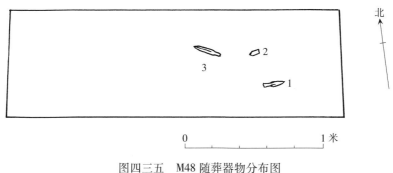

图四三五　M48 随葬器物分布图
1. 铜矛　2. 铜刮刀　3. 铜剑

（二）出土器物

3 件。为铜兵器和工具。

剑　1 件。

M48：3，扁茎剑。灰青色。茎有凸棱脊，凸棱下方有一圆孔。菱形脊。刃缘及前锋崩残。残通长 19.6 厘米（图四三六，1）。

刮刀　1 件。

M48：2，粉绿色。残甚。高脊，双坡边，前端收尖。残长 8.4 厘米（图四三六，2）。

还有矛 1 件，残甚，形态不明。

墓例一九五　M359

（一）墓葬形制（C 型 I 式）

普通狭长形土坑竖穴。方向 102°。墓上部被推毁。墓壁倾斜。现墓口长 240、宽 110 厘米，墓

底长 220、宽 70、残深 130 厘米。随葬品位于墓底头部。墓
中填五花土。葬具及人骨架不存（图四三七）。

（二）出土器物

2 件。为铜兵器。

剑　1 件。

M359：1，空首剑。灰黑色。空首，空茎，"一"字形窄
格，剑身菱形脊。刃缘及前锋崩残。残通长 52.8 厘米（图四
三八，1）。

矛　1 件。

M359：2　粉绿色。圆骹，銎口略侈。骹两侧有单鼻，
鼻残。叶两侧有血槽。菱形脊。叶残。通长 17 厘米（图
四三八，2）。

墓例一九六　M776

（一）墓葬形制（C 型 I 式）

普通狭长形土坑竖穴。方向 126°。墓上部被推毁。墓壁
倾斜。现墓口长 230、宽 130 厘米，墓底长 200、宽 80、残深
140 厘米。随葬品位于墓底头部。墓中填五花土。葬具及人骨架不存（图四三九）。

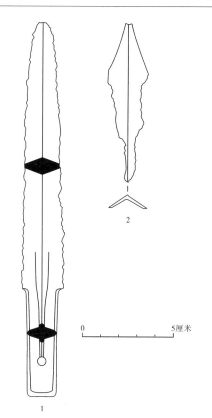

图四三六　M48 出土铜器
1. 剑（3）　2. 刮刀（2）

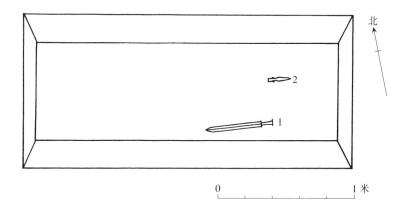

图四三七　M359 随葬器物分布图
1. 铜剑　2. 铜矛

（二）出土器物

铜剑　1 件。

M776：1，扁茎剑。青绿色。截刃为茎，身、茎一体。茎下方有一圆孔。凸棱高脊。刃缘及前
锋崩残。残通长 24.7 厘米（图四四〇）。

墓例一九七　M473

（一）墓葬形制（C型Ⅱa式）

狭长形土坑竖穴带平行生土二层台。方向186°。墓上部被推毁。二层台位于两长壁。二层台宽10、距墓底19厘米。墓壁倾斜。现墓口长260、宽120厘米，墓底长220、宽60、残深100厘米。随葬品位于墓底一侧。墓中填五花土。葬具及人骨架不存（图四四一）。

（二）出土器物

铜剑　1件。

M473：1，空首剑。粉青色。剑首残，空茎，"一"字形窄格，剑身菱形脊。刃缘及前锋崩残。残通长46.2、身残长38、茎残长8.2、身宽3.8厘米（图四四二）。

墓例一九八　M155

（一）墓葬形制（C型Ⅱb式）

狭长形土坑竖穴带半封闭生土二层台。方向170°。墓上部被推毁。墓壁三面有二层台，一端无二层台。二层台宽10、距墓底50厘米。墓壁垂直。墓口长210、宽80厘米，墓底长200、宽60、残深100厘米。随葬品位于墓底前后两侧。墓中填五花土。葬具及人骨架不存（图四四三）。

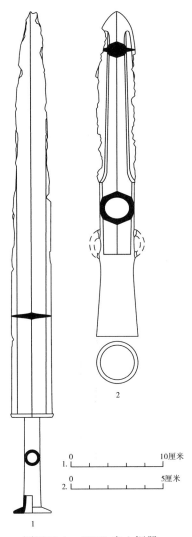

图四三八　M359 出土铜器
1. 剑（1）　2. 矛（2）

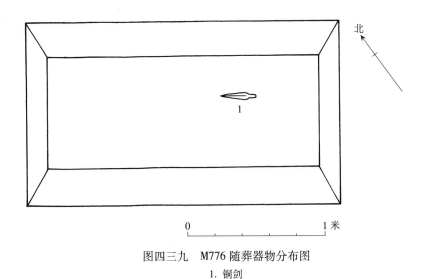

图四三九　M776 随葬器物分布图
1. 铜剑

（二）出土器物

2 件。为铜兵器和妆饰器。

矛　1 件。

M155：1，银青色。圆骹残。骹一面有一鼻，鼻残。叶后部折收，脊下方与骹交界处呈叉状。菱形脊。残通长 13.3、骹残长 5.3、叶长 8、叶宽 2.5 厘米（图四四四，1）。

带钩　1 件。

M155：2　青色。琵琶形。残。残长 7.2 厘米（图四四四，2）。

墓例一九九　M90

（一）墓葬形制（C 型 Ⅱc 式）

狭长形土坑竖穴带封闭二层台。方向 287°。墓上部被推毁。封闭二层台两侧很宽。二层台宽 20~50、距墓底 100 厘米。二层台以上两侧墓壁倾斜度较大，二层台以下墓壁略斜，以致墓口宽墓底窄。现墓口长 300、宽 258 厘米，墓底长 220、宽 80、残深 210 厘米。随葬器物位于墓底两侧。墓中填五花土。葬具及人骨架不存（图四四五）。

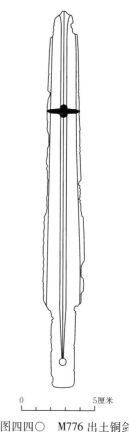

0　　　　　5厘米

图四四〇　M776 出土铜剑
（M776：1）

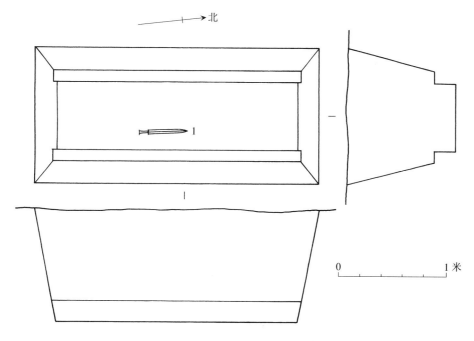

北

0　　　　　1米

图四四一　M473 平、剖面及随葬器物分布图
1. 铜剑

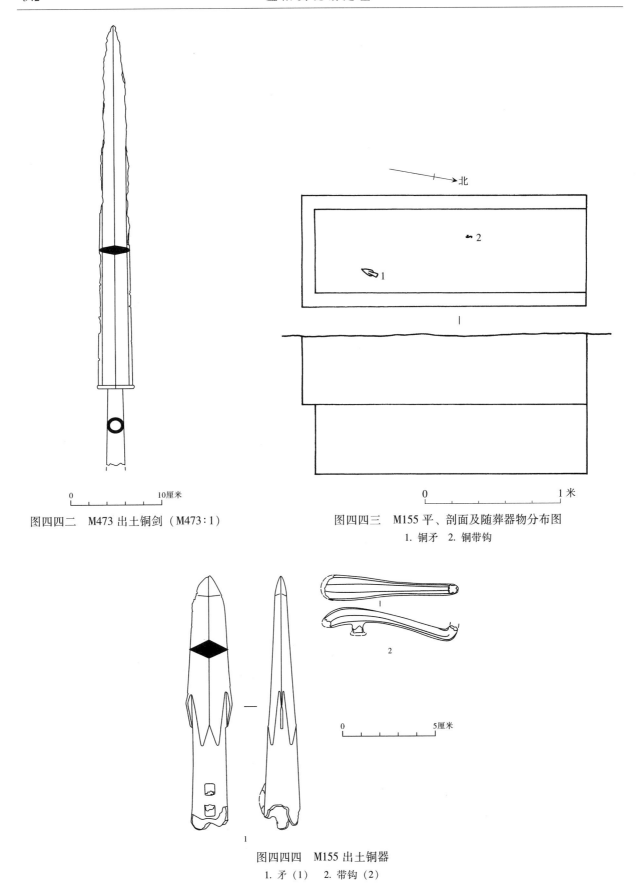

图四四二　M473 出土铜剑（M473∶1）

图四四三　M155 平、剖面及随葬器物分布图
1. 铜矛　2. 铜带钩

图四四四　M155 出土铜器
1. 矛（1）　　2. 带钩（2）

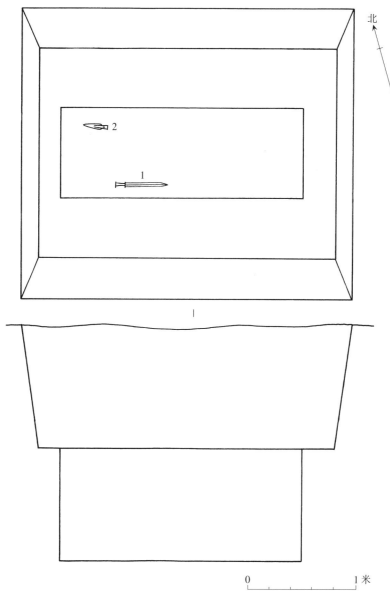

图四四五　M90 平、剖面及随葬器物分布图
1. 铜剑　2. 铜矛

（二）出土器物

2 件。为铜兵器。

剑　1 件。

M90∶1，空首剑。银青色。空首，空茎，"一"字形窄格，剑身菱形脊。刃缘有崩损。通长 48 厘米（图四四六，1）。

矛　1 件。

M90∶2，灰绿色。圆骹，骹内残存木柲。骹一面有一鼻，鼻残。凸棱脊。骹、刃缘及前锋残。残通长 21.2 厘米（图四四六，2）。

墓例二〇〇　M641

（一）墓葬形制（C型Ⅲa式）

狭长形土坑竖穴带高头龛。方向 280°。墓上部被推毁。头龛距墓底 50 厘米，龛宽 40、深 16、高 30 厘米。墓壁倾斜。现墓口长 260、宽 130 厘米，墓底长 210、宽 80、残深 140 厘米。随葬器物仅铜矛 1 件，位于墓底头端一侧，龛内无器物。墓中填五花土。葬具及人骨架不存（图四四七）。

（二）出土器物

铜矛　1 件。

M641:1，青黑色。椭圆短骹，叶后部折收。凸棱脊。刃缘崩损。通长 12 厘米（图四四八）。

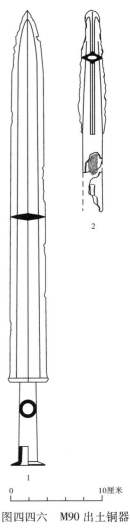

图四四六　M90 出土铜器
1. 剑（1）　2. 矛（2）

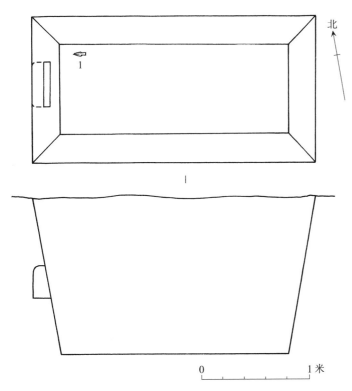

图四四七　M641 平、剖面及随葬器物分布图
1. 铜矛

墓例二〇一　M397

（一）墓葬形制（C型V式）

窄长方形土坑竖穴带底坑。方向171°。墓被推毁殆尽。墓底一侧有一长方形坑，坑长82、宽24、深15厘米。墓壁两侧倾斜，两端垂直，墓底平面呈梯形。现墓口长220、宽100厘米，墓底长220、头端宽74、足端宽84、残深60厘米。随葬器物位于墓底一端的两侧。墓中填五花土。葬具及人骨架不存（图四四九）。

（二）出土器物

2件。为铜兵器。

剑　1件。

M397:1，双箍剑。墨绿色。喇叭形首，椭圆形实茎上有双箍，"凹"字形宽格。剑身菱形脊。刃缘及前锋略残。残通长51.3厘米（图四五〇，1）。

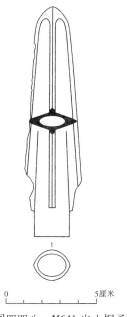

图四四八　M641出土铜矛
（M641:1）

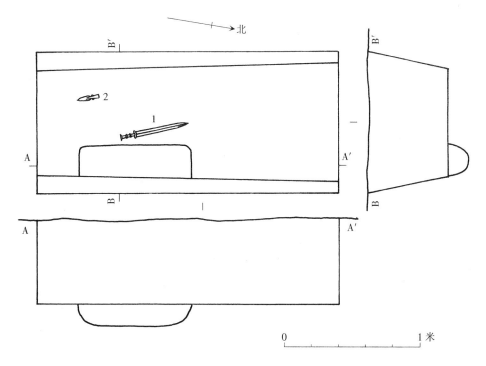

图四四九　M397平、剖面及随葬器物分布图
1. 铜剑　2. 铜矛

矛　1件。

M397:2　青绿色。圆长骹分两段，骹内残存木柲。骹两侧有鼻，鼻残。叶后部两侧有血槽。菱形脊。叶及前锋残。残通长26.5厘米（图四五〇，2）。

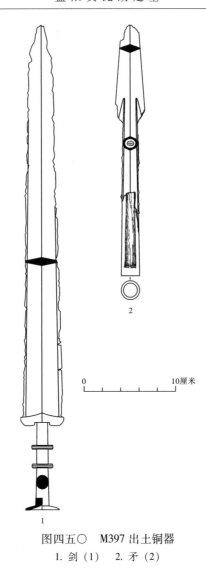

图四五〇　M397 出土铜器
1. 剑（1）　2. 矛（2）

第一二节　有打破关系的墓和墓葬形制特殊的空墓

墓地中有八组相互间有打破关系的墓葬，其中有两座空墓之间打破的一组（M522 打破 M521）；空墓与有随葬品墓之间打破的四组；两座有随葬品墓之间打破的三组。除一组为三座墓之间相互打破外，余均为两墓之间打破。打破关系不包括晚期和近现代墓葬对早期墓葬的打破。本节除对其中一组空墓之间打破的墓葬不予介绍外，其余七组均予介绍。另有六座无随葬品空墓的墓葬形制较为独特，也一并介绍。

墓例二〇二　M50、M51（空墓）

（一）墓葬形制

M50 属丙组 B 类墓，M51 为无随葬品空墓。两墓方向相同，均为南北向。M50 打破 M51 北端，并打穿 M51 墓底。两墓上部都已被推毁。M50 墓坑较 M51 深 85 厘米（图四五一）。

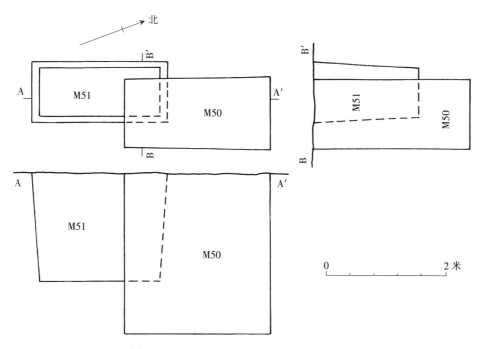

图四五一　M50、M51 打破关系平、剖面图

M50

普通窄长方形土坑竖穴（B 型 I 式）。方向 200°。墓坑平面略呈梯形，墓壁垂直。墓长 240、头端宽 110、足端宽 118、残深 260 厘米。随葬品位于墓底头部一侧。墓中填五花土。葬具及人骨架不存（图四五二）。

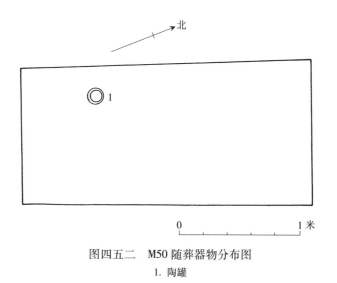

图四五二　M50 随葬器物分布图
1. 陶罐

M51

普通窄长方形土坑竖穴（C 型 I 式）。参考方向 20°。墓壁略斜。现墓口长 222、宽 98 厘米，墓底长 200、宽 78、残深 175 厘米。墓中空无一物，是否为 M50 所挖毁不得而知。墓中填五花土。葬具及人骨架不存。

（二）出土器物

M50 出土陶矮领罐 1 件。

M50：1，直口微侈，矮弧领，领、肩凹折，斜折肩，弧腹，平底。领部有对称圆孔，腹饰一周弦纹。口径 10.8、腹径 17.2、高 13.4 厘米（图四五三）。

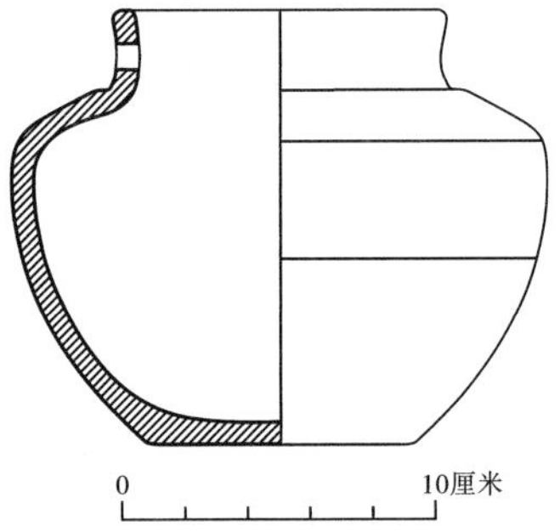

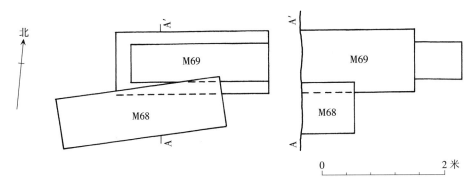

图四五三　M50 出土陶矮领罐
（M50：1）

墓例二○三　M68（空墓）、M69

（一）墓葬形制

M68 为无随葬品空墓，M69 为丙组 C 类墓。两墓均大致为东西向。M68 打破 M69 南侧上部。打破深度较浅，打破幅度也不大，因而未对 M69 造成实质性破坏。两墓上部都已被推毁（图四五四）。

图四五四　M68、M69 打破关系平、剖面图

M68

普通狭长形土坑竖穴（C 型 I 式）。参考方向 77°。墓壁垂直。墓长 275、宽 80、残深 87 厘米。随葬品置于头端。墓中空无一物。墓中填五花土。葬具及人骨架不存。

M69

狭长形土坑竖穴带半封闭生土二层台（C 型 IIb 式）。方向 84°。二层台位于墓坑两侧及足端。二层台宽 20～25、距墓底 78 厘米。墓壁垂直。现墓口长 255、宽 100 厘米，墓底长 230、宽 60、残深 265 厘米。随葬器物置于头端。墓中填五花土。葬具及人骨架不存（图四五五）。

（二）出土器物

M69 出土陶器 3 件。为日用陶器（彩版一八，2；图版五五，2）。

矮领罐　1 件。

M69：1，敞口，三角形折沿，矮弧领，斜折肩，折腹，平底微凹。腹部饰 9 周细弦纹。口径 12.8、腹径 18.6、高 14.4 厘米（图四五六，1）。

盂　1 件。

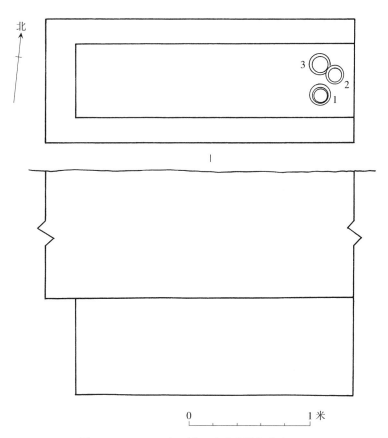

图四五五　M69 平、剖面及随葬器物分布图

1. 陶罐　2. 陶豆　3. 陶盂

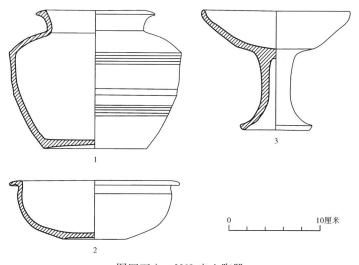

图四五六　M69 出土陶器

1. 矮领罐（1）　2. 盂（3）　3. 矮柄豆（2）

M69：3，直口微侈，平折沿微坠，短弧颈，弧壁，平底微凹。口径 18.4、高 6.2 厘米（图四五六，2）。

矮柄豆　1 件。

M69：2，敞口略斜折，盘壁斜直，下底有折，矮弧形柄，喇叭状圈足。口径 16.2、高 12.6 厘米（图四五六，3）。

墓例二〇四　M174、M175

（一）墓葬形制

M174 和 M175 均属丙组 B 类墓。两墓方向垂直。M174 为东西向，M175 为南北向，M174 打破 M175 北端上部。打破深度较浅，未及头龛，因而未对 M175 造成实质性破坏。两墓上部都已被推毁（图四五七）。

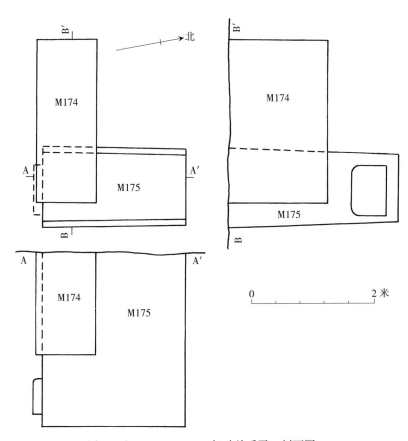

图四五七　M174、M175 打破关系平、剖面图

M174

普通狭长形土坑竖穴（B 型 Ⅰ 式）。方向 280°。墓壁垂直。墓长 260、宽 100、残深 164 厘米。随葬器物仅陶罐 1 件，置于头端一角。墓中填五花土。葬具及人骨架不存（图四五八）。

M175

窄长方形土坑竖穴带高头龛（B 型 Ⅳa 式）。方向 10°。头龛距墓底 20 厘米，龛宽 80、深 15、高 58 厘米。墓口平面略呈梯形，两侧墓壁略斜，两端垂直。现墓口长 240、头端宽 130、足端宽 120 厘米，墓底长 240、宽 110、残深 280 厘米。随葬器物置于龛内。墓中填五花土。葬具及人骨架不存（图四五九）。

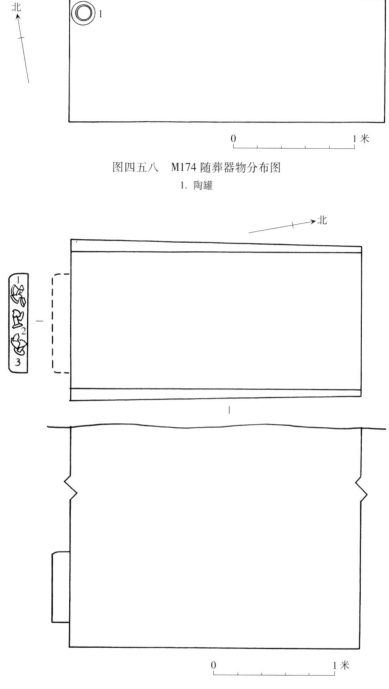

图四五八　M174 随葬器物分布图
1. 陶罐

图四五九　M175 平、剖面及随葬器物分布图
1. 陶盂　2、3. 陶豆

（二）出土器物

1. M174

陶高领罐　1件。

M174:1，敞口，折沿微坠，高弧领，圆肩，鼓腹，凹圜底。下腹饰交错细绳纹。领、肩亦隐见绳纹。口径 13、腹径 19、高 20.2 厘米（图四六〇）。

2. M175

3件。为日用陶器。

盂　1件。

M175:1,敛口,平折沿微坠,短弧颈,凸肩,弧壁较深,凹圜底。上腹饰竖绳纹,下腹饰交错绳纹。口径22、高9.7厘米(图四六一,1)。

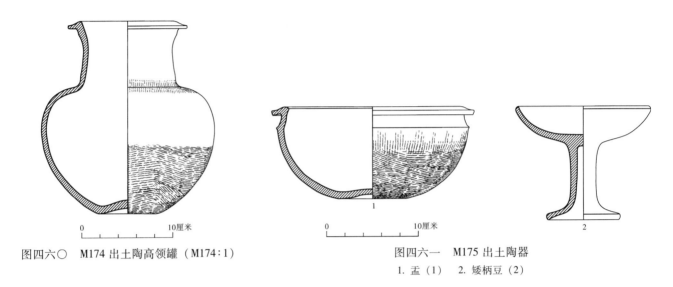

图四六○　M174出土陶高领罐(M174:1)

图四六一　M175出土陶器
1. 盂(1)　2. 矮柄豆(2)

矮柄豆　2件。形态相同。

标本M175:2,敞口,弧壁盘,矮弧形柄,喇叭状圈足略有折。口径7.1、高12厘米(图四六一,2)。

墓例二○五　M229、M230(空墓)

(一)墓葬形制

M229为丙组B类墓,M230为无随葬品空墓。M229为南北向,M230为东西向。M230打破M229西侧中部,打穿M229墓底,但避开了M229墓底随葬品。两墓上部都已被推毁(图四六二)。

M229

普通狭长形土坑竖穴(B型Ⅰ式)。方向358°。墓壁垂直。墓长260、宽120、残深208厘米。墓底有两条横枕木沟,沟宽18、深8厘米。随葬品置于头端一侧。墓中填五花土。葬具及人骨架不存(图四六三)。

M230

普通狭长形土坑竖穴(C型Ⅰ式)。参考方向88°。墓壁垂直。墓长200、宽80、残深268厘米。墓中空无一物。墓中填五花土。葬具及人骨架不存。

(二)出土器物

M229出土陶器4件。为日用陶器。

北 ←

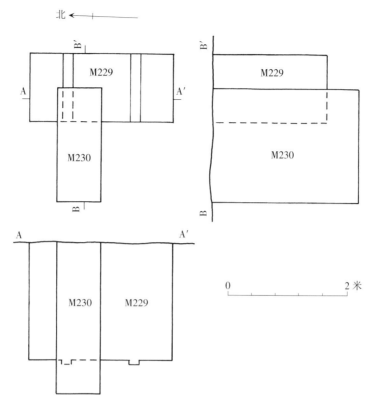

图四六二　M229、M230 打破关系平、剖面图

北 ←

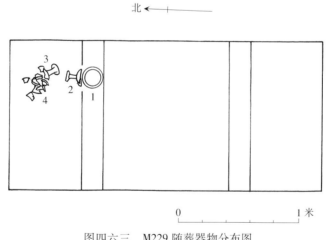

图四六三　M229 随葬器物分布图

1. 陶盂　　2、3. 陶豆　　4. 陶罐

高领罐　1件。

M229:4，口部残片。敞口，短平折沿，高弧领。口径9.2、残高4.8厘米（图四六四，2）。

盂　1件。

M229:1，敛口，三角形折沿，弧壁，小平底微凹。口径18、高7.6厘米（图四六四，1）。

矮柄豆　2件。形态相同。

M229:2，敞口，斜直壁，下底凹弧，矮柱柄，喇叭状圈足低平。口径14、高10.8厘米（图四六四，3）。

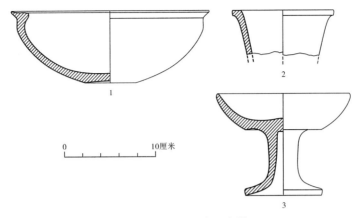

图四六四　M229 出土陶器

1. 盂（1）　　2. 高领罐（4）　　3. 矮柄豆（2）

墓例二〇六　M251、M252

（一）墓葬形制

M251 属乙组 B 类墓，M252 属乙组 A 类墓。两墓方向大致相同，均呈东北—西南方向。M251 打破 M252 墓坑中部。未打穿墓底，M251 墓底距 M252 墓底尚有 84 厘米高度。两墓上部都已被推毁（图四六五）。

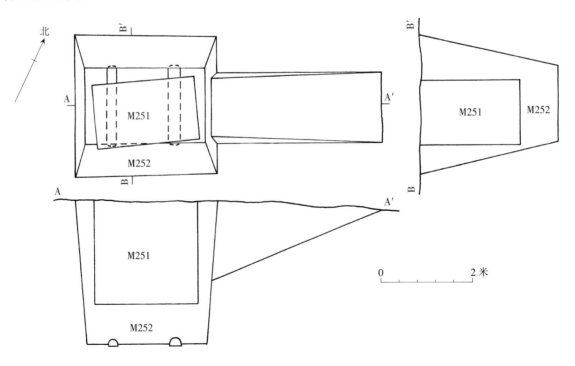

图四六五　M251、M252 打破关系平、剖面图

M251

普通狭长形土坑竖穴（B 型 I 式）。方向 230°。墓壁垂直。墓长 230、宽 136、残深 216 厘米。

随葬器物残碎，散布于头端。墓中填五花土。葬具及人骨架不存（图四六六）。

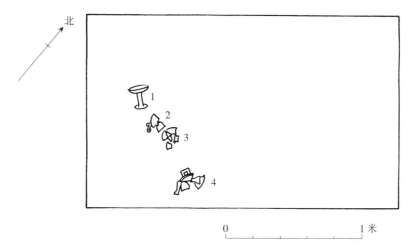

图四六六　M251 随葬器物分布图
1、3. 陶豆　2. 陶敦　3. 陶鼎

M252

土坑竖穴宽坑带斜坡墓道（A 型 Ⅱ a 式）。墓口宽近正方形。墓道位于墓室东北端，方向 65°，坡度 21°。墓道口长 362、宽 148、深 150 厘米，墓道下端距墓底 134 厘米。墓底有两条横枕木沟，沟两端向墓壁掏进。枕木沟宽 22～28、深 4 厘米。墓壁斜度两侧较两端大，墓平面略呈梯形。现墓口长 310、头端宽 290、足端宽 300 厘米，墓底长 265、头端宽 156、足端宽 160、残深 300 厘米。墓被严重扰乱，随葬器物残甚，散布于墓坑中。墓中填五花土。葬具及人骨架不存（图四六七）。

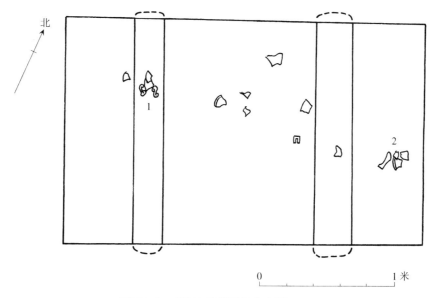

图四六七　M252 随葬器物分布图
1. 陶敦　2. 陶鼎

（二）出土器物

1. M251

4 件。为仿铜陶礼器。

敦　1 件。

M251：2，仅存一半。敛口，弧壁，底残。抽象兽形扁足。口部有对称凸纽。口径 17.2、高 10.6 厘米（图四六八，1）。

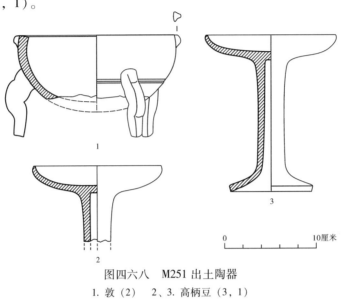

图四六八　M251 出土陶器

1. 敦（2）　2、3. 高柄豆（3，1）

高柄豆　1 件。

M251：1，敞口，弧壁盘浅平，细高柱状柄，喇叭状圈足低平。口径 13.6、高 16.4 厘米（图四六八，3）。

豆　1 件。

M251：3，敞口，外壁略有折，弧壁盘浅平，柱状柄，柄及圈足残。口径 13.6、残高 8 厘米（图四六八，2）。

还有鼎 1 件，残甚，形态不明。

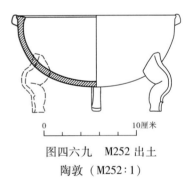

图四六九　M252 出土
陶敦（M252：1）

2. M252

2 件。为仿铜陶礼器。

敦　1 件。

M252：1，仅存一半。敛口，弧壁，圜底。抽象兽形扁足。口部有对称凸纽。口径 17.2、高 10.2 厘米（图四六九）。

还有鼎 1 件，残甚，形态不明。

墓例二〇七　M741、M754

（一）墓葬形制

M741 为丙组 C 类墓，M754 为丁组 B 类墓。两墓方向垂直。两墓方向大致相同，均呈东西方向。M741 打破 M754 东端，未打穿 M754 墓底。两墓上部都已被推毁（图四七〇）。

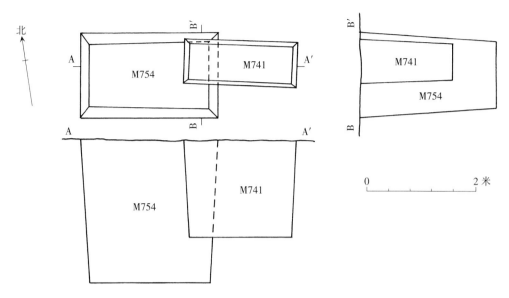

图四七〇　M741、M754 打破关系平、剖面图

M741

普通狭长形土坑竖穴（C 型 I 式）。方向 281°。墓壁倾斜。现墓口长 205、宽 80 厘米，墓底长 188、宽 66、残深 170 厘米。随葬器物仅陶罐 1 件，位于墓底中部。墓中填五花土。葬具及人骨架不存（图四七一）。

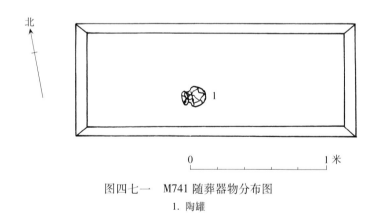

图四七一　M741 随葬器物分布图
1. 陶罐

M754

普通狭长形土坑竖穴（B 型 I 式）。方向 99°。墓壁倾斜，墓底略呈梯形。现墓口长 250、宽 150 厘米，墓底长 220、头端宽 120、足端宽 110、残深 250 厘米。随葬器物仅铜矛 1 件，位于头端一侧。墓中填五花土。葬具及人骨架不存（图四七二）。

（二）出土器物

1. M741

陶罐 1 件，形态不明。

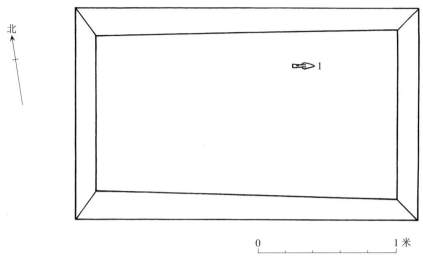

图四七二　M754 随葬器物分布图
1. 铜矛

1. M754

铜矛　1 件。

M754：1，铅黑色。圆骹残，骹一面有一鼻。凸棱脊。骹、刃缘及前锋残。残通长 14.6 厘米（图四七三）。

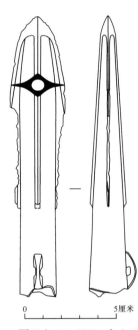

图四七三　M754 出土
铜矛（M754：1）

墓例二〇八　M810、M811（空墓）、M812（空墓）

（一）墓葬形制

M810 为丙组 B 类墓，M811 和 M812 均属无随葬品空墓。M810 与 M812 大致为南北向，M811 为东西向，M810 与 M812 分别位于 M811 两端。三墓次第打破，M810 打破 M811，M811 打破 M812，均打穿墓底（图四七四）。

M810

窄长方形土坑竖穴带高头龛（B 型 Ⅳa 式）。方向 170°。头龛距墓底 90 厘米；龛宽 30、深 20、高 25 厘米。墓壁略斜。墓口长 260、宽 110 厘米，墓底长 240、宽 90、深 230 厘米。随葬器物置于龛内。墓中填五花土。葬具及人骨架不存（图四七五）。

M811

普通狭长形土坑竖穴（C 型 Ⅰ式）。参考方向 83°。墓壁略斜。墓口长 250、宽 85 厘米，墓底长 230、宽 65、深 160 厘米。墓中空无一物。墓中填五花土。葬具及人骨架不存。

M812

普通狭长形土坑竖穴（C 型 Ⅰ式）。参考方向 325°。墓壁略斜。墓口长 230、宽 90 厘米，墓底长 220、宽 80、深 120 厘米。墓中空无一物。墓中填五花土。葬具及人骨架不存。

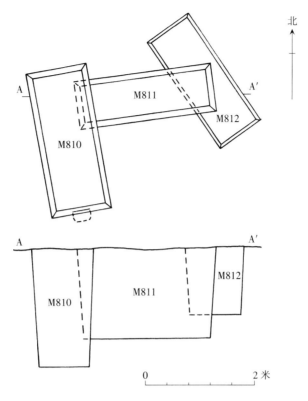

图四七四　M810、M811、M812 打破关系平、剖面图

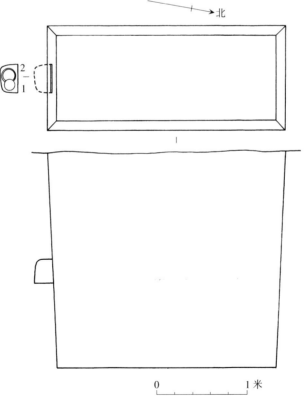

图四七五　M810 平、剖面及随葬器物分布图

1. 陶豆　2. 陶盂

（二）出土器物

M810 出土陶器 2 件，为日用陶器（图版五四，3）。

盂　1 件。

M810:2，敛口，凹折沿，短弧颈，斜直壁，凹圜底。上腹饰竖粗绳纹，下腹饰斜粗绳纹。口径15、高 6.6 厘米（图四七六，1）。

矮柄豆　1 件。

M810:1，敞口微侈，斜壁盘略有折，矮弧形柄中腰微鼓，喇叭状圈足边缘低平。口径 12.4、高 11 厘米（图四七六，2）。

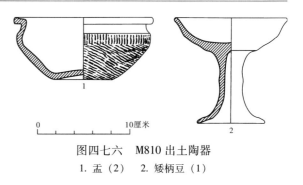

图四七六　M810 出土陶器
1. 盂（2）　2. 矮柄豆（1）

墓例二〇九　M442（空墓）

墓葬形制（A 型Ⅳc 式）

土坑竖穴宽坑带单边生土二层台。墓口近正方形。正东西向。墓上部被推毁。二层台位于墓底一侧。二层台宽 48 厘米，距墓底 40 厘米。墓壁倾斜。现墓口长 350、宽 300 厘米，墓底长 270、宽 210、残深 240 厘米。墓中空无一物。填五花土。葬具及人骨架不存（图四七七）。

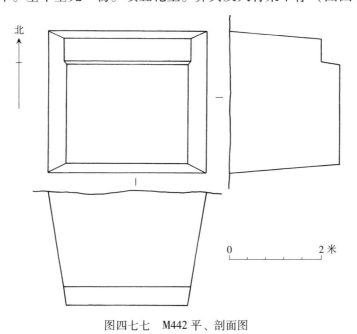

图四七七　M442 平、剖面图

墓例二一〇　M216（空墓）

墓葬形制（A 型Ⅶ式）

宽长方形土坑竖穴带底沟。东西向。墓被推毁殆尽。底沟位于墓底一端。沟宽 30、深 20 厘米。墓壁垂直。墓长305、宽190、残深60厘米。墓中空无一物。填五花土。葬具及人骨架不存（图四七八）。

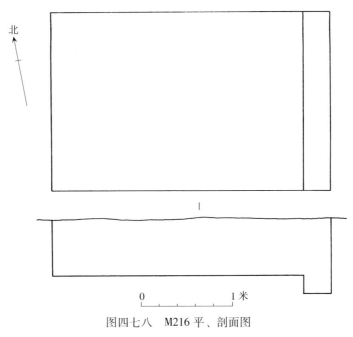

图四七八 M216 平、剖面图

墓例二一一 M421（空墓）

墓葬形制（B型Ⅲb式）

窄长方形土坑竖穴带封闭生土二层台。南北向。墓上部被推毁。二层台宽10、距墓底16厘米。墓壁垂直。墓口长250、宽110厘米，墓底长230、宽90、残深120厘米。墓中空无一物。填五花土。葬具及人骨架不存（图四七九）。

墓例二一二 M400（空墓）

墓葬形制（B型Ⅳc式）

窄长方形土坑竖穴带头、足双高龛。南北向。墓上部被推毁。其一，龛底距墓底90厘米，龛宽34、深20、高30厘米；其二，龛底距墓底高80厘米，龛宽30、深16、高20厘米。墓壁倾斜。现墓口长280、宽190厘米，墓底长226、宽120、残深170厘米。墓中空无一物。填五花土。葬具及人骨架不存（图四八〇）。

墓例二一三 M337（空墓）

墓葬形制（B型Ⅵ式）

窄长方形土坑竖穴带曲尺形生土台阶。东西向。墓上部被推毁。台阶位于墓口一端和一侧。

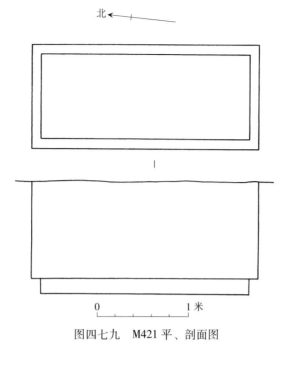

图四七九　M421 平、剖面图

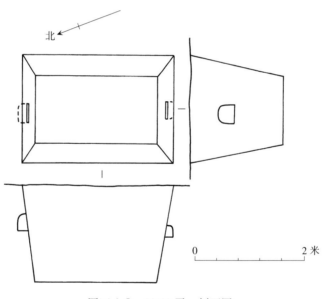

图四八〇　M400 平、剖面图

台阶宽 36、高 30 厘米。台阶以上墓壁垂直，台阶以下墓壁倾斜。现墓口长 300、宽 180 厘米，墓底长 224、宽 104、残深 160 厘米。墓中空无一物。填五花土。葬具及人骨架不存（图四八一）。

墓例二一四　M705（空墓）

墓葬形制（C 型 Ⅵ 式）

狭长形土坑竖穴带斜坡墓道及平行一级生土台阶。墓上部被推毁。墓道位于墓室北西端，方

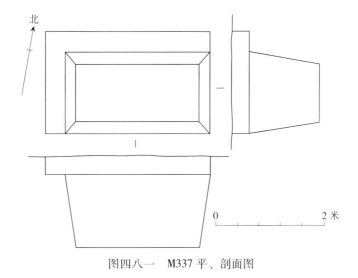

图四八一　M337 平、剖面图

向 280°，坡度 24°。墓道口残长 245、宽 146、深 185 厘米，墓道下端距墓底 125 厘米。台阶位于墓口两侧壁。台阶宽 45～48、高 110 厘米。墓壁倾斜。现墓口长 330、宽 310 厘米，墓底长 245、宽 83、残深 310 厘米。墓中空无一物。填五花土。葬具及人骨架不存（图四八二）。

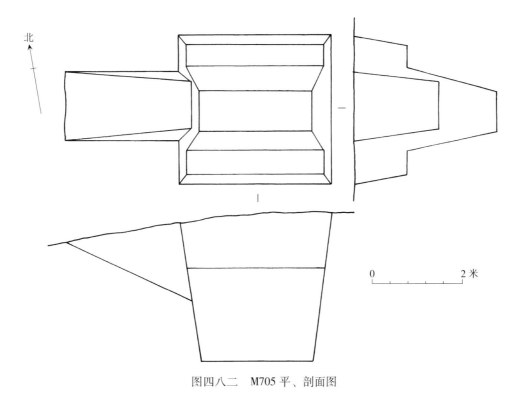

图四八二　M705 平、剖面图

益阳黄泥湖楚墓（中）

湖南省文物考古研究所 编著

文物出版社

北京·2017

The Chu Tombs of Huangnihu in Yiyang City

(II)

(With an English Abstract)

by

Hu'nan Provincial Institute of Cultural Relics and Archaeology

Cultural Relics Press

Beijing · 2017

第五章　随葬器物组合图

　　黄泥湖墓地有随葬器物的墓葬共 602 座，本章已对其中 211 座墓葬进行了全面报道，尚有 391 座未予举例。在这 391 座墓中，有 65 座墓葬的随葬器物因残甚未能修复；177 座墓葬或只有 1 件器物，有的已在型式举例中体现，或只有几件残器或多豆，其组合关系不具代表意义，时代特征也不明确。剩余器物组合关系及时代特征较为明确的墓葬有 149 座，其中甲组 A 类墓 19 座，甲组 B 类墓 6 座，乙组 A 类墓 28 座，乙组 B 类墓 27 座，丙组 A 类墓 26 座，丙组 B 类墓 24 座，丙组 C 类墓 19 座。在这些墓葬中，有的组合结构尚较完整，有的已残缺不全，有的则只有成组铜兵器保存或铜兵器保存较完整而陶器残缺较多。为了全面客观地反映该墓地随葬器物面貌，下将这 149 座墓葬的器物线描图以墓葬为单位按随葬品组合类别排列于下（图四八三～六三二；图版五六～七九）。

第一节　甲组 A 类墓

　　甲组 A 类 19 座墓为：M8（图四八三；图版五六，1）、M9（图四八四）、M11（图四八五）、M59（图四八六；图版五六，2）、M215（图四八七；图版五七，1～3）、M249（图四八八）、M267（图四八九）、M269（图四九○）、M352（图四九一）、M458（图四九二；图版五八，1）、M498（图四九三）、M502（图四九四）、M505（图四九五）、M532（图四九六）、M542（图四九七）、M543（图四九八；图版五八，2）、M580（图四九九；图版五九，1）、M638（图五○○；图版五九，2）、M835（图五○一）。

第二节　甲组 B 类墓

　　甲组 B 类 6 座墓为：M519（图五○二）、M540（图五○三；图版六○，1）、M550（图五○四；图版六○，2）、M572（图五○五）、M575（图五○六）、M836（图五○七）。

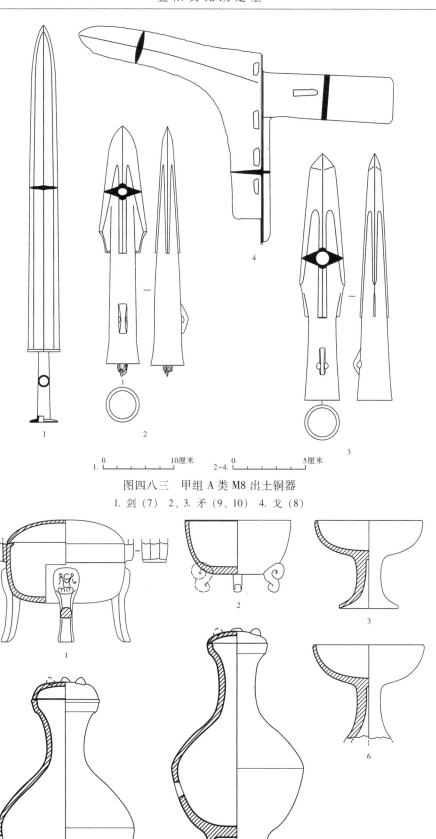

图四八三　甲组 A 类 M8 出土铜器

1. 剑（7）　2、3. 矛（9、10）　4. 戈（8）

图四八四　甲组 A 类 M9 出土陶器

1. 鼎（1）　2. 敦（7）　3、6. 矮柄豆（2、8）　4、5. 壶（4、5）

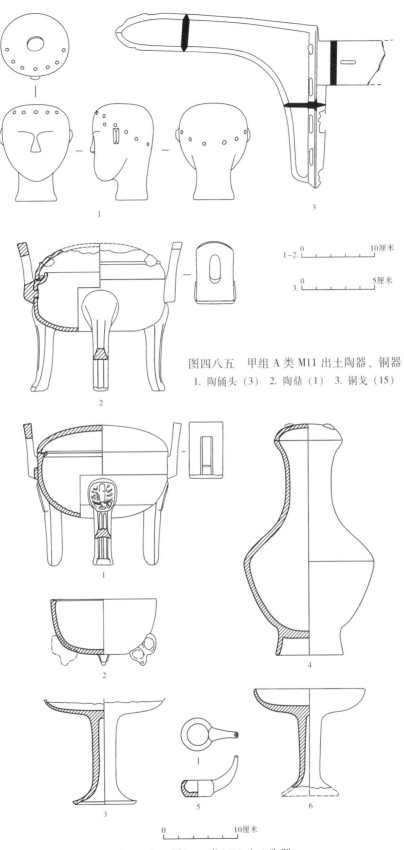

图四八五　甲组 A 类 M11 出土陶器、铜器
1. 陶俑头（3）　2. 陶鼎（1）　3. 铜戈（15）

图四八六　甲组 A 类 M59 出土陶器
1. 鼎（3）　2. 敦（1）　3、6. 高柄豆（5、4）　4. 壶（7）　5. 勺（8）

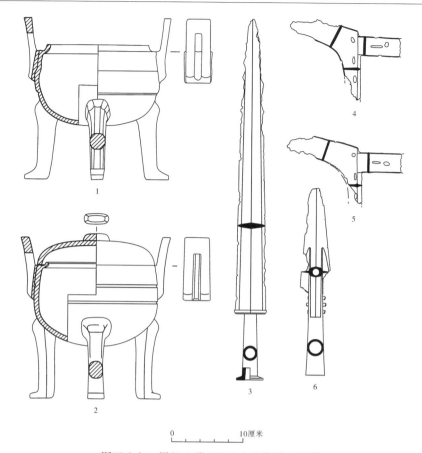

0　　　　　　　10厘米

图四八七　甲组 A 类 M215 出土陶器、铜器

1、2. 陶鼎（7，6）　3. 铜剑（1）　4、5. 铜戈（3，5）　6. 铜矛（2）

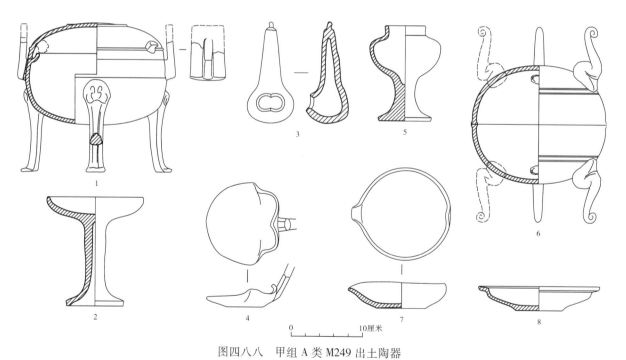

0　　　　　　　10厘米

图四八八　甲组 A 类 M249 出土陶器

1. 鼎（11）　2. 高柄豆（17）　3. 斗（8）　4. 匕（15）　5. 高柄小壶（10）　6. 敦（2）　7. 匜（7）　8. 盘（14）

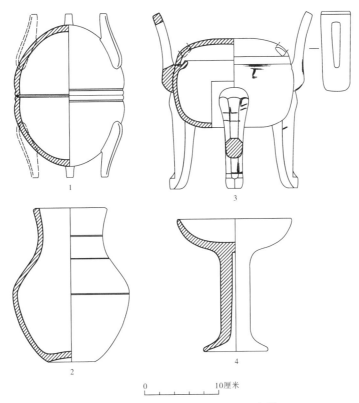

图四八九　甲组 A 类 M267 出土陶器

1. 敦（4）　2. 高领罐（7）　3. 鼎（5）　4. 高柄豆（8）

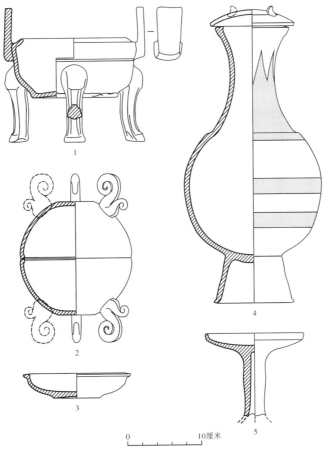

图四九〇　甲组 A 类 M269 出土陶器

1. 鼎（2）　2. 敦（6）　3. 盘（8）　4. 壶（3）　5. 高柄豆（4）

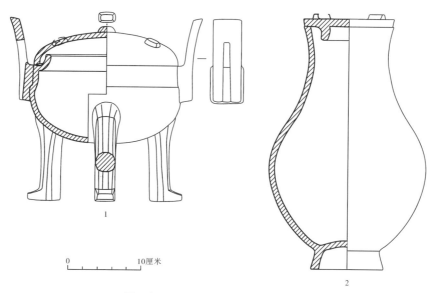

图四九一　甲组 A 类 M352 出土陶器
1. 鼎（6）　2. 壶（5）

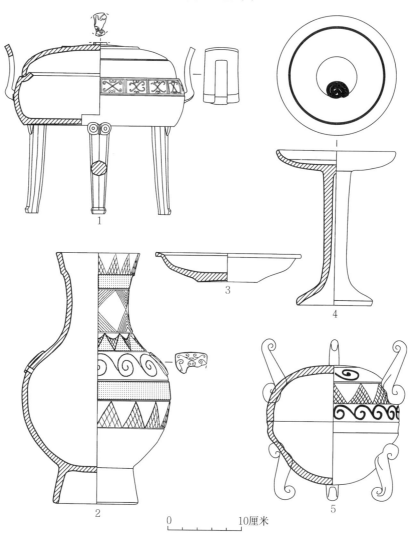

图四九二　甲组 A 类 M458 出土陶器
1. 鼎（5）　2. 壶（1）　3. 盘（9）　4. 高柄豆（3）　5. 敦（7）

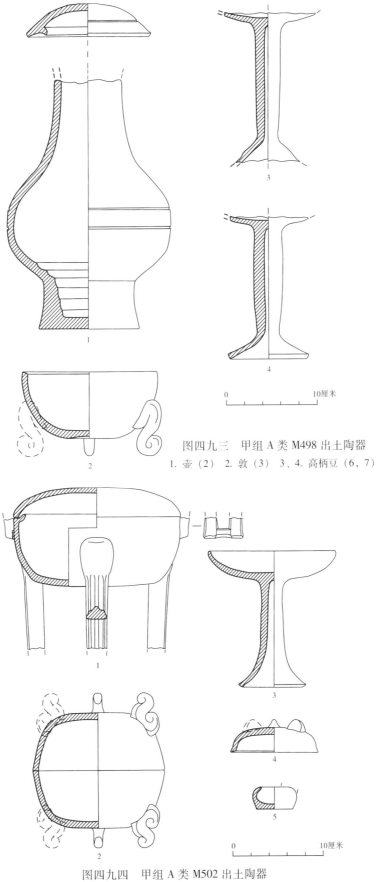

图四九三　甲组 A 类 M498 出土陶器
1. 壶（2）　2. 敦（3）　3、4. 高柄豆（6, 7）

图四九四　甲组 A 类 M502 出土陶器
1. 鼎（5）　2. 敦（1）　3. 高柄豆（4）　4. 壶盖（3）　5. 勺（9）

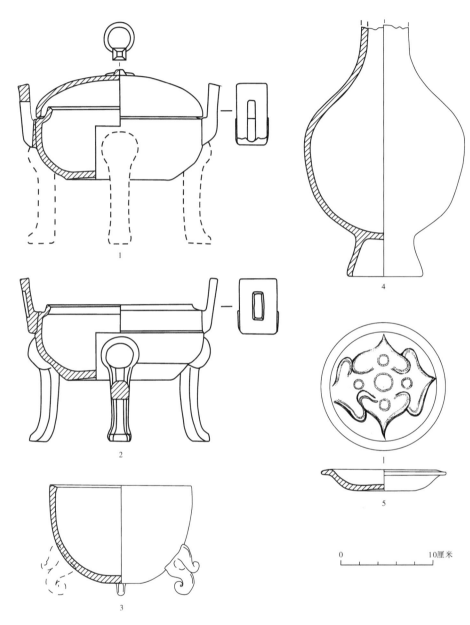

图四九五　甲组 A 类 M505 出土陶器

1、2. 鼎（1，3）　3. 敦（5）　4. 壶（7）　5. 盘（4）

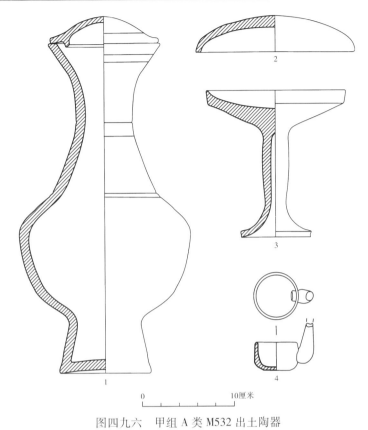

图四九六　甲组 A 类 M532 出土陶器

1. 壶（6）　2. 鼎盖（4）　3. 高柄豆（10）　4. 勺（2）

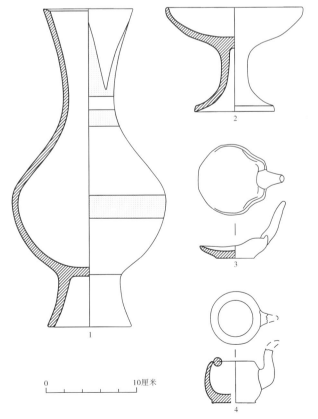

图四九七　甲组 A 类 M542 出土陶器

1. 壶（1）　2. 矮柄豆（3）　3. 匕（10）　4. 勺（9）

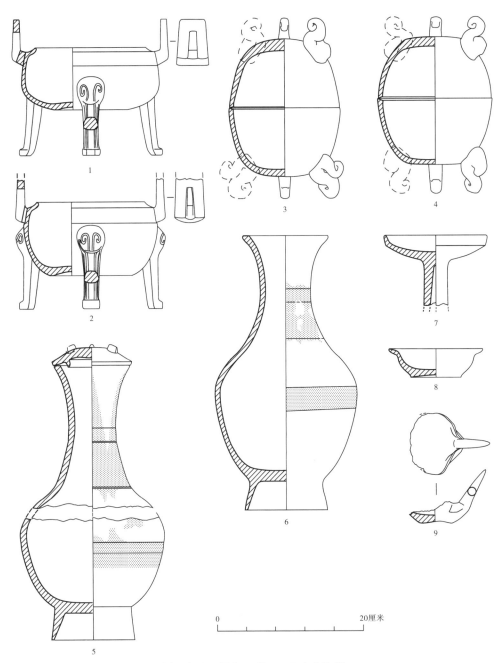

图四九八 甲组 A 类 M543 出土陶器

1、2. 鼎（5，6） 3、4. 敦（7，8） 5、6. 壶（1，2） 7. 高柄豆（3） 8. 盘（10） 9. 匕（9）

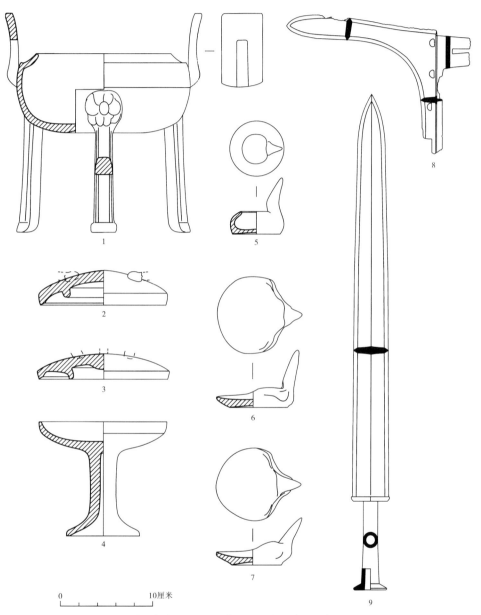

0　　　　　　　　10厘米

图四九九　甲组 A 类 M580 出土陶器、铜器

1. 陶鼎（2）　2、3. 陶壶盖（11，12）　4. 陶高柄豆（4）　5. 陶勺（7）

6、7. 陶匕（14，13）　8. 铜戈（1）　9. 铜剑（3）

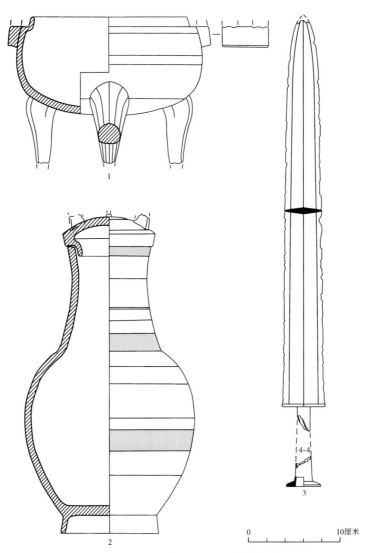

图五〇〇　甲组 A 类 M638 出土陶器、铜器

1. 陶鼎（8）　2. 陶壶（2）　3. 铜剑（1）

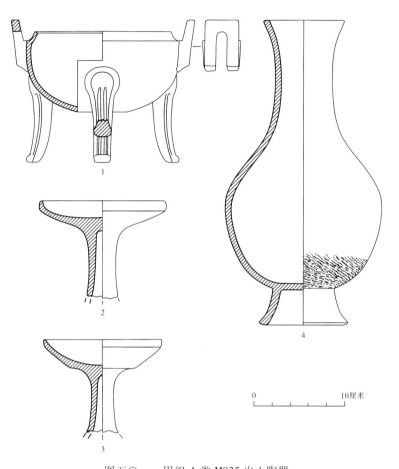

图五〇一　甲组 A 类 M835 出土陶器

1. 鼎（3）　2、3. 矮柄豆（2，5）　4. 壶（1）

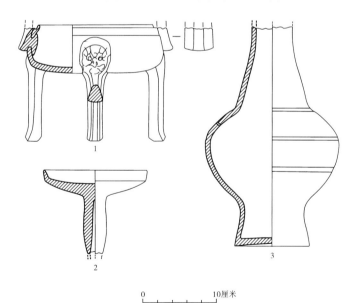

图五〇二　甲组 B 类 M519 出土陶器

1. 鼎（2）　2. 高柄豆（6）　3. 壶（3）

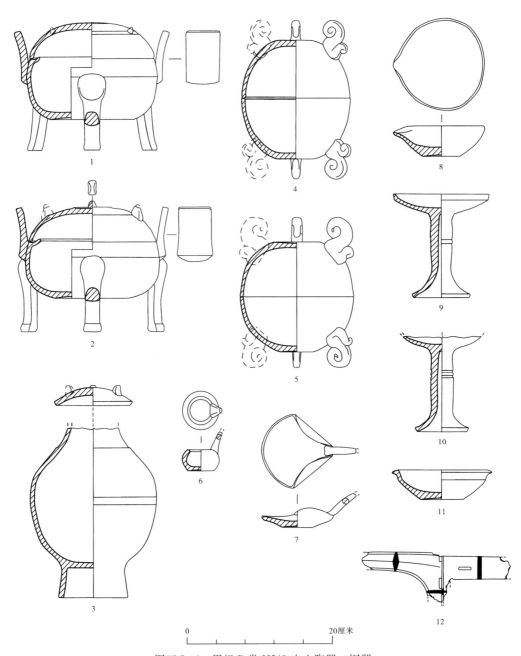

图五〇三　甲组 B 类 M540 出土陶器、铜器

1、2. 陶鼎（12，9）　3. 陶壶（10）　4、5. 陶敦（3，5）　6. 陶勺（11）　7. 陶匕（13）　8. 陶匜（6）
9、10. 陶高柄豆（2，4）　11. 陶盘（7）　12. 铜戈（1）

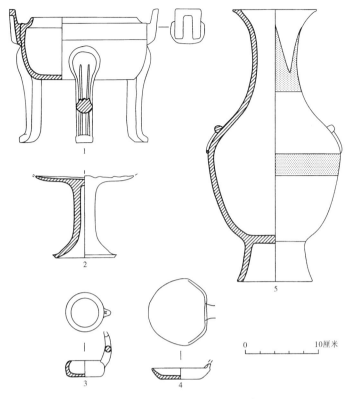

图五〇四 甲组 B 类 M550 出土陶器
1. 鼎（1） 2. 矮柄豆（5） 3. 勺（3） 4. 匕（4） 5. 壶（9）

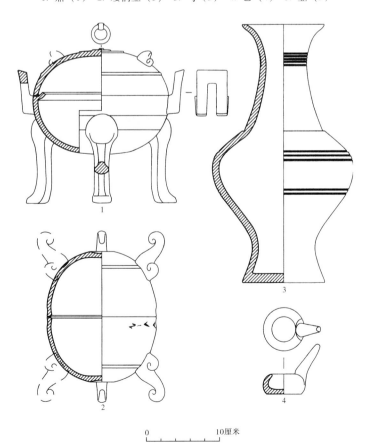

图五〇五 甲组 B 类 M572 出土陶器
1. 鼎（8） 2. 敦（6） 3. 壶（1） 4. 勺（3）

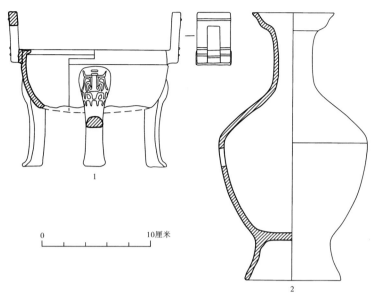

0   10厘米

图五〇六　甲组 B 类 M575 出土陶器

1. 鼎（1）　2. 壶（3）

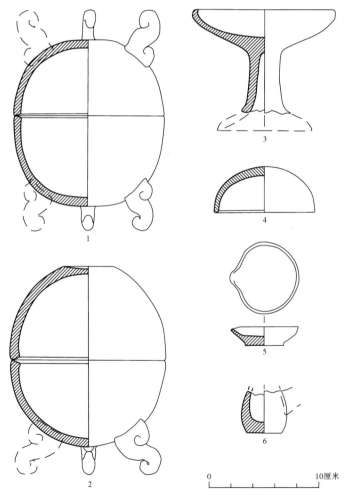

0   10厘米

图五〇七　甲组 B 类 M836 出土陶器

1、2. 敦（2，1）　3. 矮柄豆（5）　4. 壶盖（7）　5. 匜（10）　6. 勺（6）

第三节　乙组 A 类墓

　　乙组 A 类 28 座墓为：M10（图五〇八）、M40（图五〇九；图版六一，1~4）、M42（图五一〇）、M43（图五一一）、M70（图五一二、五一三；图版六二，1、2）、M76（图五一四；图版六三，1、3）、M104（图五一五；图版六三，2）、M105（图五一六；图版六三，4）、M106（图五一七）、M122（图五一八；图版六四，1~3）、M162（图五一九；图版六五，1）、M172（图五二〇）、M198（图五二一）、M201（图五二二）、M232（图五二三；图版六五，2、3）、M286（图五二四）、M291（图五二五）、M294（图五二六；彩版一九，1；图版六六，1、2）、M330（图五二七）、M350（图五二八）、M366（图五二九）、M443（图五三〇）、M510（图五三一）、M283（图五三二）、M636（图五三三；图版六六，3）、M693（图五三四）、M700（图五三五；图版六七，1~3）、M710（图五三六；图版六七，4）。

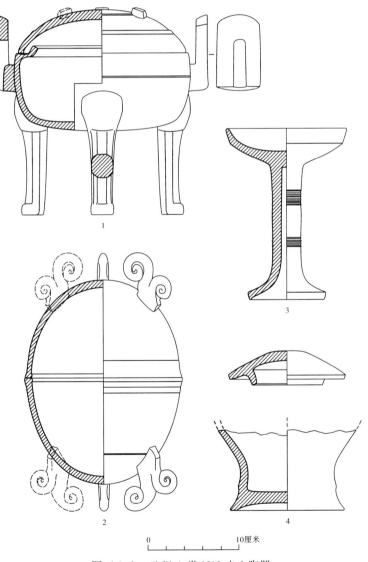

图五〇八　乙组 A 类 M10 出土陶器

1. 鼎（4）　2. 敦（7）　3. 高柄豆（2）　4. 壶及盖（5）

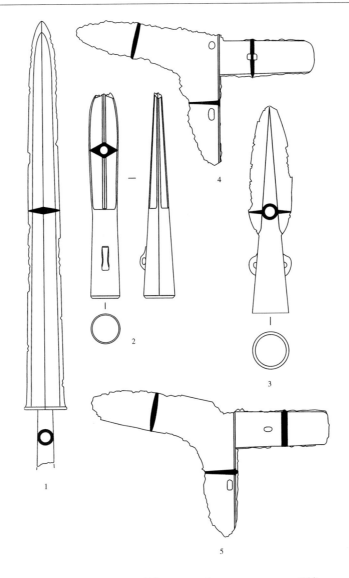

0   10厘米   0   5厘米

1.   2~5.

图五〇九 乙组 A 类 M40 出土铜器

1. 剑（1） 2、3. 矛（2，6） 4、5. 戈（5，3）

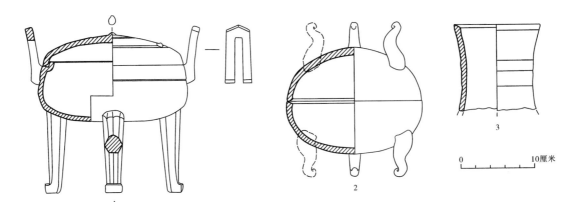

图五一〇 乙组 A 类 M42 出土陶器

1. 鼎（2） 2. 敦（1） 3. 壶（3）

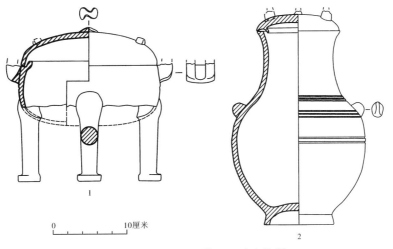

图五一一　乙组 A 类 M43 出土陶器
1. 鼎（2）　2. 壶（3）

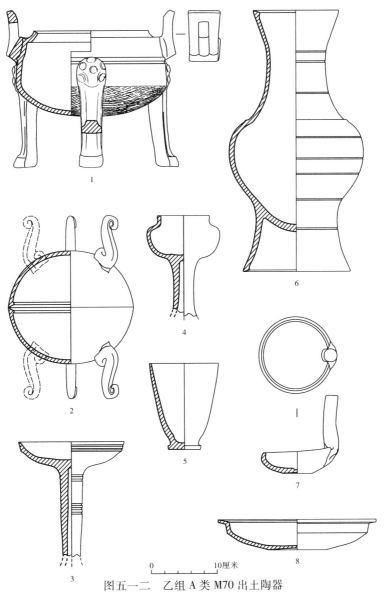

图五一二　乙组 A 类 M70 出土陶器

1. 鼎（6）　2. 敦（10）　3. 高柄豆（7）　4. 高柄小壶（8）　5. 杯（12）　6. 壶（11）　7. 勺（9）　8. 盘（3）

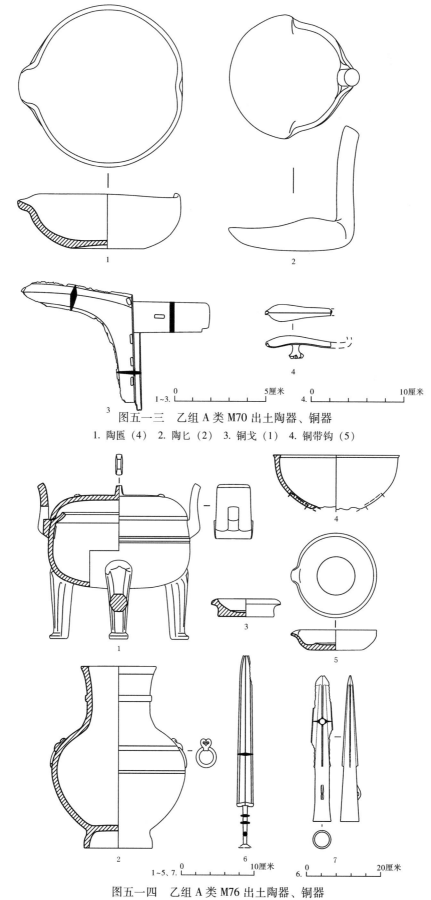

图五一三　乙组 A 类 M70 出土陶器、铜器

1. 陶匜（4）　2. 陶匕（2）　3. 铜戈（1）　4. 铜带钩（5）

图五一四　乙组 A 类 M76 出土陶器、铜器

1. 陶鼎（3）　2. 陶壶（7）　3. 陶盘（4）　4. 陶敦（6）　5. 陶匜（5）　6. 铜剑（1）　7. 铜矛（2）

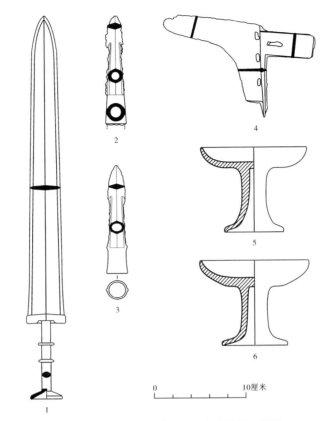

图五一五　乙组 A 类 M104 出土陶器、铜器

1. 铜剑（1）　2、3. 铜矛（2、5）　4. 铜戈（3）　5、6. 陶矮柄豆（7、6）

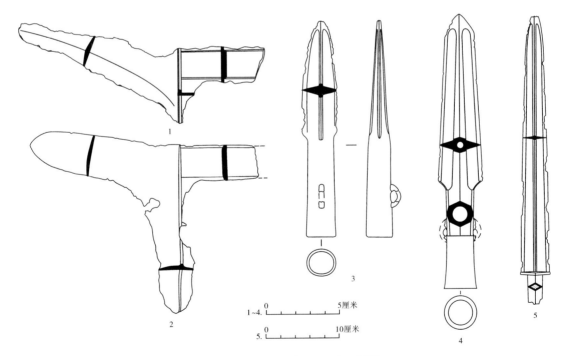

图五一六　乙组 A 类 M105 出土铜器

1、2. 戈（8、7）　3、4. 矛（6、5）　5. 剑（4）

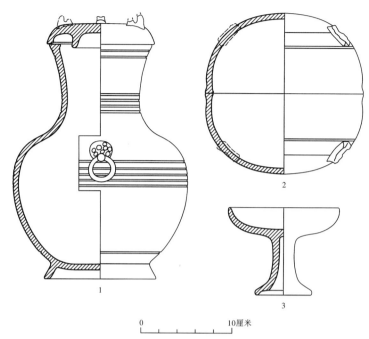

图五一七　乙组 A 类 M106 出土陶器

1. 壶（4）　2. 敦（5）　3. 矮柄豆（3）

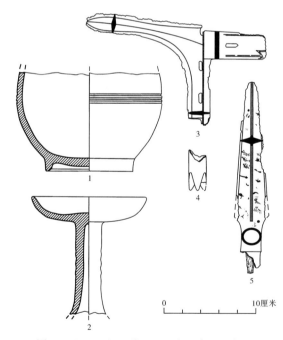

图五一八　乙组 A 类 M122 出土陶器、铜器

1. 陶壶（6）　2. 陶高柄豆（8）　3. 铜戈（9）　4. 铜矛镦（12）　5. 铜矛（3）

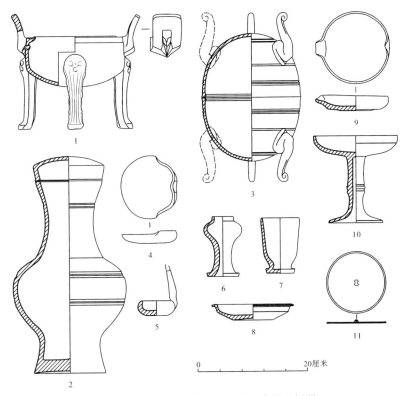

图五一九 乙组 A 类 M162 出土陶器、铜器

1. 陶鼎（6） 2. 陶壶（3） 3. 陶敦（1） 4. 陶匕（8） 5. 陶勺（7） 6. 陶高柄小壶
（9） 7. 陶杯（10） 8. 陶盘（5） 9. 陶匜（4） 10. 陶高柄豆（2） 11. 陶铜镜（11）

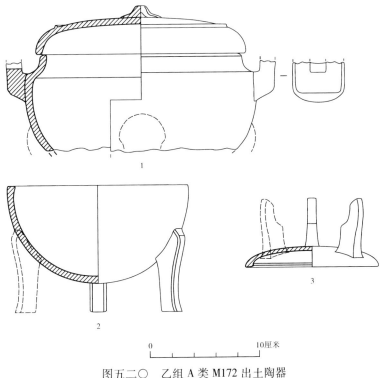

图五二〇 乙组 A 类 M172 出土陶器
1. 鼎（2） 2. 敦（1） 3. 壶盖（3）

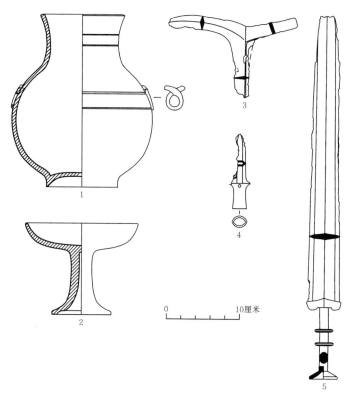

图五二一　乙组 A 类 M198 出土陶器、铜器

1. 陶壶（5）　2. 陶矮柄豆（7）　3. 铜戈（2）　4. 铜矛（3）　5. 铜剑（1）

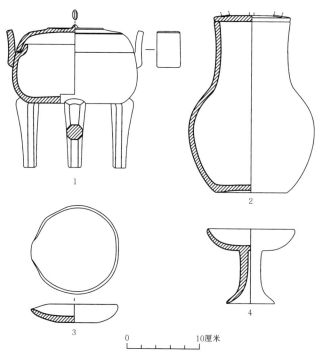

图五二二　乙组 A 类 M201 出土陶器

1. 鼎（2）　2. 壶（3）　3. 匜（1）　4. 矮柄豆（6）

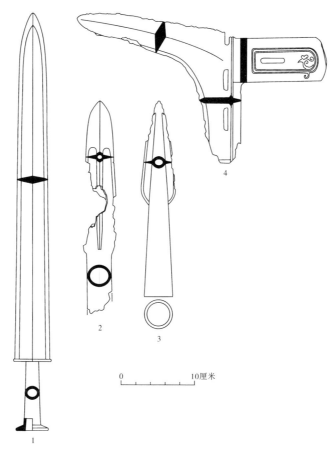

图五二三　乙组 A 类 M232 出土铜器
1. 剑（4）　2、3. 矛（2，1）　4. 戈（3）

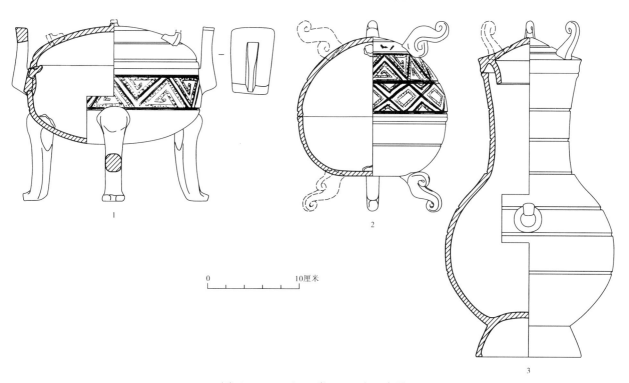

图五二四　乙组 A 类 M286 出土陶器
1. 鼎（2）　2. 敦（3）　3. 壶（1）

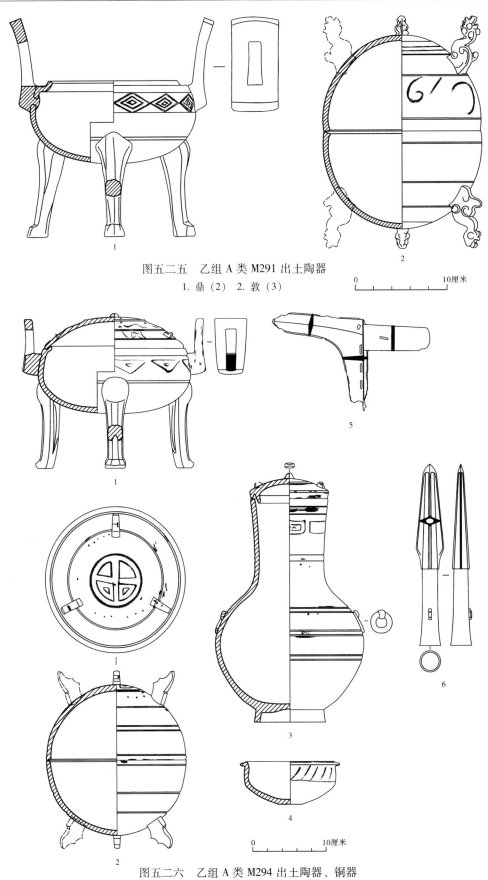

图五二五　乙组 A 类 M291 出土陶器

1. 鼎（2）　2. 敦（3）

0　　　　　　　　　10厘米

图五二六　乙组 A 类 M294 出土陶器、铜器

1. 陶鼎（3）　2. 陶敦（6）　3. 陶壶（4）　4. 陶盘（5）　5. 铜戈（1）　6. 铜矛（2）

0　　　　　　　　　10厘米

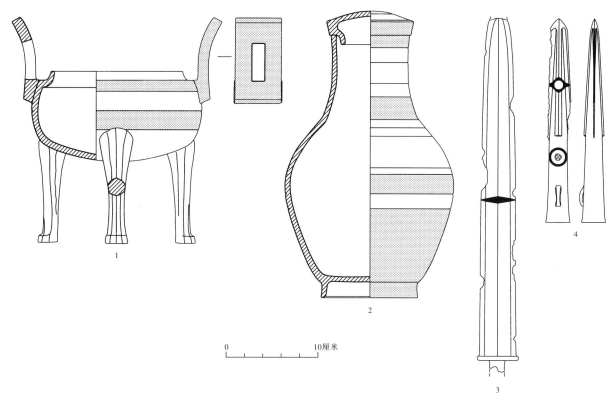

图五二七　乙组 A 类 M330 出土陶器、铜器

1. 陶鼎（4）　2. 陶壶（5）　3. 铜剑（2）　4. 铜矛（1）

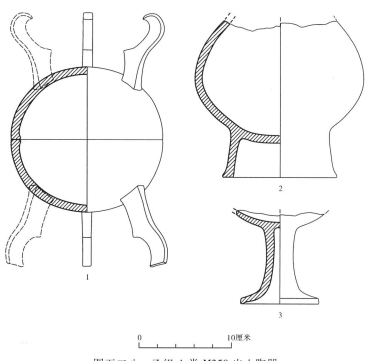

图五二八　乙组 A 类 M350 出土陶器

1. 敦（4）　2. 壶（1）　3. 矮柄豆（3）

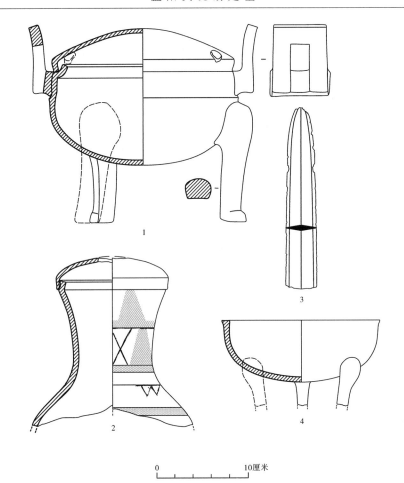

0　　　　　　　10厘米

图五二九　乙组 A 类 M366 出土陶器、铜器
1. 陶鼎（4） 2. 陶壶（3） 3. 铜剑（2） 4. 陶敦（1）

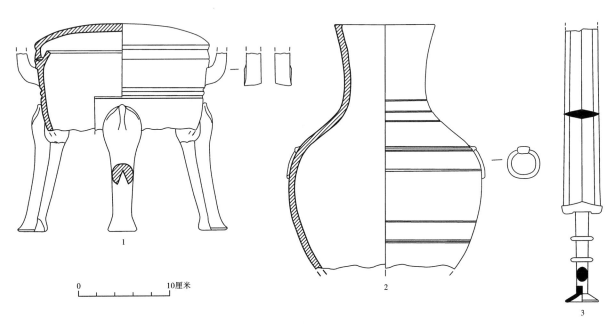

0　　　　　　　10厘米

图五三〇　乙组 A 类 M443 出土陶器、铜器
1. 陶鼎（7） 2. 陶壶（5） 3. 铜剑（2）

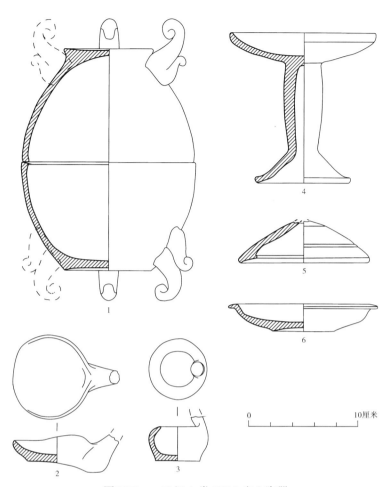

图五三一　乙组 A 类 M510 出土陶器

1. 敦（2）　2. 匕（5）　3. 勺（3）　4. 高柄豆（1）　5. 壶盖（6）　6. 盘（7）

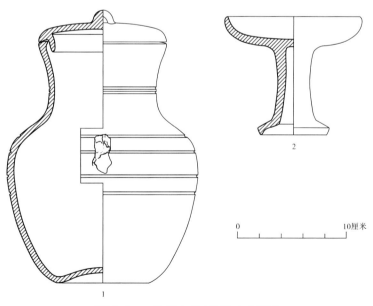

图五三二　乙组 A 类 M283 出土陶器

1. 壶（2）　2. 矮柄豆（1）

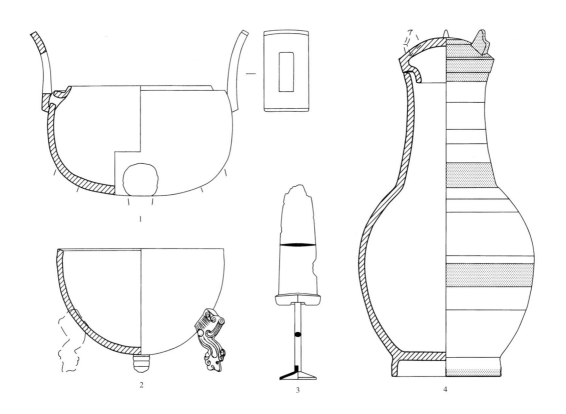

0 　　　　　　　　10厘米

图五三三　乙组 A 类 M636 出土陶器、铜器

1. 陶鼎（5）　2. 陶敦（6）　3. 铜匕首（2）　4. 陶壶（4）

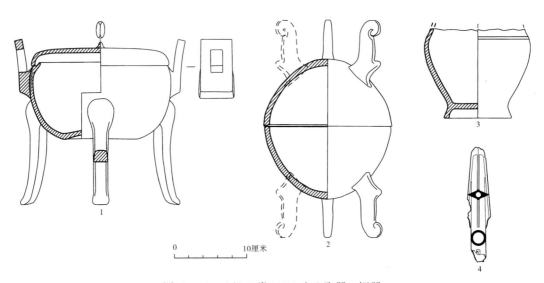

0 　　　　　　　10厘米

图五三四　乙组 A 类 M693 出土陶器、铜器

1. 陶鼎（2）　2. 陶敦（3）　3. 陶壶（4）　4. 铜矛（5）

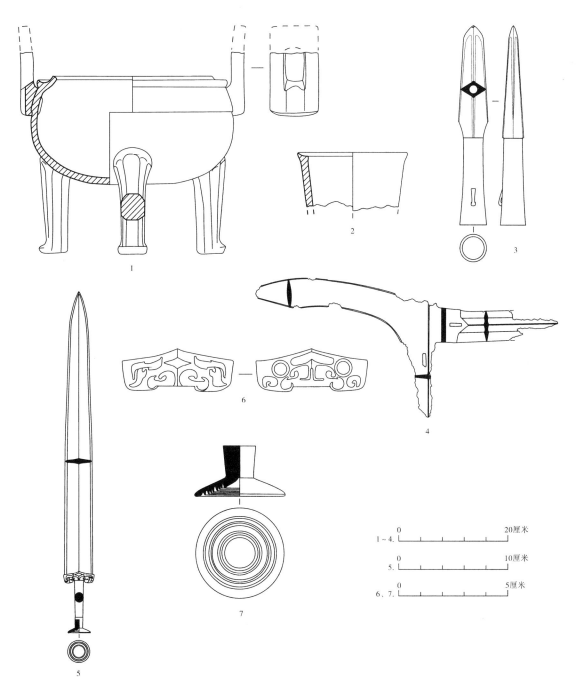

图五三五　乙组 A 类 M700 出土陶器、铜器

1. 陶鼎（4）　2. 陶壶（6）　3. 铜矛（1）　4. 铜戈（2）　5、6. 铜剑及附件（3）

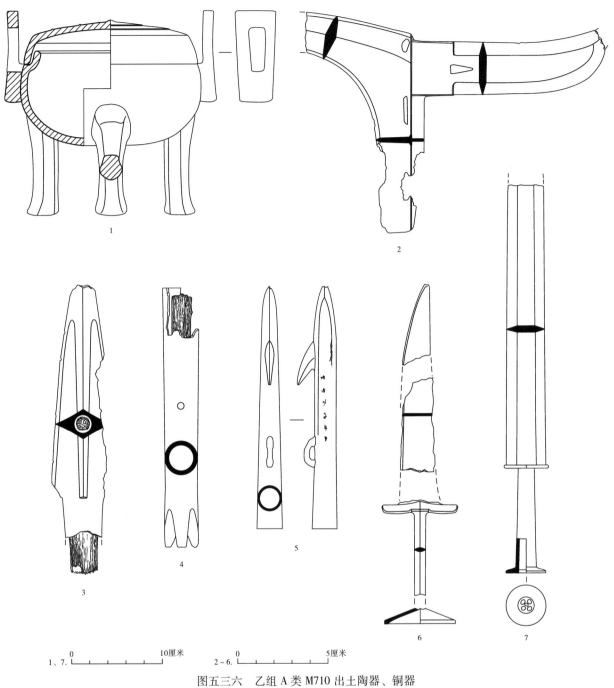

图五三六　乙组 A 类 M710 出土陶器、铜器

1. 陶鼎（8）　2. 铜戈（6）　3. 铜矛（5）　4. 铜矛镦（7）　5. 铜镖（2）　6. 铜削（4）　7. 铜剑（1）

第四节　乙组 B 类墓

乙组 B 类 27 座墓为：M813（图五三七）、M20（图五三八）、M29（图五三九）、M115（图五四〇）、M148（图五四一）、M158（图五四二）、M183（图五四三）、M206（图五四四）、M245（图五四五；图版六八，1）、M311（图五四六）、M312（图五四七）、M380（图五四八）、M392

（图五四九）、M451（图五五○）、M453（图五五一；图版六八，2）、M508（图五五二）、M511（图五五三；图版六九，1）、M525（图五五四）、M547（图五五五）、M576（图五五六；图版六九，2）、M578（图五五七）、M590（图五五八）、M591（图五五九）、M594（图五六○；图版七○，1）、M639（图五六一）、M640（图五六二）、M826（图五六三）。

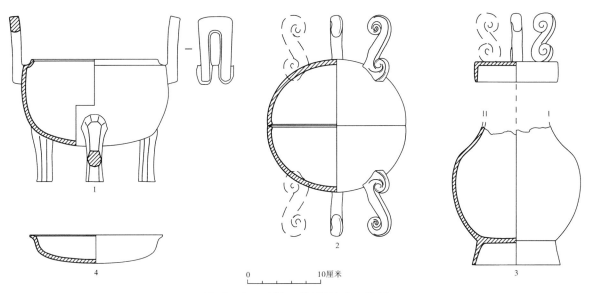

0　　　　　　　　10厘米

图五三七　乙组 A 类 M813 出土陶器
1. 鼎（2）　2. 敦（3）　3. 壶（1）　4. 盘（4）

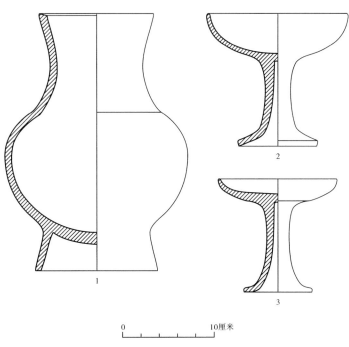

0　　　　　　　　10厘米

图五三八　乙组 B 类 M20 出土陶器
1. 壶（1）　2、3. 矮柄豆（2，3）

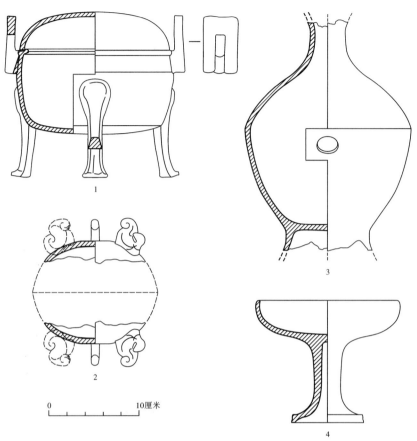

图五三九　乙组 B 类 M29 出土陶器

1. 鼎（4）　2. 敦（2）　3. 壶（1）　4. 矮柄豆（3）

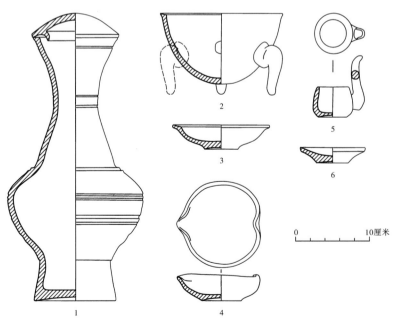

图五四〇　乙组 B 类 M115 出土陶器

1. 壶（5）　2. 敦（3）　3、6. 盘（6，8）　4. 匜（4）　5. 勺（7）

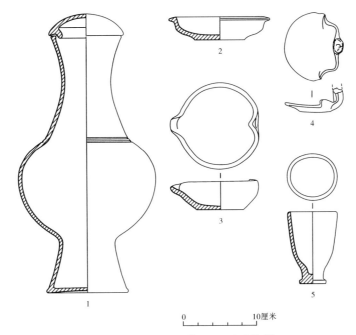

图五四一　乙组 B 类 M148 出土陶器

1. 壶（7）　2. 盘（2）　3. 匜（4）　4. 匕（9）　5. 杯（3）

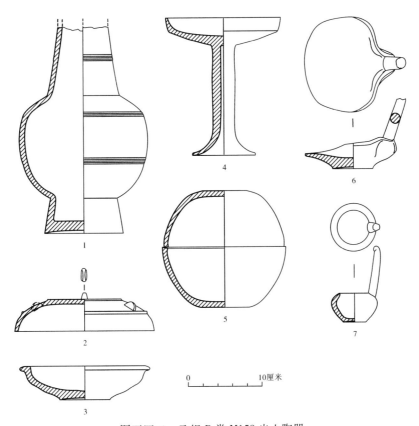

图五四二　乙组 B 类 M158 出土陶器

1. 壶（2）　2. 鼎盖（5）　3. 盘（6）　4. 高柄豆（7）　5. 盒（4）　6. 匕（3）　7. 勺（1）

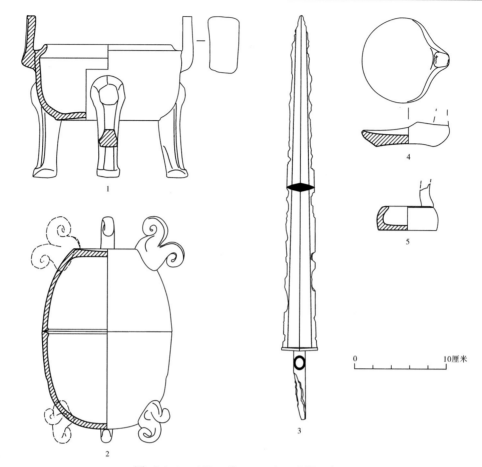

图五四三　乙组 B 类 M183 出土陶器、铜器

1. 陶鼎（1）　2. 陶敦（2）　3. 铜剑（8）　4. 陶匕（7）　5. 陶勺（6）

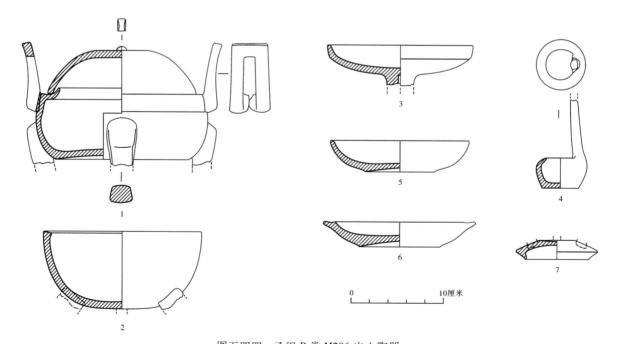

图五四四　乙组 B 类 M206 出土陶器

1. 鼎（2）　2. 敦（5）　3. 高柄豆（7）　4. 勺（3）　5、6. 盘（1，6）　7. 壶盖（4）

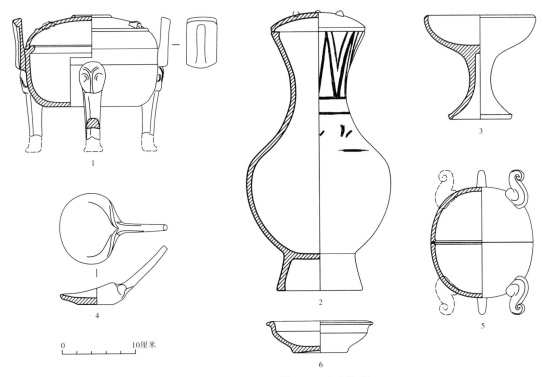

图五四五 乙组 B 类 M245 出土陶器

1. 鼎（6） 2. 壶（1） 3. 矮柄豆（7） 4. 匕（4） 5. 敦（2） 6. 盘（3）

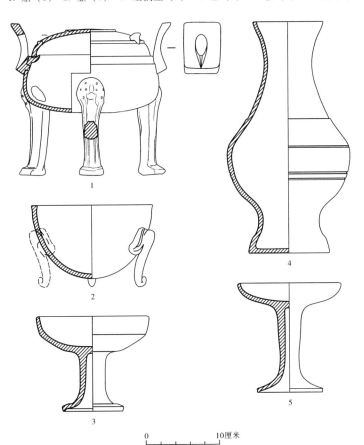

图五四六 乙组 B 类 M311 出土陶器

1. 鼎（1） 2. 敦（2） 3. 矮柄豆（4） 4. 壶（3） 5. 高柄豆（5）

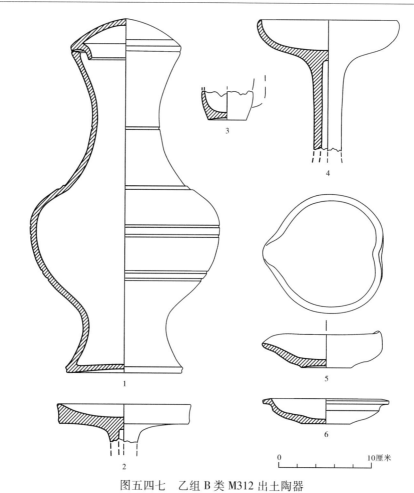

图五四七 乙组 B 类 M312 出土陶器

1. 壶（1） 2、4. 高柄豆（3，2） 3. 勺（6） 5. 匜（7） 6. 盘（4）

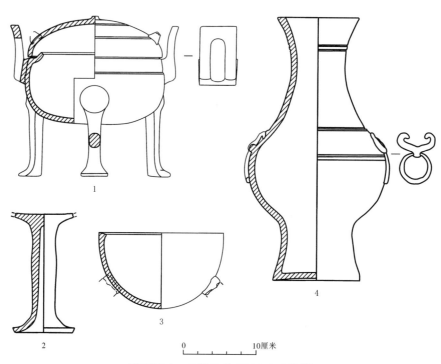

图五四八 乙组 B 类 M380 出土陶器

1. 鼎（1） 2. 高柄豆（5） 3. 敦（2） 4. 壶（3）

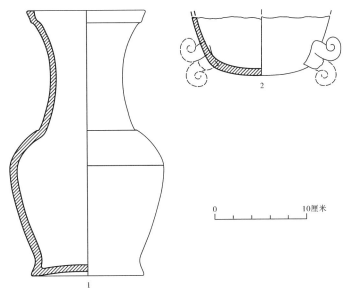

图五四九　乙组 B 类 M392 出土陶器
1. 长颈壶（1）　2. 敦（2）

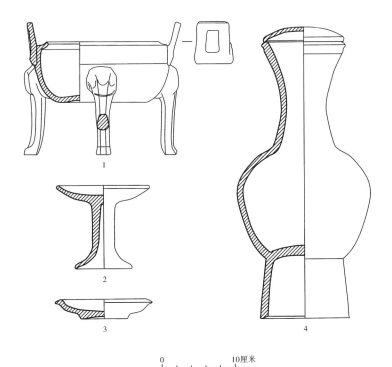

图五五〇　乙组 B 类 M451 出土陶器
1. 鼎（1）　2. 矮柄豆（2）　3. 盘（4）　4. 壶（3）

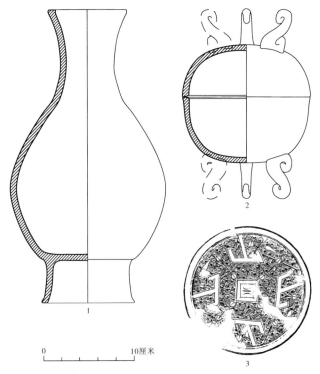

0 　　　　　　 10厘米

图五五一　乙组 B 类 M453 出土陶器、铜器

1. 陶壶（2）　2. 陶敦（5）　3. 铜镜（1）

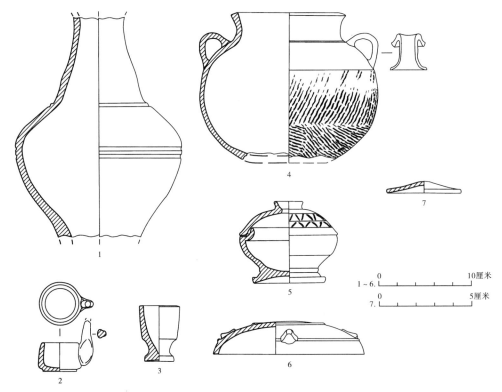

1~6.　0 　　　　　 10厘米
7.　0 　　　 5厘米

图五五二　乙组 B 类 M508 出土陶器、铜器

1. 陶壶（1）　2. 陶勺（9）　3. 陶杯（8）　4. 陶双耳罐（2）　5. 陶熏（6）　6. 陶鼎盖（3）　7. 铜剑首（7）

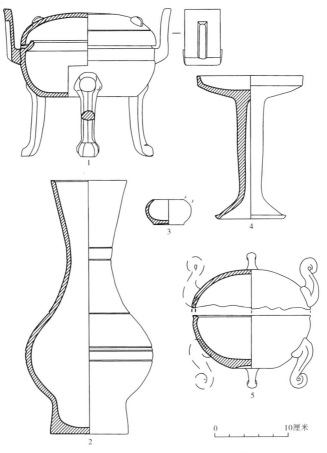

图五五三　乙组 B 类 M511 出土陶器
1. 鼎（2）　2. 壶（3）　3. 勺（5）　4. 高柄豆（2）　5. 敦（4）

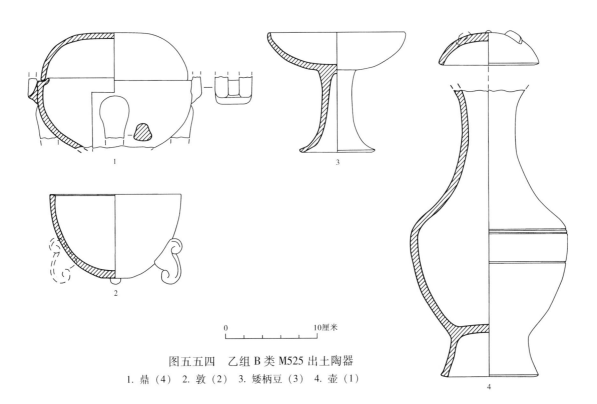

图五五四　乙组 B 类 M525 出土陶器
1. 鼎（4）　2. 敦（2）　3. 矮柄豆（3）　4. 壶（1）

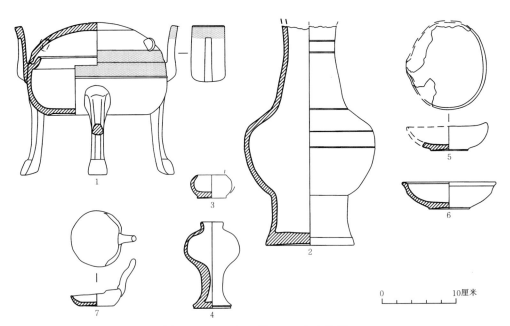

图五五五　乙组 B 类 M547 出土陶器

1. 鼎（4）　2. 壶（7）　3. 勺（3）　4. 高柄小壶（1）　5. 匜（6）　6. 盘（2）　7. 匕（9）

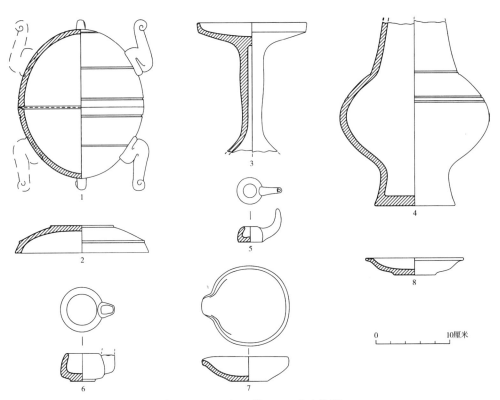

图五五六　乙组 B 类 M576 出土陶器

1. 敦（2）　2. 鼎盖（3）　3. 高柄豆（6）　4. 壶（1）　5、6. 勺（4，10）　7. 匜（5）　8. 盘（9）

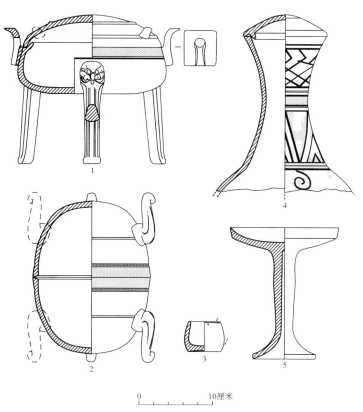

图五五七　乙组 B 类 M578 出土陶器
1. 鼎（1）　2. 敦（6）　3. 勺（2）　4. 壶（3）　5. 高柄豆（4）

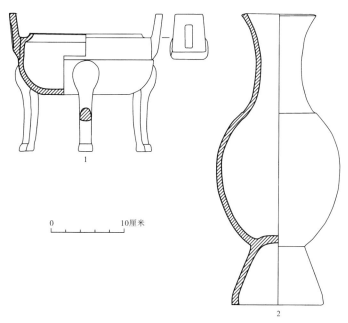

图五五八　乙组 B 类 M590 出土陶器
1. 鼎（1）　2. 壶（2）

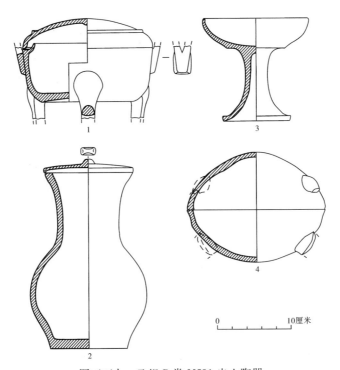

图五五九　乙组 B 类 M591 出土陶器

1. 鼎（2）　2. 壶（3）　3. 矮柄豆（4）　4. 敦（1）

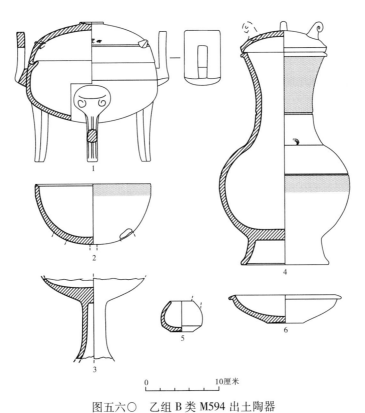

图五六〇　乙组 B 类 M594 出土陶器

1. 鼎（1）　2. 敦（6）　3. 矮柄豆（2）　4. 壶（3）　5. 勺（4）　6. 盘（5）

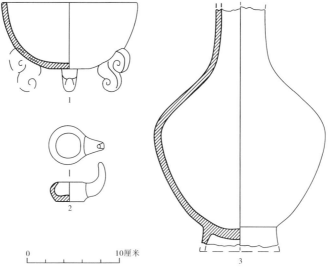

图五六一　乙组 B 类 M639 出土陶器

1. 敦（4）　2. 勺（5）　3. 壶（2）

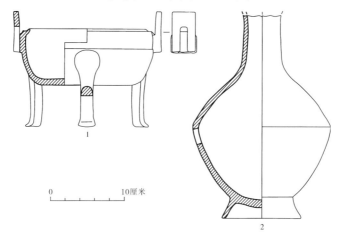

图五六二　乙组 B 类 M640 出土陶器

1. 鼎（3）　2. 壶（1）

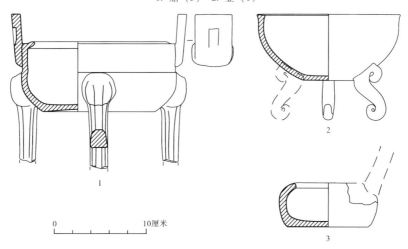

图五六三　乙组 B 类 M826 出土陶器

1. 鼎（1）　2. 敦（3）　3. 勺（4）

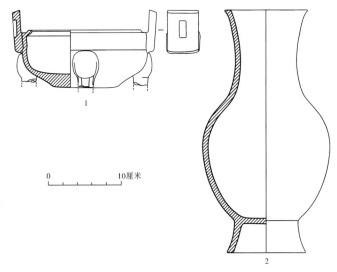

图五六四 乙组 B 类 M829 出土陶器

1. 鼎（1） 2. 壶（3）

第五节 丙组 A 类墓

丙组 A 类 26 座墓为：M829（图五六四）、M5（图五六五）、M15（图五六六）、M165（图五六七）、M168（图五六八）、M207（图五六九）、M210（图五七○；图版七○，2、3）、M218（图五七一；图版七一，1）、M226（图五七二）、M227（图五七三；彩版一九，2；图版七一，2）、M248（图五七四）、M275（图五七五；彩版二○，1；图版七二，1）、M278（图五七六；图版七二，2）、M281（图五七七）、M285（图五七八；图版七三，1）、M323（图五七九；图版七三，2）、M422（图五八○）、M425（图五八一）、M629（图五八二）、M645（图五八三）、M668（图五八四）、M694（图五八五）、M701（图五八六）、M743（图五八七）、M775（图五八八；图版七四，1）、M801（图五八九）。

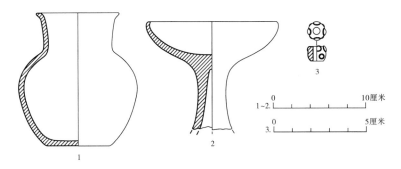

图五六五 丙组 A 类 M5 出土陶器、玻璃器

1. 陶高领罐（2） 2. 陶矮柄豆（3） 3. 玻璃珠（1）

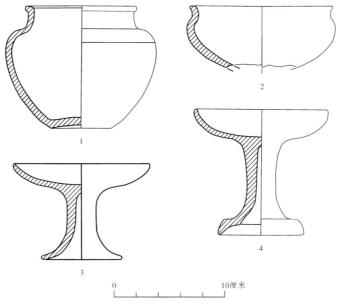

图五六六 丙组 A 类 M15 出土陶器
1. 矮领罐（2） 2. 盂（4） 3、4. 矮柄豆（3，1）

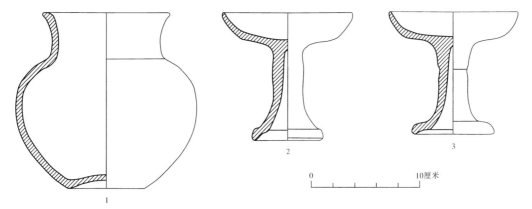

图五六七 丙组 A 类 M165 出土陶器
1. 高领罐（3） 2、3. 矮柄豆（1，2）

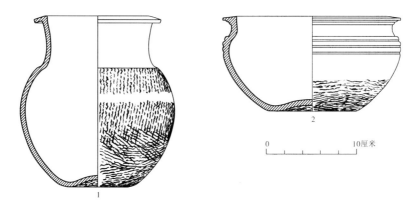

图五六八 丙组 A 类 M168 出土陶器
1. 高领罐（1） 2. 盂（2）

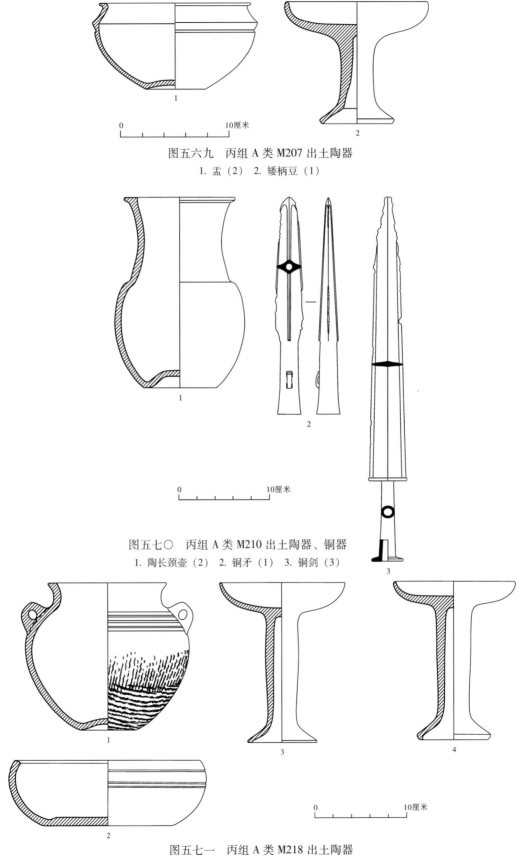

0　　　　　　　10厘米

图五六九　丙组 A 类 M207 出土陶器
1. 盂（2）　2. 矮柄豆（1）

0　　　　　　　10厘米

图五七〇　丙组 A 类 M210 出土陶器、铜器
1. 陶长颈壶（2）　2. 铜矛（1）　3. 铜剑（3）

0　　　　　　　10厘米

图五七一　丙组 A 类 M218 出土陶器
1. 双耳罐（2）　2. 盂（1）　3、4. 高柄豆（3，4）

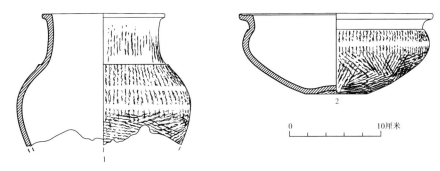

图五七二　丙组 A 类 M226 出土陶器
1. 高领罐（1）　2. 盂（2）

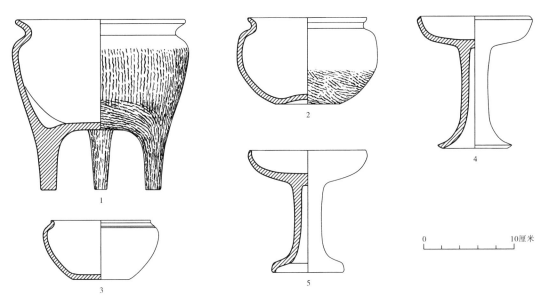

图五七三　丙组 A 类 M227 出土陶器
1. 鬲（2）　2. 矮领罐（4）　3. 盂（1）　4、5. 高柄豆（3，5）

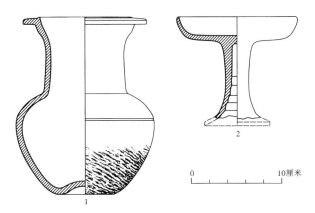

图五七四　丙组 A 类 M248 出土陶器
1. 高领罐（3）　2. 矮柄豆（2）

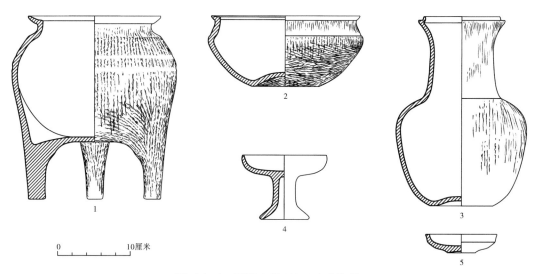

图五七五　丙组 A 类 M275 出土陶器
1. 鬲（4）　2. 盂（3）　3. 壶（2）　4. 矮柄豆（1）　5. 盘（5）

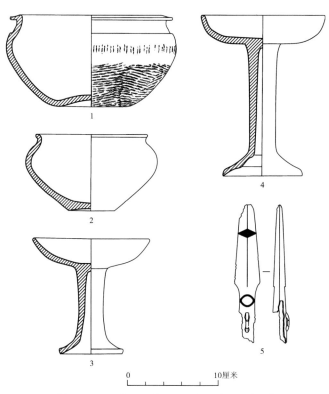

图五七六　丙组 A 类 M278 出土陶器、铜器
1、2. 陶盂（2，5）　3、4. 陶高柄豆（4，3）　5. 铜矛（1）

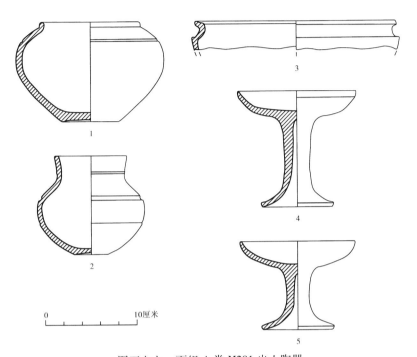

图五七七　丙组 A 类 M281 出土陶器

1. 矮领罐（5）　2. 高领罐（1）　3. 盂（2）　4. 高柄豆（4）　5. 矮柄豆（3）

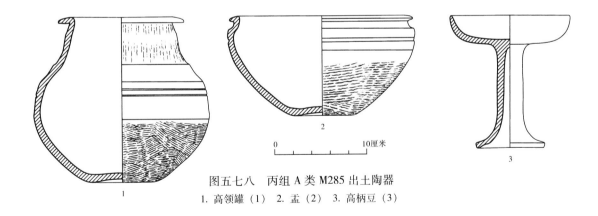

图五七八　丙组 A 类 M285 出土陶器

1. 高领罐（1）　2. 盂（2）　3. 高柄豆（3）

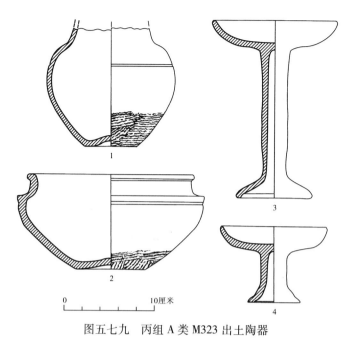

图五七九 丙组 A 类 M323 出土陶器

1. 高领罐（3） 2. 盂（2） 3. 高柄豆（1） 4. 矮柄豆（4）

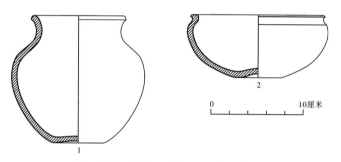

图五八〇 丙组 A 类 M422 出土陶器

1. 矮领罐（1） 2. 盂（2）

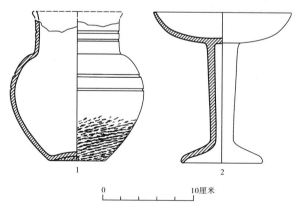

图五八一 丙组 A 类 M425 出土陶器

1. 高领罐（1） 2. 高柄豆（3）

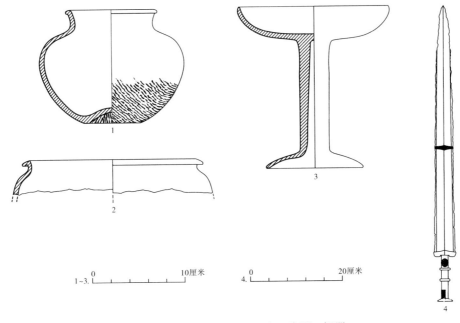

图五八二　丙组 A 类 M629 出土陶器、铜器

1. 陶矮领罐（2）　2. 陶盂（6）　3. 陶高柄豆（5）　4. 铜剑（1）

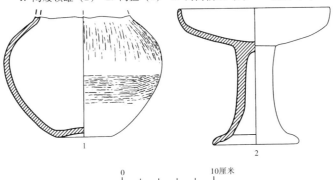

图五八三　丙组 A 类 M645 出土陶器

1. 罐（1）　2. 矮柄豆（2）

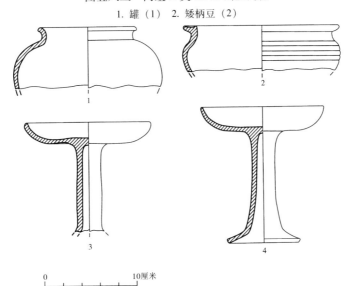

图五八四　丙组 A 类 M668 出土陶器

1. 矮领罐（2）　2. 盂（3）　3、4. 高柄豆（4，1）

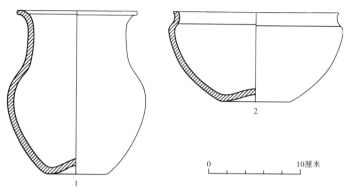

图五八五　丙组 A 类 M694 出土陶器

1. 高领罐（2）　2. 盂（1）

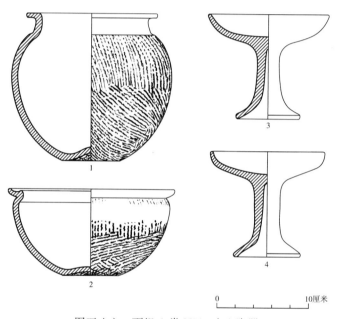

图五八六　丙组 A 类 M701 出土陶器

1. 矮领罐（4）　2. 盂（1）　3、4. 矮柄豆（2，3）

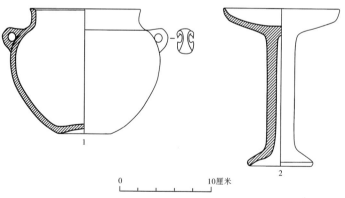

图五八七　丙组 A 类 M743 出土陶器

1. 双耳罐（2）　2. 高柄豆（1）

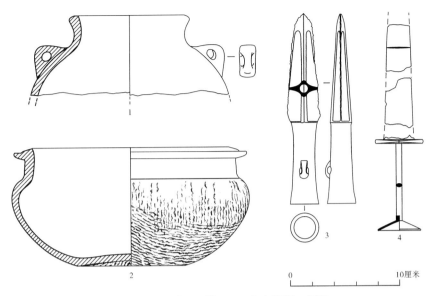

图五八八　丙组 A 类 M775 出土陶器、铜器
1. 陶双耳罐（2）　2. 陶盂（3）　3. 铜矛（4）　4. 铜匕首（5）

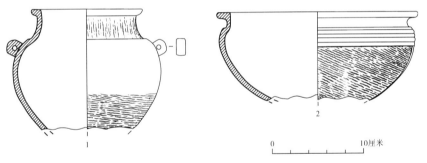

图五八九　丙组 A 类 M801 出土陶器
1. 双耳罐（1）　2. 盂（2）

第六节　丙组 B 类墓

丙组 B 类 24 座墓为：M24（图五九〇；图版七四，2）、M27（图五九一）、M35（图五九二；图版七四，3）、M49（图五九三）、M52（图五九四）、M176（图五九五；图版七五，1）、M181（图五九六）、M187（图五九七）、M222（图五九八）、M295（图五九九）、M305（图六〇〇；图版七五，2）、M500（图六〇一；图版七六，1）、M501（图六〇二；图版七六，2）、M507（图六〇三；图版七七，1）、M516（图六〇四；图版七七，2）、M530（图六〇五）、M533（图六〇六）、M536（图六〇七）、M566（图六〇八）、M570（图六〇九）、M600（图六一〇）、M604（图六一一）、M614（图六一二）、M653（图六一三）。

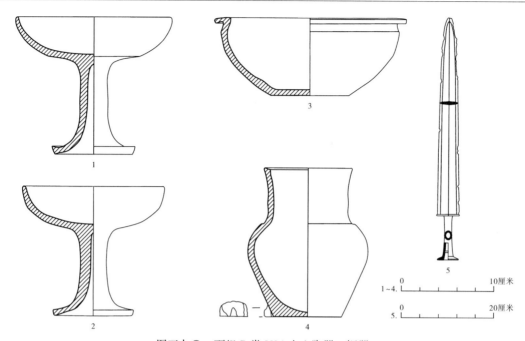

图五九〇　丙组 B 类 M24 出土陶器、铜器

1、2. 陶矮柄豆（8，2）　3. 陶盂（7）　4. 陶高领罐（3）　5. 铜剑（1）

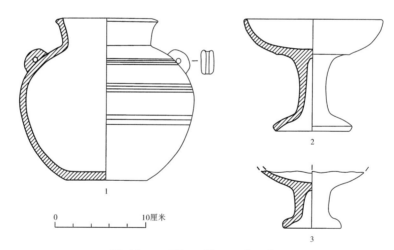

图五九一　丙组 B 类 M27 出土陶器

1. 双耳罐（1）　2、3. 矮柄豆（2，3）

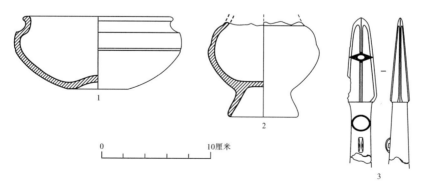

图五九二　丙组 B 类 M35 出土陶器、铜器

1. 陶盂（2）　2. 陶小壶（1）　3. 铜矛（3）

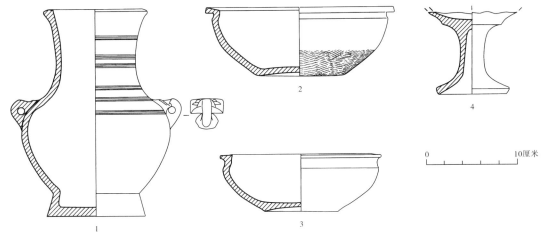

图五九三　丙组 B 类 M49 出土陶器
1. 双耳壶（3）　2、3. 盂（1，4）　4. 矮柄豆（2）

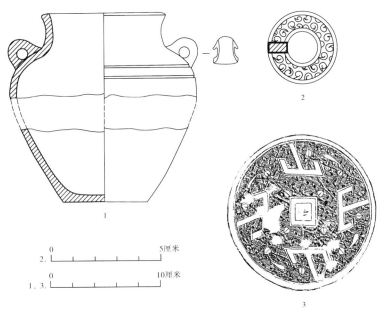

图五九四　丙组 B 类 M52 出土陶器、铜器、玉器
1. 陶双耳壶（2）　2. 玉璧（4）　3. 铜镜（3）

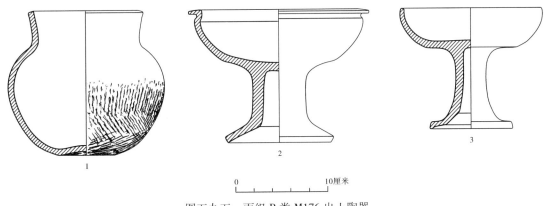

图五九五　丙组 B 类 M176 出土陶器
1. 高领罐（1）　2. 簋（2）　3. 矮柄豆（3）

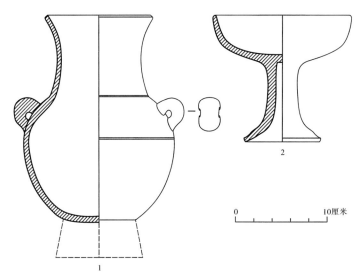

图五九六　丙组 B 类 M181 出土陶器

1. 双耳壶（4）　2. 矮柄豆（1）

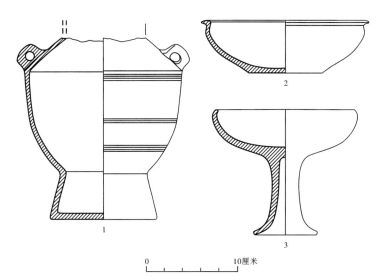

图五九七　丙组 B 类 M187 出土陶器

1. 双耳壶（3）　2. 盂（1）　3. 矮柄豆（2）

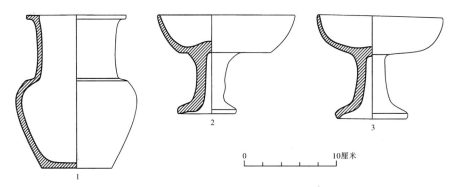

图五九八　丙组 B 类 M222 出土陶器

1. 高领罐（1）　2、3. 矮柄豆（2，3）

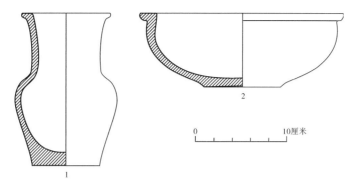

图五九九　丙组 B 类 M295 出土陶器
1. 小壶（2）　2. 盂（1）

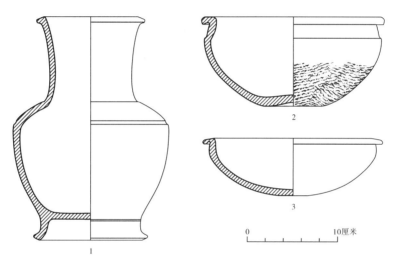

图六〇〇　丙组 B 类 M305 出土陶器
1. 壶（1）　2、3. 盂（3，2）

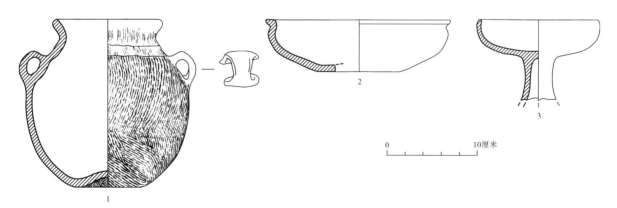

图六〇一　丙组 B 类 M500 出土陶器
1. 双耳罐（2）　2. 盂（1）　3. 矮柄豆（3）

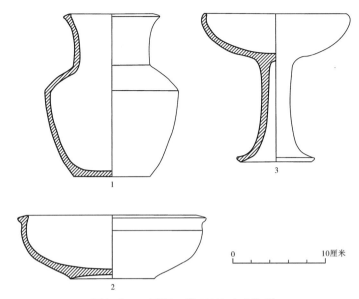

图六〇二　丙组 B 类 M501 出土陶器

1. 高领罐（2）　2. 盂（1）　3. 矮柄豆（3）

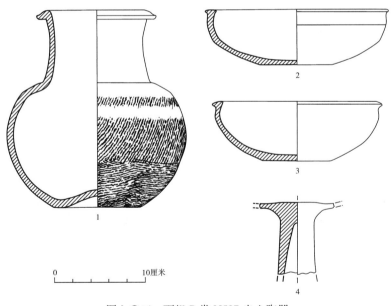

图六〇三　丙组 B 类 M507 出土陶器

1. 高领罐（1）　2、3. 盂（2，4）　4. 矮柄豆（3）

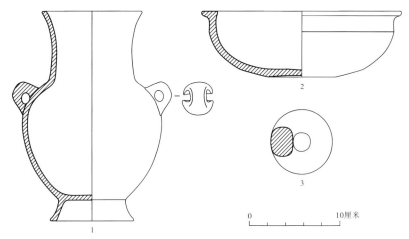

图六〇四　丙组 B 类 M516 出土陶器

1. 双耳壶（2）　2. 盂（1）　3. 砝码（3）

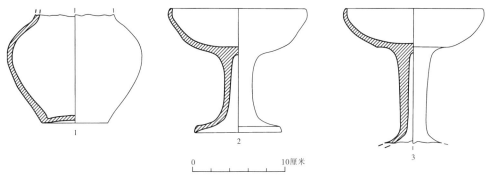

图六〇五　丙组 B 类 M530 出土陶器

1. 罐（1）　2、3. 矮柄豆（2，3）

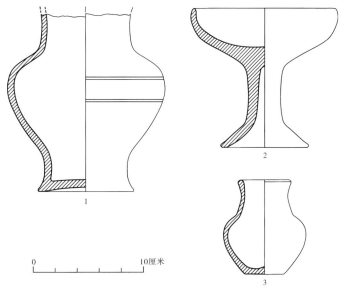

图六〇六　丙组 B 类 M533 出土陶器

1. 小壶（1）　2. 矮柄豆（3）　3. 小罐（2）

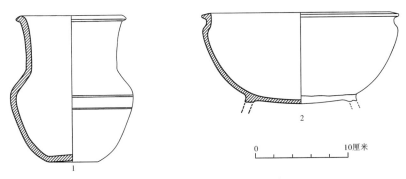

图六〇七　丙组 B 类 M536 出土陶器
1. 高领罐（1）　2. 簋（2）

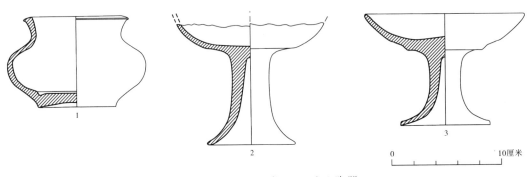

图六〇八　丙组 B 类 M566 出土陶器
1. 矮领罐（1）　2、3. 矮柄豆（2，3）

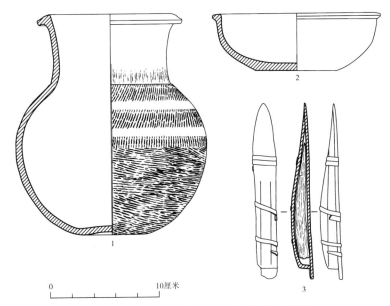

图六〇九　丙组 B 类 M570 出土陶器、铜器
1. 陶高领罐（1）　2. 陶盂（2）　3. 铜刮刀（3）

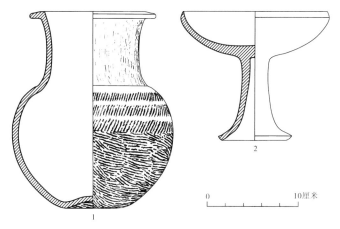

图六一〇　丙组 B 类 M600 出土陶器
1. 高领罐（1）　2. 矮柄豆（2）

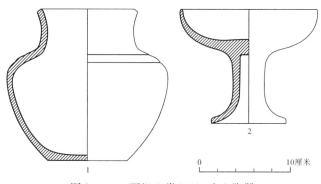

图六一一　丙组 B 类 M604 出土陶器
1. 高领罐（2）　2. 矮柄豆（1）

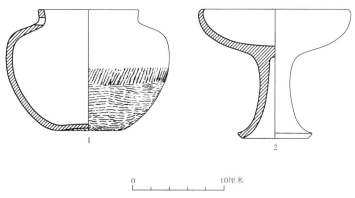

图六一二　丙组 B 类 M614 出土陶器
1. 矮领罐（1）　2. 矮柄豆（2）

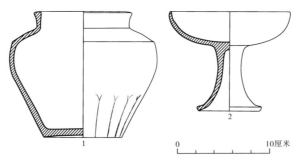

图六一三　丙组 B 类 M653 出土陶器
1. 矮领罐（2）　2. 矮柄豆（3）

第七节　丙组 C 类墓

丙组 C 类 19 座墓为：M17（图六一四）、M22（图六一五；图版七八，1）、M38（图六一六）、M77（图六一七；图版七八，2）、M133（图六一八）、M213（图六一九）、M302（图六二〇）、M463（图六二一）、M512（图六二二）、M513（图六二三）、M518（图六二四）、M545（图六二五；图版七九，1）、M563（图六二六）、M617（图六二七）、M619（图六二八）、M692（图六二九）、M779（图六三〇）、M822（图六三一）、M832（图六三二；图版七九，2）。

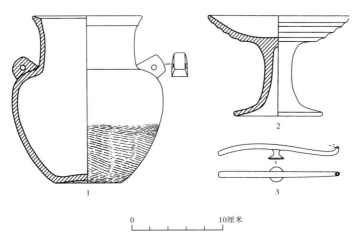

图六一四　丙组 C 类 M17 出土陶器、铜器
1. 陶双耳罐（2）　2. 陶矮柄豆（1）　3. 铜带钩（3）

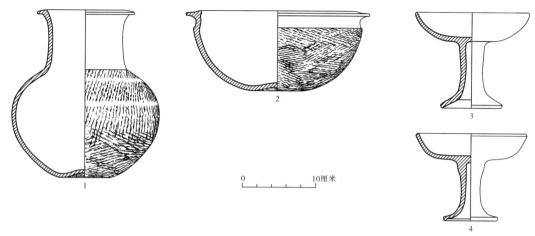

图六一五　丙组 C 类 M22 出土陶器
1. 高领罐（1）　2. 盂（4）　3、4. 矮柄豆（2，3）

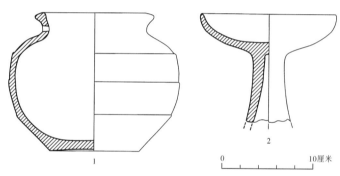

图六一六　丙组 C 类 M38 出土陶器
1. 矮领罐（2）　2. 矮柄豆（1）

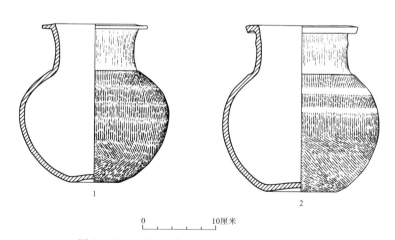

图六一七　丙组 C 类 M77 出土陶高领罐（1，2）

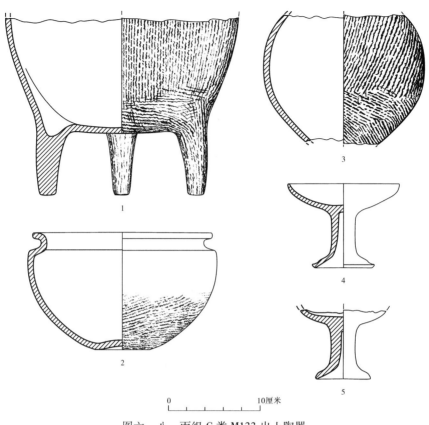

图六一八 丙组 C 类 M133 出土陶器

1. 鬲（1） 2. 盂（2） 3. 高领罐（4） 4、5. 矮柄豆（5，3）

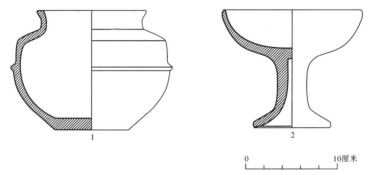

图六一九 丙组 C 类 M213 出土陶器

1. 矮领罐（1） 2. 矮柄豆（2）

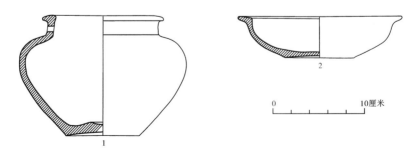

图六二〇 丙组 C 类 M302 出土陶器

1. 矮领罐（1） 2. 盂（2）

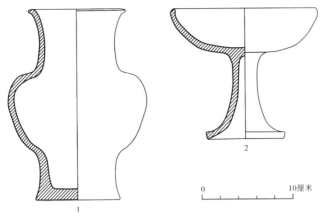

图六二一　丙组 C 类 M463 出土陶器
1. 小壶（2）　2. 矮柄豆（1）

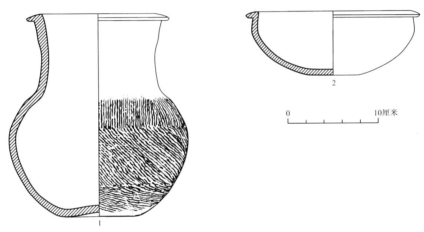

图六二二　丙组 C 类 M512 出土陶器
1. 高领罐（2）　2. 盂（1）

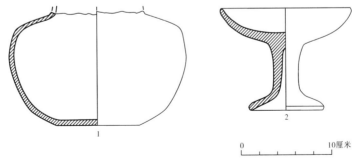

图六二三　丙组 C 类 M513 出土陶器
1. 罐（4）　2. 矮柄豆（3）

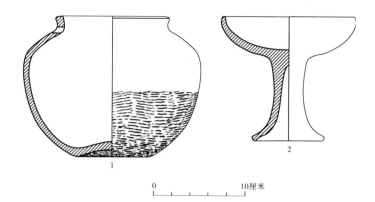

0　　　　　　　　　　10厘米

图六二四　丙组 C 类 M518 出土陶器

1. 矮领罐（2）　2. 矮柄豆（3）

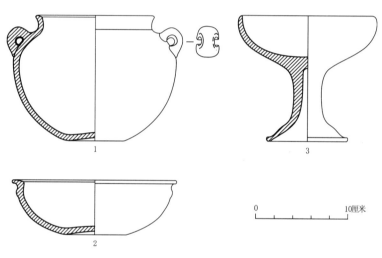

0　　　　　　　　　　10厘米

图六二五　丙组 C 类 M545 出土陶器

1. 双耳罐（2）　2. 盂（1）　3. 矮柄豆（3）

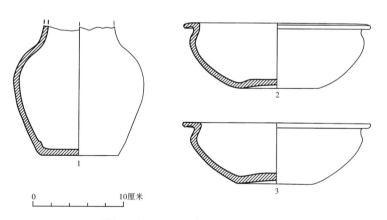

0　　　　　　　　　10厘米

图六二六　丙组 C 类 M563 出土陶器

1. 高领罐（3）　2、3. 盂（1，2）

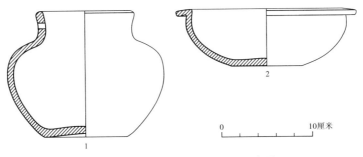

图六二七　丙组 C 类 M617 出土陶器
1. 矮领罐（1）　2. 盂（2）

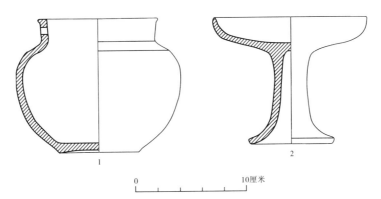

图六二八　丙组 C 类 M619 出土陶器
1. 矮领罐（2）　2. 矮柄豆（3）

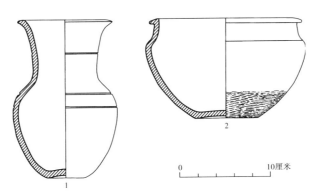

图六二九　丙组 C 类 M692 出土陶器
1. 长颈壶（1）　2. 盂（2）

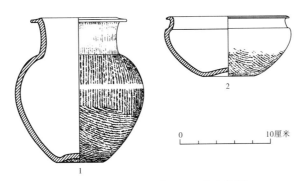

图六三〇　丙组 C 类 M779 出土陶器
1. 高领罐（1）　2. 盂（2）

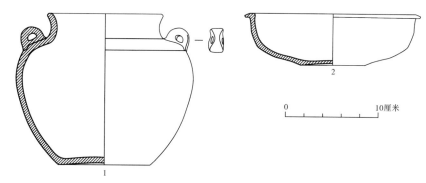

图六三一　丙组 C 类 M822 出土陶器
1. 双耳罐（1）　2. 盂（2）

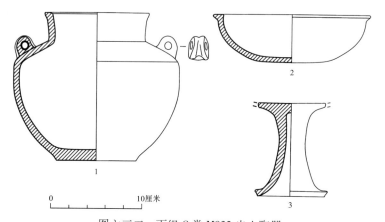

图六三二　丙组 C 类 M832 出土陶器
1. 双耳罐（1）　2. 盂（2）　3. 矮柄豆（3）

第六章　出土器物类型学分析

第一节　概述

在出有随葬品的 602 座墓中，共出土各类器物 2513 件。按质地分有陶、铜、铁、玻璃器等；按组合类别及功用分有仿铜陶礼器、日用陶器、兵器、妆饰器、工具等；按器形分则有 63 种（残器除外）。

出土品中以陶器为主，共 2101 件，主要为仿铜陶礼器和日用陶器。以鼎、壶、敦、豆以及各种形态的罐数量较多；其次为铜器，共 377 件，主要为铜兵器；还有铁器 18 件，杂器 17 件（表一五）。

在 2513 件出土器物中，形态明确的有 1619 件。本章主要对其中数量较多、演变序列较为清晰的器类进行类型学分析，另有部分器物数量虽少甚至只有 1 件，但具有代表意义，也予介绍。而对极少数代表意义不大和因残甚形态不明的器物本章从略。本章所列举的陶器有鼎、敦、盒、壶、小口鼎、盉、熏、高柄小壶、杯、盘、匜、勺、匕、斗、鬲、长颈壶、矮领罐、双耳罐、高领罐、双耳壶、小罐、小壶、盂、筥、高柄豆、矮柄豆、璧、俑头；铜器有剑、戈、矛、戈镈、矛镦、匕首、镖、箭镞、剑格、镜、带钩、刮刀、削、铃形器；玻璃器有璧、环坠、珠。共 45 种。

第二节　器物型式分析

一　陶鼎

261 件，形态明确的 152 件。根据口、腹、底等部位变化分四型。

表一五　　　　　　　　　战国至秦代墓葬出土器物统计表　　　　　　　单位：件

质地	器类	器形	甲组		乙组			丙组			丁组			其他	小计	%	合计	%
			A	B	A	B	C	A	B	C	A	B	C					
陶 地	仿铜礼器	鼎	104	21	80	51	4				1				261	24.28	1075	42.78
		敦	92	21	68	45	4								230	21.4		
		盒	1		3	5			1						10	0.93		
		壶	98	22	78	55	4	3	2	1	1				264	24.56		
		小口鼎	1												1	0.09		
		盂	1												1	0.09		
		熏				1									1	0.09		
		高柄小壶	8	4	6	3									21	1.95		
		杯	7	2	7	6			1						23	2.14		
		盘	24	9	16	23	1	1		1					75	6.98		
		勺	22	11	10	28	1								72	6.7		
		匜	19	7	12	14									52	4.84		
		匕	19	7	9	21	2								58	5.4		
		斗	3		1	2									6	0.56		
陶 器	日 用 陶 器	鬲						4	1	3					8	0.79	1012	40.27
		长颈壶				1		1		4					6	0.59		
		矮领罐						17	12	29					58	5.73		
		双耳罐				1		5	14	10					30	2.96		
		高领罐	2					25	34	36	1				98	9.68		
		双耳壶							5						5	0.49		
		小罐						2	2	1					5	0.49		
		小壶						2	5	3	1				11	1.09		
		盂				1		44	60	64	1				170	16.8		
		簋							2	2					4	0.4		
		高柄豆	57	17	34	40		35	11	17	1	1			213	21.05		
		矮柄豆	16	7	19	27	3	47	78	94		1			292	28.85		
		纺轮						1							1	0.1		
		砝码							1						1	0.1		
		璧	2	2	2	2									8	0.79		
		器盖								1					1	0.1		
		片状器									1				1	0.1		
		残罐			1	1		15	10	17					44	4.35		
		残豆	11		6	8	1	6	10	14					56	5.53		
其他		俑头	4			2									6	42.86	14	0.56
		残器									2	1		5	8	57.14		
小　计			491	130	353	336	20	208	249	297	9	3		5	2101			83.61

续表一五

质地	器类	器形	甲组		乙组			丙组			丁组			其他	小计	%	合计	%
			A	B	A	B	C	A	B	C	A	B	C					
铜器	兵器	剑	16	1	38	2		11	8	2	16	8	6		108	31.76	340	13.53
		戈	16	1	34	1		2	1		19				74	21.76		
		矛	18		51			9	6	1	24	8	6		123	36.18		
		戈鐏	3		1	1									5	1.47		
		矛镦	2		2				1			1			6	1.76		
		匕首				4		3	2		1	2			12	3.53		
		镖				1									1	0.29		
		箭镞	2		2	2		1				2			9	2.65		
		剑首				1									1	0.29		
		剑格							1						1	0.29		
	其他	鼎	1								1				2	5.41	37	1.47
		匕			1										1	2.7		
		镜	1	1	1	1	1	1	2	1					9	24.32		
		带钩	1		2	2		1	3	3	2	1	1		16	43.24		
		刮刀									2		1		3	8.11		
		削			2					1					3	8.11		
		铃形器						1							1	2.7		
		砝码							1						1	2.7		
		残器									1				1	2.7		
小　计			60	3	139	10	1	29	25	8	67	21	14		377			15
铁器		环首刀			1										1	5.56		
		臿	1		1			1	1	1	1				6	33.33		
		削								1					1	5.56		
		镢	1												1	5.56		
		刮刀							1						1	5.56		
		环				1									1	5.56		
		残铁器						1	1	2	1	1	1		7	38.89		
小　计			2		2	1		2	3	4	2	1	1		18			0.72
杂器		滑石剑璏	1												1	5.88		
		玻璃璧	2		1										3	17.65		
		玻璃环坠							1						1	5.88		
		玻璃珠	1		1			2	1				2		7	41.18		
		金印			1										1	5.88		
		木剑椟	1												1	5.88		
		石器										1			1	5.88		
		残漆器												2	2	11.76		
小　计			5		2			3	2			1	2	2	17			0.68
合　计			558	133	496	347	21	242	279	309	78	26	17	7	2513			100

注：小计中百分比为所在器类中的百分比；合计中百分比为在所有器物中的百分比。

A 型　9 件。口外有凸棱，弧腹，圜底。分三式。

Ⅰ式　4 件。敛口，弧腹或斜直腹，蹄形足内侧有三角形槽。附耳大张。

标本 M322:5，底残。蹄形足直立。弧形长耳根部弯曲。上腹饰两周弦纹。口径 16.8、通宽 24.6、高 26.5 厘米（图六三三，1；彩版二〇，2；图版八〇，1）。

标本 M443:7，腹斜直，底残。蹄形足外撇。耳残。腹有两周弦纹。口径 16.4、残通宽 23、残高 22 厘米（图六三三，2）。

Ⅱ式　2 件。凸棱呈凹弧形承盖，圆弧腹，柱状蹄足。

标本 M700:4，敛口，蹄形足直立，足周边有削棱，断面呈八边形。附耳直立，耳孔呈“回”字形，略残。口径 14、通宽 20.4、残高 16.8 厘米（图六三三，3；图版八〇，2）。

Ⅲ式　3 件。凸棱显退化，子母口承盖。蹄形足直立。方附耳直立。

标本 M101:1，腹深直。口外及上腹有一周凸圈。足断面略呈八边形。盘状浅盖。盖顶平。顶边有一周凸圈，顶中有一扁纽。口径 15.8、通宽 21.2、通高 20.4 厘米（图六三三，4；图版八〇，3）。

标本 M294:3，低子母口内敛，弧腹较浅，圜底较平。足内侧有三角形浅槽。弓弧形盖，盖面有一周凹圈和两周凸圈。凹圈上方等列三个小纽，盖顶有一小圆纽。器腹、耳及盖面有红彩三角

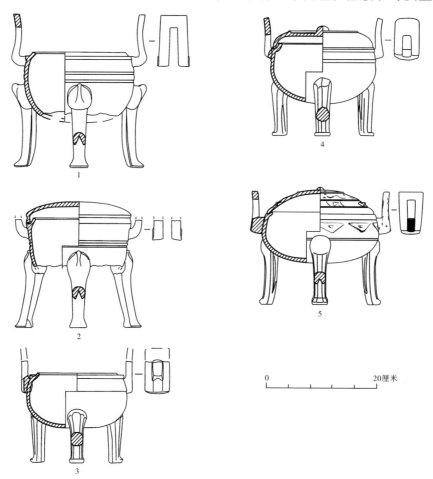

图六三三　陶鼎
1、2.A 型Ⅰ式（M322:5，M443:7）　3.A 型Ⅱ式（M700:4）　4、5.A 型Ⅲ式（M101:1，M294:3）

纹和水波纹等。口径 17.6、通宽 25.3、通高 20.4 厘米（图六三三，5；彩版二〇，3；图版八〇，4）。

B 型　46 件。子母口内敛，窄肩承盖。弧腹，圜底。分四式。

Ⅰ式　7 件。柱状蹄足较粗较直。

标本 M286:2，低子母口，浅直腹。足根部内侧有浅槽。附耳直立。耳、足穿透器壁。弓弧形盖，盖面有三周凹圈。第二周凹圈上方等列三个扁纽，盖顶一小纽残。器腹有红、白相间三角形回纹。口径 16.2、通宽 22.3、通高 18.8 厘米（图六三四，1；图版八一，1）。

标本 M366:4，三足中一足与一耳大致出于垂直线上。盖面略呈斗笠形，盖边磬折。盖边转折处有三个圆孔，应是纽饰脱落。口径 17.6、通宽 25、通高 20.6 厘米（图六三四，2；图版八一，2）。

标本 M441:9，圜底近平。足断面略呈七边形。方附耳略斜。弧形盖。盖边三纽及盖顶一纽均残。器身饰红彩三角形纹，器盖饰红彩涡纹，多脱落。口径 14、通宽 21、通高 19 厘米（图六三四，3；图版八一，3）。

Ⅱ式　11 件。蹄足较细高或略外撇。

标本 M130:12，上腹较直，下腹弧收，圜底较平。中腹饰一周弦纹。足外撇较甚，足断面略呈六边形。大方附耳外侈。白彩脱落。盖失。口径 19、通宽 26、高 23.6 厘米（图六三四，4；图

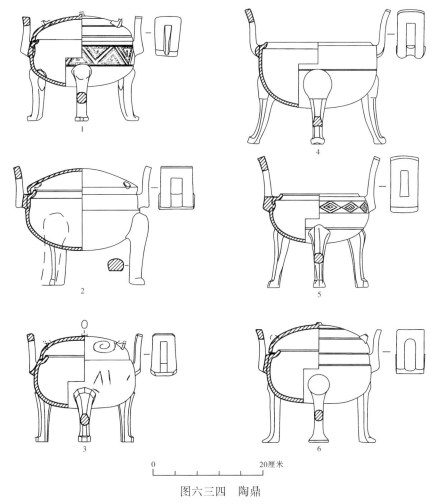

图六三四　陶鼎

1~3. B 型Ⅰ式（M286:2，M366:4，M441:9）　4~6. B 型Ⅱ式（M130:12，M291:2，M380:1）

版八一，4）。

标本 M291：2，扁腹，足略外撇，足断面呈不规则多边形。大方附耳外侈，耳孔呈"回"字形。上腹有菱形纹一周。口径 14、通宽 22.2、高 23 厘米（图六三四，5；图版八二，1）。

标本 M380：1，腹较深，圜底较平。足直立。隆盖盖面饰两周弦纹，第一周弦纹上等列三个扁纽，盖顶有一小圆纽。口径 14.5、通宽 23、高 21 厘米（图六三四，6；图版八二，2）。

Ⅲ式　11 件。深腹，蹄形足直立。附耳较窄而长。

标本 M2：9，腹深直。蹄形高足直立，足削出多棱边。附耳斜伸，耳孔呈"回"字形。弧形盖，口外饰一周弦纹，弦纹以上等列三个乳突纽，盖顶有一长方小纽。口径 13.6、通宽 20、通高 22 厘米（图六三五，1；图版八二，3）。

标本 M6：4，上腹较直，下腹弧收，小平底。足呈多棱形。足根部外侧两个反向涡状纹象征兽面。方附耳微侈。弧形素盖。盖顶面较平。口径 14.2、通宽 19.8、通高 19.2 厘米（图六三五，2；图版八二，4）。

标本 M352：6，高子母口，弧腹中部外凸，大圜底。蹄形足有明显外伸的足掌，足断面呈多棱形。附耳狭长且外撇。浅弧形盖口部较直。盖边有三个扁长纽，盖顶有一扁长方纽。口径 16.4、

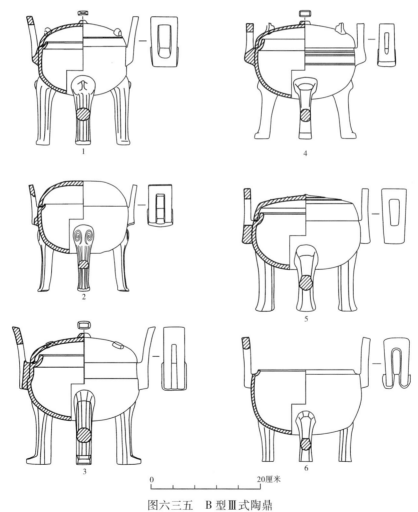

0　　　　　　　　20厘米

图六三五　B 型Ⅲ式陶鼎
1. M2：9　2. M6：4　3. M352：6　4. M420：5　5. M710：8　6. M813：2

通宽 26、通高 24.2 厘米（图六三五，3；图版八三，1）。

标本 M420：5，高子母口。口、腹饰三周弦纹。蹄形高足略撇，足断面呈圆角方形。方附耳狭窄直立，狭长耳孔呈"回"字形。弧形盖顶面较平，口部较直。盖边有三个扁梯状纽，盖顶有一扁长方纽。口径 15.8、通宽 22、通高 20.6 厘米（图六三五，4；图版八三，2）。

标本 M710：8，足断面略呈铲形。附耳略呈梯形，耳孔呈"回"字形。折壁盖顶面略弧，口边斜直。盖面有两周低圈。口径 16.6、通宽 23、通高 21.4 厘米（图六三五，5；图版八三，3）。

标本 M813：2，深弧腹，圜底。足较矮。盖失。口径 17.2、通宽 23.2、通高 21.6 厘米（图六三五，6）。

Ⅳ式　17 件。浅弧腹呈盆形，弧腹，圜底或底有小平面。足前面或有纵棱，或有兽面装饰。

标本 M1：7，扁弧腹，圜底较平。中腹略突出。柱状蹄足直立，足断面呈圆形。附耳直立。弧形盖。盖上部有两周低凸圈，第一周凸圈上等列三个扁纽，盖顶有一乳突纽。口径 13.5、通宽 18.5、通高 17 厘米（图六三六，1；图版八三，4）。

标本 M59：3，低子母口，蹄形足直立，足根部有抽象兽面装饰，足外侧有纵棱，断面略呈梯形。附耳略外侈。弧形浅盖。口径 15.2、通宽 21、通高 18.3 厘米（图六三六，2；图版八四，1）。

标本 M528：4，扁弧腹，蹄形高足直立，足断面略呈菱形。附耳外侈。耳孔呈"回"字形。盖失。口径 17、通宽 20、高 17 厘米（图六三六，3；图版八四，2）。

标本 M529：4，小平底。蹄形足较矮，足断面略呈梯形。耳较短，外斜。盖失。口径 16.4、通

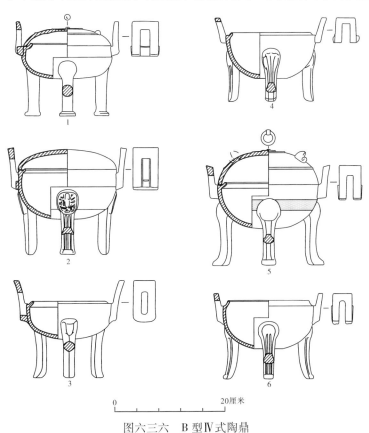

图六三六　B 型Ⅳ式陶鼎
1. M1：7　2. M59：3　3. M528：4　4. M529：4　5. M572：8　6. M835：3

宽 20、高 15 厘米（图六三六，4；图版八四，3）。

标本 M572：8，腹、底无明显转折，略呈钵形。足"掌"外伸。耳略外斜。腹饰一圈黑彩宽带。隆弧形深盖，盖面有两周低圈，圈间等列三个抽象卧兽纽，盖顶有鼻纽衔环。口径 16、通宽 22、通高 20.5 厘米（图六三六，5；图版八四，4）。

标本 M835：3，圜底有小平面，足略撇。有两条纵棱。耳略外斜。盖失。口径 14.8、通宽 20、高 13.6 厘米（图六三六，6）。

C 型　65 件。浅弧腹，圜底。分四式。

Ⅰ式　3 件。柱状蹄足，扁弧腹底边圆转，平底或略弧。

M10：4，肩较宽略耸，平底略弧。中腹略有一周凸棱。高蹄足直立，断面呈多棱方形。附耳直立。弓弧形盖，盖面有两周凸圈，第二周凸圈上等列三个扁方纽。口径 14、通宽 23、通高 22 厘米（图六三七，1；图版八五，1）。

M76：3，弧腹较直。中腹饰两周弦纹。足较矮，断面呈多棱圆形。耳略撇。盘状盖，平顶，盖面饰两周弦纹，第一周弦纹上等列三个小纽，盖顶有一长方形立纽。口径 15.6、通宽 22、通高 20.4 厘米（图六三七，2；图版八五，2）。

M426：3，扁直腹，底略弧，底边折转。中腹饰一周凸弦纹。足断面呈圆形，有圆形足掌。耳

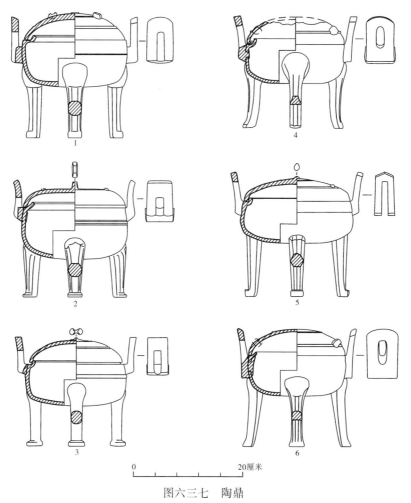

图六三七　陶鼎

1~3. C 型Ⅰ式（M10：4，M76：3，M426：3）　4~6. C 型Ⅱ式（M11：1，M42：2，M233：5）

略侈。弧盖，盖面饰两周弦纹，盖顶有一桥形小纽。口径15.9、通宽18.4、通高19.1厘米（图六三七，3；图版八五，3）。

Ⅱ式　18件。足较高挑，略外撇。耳孔或呈"回"字形，或较矮呈假耳孔。

标本M11：1，扁直腹，平底。足断面呈梯形。附耳外张。耳孔呈"回"字形。弧形盖顶残。盖面存一周凸圈，凸圈上等列三个圆纽。口径14.8、通宽22.4、高19.6厘米（图六三七，4；图版八五，4）。

标本M42：2，大致同M11：1。足断面呈多棱形。耳孔呈"冂"形。口径17.2、通宽24、高21.8厘米（图六三七，5；图版八六，1）。

标本M233：5，扁弧腹，底近平。足略外撇，足断面呈多棱形。耳微张。耳孔呈"回"字形。弧形盖口沿较直。盖面有两周低凸圈，第一周凸圈上等列三个扁立纽。口径12.4、通宽21.5、通高23厘米（图六三七，6；图版八六，2）。

标本M267：5，蹄形足较粗壮。方附耳狭长且外张。有红彩，多已脱落。余大致同M233：5。口径14.8、通宽22、通高20.6厘米（图六三八，1；图版八六，3）。

标本M550：1，扁弧腹，大平底。高足直立，足面有两道纵棱。附耳极短，耳孔未穿透。口径14、通宽20、通高17.3厘米（图六三八，2；图版八六，4）。

标本M578：1，腹特扁，平底，底边圆转。蹄足高挑，有兽面装饰。短耳耳沿外侈。口部饰一周黑彩宽带和一周红彩窄带。弓弧形盖，盖面有两周凸圈，第一周凸圈上等列三个扁立纽。口径

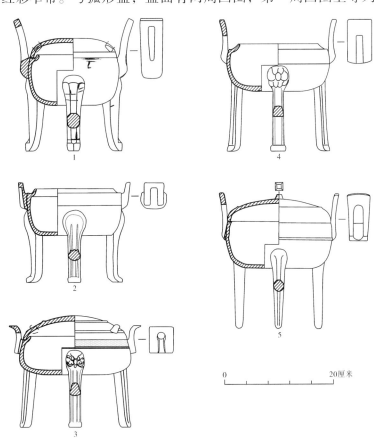

图六三八　C型Ⅱ式陶鼎
1. M267：5　2. M550：1　3. M578：1　4. M580：2　5. M721：4

16、通宽 24、通高 19.6 厘米（图六三八，3；图版八七，1）。

标本 M580：2，大耳外张。盖失。余大致同 M550：1。口径 14.4、通宽 21、高 23 厘米（图六三八，4；图版八七，2）。

标本 M721：4，直口，弧腹，平底。腹有一周凸圈。棱锥形高足直立。长方形附耳微侈。弧形盖口部较直。盖面有一周凸圈，盖顶有一方纽。口径 19、通宽 21.8、通高 23.6 厘米（图六三八，5；图版八七，3）。

Ⅲ式　24 件。大平底或略凹，底边折转。耳多呈假耳孔，或"回"字形或平板。蹄形足细挑，足根部或有抽象兽面装饰。

标本 M36：1，扁腹斜直，大平底。腹饰一周弦纹。足断面呈八边形。附耳外张。耳孔呈"回"字形。弧形高盖，盖口微敛。盖面有两周凸圈，盖顶有鼻纽衔环。口径 17.2、通宽 25.5、通高 23.6 厘米（图六三九，1；彩版二一，1；图版八七，4）。

标本 M262：2，弧形盖口部残。盖面有两周凸圈，盖顶有一扁纽。器身、足、耳等部位有红彩弦纹、斜线纹等，多脱落。余同 M36：1。口径 16.6、通宽 22.8、通高 22.6 厘米（图六三九，2；图版八八，1）。

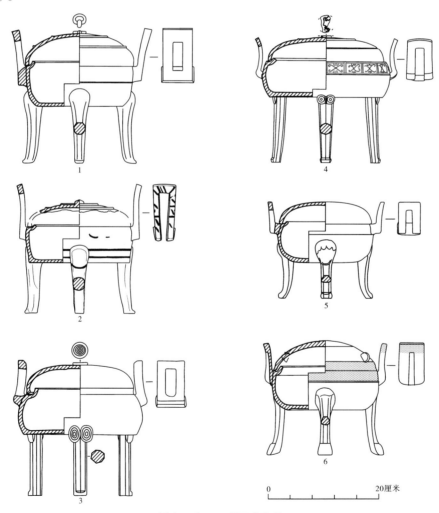

图六三九　C 型Ⅲ式陶鼎

1. M36：1　2. M262：2　3. M371：3　4. M458：5　5. M534：1　6. M547：4

标本 M371：3，高子母口内敛，窄凹肩。扁弧腹，大平底微凹。棱柱状足直立，足根部外侧有两个重圈纹泥片装饰。方附耳略内斜，耳孔呈"回"字形。弧形盖顶面较平，口部较直。盖顶有一重圈纹泥片纽饰。口径 16.6、通宽 24.4、通高 23.6 厘米（图六三九，3；图版八八，2）。

标本 M458：5，大致同 M371：3，耳较薄，外侈。口部有一周红彩变形草叶纹带。口径 19、通宽 21.5、通高 21.9 厘米（图六三九，4；图版八八，3）。

标本 M534：1，器体较小。蹄形足外撇，足断面呈六边形。耳外斜。弧形素盖，盖边较直。口径 17、通宽 21、通高 17 厘米（图六三九，5；图版八八，4）。

标本 M547：4，形态与 M534：1 接近，底为内凹平底，耳孔未穿透。隆弧盖上等列三个扁纽。鼎身、盖口部及耳沿均有黑彩宽带。口径 15.2、通宽 22、通高 19.8 厘米（图六三九，5；图版八九，1）。

Ⅳ式　20 件。折腹或弧折腹，底内凹，底边折转或微凸呈矮圈足状。耳或呈假耳孔，或呈"回"字形，或平板。足多较矮，有兽面装饰或纵棱。

标本 M134：2，子母口内敛，窄凹肩。弧腹较直，凹底。中腹微突出。锥形足直立，足根部外侧有简化兽面装饰，下有多条纵棱。附耳外斜，线性耳孔未穿透。盖失。口径 13.6、通宽 22.8、高 17.2 厘米（图六四〇，1；图版八九，2）。

标本 M183：1，下腹略有折，蹄形足直立。平板耳直立。余同 M134：2。口径 13.8、通宽 18.6、高 17 厘米（图六四〇，2；图版八九，3）。

标本 M269：2，折壁，底边略出边，腹饰一周弦纹。余同 M183：1。口径 14、通宽 19、高 17.7 厘米（图六四〇，3）。

标本 M505：3，底无明显出边。耳孔未穿透。余同 M269：2。口径 15.8、通宽 21.7、高 17.1 厘米（图六四〇，4；图版八九，4）。

标本 M540：9，圆弧腹，底微凹。柱状蹄足直立。平板方耳外侈。弓弧形盖，盖面有两周低凸圈，第一周凸圈上等列三个扁纽，盖顶有一长方立纽。口径 14.4、通宽 20.8、高 17.2 厘米（图六四〇，5；图版九〇，1）。

标本 M581：1，高子母口，弧腹，凹底出边。马蹄形足略变形。方附耳直立，耳孔呈"回"字形，未穿透。弧形素盖。身、盖的口部各有一圈黑衣白彩宽带。口径 15.2、通宽 21.6、通高 20.6 厘米（图六四〇，6；图版九〇，2）。

标本 M611：6，低子母口，上腹直，下腹弧收，凹底。上腹略突出。蹄形足直立。平板附耳微侈。弧形盖。盖面饰两周弦纹。盖顶下凹。顶边等列三个扁纽，顶中有一长方形纽。口径 14、通宽 20、通高 18 厘米（图六四〇，7；图版九〇，3）。

D 型　32 件。折腹，圜底，足细挑。分三式。

Ⅰ式　10 件。上壁略内斜，耳较直或外撇。

标本 M61：6，高子母口内敛，圆弧腹。圜底有小平面。上腹略突出。蹄形高足直立。方附耳微侈。弧形隆盖。盖面有一周凸圈。第一周凸圈上等列三个扁纽。口径 15、通宽 22、通高 20 厘米（图六四一，1；图版九〇，4）。

标本 M70：6，壁斜直，圜底，底边略有折。蹄形足有抽象兽面装饰，足断面略呈梯形。附耳粗短。腹中有凹凸相间的两周弦纹，底有横粗绳纹。口径 17.2、通宽 25.2、高 22.8 厘米（图六

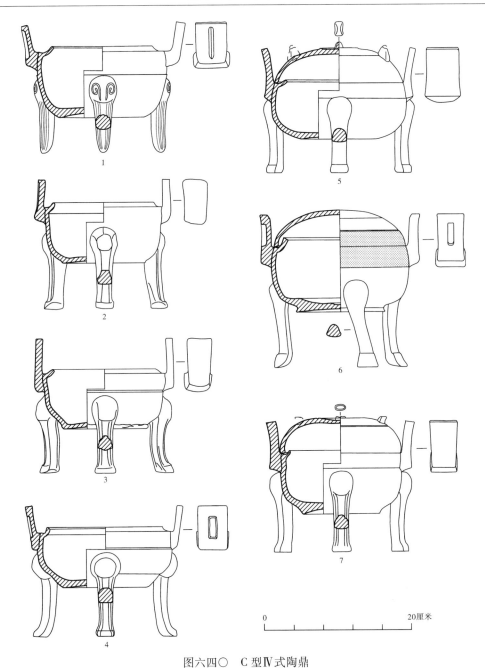

图六四〇　C 型Ⅳ式陶鼎
1. M134：2　2. M183：1　3. M269：2　4. M505：3　5. M540：9　6. M581：1　7. M611：6

四一，2；图版九一，1）。

　　标本 M162：6，直壁，底边有折。蹄形足有抽象兽面装饰。耳外侈较甚。耳、足穿透器壁。口径 14.6、通宽 23.2、高 20.2 厘米（图六四一，3；图版九一，2）。

　　标本 M178：2，扁腹斜直，圜底，底边折转。上腹略突出。蹄形高足略撇，足断面略呈铲形，足根部外侧有简化兽面装饰。方附耳略侈。耳、足穿透器壁。弧形隆盖。盖面有两周凸圈，盖顶有鼻纽衔环。口径 17.2、通宽 22.6、通高 19.6 厘米（图六四一，4；图版九一，3）。

　　标本 M180：12，大致同 M178：2。足略矮，耳略高。口径 16、通宽 23.4、通高 20 厘米（图六四一，5；图版九一，4）。

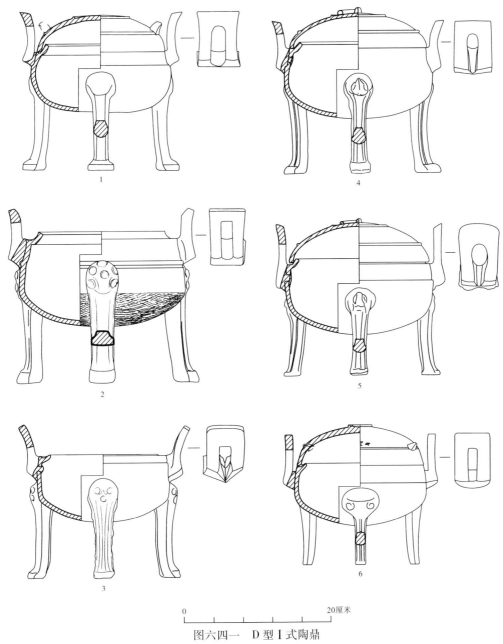

图六四一　D型Ⅰ式陶鼎

1. M61：6　2. M70：6　3. M162：6　4. M178：2　5. M180：12　6. M594：1

　　标本 M594：1，方柱足直立，较纤细，足根部较宽大。盖周有三个乳突纽，盖顶有一小凸圈。有红彩脱落。口径 15.2、通宽 23.4、通高 21.3 厘米（图六四一，6；图版九二，1）。

　　Ⅱ式　13 件。腹特扁，圜底较平。耳较矮，向外折转。耳茎外侧或足根部多有小圆孔。

　　标本 M157：14，扁腹斜直，底边折转。蹄形高足直立，足根部外侧有模印简化兽面，足断面呈六边形。厚方附耳向外斜伸，耳外侧下部两边各有两个小孔。足、耳穿透器壁。弧形盖，口较直。盖面有两周凸圈，第一周凸圈上等列三个扁凸纽，盖顶有一乳突纽。口径 15.2、通宽 23.8、通高 19.4 厘米（图六四二，1；图版九二，2）。

　　标本 M246：4，扁折腹，上腹斜直，下腹折收，小平底。蹄形足高挑直立，足断面呈铲形。附耳较小较厚，向外弧折。足、耳穿透器壁。弧形浅盖。盖面有两周凸圈。凸圈间有一周黑衣红彩涡纹，顶部亦有红彩，已脱落。口径14.6、通宽22.7、通高21厘米（图六四二，2；图版九二，3）。

标本M274:1，大致同M246:4。上腹略突出。足根部外侧有四个小孔，足呈多棱形。耳外侧下部两边各有两个小孔。弧形盖口部较直。盖面有两周凸圈，盖顶有鼻纽衔环。口径14.6、通宽22.8、通高19厘米（图六四二，3；图版九二，4）。

标本M311:1，器身同M274:1。盖面有两周凸圈，第一周凸圈上等列三个扁纽。口径14、通宽21.6、通高20厘米（图六四二，4；彩版二一，2；图版九三，1）。

标本M663:1，扁腹斜直，底边折转。弓弧形盖。盖面有两周低凸圈，第一周凸圈上等列三个扁立纽。余同M311:1。口径14.8、通宽22.6、通高19厘米（图六四二，5；图版九三，2）。

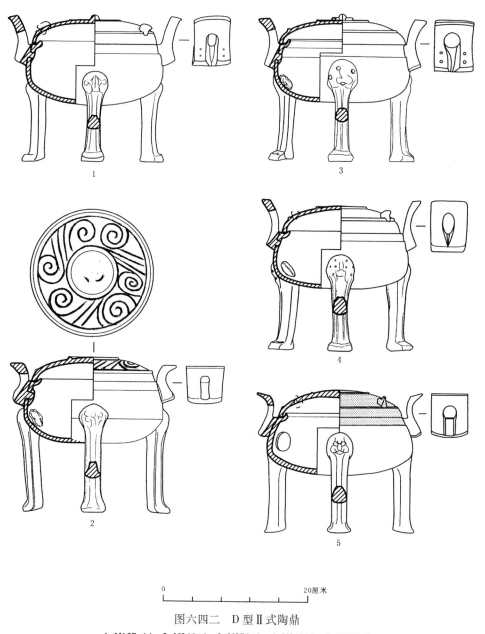

0　　　　　　　　　　　　　20厘米

图六四二　D型Ⅱ式陶鼎
1. M157:14　2. M246:4　3. M274:1　4. M311:1　5. M663:1

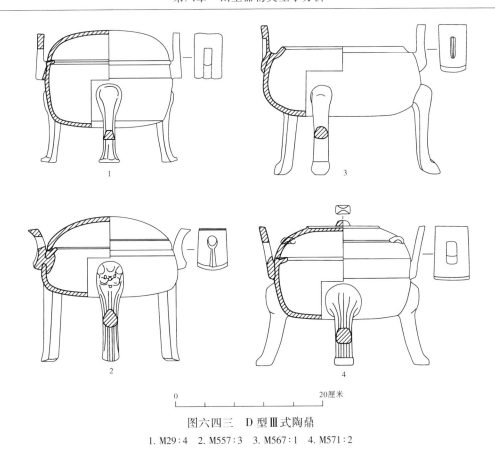

图六四三　D 型 III 式陶鼎

1. M29∶4　2. M557∶3　3. M567∶1　4. M571∶2

III式　9件。底近平，底边弧折。仿铜气息弱化。

标本 M29∶4，小子母口内敛，深腹较直，圜底较平，上腹略凸。蹄形足纤细。附耳直立。弧形素盖盖面较平。口径 15.2、通宽 19.2、通高 17 厘米（图六四三，1；彩版二一，3；图版九三，3）。

标本 M557∶3，腹特扁，蹄形高足直立。足呈多棱边，足根部外侧有简化兽面装饰，方耳外侈。圆形耳孔。弓弧形盖，盖边有一周弦纹。口径 14.8、通宽 22、通高 19 厘米（图六四三，2；图版九三，4）。

标本 M567∶1，高子母口内敛，扁弧腹内斜，平底。耳孔狭窄，未穿透器壁。口径 15.2、通宽 22、高 19.6 厘米（图六四三，3；图版九四，1）。

标本 M571∶2，低子母口内敛，扁腹斜直，平底略弧。腹部略突出。蹄形足较矮，外撇。附耳外斜，耳孔呈"回"字形。弧形盖，平顶。盖面有两周凸圈，第一周凸圈上等列三个桥形纽，盖顶有一长方纽。口径 15.2、通宽 22.8、通高 19 厘米（图六四三，4；图版九四，2）。

二　陶敦

230件，形态明确的107件。根据腹、足、纽等部位变化分六型。

A 型　5件。弧壁，圜底、顶，具象兽纽。身、盖同形。分二式。

I 式　3件。深腹，上下相合呈椭圆形。

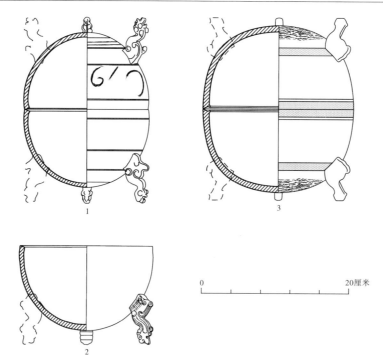

图六四四　陶敦

1、2. A 型 Ⅰ 式（M291：3，M636：3）　3. A 型 Ⅱ 式（M212：11）

标本 M291：3，口微敛。身、盖各有数周弦纹。盖有红彩圆弧纹，脱落殆尽。口径 17、通高 24.4 厘米（图六四四，1；彩版二二，1、2；图版九四，3、4）。

标本 M636：3，仅存一半。素面。口径 18.4、高 11.2 厘米（图六四四，2）。

Ⅱ式　2 件。腹略浅，身、盖相合略呈球形。足、纽抽象化。

标本 M212：11，直口，弧壁，圜底、顶较平。扁足、纽。身、盖口部及腹部各有一圈黑衣白彩带纹及弦纹，底有粗横绳纹。口径 20、通高 24 厘米（图六四四，3；彩版二一，4；图版九五，1）。

B 型　14 件。圆弧腹，圜底，扁方足、纽，身、盖同形。分六式。

Ⅰ式　1 件。

M172：1，仅存一半。扁蹄形足。口径 16.2、高 11.1 厘米（图六四五，1）。

Ⅱ式　2 件。足、纽弯曲呈抽象兽形。

标本 M252：1，仅存一半。腹较浅，口部有对称凸纽。口径 17.2、高 10.2 厘米（图六四五，2；图版九五，2）。

Ⅲ式　4 件。扁方足、纽内斜。

标本 M101：3，浅腹，身、盖相合呈橄榄形。斜沿，勾唇，圜底较平。盖顶有小平面。口径 15、通高 18 厘米（图六四五，3；彩版二二，3；图版九五，3）。

标本 M267：4，腹较 M101：3 深，身、盖相合呈椭圆形。口径 13.2、通高 10.8 厘米（图六四五，4；图版九五，4）。

Ⅳ式　2 件。足、纽呈阶梯状外斜。

标本 M294：6，身、盖相合呈球形。身、盖各有数周弦纹，盖有红彩车轮形纹等纹饰，多脱落。口径 18.4、通高 23.2 厘米（图六四五，6；彩版二二，4；图版九六，1）。

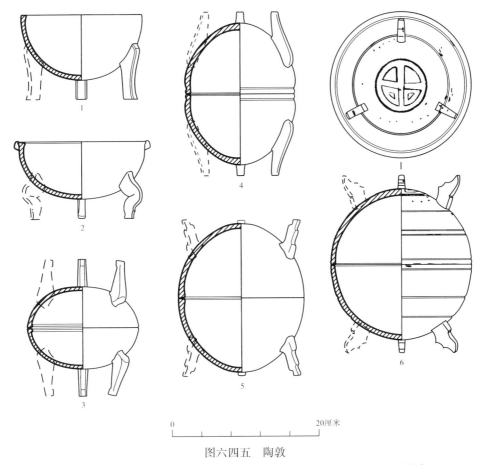

0 ⎯⎯⎯⎯⎯⎯⎯⎯ 20厘米

图六四五　陶敦

1. B 型 I 式（M172：1）　2. B 型 II 式（M252：1）　3、4. B 型 III 式（M101：3，M267：4）　5、6. B 型 IV 式（M420：4，M294：6）

标本 M420：4，凸圜底、顶。口径 16.5、通高 20.4 厘米（图六四五，5；图版九六，2）。

V 式　3 件。扁宽足、纽为分段凹弧形。

标本 M36：8，口微敛，弧壁，圜底、顶。身、盖口外各有一周凹圈，腹饰三周弦纹。口径 19.4、通高 29.6 厘米（图六四六，1；图版九六，3）。

标本 M350：4，足、纽如弯镰形。素面。身、盖相合略呈球形。口径 16.4、通高 26.6 厘米（图六四六，2；图版九六，4）。

VI 式　2 件。足、纽呈扁蹄形，身、盖口外有对称扁扣，小平底。

标本 M2：6，身、盖形态略异，足、纽同形。直口微敛，弧壁，腹较浅，小平底，弧顶。身、盖口外均有对称扁扣。扁平高足、纽略斜。口径 14.4、通宽 16、通高 18.6 厘米（图六四六，3；彩版二三，1；图版九七，1）。

C 型　33 件。单卷首抽象长颈卧兽形足、纽。身、盖同形，腹较深。分四式。

I 式　21 件。足、纽较高。

标本 M70：10，唇微勾。圆弧腹较浅，如合钵形。足、纽直立。口径 18.8、通高 26.6 厘米（图六四七，1；图版九七，2）。

标本 M103：14，弧腹较深。底、顶略凸。足、纽穿透器壁。身、盖各饰两周弦纹。身、盖口部施黑衣白彩和一道红彩弦纹。口径 17、通高 26 厘米（图六四七，3；彩版二三，2；图版九七，

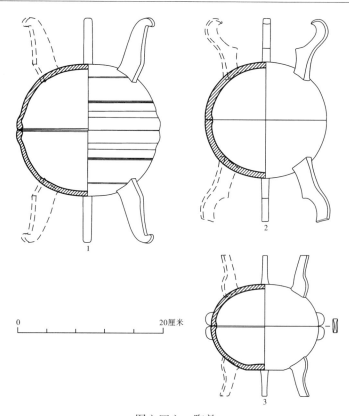

图六四六　陶敦
1、2. B 型 V 式（M36：8，M350：4）　3. B 型 Ⅵ 式（M2：6）

3）。

标本 M162：1，深腹，口部较直。身、盖相合呈椭圆形。身、盖各有数周弦纹。口径 18、通高 29.6 厘米（图六四七，2；图版九七，4）。

标本 M180：5，直口微敛，圆弧壁，底、顶较平缓。身、盖各有两组弦纹。口径 17.6、通高 27.2 厘米（图六四七，4；图版九八，1）。

标本 M249：2，弧腹较浅。足、纽穿透器壁。余大致同 M180：5。口径 18.8、通高 26.4 厘米（图六四七，5；图版九八，2）。

标本 M274：4，身、盖相合呈椭圆形。足、纽穿透器壁。足、纽根部两侧有小孔。口径 16.4、通高 24.8 厘米（图六四七，6；图版九八，3）。

标本 M311：2，仅存一半。弧腹较深。足、纽略内斜。口径 16.2、通高 10.6 厘米（图六四七，7）。

Ⅱ式　6 件。足、纽退化变矮。身、盖同形。

标本 M246：5，身、盖相合呈椭球形。足、纽穿透器壁。身、盖口部各有一圈黑衣白彩宽带，其下（上）至中腹饰三周黑衣红彩弦纹及一周菱形纹。足、纽亦有红彩。口径 15.6、通高 22.8 厘米（图六四八，1；彩版二三，3；图版九八，4）。

标本 M576：2，底、顶微凸。矮足、纽直立。身、盖各饰两周弦纹。口径 17.2、通高 22.4 厘米（图六四八，2；图版九九，1）。

标本 M587：2，底、顶尖凸。身、盖各饰三周弦纹。余同 M576：2。口径 15.2、通高 21.8 厘米

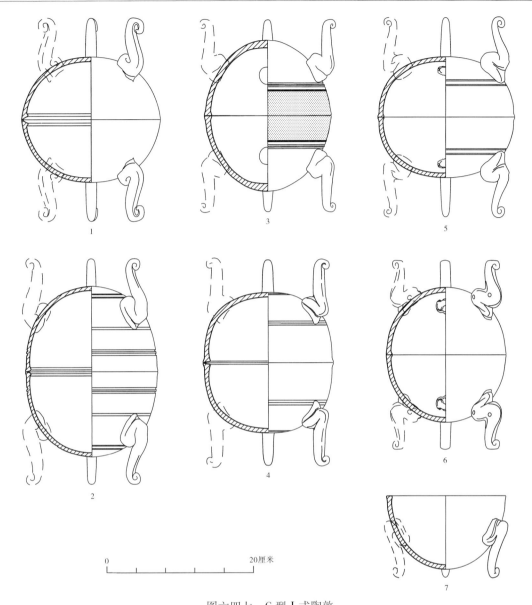

0   20厘米

图六四七　C 型 I 式陶敦

1. M70:10　2. M162:1　3. M103:14　4. M180:5　5. M249:2　6. M274:4　7. M311:2

（图六四八，3；图版九九，2）。

Ⅲ式　4件。足、纽更趋矮小，腹变浅。顶、底较平，或底微凹。身、盖相合呈橄榄形。

标本 M42:1，浅腹，身、盖略不等大，足、纽同形。弧壁较直，圜底、顶。足、纽直立。口径18.4、通高20.2厘米（图六四八，4；图版九九，3）。

标本 M233:6，敞口，足、纽较高。器身饰四周弦纹，盖口部饰一圈黑衣白彩带纹。口径15.6、通高23.4厘米（图六四八，5；彩版二三，4；图版九九，4）。

标本 M511:4，弧壁，底微凹。盖口部残，弧顶。口径16、复原通高17.8厘米（图六四八，6；图版一〇〇，1）。

Ⅳ式　2件。较Ⅲ式足、纽更简化，呈牛角状。

标本 M1:6，身、盖等大，足、纽同形，身、盖相合略呈橄榄形。敞口较直，弧壁，腹较浅，

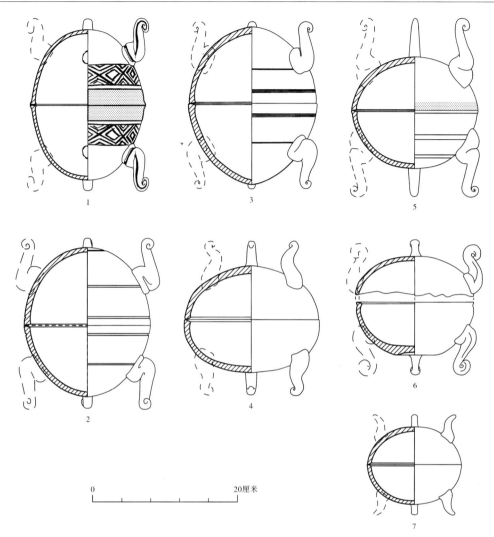

图六四八　陶敦

1~3. C型Ⅱ式（M246:5，M576:2，M587:2）　4~6. C型Ⅲ式（M42:1，M233:6，M511:4）　7. C型Ⅳ式（M1:6）

圜底、顶。口径 13、通高 13 厘米（图六四八，7；图版一〇〇，2）。

　　D 型　40 件。卷首卷尾抽象卧兽形足、纽，首、尾均向内卷。分三式。

　　Ⅰ 式　10 件。足、纽较高或粗壮，形象化程度较高。身、盖或略不同形。

　　标本 M286:3，器身较浅，直口腹壁，平底，略呈钵形。外壁饰两周弦纹。盖直口，深弧壁，顶隆弧形。足、纽外撇较甚，穿透器壁。身、盖各有数周弦纹，盖周有三周红、黑相间的菱形纹和三角形回纹等，部分脱落。口径 16.4、通高 20 厘米（图六四九，1；彩版二四，1；图版一〇〇，3）。

　　标本 M458:7，身、盖不同形，器身口部直折，腹弧曲，圜底，盖直口，弧壁，顶较平。足较直，纽略斜。盖有红彩卷云纹和三角网状纹。口径 17.6、通高 20.8 厘米（图六四九，2；彩版二四，2；图版一〇〇，4）。

　　标本 M559:1，身、盖略不等大，身较浅，盖较深，足、纽直立。口径 15.2、通高 22.4 厘米（图六四九，3；图版一〇一，1）。

　　标本 M813:3，身、盖等大，足、纽同形，足、纽较高。口径 18.6、通高 28.4 厘米（图六四

图六四九　D 型 I 式陶敦
1. M286:3　2. M458:7　3. M559:1　4. M813:3

九，4；图版一○一，2）。

Ⅱ式　13 件。抽象卧兽形足、纽矮小化，形象化程度减弱，或有足无纽。顶或底有小平面，或微凹。

标本 M142:7，身、盖同形。直口，弧壁，圜底、顶较平。器腹以上及盖涂白彩。口径 17.8、通高 26 厘米（图六五○，1；彩版二四，3；图版一○一，3）。

标本 M245:2，体较 M142:7 略长，足、纽略小。素面。口径 14.4、通高 18.8 厘米（图六五○，2；图版一○一，4）。

标本 M453:5，身较盖深，口较直，底、顶较平。足、纽聚拢。口径 13.9、通高 19.8 厘米（图六五○，3；图版一○二，1）。

标本 M525:2，深腹，身、盖相合略呈椭圆形，底、顶有小平面。足、纽矮小。口径 14.2、通高 18.8 厘米（图六五○，4）。

标本 M572:6，略同 M525:2。底、顶略凹，足、纽略高而外斜。身、盖各有两周弦纹，有红彩脱落。口径 15、通高 22.8 厘米（图六五○，5；图版一○二，2）。

标本 M836:1，身、盖不同形，有足无纽。圜底，盖平顶略凹，足矮小外撇。口径 14.2、通高 18.2 厘米（图六五○，6）。

Ⅲ式　17 件。抽象兽形足、纽进一步退化，仅存遗形。

标本 M59:1，仅存一半。直口，弧壁，平顶。足极矮小。口径 14.2、高 8.6 厘米（图六五一，

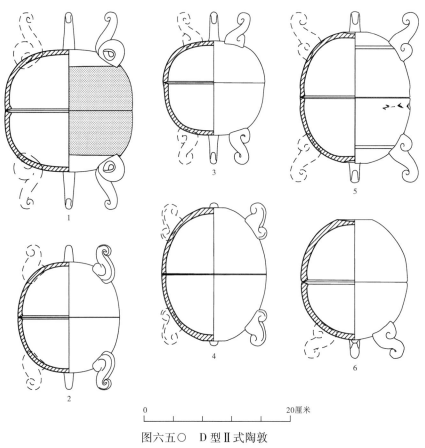

图六五〇　　D 型 Ⅱ 式陶敦
1. M142：7　2. M245：2　3. M453：5　4. M525：2　5. M572：6　6. M836：1

1）。

标本 M60：7，口微敛，口部直折，尖凸底、顶。口径 17、通高 19 厘米（图六五一，2）。

标本 M502：1，壁斜直，平底、顶。口径 14.2、通高 16.4 厘米（图六五一，3；图版一〇二，3）。

标本 M509：5，直口，弧壁，底、顶有小平面。口径 14.6、通高 18.4 厘米（图六五一，4；图版一〇二，4）。

标本 M528：2，身、盖大小略异。弧腹，平底、顶。口径 14、通高 20 厘米（图六五一，5；图版一〇三，1）。

标本 M543：8，形态大致同 M528：2。口径 15.4、通高 23.2 厘米（图六五一，6；图版一〇三，2）。

标本 M551：4，直口，圆弧壁，圜底、顶。口径 14.5、通高 17 厘米（图六五一，7）。

标本 M661：3，仅存一半。斜直壁，圜底较平，底边折转。三足极矮小。口径 15.4、高 9.8 厘米（图六五一，8；图版一〇三，3）。

E 型　14 件。卷首卷尾抽象卧兽形足、纽，区别于 D 型者为首向内卷、尾向外卷。形象化程度较 D 型弱。分二式。

Ⅰ式　2 件。腹较深，相合呈椭圆形。身、盖略不等大。

M10：7，器身饰四周弦纹，器盖饰一周弦纹。口径 15.6、通高 27.2 厘米（图六五二，1；图

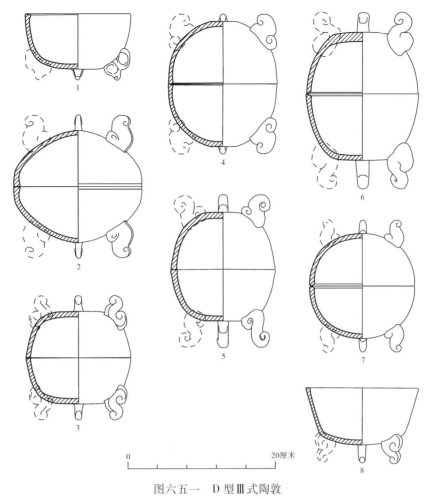

图六五一　D 型 III 式陶敦

1. M59:1　2. M60:7　3. M502:1　4. M509:5　5. M528:2　6. M543:8　7. M551:4　8. M661:3

版一〇三，4）。

M611:4，身较盖略大。口较直，深弧壁，器身腹壁呈瓦楞状凹弧。圜底，顶有小平面。身、盖口部各有一圈黑衣白彩宽带。口径 15.4、通高 23.4 厘米（图六五二，2；图版一〇四，1）。

II式　12 件。足、纽退化，顶、底多有平面。

标本 M183:2，身与盖、足与纽均略有差异。直口，深腹，底略弧，平顶略凹。足较小，纽略大。有白彩脱落。口径 14.2、通高 23.6 厘米（图六五二，3；图版一〇四，2）。

标本 M269:6，口微敛，斜弧壁，平底、顶。足、纽略高。口径 15、通高 22 厘米（图六五二，4；图版一〇四，3）。

标本 M510:2，身、盖略不同形。直口，深弧壁，平底、顶。盖径略小，盖顶边凹弧。口径 15.8、通高 24.6 厘米（图六五二，5；图版一〇四，4）。

标本 M540:5，直口，弧壁，平底、顶略凹。顶面较底面宽，纽较足略粗壮。口径 14.4、通高 19.8 厘米（图六五二，6；彩版二四，4；图版一〇五，1）。

标本 M611:5，身较盖略大，足较大，纽较小。直口，深弧壁，平底、顶。口径 15.6、通高 22.8 厘米（图六五二，7；图版一〇五，2）。

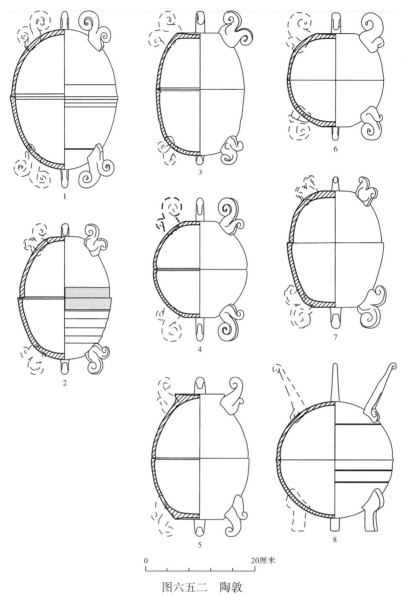

图六五二　陶敦

1、2. E 型 I 式（M10:7，M611:4）　3～7. E 型 II 式（M183:2，M269:6，M510:2，M540:5，
M611:5）　8. F 型（M262:1）

F 型　1 件。

M262:1，异形敦。足呈扁蹄形，纽为卷首卷尾抽象长颈兽形，首向外卷作扭头状。器身饰两周弦纹，器盖饰一周弦纹。口径 18.6、通高 26 厘米（图六五二，8；彩版二五，1；图版一〇五，3）。

三　陶盒

10 件，形态明确的 8 件。根据腹部变化分二型。

A 型　6 件。敞口，弧壁，钵形。分三式。

I 式　2 件。深腹，弧顶。

M143：3，仅存盒盖。敞口，弧壁，呈倒扣釜形。口径 15.4、高 9.2 厘米（图六五三，1）。

M529：2，器身敞口，斜弧壁，小平底。盖为敞口，弧壁，弧顶。口径 15、通高 16.4 厘米（图六五三，2）。

Ⅱ式　1 件。

M134：1，直口，弧壁，底、顶微凹。身、盖有数周瓦楞纹。口径 14.6、通高 16.6 厘米（图六五三，3；彩版二五，2；图版一〇五，4）。

Ⅲ式　3 件。腹较Ⅰ、Ⅱ式浅，平底、顶或略凹。

M158：4，直口，弧壁，平底、顶。盖径略小。口径 16.5、高 15.5 厘米（图六五三，4；图版一〇六，1）。

M371：5，身、盖形态略异。器身直口微敛，弧壁略有折，小平底。弧壁盖顶有小平面。口径 18、通高 14 厘米（图六五三，6；彩版二五，3；图版一〇六，2）。

M818：6，仅存一半，口部亦残。斜弧壁，底微凹。残高 6.4 厘米（图六五三，5）。

B 型　2 件。束颈，折沿，斜壁，平底、顶略凹。为两件形态相同的盂上下扣合。

M149：2，敛口，斜折凹沿，器壁口部直，下部弧曲。口径 17.8、通高 10.8 厘米（图六五三，7；图版一〇六，3）。

M154：4，口微敛，折沿微坠，斜壁微弧。口径 21.8、通高 15 厘米（图六五三，8；图版一〇

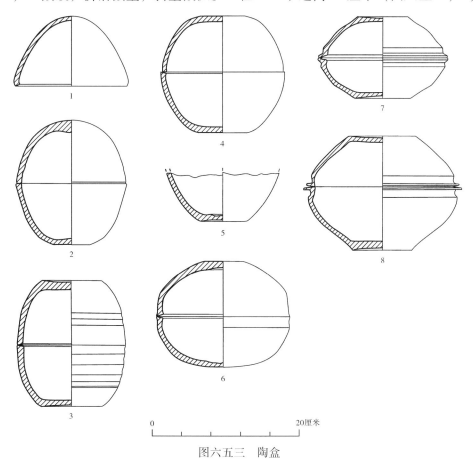

0　　　　　　　　　　　20厘米

图六五三　陶盒

1、2. A 型Ⅰ式（M143：3，M529：2）　3. A 型Ⅱ式（M134：1）　4~6. A 型Ⅲ式（M158：4，M818：6，M371：5）　7、8. B 型（M149：2，M154：4）

六，4）。

四　陶壶

264 件，形态明确的 149 件。根据各部位差异分六型。

A 型　4 件。敞口或有子母口，粗弧颈，弧腹，凹圜底。分二式。

Ⅰ式　1 件。

M283：2，尖唇内凸，溜肩。颈至腹有六周弦纹。上腹的对称竖耳已残。碟状浅盖，高子母口，盖顶有一环纽。口径 11.6、腹径 9.2、通高 24 厘米（图六五四，1；图版一〇七，1）。

Ⅱ式　3 件。子母口，粗弧颈较Ⅰ式略细略长，圆肩，深弧腹，圜底内凹。

标本 M275：2，尖唇，颈略有折。通体饰细竖绳纹。口径 10.2、腹径 17.6、高 24.8 厘米（图六五四，2；彩版二五，4；图版一〇七，2）。

标本 M366：3，方唇，颈、肩圆转，肩以下残。颈、肩饰红、黑彩三角纹、"×"形纹、锯齿纹及弦纹等。弧形盖边缘弧折。略残。口径 11.6、残高 18 厘米（图六五四，3）。

B 型　25 件。粗短颈，颈、肩、腹圆转。溜肩，鼓腹，平底或微凹，矮圈足较宽。分二亚型。

Ba 型　8 件。弧形颈略细。分三式。

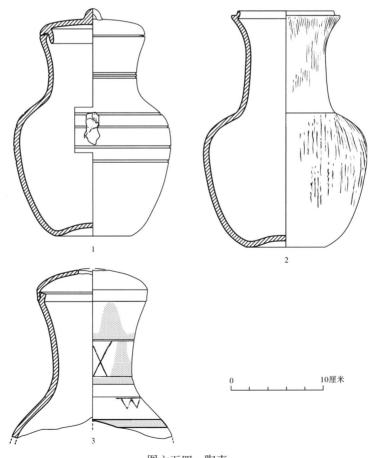

图六五四　陶壶

1. A 型Ⅰ式（M283：2）　2、3. A 型Ⅱ式（M275：2，M366：3）

Ⅰ式 5件。颈较直，口略敞。颈至腹饰数周弦纹，肩有对称泥凸纽或简化铺首衔环。

标本 M441:4，平底，矮直圈足。上腹部有对称铺首衔环。弧形盖边缘斜折，子母口。盖边三扁纽及盖顶一扁纽残。器身颈、肩有刻划竖条纹。颈及下腹有红彩网格纹，器盖饰红彩涡纹，多脱落。口径 11、腹径 18.8、残通高 31 厘米（图六五五，1；图版一〇七，3）。

标本 M443:5，下腹及圈足残。肩有对称鼻纽衔环，颈至腹饰数周弦纹。口径 10.8、腹径 21、残高 25.6 厘米（图六五五，2）。

Ⅱ式 2件。略有肩，筒形弧腹，圜底。

标本 M130:9，敞口。粗弧颈，圆肩，弧腹较直，大圜底，矮宽圈足略外斜。肩有对称铺首衔环。口至肩饰七周弦纹，颈、腹饰红彩弦纹及菱形纹。口径 12、腹径 20.6、高 31.2 厘米（图六五五，3；彩版二六，1；图版一〇七，4）。

Ⅲ式 1件。

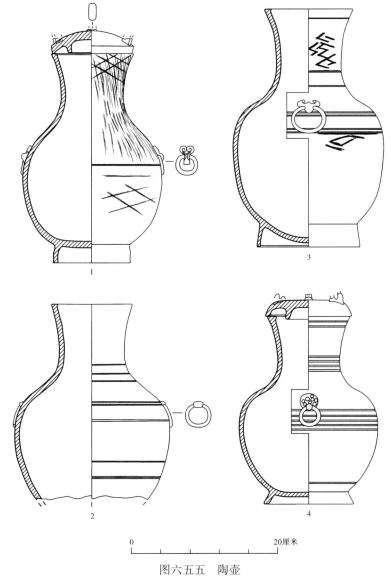

图六五五 陶壶

1、2. Ba 型Ⅰ式（M441:4，M443:5） 3. Ba 型Ⅱ式（M130:9） 4. Ba 型Ⅲ式（M106:4）

M106：4，敞口，圆肩，弧腹，平底，矮圈足外斜。肩部有简化铺首衔环，口至腹饰四组共 12 道弦纹。碟状浅盖，子母口，盖顶较平。顶边等列三个抽象卧兽纽，纽略残。口径 11.2、腹径 19、通高 27.6 厘米（图六五五，4）。

Bb 型　17 件。颈特粗短，圆腹，矮圈足。分四式。

Ⅰ式　5 件。颈、肩、腹圆转，圆弧腹。颈、肩饰数组弦纹。

标本 M43：3，凹圈底。肩有对称扁圆纽，颈至上腹饰三组共 8 道弦纹。口径 11.2、腹径 18.2、高 25.4 厘米（图六五六，1；图版一〇八，1）。

Ⅱ式　5 件。颈、肩折转，圆肩，弧腹。颈中或有一周凸圈。

标本 M20：1，高圈足外撇。口径 11.2、腹径 19、通高 27.6 厘米（图六五六，2；彩版二六，2；图版一〇八，2）。

标本 M76：7，圈足直立略呈盖状。颈饰一周凸弦纹，肩、腹饰四周弦纹。口径 10.4、腹径 18、高 23.8 厘米（图六五六，3；图版一〇八，3）。

标本 M420：3，直口微侈，粗直颈微弧，溜肩，鼓腹，平底。圈足残。上腹等列三个纽饰。口径 11.4、腹径 16.6、残高 22.4 厘米（图六五六，4；图版一〇八，4）。

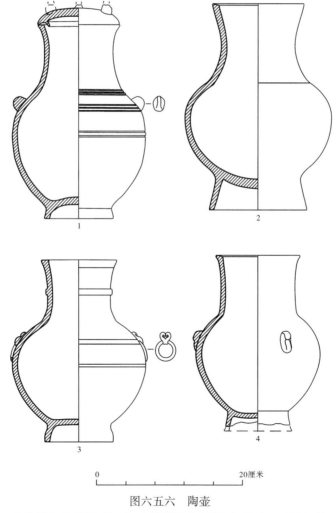

图六五六　陶壶

1. Bb 型Ⅰ式（M43：3）　2～4. Bb 型Ⅱ式（M20：1，M76：7，M420：3）

Ⅲ式 2件。粗直颈，溜肩，中腹凸鼓，圈足较小。

标本 M2：11，直口，平底微凹，矮圈足略外斜，肩部有对称扁梯形纽。弓弧形盖，子母口内敛。盖边有三个扁高梯状纽。口径9、腹径16、通高25.5厘米（图六五七，1；图版一〇九，1）。

Ⅳ式 5件。颈更短，腹更浅，体矮胖。颈至腹饰数周弦纹。

标本 M1：3，直口微侈。粗弧颈，溜肩，鼓腹，平底，矮宽圈足内斜。上腹部有对称乳突纽。颈至腹饰四组共八周细弦纹。口径7.2、腹径14.5、高17厘米（图六五七，2；图版一〇九，2）。

标本 M198：5，凹圜底，圈足极矮。上腹有对称叉形泥环，颈及上腹饰四周弦纹。口径10.4、腹径19.2、高22.6厘米（图六五七，3；图版一〇九，3）。

C型 18件。粗长颈，多无铺首装饰，体较高。分七式。

Ⅰ式 5件。长颈较直，长鼓腹，平底，矮圈足。折沿子母口盖。

标本 M303：1，口、腹各有一周黑彩宽带，下腹及盖红彩脱落。口径8.4、腹径18.8、通高32厘米（图六五八，1）。

标本 M330：5，中腹略凸。器身及盖饰数周黑彩宽带及弦纹。口径8.4、腹径18.4、通高30.1厘米（图六五八，2；图版一〇九，4）。

标本 M638：2，长鼓腹。口、颈、腹饰三周黑彩宽带及数周弦纹。盖面有三扁纽，略残。口径9.2、腹径18.6、通高33.4厘米（图六五八，3；彩版二六，3；图版一一〇，1）。

标本 M636：4，大致同 M638：2。口、颈、腹、圈足饰四周黑彩宽带及数周弦纹。隆盖通施黑彩。盖面有三扁纽。口径10.2、腹径19、通高36.3厘米（图六五八，4）。

Ⅱ式 2件，均出自 M212。

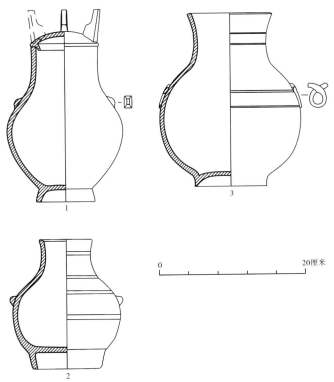

图六五七 陶壶

1. Bb型Ⅲ式（M2：11） 2、3. Bb型Ⅳ式（M1：3，M198：5）

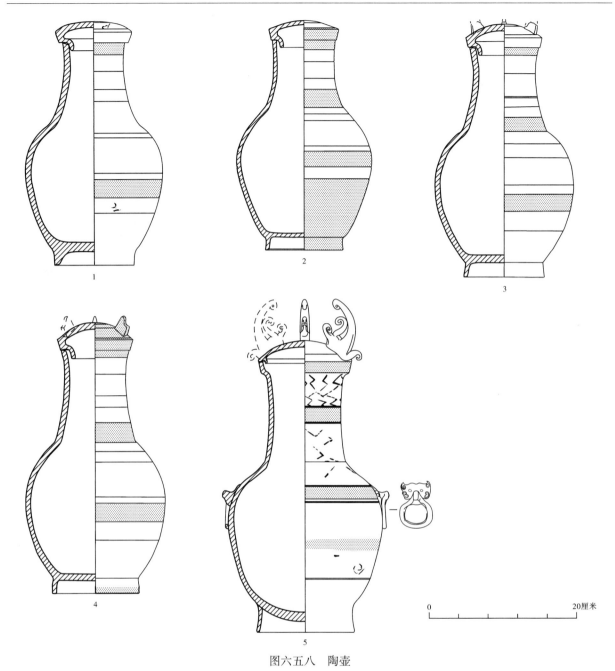

图六五八　陶壶
1~4. C 型 I 式（M303∶1，M330∶5，M638∶2，M636∶4）　5. C 型 II 式（M212∶6）

　　M212∶6，盘状口，粗长颈，溜肩，深弧腹，圜底，矮直圈足。上腹部有对称简化铺首衔环。口、颈、肩、腹各饰一道黑衣白彩带纹，带纹间有红彩弦纹及红彩曲折纹，多脱落。弓弧形盖，子母口。盖边等列三个抽象三首一尾怪兽高纽。口径 11.6、腹径 20.8、通高 44.2 厘米（图六五八，5；彩版二六，4；图版一一〇，2）。

　　III 式　2 件。腹变浅呈圆鼓形。肩有对称鼻纽衔环。

　　标本 M294∶4，圈足极矮。弧盖，子母口，盖面有三扁纽，盖顶有一扁纽。器身及盖有红彩脱落。颈、腹有五组共 10 周弦纹。口径 9.6、腹径 20.2、通高 32.6 厘米（图六五九，1；图版一一〇，3）。

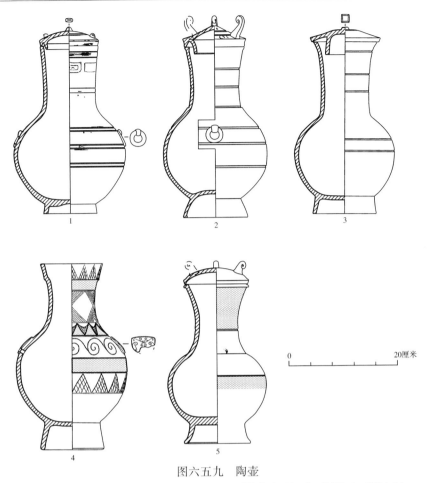

图六五九　陶壶

1、2. C 型Ⅲ式（M294：4，M286：1）　3～5. C 型Ⅳ式（M721：3，M458：1，M594：3）

标本 M286：1，凹圜底，高圈足外撇。颈至腹饰 6 周弦纹。斗笠形盖边缘直折，高子母口。盖边有三个简化高兽纽。盖面饰两周弦纹，红彩脱落。口径 10.7、腹径 18.5、通高 35.2 厘米（图六五九，2；彩版二七，1；图版一一〇，4）。

Ⅳ式　4 件。球形腹，高圈足斜直或略撇。

标本 M458：1，深盘状口。口至腹红、黑彩饰三角形、菱形、勾连卷云纹及带状纹。口径 11.2、腹径 20、高 32.6 厘米（图六五九，4；图版一一一，1）。

标本 M594：3，喇叭状口。颈、腹饰黑彩宽带，颈部有红彩脱落。弓弧形盖上有三个简化兽纽。口径 10、腹径 17.8、通高 31.8 厘米（图六五九，5；彩版二七，2；图版一一一，2）。

标本 M721：3，敞口，长直颈微弧，溜肩，鼓腹，平底。矮圈足略外撇。口至腹饰五周弦纹。斜折壁低盖，平顶，高子母口直立。盖顶有一方纽。口径 11.6、腹径 18.2、通高 32.5 厘米（图六五九，3；图版一一一，3）。

Ⅴ式　3 件。敞口，粗弧颈较短，溜肩，弧腹。高圈足斜直。

标本 M36：4，平底，圈足略撇。颈至腹饰四周弦纹。浅弧盖，矮子母口。盖面有三个扁立纽。口径 11.4、腹径 17.8、通高 31.4 厘米（图六六〇，1；图版一一一，4）。

标本 M352：5，凹圜底，圈足较小。平盖，子母口。盖面有三个长方纽。口径 11.6、腹径 21.3、通高 33.8 厘米（图六六〇，2）。

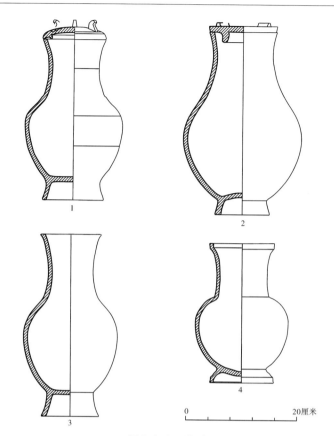

图六六〇　陶壶

1、2. C 型 V 式（M36∶4，M352∶5）　3. C 型 Ⅵ 式（M829∶3）　4. C 型 Ⅶ 式（M154∶3）

Ⅵ式　1 件。

M829∶3，敞口，长弧颈，溜肩，长鼓腹，高圈足外撇。口径 11、腹径 17.2、通高 31.8 厘米（图六六〇，3；图版一一二，1）。

Ⅶ式　1 件。

M154∶3，浅盘状直口。粗弧颈较直，圆肩，颈、肩有折。圆腹，圜底，矮圈足呈折壁盘状。口径 11.6、腹径 16.6、高 24.4 厘米（图六六〇，4；图版一一二，2）。

D 型　54 件。束颈较细长，高圈足外撇。分五式。

Ⅰ式　3 件。敞口，颈略粗略束，斜肩或有折，弧腹斜收。

标本 M70∶11，圜底。颈至下腹饰八周弦纹。口径 13、腹径 20.2、高 38 厘米（图六六一，1；图版一一二，3）。

标本 M526∶5，口残。弧颈较细，斜肩微凹弧，肩有折。弧腹，凸圜底，外撇高圈足残。肩部对称有鼻纽衔环，环残。下腹饰两周弦纹。弧形盖顶面较平。盖边三个扁纽亦残。腹径 20、复原通高 35 厘米（图六六一，2；图版一一二，4）。

Ⅱ式　4 件。喇叭状敞口，束颈较 Ⅰ 式细，溜肩，圆弧腹。

M245∶1，平底。颈部有红彩三角纹、弦纹等，多脱落。弓弧形盖，顶部有三凸纽。口径 12.6、腹径 19.6、通高 36.7 厘米（图六六一，3；图版一一三，1）。

M453∶2，中腹略凸，圈足高直。口径 8.6、腹径 16.8、高 30.9 厘米（图六六一，4；图版一

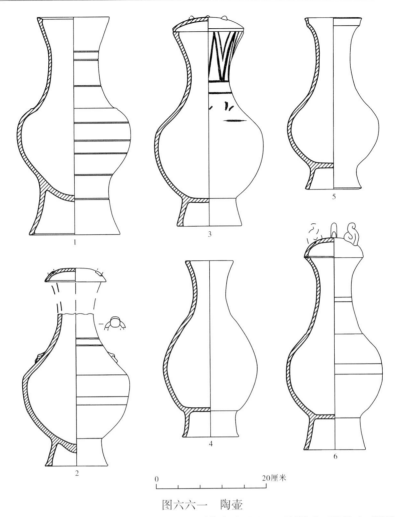

图六六一　陶壶

1、2. D 型 I 式（M70∶11，M526∶5）　3 ~ 6. D 型 II 式（M245∶1，M453∶2，M613∶1，M632∶1）

一三，2）。

M613∶1，浅盘状口，长弧颈，鼓腹，平底，高圈足外撇。口径 10.4、腹径 16.8、高 30 厘米（图六六一，5；图版一一三，3）。

M632∶1，敞口，溜肩，颈、肩呈窄台棱交接。颈、腹各饰两周弦纹。高圈足略外撇。弧形深盖，盖面有三个简化兽纽。口径 10.4、腹径 17.6、通高 39.5 厘米（图六六一，6；图版一一三，4）。

III 式　30 件。喇叭状敞口。细弧颈略束。溜肩，体瘦长，高圈足略小。肩部多无铺首或纽饰。

标本 M6∶3，肩、腹有折。弧腹，平底，高圈足外撇。颈至腹饰五周弦纹。弧形盖略有折。盖边有三个扁纽。口径 10.4、腹径 17、通高 35.4 厘米（图六六二，1；彩版二七，3；图版一一四，1）。

标本 M269∶3，颈、肩呈台棱状转折，长鼓腹。底略凸，圈足略外撇。颈饰黑彩三角纹，腹饰两周带状纹。浅弧盖，盖面有三个乳突纽。口径 9.8、腹径 18.8、通高 39 厘米（图六六二，2；图版一一四，2）。

标本 M451∶3，颈、腹折转，凹底，高圈足直立。浅弧盖。口径 11.4、腹径 18.2、通高 38 厘

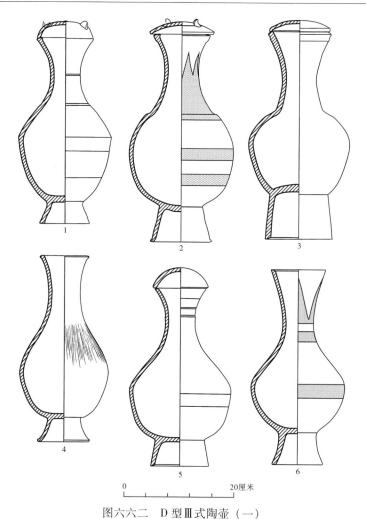

图六六二　D 型Ⅲ式陶壶（一）
1. M6：3　2. M269：3　3. M451：3　4. M529：1　5. M534：3　6. M542：1

米（图六六二，3；图版一一四，3）。

　　标本 M529：1，细长弧颈与斜肩相连，弧腹，平底，高圈足外撇。肩部有竖划纹。口径 9、腹径 16.2、高 32.4 厘米（图六六二，4；图版一一四，4）。

　　标本 M534：3，肩、腹略有折，圈足斜直。颈至腹饰五周弦纹。高弧盖。口径 9、腹径 18.4、通高 34.6 厘米（图六六二，5；图版一一五，1）。

　　标本 M542：1，大致同 M534：3。圈足较小较高，略外撇。颈饰黑彩三角纹，腹饰两周带状纹。口径 9.8、腹径 17.2、高 34 厘米（图六六二，6；图版一一五，2）。

　　标本 M550：9，喇叭状口。肩部有对称鼻纽衔环。颈饰黑彩三角纹，腹饰一周带状纹。余大致同 M542：1。口径 11.4、腹径 18、高 35.6 厘米（图六六三，1；图版一一五，3）。

　　标本 M590：2，长鼓腹，凹底，圈足特高，外张。口径 10.2、腹径 17、高 38 厘米（图六六三，2；图版一一五，4）。

　　标本 M823：2，鼓腹，圈足外撇。弧形高盖，盖顶等列三个抽象兽纽。口径 9.4、腹径 18、通高 36.4 厘米（图六六三，3；图版一一六，1）。

　　标本 M828：2，斜窄肩有折，深弧腹，平底。颈部饰两周弦纹。口径 9.4、腹径 16.9、高 36.6

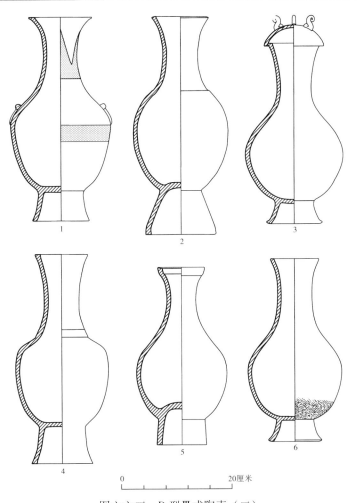

图六六三　D型III式陶壶（二）

1. M550：9　2. M590：2　3. M823：2　4. M828：2　5. M830：8　6. M835：1

厘米（图六六三，4；图版一一六，2）。

标本 M830：8，小盘状口。细弧颈，溜肩，弧腹，凹底，高圈足直立。腹径 8.4、腹径 16.4、高 31 厘米（图六六二，5；图版一一六，3）。

标本 M835：1，口略敞，溜肩，弧腹，平底，小圈足外撇。下腹有斜绳纹。口径 8.8、腹径 17、高 31.9 厘米（图六六三，6；图版一一六，4）。

IV式　6件。喇叭形口呈浅盘状，长弧颈较粗，斜肩，肩较宽或有折，广圈足外撇。

标本 M143：2，唇内凸，弧腹，凹底。口径 11.8、腹径 16.4、高 30.4 厘米（图六六四，1；图版一一七，1）。

标本 M571：1，颈、肩折转。弧腹有折，底微凹。口径 11.2、腹径 16.8、高 30.5 厘米（图六六四，2；图版一一七，2）。

V式　11件。小盘状口，弧形颈特细。余大致同IV式。

标本 M9：5，颈、肩有折，平底。浅弧盖，盖面有三个扁纽。口径 8.4、腹径 18.4、高 32 厘米（图六六四，3；彩版二七，4；图版一一七，3）。

标本 M515：2，长鼓腹，底微凹。弧形盖，弧顶较平。口径 8.6、腹径 16.6、通高 36 厘米

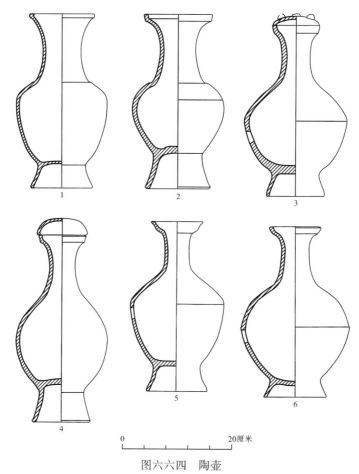

图六六四　陶壶

1、2. D 型Ⅳ式（M143:2，M571:1）　3～6. D 型Ⅴ式（M9:5，M515:2，M575:3，M649:3）

（图六六四，4；图版一一七，4）。

　　标本 M575:3，斜肩有折，平底，高圈足外撇。中腹下有一圆孔。口径 9.4、腹径 17.2、高 29.6 厘米（图六六四，5；图版一一八，1）。

　　标本 M649:3，溜肩，折腹，圜底。矮圈足外撇。中腹下有一圆孔。口径 9.2、腹径 19.4、高 29.8 厘米（图六六四，6；图版一一八，2）。

　　E 型　44 件。敞口，腹下部向外斜伸呈假圈足，平底或微凹。分四式。

　　Ⅰ式　1 件。

　　M178:1，粗弧颈下部外斜，溜肩，鼓腹，矮假圈足，底微凹。颈、腹饰六周弦纹。口径 9.6、腹径 19.4、高 28.8 厘米（图六六五，1；图版一一八，3）。

　　Ⅱ式　19 件。粗弧颈较Ⅰ式略细、略长，高假圈足略外撇。

　　标本 M103:2，斜肩，弧腹，底微凹。颈至腹饰八周弦纹，口、颈及腹部饰三周黑彩宽带和红彩弦纹，颈部还有红彩图案脱落。盖呈斗笠状，高子母口。盖边有红、黑彩各一道。口径 10.8、腹径 18.8、通高 33.9 厘米（图六六五，2；彩版二八，1；图版一一八，4）。

　　标本 M126:1，斜肩，弧腹，平底。口径 12.2、腹径 23、高 38.4 厘米（图六六五，3；图版一一九，1）。

　　标本 M162:3，溜肩，扁弧腹，平底微凹。颈至腹饰三组共 6 周凹凸相间弦纹。折壁盖较深。

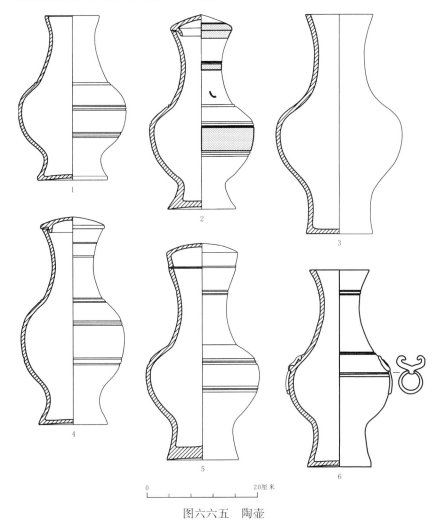

图六六五　陶壶
1. E 型 I 式（M178：1）　2 ~ 6. E 型 II 式（M103：2，M126：1，M180：8，M162：3，M380：3）

口径 10.4、腹径 20.4、通高 37.8 厘米（图六六五，5；彩版二八，2；图版一一九，2）。

标本 M180：8，大致同 M162：3。长鼓腹，颈至腹有六周弦纹。浅弧盖，直立子母口。口径 10.8、腹径 18.6、通高 36.2 厘米（图六六五，4；图版一一九，3）。

标本 M380：3，大致同 M162：3。较瘦长。腹有对称牛角状鼻纽衔环。颈至腹饰六周弦纹。口径 10.4、腹径 19、高 34.4 厘米（图六六五，6；图版一一九，4）。

III 式　23 件。敞口或喇叭口，细束颈。

标本 M246：6，敞口略呈盘状，颈、肩折转。圆肩，上腹鼓，底微凹。颈至腹饰七周弦纹。通体饰黑衣红彩，口外至假圈足有十二道红彩弦纹，颈、肩及下腹有红彩三角纹、涡纹及交叉斜线纹。口径 11.2、腹径 19.4、高 35.4 厘米（图六六六，1；图版一二〇，1）。

标本 M557：1，敞口，斜肩，平底。盔形弧盖，盖边饰一周弦纹。低子母口。口径 12、腹径 19、通高 39 厘米（图六六六，3）。

标本 M587：1，敞口，斜肩，颈、肩折转，底微凹。口至腹饰八周弦纹。斗笠形盖，矮子母口。口径 10、腹径 19.4、通高 39 厘米（图六六六，2；图版一二〇，2）。

IV 式　1 件。

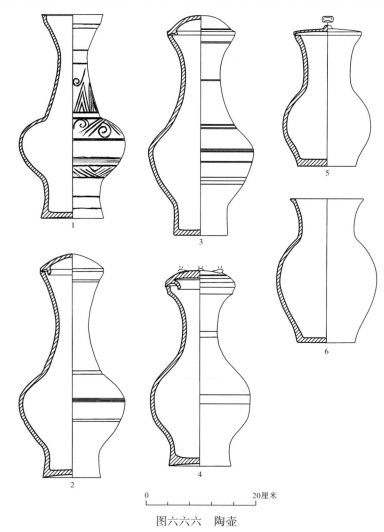

图六六六　陶壶

1～3. E 型Ⅲ式（M246∶6，M587∶1，M557∶1）　4. E 型Ⅳ式（M134∶4）　5、6. F 型（M591∶3，M371∶4）

M134∶4，盘状口，溜肩，弧腹。底微凹。颈、腹各有两周细弦纹。弧形盖略有折，凹弧形子母口。盖顶三个扁纽残。口径 12.4、腹径 18、通高 34.5 厘米（图六六六，4；图版一二〇，3）。

F 型　4 件。敞口，溜肩，弧腹近底凹弧，平底。

M591∶3，浅平盖边缘直折，盖中有一长方纽。口径 12、腹径 16、高 24.8 厘米（图六六六，5；图版一二〇，4）。

M371∶4，弧颈粗短。口径 13.4、腹径 18.4、高 25.4 厘米（图六六六，6；图版一二一，1）。

五　陶高柄小壶

21 件。分三型。

A 型　10 件。短颈，扁弧腹，内底呈锥状。弧形柄，喇叭形座。分三式。

Ⅰ式　8 件。底座呈喇叭形，平底或略凹，或呈圈足。

标本 M103∶8，侈口，短颈，宽圆肩，扁弧腹。底微凹。口径 4.2、腹径 8.4、高 12.3 厘米

（图六六七，1；图版一二一，2）。

标本 M147∶8，直口，短颈，斜肩，扁腹。底边斜。口径 4、腹径 8、高 11.7 厘米（图六六七，2；图版一二一，3）。

标本 M157∶10，口微侈，短弧颈，圆肩，扁弧腹。底边斜直，下底内凹。口径 4.2、腹径 8.2、高 11.8 厘米（图六六七，3；彩版二八，3；图版一二一，4）。

标本 M249∶10，平底。余同 M157∶10。口径 5.4、腹径 9.6、高 12.8 厘米（图六六七，4；图版一二二，1）。

标本 M274∶8，直口，卷沿，短直颈，斜肩，扁腹。圈足，边缘斜折。口径 4.3、腹径 7.6、高 10.6 厘米（图六六七，5；图版一二二，2）。

Ⅱ式 1件。

M246∶10，小口，短直颈，斜肩，扁弧腹。柱状柄，底座残。颈、腹及圈足上有红彩弦纹，肩部饰红彩波折纹。口径 3、腹径 8.2、残高 12.6 厘米（图六六七，6）。

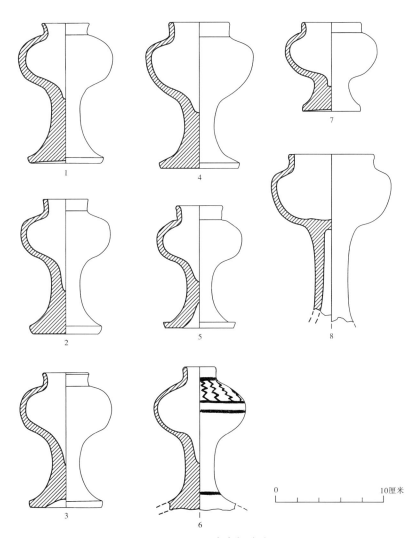

图六六七 陶高柄小壶

1~5. A 型Ⅰ式（M103∶8，M147∶8，M157∶10，M249∶10，M274∶8） 6. A 型Ⅱ式（M246∶10） 7. A 型Ⅲ式（M233∶8） 8. B 型（M70∶8）

Ⅲ式　1件。

M233：8，直口，短直颈，圆肩，扁圆腹。弧形矮柄，平底微凹。口径4.8、腹径8.5、高7.8厘米（图六六七，7；彩版二八，4；图版一二二，3）。

B型　1件。

M70：8，大口，直颈，扁弧腹，平底，细高柄。圈足残。口径7.8、腹径10.8、残高14.8厘米（图六六七，8）。

C型　10件。内部中空至底座或通底中空，余大致同A型。分二式。

Ⅰ式　5件。大口，扁腹与底弧形交接。

标本M162：9，短直颈，内部通底中空。口径4.4、腹径6.9、高11厘米（图六六八，1；图版一二二，4）。

标本M180：4，口微敛，短斜颈，溜肩，底微凹，底边直折，器内中空至底。口径3.8、腹径9、高10.4厘米（图六六八，2；图版一二三，1）。

标本M180：7，基本形态同M180：4。直口微侈，短直颈，斜肩。柄较M180：4略高。口径4.4、腹径9.5、高13厘米（图六六八，3；图版一二三，2）。

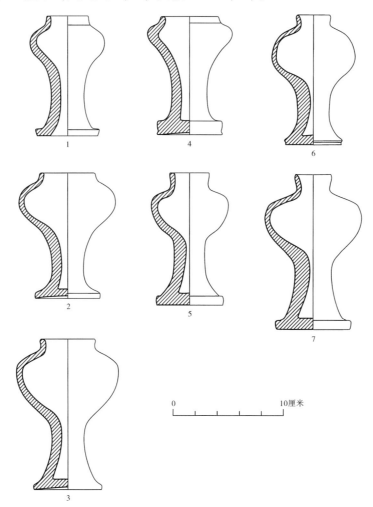

图六六八　陶高柄小壶

1~4.C型Ⅰ式（M162：9，M180：4，M180：7，M492：8）　5~7.C型Ⅱ式（M296：19，M547：1，M587：7）

标本 M492：8，直口微敛，短颈，斜肩，扁弧腹。弧形高柄，内空至底。饼形底座，底微凹。口径 5.2、腹径 7.7、高 10.4 厘米（图六六八，4；图版一二三，3）。

Ⅱ式 5 件。小口，腹较Ⅰ式深，平底座。

标本 M296：19，直口，短颈，斜肩。平底出边呈饼形，器内中空至底。口径 2.8、腹径 7.1、高 11.6 厘米（图六六八，5；彩版二九，1；图版一二三，4）。

标本 M547：1，颈较 M296：19 更短，余与之同。口径 3、腹径 7.5、高 11.4 厘米（图六六八，6；图版一二四，1）。

标本 M587：7，侈口，短束颈，宽斜肩，内空至底。饼形平底座。口径 3.2、腹径 8.8、高 13.6 厘米（图六六八，7；图版一二四，2）。

六 陶杯

23 件，形态明确的 17 件。分四式。

Ⅰ式 5 件。敞口，斜壁，口较宽，柄形平底。

标本 M36：5，下部向外斜折呈假矮圈足状，底边斜折。口径 9、高 10.6 厘米（图六六九，1；图版一二四，3）。

标本 M70：12，平底略凹。口径 10.4、高 12.6 厘米（图六六九，2；图版一二四，4）。

标本 M103：13，内底略呈假圈足状。口径 7.6、高 9.2 厘米（图六六九，3；图版一二五，1）。

Ⅱ式 10 件。口较Ⅰ式窄，壁较直，余同Ⅰ式。

标本 M147：20，较矮，底微凹。口径 6.8、高 9.5 厘米（图六六九，4；彩版二九，2；图版一二五，2）。

标本 M148：3，平面呈椭圆形，底较小。口径 6～7.2、高 9.5 厘米（图六六九，6；图版一二五，3）。

标本 M162：10，腹壁较直，底较宽。口径 7、高 9.6 厘米（图六六九，5；图版一二五，4）。

标本 M180：16，直口，弧壁，平底出边呈饼形。口径 9、高 12.3 厘米（图六六九，7；图版一二六，1）。

标本 M492：7，敞口较直，弧壁，下部向外斜折呈假矮圈足状，平底，边缘斜折。上腹有数周瓦楞状弦纹。口径 7.5、高 9.6 厘米（图六六九，8；图版一二六，2）。

标本 M587：9，敞口，斜直壁，下部向外斜折呈假矮圈足状，平底，边缘直折。口外器壁有一小孔。口径 6、高 10.6 厘米（图六六九，9；图版一二六，3）。

Ⅲ式 1 件。

M508：8，器壁较厚，下腹向内凹折呈假圈足状。平底微凹。口径 9、高 11.6 厘米（图六六九，10；图版一二六，4）。

Ⅳ式 1 件。

M241：5，直口微敛，弧壁，平底，圈足外撇。口径 8.4、高 9.8 厘米（图六六九，11；图版一二七，1）。

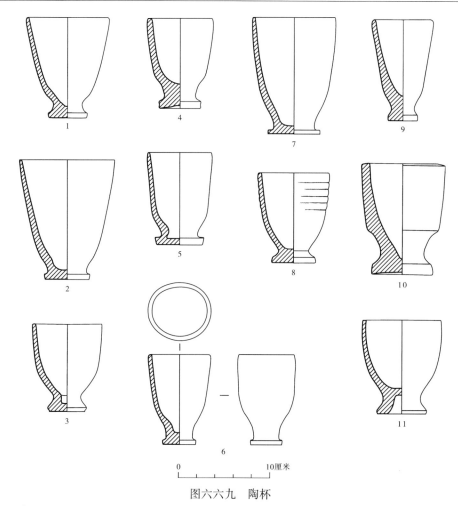

图六六九　陶杯

1~3. Ⅰ式（M36:5，M70:12，M103:13）　4~9. Ⅱ式（M147:20，M162:10，M148:3，M180:16，M492:7，M587:9）　10. Ⅲ式（M508:8）　11. Ⅳ式（M241:5）

七　陶盘

75 件，形态明确的 68 件。分六型。

A 型　23 件。宽平折沿或略斜，浅腹，斜折壁，平底或略凹。分四式。

Ⅰ式　2 件，均出自 M526。敞口，弧壁略有折，腹略深，平底。

标本 M526:9，宽平折沿。口径 16.4、高 3.8 厘米（图六七〇，1；图版一二七，2）。

Ⅱ式　7 件。敞口较直，折沿略斜，折壁，浅盘，近底微凹。底较Ⅰ式小。

标本 M249:14，宽平斜折沿，平底。口径 16.8、高 3.2 厘米（图六七〇，4；图版一二七，3）。

标本 M178:10，同 M249:14。口径 17.8、高 3.4 厘米（图六七〇，2；图版一二七，4）。

标本 M180:3，折沿较短，底微凹，有出边。口径 16.1、高 3.3 厘米（图六七〇，3；图版一二七，5）。

Ⅲ式　11 件。口径变小，折沿变短。

标本 M274：11，敞口，宽平折沿，弧壁，底微凹。口径 14.6、高 2.7 厘米（图六七〇，5；图版一二七，6）。

标本 M505：4，底与壁弧形交接，底微凹。盘内有红、黑彩柿蒂形纹。口径 13.4、高 2.2 厘米（图六七〇，7；图版一二八，1）。

标本 M576：9，凹沿，弧壁近底微凹，平底。口径 13.2、高 2.2 厘米（图六七〇，6；图版一二八，2）。

标本 M581：5，沿面微凹。曲弧壁，底微凹。口径 17、高 4 厘米（图六七〇，10；图版一二八，3）。

标本 M663：7，平折沿，底微凹。口径 14.2、高 2.6 厘米（图六七〇，8；图版一二八，4）。

标本 M818：2，宽平折沿，平底。口径 14.7、高 2.2 厘米（图六七〇，9；图版一二八，5）。

标本 M823：10，直口，平折沿，折壁，底微凹，有出边。口径 13.4、高 3 厘米（图六七〇，11；图版一二八，6）。

Ⅳ式 3 件。形体进一步小型化，器壁、底均较厚，腹略深。

M515：11，斜折沿，平底。口径 10、高 2.6 厘米（图六七〇，12；图版一二九，1）。

M515：12，平折凹沿，凹底。口径 11、高 2.4 厘米（图六七〇，13）。

M557：7，斜折沿，底微凹。口径 10.8、高 2.6 厘米（图六七〇，14；图版一二九，2）。

B 型 28 件。敞口，短折沿多呈三角形突唇。余大致同 A 型。分四式。

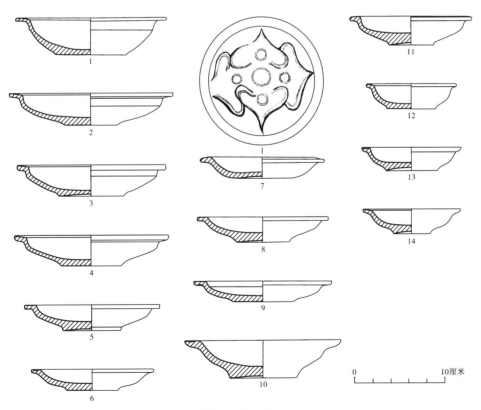

图六七〇 陶盘

1. A 型Ⅰ式（M526：9） 2～4. A 型Ⅱ式（M178：10，M180：3，M249：14） 5～11. A 型Ⅲ式（M274：11，M576：9，M505：4，M663：7，M818：2，M581：5，M823：10） 12～14. A 型Ⅳ式（M515：11，M515：12，M557：7）

Ⅰ式　3件。弧壁盘较深，饼形平底。

标本M130：19，平折沿，弧壁近底内凹，平底。口径16.8、高3.9厘米（图六七一，1；图版一二九，3）。

标本M611：9，厚折沿，平底有出边。口径14.2、高3.1厘米（图六七一，2；图版一二九，4）。

Ⅱ式　11件。弧壁浅盘，平底或略内凹。

标本M148：2，短折沿，平底。口径13.6、高3厘米（图六七一，3；图版一二九，5）。

标本M157：16，平折沿，底微凹。口径16、高3.1厘米（图六七一，4；图版一二九，6）。

标本M162：5，口较直，折壁，底微凹。口径14.8、高2.7厘米（图六七一，5；图版一三〇，1）。

标本M246：14，折沿微坠，平底。口径13.8、高3厘米（图六七一，6；图版一三〇，2）。

标本M269：8，短折沿，底微凹。口径14.4、高3.2厘米（图六七一，7；图版一三〇，3）。

标本M312：4，厚折沿，平底。口径13.6、高2.6厘米（图六七一，8；图版一三〇，4）。

标本M594：5，折沿微坠，小平底微凹。口径13.6、高3.8厘米（图六七一，9；图版一三〇，

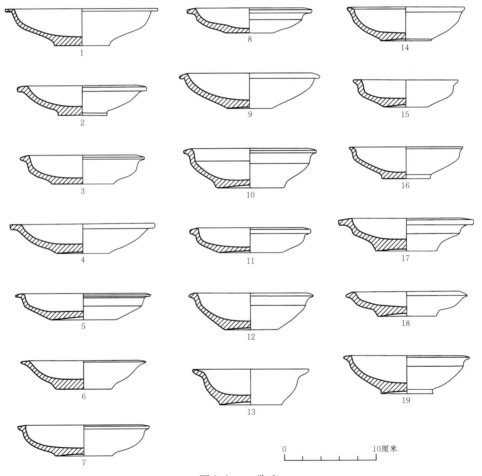

图六七一　陶盘

1、2. B型Ⅰ式（M130：19，M611：9）　3～9. B型Ⅱ式（M148：2，M157：16，M162：5，M246：14，M269：8，M312：4，M594：5）　10～15. B型Ⅲ式（M245：3，M296：18，M540：7，M543：10，M547：2，M567：2）　16～19. B型Ⅳ式（M1：10，M134：3，M451：4，M509：6）

5）。

Ⅲ式　10件。器体小型化，盘壁略深，沿更短。

标本M245：3，三角形折沿，折壁，底微凹。口径11.2、高2.6厘米（图六七一，10；图版一三〇，6）。

标本M296：18，短折沿，斜折壁，底微凹。口径11.2、高2.6厘米（图六七一，11；图版一三一，1）。

标本M540：7，三角形折沿，斜折壁，底微凹。口径13.6、高3.9厘米（图六七一，12；图版一三一，2）。

标本M543：10，侈口，底较宽，微凹。口径12.8、高3.8厘米（图六七一，13；图版一三一，3）。

标本M547：2，斜折沿，底微凹，有出边。口径12.6、高3.6厘米（图六七一，14；图版一三一，4）。

标本M567：2，口较直，平折沿，上壁直，下壁折收，底微凹。口径11.4、高2.8厘米（图六七一，15）。

Ⅳ式　4件。折壁，饼形底或略凹。

M1：10，侈口，斜折壁，平底有出边。口径12、高3.3厘米（图六七一，16；图版一三一，5）。

M134：3，口较直，平折沿微坠，平底微凹。口径14.6、高3.4厘米（图六七一，17；图版一三一，6）。

M451：4，三角形短折沿，弧壁浅盘，出边底微凹。口径13.2、高2.6厘米（图六七一，18；图版一三二，1）。

M509：6，敞口，短平折沿微坠，有短弧颈。弧壁盘，出边平底微凹。口径13.6、高4厘米（图六七一，19；图版一三二，2）。

C型　3件。敞口，折沿，壁外直内斜，宽平底或略凸。分三式。

Ⅰ式　1件。

M441：11，宽平折沿微坠，斜壁，平底略凸。口径15、高2.8厘米（图六七二，1；图版一三二，3）。

Ⅱ式　1件。

M101：8，斜壁近底向外弧，底边折转，圜底。口径10.6、高3厘米（图六七二，2；图版一三二，4）。

Ⅲ式　1件。

M76：4，三角形短沿，壁内斜外凹，宽平底。口径9.4、高2.4厘米（图六七二，3；图版一三二，5）。

D型　4件。盘壁较直，由深至浅。分三式。

Ⅰ式　1件。

M294：5，短折沿，上壁直，下壁折收，小平底。口沿及上腹有红彩弦纹和斜线纹。口径12、高5.6厘米（图六七二，4；图版一三二，6）。

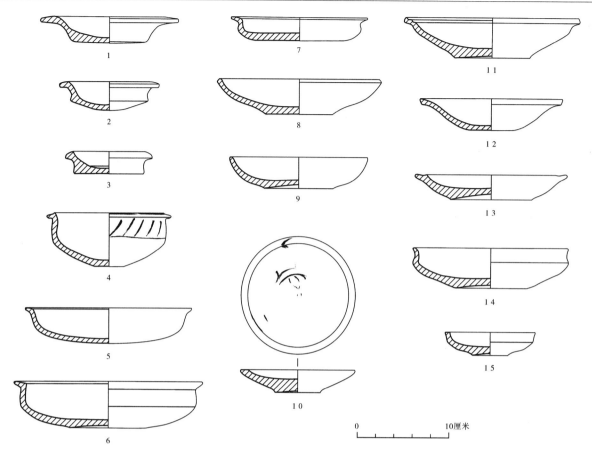

图六七二　陶盘

1. C 型 I 式（M441：11）　2. C 型 II 式（M101：8）　3. C 型 III 式（M76：4）　4. D 型 I 式（M294：5）　5、6. D 型 II 式（M813：4、M36：7）　7. D 型 III 式（M60：10）　8、9. E 型 II 式（M262：5、M206：1）　10. E 型 I 式（M589：1）　11、12. E 型 III 式（M458：8、M2：2）　13. E 型 IV 式（M206：6）　14、15. F 型（M75：6、M275：5）

II 式　2 件。腹变浅，平底或略凹。

M36：7，敛口，斜折沿，上壁直，下壁弧收，底微凹。口径 20.6、高 4.8 厘米（图六七二，6；图版一三三，1）。

M813：4，侈口，斜折壁，圈底较平。口径 18、高 3.8 厘米（图六七二，5）。

III 式　1 件。

M60：10，敞口较直，斜折沿，浅弧壁，平底。口径 15、高 2.4 厘米（图六七二，7；图版一三三，2）。

E 型　6 件。敞口，斜弧壁，呈碟形。分四式。

I 式　1 件，

M589：1，厚壁斜直，近底凹弧，平底微凹。内壁有红彩，脱落殆尽。口径 12.4、高 2.4 厘米（图六七二，10；图版一三三，3）。

II 式　2 件。敞口，弧壁。

M206：1，底微凹。口径 14.8、高 3.2 厘米（图六七二，9）。

M262：5，平底。口径 17.4、高 3.7 厘米（图六七二，8；图版一三三，4）。

III 式　2 件。敞口略侈，口内或有两周凹圈。

M2:2，弧壁，平底。口径 15、高 3.4 厘米（图六七二，12；图版一三三，5）。

M458:8，口内有两周凹弧，底微凹。口径 19、高 4.2 厘米（图六七二，11；图版一三三，6）。

Ⅳ式　1 件。

M206:6，沿面凹，斜壁，凹底。口径 14、高 2.6 厘米（图六七二，13；图版一三四，1）。

F 型　4 件。直口或微侈，折壁，平底微凹。

标本 M75:6，侈口，斜折壁，底微凹。口径 16.8、高 4.2 厘米（图六七二，14；图版一三四，2）。

标本 M275:5，直口，折壁，小底微凹。口径 9.6、高 2.4 厘米（图六七二，15；图版一三四，3）。

八　陶勺

72 件，形态明确的 26 件。分三型。

A 型　4 件。柱状柄。分三式。

Ⅰ式　2 件。柱状柄直立。

M70:9，斗宽而浅，小平底。口径 10.4、通宽 11.9、高 11.4 厘米（图六七三，1；图版一三四，4）。

M467:9，斗较深，平底。外壁近底有削棱。柄端残。口径 5.1、通宽 6.3、高 7.9 厘米（图六七三，2）。

Ⅱ式　1 件。

M2:1，敛口，圆弧壁，平底。柱状粗柄斜伸。口径 4.8、通宽 9.6、高 6.4 厘米（图六七三，3；图版一三四，5）。

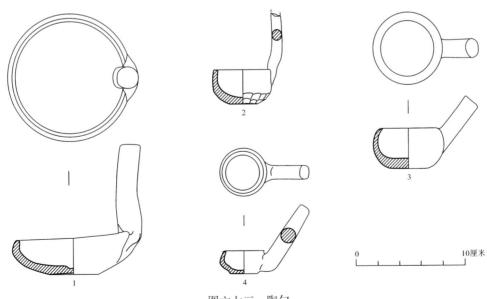

图六七三　陶勺

1、2. A 型Ⅰ式（M70:9，M467:9）　3. A 型Ⅱ式（M2:1）　4. A 型Ⅲ式（M1:9）

Ⅲ式　1件。

M1:9，敛口，弧折壁，平底。柱状粗柄斜伸。口径3.6、通宽8、高6厘米（图六七三，4；图版一三四，6）。

B型　16件。牛角状或锥状柄。分三式。

Ⅰ式　3件。弧壁盘较深，饼形平底。

标本M115:7，状如烟斗。敛口，底微凹。口径4.2、通宽6.9、高8.2厘米（图六七四，1；图版一三五，1）。

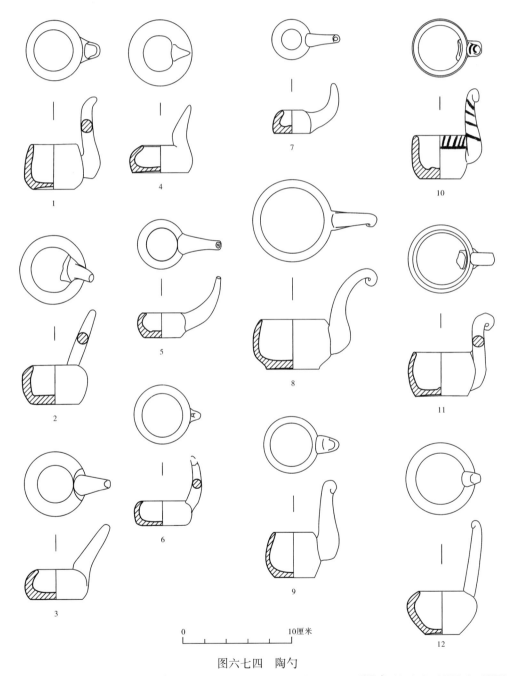

图六七四　陶勺

1. B型Ⅰ式（M115:7）　2~4. B型Ⅱ式（M134:5，M572:3，M580:7）　5~7. B型Ⅲ式（M59:8，M550:3，M576:4）
8. C型Ⅰ式（M296:9）　9~11. C型Ⅱ式（M96:5，M246:9，M587:6）　12. C型Ⅲ式（M158:1）

Ⅱ式 8件。敛口，弧壁，柄装于斗口沿上，柄直立或外斜，或向外弯曲。

标本 M134:5，斜柄装于斗内壁。平底。口径4、腹径6、高8.2厘米（图六七四，2；图版一三五，2）。

标本 M572:3，柄斜伸，平底。口径1.5、通宽7.7、高6.7厘米（图六七四，3；图版一三五，3）。

标本 M580:7，锥形柄斜伸，平底微凹。口径3.5、通宽6.9、高5.9厘米（图六七四，4；图版一三五，4）。

Ⅲ式 5件。敛口，柄装于斗侧，尾部向内弯曲。

标本 M59:8，长柄斜伸。口径3.7、通宽7.8、高5.3厘米（图六七四，5；图版一三五，5）。

标本 M550:3，柄较直。口径3.8、通宽6.1、高5.4厘米（图六七四，6；图版一三五，6）。

标本 M576:4，壁内斜，柄弯曲较甚。口径2、通宽6、高4.2厘米（图六七四，7；图版一三六，1）。

C型 6件。卷尾抽象兽形柄。分三式。

Ⅰ式 2件。柄尾向外斜伸。

标本 M296:9，口微敛，弧壁较直，平底微凹，有出边。弧形卷头柄。口径5.6、通宽11、高8.8厘米（图六七四，8；图版一三六，2）。

Ⅱ式 3件。柄直立。平底。

M96:5，敛口。口径3.6、通宽6.7、高8.6厘米（图六七四，9；图版一三六，3）。

M246:9，直壁。口部及柄有红彩斜线纹和弦纹。口径4.8、通宽6.4、高7.8厘米（图六七四，10；图版一三六，4）。

M587:6，敛口，弧壁，平底微凹。柄穿透器壁。口径4.6、通宽7.8、高7.2厘米（图六七四，11；图版一三六，5）。

Ⅲ式 1件。

M158:1，敛口，折壁，小平底微凹。柱状柄首端向内弯曲。口径4.4、通宽6.7、高10厘米（图六七四，12；图版一三六，6）。

九 陶匜

52件，形态明确的39件。根据流的差异分三型。

A型 29件。圆弧形宽流较短。分六式。

Ⅰ式 2件。口部除流外呈圆弧形。弧壁较深，平底。

M130:20，敞口，壁近底内凹。口径10.3～11、高3.8厘米（图六七五，1；图版一三七，1）。

M424:7，平面略呈方弧形。壁直折，小平底。口径10～11、高3.8厘米（图六七五，2）。

Ⅱ式 12件。斜弧壁，口部与流对应一侧略内瘪，平底或略凹。

标本 M195:5，敞口，底微凹，弧形短流。口径10.2～10.6、高3.2厘米（图六七五，4；图

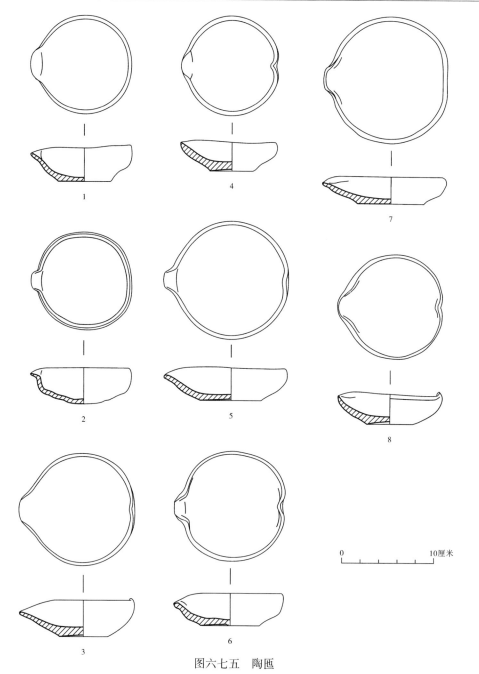

图六七五　陶匜

1、2. A 型 I 式（M130：20，M424：7）　3～8. A 型 II 式（M233：4，M195：5，M249：7，M296：13，M526：12，M663：9）

版一三七，2）。

　　标本 M233：4，敛口，底微凹。弧形平口流。口径 11.8～12.6、高 3.8 厘米（图六七五，3；图版一三七，3）。

　　标本 M249：7，大致同 M233：4。口径 12.4～13.4、高 3.5 厘米（图六七五，5；图版一三七，4）。

　　标本 M296：13，敛口，底微凹。弧形平口流。口径 11.6～12.2、高 3.4 厘米（图六七五，6；图版一三七，5）。

　　标本 M526：12，敛口，平底。平口流。口径 13.2～13.4、高 2.9 厘米（图六七五，7；图版一三七，6）。

标本 M663：9，敛口，底微凹。弧形流。口径 11～11.3、高 3.4 厘米（图六七五，8）。

Ⅲ式　6件。口部除流外呈圆弧形，流较宽，腹较浅。

标本 M76：5，平底较宽，内底中心有一凹圈。口径 10.8～11.3、高 2.8 厘米（图六七六，1；

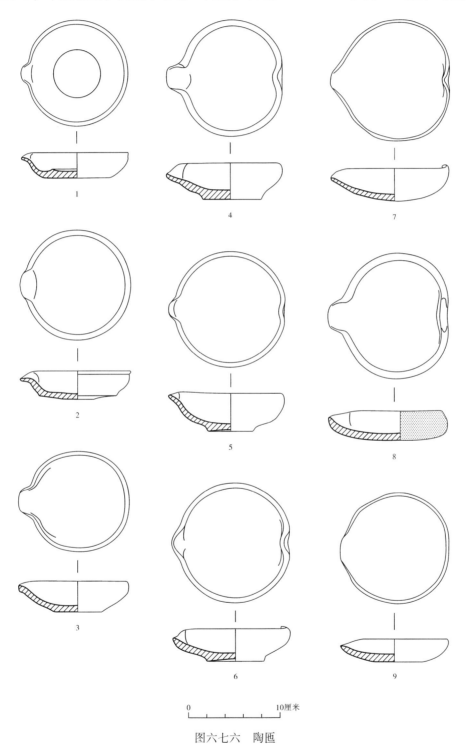

图六七六　陶匜

1～3. A 型Ⅲ式（M76：5，M101：7，M576：5）　4～6. A 型Ⅳ式（M147：17，M178：3，M180：18）　7、8. A 型Ⅴ式
（M103：19，M142：5）　9. A 型Ⅵ式（M201：1）

图版一三八，1）。

标本 M101：7，底边折转，小平底。口径 11.4～12、高 3 厘米（图六七六，2；图版一三八，2）。

标本 M576：5，斜弧壁，平底。口径 11.6～12.4、高 3.2 厘米（图六七六，3；图版一三八，3）。

Ⅳ式　6 件。口部对应流一侧内凹，弧壁近底内凹呈饼形底。

标本 M147：17，敛口，平底。方弧形流。口径 12.4～13.2、高 3.8 厘米（图六七六，4；图版一三八，4）。

标本 M178：3，口微敛，底微凹。弧形窄流。口径 12～12.6、残高 4.2 厘米（图六七六，5；图版一三八，5）。

标本 M180：18，敛口，底微凹。弧形流。口径 12.4～12.8、高 3.6 厘米（图六七六，6）。

Ⅴ式　2 件。浅腹，圜底，余同Ⅳ式。

M103：19，口微敛，弧形流。口径 12.6～13、残高 3.8 厘米（图六七六，7；图版一三八，6）。

M142：5，口微敛，圜底近平。方弧形流。口径 13～13.3、高 3.1 厘米（图六七六，8；图版一三九，1）。

Ⅵ式　1 件。

M201：1，短方弧流，浅弧壁，平底。口径 12～12.4、高 2.4 厘米（图六七六，9；图版一三九，2）。

B 型　5 件。尖圆形窄流。分三式。

Ⅰ式　1 件。

M441：10，口微敛，弧壁，平底微弧。口部一侧有小尖圆流。口径 11～11.5、高 2.7 厘米（图六七七，1；图版一三九，3）。

Ⅱ式　1 件。

M115：4，弧壁，凹底，与流对应一侧捏出手握凹边。口径 11.3～11.4、高 3.5 厘米（图六七七，2；图版一三九，4）。

Ⅲ式　3 件。圆弧形口，壁斜直，体多较小，饼形底。

M1：11，敛口，平底有出边。弧形窄流。口径 7.9～8.2、高 3 厘米（图六七七，4；图版一三九，5）。

M540：6，呈斜壁盘状，底微凹。口径 12～12.5、高 4 厘米（图六七七，3）。

M836：10，平面略呈椭圆形，浅斜壁，饼形平底。口径 6.1～6.4、高 1.6 厘米（图六七七，5）。

C 型　5 件。宽方形流。分五式。

Ⅰ式　1 件。

M162：4，方流，与流对应一侧捏出手握凹边。浅弧壁，平底。口径 12～12.8、高 2.6 厘米（图六七八，1；图版一三九，6）。

Ⅱ式　1 件。

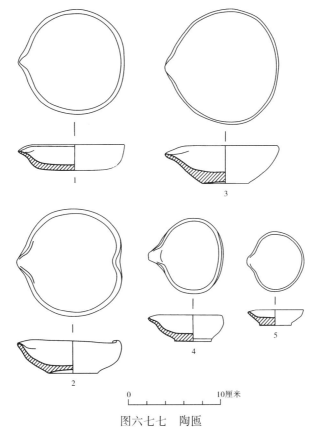

图六七七　陶匜

1. B 型 I 式（M441:10）　2. B 型 II 式（M115:4）　3 ~ 5. B 型 III 式（M540:6，M1:11，M836:10）

M36:10，敞口较直，平面呈方弧形。弧壁，圜底。口部一侧有方弧形长流。口径 14.4 ~ 16.2、高 5.4 厘米（图六七八，2；图版一四〇，1）。

III 式　1 件。

M2:3，敞口，弧壁，平底。口部一侧有宽平流。口径 12.7 ~ 13.4、高 4 厘米（图六七八，3；图版一四〇，2）。

IV 式　1 件。

M587:8，敛口，弧壁，底微凹，口部一侧有方弧形宽流，与流对应一侧捏出手握凹边。口径 9.6 ~ 10.4、高 3 厘米（图六七八，4；图版一四〇，3）。

V 式　1 件。

M567:3，敞口较直，弧壁，底微凹。口部一侧有短方弧形流。口径 10.2 ~ 11、高 3.9 厘米（图六七八，5）。

一〇　陶匕

58 件，形态明确的 35 件。分四型。

A 型　6 件。方柱形柄斜伸。分四式。

I 式　2 件。均出自 M249。匕两侧掐腰，斜壁，平底。

标本 M249:15，浅斜壁，平底。残长 11.8、宽 11、残高 4.4 厘米（图六七九，1；图版一四

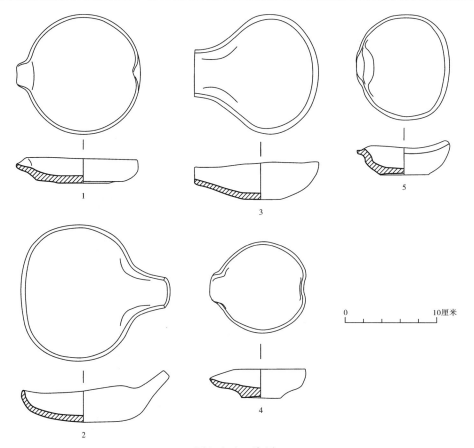

图六七八　陶匜

1. C 型 I 式（M162：4）　2. C 型 II 式（M36：10）　3. C 型 III 式（M2：3）　4. C 型 IV 式（M587：8）　5. C 型 V 式（M567：3）

○，4）。

II 式　2 件。饼形平底，余同 I 式。

M178：11，口前端残。六棱边柄斜伸，柄端略残。残长 8.8、宽 9、残高 4 厘米（图六七九，2）。

M233：2，敞口，浅弧壁，平底微凹。方柱形柄斜伸，残。残长 11、宽 10、残高 4.6 厘米（图六七九，3；图版一四○，5）。

III 式　1 件。

M103：15，敞口，弧壁，平底。口部两侧捏出凹腰，短方柄斜伸。长 10.4、宽 9.4、高 4.5 厘米（图六七九，4；图版一四○，6）。

IV 式　1 件。

M36：9，敞口，弧壁，圜底较平。口部后端凹弧，短圆柄斜伸。长 15、宽 12.8、高 6.6 厘米（图六七九，5；图版一四一，1）。

B 型　18 件。圆柱形柄。分六式。

I 式　5 件。圆柱形柄斜伸，斜壁，平底。分二亚式。

I a 式　3 件。两侧掐腰。

标本 M142：12，内底有红彩柿蒂纹。长 16、宽 11.1、高 10.4 厘米（图六八○，1；图版一四一，2）。

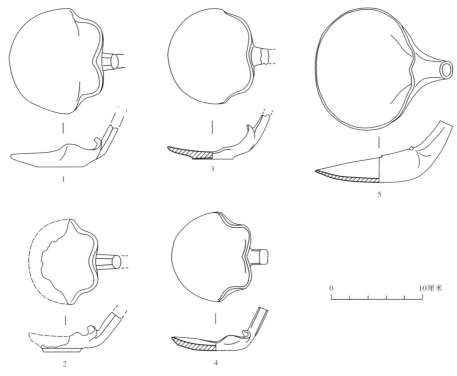

图六七九　陶匕

1. A 型 I 式（M249：15）　2、3. A 型 II 式（M178：11、M233：2）　4. A 型 III 式（M103：15）　5. A 型 IV 式（M36：9）

标本 M180：19，浅弧壁，底微凹。长 12.2、宽 10.8、高 5 厘米（图六八〇，2；图版一四一，3）。

I b 式　2 件。圆弧形口部掐腰。

M245：4，长柄斜伸，口部呈椭圆形。长 14.8、宽 9.4、高 7.6 厘米（图六八〇，3；图版一四一，4）。

M492：10，底略弧。口部两侧向后折收，短圆柱形柄斜伸。长 9.8、宽 9、高 5.4 厘米（图六八〇，4；图版一四一，5）。

II 式　2 件。

标本 M70：2，口前部圆弧形，后部两侧掐腰，柱状柄直立。长 14、宽 12.8、高 13 厘米（图六八〇，5；图版一四一，6）。

III 式　7 件。直柄，斜壁，平底，掐腰。

标本 M147：13，敞口，弧壁，平底。圆柱形柄斜伸。长 9.6、宽 9.1、高 8 厘米（图六八〇，6；图版一四二，1）。

IV 式　1 件。

M2：4，敞口，前部残。斜弧壁，小平底。圆柱形柄斜伸。残长 12.4、宽 9.8、高 4.8 厘米（图六八〇，7；图版一四二，2）。

V 式　1 件。

M547：9，口略呈圆弧形，弧壁较直，底微凹。斜柄弧曲。长 9、宽 7.6、高 6.2 厘米（图六八〇，8）。

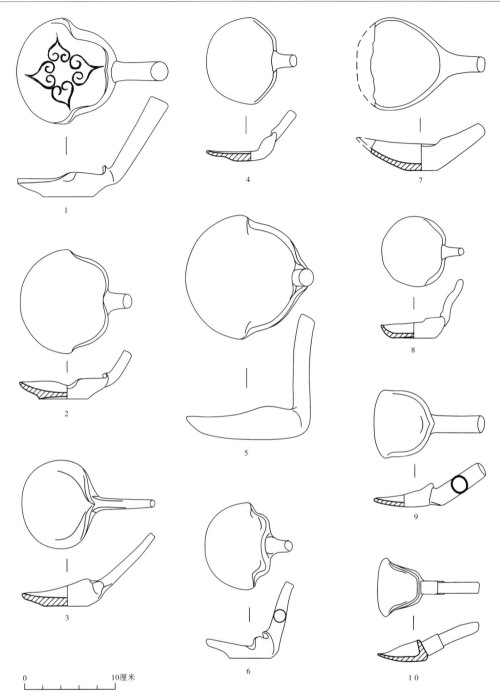

图六八〇　陶匕

1、2.B 型Ⅰa式（M142∶12，M180∶19）　3、4.B 型Ⅰb式（M245∶4，M492∶10）　5.B 型Ⅱ式（M70∶2）　6.B 型Ⅲ式（M147∶13）　7.B 型Ⅳ式（M2∶4）　8.B 型Ⅴ式（M547∶9）　9、10.B 型Ⅵ式（M1∶12，M75∶7）

Ⅵ式　2 件。箕形平口，柄斜伸，浅弧壁与底相连。

M1∶12，口前宽平，后呈菱弧形，弧形底。长 12、宽 7.3、高 4.4 厘米（图六八〇，9；图版一四二，3）。

M75∶7，两侧凹腰，平面呈钟形。柄作两段。长 11、宽 6.2、高 4.2 厘米（图六八〇，10；图版一四二，4）。

C 型　10 件。锥形或牛角形柄，平底或略凹。分三式。

Ⅰ式　4 件。斜壁，底微凹，两侧掐腰，牛角形柄直立，

标本 M467：6，柄略残。长 9、宽 9.3、残高 7.5 厘米（图六八一，1）。

标本 M580：14，锥形柄。长 9.2、宽 8、高 6 厘米（图六八一，2；图版一四二，5）。

标本 M663：8，锥形柄直立，尾端微卷。长 9.8、宽 9.8、高 8.4 厘米（图六八一，3；图版一四二，6）。

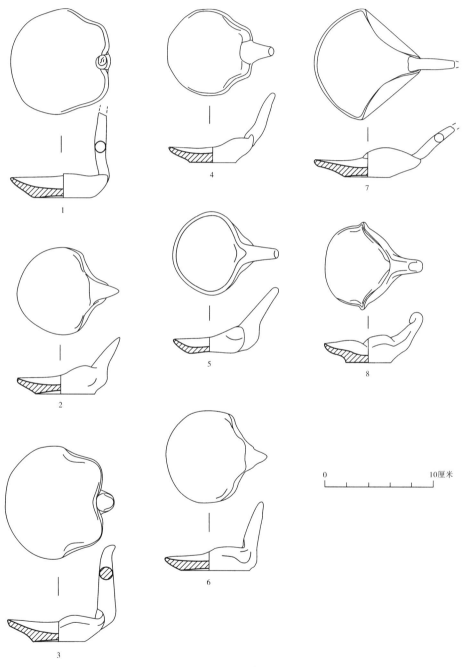

图六八一　陶匕

1～3. C 型Ⅰ式（M467：6，M580：14，M663：8）　4～6. C 型Ⅱ式（M542：10，M571：3，M580：13）　7. C 型Ⅲ式（M540：13）　8. D 型（M6：5）

Ⅱ式　5件。牛角形或锥形柄斜伸，两侧掐腰。

标本 M542：10，浅斜壁，牛角形柄，平底。长9.7、宽7.6、高6厘米（图六八一，4）。

标本 M571：3，弧壁浅平，牛角形柄，底微凹。口部两侧向后折收。长9.7、宽7.3、高5.7厘米（图六八一，5）。

标本 M580：13，锥形柄，底微凹。长9.2、宽7.6、高5厘米（图六八一，6；图版一四三，1）。

Ⅲ式　1件。

M540：13，平面略呈扇形，口后部两侧凹弧。圆锥形斜柄残。残长12.8、宽9.6、高4.5厘米（图六八一，7；图版一四三，2）。

D 型　1件。

M6：5，敞口。弧壁，平底。口部两侧突出，卷首柄斜伸。长9、宽7.6、高4.4厘米（图六八一，8；图版一四三，3）。

一一　陶斗

6件。分二式。

Ⅰ式　5件。整体呈葫芦形，斗身椭圆形。圆锥形柄，首端有一突纽，斗口呈花生壳状或苹果状。中空。

标本 M103：10，斗口呈花生壳状。长11.7、宽6.2厘米（图六八二，1；图版一四三，4）。

标本 M178：4，斗口呈苹果状，斗下方有一圆窝。长15、宽6.9厘米（图六八二，2；彩版二九，3；图版一四三，5）。

标本 M249：8，斗口呈花生壳状。长13.6、宽6.5厘米（图六八二，3；图版一四四，1、2）。

Ⅱ式　1件。

M36：6，整体呈蒜形。斗身椭圆形，一面有椭圆形口。中空。圆柱状长柄。长15.6、宽5厘米（图六八二，4；彩版二九，4；图版一四四，3）。

一二　陶鬲

8件，形态明确的7件。根据口部形态分二型。

A 型　6件。大口盆形。分二式。

Ⅰ式　4件。短弧颈，短折沿，宽裆，三足间距较宽。

标本 M102：1，侈口，束颈，窄圆肩，弧腹，圜底，柱状高足。腹、足饰竖粗绳纹，底饰横粗绳纹，上腹饰两周抹刮弦纹。口径24、腹径25、高21.2厘米（图六八三，3；彩版三〇，1；图版一四四，4）。

标本 M308：1，口斜直，折沿微坠，短斜颈，弧腹，圜底，柱状高足。腹、足饰竖粗绳纹，底饰横粗绳纹。口径19.8、腹径20.1、高19.6厘米（图六八三，1；彩版三〇，2；图版一四五，1）。

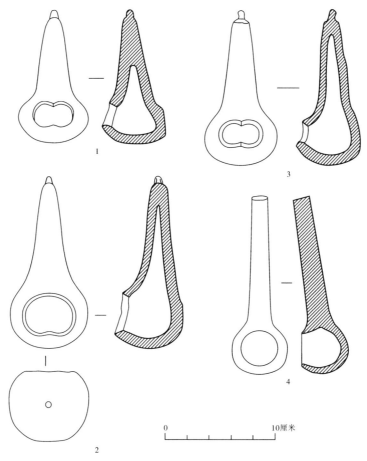

图六八二　陶斗

1～3. I式（M103:10，M178:4，M249:8）　4. II式（M36:6）

标本 M263:3，侈口，平折沿，沿面微凹。窄斜肩，深弧腹，圜底，柱状高足。腹、足饰竖粗绳纹，底饰横粗绳纹，上腹有两周抹刮弦纹。口径23、腹径23、高22.3厘米（图六八三，2；图版一四五，2）。

II式　2件。束颈，斜折沿，裆较窄，三足间距较窄，腹较I式浅。

标本 M227:2，腹、底及足饰竖粗绳纹。口径18.4、腹径19.3、高17.8厘米（图六八三，4；彩版三〇，3；图版一四五，3）。

B型　1件。

M275:4，斜折沿，短弧颈，深弧腹，柱状足。通体饰竖粗绳纹。上腹抹出两道弦纹。口径18、腹径22.4、高24厘米（图六八三，5；彩版三〇，4；图版一四五，4）。

一三　陶长颈壶

6件。分二型。

A型　3件。敞口，粗颈，深弧腹，凹圜底。

标本 M210:2，短平折沿，窄肩有折。口径12.2、腹径14.5、高20厘米（图六八四，1；彩版三一，1；图版一四六，1）。

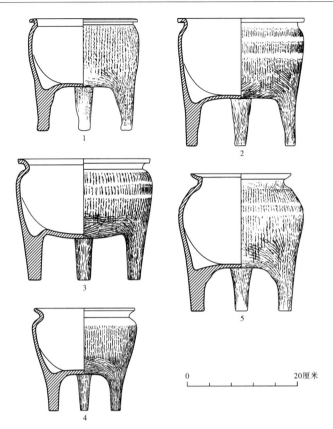

图六八三　陶鬲
1~3. A 型 I 式（M308∶1，M263∶3，M102∶1）　4. A 型 II 式（M227∶2）　5. B 型（M275∶4）

标本 M692∶1，喇叭形口，溜肩，小圜底。颈、肩饰三道弦纹。口径 10.2、腹径 11.2、高 16.6 厘米（图六八四，2；图版一四六，2）。

B 型　3 件。浅盘状口，长弧颈，颈较 A 型略长略细，平底或微凹。

标本 M80∶3，圆肩，弧腹下段微凹，平底。口径 10.6、腹径 14.4、高 21.5 厘米（图六八四，3；彩版三一，2；图版一四六，3）。

标本 M392∶1，斜折肩，下腹近底外撇，底微凹。口径 12.7、腹径 16.9、高 27.8 厘米（图六八四，4；图版一四六，4）。

一四　陶矮领罐

58 件，形态明确的 57 件。分八型。

A 型　10 件。卷沿或短折沿，弧腹，圜底，腹、底多有绳纹。分四式。

I 式　5 件。卷沿，矮弧领，圆肩，弧腹。

标本 M422∶1，素面。口径 10.4、腹径 14.4、高 13.4 厘米（图六八五，1；图版一四七，1）。

标本 M629∶2，下腹及底饰斜粗绳纹。口径 10、腹径 15.6、高 12 厘米（图六八五，2；图版一四七，2）。

标本 M716∶1，三角形短沿。底饰横粗绳纹。口径 8.4、腹径 15、高 11.8 厘米（图六八五，

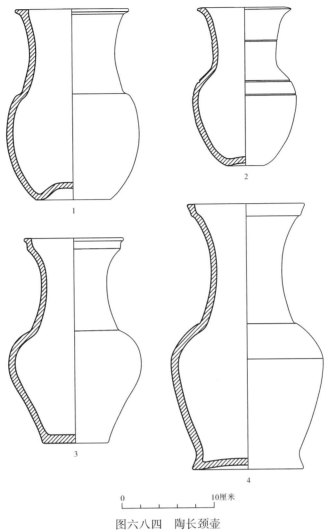

0　　　　　　10厘米

图六八四　陶长颈壶

1、2. A 型（M210∶2，M692∶1）　3、4. B 型（M80∶3，M392∶1）

3）。

Ⅱ式　3 件。短平折沿，领较直，腹较深。

标本 M701∶4，颈以下至底饰竖粗绳纹。口径 14.3、腹径 18、高 15.4 厘米（图六八五，4；图版一四七，3）。

标本 M759∶1，素面。口径 11.6、腹径 15.6、高 14.6 厘米（图六八五，5；图版一四七，4）。

Ⅲ式　1 件。

M683∶1，敞口，三角形短沿，斜肩略有折，弧腹，圜底。下腹至底饰斜粗绳纹。口径 10.8、腹径 14.8、高 13 厘米（图六八五，6；彩版三一，3；图版一四八，1）。

Ⅳ式　1 件。

M227∶4，侈口，领极矮，窄圆肩，扁弧腹，圜底。下腹至底饰斜粗绳纹。口径 12.8、腹径 16、高 9 厘米（图六八五，7；彩版三一，4；图版一四八，2）。

B 型　7 件。矮直领或略斜，无沿，余同 A 型。分二式。

Ⅰ式　4 件。领极矮，圆肩，弧腹，领部多有对称孔。

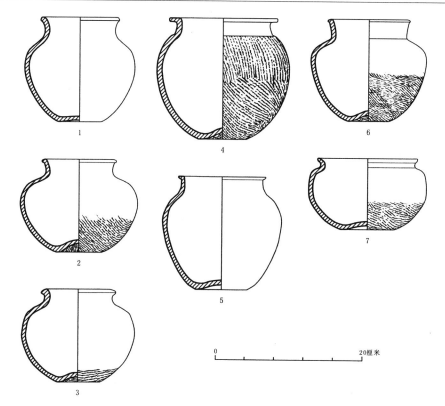

图六八五　陶矮领罐

1~3. A 型Ⅰ式（M422：1，M629：2，M716：1）　4、5. A 型Ⅱ式（M701：4，M759：1）　6. A 型Ⅲ式（M683：1）　7. A 型Ⅳ式（M227：4）

标本 M41：1，侈口，鼓腹，凹底。素面。口径 10、腹径 14.8、高 11.2 厘米（图六八六，1；图版一四八，3）。

标本 M614：1，圜底略凹。领部有对称圆孔。下腹及底饰竖向和横向粗绳纹。口径 11、腹径 17.4、高 12.6 厘米（图六八六，2；图版一四八，4）。

标本 M825：1，凹圜底。领部有对称圆孔。口径 12.8、腹径 18.8、高 13.4 厘米（图六八六，3；图版一四九，1）。

Ⅱ式　3 件。领较高，余同Ⅰ式。

M176：1，腹、底饰粗绳纹。口径 12.4、腹径 17、高 15.2 厘米（图六八六，4；图版一四九，2）。

M499：2，领部有对称圆孔。领、腹饰粗绳纹。口径 13.2、腹径 19.2、高 16.6 厘米（图六八六，5；彩版三二，1；图版一四九，3）。

M790：1，领部有对称圆孔。上腹饰一周弦纹，弦纹下饰斜粗绳纹。口径 13、腹径 17.5、高 15.4 厘米（图六八六，6；彩版三二，2；图版一四九，4）。

C 型　13 件。圆肩，弧腹，平底或略凹。均素面。分三式。

Ⅰ式　2 件。卷沿，矮弧领，斜弧腹浅，小平底。

M278：5，底微凹。口径 12.4、腹径 14.4、高 8 厘米（图六八七，1；彩版三二，3；图版一五〇，1）。

M777：1，侈口。领部有对称圆孔。口径 8.8、腹径 12、高 8.4 厘米（图六八七，2；图版一五

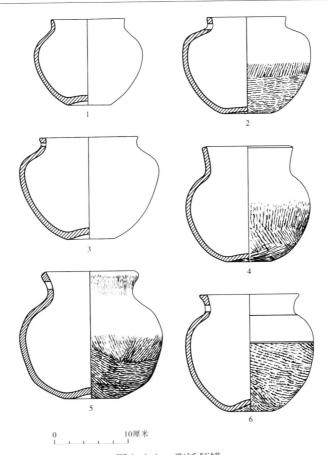

图六八六 陶矮领罐

1~3. B 型 I 式（M41:1，M614:1，M825:1） 4~6. B 型 II 式（M176:1，M499:2，M790:1）

○，2）。

II 式 8 件。领较 I 式高，体亦高，斜弧腹。

标本 M15:2，短折沿，领略内斜，肩略耸。口径 10、腹径 13.6、高 10.6 厘米（图六八七，3；图版一五〇，3）。

标本 M66:1，侈口，底微凹。领有对称圆孔。口径 11、腹径 15.2、高 11.6 厘米（图六八七，4；图版一五〇，4）。

标本 M153:3，敞口，矮领斜直，底微凹。口径 9.2、腹径 15.4、高 13.4 厘米（图六八七，5；图版一五一，1）。

III 式 3 件。领极矮，矮体，圆弧腹，底较宽。

M699:1，领有对称圆孔。底微凹。口径 8.2、腹径 12.4、高 7.2 厘米（图六八七，6；图版一五一，2）。

M733:1，下腹近底略凹弧，平底。口径 8.2、腹径 12.2、高 7.8 厘米（图六八七，7；图版一五一，3）。

M755:1，底微凹。腹饰两周弦纹。口径 7.6、腹径 12.6、高 7.8 厘米（图六八七，8；图版一五一，4）。

D 型 2 件。弇口，圆折腹，矮体。分二式。

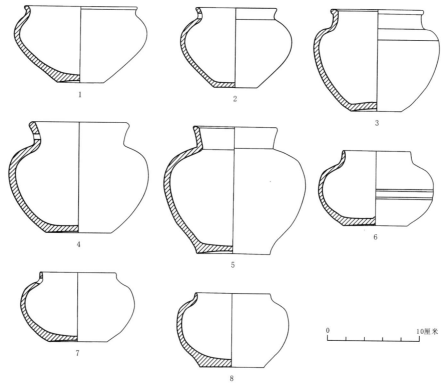

图六八七　陶矮领罐

1、2. C 型 I 式（M278∶5，M777∶1）　3～5. C 型 II 式（M15∶2，M66∶1，M153∶3）　6～8. C 型 III 式
（M699∶1，M733∶1，M755∶1）

　　I 式　1 件。

　　M314∶1，直口，矮直领，圆肩，弧腹。平底。口径 8.2、腹径 12.2、高 7.8 厘米（图六八八，1；图版一五二，1）。

　　II 式　1 件。

　　M281∶5，领极矮，圆肩，弧腹略有折，小平底微凹。肩部有一周弦纹。口径 10.8、腹径 16、高 10.3 厘米（图六八八，2；图版一五二，2）。

　　E 型　2 件。矮直领，肩略耸，弧腹。

　　标本 M664∶3，直口，下腹及底残。口径 9、腹径 12.6、残高 6 厘米（图六八八，3）。

　　标本 M765∶1，弇口，矮斜领，底残。口径 10.2、腹径 17.2、残高 10.2 厘米（图六八八，4；图版一五二，3）。

　　F 型　4 件。折肩，斜弧腹，平底。素面。分二式。

　　I 式　3 件。直口，体较高，腹斜度较大。

　　标本 M135∶3，矮弧领，斜肩，底微凹。口径 10.8、腹径 16、高 11 厘米（图六八八，6；彩版三二，4；图版一五二，4）。

　　标本 M653∶2，肩、腹有折，下腹斜直，底微凹。下腹削棱。口径 12.8、腹径 19.2、高 15.6 厘米（图六八八，5；彩版三三，1；图版一五三，1）。

　　II 式　1 件。

　　M834∶1，直口微侈，矮弧领，斜折肩，弧腹，平底微凹。领部有对称圆孔。口径 11.4、腹径

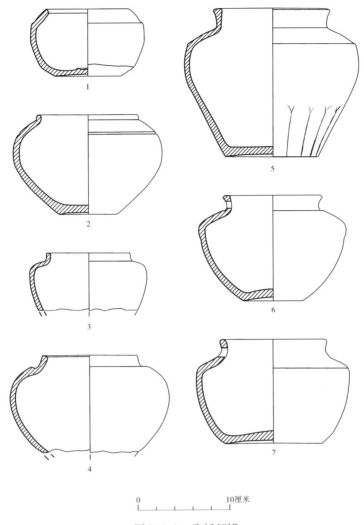

图六八八　陶矮领罐

1. D 型 I 式（M314:1）　2. D 型 II 式（M281:5）　3、4. E 型（M664:3，M765:1）　5、6. F 型
I 式（M653:2，M135:3）　7. F 型 II 式（M834:1）

16.8、高 10.8 厘米（图六八八，7；图版一五三，2）。

G 型　17 件。矮体，折腹，平底。素面。领部多有对称穿孔。俗称"罍形罐"。分三式。

I 式　7 件。直口，斜肩，腹弧形转折。

标本 M161:2，矮直领。口径 10.5、腹径 15、高 11.6 厘米（图六八九，1；图版一五三，3）。

标本 M297:1，矮弧领，底微凹。领部有对称圆孔。口径 9.2、腹径 15.2、高 12.6 厘米（图六八九，3；图版一五三，4）。

标本 M617:1，底微凹。领部有对称圆孔。口径 10.8、腹径 17、高 13.2 厘米（图六八九，2；图版一五四，1）。

II 式　4 件。腹转折较明显，或有弦纹。

标本 M110:1，敞口斜直，矮斜直领，折腹。口径 10、腹径 15.4、高 11.4 厘米（图六八九，5；图版一五四，2）。

　　标本 M537:1，口微侈。矮弧领，弧腹。颈部有对称圆孔，腹有三周弦纹。口径 10.6、腹径 16.2、高 13.4 厘米（图六八九，4；图版一五四，3）。

　　标本 M582:1，三角形沿。肩至腹作四段转折。底微凹。口径 12.4、腹径 18、高 14 厘米（图六八九，6；图版一五四，4）。

　　Ⅲ式　6 件。肩、腹磬折，中腹方直。

　　标本 M69:1，敞口，三角形折沿，矮弧领，平底微凹。腹部饰九周细弦纹。口径 12.8、腹径 18.6、高 14.4 厘米（图六八九，7；彩版三三，2；图版一五五，1）。

　　标本 M182:2，直口微敛，矮直领，平底微凹。口径 11.4、腹径 16.4、高 10.8 厘米（图六八九，8；图版一五五，2）。

　　标本 M213:1，侈口，平底。中腹有一周凸圈。口径 10.4、腹径 17.8、高 12.6 厘米（图六八九，9；彩版三三，3；图版一五五，3）。

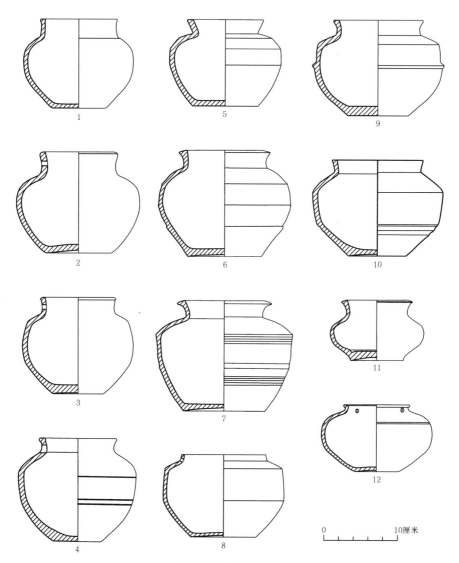

图六八九　陶矮领罐

1～3. G 型 Ⅰ式（M161:2，M617:1，M297:1）　4～6. G 型 Ⅱ式（M537:1，M110:1，M582:1）　7～10. G 型 Ⅲ式（M69:1，M182:2，M213:1，M310:2）　11. H 型 Ⅰ式（M566:1）　12. H 型 Ⅱ式（M340:1）

标本 M310：2，敞口，矮领斜直，底微凹。下腹有两道瓦楞状弦纹。口径 12.2、腹径 17.6、高 12.6 厘米（图六八九，10；图版一五五，4）。

H 型　2 件。矮领小罐，矮体，扁折腹，平底微凹。分二式。

Ⅰ式　1 件。

M566：1，敞口，三角形短折沿，斜肩，下腹凹弧，凹底。口径 9.6、腹径 12.6、高 8 厘米（图六八九，11；图版一五六，1）。

Ⅱ式　1 件。

M340：1，矮领内斜，斜平沿，圆肩，折腹，平底微凹。领部有不对称三个小圆孔，肩部有一周弦纹。口径 9、腹径 15、高 8.6 厘米（图六八九，12；彩版三三，4；图版一五六，2）。

一五　陶双耳罐

30 件。分三型。

A 型　23 件。凹圜底，肩部有对称竖耳。腹、底多有绳纹。分四式。

Ⅰ式　15 件。溜肩，鼓腹。

标本 M241：2，直口微凸。高弧领，中腹饰一圈竖绳纹，以下饰横绳纹。口径 17.2、腹径 25、高 24.8 厘米（图六九〇，1；图版一五六，3）。

标本 M266：1，侈口。矮弧领，肩部有四周瓦楞状弦纹。上腹饰竖粗绳纹，下腹及底饰斜粗绳纹。口径 12.6、腹径 17.6、高 15.6 厘米（图六九〇，3；彩版三四，1；图版一五六，4）。

标本 M541：2，略呈盘口状。通体饰粗绳纹。口径 12.6、腹径 18、高 17.1 厘米（图六九〇，2；图版一五七，1）。

标本 M595：1，侈口，凸唇，鼓腹。下腹及底饰斜粗绳纹。口径 12.4、腹径 18.5、高 16.8 厘米（图六九〇，4；图版一五七，2）。

标本 M743：2，素面。口径 12.2、腹径 16、高 13 厘米（图六九〇，5；图版一五七，3）。

Ⅱ式　2 件。平折沿，弧领较高，余同Ⅰ式。

标本 M562：1，耳孔壁略凹。领、下腹及底饰绳纹。口径 12.5、腹径 17.8、高 16.6 厘米（图六九一，1；图版一五七，4）。

Ⅲ式　5 件。斜肩有折，斜弧腹。

标本 M189：1，敞口。矮弧领，凹圜底。肩部饰一周弦纹。上腹饰竖粗绳纹，下腹饰交错粗绳纹。口径 11.8、腹径 16、高 14 厘米（图六九一，2；图版一五八，1）。

标本 M545：2，小底微凹。素面。口径 12.8、腹径 17.8、高 13.2 厘米（图六九一，3；图版一五八，2）。

标本 M610：2，中腹以下饰粗绳纹，颈部绳纹抹去。口径 12.8、腹径 19、高 15.6 厘米（图六九一，4；图版一五八，3）。

Ⅳ式　1 件。

M452：1，侈口，弧领，窄耸肩凹弧形转折，深弧腹，凹圜底。肩部有方立耳。素面。口径 14、腹径 21、高 16.4 厘米（图六九一，5；彩版三四，2；图版一五八，4）。

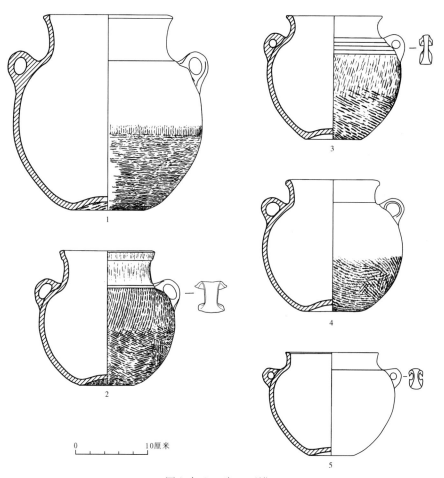

图六九〇　陶双耳罐
1. M241∶2　2. M541∶2　3. M266∶1　4. M595∶1　5. M743∶2

　　B 型　6 件。平底，无绳纹。分二式。

　　I 式　3 件。矮弧领，圆肩，弧腹，平底。

　　标本 M27∶1，敞口。肩至腹饰三组弦纹。口径 11.2、腹径 19、高 17 厘米（图六九二，1；图版一五九，1）。

　　标本 M531∶1，口微侈。肩部饰两周弦纹。口径 9.2、腹径 15、高 14.2 厘米（图六九二，2；图版一五九，2）。

　　II 式　3 件。宽斜折肩，矮领斜直，余同 I 式。

　　标本 M561∶1，腹饰两组弦纹。口径 11.6、腹径 19、高 16.6 厘米（图六九二，3；彩版三四，3；图版一五九，3）。

　　标本 M832∶1，同 M561∶1，无弦纹。口径 11.2、腹径 18、高 15.6 厘米（图六九二，4；图版一五九，4）。

　　C 型　1 件。

　　M17∶2，斜沿，口外有贴边，高弧领，窄圆肩，弧腹较深，底微凹。肩部有对称斜方耳。下腹及底饰横绳纹。口径 12.2、腹径 16.6、高 17.6 厘米（图六九二，5；图版一六〇，1）。

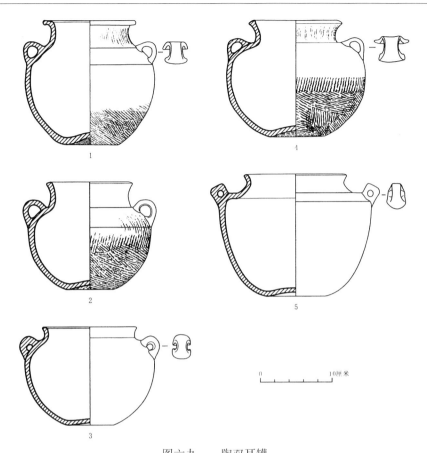

图六九一　陶双耳罐

1. A 型 II 式（M562:1）　2~4. A 型 III 式（M189:1, M545:2, M610:2）　5. A 型 IV 式（M452:1）

一六　陶高领罐

98 件，形态明确的 88 件。分七型。

A 型　49 件。高领较直或略弧，鼓腹或弧腹，圜底内凹，腹、底或领部均有粗绳纹。分五式。

I 式　7 件。平折沿，直领略弧，溜肩，鼓腹较浅。多仅下腹有横绳纹。

标本 M239:1，侈口。上腹饰两周弦纹，下腹及底饰斜细绳纹。口径 13.8、腹径 18.4、高 16.4 厘米（图六九三，1；图版一六○，2）。

标本 M253:1，肩部略凸，下腹饰横绳纹。口径 12、腹径 15.4、高 14.2 厘米（图六九三，2；彩版三四，4；图版一六○，3）。

标本 M746:3，直口略侈，翻沿。上腹饰竖粗绳纹，下腹饰交错粗绳纹，颈部竖绳纹抹去。口径 12、腹径 18.2、高 19 厘米（图六九三，3；彩版三五，1；图版一六○，4）。

标本 M807:3，腹略深。下腹饰细横绳纹。口径 11.8、腹径 14.8、高 15.2 厘米（图六九三，4；图版一六一，1）。

II 式　4 件。折沿较宽，弧领较高，腹较深。

标本 M694:2，侈口，溜肩，腹、底饰粗绳纹。口径 13.2、腹径 15.2、高 17.2 厘米（图六九三，7；图版一六一，2）。

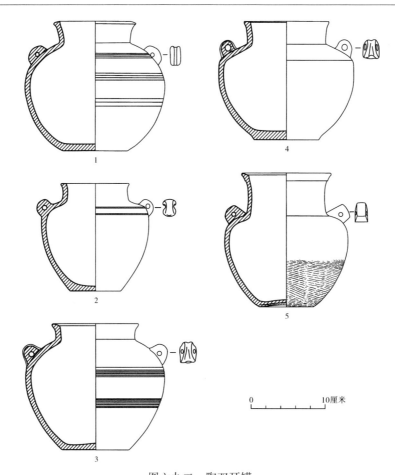

图六九二　陶双耳罐
1、2. B 型 I 式（M27:1，M531:1）　3、4. B 型 II 式（M561:1，M832:1）　5. C 型（M17:2）

　　标本 M779:1，平折沿微坠，凹圜底较小。通体饰粗绳纹，腹中部抹出一道弦纹。口径 14、腹径 18.7、高 20.6 厘米（图六九三，5）。

　　标本 M804:1，口较直，斜肩，腹略有折，小圜底。通体饰粗绳纹，颈部绳纹抹去。肩部有两道抹刮弦纹。口径 14、腹径 17、高 20.2 厘米（图六九三，6；彩版三五，2；图版一六一，3）。

　　III式　21 件。宽平沿，高直领或略弧，球形腹。

　　标本 M235:5，敞口，通体饰粗绳纹，领部绳纹抹去。肩部饰一周弦纹。口径 15.8、腹径 20.4、高 22.6 厘米（图六九四，1；图版一六一，4）。

　　标本 M236:4，直口，通体饰粗绳纹，领部绳纹抹去。上腹饰两周弦纹。口径 13.6、腹径 20.2、高 21.4 厘米（图六九四，2；图版一六二，1）。

　　标本 M263:1，直口，沿面微凹。通体饰粗绳纹，领部绳纹抹去。腹部抹出两周弦纹。口径 15.4、腹径 18.4、高 21.6 厘米（图六九四，3；图版一六二，2）。

　　IV式　9 件。折沿，高弧领较III式高，略细，敞口，余同III式。

　　标本 M570:1，底微凹。通体饰粗绳纹，领部绳纹抹去。腹部抹出两周弦纹。口径 16、腹径 21、高 23.2 厘米（图六九四，6；图版一六二，3）。

　　标本 M600:1，通体饰粗绳纹，领部绳纹抹去。肩及上腹抹出三道弦纹。口径 13、腹径 17.4、

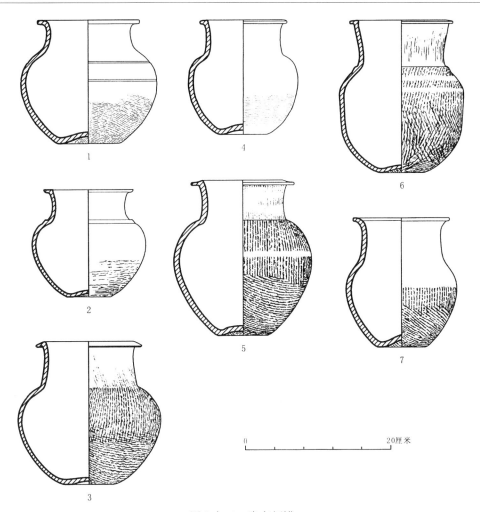

图六九三　陶高领罐

1~4.A 型 I 式（M239:1，M253:1，M746:3，M807:3）　5~7.A 型 II 式（M779:1，M804:1，M694:2）

高 20.6 厘米（图六九四，4；彩版三五，3；图版一六二，4）。

标本 M612:4，侈口，三角形折沿。腹、底饰粗绳纹。口径 13.6、腹径 19、高 23.6 厘米（图六九四，5；图版一六三，1）。

V 式　8 件。腹较 IV 式宽扁，余同 IV 式。

标本 M14:1，侈口，平折沿微坠。腹、底饰粗绳纹。口径 13.2、腹径 20、高 23.6 厘米（图六九四，7；图版一六三，2）。

标本 M22:1，腹较 M14:1 略扁。领以下饰粗绳纹，上腹抹出两道弦纹。口径 13.2、腹径 20、高 22 厘米（图六九四，8；图版一六三，3）。

标本 M268:1，大致同 M22:1。通体饰粗绳纹，领部绳纹抹去，上腹抹出三道宽弦纹。口径 14、腹径 19、高 21.8 厘米（图六九四，9；图版一六三，4）。

B 型　8 件。喇叭口罐，弧领较长，凹圜底。分三式。

I 式　6 件。圆肩，圆弧腹。

标本 M255:1，喇叭形敞口，底微凹。肩部饰两周弦纹。口径 14、腹径 15.4、高 18.2 厘米（图六九五，1；图版一六四，1）。

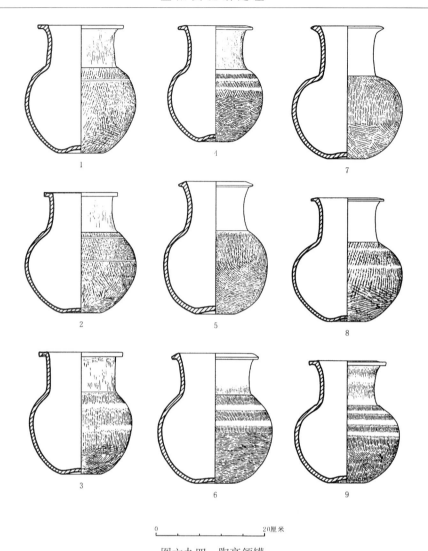

0　　　　　　　　　　　　　　20厘米

图六九四　陶高领罐

1～3. A 型Ⅲ式（M235:5, M236:4, M263:1）　4～6. A 型Ⅳ式（M600:1, M612:4, M570:1）

7～9. A 型Ⅴ式（M14:1, M22:1, M268:1）

　　标本 M277:1，形态大致同 M255:1。口径 12、腹径 16.8、高 21 厘米（图六九五，3；彩版三五，4；图版一六四，2）。

　　标本 M781:1，敞口，平折沿微凹。腹、底隐见粗绳纹。口径 10.4、腹径 16.2、高 18.8 厘米（图六九五，2；图版一六四，3）。

　　Ⅱ式　1件。

　　M248:3，宽平折沿，沿面下凹，敞口，斜肩，弧腹。肩部饰一周弦纹，下腹饰斜粗绳纹。口径 13.2、腹径 15、高 18.8 厘米（图六九五，4；图版一六四，4）。

　　Ⅲ式　1件。

　　M827:2，敞口略呈盘状，短平折沿微坠。上腹饰竖粗绳纹，下腹饰交错粗绳纹。口径 13.6、腹径 18.7、高 20.4 厘米（图六九五，5；图版一六五，1）。

　　C 型　3件。口内斜，折沿微坠，溜肩，扁圆折腹，凹圜底。

　　标本 M237:1，直口。通体饰粗绳纹，领部绳纹抹去，领部并有五道细弦纹。腹部抹出三道宽

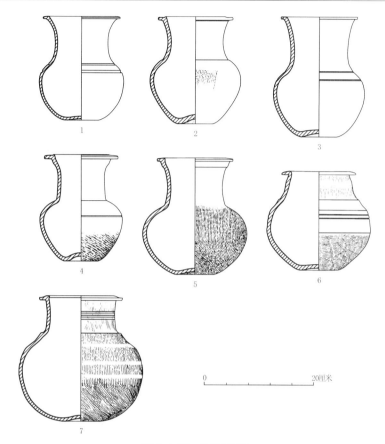

图六九五　陶高领罐

1～3. B 型 I 式（M255：1，M781：1，M277：1）　4. B 型 II 式（M248：3）　5. B 型 III 式（M827：
2）　6、7. C 型（M285：1，M237：1）

弦纹。口径 15、腹径 22.4、高 22 厘米（图六九五，7；图版一六五，2）。

　　标本 M285：1，腹略有折。领部绳纹抹去，下腹饰中绳纹，上腹饰两周弦纹。口径 13.6、腹径
19、高 17.4 厘米（图六九五，6；图版一六五，3）。

　　D 型　14 件。圆肩，弧腹，平底或略凹。分四式。

　　 I 式　1 件。

　　M626：1，侈口，短折沿，矮弧领，斜肩，鼓腹较矮，凹底。口径 10、腹径 15、高 12.8 厘米
（图六九六，1；图版一六五，4）。

　　 II 式　1 件。

　　M665：1，侈口，高弧领，凹底。颈、肩各饰一周弦纹。口径 9.8、腹径 13.6、高 15 厘米（图
六九六，2；图版一六六，1）。

　　 III 式　8 件。直领或略弧，球形或斜直腹较 I 、 II 式略深。

　　标本 M5：2，弧腹，平底。口径 9、腹径 13、高 14 厘米（图六九六，3；图版一六六，2）。

　　标本 M165：3，圆腹，凹底。口径 11.4、腹径 16.4、高 15.4 厘米（图六九六，4；图版一六六，3）。

　　标本 M247：4，口微侈，短斜折沿，底微凹。肩部有对称圆孔。颈部绳纹抹去。口径 11.6、腹
径 16、高 14.4 厘米（图六九六，5；图版一六六，4）。

　　标本 M290：1，侈口，平底。颈至腹饰四周弦纹。口径 11.2、腹径 14.8、高 14.9 厘米（图六

九六，6；彩版三六，1；图版一六七，1）。

　　Ⅳ式　4件。领较长，窄圆肩，斜弧腹较深较窄。

　　标本 M222：1，平折沿较宽，平底。口径 10.8、腹径 13.2、高 16 厘米（图六九六，7；图版一六七，2）。

　　标本 M242：3，敞口，平底。底边器壁上有一环耳。颈、肩各饰两周弦纹。口径 9.6、腹径 12.7、高 16 厘米（图六九六，8；彩版三六，2；图版一六七，3）。

　　标本 M703：3，敞口，底微凹。口径 11、腹径 17.2、高 23.4 厘米（图六九六，9；图版一六七，4）。

　　E 型　9件。折肩，斜弧腹。分二式。

　　Ⅰ式　4件。敞口，肩斜较甚，体较窄长。

　　标本 M267：7，弧领，凹底。颈至肩饰三周弦纹。口径 8.4、腹径 16、高 20.2 厘米（图六九七，1；图版一六八，1）。

　　标本 M536：1，三角形凸唇，敞口较直，底微凹。上腹饰两周弦纹。口径 11.6、腹径 14、高 15.4 厘米（图六九七，2；图版一六八，2）。

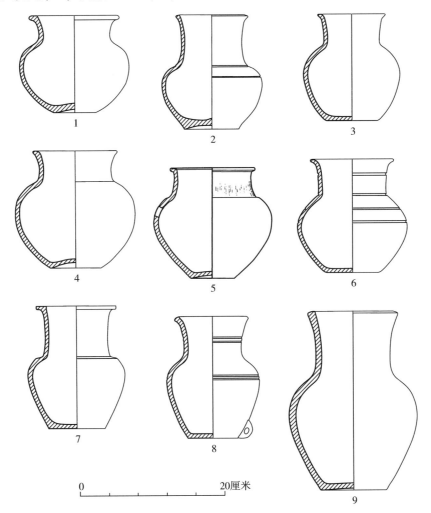

0　　　　　　　　　　　　20厘米

图六九六　陶高领罐

1. D 型 Ⅰ 式（M626：1）　2. D 型 Ⅱ 式（M665：1）　3～6. D 型 Ⅲ 式（M5：2，M165：3，M247：4，M290：1）　7～9. D 型 Ⅳ 式（M222：1，M242：3，M703：3）

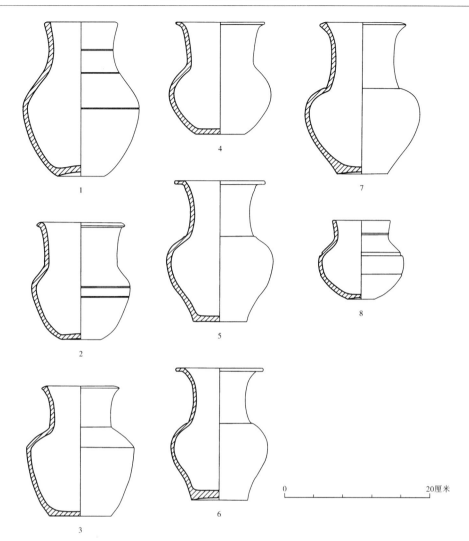

图六九七　陶高领罐

1、2. E 型 I 式（M267：7，M536：1）　3. E 型 II 式（M501：2）　4. F 型 I 式（M102：2）　5 ~ 7. F 型 II 式（M73：1，M824：1，M555：2）　8. G 型（M281：1）

II 式　5 件。斜肩较宽，体较宽短，弧腹斜直，平底较宽。

标本 M501：2，敞口，三角形凸唇。口径 10.6、腹径 14.6、高 17 厘米（图六九七，3；图版一六八，3）。

F 型　4 件。喇叭口罐，高弧领，平底。分二式。

I 式　1 件。

M102：2，侈口略有折，高领斜直，斜肩，鼓腹。口径 11.9、腹径 14、高 14.9 厘米（图六九七，4；图版一六八，4）。

II 式　3 件。喇叭状敞口或宽折沿，斜弧腹较深。平底微凹。

M73：1，沿面微凹，腹近底凹弧。口径 12.2、腹径 14.4、高 18.6 厘米（图六九七，5；彩版三六，3；图版一六九，1）。

M555：2，三角形唇，圆肩，弧腹。口径 11.8、腹径 15.6、高 19.9 厘米（图六九七，7；图版一六九，2）。

M824：1，上腹鼓，下腹凹弧。口径 11.8、腹径 13、高 17.2 厘米（图六九七，6；彩版三六，4；图版一六九，3）。

G 型 1 件。

M281：1，直口略斜，领较矮，斜肩，扁腹，下腹呈窄台棱状转折，小平底微凹。领部有一周凸弦纹，肩饰一周凹弦纹。口径 7.8、腹径 11.6、高 10.3 厘米（图六九七，9；图版一六九，4）。

一七 陶双耳壶

5 件。肩部有对称双耳。分二型。

A 型 3 件。圈足壶。

标本 M474：1，敞口，粗弧颈，圆肩，鼓腹，圜底，高圈足略撇。口径 11.8、腹径 19、高 28 厘米（图六九八，1；图版一七〇，1）。

标本 M516：2，平底，外撇圈足较矮。余大致同 M474：1。口径 10.8、腹径 15.2、高 22 厘米（图六九八，2；图版一七〇，2）。

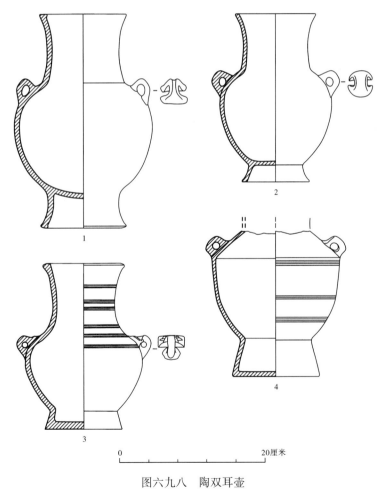

图六九八 陶双耳壶

1、2. A 型（M474：1，M516：2） 3. B 型Ⅰ式（M49：3） 4. B 型Ⅱ式（M187：3）

B 型　2 件。下腹向外斜折呈假圈足。分二式。

Ⅰ式　1 件。

M49：3，敞口，三角凸唇，粗弧颈，圆肩，圆弧腹。假圈足较矮，平底。颈至肩饰六组细弦纹。口径 11.2、腹径 16、高 21.8 厘米（图六九八，3；彩版三七，1；图版一七〇，3）。

Ⅱ式　1 件。

M187：3，颈以上残。斜折肩，弧腹较深，高假圈足，平底。腹饰三组弦纹。腹径 17.4、残高 19 厘米（图六九八，4；图版一七〇，4）。

一八　陶小罐

5 件。分二型。

A 型　4 件。侈口，高弧领，平底。分三式。

Ⅰ式　1 件。

M192：2，斜肩，斜直腹，平底微凹。口径 5.6、腹径 9.6、高 12.2 厘米（图六九九，1；图版一七一，1）。

Ⅱ式　2 件。领较Ⅰ式矮、粗，圆肩，弧腹，余同Ⅰ式。

M478：1，三角形短沿，平底微凹。肩部饰两周细弦纹。口径 9、腹径 12.2、高 11.8 厘米（图六九九，2；图版一七一，2）。

M763：1，平底。余大致同 M478：1。口径 8、腹径 11.2、高 9.8 厘米（图六九九，3；图版一七一，3）。

Ⅲ式　1 件。

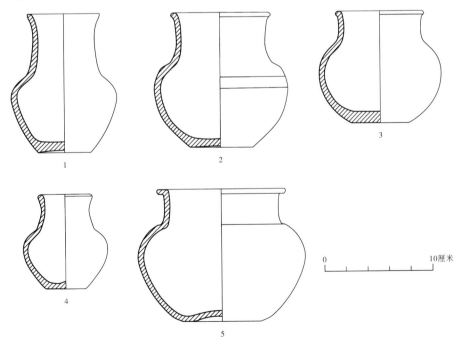

图六九九　陶小罐

1. A 型Ⅰ式（M192：2）　2、3. A 型Ⅱ式（M478：1，M763：1）　4. A 型Ⅲ式（M533：2）　5. B 型（M817：1）

M533：2，直口，圆唇，圆肩，腹斜直，平底。口径4.4、腹径7.6、高8.2厘米（图六九九，4；图版一七一，4）。

B型　1件。

M817：1，直口，短平折沿，矮直领，斜肩，弧腹较浅，凹底。口径11.6、腹径15、高11.6厘米（图六九九，5；图版一七二，1）。

一九　陶小壶

11件，形态明确的7件。分二型。

A型　6件。粗颈，敞口或直口折沿，圆肩，弧腹，下腹向下弧折呈假圈足状，平底或略凹。

标本M12：4，直口，短平折沿，粗颈斜直，底微凹。口径8.4、腹径12.8、高17.6厘米（图七〇〇，1；图版一七二，2）。

标本M463：2，敞口，弧颈，平底。口径10.6、腹径15、高22厘米（图七〇〇，2；图版一七二，3）。

标本M560：1，敞口，短平折沿，高弧领，斜肩，平底微凹。颈及上腹饰三周弦纹。口径12、腹径14.4、高16.2厘米（图七〇〇，3；图版一七二，4）。

B型　1件。

M295：2，敞口，短平折沿，粗颈斜直，窄圆肩，平底。口径7.2、腹径11.2、高16厘米（图

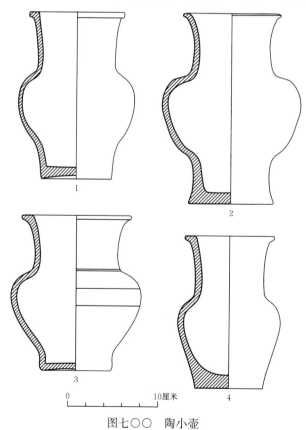

图七〇〇　陶小壶

1～3. A型（M12：4，M463：2，M560：1）　4. B型（M295：2）

七〇〇, 4；图版一七三, 1)。

二〇　陶盂

170 件, 形态明确的 114 件。主要根据底部形态分四型。

A 型　57 件。凹圜底, 腹、底多有绳纹。分六式。

Ⅰ式　6 件。侈口, 短弧颈, 短卷沿, 凸窄肩, 弧腹较深, 凹圜底。下腹或底有横绳纹, 或素面。

标本 M186:2, 素面。口径 14.2、高 6.6 厘米 (图七〇一, 1；图版一七三, 2)。

标本 M626:2, 上腹有两周弦纹。口径 13.2、高 8 厘米 (图七〇一, 2；图版一七三, 3)。

标本 M793:1, 上腹有两周弦纹。下腹饰交错粗绳纹。口径 17.6、高 9 厘米 (图七〇一, 3；彩版三七, 2；图版一七三, 4)。

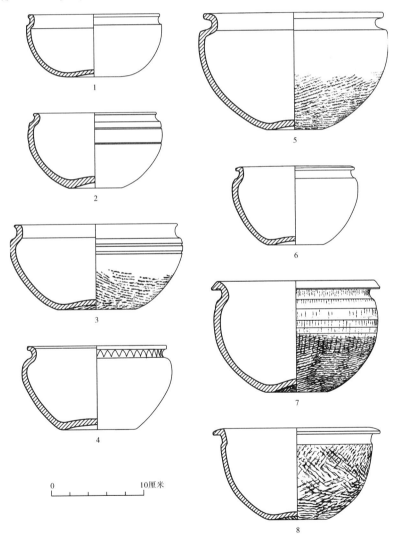

图七〇一　陶盂

1~3. A 型Ⅰ式 (M186:2, M626:2, M793:1)　4~8. A 型Ⅱ式 (M45:6, M133:2, M205:1, M676:1, M804:3)

　　Ⅱ式　13件。短折沿,短束颈,深弧腹,余同Ⅰ式。绳纹有横向也有竖向交叉。

　　标本M45:6,短斜折沿,斜弧壁,凹底。颈部有锯齿状刻划纹。口径15、高8.8厘米(图七〇一,4;图版一七四,1)。

　　标本M133:1,下腹及底有横粗绳纹。口径19.6、高12.3厘米(图七〇一,5;图版一七四,2)。

　　标本M205:1,直口微侈,短折沿微坠。口径13、高8.4厘米(图七〇一,6;图版一七四,3)。

　　标本M676:1,侈口,翻沿。上腹饰横断竖绳纹,下腹饰交错绳纹。口径18.4、高11.8厘米(图七〇一,7;彩版三七,3;图版一七四,4)。

　　标本M804:3,敞口,折沿微坠。腹至底饰粗绳纹。口径18.4、残高9.6厘米(图七〇一,8;图版一七五,1)。

　　Ⅲ式　9件。平折沿或略坠,弧腹较Ⅱ式略浅。均有绳纹。余大致同Ⅱ式。

　　标本M175:1,敛口。上腹饰竖绳纹,下腹饰交错绳纹。口径22、高9.7厘米(图七〇二,1;图版一七五,2)。

　　标本M665:2,直口。下腹饰交错绳纹。口径16.8、高7.4厘米(图七〇二,2;图版一七五,3)。

　　标本M742:1,口微侈,平折沿略斜。腹饰交错粗绳纹。口径20.2、高9.9厘米(图七〇二,

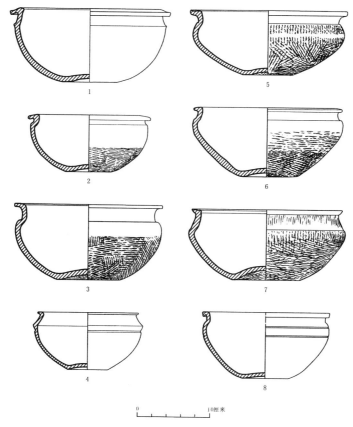

图七〇二　陶盂

1~3. A型Ⅲ式(M175:1,M665:2,M742:1)　4~8. A型Ⅳ式(M207:2,M226:2,M254:2,M275:3,M308:2)

3；彩版三七，4；图版一七五，4）。

Ⅳ式 19件。腹壁斜直，底径较小，余大致同前。

标本M207：2，敞口，短折沿。上腹饰一周弦纹。口径13.8、高7.6厘米（图七〇二，4；图版一七六，1）。

标本M226：2，平折沿较宽，沿面微凹。腹、底饰粗绳纹，上腹抹出一道弦纹。口径21、高8.4厘米（图七〇二，5；图版一七六，2）。

标本M254：2，壁斜直。腹、底饰横向及交叉绳纹。口径20、高9厘米（图七〇二，6；图版一七六，3）。

标本M275：3，敞口，折凹沿，腹壁斜直。通体饰粗绳纹。口径20.2、高9.2厘米（图七〇二，7；图版一七六，4）。

标本M308：2，短折沿。上腹饰两周弦纹间刻划网目纹。口径17.2、高8.6厘米（图七〇二，8；图版一七七，1）。

Ⅴ式 9件。宽平折沿或略坠，口多较直，圆弧腹。

标本M22：4，沿面微凹。腹、底饰交错绳纹。口径25、高10.5厘米（图七〇三，1；图版一七七，2）。

标本M241：3，敛口，宽平折沿，束颈。腹以下饰斜绳纹。口径24.4、高10.6厘米（图七〇三，2；图版一七七，3）。

标本M297：2，直口微侈，平折沿微坠，束颈。下腹饰交错粗绳纹。口径17.2、高7.8厘米

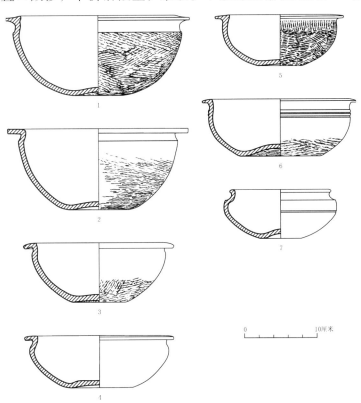

图七〇三 陶盂

1~6. A型Ⅴ式（M22：4，M241：3，M297：2，M563：1，M608：1，M817：2） 7. A型Ⅵ式（M35：2）

（图七〇三，3；图版一七七，4）。

标本 M563：1，宽平折沿微坠，浅腹。素面。口径20.2、高6.8厘米（图七〇三，4；彩版三八，1；图版一七八，1）。

标本 M608：1，口微敛，无颈。通体饰粗绳纹。口径17.6、高6.6厘米（图七〇三，5；图版一七八，2）。

标本 M817：2，侈口。颈、腹交接处饰两周凹凸相间弦纹，下腹及底饰交错粗绳纹。口径21、高7.4厘米（图七〇三，6；彩版三八，2；图版一七八，3）。

Ⅵ式　1件。

M35：2，三角形短沿，束颈，肩外凸，扁折腹，小凹圜底。上腹饰一周弦纹。口径12.8、高6.4厘米（图七〇三，7；图版一七八，4）。

B型　55件。平底或略凹，底边折转。多为素面。分五式。

Ⅰ式　3件。直口或沿微卷，深弧腹。

M41：4，直口微侈，窄肩呈子母口底微凹。腹有三周弦纹。口径13.6、高7.2厘米（图七〇四，1；图版一七九，1）。

M227：1，短直颈，尖唇，平底。肩部饰一周弦纹。口径10.6、高6.2厘米（图七〇四，2；图版一七九，2）。

M402：2，卷沿，束颈，平底。素面。口径13、高7.2厘米（图七〇四，3；图版一七九，3）。

Ⅱ式　3件。短折沿，余大致同Ⅰ式。

M416：2，敛口，小平底。通体饰粗绳纹。口径19.2、高8.8厘米（图七〇四，4；图版一七九，4）。

M560：3，直口微敛，折壁，平底微凹。腹饰竖粗绳纹。口径21.2、高8.8厘米（图七〇四，

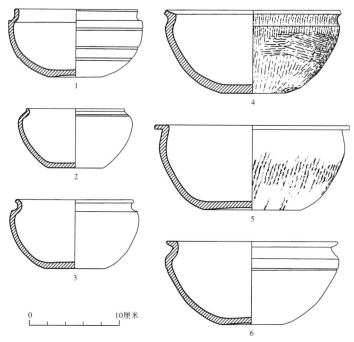

图七〇四　陶盂

1~3.B型Ⅰ式（M41：4，M227：1，M402：2）　4~6.B型Ⅱ式（M416：2，M560：3，M778：2）

5；图版一八〇，1）。

M778:2，束颈，平底微凹。口径18.6、高8.8厘米（图七〇四，6；图版一八〇，2）。

Ⅲ式 23件。平折沿或微坠，浅弧腹。

标本M69:3，直口微侈，平底微凹。口径18.4、高6.2厘米（图七〇五，1；图版一八〇，3）。

标本M153:2，直口，斜颈，凸肩，平底微凹。口径18.6、高6.4厘米（图七〇五，2；图版一八〇，4）。

标本M501:1，三角形凸唇，底微凹。口径20.6、高6.6厘米（图七〇五，3；彩版三八，3；图版一八一，1）。

标本M512:1，折沿微坠，小平底。口径19.4、高6.8厘米（图七〇五，4；图版一八一，2）。

标本M537:4，直口，平底微凹。口径18.4、高6.2厘米（图七〇五，5；图版一八一，3）。

标本M607:3，敞口较直，短斜折沿，较浅平，凹底。口径20、高4.6厘米（图七〇五，6；图版一八一，4）。

标本M825:2，敞口，三角形沿，平底微凹。口径19.4、高5.4厘米（图七〇五，7；图版一八二，1）。

标本M832:2，短平折沿，底较平。呈盆形。口径17、高5.1厘米（图七〇五，8；图版一八二，2）。

Ⅳ式 14件。折沿，斜壁，底边或略凹，或有出边，底径一般较小。

标本M16:1，侈口，三角形沿，小平底。口径16.8、高8厘米（图七〇六，1；彩版三八，4；图版一八二，3）。

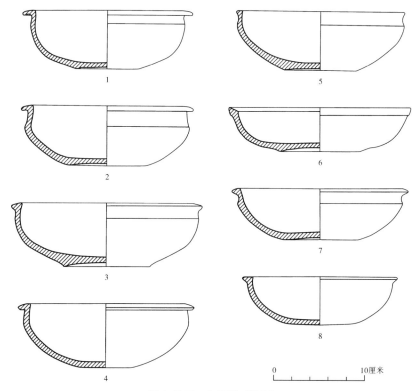

图七〇五 B型Ⅲ式陶盂

1. M69:3 2. M153:2 3. M501:1 4. M512:1 5. M537:4 6. M607:3 7. M825:2 8. M832:2

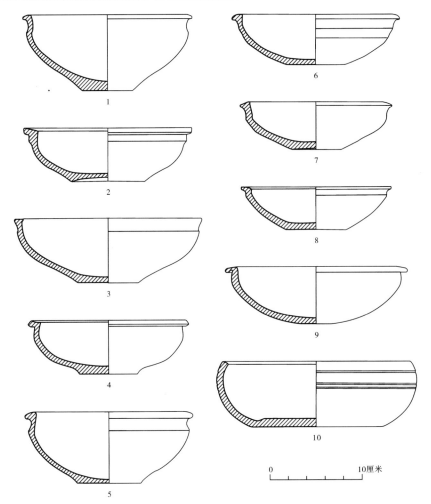

图七〇六　陶盂

1～5. B 型Ⅳ式（M16∶1，M65∶2，M237∶3，M389∶2，M824∶2）　6～8. B 型Ⅴ式（M304∶2，M654∶2，
M820∶2）　9. C 型（M305∶2）　10. D 型（M218∶1）

标本 M65∶2，敛口，器壁口部直，下部弧曲，底微凹。口径 18.4、高 5.6 厘米（图七〇六，
2；图版一八二，4）。

标本 M237∶3，直口微敛，平底。口径 20.4、高 6.8 厘米（图七〇六，3；图版一八三，1）。

标本 M389∶2，敛口，弧壁略有折，近底凹弧，平底。口径 17.6、高 5.6 厘米（图七〇六，4；
图版一八三，2）。

标本 M824∶2，直口微敛，短折沿微坠，弧壁近底微凹，平底。口径 18.4、高 7.6 厘米（图七
〇六，5；图版一八三，3）。

Ⅴ式　12 件。浅腹壁，平底。器体普遍较小。

标本 M304∶2，直口，窄沿，唇外凸，腹呈瓦楞状弧曲。口径 18、高 5.3 厘米（图七〇六，6；
彩版三九，1；图版一八三，4）。

标本 M654∶2，斜直口，三角形折沿，斜折壁。口径 14.4、高 5 厘米（图七〇六，7；图版一
八四，1）。

标本 M820∶2，直口微敛，斜折沿，斜壁。口径 16.4、高 4.4 厘米（图七〇六，8；图版一八

四，2）。

C 型　1件。

M305：2，平折沿微坠，口较直，弧壁，圜底。口径16.8、高6厘米（图七〇六，9；图版一八四，3）。

D 型　1件。

M218：1，敛口，方唇，弧壁，宽平底，内底边下凹。上腹饰三周弦纹。口径19.6、高6.6厘米（图七〇六，10；彩版三九，2；图版一八四，4）。

二一　陶簋

4件。分二型。

A 型　2件。平折沿，弧壁，高圈足如豆柄。

M176：2，平折沿微坠，短束颈，喇叭形圈座略有折。口径19.6、高14厘米（图七〇七，1；彩版三九，3；图版一八五，1）。

M612：1，直口微敛，壁较M176：2深，喇叭状圈足较M176：2矮。口径19.2、高13厘米（图七〇七，2；图版一八五，2）。

B 型　2件。矮宽圈足。分二式。

Ⅰ式　1件。

M536：2，三角形短折沿，束颈，弧壁较深较直，圜底。圈足残。口径21.4、残高9.7厘米（图七〇七，3；图版一八五，3）。

Ⅱ式　1件。

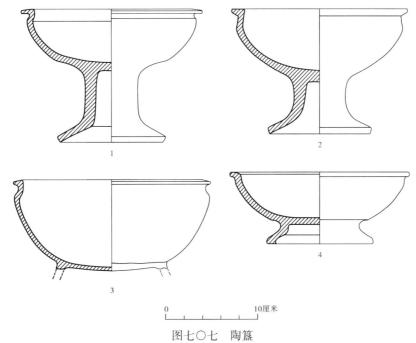

图七〇七　陶簋

1、2. A 型（M176：2，M621：1）　3. B 型Ⅰ式（M536：2）　4. B 型Ⅱ式（M189：3）

M189：3，敞口，短平折沿，弧壁，平底，盖状矮圈足。口径19.4、高7.6厘米（图七〇七，4；彩版三九，4；图版一八五，4）。

二二 陶高柄豆

213件，形态明确的142件。根据豆盘和圈足的差异分三型。

A型 71件。敞口，折壁浅盘。分四式。

Ⅰ式 3件，均出自M100。敞口，斜壁，盘底较平，高柱柄，盖状圈足。

标本M100：9，柄和圈足转折处有一周凸圈。口径12.8、高19厘米（图七〇八，1；图版一八六，1）。

标本M743：1，圈足较小。口径12.6、高16.4厘米（图七〇八，2；图版一八六，2）。

Ⅱ式 24件。斜壁外折内弧，底内平外斜。喇叭状圈足。

标本M10：2，柱柄上有两组弦纹。口径13.2、高18.2厘米（图七〇八，3；图版一八六，3）。

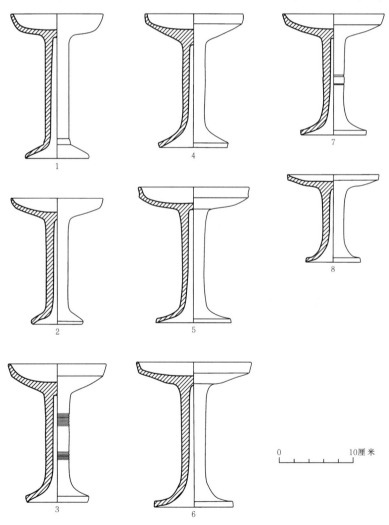

图七〇八 陶高柄豆

1、2.A型Ⅰ式（M100：9，M743：1） 3~8.A型Ⅱ式（M10：2，M61：8，M157：7，M157：18，M233：7，M611：8）

标本 M61：8，喇叭状圈足较宽。口径 13.4、高 17.6 厘米（图七〇八，4；图版一八六，4）。

标本 M157：7，口较直，折壁呈盘状。圈足较低平。口径 15、高 17.8 厘米（图七〇八，5；图版一八七，1）。

标本 M157：18，折壁斜直，余大致同 M157：7。口径 15.8、高 19 厘米（图七〇八，6；图版一八七，2）。

标本 M233：7，柄中腰饰两周弦纹。口径 13.2、高 15.8 厘米（图七〇八，7；图版一八七，3）。

标本 M611：8，敞口内弧外折，盘极浅平，圈足边缘平伸。口径 12.4、高 11.4 厘米（图七〇八，8）。

Ⅲ式　35 件。柄下部略凹弧，喇叭形圈足较宽较低平。

标本 M36：2，盘下底有折。口径 13.4、高 17.8 厘米（图七〇九，1；图版一八七，4）。

标本 M143：4，口径 14.6、高 18 厘米（图七〇九，5；图版一八八，1）。

标本 M162：2，弧壁盘较深。柄中腰有凹凸圈呈竹节状。口径 15.2、高 15.2 厘米（图七〇九，3；图版一八八，2）。

标本 M246：1，盘特浅，盘心微凸。盖状圈足边缘呈台状平伸直折。豆盘内红彩曲折纹脱落。

图七〇九　A 型Ⅲ式陶高柄豆
1. M36：2　2. M532：10　3. M162：2　4. M246：1　5. M143：4　6. M246：7　7. M557：2

口径16.2、高16.2厘米（七〇九，4；图版一八八，3）。

标本M246：7，基本形态同M246：1。盘径较小。盘内红彩涡纹脱落。口径14.1、高15.2厘米（图七〇九，6）。

标本M532：10，敞口内弧外折。口径15.2、高15.4厘米（图七〇九，2；图版一八八，4）。

标本M557：2，口内斜外直，圈足较小。口径14.4、高14.6厘米（图七〇九，7；图版一八九，1）。

Ⅳ式　9件。浅盘，柄中腰凸鼓呈腰鼓形，喇叭状圈足。

标本M510：1，敞口内弧外折，圈足折转。口径13.2、高13厘米（图七一〇，1；图版一八九，2）。

标本M540：2，柄腰有一周凹凸圈。口径13、高13.6厘米（图七一〇，2；图版一八九，3）。

标本M587：4，圈足边缘低平。口径14.8、高17厘米（图七一〇，3；图版一八九，4）。

标本M818：7，折壁浅平盘，柄呈纺锤形，圈足较小。口径13.4、高13厘米（图七一〇，4；图版一九〇，1）。

B型　42件。敞口，高柱柄细长，弧壁盘。分二亚型。

Ba型　16件。圈足较小。分三式。

Ⅰ式　9件。盘壁弧形转折，底较平。

标本M41：2，盖状圈足与柄呈窄台棱状转折。口径12.2、高16.6厘米（图七一一，1；图版一九〇，2）。

标本M746：2，圈足折转。口径13.6、高20厘米（图七一一，2；图版一九〇，3）。

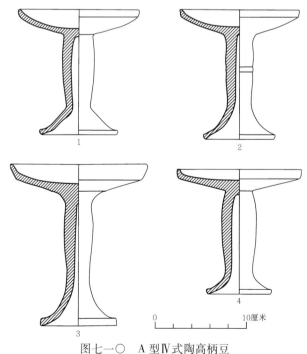

图七一〇　A型Ⅳ式陶高柄豆
1. M510：1　2. M540：2　3. M587：4　4. M818：7

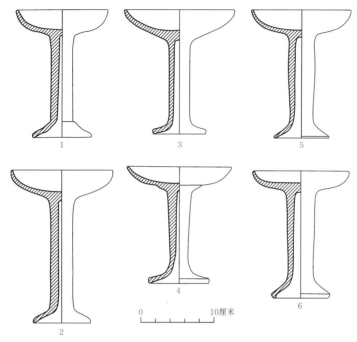

图七一一　陶高柄豆

1、2.Ba 型 I 式（M41：2，M746：2）　3、4.Ba 型 II 式（M802：4，M809：1）　5、6.Ba 型 III 式（M218：3，M218：4）

II 式　3 件。斜壁盘。

标本 M802：4，盖状圈足低平。口径 14.4、高 16.4 厘米（图七一一，3；图版一九〇，4）。

标本 M809：1，盘下底微凸，柄上粗下细。口径 14.2、高 15.2 厘米（图七一一，4；图版一九一，1）。

III 式　4 件。柄较 I 、II 式粗。

标本 M218：3，柄中腰略鼓。口径 13.4、高 16.8 厘米（图七一一，5；图版一九一，2）。

标本 M218：4，浅平盘。口径 12.4、高 16 厘米（图七一一，6；图版一九一，3）。

Bb 型　26 件。喇叭状圈足较宽。分四式。

I 式　7 件。圈足与柄折转，呈盖状。

标本 M354：4，圈足转折处有两周凸箍，圈足较宽。口径 14.6、高 17.8 厘米（图七一二，1）。

标本 M629：5，盘较深。口径 16、高 17 厘米（图七一二，2；图版一九一，4）。

II 式　15 件。喇叭状圈足与柄弧形交接。

标本 M278：3，盘底平，圈足内壁有两道弧折。口径 13.4、高 16.8 厘米（图七一二，3；图版一九二，1）。

标本 M425：3，柄上粗下细。口径 15、高 15.8 厘米（图七一二，4；图版一九二，2）。

标本 M739：3，盖状圈足低平。口径 13、高 16.8 厘米（图七一二，5；图版一九二，3）。

III 式　2 件。盘壁较直。

标本 M458：3，壁略有折，圈足较高。盘内有三道弦纹，盘心红彩卷云纹脱落。口径 15.4、高 20 厘米（图七一二，6；图版一九二，4）。

IV 式　2 件。圈足小而低平，内壁凸起一周呈子母口状。

M32：1，口径 13.2、高 15 厘米（图七一二，8；图版一九三，1）。

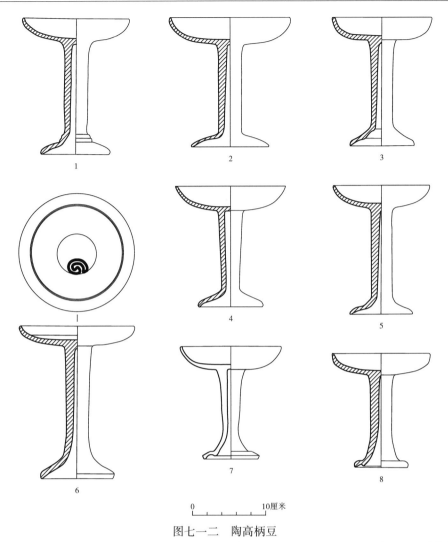

图七一二　陶高柄豆

1、2. Bb 型 I 式（M354：4，M629：5）　3 ~ 5. Bb 型 II 式（M278：3，M425：3，M739：3）　6. Bb 型 III 式
（M458：3）　7、8. IV 式（M107：1，M32：1）

M107：1，弧形柄上粗下细。口径 13.8、高 14.8 厘米（图七一二，7；图版一九三，2）。

C 型　29 件。弧壁盘，柄较 B 型略矮，喇叭圈足。分三式。

I 式　1 件。

M102：4，敞口较直，弧壁盘，高弧柄，喇叭状圈足较小。口径 12.8、高 13.4 厘米（图七一
三，1；图版一九三，3）。

II 式　5 件。斜壁盘。

标本 M278：4，口径 12.8、高 12.1 厘米（图七一三，2；图版一九三，4）。

标本 M802：3，浅弧壁盘。口径 16、高 16 厘米（图七一三，3；图版一九四，1）。

III 式　23 件。弧壁略有折。

标本 M109：3，口外略有折，喇叭状圈足低平。口径 14、高 13.8 厘米（图七一三，4；图版一
九四，2）。

标本 M227：3，盘壁斜直，平底，弧形柄。口径 12、高 13.8 厘米（图七一三，5；图版一九
四，3）。

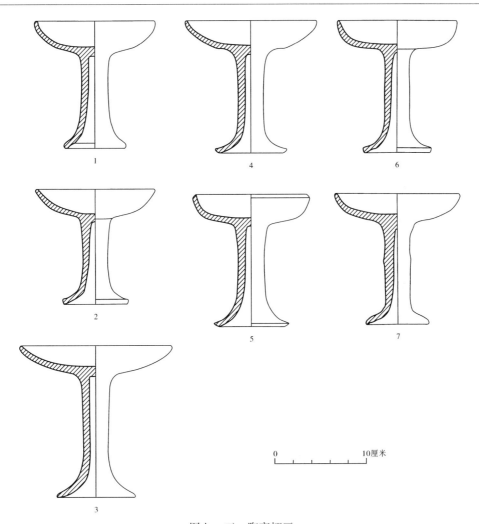

图七一三　陶高柄豆

1. C 型 I 式（M102∶4）　2、3. C 型 II 式（M278∶4，M802∶3）　4～7. C 型 III 式（M109∶3，M227∶3，M285∶3，M739∶2）

标本 M285∶3，柄中腰微鼓。口径 13.2、高 13.8 厘米（图七一三，6；图版一九四，4）。

标本 M739∶2，斜壁略有折，柄中腰微鼓。口径 13.6、高 13.8 厘米（图七一三，7；图版一九五，1）。

二三　陶矮柄豆

292 件，形态明确的 208 件。主要依据豆盘和圈足的差异分五型。

A 型　107 件。敞口，弧壁盘。分二亚型。

Aa 型　88 件。喇叭形圈足。分七式。

I 式　4 件。喇叭形圈足低平。

标本 M266∶3，盘内底中心微凸，矮柱状柄略高。口径 12.2、高 11.2 厘米（图七一四，1；图版一九五，2）。

标本 M781∶2，矮弧形柄，圈足内壁有折。口径 16、高 12.4 厘米（图七一四，2；图版一九

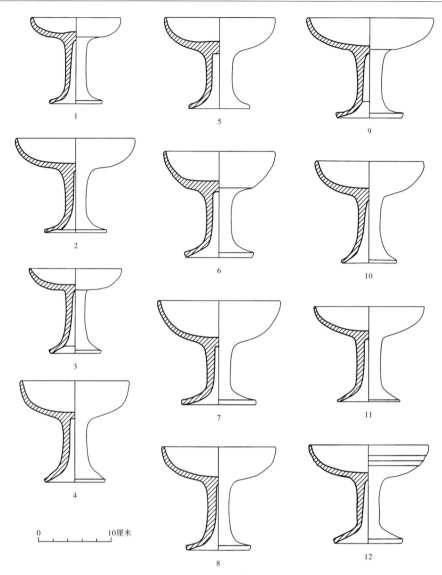

图七一四　陶矮柄豆

1、2. Aa 型Ⅰ式（M266：3，M781：2）　3. Aa 型Ⅱ式（M239：4）　4、5. Aa 型Ⅲ式（M181：1，M604：1）　6、
7. Aa 型Ⅳ式（M164：1，M228：2）　8、9. Aa 型Ⅴ式（M24：2，M159：2）　10. Aa 型Ⅵ式（M834：2）　11、
12. Aa 型Ⅶ式（M12：1，M310：4）

五，3）。

　　Ⅱ式　11 件。喇叭状圈足较高。内壁有折。

　　标本 M239：4，圈足内壁有折。体略高。口径 12.6、高 11.2 厘米（图七一四，3；图版一九
五，4）。

　　Ⅲ式　12 件。直壁较深，柄较Ⅰ、Ⅱ式短而粗，喇叭形圈足与柄弧形交接。

　　标本 M181：1，圈足外壁略凸鼓。口径 14.4、高 13.4 厘米（图七一四，4；图版一九六，1）。

　　标本 M604：1，口径 15、高 12 厘米（图七一四，5；图版一九六，2）。

　　Ⅳ式　7 件。矮体，小口径，深壁盘，柄短，圈足低平，略呈杯状。

　　标本 M164：1，口微敛，盘下底略有折。口径 14.6、高 13.8 厘米（图七一四，6；图版一九
六，3）。

标本 M228：2，圈足低平。口径 15.6、高 13.6 厘米（图七一四，7；图版一九六，4）。

Ⅴ式　18 件。宽盘，细柄，圈足低平。

标本 M24：2，口径 12.6、高 11.2 厘米（图七一四，8；图版一九七，1）。

标本 M159：2，圈足内壁折转。口径 17、高 13.2 厘米（图七一四，9；图版一九七，2）。

Ⅵ式　25 件。体形匀称，矮弧形柄，喇叭圈足均匀外侈，圈足较小。

标本 M834：2，口径 14.6、高 13.4 厘米（图七一四，10；图版一九七，3）。

Ⅶ式　11 件。圈足与柄转折明显。

标本 M12：1，圈足略有折。口径 14.4、高 12.4 厘米（图七一四，11；图版一九七，4）。

标本 M310：4，盘外壁有两道瓦楞状弦纹。口径 16.2、高 13 厘米（图七一四，12；图版一九八，1）。

Ab 型　19 件。喇叭状圈足较宽。分四式。

Ⅰ式　3 件。圈足内壁凹弧转折。

标本 M283：1，平盘，圈足折转。口径 12.4、高 10.3 厘米（图七一五，1；图版一九八，2）。

Ⅱ式　3 件。浅斜弧壁，平底，束腰柄，圈足内外均折。

标本 M15：1，圈足呈台状。口径 12.2、高 11 厘米（图七一五，2；图版一九八，3）。

标本 M165：2，柄腰有一周凹圈，盖状圈足低平。口径 11.8、高 10.6 厘米（图七一五，3；图版一九八，4）。

Ⅲ式　7 件。盘壁较深，矮弧柄与圈足弧形转折，圈足面呈拱弧形。

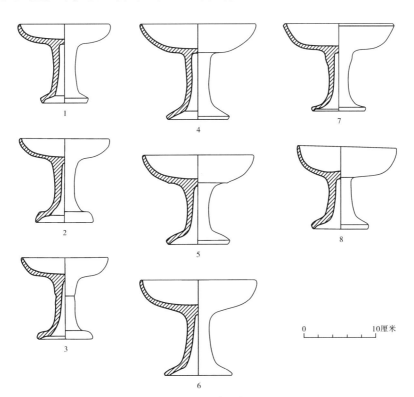

图七一五　陶矮柄豆

1. Ab 型Ⅰ式（M283：1）　2、3. Ab 型Ⅱ式（M15：1，M165：2）　4～6. Ab 型Ⅲ式（M22：2，M27：2，M189：2）　7、8. Ab 型Ⅳ式（M22：3，M222：3）

标本 M22：2，口径 15.4、高 12.6 厘米（图七一五，4；图版一九九，1）。

标本 M27：2，盘下底凹折。口径 15、高 11.7 厘米（图七一五，5；图版一九九，2）。

标本 M189：2，口较直，盖状圈足略有折。口径 15.6、高 12.6 厘米（图七一五，6；图版一九九，3）。

Ⅳ式　6 件。形体较小，柄极矮，圈足较小。

标本 M22：3，壁斜直，平底，柄上部呈凸箍状，盖沿下勾。口径 14.8、高 11.4 厘米（图七一五，7；图版一九九，4）。

标本 M222：3，器形不对称，圈足折转。口径 13.8、高 11 厘米（图七一五，8；图版二〇〇，1）。

B 型　18 件。小型矮柄豆，以高度在 10 厘米以内为此型，形态多样。分七式。

Ⅰ式　1 件。

M133：5，斜折壁，矮柱状柄，圈足折转，足面拱弧形，足沿微翘。口径 12.2、高 8.8 厘米（图七一六，1；图版二〇〇，2）。

Ⅱ式　3 件。斜折壁，平底，柄中腰略鼓，圈足折转。

标本 M45：4，斜直壁，平底折转，矮弧柄，盖状圈足内壁磬折。口径 12、高 9.1 厘米（图七一六，2）。

Ⅲ式　3 件。矮柱状柄，喇叭状小圈足。

M275：1，口径 11.4、高 8.4 厘米（图七一六，3；图版二〇〇，3）。

0　　　　　　　10厘米

图七一六　陶矮柄豆

1. B 型 Ⅰ 式（M133：5）　2. B 型 Ⅱ 式（M45：4）　3～5. B 型 Ⅲ 式（M275：1，M277：2，M323：4）　6. B 型 Ⅳ
式（M79：4）　7. B 型 Ⅴ 式（M15：3）　8. B 型 Ⅵ 式（M608：2）　9. B 型 Ⅶ 式（M290：3）

M277：2，盘内底微凸，圈足内壁有折。口径 13.4、高 9.6 厘米（图七一六，4；图版二〇〇，4）。

M323：4，圈足极小。口径 11.4、高 8 厘米（图七一六，5；图版二〇一，1）。

Ⅳ式　1 件。

M79：4，柱状柄特矮，柄与盘交接处有一周凹圈。盖状圈足沿边微勾。口径 11.2、高 6.8 厘米（图七一六，6；图版二〇一，2）。

Ⅴ式　4 件。浅弧壁盘，细弧形柄，喇叭状低圈足较宽。

标本 M15：3，足沿有折。口径 12.4、高 8.4 厘米（图七一六，7；图版二〇一，3）。

Ⅵ式　3 件。柄极矮，盖状圈足。

标本 M608：2，圈足边缘平伸。口径 13.4、高 8.4 厘米（图七一六，8；图版二〇一，4）。

Ⅶ式　3 件。斜壁盘，柄极矮而细，折壁盖状圈足。

标本 M290：3，矮弧柄上部微凹，圈足呈倒扣折壁浅平盘状。口径 12、高 7.8 厘米（图七一六，9；图版二〇二，1）。

C 型　34 件。斜壁盘。分六式。

Ⅰ式　3 件。斜壁略弧，细弧柄略高，喇叭状圈足较小。

标本 M701：2，口径 13、高 11 厘米（图七一七，1；图版二〇二，2）。

Ⅱ式　8 件。柱状柄或略弧，圈足略有折。

标本 M16：2，喇叭状圈足与豆柄折转。口径 13.6、高 12 厘米（图七一七，2；图版二〇二，3）。

标本 M556：2，矮柱柄中腰微凸，盖状圈足低平。口径 9.4、高 10.5 厘米（图七一七，3；图版二〇二，4）。

Ⅲ式　5 件。弧形柄较高，盖状圈足。

标本 M79：3，斜壁，盘外底凹折，柄较高，上细下粗，盖状圈足斜折。口径 12.6、高 11.8 厘米（图七一七，5；图版二〇三，1）。

标本 M165：1，盘外底斜折，柄腰微鼓，圈足内外有折。口径 11.8、高 11.2 厘米（图七一七，4；图版二〇三，2）。

Ⅳ式　10 件。盘较宽而浅，弧柄较短，喇叭状低圈足较宽。

标本 M17：1，盘外壁呈瓦楞状凹弧。口径 15.4、高 10.6 厘米（图七一七，6；图版二〇三，3）。

标本 M556：3，圈足宽而低平。口径 15.6、高 10.6 厘米（图七一七，7）。

标本 M566：3，盘下底凸弧形折转，内底略凸。口径 14.4、高 9.8 厘米（图七一七，8；图版二〇三，4）。

Ⅴ式　2 件。斜壁盘略弧曲，下底有折，喇叭状圈足。

M69：2，敞口略有折。口径 16.2、高 12.6 厘米（图七一七，9；图版二〇四，1）。

M810：1，口微侈，柄中腰微鼓。口径 12.4、高 11 厘米（图七一七，10；图版二〇四，2）。

Ⅵ式　6 件。斜折壁盘，细柄特矮，圈足折转低平。

标本 M182：3，圈足内壁平折。口径 15.6、高 11 厘米（图七一七，11；图版二〇四，3）。

标本 M229：2，盘下底凹弧，矮柱柄。口径 14、高 10.8 厘米（图七一七，12；图版二〇四，4）。

图七一七　陶矮柄豆

1. C 型 I 式（M701：2）　2、3. C 型 II 式（M16：2，M556：2）　4、5. C 型 III 式（M165：1，M79：3）　6~8. C 型 IV 式
（M17：1，M556：3，M566：3）　9、10. C 型 V 式（M69：2，M810：1）　11、12. C 型 VI 式（M182：3，M229：2）

D 型　38 件。直口或敛口弧壁盘，盘多较深。分四式。

I 式　4 件。盖状低圈足。

标本 M21：3，敛口，深弧壁盘。口径 14.4、高 12 厘米（图七一八，1；图版二〇五，1）。

标本 M176：3，直口，圈足内壁呈两道凹弧折。口径 15.4、高 12.6 厘米（图七一八，3；图版二〇五，2）。

标本 M227：5，口径 12.6，高 12.8 厘米（图七一八，2；图版二〇五，3）。

II 式　2 件。喇叭状圈足较小，内壁折转。

M207：1，直口，平盘。口径 12.8、高 10.6 厘米（图七一八，4；图版二〇五，4）。

M256：3，口较直，弧壁浅平盘。口径 15.4、高 10.5 厘米（图七一八，5；图版二〇六，1）。

III 式　14 件。口微敛。弧壁深盘，喇叭状低圈足较宽平。

标本 M463：1，口径 15.4、高 13.6 厘米（图七一八，6）。

标本 M530：2，口径 14.6、高 13 厘米（图七一八，7；图版二〇六，2）。

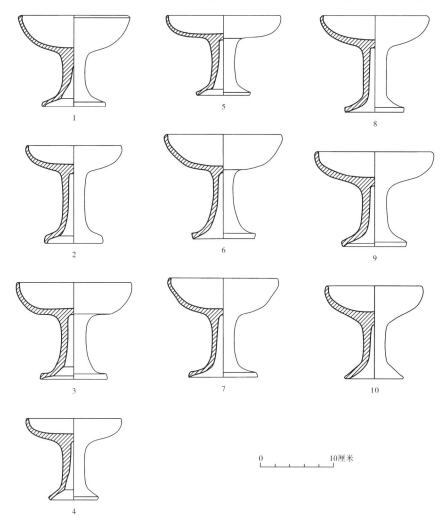

图七一八　陶矮柄豆

1~3. D 型 I 式（M21：3，M227：5，M176：3）　4、5. D 型 II 式（M207：1，M256：3）　6、7. D 型 III 式
（M463：1，M530：2）　8~10. D 型 IV 式（M12：2，M236：1，M533：3）

IV式　18 件。喇叭状圈足与柄弧形交接。

标本 M12：2，敛口，喇叭状圈足边缘斜折。口径 14.4、高 12.6 厘米（图七一八，8；图版二
○六，3）。

标本 M236：1，口微敛，圈足内壁凹折。口径 16、高 12.4 厘米（图七一八，9；图版二○六，4）。

标本 M533：3，直口。口径 13.4、高 12.2 厘米（图七一八，10；图版二○七，1）。

E 型　11 件。折壁浅盘。分二式。

I式　6 件。斜折壁，盘底较平，弧形或柱状矮柄。

标本 M20：3，圈足低平。口径 13.2、高 12 厘米（图七一九，1；图版二○七，2）。

标本 M534：4，斜折壁盘转折处微凸。口径 11、高 9.4 厘米（图七一九，2；图版二○七，3）。

标本 M580：4，口径 13.8、高 12 厘米（图七一九，3；图版二○七，4）。

II式　5 件。盘口部外折内弧，斜壁，外底或有折。喇叭状圈足。

标本 M451：2，口径 12.6、高 11 厘米（图七一九，4；图版二○八，1）。

标本 M528：3，口径 12.8、高 10.8 厘米（图七一九，5；图版二○八，2）。

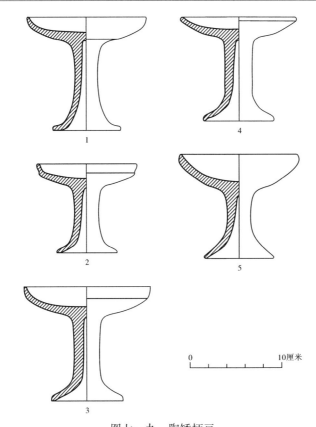

图七一九　陶矮柄豆

1～3. E 型 I 式（M20：3，M534：4，M580：4）　4、5. E 型 II 式（M451：2，M528：3）

二四　其他陶器

1. 小口鼎

1 件。M130：22，小口微敛，矮直领，宽斜肩。直腹略斜，底边磬折，底微凹。矮蹄形足。不见耳。弧形盖。盖面有红彩弦纹、涡纹及抽象凤鸟纹。多脱落。口径 6、腹径 13.6、通高 13.2 厘米（图七二〇，1；图版二〇八，3）。

2. 盉

1 件。M130：21，小口微敛，矮直领，宽圆肩。扁鼓腹，平底。斜折壁盖，弧顶。足、流及提梁残。口径 6.4、腹径 11.4、残高 7.4 厘米（图七二〇，2；图版二〇八，4）。

3. 熏

1 件。M508：6，熏盏为子母口，浅弧壁，矮圈足外撇。弧形盖，圈状捉手与盖通。盖面有两圈 "八" 字形熏孔。口径 8.2、通宽 10.5、通高 8.6 厘米（图七二〇，3；图版二〇九，1）。

4. 俑头

6 件。头略呈鸭蛋形，颈弧形。有鼻梁和眉棱。中空。

标本 M492：3，头两侧有耳。高 12 厘米（图七二〇，6；图版二〇九，2）。

标本 M11：3，头顶有一圆孔，头两侧有耳。前额、两侧及脑后共有小孔 15 个。高 12.6 厘米（图七二〇，4；彩版四〇，1、2；图版二〇九，3、4）。

图七二〇　陶小口鼎、盉、熏、俑头、璧

1. 小口鼎（M130:22）　2. 盉（M130:21）　3. 熏（M508:6）　4~6. 俑头（M11:3, M157:2, M492:3）　7~9. 璧（M61:12, M233:1, M296:17）

标本 M157:2，头顶有一圆孔，双耳部位各有一长条形孔，两侧及脑后共有 8 个小孔。高 12.4 厘米（图七二〇，5；图版二一〇，1、2）。

5. 璧

8 件，形态明确的 6 件。圆形，两面及侧边平直，中有孔。分二式。

Ⅰ式　3 件。素面。

标本 M61:12，肉径 12.4、好径 3.7、厚 0.3 厘米（图七二〇，7；图版二一一，1）。

Ⅱ式　3件。正面戳印圆圈纹。

标本 M233：1，戳印两周圆圈纹。肉径 9.8、好径 3.5、厚 0.8 厘米（图七二〇，8；彩版四一，1；图版二一一，2）。

标本 M296：17，略残。戳印散点圆圈纹。肉径 10.2、好径 3.2、厚 0.5 厘米（图七二〇，9；图版二一一，3）。

二五　铜剑

108 件，形态明确的 101 件。根据剑茎形态分四型（表一六）。

表一六　　　　　　　　　　　　　　铜剑登记表　　　　　　　　　　　　　　单位：厘米

型式	主要特征	墓号：器号	颜色	通长	身长	茎长	身宽	脊形	备注
Aa	双箍，"凹"字格	M11：14	青灰					菱形	残
Aa	双箍，"凹"字格	M18：1	黑	48.8	39.6	9.2	4.4	菱形	前锋残
Aa	双箍，"凹"字格	M75：1	墨绿	47.2	38.6	8.6	4.6	菱形	首残，刃崩损
Aa	双箍，"凹"字格	M76：1	墨绿	50	39.8	10.2	4.2	菱形	首及前锋残
Aa	双箍，"凹"字格	M97：3	粉绿	47.4				菱形	前锋残
Aa	双箍，"凹"字格	M104：1	银青	40.2	31.9	8.3	3.9	菱形	
Aa	双箍，"凹"字格	M109：1	青灰	47.6	40	7.6	3.6	菱形	首、刃及前锋残
Aa	双箍，"凹"字格	M129：1	青绿	21.4	12.6	8.8	4.3	菱形	首及剑身前段残
Aa	双箍，"凹"字格	M130：5	深绿	61	51.4	9.6	4.5	菱形	刃略崩损
Aa	双箍，"凹"字格	M142：1－1	墨绿	49.4	39.8	9.6	4.5	菱形	刃略崩损
Aa	双箍，"凹"字格	M157：21	青绿	49.4	40.2	9.2	4.4	菱形	
Aa	双箍，"凹"字格	M167：1	墨绿	59.4	50.2	9.2	3.9	菱形	刃崩损
Aa	双箍，"凹"字格	M180：1	灰绿	60	51.4	8.6	4	菱形	首残
Aa	双箍，"凹"字格	M184：3	灰绿	46.4	38.7	7.7	4	菱形	首残
Aa	双箍，"凹"字格	M198：1	墨绿					菱形	残
Aa	双箍，"凹"字格	M264：2	双色	44.8	35.5	9.3	4.7	菱形	前锋残
Aa	双箍，"凹"字格	M276：1	青	44.7	36.4	8.3	4.2	菱形	刃崩损
Aa	双箍，"凹"字格	M280：1	黑	49.6	40.9	8.7	3.8	菱形	前锋残
Aa	双箍，"凹"字格	M293：2	墨绿	44	35.2	8.8	4.2	菱形	首内有陶塞
Aa	双箍，"凹"字格	M354：5	墨绿	45.8	37.6	8.2	4.6	菱形	首及前锋残
Aa	双箍，"凹"字格	M371：1	灰绿	41	33	8	2.4	菱形	首、格、身均残
Aa	双箍，"凹"字格	M397：1	墨绿	51.3	42	5.3	4.2	菱形	刃及前锋略残
Aa	双箍，"凹"字格	M426：1	灰绿	44.8	37	7.8	3.8	菱形	首、刃及前锋残
Aa	双箍，"凹"字格	M436：1	灰绿	46.8	38.2	8.6	4.2	菱形	前锋略残

续表一六

型式	主要特征	墓号：器号	颜色	通长	身长	茎长	身宽	脊形	备注
Aa	双箍，"凹"字格	M443：2	青	28.6	19.2	9.4	4	菱形	剑身前段残
Aa	双箍，"凹"字格	M471：1	灰绿	42.4	34.2	8.2	4.4	菱形	首、刃及前锋残
Aa	双箍，"凹"字格	M475：1	青绿	43	34.5	8.5	4.5	菱形	前锋略残
Aa	双箍，"凹"字格	M629：1	墨绿	62	52.9	9.1	4.6	菱形	首残
Aa	双箍，"凹"字格	M630：1	灰绿	49.3	39.8	9.5	4.8	菱形	刃崩缺，前锋略残
Aa	双箍，"凹"字格	M665：3	粉绿	55.2	44.8	10.4	4.2	菱形	前锋残
Aa	双箍，"凹"字格	M666：5	青绿	66.8	55.9	10.9	4.6	菱形	刃崩损
Aa	双箍，"凹"字格	M690：1	青黑	48.4	40	8.4	4.8	菱形	残
Aa	双箍，"凹"字格	M711：9	青绿	45	35.8	9.2	5	菱形	刃及前锋崩残
Aa	双箍，"凹"字格	M715：2	暗绿	65	54.9	10.1	4.8	菱形	首残
Aa	双箍，"凹"字格	M722：4	翠绿	66.2	56	10.2	4.7	菱形	刃及锋端崩残
Aa	双箍，"凹"字格	M787：1	青黑	45	36.4	4.6	4	菱形	前锋残
Aa	双箍，"凹"字格	M793：2	灰黑	50.8	41.3	9.4	4.4	菱形	
Ab	无箍，"凹"字格	M700：3	墨绿	60.2	51	9.2	5	菱形	格有抽象兽面纹
B	空首，"一"字格	M8：7	粉绿	53.8	44.2	9.6	4.4	菱形	
B	空首，"一"字格	M24：1	墨绿	51.2	41.9	9.3	4.7	菱形	刃及锋端略残
B	空首，"一"字格	M40：1	青	47.2	41.2	6	4	菱形	茎残，刃崩损
B	空首，"一"字格	M60：1	粉绿	34.5	30.2	4.3	3.6	菱形	茎及前锋残
B	空首，"一"字格	M67：1	灰黑	33.8	32.4	1.4	4.2	菱形	茎、刃及前锋残
B	空首，"一"字格	M90：1	银青	48	39.2	8.8	4	菱形	刃崩损
B	空首，"一"字格	M99：3	墨绿	48	38.9	9.1	4.3	菱形	
B	空首，"一"字格	M100：5	青黑	51.4	42	9.4	3.8	菱形	刃及前锋崩残
B	空首，"一"字格	M111：1	青黑	49.4	40.5	8.9	4.4	菱形	
B	空首，"一"字格	M118：2	灰	47.8	44.8	3	4	菱形	茎及前锋残
B	空首，"一"字格	M122：1							残
B	空首，"一"字格	M131：2	灰绿						残
B	空首，"一"字格	M132：4	灰青	31.6	30	1.6	3.8	菱形	茎、刃及前锋残
B	空首，"一"字格	M169：1	墨绿	22.8	13.9	8.9	4	菱形	前锋残
B	空首，"一"字格	M178：9	粉绿	48.4	39.8	8.6	4.4	菱形	首、刃及前锋残
B	空首，"一"字格	M179：1	灰黑	46.8	38.6	8.2	4.2	菱形	茎残，刃崩损
B	空首，"一"字格	M183：8	青黑	42.4	35.2	7.2	3.6	菱形	茎、刃及前锋残
B	空首，"一"字格	M210：3	墨绿	38.2	29.7	8.5	4	菱形	前锋残
B	空首，"一"字格	M212：1	粉绿	39.6	38	1.6	3.8	菱形	茎、刃及前锋残
B	空首，"一"字格	M214：1	灰绿	42.6	32.5	10.1	4.5	菱形	

续表一六

型式	主要特征	墓号：器号	颜色	通长	身长	茎长	身宽	脊形	备注
B	空首，"一"字格	M215：1	青灰	48.8	39.8	9	4.1	菱形	刃及前锋崩残
B	空首，"一"字格	M232：4	墨绿	55.2	46	9.2	4.6	菱形	
B	空首，"一"字格	M321：1	青黑	45.1	36.2	8.9	3.9	菱形	
B	空首，"一"字格	M329：1	灰绿	46.2	40.9	5.3	4	菱形	茎、刃及前锋残
B	空首，"一"字格	M330：2	青	37	35.8	1.2	4	菱形	茎、刃及前锋残
B	空首，"一"字格	M352：3							残
B	空首，"一"字格	M353：3	灰黑	42.8	42.2	0.6	4.3	菱形	茎、刃及前锋残
B	空首，"一"字格	M359：1	灰黑	52.8	42.8	10	4.2	菱形	刃及前锋崩残
B	空首，"一"字格	M365：1	灰黑	63.8	54.1	9.7	4.2	菱形	锋端略残
B	空首，"一"字格	M403：2	灰绿	44.4	36.4	8	3.7	菱形	锋端略残
B	空首，"一"字格	M404：1	灰绿	37.8	33.2	4.6	3.6	菱形	茎及前锋残
B	空首，"一"字格	M407：1							残
B	空首，"一"字格	M423：1	墨绿	46	43.6	2.4	4	菱形	茎残
B	空首，"一"字格	M438：1							残
B	空首，"一"字格	M439：1	灰绿	45.6	37.9	7.7	4.1	菱形	
B	空首，"一"字格	M441：1	双色	41.6	37.3	4.3	4.5	菱形	茎及前锋残
B	空首，"一"字格	M466：2							残
B	空首，"一"字格	M473：1	粉青	46.2	38	8.2	3.8	菱形	刃及前锋崩残
B	空首，"一"字格	M477：1	铁灰	39	38	1	4.4	菱形	茎、刃及前锋残
B	空首，"一"字格	M580：3	灰绿	52.4	43	9.4	4	菱形	
B	空首，"一"字格	M622：1	灰绿	49.6	42	7.6	4	菱形	茎内有陶塞
B	空首，"一"字格	M638：1	灰绿	49.6	41.2	8.4	4.6	菱形	茎及前锋残
B	空首，"一"字格	M655：1	灰绿						残
B	空首，"一"字格	M670：2	灰绿	40.2	36.4	3.8	4	菱形	茎及前锋残
B	空首，"一"字格	M688：1	灰黑	32.7	31.7	1	4	菱形	茎、刃及前锋残
B	空首，"一"字格	M695：1	墨绿	50.6	41.2	9.4	4.3	菱形	刃及锋端略残
B	空首，"一"字格	M710：1	粉绿	40.6	29.5	11.1	4.2	平	剑身前部残
B	空首，"一"字格	M759：2	灰绿	45.6	37	8.6	3.8	菱形	前锋残
B	空首，"一"字格	M807：6							残
C	扁茎	M2：7	翠绿	30.1	24.3	5.8	3.6	菱形	刃及前锋崩残
C	扁茎	M48：3	灰青	19.6	14	5.6	2.5	菱形	刃及前锋崩残
C	扁茎	M177：1	灰绿	21.5	15.5	6	3.3	凸棱	刃及前锋崩残
C	扁茎	M292：1	粉绿	27.6	24.4	3.2	3.8	凸棱	刃及前锋崩残
C	扁茎	M338：1	青绿	19.8			2	凸棱	刃缘崩损

续表一六

型式	主要特征	墓号：器号	颜色	通长	身长	茎长	身宽	脊形	备注
C	扁茎	M408：2	墨绿	18	14.4	3.6	3	凸棱	茎首端残
C	扁茎	M420：1	青灰	25.2	22.8	2.4	3.8	菱形	茎、刃及前锋残
C	扁茎	M449：3	墨绿	36.8	33.8	3	4.5	菱形	刃及前锋崩残
C	扁茎	M469：1	青黑	50.4	41.6	8.8	4	菱形	茎略残，刃崩损
C	扁茎，宽格（失）	M486：1	翠绿	24.6	17.3	7.3	3.8	菱形	刃及前锋崩残
C	扁茎，"凹"字格	M608：5	粉绿	14.3	12.5	1.8	3.5	菱形	茎、刃及前锋残
C	扁茎	M776：1	青绿	24.7	19.5	5.2	2.8	凸棱	刃及前锋崩残
D	菱形茎，"一"字格	M105：4	灰黑	37.8	34	3.8	4	凸棱	茎、刃及前锋残
D	菱形茎，"一"字格	M231：1	粉绿	44.4	35.6	8.8	3.2	菱形	首、刃及前锋残

注：1. 剑前锋残断者，其通长和身长为残长；2. 剑茎残断者，其通长和茎长为残长。

A 型　38 件。圆实茎，喇叭形首，"凹"字形宽格。菱形脊。分二亚型。

Aa 型　37 件。圆实茎上有双箍。

标本 M18：1，黑色。前锋残。残通长 48.8 厘米（图七二一，2；图版二一二，1）。

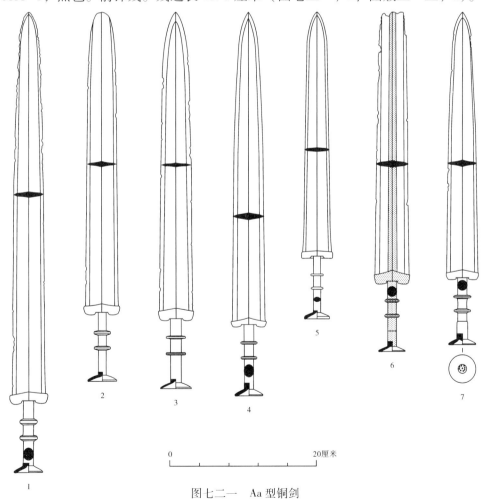

0　　　　　　　　　　　　20厘米

图七二一　Aa 型铜剑

1. M130：5　2. M18：1　3. M157：21　4. M793：2　5. M104：1　6. M264：2　7. M293：2

标本 M104∶1，银青色。实茎较细，呈枣核形。通长 40.2 厘米（图七二一，5；图版二一二，2）。

标本 M130∶5，深绿色。剑身较长，有漆剑鞘残留。刃缘略有崩损。通长 61 厘米（图七二一，1；图版二一二，3）。

标本 M157∶21，青绿色。通长 49.4 厘米（图七二一，3；彩版四一，2；图版二一三，1）。

标本 M264∶2，双色，茎、格及剑脊绿色，余黑色。前锋残。残通长 44.8 厘米（图七二一，6；彩版四一，3；图版二一三，2）。

标本 M293∶2，墨绿色。剑首焊接。首内有陶塞。通长 44 厘米（图七二一，7；图版二一三，3）。

标本 M793∶2，灰黑色。通长 50.8 厘米（图七二一，4；图版二一四，1）。

Ab 型　1 件。

M700∶3，墨绿色。质地优良。喇叭形首内有八周凹圈，凹圈内应有镶嵌物，已脱落。椭圆柱形实茎上无格，有缑痕，剑首与茎斗接。"凹"字形宽格上有抽象兽面凹槽，两面图案有别，凹槽内镶嵌绿松石。剑身较宽。通长 60.2 厘米（图七二二；彩版四二；图版二一四，2）。

B 型　49 件。圆形空茎，"一"字形窄格，璧形空首。

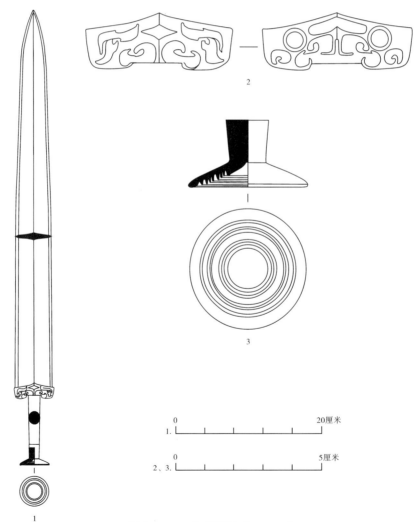

图七二二　Ab 型铜剑（M700∶3）

1. 铜剑　2. 剑格　3. 剑首

标本 M24∶1，墨绿色。空茎呈亚腰形，略有棱，内有玻璃塞，菱形脊。刃缘及锋端略残。残通长 51.2 厘米（图七二三，1；彩版四三，1；图版二一四，3）。

标本 M179∶1，灰黑色。首残。茎作两端，前端为空茎，残，后端实茎呈凹腰形。菱形脊。刃缘略崩损。残通长 46.8 厘米（图七二三，2）。

标本 M214∶1，灰绿色。空茎略有棱，剑身较短，菱形脊。通长 42.6 厘米（图七二三，3；图版二一五，1）。

标本 M403∶2，灰绿色。空首内有玻璃塞，空茎首端略粗，菱形脊。锋端略残。残通长 44.4 厘米（图七二三，4；图版二一五，2）。

标本 M580∶3，灰绿色。菱形脊。通长 52.4 厘米（图七二三，5；彩版四三，2；图版二一五，3）。

标本 M622∶1，灰绿色。剑首空茎内有一陶塞。菱形脊。通长 49.6 厘米（图七二三，6）。

标本 M710∶1，粉绿色。剑首空茎内有一陶塞。剑身前部残。平脊。残通长 40.6 厘米（图七二三，7）。

C 型　12 件。宽扁茎。

标本 M2∶7，翠绿色，颜色不均匀。短扁茎下方有一方孔，茎有瓦楞形纵棱，菱形脊。刃缘及前锋崩残。残通长 30.1 厘米（图七二四，2；图版二一六，1）。

标本 M177∶1，灰绿色。截刃为茎，身、茎一体。茎亦有刃。茎下方有一圆孔。凸棱高脊。刃缘及前锋崩残。残通长 21.5 厘米（图七二四，4；图版二一六，2）。

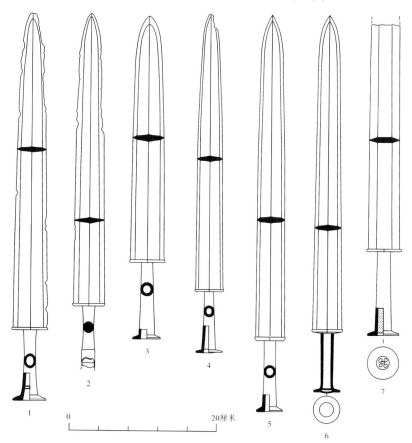

0　　　　　　　　　　20厘米

图七二三　B 型铜剑

1. M24∶1　2. M179∶1　3. M214∶1　4. M403∶2　5. M580∶3　6. M622∶1　7. M710∶1

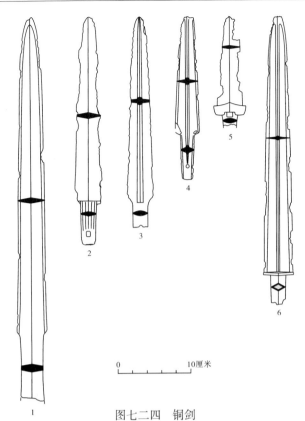

图七二四 铜剑

1~5. C 型（M469∶1，M2∶7，M292∶1，M177∶1，M608∶5） 6. D 型（M105∶4）

标本 M292∶1，粉绿色。短茎下端有一半圆形凹缺，茎断面呈棱形。凸棱脊。刃缘及前锋崩残。通长 27.6 厘米（图七二四，3；图版二一六，3）。

标本 M469∶1，青黑色。长身。截刃为茎，身、茎一体，茎略残。菱形脊。刃缘有崩损。残通长 50.4 厘米（图七二四，1）。

标本 M608∶5，粉绿色，凹字形宽格，两侧凹缺中间下方有簧形片。扁茎呈棱形，茎残。菱形脊。刃缘及前锋崩残。残通长 14.3 厘米（图七二四，5）。

D 型 2 件。

标本 M105∶4，灰黑色。剑茎呈菱形，空心内填沙。"一"字形格。茎、首残。凸棱脊。刃缘及前锋崩残。残通长 37.8 厘米（图七二四，6）。

二六 铜戈

74 件，形态明确的 46 件。分三型（表一七）。

表一七 铜戈登记表 单位：厘米

型式	主要特征	墓号∶器号	颜色	通长	援长	内长	胡高	脊形	备注
A	援、内较宽较直	M1∶1	青黑	19.2	12.7	6.5	11.2	菱形	胡略残
A	援、内较宽较直	M8∶8	灰绿	21.8	12.8	9	12.6	菱形	

续表一七

型式	主要特征	墓号：器号	颜色	通长	援长	内长	胡高	脊形	备注
A	援、内较宽较直	M11：15	灰	18.4	13.7	4.7	10.6	平	内残
A	援、内较宽较直	M40：3	青灰	13.1	7.9	5.2	6.6	长梭形	明器，援、胡残
A	援、内较宽较直	M40：5	青灰	13.2	8	5.2	7	长梭形	明器，援、胡残
A	援、内较宽较直	M60：2	灰黑	21.9	13.3	8.6	12.8	长三角形	明器，内残
A	援、内较宽较直	M70：1	青黑	20.6	12.2	8.4	12.2	菱形	援前锋残
A	援、内较宽较直	M97：1	粉青	20.9	12.9	8	13.5	菱形	
A	援、内较宽较直	M100：6	绿	22.8	14.2	8.6	14.3	菱形	援前锋及胡残
A	援、内较宽较直	M100：7	绿	20.5	12	8.5	9.4	菱形	
A	援、内较宽较直	M104：3	黑	16.4	10.5	5.9	9.7	平	明器，内略崩损
A	援、内较宽较直	M105：7	墨绿	15.4	10.3	5.1	11.1	梭形	明器，胡、内残
A	援、内较宽较直	M122：9	粉绿	19.6	12.8	6.8	10.6	菱形	援、内、胡略残
A	援、内较宽较直	M130：2	灰黑	17	13.1	3.9	11	凸棱	援、内残
A	援、内较宽较直	M132：2	青绿	20.8	12.2	8.6	9.6	梭形	援、胡、内略残
A	援、内较宽较直	M202：2	灰绿	10.9	7.9	3	8.7	平	援、内、胡残
A	援、内较宽较直	M212：2	暗绿	20	12.6	7.4	11.7	菱形	援残
A	援、内较宽较直	M215：3	灰黑	15.2	9.3	5.9	9.3	平	援、内、胡残
A	援、内较宽较直	M215：5	灰黑	15.7	9.6	6.1	7.5	平	残甚
A	援、内较宽较直	M223：2	粉绿	19.7	11.8	7.9	10	菱形	援、胡略残
A	援、内较宽较直	M232：3	粉绿	17.2	10.8	6.4	8.4	菱形	援、胡略残
A	援、内较宽较直	M264：4	青灰	24			12.1	平	援、内残
A	援、内较宽较直	M276：3	墨绿	18.6	11.6	7	6.8	菱形	援、胡残
A	援、内较宽较直	M293：3	灰绿	21.8	13	8.8	9	菱形	援、内、胡残
A	援、内较宽较直	M294：1	灰绿	21.4	12.4	9	11.9	菱形	援、胡残
A	援、内较宽较直	M324：4	灰绿	22	13.3	8.7	12.1	菱形	援前锋残
A	援、内较宽较直	M418：2	翠绿	22.2	13.3	8.9	10	菱形	胡、内残
A	援、内较宽较直	M432：2	青灰	17.5	10.9	6.6	9.8	菱形	援、胡残
A	援、内较宽较直	M436：2	灰	20.5	13.2	7.3	8.7	菱形	胡、内残
A	援、内较宽较直	M441：2	灰绿	19.4	11.3	8.1	7.2	菱形	援、胡残
A	援、内较宽较直	M471：4	灰黑					平	残甚
A	援、内较宽较直	M471：5	灰黑	17	11	6	8.3	平	残甚
A	援、内较宽较直	M475：3	青黑	18	9.7	8.3	10.1	平	
A	援、内较宽较直	M486：3	银青	20.9	12.5	8.4	12.3	菱形	

续表一七

型式	主要特征	墓号：器号	颜色	通长	援长	内长	胡高	脊形	备注
A	援、内较宽较直	M540：1	灰绿	20.2	11	9.2	6	菱形	援、内、胡残
A	援、内较宽较直	M666：3	青绿	16.3	8.9	7.4	10.7	菱形	援、内、胡残
A	援、内较宽较直	M695：3	青绿	13.3	11.4	1.9	5.3	菱形	援、内、胡残
A	援、内较宽较直	M703：2	绿	20.8	10.6	6.4	11.6	菱形	援、胡残
B	援、内狭长，内有刃	M91：1	绿	26	16.6	9.4	11.8	平	援、胡、内均残
B	援、内狭长，内有刃	M105：8	灰黑	16.5	10.7	5.8	5	长三角形	明器，残甚
B	援、内狭长，内有刃	M264：3	青灰	25.5	15	10.5	9.9	梭形	援、内、胡残
B	援、内狭长，内有刃	M580：1	灰绿	20.1	16.5	3.6	13	平	内残
B	援、内狭长，内有刃	M666：1	青绿	27.5	16.2	11.3	11.2	菱形	铭文，胡略残
B	援、内狭长，内有刃	M700：2	豆绿	27.6	15.8	11.8	10.2	梭形	援、内、胡残
B	援、内狭长，内有刃	M710：6	青	16.3	5.8	10.5	10.5	菱形	援、内、胡残
C	援、内、胡狭窄	M198：2	绿	17.5	10.5	7	9.4	菱形	明器，略残损

注：1. 援残者通长和援长为残长；2. 内残者通长和内长为残长；3. 胡残者胡高为残高。

A 型　38 件。援、内均较宽，平援或略昂，内平直或略坠。

标本 M1：1，青黑色。援略昂，菱形脊。长胡四穿，略残，长方内前部有一方形穿。援、内通长 19.2、胡残高 11.2 厘米（图七二五，1；图版二一七，1）。

标本 M11：15，灰色。援较平，平脊。长胡四穿，长方内前部有一长条形穿，后部残。援、内残通长 18.4、胡高 10.6 厘米（图七二五，2；图版二一七，2）。

标本 M60：2，灰黑色。明器，器身有毛刺。援略昂，正面凸，背略平。脊呈长三角形。长胡三穿，长方内有坡边，内前部有一长方形穿。内略残。援、内残通长 21.9、胡高 12.8 厘米（图七二五，3；图版二一七，3）。

标本 M100：7，绿色。援较平，菱形脊。长胡四穿，长方内前部有一长方形穿，尾部下方有一浅凹缺。援、内通长 20.5、胡高 9.4 厘米（图七二五，5；图版二一七，4）。

标本 M130：2，灰黑色。长昂援，凸棱脊。胡一穿，长方内下坠，前部一长方穿。援、内残。援、内残通长 17、胡高 11 厘米（图七二五，6）。

标本 M232：3，粉绿色。援略昂，菱形脊。长胡三穿，长方内前部有一长方穿。刃缘、前锋及胡部崩残。援、内残通长 17.2、胡残高 8.4 厘米（图七二五，4；图版二一八，1、2）。

标本 M276：3，墨绿色，黑色斑纹。昂援，菱形脊。长胡三穿。长方内中部一长方穿，尾部下方有一凹缺。援、胡残，刃缘崩缺。援、内残通长 18.6、胡残高 6.8 厘米（图七二六，1；图版二一八，3）。

标本 M475：3，青黑色。昂援，平脊。胡一穿，长方内前部有一窄一宽两个穿，内尾部略弧。援、内通长 18、胡高 10.1 厘米（图七二六，2；图版二一八，4）。

标本 M486：3，银青色。援略昂，菱形脊。长胡四穿，长方内前部有一长条形穿。尾部下方有一凹缺。援、内通长 20.9、胡高 12.3 厘米（图七二六，3；彩版四四，1；图版二一九，1）。

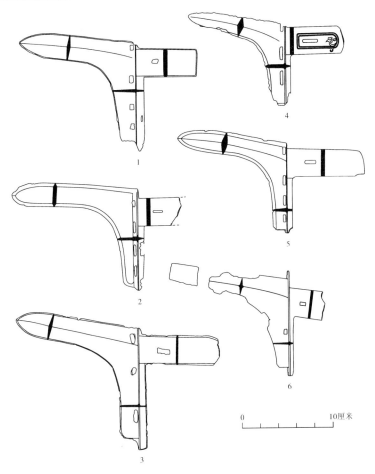

图七二五 A 型铜戈（一）
1. M1：1 2. M11：15 3. M60：2 4. M232：3 5. M100：7 6. M130：2

B 型 7 件。援、内窄而狭长，援略昂，前部下坠。直内尾部上翘，内上下有刃。

标本 M666：1，青绿色。援较平，锋端略坠，菱形脊。长胡三穿，胡部有两个镂刻铭文。长方内前部有一长条形穿。胡略残。援、内通长 27.5、胡残高 11.2 厘米（图七二七，2、3；彩版四四，2、3；图版二一九，3、4）。

标本 M700：2，豆绿色。窄昂援，梭形脊。长内呈瓦楞状，前部有一长条形穿，后部残。胡一穿，亦残。援、内残通长 27.6、胡残高 10.2 厘米（图七二七，1）。

标本 M710：6，青色。昂援残，菱形脊，内尾上翘，略残，前部有一三角形穿。长胡三穿，亦残。援、内残通长 16.3、胡残高 10.5 厘米（图七二七，4）。

C 型 1 件。

M198：2，绿色。为明器。窄昂援，菱形脊。长方内上翘。胡一穿，略残。援、内残通长 17.5，援长 10.5，内残长 7、胡残高 9.4 厘米（图七二七，5；图版二一九，2）。

二七 铜矛

123 件，形态明确的 89 件。主要根据骹部形态差异分六型（表一八）。

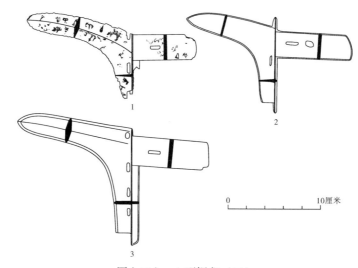

图七二六　　A 型铜戈（二）

1. M276∶3　2. M475∶3　3. M486∶3

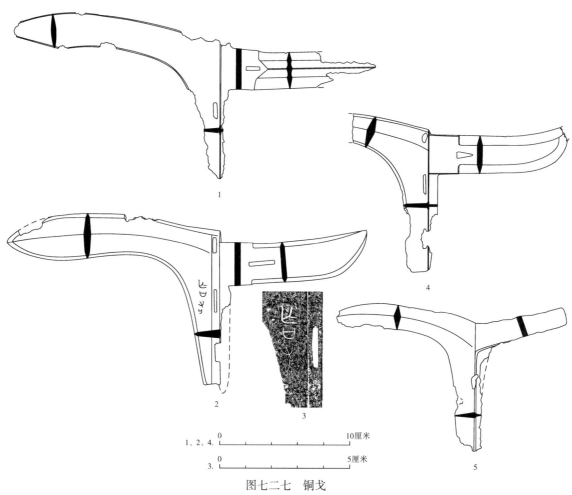

图七二七　铜戈

1、2、4. B 型（M700∶2，M666∶1，M710∶6）　3. M666∶1铭文拓本　5. C 型（M198∶2）

表一八　　　　　　　　　　　　　　　　铜矛登记表　　　　　　　　　　　　　　单位：厘米

型式	主要特征	墓号：器号	颜色	通长	叶长	骹长	脊形	备注
A	单面鼻，蝉翼纹	M100：1	墨绿	21.8	9.8	12	凸棱	
A	单面鼻，"王"字纹	M212：4	灰黑	17.1	9.2	7.9	凸棱	
A	单面鼻，"王"字纹	M441：3	灰绿	5.8	2.2	3.6	凸棱	残甚
A	单面鼻，抽象蝉纹	M466：1	青绿	21.8			凸棱	骹残
B	单面鼻	M8：9	青绿	15.9	7.4	8.5	凸棱	
B	单面鼻	M8：10	灰绿	16.5	5.5	11	凸棱	
B	单面鼻	M13：2	灰绿	21.8	7.6	14.2	凸棱	刃及前锋残
B	单面鼻	M35：3	粉绿	12.7	7.4	5.3	凸棱	残
B	单面鼻	M40：2	青绿	10.9	4.8	6.1	凸棱	明器，前锋残
B	单面鼻	M60：3	墨绿	18.4	8.9	9.5	宽凸棱	
B	单面鼻	M76：2	青黑	19.1	7.1	12	凸棱	叶及前锋残
B	单面鼻	M90：2	灰绿	21.2	8.2	13	凸棱	骹、刃及前锋残
B	单面鼻	M97：2	粉绿	14.4	5.9	8.5	凸棱	
B	单面鼻	M99：1	灰青	12.5	0.7	11.8	凸棱	残甚
B	单面鼻	M100：8	青黑	17.1	6.8	10.3	凸棱	
B	单面鼻	M104：2	灰黑	11.5	3.2	8.3	菱形	骹及叶残
B	单面鼻	M105：6	青黑	14.1	6.4	7.7	凸棱	鼻、刃及前锋残
B	单面鼻	M122：3	灰黑	19.8	18	1.8	凸棱	骹及叶残
B	单面鼻	M130：3	灰	28.2	14.8	13.4	凸棱	
B	单面鼻	M130：4	灰	18.7	8.2	10.5	凸棱	
B	单面鼻	M155：1	银青	13.3	5.3	8	菱形	骹及鼻残
B	单面鼻	M177：2	灰黑	13.1	6	7.1	菱形	刃及前锋崩残
B	单面鼻	M179：2	翠绿	16.3	6.6	9.7	凸棱	叶及前锋残
B	单面鼻	M179：3	墨绿	18.8	9.3	9.5	凸棱	骹、鼻及叶残
B	单面鼻	M208：2	翠绿	9	4.2	4.8	凸棱	骹及刃残
B	单面鼻	M210：1	银青	22.8	7.8	15	凸棱	刃缘崩损
B	单面鼻	M212：3	墨绿	16.1	5.8	10.3	凸棱	刃及前锋残
B	单面鼻	M231：2	墨绿	14.5	7.8	6.7	凸棱	前锋残
B	单面鼻	M232：2	青绿	14	4.2	9.8	凸棱	骹及叶残
B	单面鼻	M264：5	青黑	13.5	8	5.5	凸棱	
B	单面鼻	M264：6	青黑	13.5	8	5.5	凸棱	
B	单面鼻	M272：1	绿	18.6	7	11.6	凸棱	刃及前锋残
B	单面鼻，斑纹	M276：4	墨绿	30.2	13	17.2	凸棱	骹残

续表一八

型式	主要特征	墓号：器号	颜色	通长	叶长	骹长	脊形	备注
B	单面鼻	M278：1	青黑	14.4	5.8	8.6	菱形	骹、鼻及前锋残
B	单面鼻	M280：2	灰绿	28.4	12.9	15.5	凸棱	銎及叶略残
B	单面鼻	M294：2	墨绿	23.8	10.1	13.7	凸棱	鼻残
B	单面鼻	M324：5	青绿	20.9	8.4	12.5	凸棱	
B	单面鼻	M330：1	灰绿	21.4	9.1	12.3	菱形	叶残
B	单面鼻	M365：2	墨绿	21.6	9.1	12.5	凸棱	鼻、刃崩残
B	单面鼻	M403：1	黑	17.6	8	9.6	凸棱	
B	单面鼻	M436：3	暗绿	16.1	4.5	11.6	凸棱	骹、鼻及叶残
B	单面鼻	M449：1	青	13.2	1.5	11.7	凸棱	骹及叶残
B	单面鼻	M471：2	灰绿					残，形制同 M471：3
B	单面鼻	M471：3	灰绿	13.5	2.5	11	菱形	前锋略残
B	单面鼻	M477：2	墨绿	16.3	6.1	10.2	凸棱	
B	单面鼻	M630：3	青绿	14.2	9.3	8.9	凸棱	骹、鼻及前锋残
B	单面鼻	M666：2	青绿	20.2	7.3	12.9	凸棱	骹残
B	单面鼻	M666：4	青绿	15.8	2.4	13.4	凸棱	骹、刃残
B	单面鼻	M679：1	灰绿	19.9	6.9	13	凸棱	骹及刃残
B	单面鼻	M688：2	黑	12.2	4.7	7.5	菱形	
B	单面鼻	M693：5	灰绿	15.2	4.6	10.6	凸棱	骹、叶及前锋残
B	单面鼻	M695：2	青黑	13.3	5.6	7.7	凸棱	叶及前锋残
B	单面鼻	M700：1	翠青	17.4	7.6	9.8	凸棱	
B	单面鼻	M710：5	翠绿	13.3	2.1	11.2	凸棱	骹、叶及前锋残
B	单面鼻	M711：7	青	22.3	4.6	17.7	凸棱	刃缘崩残
B	单面鼻	M715：1	青绿	4.3	13.4	3.2	凸棱	骹残
B	单面鼻	M722：5	灰绿	10.5	2.2	8.3	菱形	骹残
B	单面鼻	M754：1	铅黑	14.6	4.6	10	凸棱	骹、叶及前锋残
B	单面鼻	M771：2	青	18.5	7.3	11.2	凸棱	刃崩残
B	单面鼻	M765：2	粉绿	18.7	6.7	12	凸棱	刃及前锋崩残
B	单面鼻	M775：4	墨绿	16.6	7.1	9.5	凸棱	刃缘崩残
B	单面鼻	M802：8	墨绿	20.4	8.5	11.9	凸棱	刃缘崩残
C	骹两侧鼻	M105：5	翠绿	18	6.4	11.6	凸棱	鼻残

续表一八

型式	主要特征	墓号：器号	颜色	通长	叶长	骹长	脊形	备注
C	骹两侧鼻	M118：1	灰绿	19.3	7.5	11.8	菱形	叶一侧残
C	骹两侧鼻	M131：1	青灰	24.7	10	14.7	菱形	鼻及前锋残
C	骹两侧鼻	M202：1	墨绿	21.4	10.2	11.2	凸棱	刃缘略崩损
C	骹两侧鼻	M215：2	绿	25.2	11	14.2	菱形	鼻及前锋残
C	骹两侧鼻	M223：1	青	18.7	8.8	9.9	菱形	叶一侧残
C	骹两侧鼻	M293：1	暗绿	19	7.7	11.3	菱形	鼻及前锋残
C	骹两侧鼻	M321：2	灰绿	22.6	11.1	11.5	菱形	鼻及前锋残
C	骹两侧鼻	M359：2	粉绿	17	4.3	12.7	菱形	鼻残
C	骹两侧鼻	M397：2	青绿	26.5	11.9	14.6	菱形	鼻及前锋残
C	骹两侧鼻	M418：3	翠绿	20	8	12	菱形	骹及鼻残
C	骹两侧鼻	M420：2	灰	10.2			菱形	骹及叶残
C	骹两侧鼻	M436：6	灰绿	21	8.1	12.9	菱形	鼻及叶残
C	骹两侧鼻	M475：4	灰绿	14.1	1.4	12.7	菱形	骹及叶残
C	骹两侧鼻	M655：2	青绿	19.8	8.3	11.5	菱形	鼻及叶残
C	骹两侧鼻	M721：1	灰青	21.4	8.9	12.5	菱形	
C	骹两侧鼻	M807：1	青	15.7	7.2	8.5	菱形	鼻及前锋残
C	骹两侧鼻	M807：2	青				菱形	残，形制同 M807：1
D	平脊叶	M67：2	墨绿	13	4.5	8.5	平	
D	平脊叶	M67：3	墨绿	13	4.5	8.5	平	
D	平脊叶	M104：5	灰绿	11.3	2.7	8.6	菱形	叶残
D	平脊叶	M198：3	灰绿	9.8	3.3	6.5	平	叶及前锋残
D	平脊叶	M371：2	灰黑	11.5	4.6	6.9	平	
E	弧形宽叶	M40：6	蓝紫	11	4.2	6.8	圆	刃及前锋崩残
E	弧形宽叶	M232：1	青绿	12.8	6	6.8	圆	叶残
E	弧形宽叶	M475：2	灰黑	9.5	2.3	7.2	凸棱	骹及前锋残
F	短骹	M641：1	青黑	12	1.5	10.5	凸棱	刃缘崩残

注：1. 叶及锋残者通长和叶长为残长；2. 骹残者通长和骹长为残长。

A 型　4 件。圆骹，骹口略呈喇叭形，骹下部一面有一鼻，叶两侧及鼻纽上方有纹饰。

标本 M100：1，墨绿色。骹口略侈。鼻上方有一框格纹。矛叶双面脊两侧铸蝉翼纹。凸棱脊。通长 21.8 厘米（图七二八，1）。

标本 M212：4，灰黑色。凹骹口略呈合瓦形。叶后部折收。鼻前方铸"王"字形纹，矛叶双面

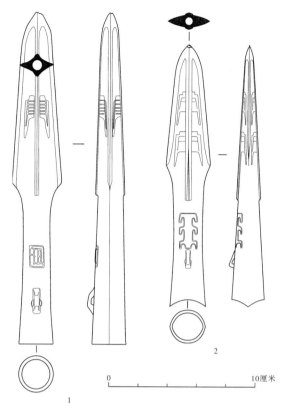

图七二八　A型铜矛
1. M100∶1　2. M212∶4

脊两侧上下铸抽象蝉翼纹。凸棱脊。通长17.1厘米（图七二八，2；彩版四五；图版二二〇）。

B型　58件。基本形态同A型，无纹饰。

标本M8∶9，青绿色。骹内残存木柲。叶后部折收。凸棱脊。通长15.9厘米（图七二九，2；图版二二一，1）。

标本M8∶10，灰绿色。叶后部折收。凸棱脊。通长16.5厘米（图七二九，1；图版二二一，2）。

标本M60∶3，墨绿色。叶后部折弧收，与骹有分隔。宽凸棱脊。通长18.4厘米（图七二九，3；图版二二一，3）。

标本M100∶8，青黑色。叶后部弧收，与骹有分隔。凸棱脊。通长17.1厘米（图七二九，4；图版二二一，4）。

标本M130∶3，灰色。叶刃缘后部折弧收，与骹有分隔。凸棱脊。通长28.2厘米（图七三〇，1；图版二二二，1）。

标本M264∶5，青黑色。銎口凹。叶后部折收。前锋呈圭首形。凸棱脊。通长13.5厘米（图七二九，8；图版二二二，2）。

标本M276∶4，墨绿色，叶部青绿色，上有墨绿色斑纹。圆骹残。叶后部折弧收，与骹有分隔。凸棱脊。残通长30.2厘米（图七三〇，2；彩版四六，1；图版二二二，3）。

标本M278∶1，青黑色。骹略呈枣核形，鼻残。骹及前锋残。菱形脊。残通长14.4厘米（图七二九，7）。

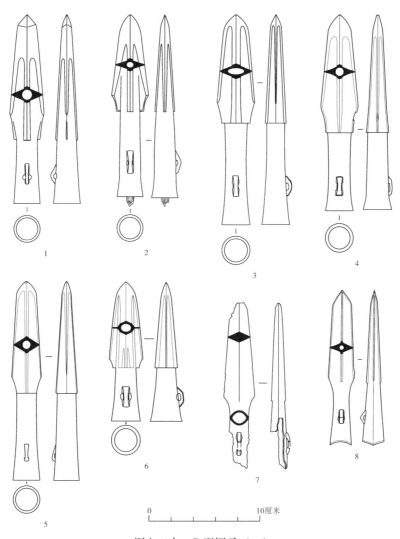

图七二九 B型铜矛（一）

1. M8∶10 2. M8∶9 3. M60∶3 4. M100∶8 5. M700∶1 6. M688∶2 7. M278∶1 8. M264∶5

标本M294∶2，墨绿色。鼻残。叶后部弧收，与骹有分隔。凸棱脊。通长23.8厘米（图七三○，3；图版二二二，4）。

标本M666∶2，青绿色。骹内残存木柲。骹前部残破。凸棱脊。通长20.2厘米（图七三○，4；图版二二三，1）。

标本M688∶2，黑色。矛叶有血槽，薄刃缘，叶中部断面呈八边形。叶后部折弧收。菱形脊。通长12.2厘米（图七二九，6；图版二二三，2）。

标本M700∶1，翠青色。叶后部折弧收，与骹有分隔。凸棱脊。通长17.4厘米（图七二九，5；彩版四六，2；图版二二三，3）。

C型 18件。圆骹，銎口略侈。骹前部两侧有鼻。

标本M105∶5，翠绿色。圆骹分两段，前段呈八边形，后段圆形。骹两侧有单鼻，鼻残。叶两侧有血槽，叶后部折收。凸棱脊。通长18厘米（图七三一，1；图版二二三，4）。

标本M118∶1，灰绿色。骹两侧有双连鼻。叶两侧有深血槽。叶一边残。菱形脊。通长19.3厘米（图七三一，2；图版二二四，1）。

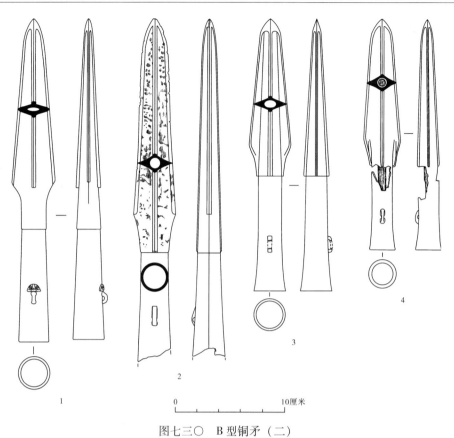

0   10厘米

图七三〇　B 型铜矛（二）

1. M130：3　2. M276：4　3. M294：2　4. M666：2

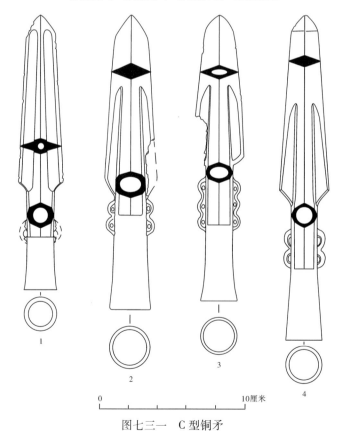

0   10厘米

图七三一　C 型铜矛

1. M105：5　2. M118：1　3. M223：1　4. M721：1

　　标本 M223：1，青色。骹分两段，前段八边形，后段圆形。骹两侧有三连鼻。叶后部两侧有血槽。叶一边残。菱形脊。通长 18.7 厘米（图七三一，3；彩版四六，3；图版二二四，2）。

　　标本 M721：1，灰青色。骹分两段，前段八边形，后段圆形。骹两侧有双连鼻。叶后部两侧有血槽。菱形脊。通长 21.4 厘米（图七三一，4；彩版四七，1；图版二二四，3）。

　　D 型　5 件。体较小，銎口略侈。平脊叶，短骹断面或呈枣核形，应为戟之矛部。

　　标本 M67：2，墨绿色。骹略呈椭圆形，叶下端的中间双面均有一小圆孔。通长 13 厘米（图七三二，1；图版二二四，4）。

　　标本 M198：3，灰绿色。椭圆形短骹，叶下端的中间双面均有一小圆孔。叶及前锋残。残通长 9.8 厘米（图七三二，3）。

　　标本 M371：2，灰黑色。圆骹，窄叶。通长 11.5 厘米（图七三二，2；图版二二五，1）。

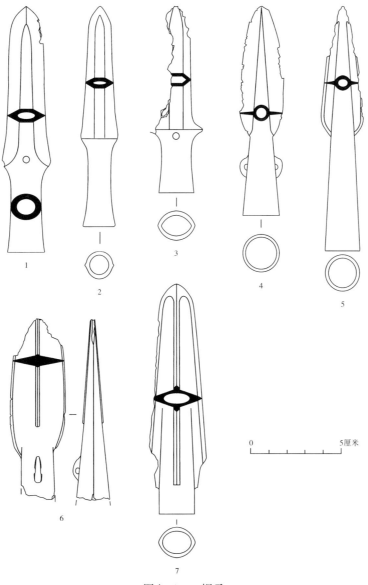

图七三二　铜矛
1～3. D 型（M67：2，M371：2，M198：3）　4～6. E 型（M40：6，M232：1，M475：2）　7. F 型（M641：1）

E型　3件。弧形宽叶，锥形骹。

M40∶6，蓝紫色。圆骹。骹两侧有单鼻。叶扁薄呈柳叶形。刃缘及前锋崩残。圆脊。残通长11厘米（图七三二，4；图版二二五，2）。

M232∶1，青绿色。圆骹，叶后部弧收。薄刃。叶前部残。菱形脊。残通长12.8厘米（图七三二，5；图版二二五，3）。

M475∶2，灰黑色。圆骹残。骹一面有单鼻。叶呈柳叶形。骹及前锋残。凸棱脊。残通长9.5厘米（图七三二，6；图版二二五，4）。

F型　1件。

M641∶1，青黑色。枣核形銎，椭圆短骹，叶后部折收。凸棱脊。刃缘崩损。通长12厘米（图七三二，7）。

二八　铜戈鐏

5件，形态明确的3件。分两型。

A型　2件。分两段，上段为銎部，断面呈圭首形；下段为细束腰形，断面呈多边形。两段之间铸鸟兽纹。分二式。

Ⅰ式　1件。

M100∶2，青绿色。銎部中腰有一圆孔。下段八边形，鐏脚渐细。上下两段之间铸浮雕兽纹。长14.3厘米（图七三三，1；彩版四七，2；图版二二六，1）。

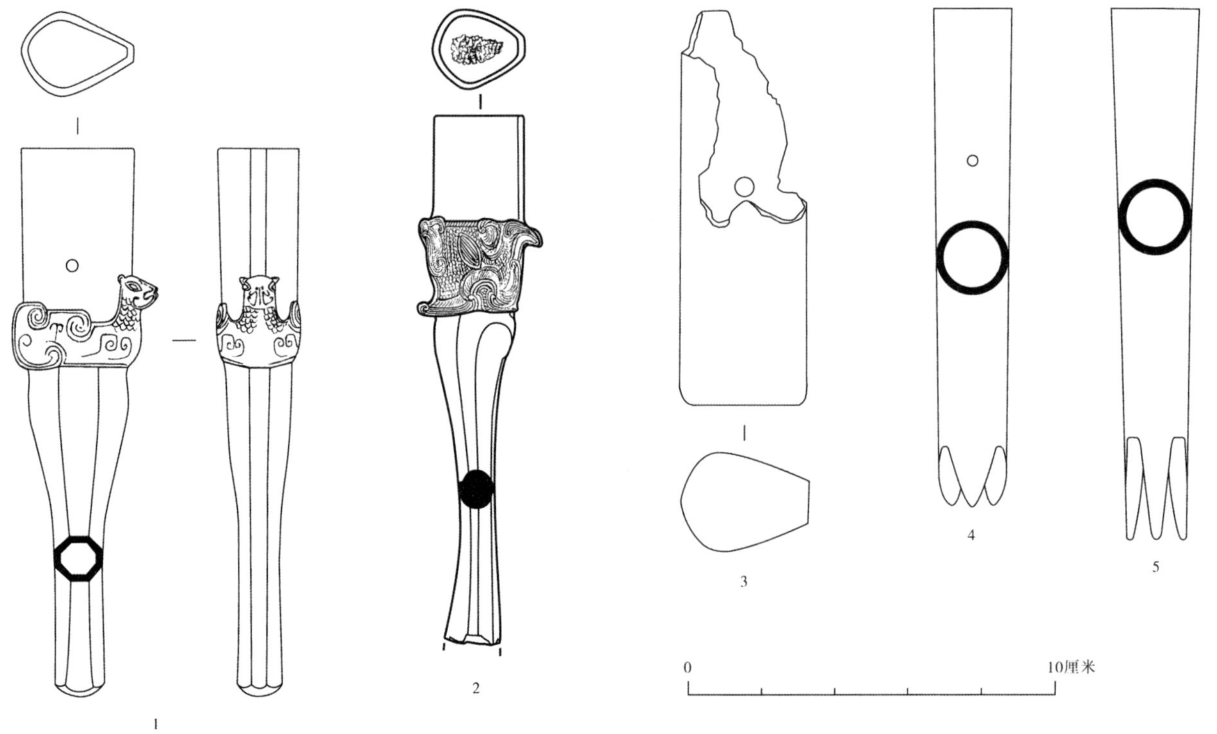

图七三三　铜戈鐏、矛镦

1. A型Ⅰ式戈鐏（M100∶2）　2. A型Ⅱ式戈鐏（M130∶16）　3. B型戈鐏（M91∶4）　4、5. 矛镦（M130∶17，M130∶18）

Ⅱ式 1件。

M130∶16，灰黑色。下段断面呈不规则多边形。两段之间铸浮雕凤鸟纹。錖内残存木柲。鐏脚略残。残长13.8厘米（图七三三，2；图版二二六，2）。

B型 1件。

M91∶4，灰绿色。筒形。断面略呈圭首形。中腰有一圆孔。錖口残。残长10.3厘米（图七三三，3；图版二二六，3）。

二九 铜矛镦

6件，形态明确的4件。形态基本相同。上部圆筒形，镦脚三叉形。

标本M130∶17，粉青色。三叉脚较短。中腰有对钻圆孔。长13.1厘米（图七三三，4；图版二二七，1）。

标本M130∶18，粉青色。三叉脚较长，中腰无孔。长14厘米（图七三三，5；彩版四八，1；图版二二七，2）。

三〇 铜匕首

12件，形态明确的10件。分两型（表一九）。

表一九   铜匕首登记表   单位：厘米

型式	主要特征	墓号∶器号	颜色	通长	叶长	茎长	叶宽	脊形	备注
A	"凹"字格	M13∶1	灰绿	18	11.1	6.9	2.7	平	首残，叶略残
A	"凹"字格	M247∶1	粉绿	19.3	13.4	5.9	4.3	菱形	叶残
A	"凹"字格	M439∶2	青灰	17.8	12.8	5	2.1	梭形	
A	"凹"字格	M636∶2	青	20.4	12.3	8.1	4.2	梭形	前锋残
A	"凹"字格	M703∶1	灰绿	22.2	13.3	8.9	3.8	平	前锋残
A	"凹"字格	M721∶2	青灰	20.8	12.8	8	2	梭形	
A	"凹"字格	M773∶1	灰绿	19.8	12.8	7	2.6	梭形	首及叶残
A	"凹"字格	M802∶1	灰绿	10.9	5	5.9		菱形	茎及叶残
B	"一"字格	M553∶1	灰黑	20.3	12.7	7.6	3.5	平	
B	"一"字格	M775∶5	青灰	18	10.3	7.7	2.7	梭形	叶残断

注：1. 匕首叶及前锋残断者，其通长和叶长为残长；2. 首、茎残断者，其通长和茎长为残长。

A型 8件。"凹"字形格。喇叭形首，细茎呈枣核形。

标本M247∶1，粉绿色。宽叶残。薄菱形脊。通长19.3厘米（图七三四，1）。

标本M703∶1，灰绿色。茎一侧有毛刺。宽叶前锋残。平脊。残通长22.2厘米（图七三四，2）。

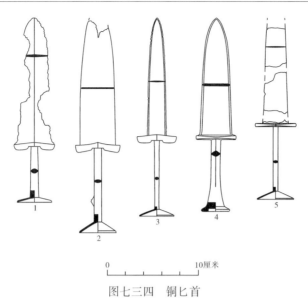

图七三四　铜匕首

1~3. A 型（M247：1，M703：1，M721：2）　4、5. B 型（M553：1，M775：5）

标本 M721：2，青灰色。窄叶。薄梭形脊。通长 20.8 厘米（图七三四，3；彩版四八，2；图版二二七，3）。

B 型　2 件。"一"字形格。

M553：1，灰黑色。璧形首，喇叭形空茎，茎断面呈菱形。宽刃，平脊。通长 20.3 厘米（图七三四，4；彩版四八，3；图版二二七，4）。

M775：5，青灰色。喇叭形首，枣核形细茎，叶残断为数节。薄梭形脊。残通长约 18 厘米（图七三四，5）。

三一　铜镜

9 件。形态明确的 7 件。分三型（表二○）。

表二○　　　　　　　　　　　　　　铜镜登记表　　　　长度单位：厘米　重量单位：克

型式	墓号：器号	主题花纹	颜色	纽形	直径	缘厚	重量	备注
A Ⅰ	M526：10	四花叶羽状地四山纹	亮黑	两弦	13.9	0.47	56.2	
A Ⅱ	M52：3	十二花叶羽状地四山纹	灰黑	三弦	13.7	0.38	83.4（残）	略残
A Ⅱ	M453：1	十二花叶羽状地四山纹	墨绿	三弦	13.9	0.47	81.2	
A Ⅲ	M649：5	八花叶羽状地四山纹	灰黑	单弦	11.5	0.35	83.2	
A Ⅲ	M310：3	八花叶羽状地四山纹	黑	三弦	11.4	0.3	77.3（残）	略残
B	M162：11	素面	黑	鼻	10.8	0.2	（未称重）	残存一半
C	M586：1	蟠龙纹	豆绿	三弦	14.35	5.5	170.3	

A 型　5 件。四"山"字镜。分三式。

Ⅰ式　1件。

M526：10，四花叶羽状地四山镜。亮黑色。圆形。镜体较小。窄素高缘、两弦纽、方纽座。花纹由主纹和地纹构成，主纹为四个左斜的"山"字纹，"山"字底边与纽座平行，由纽座四角向两"山"字间伸出一素条纹，条纹顶端各有一个心形花叶，共四花叶。地纹为涡纹和羽状纹。直径13.9厘米；重56.2克（图七三五，1：彩版四九；图版二二八）。

Ⅱ式　2件。十二花叶羽状地四山纹。"山"字较纤细，左斜，两"山"字间有竹叶纹。

标本M52：3，灰黑色。圆形。窄素缘，三弦纽，方纽座。花纹由主纹和地纹构成，主纹为四个左斜的"山"字纹，"山"字底边与纽座平行，纽座四角上下各有一个心形花叶，"山"字右胁也有一花叶，共十二花叶，花叶之间以绚索状条纹相连。缘内花叶纹左侧有一向左横置的竹叶形纹。地纹为涡纹和羽状纹。略残。直径13.7厘米；残重83.4克（图七三五，2：图版二二九）。

Ⅲ式　2件。八花叶羽状地四山纹。"山"字右斜。

标本M649：5，正面灰绿色，背面灰黑色。圆形。窄素缘，窄单弦纽，方纽座。花纹由主纹和

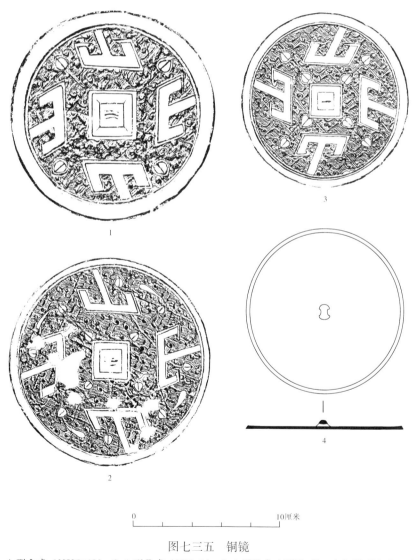

图七三五　铜镜

1. A型Ⅰ式（M526：10）　2. A型Ⅱ式（M52：3）　3. A型Ⅲ式（M649：5）　4. B型（M162：11）

地纹构成，主纹为四个右斜的"山"字纹，"山"字底边与纽座平行，纽座四角上下各有一个心形花叶，共八花叶。地纹为涡纹和羽状纹。直径 11.5 厘米；重 83.2 克（图七三五，3：彩版五○；图版二三○，1）。

B 型　1 件。

M162：11，素镜。存一半。黑色。圆形。鼻纽。边缘略斜。直径 10.8 厘米（图七三五，4：图版二三○，2）。

C 型　1 件。

M586：1，蟠龙纹镜。镜背豆绿色，镜面银青色。圆形。三角形高缘，三弦纽，圆纽座。缘内有宽素圈，素圈内有两周弦纹，内外弦纹间铸花纹。花纹由主纹和地纹构成，主纹为等列的四个呈反"S"形的蟠龙纹，一端有较具象的龙首，龙身有抽象的龙足。地纹为涡纹和羽状纹。直径 14.35 厘米；重 170.3 克（图七三六；彩版五一；图版二三一）。

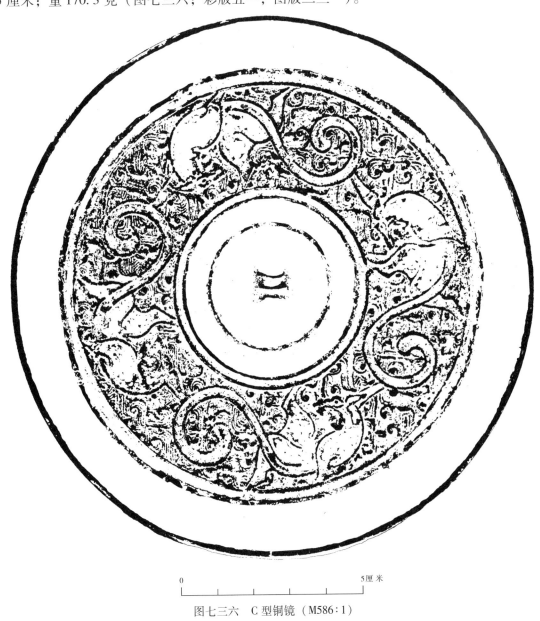

0　　　　　　　　　　　　5厘米

图七三六　C 型铜镜（M586：1）

三二　其他铜器

1. 带钩

16件。形态明确的5件。分三式。

Ⅰ式　3件。琵琶形。钩首及扣残。

标本 M234：1，粉绿色。残长6厘米（图七三七，1）。

Ⅱ式　1件。

M142：2，青灰色.后部呈扇形，方茎，圆扣。钩首残。长5.6厘米（图七三七，2；图版二三二，1、2）。

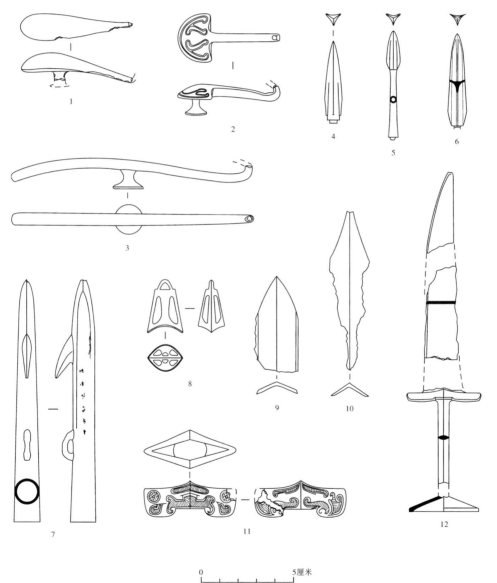

图七三七　铜带钩、箭镞、镖、剑格、削、刮刀、铃形器

1. Ⅰ式带钩（M234：1）　2. Ⅱ式带钩（M142：2）　3. Ⅲ式带钩（M17：3）　4～6. 箭镞（M132：11，M142：15，M436：4）
7. 镖（M710：2）　8. 铃形器（M772：3）　9、10. 刮刀（M177：3，M48：2）　11. 剑格（M14：4）　12. 削（M710：4）

Ⅲ式　1件。

M17：3，青色。长条形，圆茎，圆扣。钩首残。长 13.1 厘米（图七三七，3；图版二三二，3）。

2. 箭镞

出土于九座墓中，计 9 件。形态明确的 3 件。

M132：11，灰绿色。三角形长镞头，短圆关，圆铤残。残长 4.3 厘米（图七三七，4）。

M142：15，灰绿色。4 小件。三角形镞头，长圆关，圆铤残。最长者残长 5.7 厘米（图七三七，5；图版二三三，1）。

M436：4，灰绿色。长镞头，断面呈蒺藜形。短圆关，圆铤残。残长 4.9 厘米（图七三七，6）。

3. 镖

1 件。

M710：2，青绿色。长空关，身如錾，前有钝尖。一侧前部有一翼，后部有一鼻。长 12.7 厘米（图七三七，7；彩版四八，4；图版二三三，2）。

4. 剑格

1 件。

M14：4，"凹"字形宽格。双面铸有内凹的云纹及圆圈纹等，纹饰内原应有镶嵌物，已脱落。略残。宽 5、高 1.9、厚 2 厘米（图七三七，11）。

5. 削

3 件。形态明确的 1 件。

M710：4，灰绿色。残断为数节。喇叭形首，菱形细茎残，"凹"字形窄格，窄叶，单边薄刃。复原通长约 17.8 厘米（图七三七，12）。

6. 刮刀

3 件。形态明确的 2 件。高脊，双坡边，前端收尖。残甚。

M48：2，粉绿色。残长 8.4 厘米（图七三七，10）。

M177：3，青黑色。残长 5 厘米（图七三七，9；图版二三三，3、4）。

7. 铃形器

9 枚。均出自 M772。以 1 件计。

M772：3，青色。形态大小相同。上窄下宽，中空。上部有圆弧形纽，于部凹弧，呈合瓦形。双面两侧均有穿孔。通高 2.8、于宽 1.9、于厚 1.4 厘米（图七三七，8）。

三三　玻璃器

1. 璧

3 件。分两型。

A 型　2 件。分正、反两面，正面光洁，反面毛糙。双面均有纹饰，纹样相同，内外各有一周弦纹，弦纹内饰散点式涡纹。

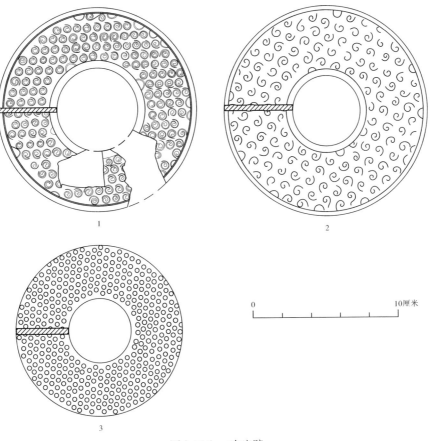

图七三八　玻璃璧

1、2. A 型（M393∶8，M515∶9）　3. B 型（M586∶2）

M393∶8，翠绿色。肉径 13.5、好径 5.5、厚 0.3 厘米（图七三八，1；图版二三四，1、2）。

M515∶9，墨绿色。肉径 13.9、好径 4.65、厚 0.4 厘米（图七三八，2；彩版五二，1；图版二三五，1、2）。

B 型　1 件。谷纹。

M586∶2，粉绿色。内外无弦纹，饰散点式谷纹。余同 A 型。肉径 11.3、好径 4.4、厚 0.4 厘米（图七三八，3；彩版五二，2；图版二三六，1、2）。

2. 环坠

1 件。

M52∶4，乳白色。双面纹饰，涡纹。边缘略斜。肉径 3.2、好径 1.4、厚 0.44 厘米（图七三九，1；彩版五二，3；图版二三七，1、2）。

3. 珠

7 枚。出自六座墓中，形态明确的 3 枚。

M5∶1，2 枚。灰色。白色圆圈内镶嵌翠绿色晶体上下各 4 个。直径 1、孔径 0.4、厚 0.8 厘米（图七三九，2；图版二三七，3）。

M103∶1，灰黑色。白色菱形联珠纹和同心圆纹，同心圆中央镶嵌蓝色晶体。直径 2、孔径 0.6、厚 1.7 厘米（图七三九，3；图版二三七，4）。

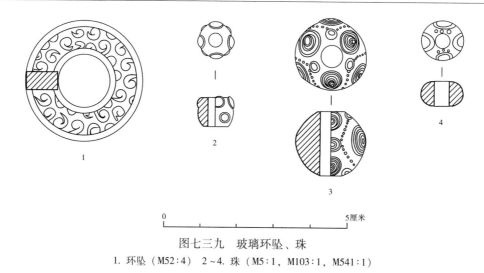

图七三九　玻璃环坠、珠

1. 环坠（M52∶4）　2～4. 珠（M5∶1，M103∶1，M541∶1）

　　M541∶1，灰黑色。白色圆圈内镶嵌蓝色晶体4个。直径1.1、孔径0.4、厚0.7厘米（图七三九，4；图版二三七，5）。

第七章 综合论述

　　黄泥湖墓地共清理发掘墓葬 835 座，但其中 233 座墓中未出随葬品，有随葬品的墓葬为 602 座。而以随葬铜兵器为主的墓葬（丁组）和组合不明的墓葬则难以进行年代界定，两类墓葬共有 56 座。实际可以进行分期排队的墓葬只存在于甲、乙、丙三组共八类墓中，三组墓总数为 546 座，这其中又有 175 座墓葬因所出随葬品残破太甚或仅见陶豆及其他时代特征不明显的器物，断代依据不充分。如此可参与分期排队的墓葬便为 371 座。黄泥湖墓地基本上未出铜礼器，原始记录中有铜鼎 2 件和铜匕 1 件，但均残甚且不见实物。371 座墓中属于仿铜陶礼器组合（甲、乙组）的墓葬为 158 座，属于日用陶器组合的墓葬为 213 座（表二一、二二）。

表二一　　　　　　　　　　　　　　　可分期排队墓葬登记表

组	类	墓　葬	墓数	
甲	A	M1、M2、M9、M11、M59、M60、M61、M101、M103、M130、M142、M147、M157、M212、M215、M246、M249、M267、M269、M322、M352、M393、M424、M441、M450、M458、M498、M502、M504、M505、M515、M532、M542、M543、M580、M611、M625、M638、M644、M823、M830、M835	42	
	B	M180、M296、M519、M526、M540、M550、M551、M572、M575、M836	10	
乙	A	M10、M18、M30、M42、M43、M70、M76、M95、M96、M100、M106、M134、M137、M156、M162、M167、M172、M186、M198、M201、M233、M252、M262、M274、M283、M286、M291、M294、M330、M350、M366、M371、M405、M420、M426、M432、M443、M467、M510、M622、M632、M636、M663、M666、M693、M700、M710、M721、M813	49	158
	B	M6、M20、M29、M36、M115、M126、M143、M145、M148、M154、M158、M178、M183、M195、M206、M245、M251、M303、M311、M312、M380、M392、M451、M453、M464、M492、M508、M509、M511、M525、M529、M547、M548、M557、M559、M567、M571、M576、M578、M581、M587、M590、M591、M594、M597、M613、M639、M640、M661、M818、M826、M828、M829	53	
	C	M379、M528、M534、M649	4	

续表二一

组	类	墓　　葬		墓数
丙	A	M5、M15、M41、M45、M102、M165、M168、M205、M207、M210、M218、M226、M227、M239、M248、M253、M255、M263、M268、M275、M277、M278、M281、M285、M317、M318、M323、M340、M368、M422、M425、M459、M478、M629、M668、M681、M683、M694、M699、M701、M703、M716、M739、M743、M759、M767、M772、M775、M801、M802、M807、M817、M819	53	213
	B	M12、M14、M16、M21、M24、M27、M35、M49、M50、M52、M64、M65、M66、M73、M121、M149、M153、M174、M175、M176、M181、M187、M192、M208、M222、M229、M236、M241、M242、M247、M266、M290、M295、M300、M305、M349、M452、M474、M500、M501、M507、M516、M530、M531、M533、M536、M537、M541、M556、M566、M569、M570、M574、M577、M585、M593、M595、M600、M604、M606、M608、M614、M620、M626、M653、M665、M742、M788、M790、M793、M810、M820、M831	73	
	C	M17、M22、M25、M26、M33、M38、M39、M69、M77、M79、M80、M108、M109、M110、M133、M135、M159、M161、M164、M173、M182、M189、M213、M228、M235、M237、M254、M256、M297、M301、M302、M304、M308、M309、M310、M314、M384、M389、M399、M402、M416、M417、M463、M480、M499、M512、M513、M518、M545、M549、M552、M555、M560、M561、M562、M563、M565、M582、M607、M610、M612、M617、M619、M624、M654、M664、M669、M676、M692、M726、M733、M746、M755、M763、M777、M778、M779、M781、M804、M806、M822、M824、M825、M827、M832、M833、M834	87	
合计				371

表二二　　　　　未分期仿铜陶礼器、日用器墓葬登记表

组	类	墓　　葬		墓数
甲	A	M8、M67、M85、M404、M495、M497、M523、M630、M821	9	
	B	M837	1	
乙	A	M40、M75、M87、M99、M104、M105、M118、M122、M131、M132、M139、M169、M232、M299、M321、M329、M418、M419、M431、M434、M438、M439、M440、M449、M461、M471、M475、M485、M589、M634、M655、M673、M678、M680、M691、M727、M816	37	54
	B	M91、M151、M381、M579、M598、M602	6	
	C	M535	1	
丙	A	M54、M63、M93、M94、M98、M123、M129、M199、M211、M217、M265、M320、M324、M331、M332、M345、M346、M347、M354、M364、M365、M367、M377、M407、M427、M465、M469、M488、M573、M586、M633、M645、M646、M647、M697、M702、M815	37	121
	B	M28、M31、M89、M127、M138、M141、M185、M225、M273、M284、M306、M315、M335、M341、M342、M363、M394、M429、M446、M466、M539、M623、M704、M711、M722、M745、M783、M795、M805、M808、M809	31	
	C	M3、M4、M32、M34、M56、M74、M107、M112、M114、M119、M124、M136、M140、M170、M257、M258、M307、M316、M376、M378、M414、M415、M423、M448、M481、M491、M494、M514、M517、M524、M527、M544、M583、M584、M596、M615、M616、M618、M724、M728、M729、M731、M732、M734、M736、M740、M741、M744、M747、M764、M765、M799、M814	53	
合计				175

第一节　仿铜陶礼器组合及序列

　　该类组合为甲、乙两大组五小类墓葬，其中年代因素较为明晰的墓为 158 座，下对其中较具代表意义的 138 座墓葬进行列表分析（表二三）。

表二三　　　　　　　　　　　　　　仿铜陶礼器组合登记表

组列	鼎	敦	盒	壶	高柄小壶	杯	盘	勺	匜	匕	高柄豆	矮柄豆	墓葬	备注
1	A I	√		Ba I							A I		M100、M322、M443	
2	A I	√		Ba I					A I				M424	
3				A I							Ab I		M283	
4	A II			Bb I									M186、M700	M186 盂 A I
5	B I	√		Bb I									M43	
6	B I	√		A II							√		M366、M622	
7	B I	A I		C I									M636	
8	B I	B I		√									M172	
9	B I	D I		Ba I			C I		B I				M441	
10	B I	D I		C III									M286	
11	B II	√		Ba II			B I		A I				M130	小口鼎、盂、残豆
12	B II	A I		C I							√		M291、M330、M638	
13	√	A II		C II									M212	
14	B II	C I		√	A I	√	A II		A II	A I	C III		M249	斗 I
15	√	B II										Bb II	M251、M252	M251 打破 M252
16	√	D I		D I			A I		A II		√		M526	
17	B II	√		E II					√		√		M380、M450	
18	C I	E I		E II			√	√			A II		M10、M426	
19	C I			Bb II			C III		A III				M76	
20	A III	B III		Bb II			C II		A III				M101	
21	A III	B IV		C III			D I						M294	
22	C II	B III									C III		M267	高领罐 E I
23	C II	C I		√				√	√		A III		M11、M578	M11 俑头

续表二三

组列	鼎	敦	盒	壶	高柄小壶	杯	盘	勺	匜	匕	高柄豆	矮柄豆	墓葬	备注
24	DI	CI		DI	B	I	AII	AI	AII	BII	AIII		M70	
25	DI	CI		EI		II	AII		AIV	AII	BbII		M178	斗I
26	DI	CI		EII						AII、	AaIII		M30、M61	M61璧I
27	DI	CI		EII	CI	II	AII、BII	√	AIV、CI	BIa、BII	AIII、BaI、BbII	√	M162、M180	M180璧II
28				EII			BII	√	AII	√	√		M126、M312	
29	DI	√		CIV			BII	√				AaV	M594	
30	DII	CI		EII	AI	I	BII	√	AII、AV	AIII	AII		M103、M157	M103斗I；M157璧I,俑头
31	DII	CI		√	AI	√	AIII		AIV	√	AII		M274	璧I
32	DII	CI		EII							CIII	AbII	M156、M311	
33	DII	CII		EIII	AI、AII	II	BII	CII	AII、AIV	BIII	AIII		M195、M246、M147	
34	DII	√		√	CII		AIII	√	AII	C	AIII		M663	
35	BIII	BIV		BbII									M420	残豆
36	BIII	DI		√			DII						M813	
37	BIII	DII		DIII								AaV	M525	
38	BIII	EII		DIII						D		AaV	M6	
39	BIII		√	CV									M352	
40	BIII	√											M215	
41	BIV	DII		EIII					BII			√	M572	
42	BIV	√		DII					√			√	M613	
43	BIV	√		DIII								AaV、EII	M835	
44	CII	CIII		EII	AIII	II	BI		AII	AII	AII		M233	
45	CII	√		EII	CII	II	BIII	CI	AII	BIII	AII		M296	
46	CII	CIII		√									M42	
47	CII	√		DIII			AIII		BIII	AIII	√	AaV	M550、M823	
48	CII	√		DIV							√		M464	
49	CII	DII		√			AIII	√	AV	BIa	√		M142	
50	CII	√		CIV									M721	
51	CII	√		√			BII			CI、CII	EI		M580	

续表二三

组列	鼎	敦	盒	壶	高柄小壶	杯	盘	勺	匜	匕	高柄豆	矮柄豆	墓葬	备注
52	CⅢ	DⅠ		CⅣ			AⅢ、EⅢ					BbⅢ	M458	
53	CⅢ	DⅡ		DⅡ			BⅢ			BⅠb		AaⅤ	M245	
54	CⅢ	BⅤ		CⅤ		Ⅰ	DⅡ		CⅢ	AⅣ	AⅢ		M36	斗Ⅱ
55	CⅢ		AⅠ	DⅣ							AⅢ		M143	
56	CⅢ		AⅢ	DⅢ			AⅢ	√		√	AⅣ		M818	
57	CⅢ	F					EⅡ		AⅢ				M262	
58	CⅢ	√		√			EⅡ、EⅣ	√			√		M206	璧
59	CⅣ	CⅠ		EⅢ			AⅢ	√	AⅢ		AⅡ		M581	
60	CⅣ	CⅠ		√									M693	
61	CⅣ	DⅡ						√			√		M826	
62	CⅣ	EⅠ、EⅡ		DⅢ			BⅠ	√		BⅢ	AⅡ		M611	
63	CⅣ	EⅡ		DⅢ			AⅢ、BⅡ				AⅢ	√	M269、M504、M505	
64	√	CⅠ			CⅠ	Ⅱ	AⅢ	√	AⅣ	BⅠb	√		M492	俑头
65	√	CⅡ		EⅡ			AⅢ	BⅢ	AⅢ		AⅢ		M576	
66	√	CⅡ		EⅢ	CⅡ	Ⅱ	CⅡ	CⅣ	BⅢ	AⅣ			M587	
67	√	CⅢ		EⅢ			AⅡ	BⅠ	BⅡ	√		√	M115	
68	√	DⅠ		DⅢ			BⅢ	√		CⅠ		AaⅤ	M830	
69	√	DⅡ		DⅡ									M453	残豆
70	√	DⅡ		√				√	BⅢ			AaⅤ	M836	
71	√	DⅡ		√									M405、M666	
72	√	BⅤ		√								AaⅤ	M350、M379	
73	√	EⅡ					BⅡ	√		√	AⅣ		M510	
74	√	√		DⅢ				√	√	CⅡ		AaⅤ	M542	
75	√	√		EⅢ		Ⅱ	BⅡ		AⅡ	BⅢ		√	M148	
76	√	√		EⅢ		Ⅲ		√			√		M508	
77	BⅢ	BⅥ		BbⅢ			EⅢ	AⅡ	CⅢ	BⅣ			M2	
78	BⅣ	CⅣ		BbⅣ			BⅣ	AⅢ	BⅢ	BⅥ			M1	
79	BⅣ	DⅢ		DⅢ			√	√		√		EⅡ	M393、M528	
80	BⅣ	DⅢ		DⅣ				BⅢ			CⅢ		M59	
81	BⅣ		AⅠ	DⅢ								AaⅥ、DⅢ	M529	

续表二三

组列	鼎	敦	盒	壶	高柄小壶	杯	盘	勺	匜	匕	高柄豆	矮柄豆	墓葬	备注
82	CⅢ	DⅢ		√				√			CⅢ		M502	
83	CⅢ	DⅢ		DⅢ				√		√		AaⅥ	M551	
84	CⅢ	DⅢ		DⅢ							EⅠ		M534	
85	CⅢ	DⅢ		BbⅣ			DⅢ						M60	
86	CⅢ			DⅢ			BⅣ					EⅡ	M451	
87	CⅢ	√		DⅢ									M590	
88	CⅢ	√		DⅤ								√	M640	
89	CⅢ	CⅢ		EⅢ				√			AⅢ		M511	
90	CⅢ	√		EⅢ	CⅡ		BⅢ	√	√	BⅤ	√		M547	
91	CⅢ		√	F					AⅥ			AaⅥ	M201	
92	CⅢ		AⅢ	F									M371	
93	CⅣ	DⅢ、EⅡ		DⅢ			BⅢ	√	BⅢ	CⅡ、CⅢ	AⅢ、AⅣ		M183、M540、M543	
94	CⅣ	√		F								DⅣ	M591	
95	CⅣ	√		CⅥ									M18、M829	M829残豆
96	CⅣ		AⅡ	EⅣ			BⅣ	BⅡ	√				M134	残豆
97	DⅢ	DⅢ		DⅤ								AaⅣ、AbⅣ	M9、M29	
98	DⅢ	DⅢ		DⅤ						√		AaⅦ	M649	
99	DⅢ	√		EⅢ	AⅣ、BⅢ			√	CⅤ	√	AⅢ		M557、M567	
100	DⅢ	√		EⅢ							AⅣ		M519	
101	DⅢ	EⅡ		DⅣ			BⅡ		CⅡ			DⅢ	M571	
102	DⅢ	√		DⅤ									M575	
103	√	CⅢ		EⅢ								√	M498	
104	√	DⅢ		DⅣ			BⅣ	√				AaⅥ、DⅢ	M509	
105	√	DⅢ		DⅤ			BⅢ			√		AaⅥ	M639、M661	
106			B	CⅦ								AbⅢ	M154	
107	√		AⅢ	EⅢ			BⅢ		CⅢ	√	AⅢ		M158	
108	√	√		BaⅢ								AaⅤ	M106	
109	√	√		DⅤ			AⅣ	√	√		√	DⅣ	M515	

在表列 138 座仿铜陶礼器墓中根据器物形态差异共有 109 种组合形态。根据主流器形鼎、敦、盒、壶的阶段性演变规律可分为五大组：

第一组（1～8）：鼎 A I、A II、B I，敦 A I、B I，壶 A I、A II、Ba I、Bb I、C I；

第二组（9～16）：鼎 B I、B II，敦 A I、A II、B II、C I、D I，壶 Ba I、Ba II、C I、C II、C III、D I；

第三组（17～28）：鼎 A III、B II、C I、C II、D I，敦 B III、B IV、C I、E I，壶 Bb II、C III、D I、E I、E II；

第四组（29～76）：鼎 B III、B IV、C II、C III、C IV、D I、D II，敦 B IV、B V、C I、C II、C III、D I、D II、E I、E II、F，盒 A I、A III，壶 Bb II、C IV、C V、D II、D III、D IV、E II、E III；

第五组（77～109）：鼎 B III、B IV、C III、C IV、D III，敦 B VI、C III、C IV、D III、E II，盒 A I、A II、A III、B，壶 Ba III、Bb III、Bb IV、C VI、C VII、D III、D IV、D V、E III、E IV、F。

仿铜陶礼器组合中的主流器形为鼎、敦、盒、壶，前三组只见鼎、敦、壶组合，后两组出现少数鼎、盒、壶组合。相同器物形态在相邻组间有所交叉，但组合搭配存在明显差异，这种差异便是分组的主要参考依据，因而以上五大组反映了本墓地仿铜陶礼器墓葬的发展序列。

除鼎、敦、盒、壶外，附属器形还有高柄小壶、杯、盘、匜、勺、匕、斗等。从以上分组情况看，各组间的组合形态也不尽一致，试分析如下：

第一组：

1. 鼎、敦、壶、高柄豆（5 座）；

2. 壶、矮柄豆（1 座）；

3. 鼎、敦、壶、匜（1 座）；

4. 鼎、（敦）、壶（4 座）；

5. 鼎、壶、盂（1 座）。

第一组墓葬的基本组合形态为五种，而组合 2 为残缺形态，组合 3 也不是完整组合形态，在组合 4 中也有残缺，组合 5 为非常规形态。豆主要为高柄豆。

第二组：

1. 鼎、敦、壶、高柄小壶、杯、盘、匜、匕、斗、高柄豆（1 座）；

2. 鼎、敦、壶、小口鼎、盂、盘、匜、豆（1 座）；

3. 鼎、敦、壶、盘、匜、（高柄豆）（2 座）；

4. 鼎、敦、（壶）、高柄豆（5 座）；

5. 鼎、敦、壶（2 座）。

第二组墓葬也为五种组合，但五种组合都是较完整的组合形态。豆仍为高柄，组合形态较第一组显多样化，组合 1、2 是新出现的组合形态。该组还有两座打破关系的墓葬：M251 打破 M252，但两墓中所出唯一相同器形——敦的形态完全相同，而且都只有一半，两者口径相等，高度也接近。据原始墓葬图，M252 为一座带斜坡墓道的土坑竖穴宽坑墓，M251 为一座普通狭长形土坑竖穴墓，M251 打破 M252 墓室中部，未打穿 M252 底部，因而理论上未对 M252 形成扰乱，但实际情况是两墓出土品都残缺不全。从两墓中各自所出的半个敦推测，似应分别为同一件敦的身和盖。故而是否对现场发掘现象分析有误，所谓两座墓实际只是一座墓，而所谓 M251 是否为

M252 的盗洞，可能因盗洞略呈长方形而误判为墓葬。因为从"两墓"所出敦分析根本不存在时代早晚关系，再说打破关系的墓葬无论年代相差多久，也不会有如此高度相同的随葬品。这种形态的敦在黄泥湖墓地中仅此"两件"，却出现在一组打破关系的墓中，这不可思议。

第三组：

1. 鼎、敦、壶、（高柄小壶）、杯、盘、（勺）、匜、匕、（斗）、（璧）、高柄豆（4 座）；

2. 鼎、敦、壶、盘、勺、（匜）、高柄豆（6 座）；

3. 鼎、（敦）、壶、盘、匜（3 座）；

4. 壶、盘、勺、匜、匕（2 座）；

5. 鼎、敦、壶、（璧）、高柄豆、（矮柄豆）、（2 座）；

6. 鼎、敦、高领罐、高柄豆（1 座）。

第三组墓葬有六种组合形态，但因组合 3 和组合 4 都是残缺组合，实际应为同一种组合。组合 6 为非常规形态，应是以罐代壶，则与组合 5 为同一种组合。这样，第三组墓葬的组合形态便可合并为四种。本组中高柄小壶、杯、盘、勺、匜、匕等出现的频率明显增高，而且在组合中种类也较完备。本组中出现了璧和俑头，璧为仿玉制品，俑头则为模型器。豆仍以高柄占主导地位。

第四组：

1. 鼎、敦、壶、（高柄小壶）、（杯）、盘、勺、匜、匕、（斗）、（璧）、高柄豆（14 座）；

2. 鼎、敦、壶、盘、勺、匜、匕、高柄豆、矮柄豆（23 座）；

3. 鼎、敦、（壶）、盘、（匜）（2 座）；

4. 鼎、敦、壶、高柄豆、（矮柄豆）（9 座）；

5. 鼎、敦、壶（6 座）；

6. 鼎、盒、壶、盘、勺、匕、高柄豆（1 座）；

7. 鼎、盒、壶、高柄豆（1 座）；

8. 鼎、盒、壶（1 座）。

第四组墓葬数量激增，组合种类也明显增多。在主流器形中出现了鼎、盒、壶的组合形态。在组合 1 中高柄小壶、杯或只一种；盘、勺、匜、匕或缺其中一种，或一座墓仅有勺一种；出斗、璧的各两墓，还有两墓出有俑头。组合 2 中盘、勺、匜、匕或只有一至两种，高柄豆、矮柄豆或只有一种，一座墓出有璧。组合 3 残缺不全。矮柄豆数量明显增多。

第五组：

1. 鼎、敦、壶、高柄小壶、盘、勺、匜、匕、高柄豆（1 座）；

2. 鼎、敦、壶、盘、勺、匜、匕、高柄豆、矮柄豆、（璧）（18 座）；

3. 鼎、敦、壶、盘、勺、匜、匕（3 座）；

4. 鼎、敦、壶、（高柄豆、矮柄豆）（9 座）；

5. 鼎、敦、壶（3 座）；

6. 鼎、盒、壶、盘、勺、匕、高柄豆、（矮柄豆）（3 座）；

7. （鼎）、盒、壶、矮柄豆（2 座）；

8. 鼎、盒、壶（1 座）。

第五组与第四组组合种类相同，可以两相对应，但其数量关系和完整程度却有很大差异：组合 1 在本组仅存 1 座；组合 2 也多不完整，盘、勺、匜、匕或只有一至两种，高柄豆、矮柄豆或只一种以上；盒的数量较第四组有显著增加；矮柄豆与高柄豆主次易位。

综合以上五大组器物组合形态，可归纳为以下十一种基本组合形态：

1. 鼎、敦、壶、高柄小壶、杯、盘、勺、匜、匕、高柄豆（20 座）；
2. 鼎、敦、壶、小口鼎、盂、盘、匜、豆（1 座）；
3. 鼎、敦、壶、盘、勺、匜、匕、高柄豆、矮柄豆（49 座）；
4. 鼎、敦、壶、盘、勺、匜、匕（11 座）；
5. 鼎、敦、壶、高柄豆、矮柄豆（25 座）；
6. 鼎、敦、高领罐、高柄豆（1 座）；
7. 鼎、敦、壶（15 座）；
8. 鼎、盒、壶、盘、勺、匕、高柄豆、矮柄豆（4 座）；
9. 鼎、盒、壶、高柄豆、矮柄豆（9 座）；
10. 鼎、盒、壶（2 座）；
11. 鼎、壶、盂（1 座）。

第二节　日用陶器组合及序列

日用陶器的基本器形为鬲、长颈壶、罐、双耳壶、盂、豆。鬲、长颈壶和双耳壶的数量都较少，另有少量的簋和壶分别替代盂和罐出现，即出簋或壶的墓就不出盂或罐。罐、盂、豆为大宗器类和基本组合。罐有矮领罐、双耳罐和高领罐，小罐、小壶也属罐类器的范畴。各种罐在组合中一般只出其中一种，两种罐共存一墓的情况较少。豆有高柄和矮柄两种，部分罐和豆的具体形态不清。

该类组合为丙组三小类墓葬，其中年代因素较为明晰的墓为 213 座，下对其中较具代表意义的 158 座墓葬进行列表分析（表二四）。

表二四　　　　　　　　　　　　　日用陶器组合登记表

组列	鬲	长颈壶	矮领罐	双耳罐	高领罐	双耳壶	小罐	小壶	盂	高柄豆	矮柄豆	墓葬	备注
1	AⅠ				FⅠ				AⅡ	CⅠ	AaⅠ	M102	
2	AⅡ				√				AⅡ		BⅠ	M133	
3		A							AⅡ			M692	
4			AⅠ						√	BbⅠ		M629	
5			AⅠ						AⅠ			M422	
6			DⅠ						AⅡ			M314	
7				AⅠ					AⅢ	BaⅠ		M746	
8				AⅡ					AⅠ			M694	
9					BⅠ				√		AaⅠ	M781	

续表二四

组列	鬲	长颈壶	矮领罐	双耳罐	高领罐	双耳壶	小罐	小壶	盂	高柄豆	矮柄豆	墓葬	备注
10					BⅠ				AⅠ			M255、M793	
11					DⅠ				AⅠ			M626	
12									AⅡ		AaⅡ	M565、M676	
13	AⅠ	B							AⅣ			M308	
14	AⅠ								AⅡ		BⅣ、CⅢ	M79	
15	AⅠ				AⅢ				√			M263	
16	AⅡ		AⅣ						BⅠ	CⅢ	DⅠ	M227	
17	B				壶AⅡ				AⅣ		BⅢ	M275	盘F
18			AⅠ						AⅡ	BaⅡ、CⅡ	BⅡ、CⅢ	M45、M802	
19			AⅠ						√	CⅢ		M668	
20			AⅡ						AⅢ		CⅠ、EⅠ	M701	
21			BⅠ						BⅠ	BaⅠ		M41	
22			BⅠ						√	√	AaⅢ	M518	
23			BⅡ						簋A		DⅠ	M176	
24			CⅠ						AⅢ	BbⅡ、CⅡ		M278	
25			CⅠ						AⅡ			M777	
26			E						√		AaⅥ	M664	
27				AⅠ					AⅢ		AaⅠ	M266	
28				AⅠ						AⅠ		M743	
29				AⅠ					AⅢ			M775	
30				AⅠ							DⅠ、DⅢ	M21、M549	
31					AⅠ				AⅣ		AaⅡ	M239	
32					AⅠ					BbⅡ		M425	
33					AⅡ				AⅣ			M779	
34					AⅡ				AⅡ	BbⅡ		M804	
35					AⅡ						CⅡ、CⅣ	M556	
36					BⅠ						BⅢ	M277	
37					DⅡ				AⅢ			M665	

续表二四

续表二四

组列	甗	长颈壶	矮领罐	双耳罐	高领罐	双耳壶	小罐	小壶	盂	高柄豆	矮柄豆	墓葬	备注
38				EⅠ					簋BⅠ			M536	
39				EⅠ					AⅣ	BbⅡ、CⅢ	BⅢ	M323、M669、M739	
40					壶BbⅠ				AⅢ、C			M305	
41					壶BbⅠ				AⅣ			M767	
42							AⅠ			CⅢ		M192	
43									AⅢ		CⅡ	M175	
44									AⅢ	CⅡ		M742	
45									AⅣ		DⅡ	M207、M254、M772	
46		B							BⅣ			M80	
47			BⅠ						BⅢ		√	M825	
48			BⅠ								DⅣ	M614	
49			CⅡ						√	AbⅡ、BⅤ		M15	
50			CⅡ						BⅢ			M153	
51			CⅡ								DⅣ	M833	
52			FⅠ						BⅣ		CⅡ	M16、M135	
53				AⅠ					BⅢ		√	M500	
54				AⅠ					BⅣ			M317、M585	
55				AⅠ					BⅣ		AaⅢ	M541、M606	
56				AⅠ					D	BaⅢ		M218	
57				AⅠ					AⅤ		DⅣ	M241	杯Ⅳ
58				AⅢ					簋BⅡ		AbⅢ	M189	
59				AⅢ					BⅢ		AaⅣ	M545	
60				AⅢ					BⅣ			M65	
61				BⅠ					BⅢ		AaⅢ	M531	
62				BⅠ							AbⅢ	M27、M52	
63				BⅡ					BⅢ		√	M832	
64					AⅢ				AⅣ			M168	
65					AⅢ				AⅣ		√	M226	
66					AⅢ				AⅤ		AaⅣ	M26	
67					AⅢ				AⅤ		DⅣ	M235	
68					AⅢ				AⅤ		CⅣ、BⅥ	M608	

续表二四

组列	鬲	长颈壶	矮领罐	双耳罐	高领罐	双耳壶	小罐	小壶	盂	高柄豆	矮柄豆	墓葬	备注
69					AⅢ				BⅣ		DⅢ、DⅣ	M236	
70					AⅢ					CⅢ		M109	
71					AⅢ					AⅣ		M149	盒B
72					AⅢ						AaⅣ、DⅢ	M228	
73					AⅢ						AaⅤ	M159	
74					AⅢ						DⅣ	M25	
75					AⅣ				BⅢ		EⅡ	M512、M569、M600	
76					AⅣ				BⅢ			M570、M607	
77					AⅣ				篮A		AaⅢ	M612	
78					AⅤ				BⅢ			M507	
79					BⅠ				BⅣ		DⅡ	M256	
80					BⅢ				BⅢ			M827	
81					C				AⅣ	CⅢ		M285	
82					C				BⅣ			M237	
83					DⅢ						AbⅡ、CⅢ	M5、M165	
84					DⅢ				AⅣ		CⅡ	M247	
85					DⅢ						DⅢ	M530	
86					DⅢ				AⅣ、AⅤ			M563	
87					DⅢ				AⅤ	CⅢ		M806	
88					EⅡ				BⅢ		DⅣ	M501	
89					EⅡ				BⅣ		DⅣ	M831	
90					EⅡ				√		AaⅢ	M604	
91					FⅡ				AⅣ			M555	
92					FⅡ				BⅣ		√	M824	
93						A			BⅢ		AaⅢ	M181、M516	
94						BⅠ			AⅣ、BⅣ		√	M49	
95							B		AⅤ			M817	
96								A	BⅡ		DⅢ	M560	

续表二四

续表二四

组列	鬲	长颈壶	矮领罐	双耳罐	高领罐	双耳壶	小罐	小壶	盂	高柄豆	矮柄豆	墓葬	备注
97								A			AaⅣ	M164	
98								A			DⅢ	M463	
99								AⅣ			CⅤ	M810	
100			CⅡ		√			BⅤ			AaⅥ	M66	
101			CⅡ					BⅤ				M302	
102			CⅢ									M699、M733、M755	
103			DⅡ		G				√		EⅡ、CⅣ	M281	
104			FⅠ						√		AaⅥ	M653	
105			FⅡ								AaⅥ	M834	
106			GⅠ						AⅤ		EⅠ	M297、M619	
107			GⅠ						BⅢ			M617	
108			GⅠ								AaⅥ	M39	
109			GⅠ								AbⅢ	M161	
110			GⅠ								CⅣ	M513	
111			GⅡ						BⅢ		AaⅦ、DⅢ	M537	
112			GⅡ						BⅣ		AaⅦ	M389	
113			GⅡ						BⅤ		CⅡ	M110	
114			GⅢ						BⅢ		CⅤ	M69	
115			GⅢ						BⅤ		DⅢ	M304	
116			GⅢ						BⅤ		AaⅦ	M310	
117			GⅢ						BⅤ		CⅥ	M182	
118			GⅢ								AaⅣ	M38、M213	
119			HⅠ								CⅣ	M566	
120			HⅡ									M340	
121				AⅣ							√	M452	
122				BⅡ					BⅤ			M822	
123				C							CⅣ	M17	
124					AⅤ				AⅤ		AbⅢ、AbⅣ	M22	

续表二四

组列	鬲	长颈壶	矮领罐	双耳罐	高领罐	双耳壶	小罐	小壶	盂	高柄豆	矮柄豆	墓葬	备注
125					A Ⅴ				B Ⅴ			M574、M820	
126					A Ⅴ						Aa Ⅶ	M14	
127					D Ⅲ						B Ⅶ	M290	
128					D Ⅳ				B Ⅲ		Aa Ⅴ	M24	
129					D Ⅳ						Ab Ⅳ	M222	
130					E Ⅱ				B Ⅴ			M654、M819	
131						壶 F			B Ⅲ		√	M620	
132						B Ⅱ			B Ⅴ		D Ⅳ	M187	
133							A Ⅲ	A			D Ⅳ	M533	
134								B	B Ⅲ			M295	
135								√	A Ⅵ			M35	

表列 158 座日用陶器墓根据出土陶器形态的差异，共分为 135 种组合形态。根据主流器形鬲、长颈壶、矮领罐、双耳罐、高领罐、双耳壶、盂、簋的阶段性演变规律可分为四大组：

第一组（1～12）：鬲 A Ⅰ、A Ⅱ，长颈壶 A，矮领罐 A Ⅰ、D Ⅰ，高领罐 A Ⅰ、A Ⅱ、B Ⅰ、D Ⅰ、F Ⅰ，盂 A Ⅰ、A Ⅱ、A Ⅲ；

第二组（13～45）：鬲 A Ⅰ、A Ⅱ、B，长颈壶 B，矮领罐 A Ⅰ、A Ⅱ、A Ⅳ、B Ⅰ、B Ⅱ、C Ⅰ、E，双耳罐 A Ⅰ，高领罐 A Ⅰ、A Ⅱ、B Ⅰ、B Ⅱ、D Ⅱ、E Ⅰ，盂 A Ⅱ、A Ⅲ、A Ⅳ、B Ⅰ、C，簋 A、B Ⅰ；

第三组（46～99）：长颈壶 B，矮领罐 B Ⅰ、B Ⅱ、C Ⅱ、F Ⅰ，双耳罐 A Ⅰ、A Ⅲ、B Ⅰ、B Ⅱ，高领罐 A Ⅲ、A Ⅳ、A Ⅴ、B Ⅰ、B Ⅲ、C、D Ⅲ、E Ⅱ、F Ⅱ，双耳壶 A、B Ⅰ，盂 A Ⅳ、A Ⅴ、B Ⅱ、B Ⅲ、B Ⅳ、D，簋 A、B Ⅱ；

第四组（100～135）：矮领罐 C Ⅱ、C Ⅲ、D Ⅰ、F Ⅰ、F Ⅱ、G Ⅰ、G Ⅱ、G Ⅲ、H Ⅰ、H Ⅱ，双耳罐 A Ⅳ、B Ⅱ、C，高领罐 A Ⅴ、D Ⅲ、D Ⅳ、E Ⅱ、G，双耳壶 B Ⅱ，盂 A Ⅴ、A Ⅵ、B Ⅲ、B Ⅳ、B Ⅴ。

以上四大组反映了本墓地日用陶器墓葬的发展序列。

日用陶器的器类较多，有鬲、长颈壶、矮领罐、双耳罐、高领罐、双耳壶、盂、高柄豆、矮柄豆等，但长颈壶、矮领罐、双耳罐、高领罐、双耳壶等器类同墓多仅出其中一种，互相间不形成组合关系，因而其组合形态就较多，下将日用陶器各组墓随葬器物的组合形态分析如下（单出罐、壶类器一种和只出豆的墓除外）：

第一组：

1. 鬲、高领罐、盂、高柄豆、矮柄豆（2 座）；

2. 长颈壶、盂（1 座）；

3. 矮领罐、盂、高柄豆（1 座）；

4. 矮领罐、盂（3 座）；

5. 高领罐、盂、高柄豆、矮柄豆（2 座）；

6. 高领罐、盂（3 座）；

7. 盂、矮柄豆（2 座）。

第二组：

1. 鬲、长颈壶、盂（1 座）；

2. 鬲、盂、矮柄豆（1 座）；

3. 鬲、高领罐、盂（1 座）；

4. 鬲、矮领罐、盂、高柄豆、矮柄豆（1 座）；

5. 鬲、壶、盂、矮柄豆（1 座）；

6. 矮领罐、盂、高柄豆、矮柄豆（8 座）；

7. 矮领罐、盂（1 座）；

8. 双耳罐、盂、矮柄豆（1 座）；

9. 双耳罐、盂（1 座）；

10. 双耳罐、高柄豆、矮柄豆（3 座）；

11. 高领罐、盂（簋）、高柄豆、矮柄豆（6 座）；

12. 高领罐、盂（簋）（3 座）；

13. 高领罐、高柄豆、矮柄豆（3 座）；

14. 壶、盂（2 座）；

15. 小罐、高柄豆（1 座）；

16. 盂、高柄豆、矮柄豆（5 座）。

第三组：

1. 长颈壶、盂（1 座）；

2. 矮领罐、盂、矮柄豆（4 座）；

3. 矮领罐、盂（1 座）；

4. 矮领罐、矮柄豆（2 座）；

5. 双耳罐、盂（簋）、（高柄豆）、矮柄豆（9 座）；

6. 双耳罐、盂（3 座）；

7. 双耳罐、矮柄豆（2 座）；

8. 高领罐、盂（簋）、（高柄豆）、矮柄豆（17 座）；

9. 高领罐、盂（8 座）；

10. 高领罐、高柄豆、矮柄豆（8 座）；

11. 双耳壶（壶）、盂、矮柄豆（3 座）；

12. 小罐、盂（1 座）；

13. 小壶、盂、矮柄豆（1 座）；

14. 小壶、矮柄豆（2 座）；

15. 盂、矮柄豆（1 座）。

第四组：

1. 矮领罐、高领罐、盂、矮柄豆（2 座）；

2. 矮领罐、盂、矮柄豆（10 座）；

3. 矮领罐、盂（2 座）；

4. 矮领罐、矮柄豆（7 座）；

5. 双耳罐、盂（1 座）；

6. 双耳罐、矮柄豆（2 座）；

7. 高领罐、盂、矮柄豆（2 座）；

8. 高领罐、盂（4 座）；

9. 高领罐、矮柄豆（3 座）；

10. 双耳壶（壶）、盂、矮柄豆（1 座）；

11. 小罐、小壶、矮柄豆（1 座）；

12. 小壶、盂（2 座）。

以上分组和组合情况显示：第一组不见双耳罐，第一、二组不见双耳壶，鬲则不见于第三、四组，长颈壶在第四组中消失。壶、簋代罐、盂的现象主要出现在第二、三组，小罐、小壶主要存在于第三、四组。高柄豆和矮柄豆在第一、二组尚平分秋色，第三组已极少见高柄豆，第四组几全为矮柄豆。

综合以上四大组器物组合形态，我们合并罐、壶类器为同一器类，也合并高柄豆和矮柄豆，可以简化为以下七种基本组合形态：

1. 鬲、（罐、壶类）、盂、豆（4 座）；

2. 鬲、（罐、壶类）、盂（2 座）；

3. 鬲、盂、豆（1 座）；

4. （罐、壶类）、盂（簋）、豆（70 座）；

5. （罐、壶类）、盂（簋）（37 座）；

6. （罐、壶类）、矮柄豆（31 座）；

7. 盂、豆（8 座）。

第三节　墓葬年代与分期

黄泥湖墓葬的年代推断主要参考了两湖地区代表性楚墓的材料，主要有江陵楚墓、沅水中下游楚墓及长沙楚墓等。引用资料只在第一次出现时注明出处，后文所引相同资料不予重复注释。本节只对前述随葬仿铜陶礼器和日用陶器墓中参与分组的墓葬进行年代推断。

一　仿铜陶礼器墓的年代

仿铜陶礼器墓的五大组代表了该类组合墓的五个发展阶段。仿铜陶礼器的种类较多，基本组合器形为鼎、敦、盒、壶、豆，盒与敦不同出，豆有高柄和矮柄两种。有部分墓伴出小型器皿盘、勺、匜、匕，还有少数墓伴出高柄小壶、杯、斗、璧，而且多呈组合出现，与鼎、敦（盒）、壶、豆形成加强组合。但盘、勺、匜、匕、高柄小壶、杯、斗、璧及豆等或组合不稳定，或演变规律不易把握，或可资比较的材料有限，下文主要将其中的鼎、敦、盒、壶与其他墓地材料进行比对。

第一组共有墓葬 12 座。典型器形有鼎 A 型Ⅰ式、B 型Ⅰ式，敦 A 型Ⅰ式、B 型Ⅰ式，壶 A 型Ⅰ式、A 型Ⅱ式、Ba 型Ⅰ式、Bb 型Ⅰ式，代表性墓葬有 M43、M172、M186、M283、M366、M424、M443、M636 等。本组组合形式较单一，几全为鼎、敦、壶或加豆。器物仿铜气息较浓厚，鼎 A 型Ⅰ式口外以凸棱承盖，是楚器的较早形态。蹄形足高直，附耳耳根转折外伸，造型大气匀称。敦 A 型Ⅰ式亦然，抽象立兽形足、纽取形于具象，整体雍容端庄，其仿铜成分较高。壶 A 型Ⅰ式、A 型Ⅱ式应仿自铜缶，Ba 型Ⅰ式、Bb 型Ⅰ式仿自铜壶，仿铜气息较之鼎、敦略显差强人意。

其中鼎 A 型Ⅰ式与沅陵窑头（下简称"沅窑"）M1244∶5 鼎 A 型[1]、江陵九店（下简称"江九"）M261∶7 鼎 A 型Ⅴa 式[2]以及江陵望山 1 号墓鼎 B 型Ⅰ式形态一致[3]；鼎 B 型Ⅰ式与沅水下游（下简称"沅下"）鼎 A 型Ⅰb 式形态接近[4]。敦 A 型Ⅰ式与沅下 M1300∶7 敦 A 型Ⅱ式、B 型Ⅰ式同沅下 M1532∶9 敦 C 型Ⅰ式形态相同。壶 A 型Ⅰ式、A 型Ⅱ式与江陵望山 1 号墓中所出缶及江九缶Ⅴa 式的时代特征一致，也与沅下 M474∶1 壶 C 型Ⅰ式及沅窑壶 A 型形态相同；壶 Ba 型Ⅰ式同沅下壶 Ba 型Ⅰ型式、壶 Bb 型Ⅰ式同沅窑壶 B 型Ⅰ式也都具有相同的形态特征；另 M186 中所出盂 A 型Ⅰ式与沅窑盂Ⅳ式形态接近。以上对比资料中，望山 1 号墓出土系事纪年竹简表明，该墓时代为战国中期晚段，约公元前 330 年前后。沅窑材料属于二期二段和二期三段，沅下属三期四段和三期五段，江九属三期五段，都在战国中期的范围之内。综合以上对比因素，第一组墓葬的时代应属战国中期。

第二组共有墓葬 12 座（此为该组墓葬总数，表中所列只有 11 座。下同）。典型器形有鼎 B 型Ⅱ式，敦 A 型Ⅱ式、B 型Ⅱ式、D 型Ⅰ式，壶 Ba 型Ⅱ式等，代表性墓葬有 M130、M212、M249、M251、M252 等。本组少数墓中伴出盘、匜，还有一座墓出高柄小壶、杯、斗。第一组中的鼎 B 型Ⅰ式，敦 A 型Ⅰ式，壶 Ba 型Ⅰ式、C 型Ⅰ式依然存在。本组和第一组相比，主要变化在于：仿铜成分开始降低，鼎腹开始变浅，有的器物造型失衡。敦体或变矮或拉长或上下异形，足、纽趋于简化和进一步抽象化，其"兽"形只能意会。壶出现盘状口，多数已不见铺首，与铜壶形态渐行渐远。

鼎 B 型Ⅱ式（M380∶1）、敦 A 型Ⅱ式（M212∶11）分别与江陵马山 1 号墓所出陶鼎、敦特征一致[5]；鼎、敦、壶的形态也与江陵雨台山（下简称"江雨"）最晚一期（第六期）的同类器特征接近，如鼎 B 型Ⅱ式、敦 B 型Ⅱ式、壶 Ba 型Ⅱ式分别与江雨二型Ⅲ式鼎、Ⅳ式敦及二型Ⅳ式壶特征一致[6]；敦 D 型Ⅰ式与沅下敦 Eb 型Ⅰ式（M1477∶2）和 E 型Ⅱ式（M1583∶3）形态接

① 湖南省文物考古研究所：《沅陵窑头发掘报告——战国至汉代城址及墓葬》，文物出版社，2015 年。
② 湖北省文物考古研究所：《江陵九店东周墓》，科学出版社，1995 年。
③ 湖北省文物考古研究所：《江陵望山沙冢楚墓》，文物出版社，1996 年。
④ 湖南省常德市文物局等：《沅水下游楚墓》，文物出版社，2010 年。
⑤ 湖北省荆州地区博物馆：《江陵马山一号楚墓》，文物出版社，1985 年。
⑥ 湖北省荆州地区博物馆：《江陵雨台山楚墓》，文物出版社，1984 年。

近。本组中 M251 和 M252 两座墓葬的原始记录定其为一组具有打破关系的墓葬，M251 打破 M252，但前文已经说明：两墓所出唯一相同器形——敦 B 型 Ⅱ 式的形态完全相同，而且都只有一半，两者口径相等，高度也接近，应分别为同一件敦的身和盖。疑现场发掘判断有误，两墓实为同一座墓，所谓 M251 可能为 M252 的盗洞。雨台山第六期的年代为战国晚期前段，下限到公元前 278 年前后。江陵马山 1 号墓原报告定其时代为公元前 340 年至前 278 年秦将白起拔郢之前，年代范围似乎太宽泛，综合考察该墓出土器物，其下限没有疑义，上限则可能已经进入公元前 300 年，为战国晚期早段。沅下的材料为第四期第六段，也是战国晚期早段。据此，第二组墓葬的时代应属战国晚期早段。

第三组共有墓葬 21 座。典型器形有鼎 A 型 Ⅲ 式、C 型 Ⅰ 式、D 型 Ⅰ 式，敦 B 型 Ⅲ 式、C 型 Ⅰ 式、E 型 Ⅰ 式，壶 Bb 型 Ⅱ 式、C 型 Ⅲ 式、E 型 Ⅰ 式、E 型 Ⅱ 式等，代表性墓葬有 M30、M61、M70、M76、M101、M162、M178、M180 等。本组有一定数量的墓中伴出高柄小壶、杯、斗、璧，而且呈组合出现，与鼎、敦、壶、盘、勺、匜、匕形成加强组合，器形及组合在本墓地都具有特色。第二组中的鼎 B 型 Ⅱ 式，敦 C 型 Ⅰ 式，壶 C 型 Ⅲ 式、D 型 Ⅰ 式在本组仍然存在。仿铜气息进一步弱化，出现了平底鼎，鼎耳矮小，耳孔或呈"回"字形，鼎足细挑，鼎腹宽扁浅平，显得头重脚轻。敦以长体为主，足、纽的形态纷纭杂陈。壶出现束颈喇叭口状和假圈足，形体向长、瘦发展。本组器物与周边地区同期楚墓的出土器物相比差距加大，分化现象较明显。其与江陵楚墓基本已无可比性，因江陵地区此时已经属秦国版图，其墓葬文化基本上纳入秦文化体系。与长沙、常德及怀化地区的楚墓相比也有很大差异，表现出较强的区域个性。

鼎 C 型 Ⅰ 式、敦 E 型 Ⅰ 式、壶 C 型 Ⅲ 式分别与长沙楚墓 M1195 鼎 D 型 Ⅵ 式、敦 B 型 Ⅸ 式、壶 A 型 Ⅹ 式形态接近，应属同时期墓葬[①]。但长沙楚墓原报告定其时代为四期七段，属战国晚期早段，其断代应偏早，墓内还出有圈足盒和钫。鼎 D 型 Ⅰ 式、敦 C 型 Ⅰ 式、壶 C 型 Ⅲ 式分别与沅窑 M1028 鼎 B 型 Ⅲ 式、敦 Db 型 Ⅱ 式、壶 D 型 Ⅱ 式形态一致；鼎 D 型 Ⅰ 式又与沅下 M576 鼎 A 型 Ⅳb 式相同。沅窑和沅下的对比材料都属战国晚期中段，故而推断本组墓葬的年代为战国晚期中段。

第四组共有墓葬 69 座。典型器形有鼎 B 型 Ⅲ 式、C 型 Ⅱ 式、C 型 Ⅲ 式、D 型 Ⅱ 式，敦 B 型 Ⅴ 式、C 型 Ⅱ 式、D 型 Ⅱ 式、E 型 Ⅱ 式，盒 A 型 Ⅰ 式，壶 C 型 Ⅳ 式、C 型 Ⅴ 式、D 型 Ⅱ 式、D 型 Ⅲ 式、D 型 Ⅳ 式、E 型 Ⅲ 式等，代表性墓葬有 M6、M143、M147、M195、M245、M246、M352、M458、M525、M572、M818 等。本组出现了盒，同时出高柄小壶、杯、斗、璧的墓的数量较第三组又有增加，还有几座墓出有俑头。第三组中的鼎 C 型 Ⅱ 式、D 型 Ⅰ 式，敦 B 型 Ⅳ 式、C 型 Ⅰ 式、E 型 Ⅰ 式，壶 C 型 Ⅲ 式、D 型 Ⅰ 式本组依然存在。鼎平底化趋势更为明显，鼎耳或矮小或窄长，耳孔或呈"回"字形，或仅一条窄缝未穿透耳壁，或平板无孔。敦形体变小，纽、足变矮，腹浅或呈橄榄形，出现平底、平顶及有足无纽的敦。本组新出器形盒基本是由敦演变而来，只是没有足和纽。壶以细束颈喇叭口长体壶为主，有圈足和假圈足两种，极少见铺首，颈部或饰黑彩三角纹，腹饰带状纹。粗颈矮体壶依然存在，形态较简略。

鼎 C 型 Ⅲ 式、敦 D 型 Ⅱ 式、壶 D 型 Ⅱ 式分别与长沙楚墓 M1090 鼎 D 型 Ⅶb 式、敦 B 型 Ⅹb

---

①　湖南省博物馆等：《长沙楚墓》，文物出版社，2000 年。

式、壶 A 型 XII 式形态相同。鼎 B 型 III 式、C 型 II 式，敦 D 型 II 式、E 型 II 式，壶 D 型 II 式、D 型 III 式分别与益阳罗家嘴（下简称"益罗"）第二期墓葬鼎 A 型 II 式、B 型 II 式，敦 B 型 IIIa 式、C 型 I b 式，壶 A 型 III 式、B 型 II a 式形态相同①。盒 A 型 I 式同益罗第三期中盒 A 型 I 式。长沙楚墓 M1090 原报告定其时代为四期八段，属战国晚期中段，断代也应偏早一个阶段。益罗第二期为战国晚期中、晚段，第三期为战国末期至秦代。综合各方面因素考量，本组墓葬的时代应为战国晚期晚段。

　　第五组共有墓葬 44 座。典型器形有鼎 B 型 IV 式、C 型 IV 式、D 型 III 式，敦 B 型 VI 式、C 型 III 式、C 型 IV 式、D 型 III 式，盒 A 型 II 式、A 型 III 式、B 型，壶 Ba 型 III 式、Bb 型 III 式、Bb 型 IV 式、C 型 VI 式、C 型 VII 式、D 型 IV 式、D 型 V 式、E 型 IV 式、F 型等，代表性墓葬有 M1、M2、M9、M29、M59、M60、M134、M154、M371、M591、M649 等。本组器物组合趋于简化，高柄小壶、杯、斗、璧已极少见且不见完整组合形态。盒的数量略有增加。本组中鼎 B 型 III 式、B 型 IV 式、C 型 III 式、C 型 IV 式均承自第四组，但 B 型 IV 式、C 型 IV 式两种形态在本组为主要器类。敦 C 型 III 式、E 型 II 式，壶 D 型 III 式、D 型 IV 式、E 型 III 式也承自上组，盒 B 型为本组新出器形。本组平底鼎占优势地位，形态更趋简化、小型化。敦体更矮小，足、纽更简化，部分足、纽仅存遗形。壶矮胖和瘦长两极分化，其中盘状口细颈壶较具特色，而且具有一定数量。在《益阳楚墓》报告中尤为突出，有圈足和假圈足两种②。这种形态的壶在长沙及沅水流域的楚墓资料中也有所见，但数量较少。盒 B 为一种特殊形态，为两件盂扣合而成，这种形态的盒在周边同时期墓葬材料中也存在，如长沙楚墓和沅水下游楚墓中都曾出现过。而且盂的形态都大致相同，年代均较晚，所定长沙楚墓的时代为战国中期中段明显偏早。因组合关系长沙楚墓和沅水下游楚墓报告都视为盂。本墓地所出两例也是一例与壶和矮柄豆形成组合，故视为仿铜陶礼器组合，另一例则与高领罐和高柄豆形成组合，显然为日用陶器组合。本报告一律视其为"盒"，但关于该器的定名只是一己之见，其实究竟为"盒"？为"盂"？本人也尝纠结。

　　这一段与益阳以外的楚墓可比对的因素很少，大致与长沙楚墓四期九段、沅窑四期七段及沅下四期八段器形特征接近。但长沙楚墓这一段被定为战国晚期晚段，没有从中划分出秦代墓，实际上这一段已经进入秦祚。这一段与益罗第三期墓葬相同因素较多，比较如下（前为第五组，后为益罗）：鼎 B 型 IV 式、C 型 IV 式、D 型 III 式与鼎 A 型 IV 式、B 型 II 式、D 型 II 式，敦 D 型 III 式与敦 D 型 IV 式，盒 A 型 II 式与盒 A 型 I 式，壶 D 型 IV 式、D 型 V 式与壶 D 型 II 式、A 型 IV 式等形态均较一致。盒 B 与沅下盂 D 型 Vb 式为同一类别形态。益罗第三期和沅下的材料均为战国末期至秦代。秦文化因素的影响在本组器物中有所反映，如壶的细颈化趋势即应是受秦式细颈壶影响的产物（塔儿坡秦墓）③。M572∶8 所出鼎 B 型 IV 式便与荆州高台秦墓 M1 中鼎 A 型形态极为相似，壶 C 型 VII 式也与高台 M1 中壶 A 型 I 式有某些共同特征，如盘状口、直折壁圈足等，只是由于地区差异整器有所区别而已④。同时细颈盘口壶也有可能是受秦式蒜头壶影响的器形。从以上对比资料分析，我们将本组仿铜陶礼器墓葬的年代定为秦代。

① 湖南省文物考古研究所：《益阳罗家嘴楚汉墓葬》，科学出版社，2016 年。
② 益阳市文物管理处、益阳市博物馆：《益阳楚墓》，文物出版社，2008 年。
③ 咸阳市文物考古研究所：《塔儿坡秦墓》，三秦出版社，1998 年。
④ 湖北省荆州博物馆：《荆州高台秦汉墓》，科学出版社，2000 年。

二　日用陶器墓的年代

日用陶器较之仿铜陶礼器的地域性更强，其与江陵楚墓很难比对，与沅水流域及长沙等地楚墓相比都有相似因素，但又都存在明显差异。加上日用陶器墓基本没有借以断代参考的纪年墓材料，且由于器物的变化点较少，变化进程较缓慢而不易准确把握，因而日用陶器组合墓葬的年代推断更多地还要依靠其自身的发展演变规律，辅以组合中有限的共存仿铜陶礼器并参考其他墓地相似因素进行。鉴于此，其分期宜粗不宜细。虽难免会存在一些误差，但也是不得已而为之，这是不容讳言的。

日用陶器墓的四大组代表该类组合墓的四个发展阶段。日用陶器的基本器形为鬲、长颈壶、罐、双耳壶、盂、豆。鬲、长颈壶和双耳壶的数量都较少，另有少量的簋和壶分别替代盂和罐出现，即出簋或壶的墓就不出盂或罐。罐、盂、豆为大宗器类和基本组合。罐有矮领罐、双耳罐、高领罐，还有小罐、小壶也属罐类器的范畴。各种罐在组合中一般只出其中一种，两种罐共存一墓的情况较少。部分罐和豆的具体形态不清。以下主要将其中鬲、长颈壶、矮领罐、双耳罐、高领罐、双耳壶、盂等器形与其他墓地材料进行比对。

第一组共有墓葬20座。典型器形有鬲A型Ⅰ式、A型Ⅱ式，长颈壶A型，矮领罐A型Ⅰ式，高领罐A型Ⅰ式、A型Ⅱ式、B型Ⅰ式、F型Ⅰ式，盂A型Ⅰ式、A型Ⅱ式、A型Ⅲ式等。代表性墓葬有M102、M133、M314、M422、M626、M692、M694、M746、M781等。本组双耳罐、双耳壶、小罐、小壶均不见，鬲、长颈壶的数量很少，仅一两件。高柄豆和矮柄豆并驾齐驱。

鬲A型Ⅰ式、A型Ⅱ式各1件。其中鬲A型Ⅰ式为大口盆形，宽裆，体较矮。这种形态的鬲在江陵楚墓中主要流行于战国早、中期，如江九鬲B型Ⅱ式和江雨鬲B型Ⅳ式等。长颈壶A型与沅下长颈壶Ⅲa式形态接近。矮领罐A型Ⅰ式的形态大致介于沅下矮领罐A型Ⅲ式和A型Ⅳ式之间。高领罐A型Ⅰ式、A型Ⅱ式形态略与沅下高领罐A型Ⅱb式形态接近，但后者领更高；高领罐B型Ⅰ式则与沅下M923：2高领罐A型Ⅱb式酷似；而高领罐F型Ⅰ式与沅下高领罐B型Ⅰ式只有平底与圜底的区别。盂A型Ⅰ式、A型Ⅱ式大致与沅下盂A型Ⅲa式、A型Ⅲb式形态接近。以上对比资料表明，该组墓葬的时代应属战国早期。

第二组共有墓葬50座。典型器形有鬲B型，长颈壶B型，矮领罐A型Ⅱ式、B型Ⅰ式、C型Ⅰ式、E型，双耳罐A型Ⅰ式，高领罐B型Ⅱ式、D型Ⅱ式、E型Ⅰ式，盂A型Ⅳ式、B型Ⅰ式等。代表性墓葬有M41、M176、M227、M266、M275、M278、M308、M323、M665、M669、M701、M739等。本组出现双耳罐和小罐，但双耳壶依旧不见。矮柄豆出现的频率、数量和形态类别都急遽增加，高柄豆退居次位。第一组中的鬲A型Ⅰ式、A型Ⅱ式，矮领罐A型Ⅰ式，高领罐A型Ⅰ式、A型Ⅱ式、B型Ⅰ式，盂A型Ⅱ式、A型Ⅲ式等都尚存在。

鬲B型与沅窑鬲Ⅰ式酷似，又与江九鬲A型Ⅲb式形态接近，后两者的年代均为战国中期，说明这一形态的鬲主要流行于战国中期。矮领罐A型Ⅱ式略与沅下矮领罐A型Ⅳ式年代接近；矮领罐B型Ⅰ式则同沅窑矮领罐A型Ⅱ式，后者年代略晚，应是该形态的时代延续，因为本墓地日用陶器第三组也还存在这一形态；矮领罐E型与沅下矮领罐B型形态接近，后者年代略早。双耳罐 A 型 I 式与沅下双耳罐 A 型Ⅲ式、高领罐 D 型Ⅱ式与沅窑高领罐 B 型 I 式形态一致。盂 A 型Ⅳ式与沅窑盂 A 型Ⅳ式酷似；盂 B 型 I 式有与江雨盂Ⅳ式形态接近的。本组还伴出有仿铜陶礼器组合中的壶 A 型Ⅱ式和壶 B 型 b I 式，这两种形态的壶在仿铜陶礼器组合中都属一期一段，即战国中期。综合评判各种因素，我们将本组墓葬定为战国中期较为恰当。

第三组共有墓葬 94 座。典型器形有矮领罐 C 型Ⅱ式、F 型 I 式，双耳罐 A 型Ⅲ式、B 型 I 式、B 型Ⅱ式，高领罐 A 型Ⅲ式、A 型Ⅳ式、A 型Ⅴ式、B 型Ⅲ式、C 型、D 型Ⅲ式、E 型Ⅱ式、F 型Ⅱ式，双耳壶 A 型、B 型 I 式，盂 A 型Ⅴ式、B 型Ⅱ式、B 型Ⅲ式、B 型Ⅳ式等。代表性墓葬有 M16、M49、M80、M135、M149、M153、M235、M236、M247、M285、M501、M512、M516、M531、M545、M555、M608、M806、M831、M832 等。本组已不出鬲，双耳罐数量增多，出现双耳壶和小壶，高柄豆数量锐减，已寥寥无几。本组依然存在长颈壶 B 型，矮领罐 B 型 I 式，双耳罐 A 型 I 式，高领罐 A 型Ⅲ式、B 型 I 式以及盂 A 型Ⅳ式等。

矮领罐 C 型Ⅱ式、F 型 I 式分别与沅下矮领罐 C 型Ⅲ式、C 型Ⅳ式特征一致。双耳罐 B 型 I 式、B 型Ⅱ式分别与沅下双耳罐 B 型 I 式、B 型Ⅱ式形态接近。高领罐 A 型Ⅲ式、A 型Ⅳ式、A 型Ⅴ式分别与沅下高领罐 A 型Ⅳ式、A 型Ⅴb 式和 A 型Ⅶa 式，D 型Ⅲ式与沅窑高领罐 B 型Ⅲ式等特征相同。双耳壶 A 型、B 型 I 式分别与沅窑双耳壶 A 型Ⅲ式、C 型高度一致。盂 A 型Ⅴ式与沅下盂 A 型Ⅶ式，B 型Ⅱ式、B 型Ⅲ式与沅窑盂 B 型Ⅱ式、B 型Ⅴ式等均有相同特征。以上对比材料均属战国晚期，据此，本组年代应为战国晚期无疑。

第四组共有墓葬 49 座。典型器形有矮领罐 C 型Ⅲ式、F 型Ⅱ式、G 型 I 式、G 型Ⅱ式，双耳罐 A 型Ⅳ式、C 型，高领罐 D 型Ⅳ式、G 型，双耳壶 B 型Ⅱ式，盂 A 型Ⅵ式、B 型Ⅴ式等。代表性墓葬有 M281、M297、M110、M389、M304、M310、M182、M24、M654、M187 等。本组鬲和长颈壶均不存，高柄豆也从组合中消失。矮领罐在罐类器中一枝独秀，本组中还伴出有壶 F 型。承自第三组的器形有矮领罐 C 型Ⅱ式、F 型 I 式，双耳罐 B 型Ⅱ式，高领罐 A 型Ⅴ式、D 型Ⅲ式、E 型Ⅱ式，小壶 A 型，盂 A 型Ⅴ式、B 型Ⅲ式、B 型Ⅳ式等。

本组日用陶器形态与传统楚器的风貌特征渐行渐远，已很难与楚式传统形态对应，而与秦墓中同类器多所相似。如所有器物普遍矮小化、平底化和素面化，与楚器作风相悖。矮领罐 C 型Ⅲ式、F 型Ⅱ式与云梦睡虎地秦墓中的小陶罐 A 型 I 式、A 型Ⅱ式形态高度一致；G 型 I 式、G 型Ⅱ式也与睡虎地小陶罐 B 型 I 式形态接近[1]；高领罐 D 型Ⅳ式与沅窑高领罐 C 型Ⅱ式相似。双耳壶 B 型Ⅱ式与沅下壶 D 型Ⅲ式、D 型Ⅳ式形态接近，但前者折肩、折腹，腹以上形态呈罍形，年代应更晚。盂 B 式Ⅴ型也与沅下盂 E 型Ⅳ式形态高度一致。从以上对比可知，本组时代应为秦代。

三　分期

（一）仿铜陶礼器组合墓的分期

仿铜陶礼器组合共分五大组，根据前文对五组墓葬年代的分析推断，我们将黄泥湖随葬仿铜

---

① 《云梦睡虎地秦墓》编写组：《云梦睡虎地秦墓》，文物出版社，1981 年。

陶礼器组合的墓葬分作三期五段，其中第一段对应于第一组，为第一期；第二、三、四段对应于第二、三、四组，为第二期；第五段对应于第五组，为第三期（表二五；图七四〇～七四二）。各期、段所对应年代如下：

表二五　　　　　　　　　　　　　　　仿铜陶礼器分期表

期	段	鼎	敦	盒	壶	盘
一	一	AⅠ、AⅡ、BⅠ	AⅠ、BⅠ		AⅠ、AⅡ、BaⅠ、BbⅠ、CⅠ	
二	二	BⅠ、BⅡ	AⅠ、AⅡ、BⅡ、CⅠ、DⅠ		BaⅠ、BaⅡ、CⅠ、CⅡ、CⅢ、DⅠ	AⅠ、AⅡ、BⅠ、CⅠ
	三	AⅢ、BⅡ、CⅠ、CⅡ、DⅠ	BⅢ、BⅣ、CⅠ、EⅠ		BbⅡ、CⅢ、DⅠ、EⅠ、EⅡ	AⅡ、BⅡ、CⅡ、CⅢ、DⅠ
	四	BⅢ、BⅣ、CⅡ、CⅢ、CⅣ、DⅠ、DⅡ	BⅣ、BⅤ、CⅠ、CⅡ、CⅢ、DⅠ、DⅡ、EⅠ、EⅡ、F	AⅠ、AⅢ	BbⅡ、CⅣ、CⅤ、DⅡ、DⅢ、DⅣ、EⅡ、EⅢ	AⅡ、AⅢ、BⅠ、BⅡ、BⅢ、DⅡ、EⅡ、EⅢ、EⅣ
三	五	BⅢ、BⅣ、CⅢ、CⅣ、DⅢ	BⅥ、CⅢ、CⅣ、DⅢ、EⅡ	AⅠ、AⅡ、AⅢ、B	BaⅢ、BbⅢ、BbⅣ、CⅥ、CⅦ、DⅢ、F、DⅣ、DⅤ、EⅢ、EⅣ、	AⅣ、BⅢ、BⅣ、DⅢ、EⅢ

期	段	勺	匜	匕	高柄豆	矮柄豆
一	一		AⅠ		AⅠ	AbⅠ
二	二		AⅠ、AⅡ、BⅠ	AⅠ	CⅢ、BbⅡ	
	三	AⅠ	AⅡ、AⅢ、AⅣ、CⅠ	AⅡ、BⅠa、BⅡ	AⅡ、AⅢ、BaⅠ、BbⅡ、CⅢ	AaⅢ
	四	BⅠ、BⅡ、BⅢ、CⅠ、CⅡ	AⅡ、AⅢ、AⅣ、AⅤ、BⅡ、BⅢ、CⅢ、CⅣ	AⅡ、AⅢ、AⅣ、BⅠa、BⅠb、BⅢ、CⅠ、CⅡ、D	AⅡ、AⅢ、AⅣ、BbⅢ、CⅢ、EⅠ	AaⅤ、AbⅡ、EⅡ
三	五	AⅡ、AⅢ、BⅡ、BⅢ、CⅢ	BⅢ、CⅢ、CⅤ	BⅣ、BⅥ、CⅡ、CⅢ	AⅢ、AⅣ、CⅢ、	AaⅣ、AaⅤ、AaⅥ、AaⅦ、AbⅢ、AbⅣ、DⅢ、DⅣ、EⅠ、EⅡ

第一期第一段：战国中期；

第二期第二段：战国晚期早段；

第二期第三段：战国晚期中段；

第二期第四段：战国晚期晚段；

第三期第五段：秦代。

（二）日用陶器组合墓的分期

日用陶器组合共分四组，依据前文对四组墓葬的年代分析，四组墓即为四期（表二六；图七

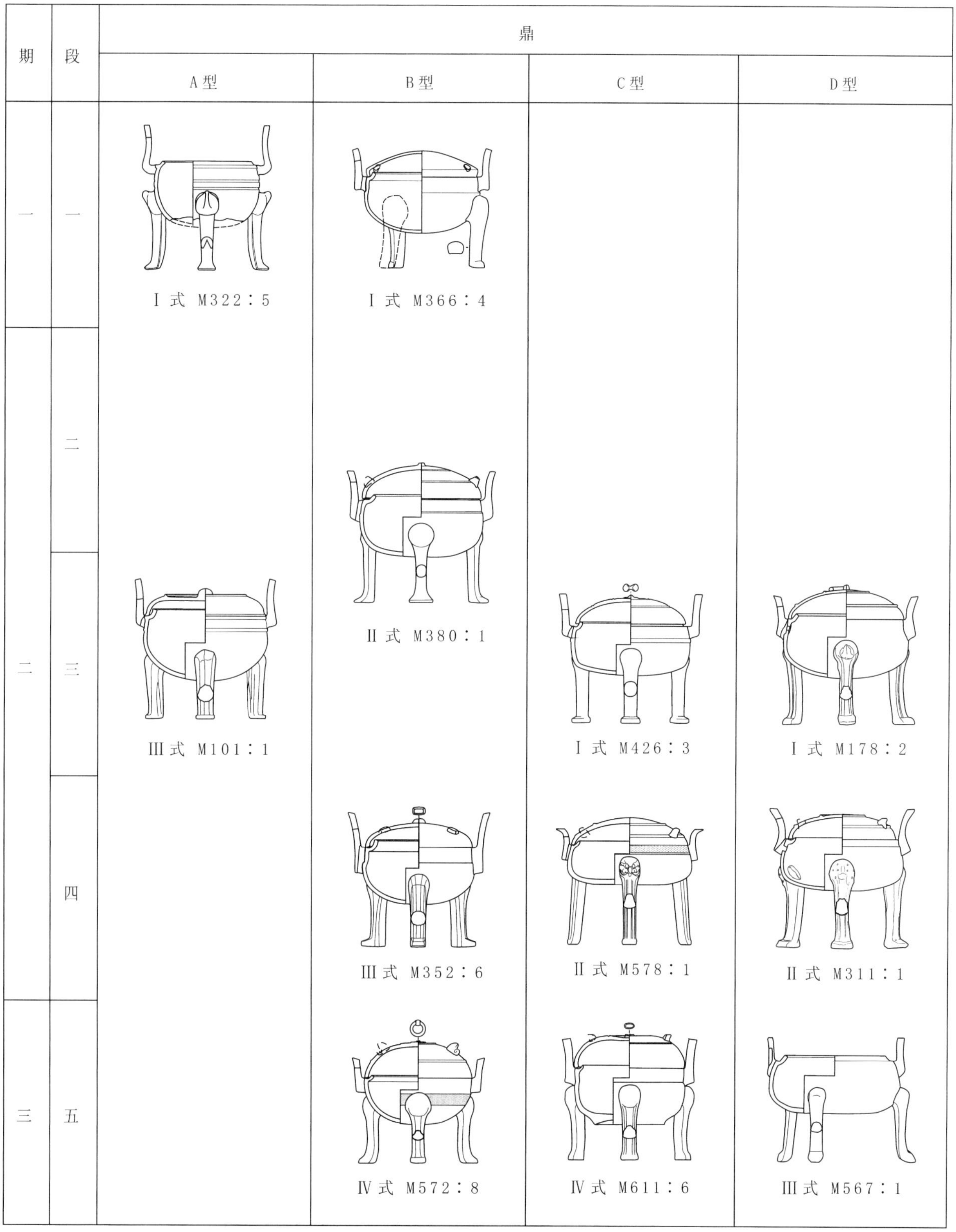

期	段	鼎			
		A 型	B 型	C 型	D 型
一	一	I 式 M322:5	I 式 M366:4		
二	二		II 式 M380:1		
二	三	III 式 M101:1		I 式 M426:3	I 式 M178:2
	四		III 式 M352:6	II 式 M578:1	II 式 M311:1
三	五		IV 式 M572:8	IV 式 M611:6	III 式 M567:1

图七四〇　仿铜陶礼器分期图（一）

期	段	敦				盒（A型）
		A 型	B 型	D 型	E 型	
一	一	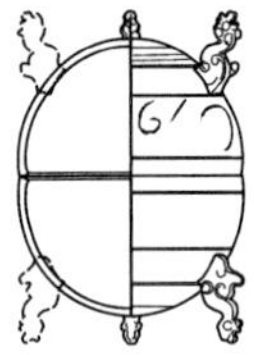 I 式 M291：3	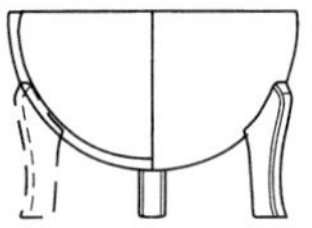 I 式 M172：1			
二	二	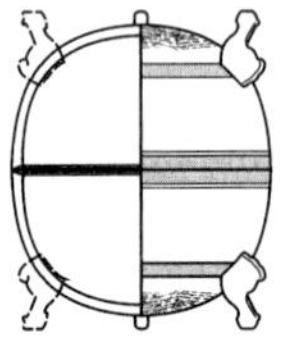 II 式 M212：1	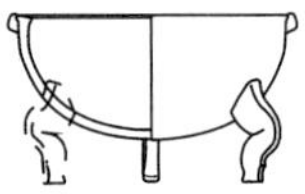 II 式 M252：1	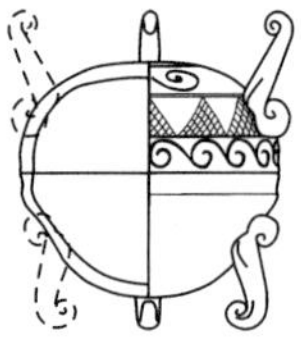 I 式 M458：7		
	三		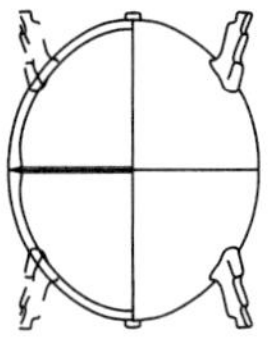 IV 式 M420：4		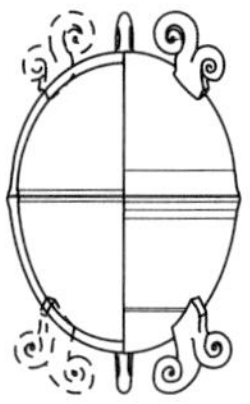 I 式 M10：7	
	四		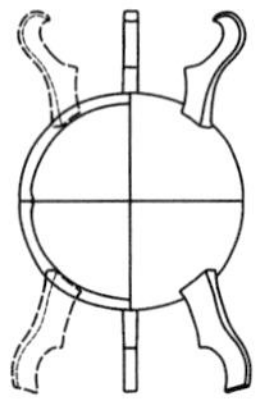 V 式 M350：4	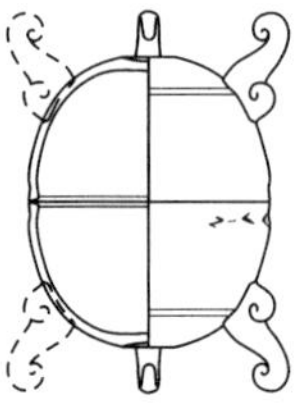 II 式 M572：6	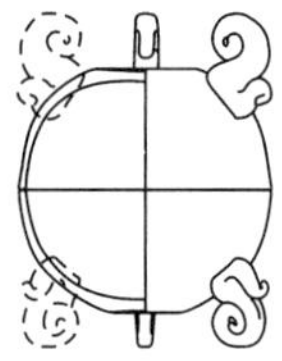 II 式 M540：5	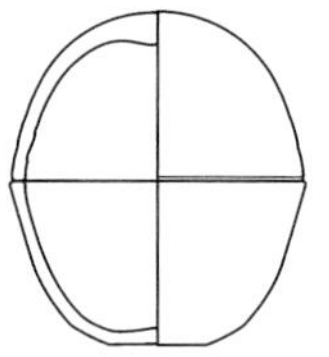 I 式 M529：2
三	五		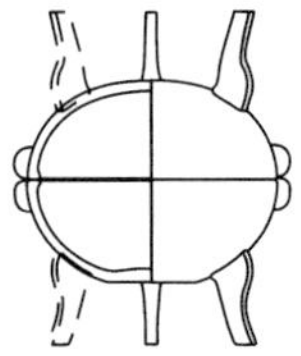 VI 式 M2：6	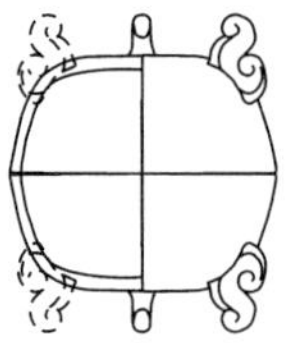 III 式 M502：1		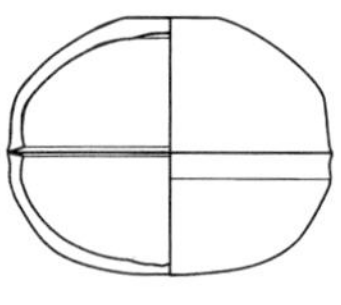 III 式 M371：5

图七四一　仿铜陶礼器分期图（二）

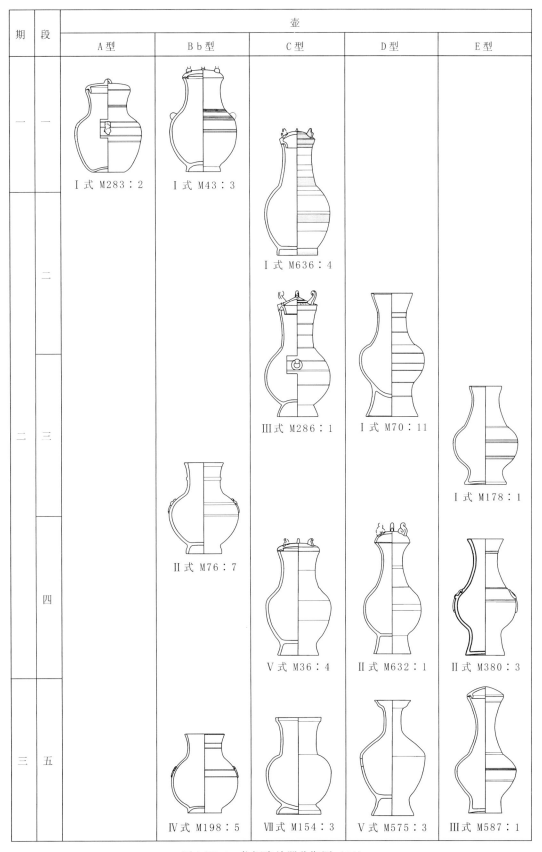

期	段	壶				
		A型	Bb型	C型	D型	E型
一	一	Ⅰ式 M283:2	Ⅰ式 M43:3	Ⅰ式 M636:4		
二	二			Ⅲ式 M286:1	Ⅰ式 M70:11	Ⅰ式 M178:1
	三		Ⅱ式 M76:7			
	四			Ⅴ式 M36:4	Ⅱ式 M632:1	Ⅱ式 M380:3
三	五		Ⅳ式 M198:5	Ⅶ式 M154:3	Ⅴ式 M575:3	Ⅲ式 M587:1

图七四二　仿铜陶礼器分期图（三）

四三～七四五）。

表二六　　　　　　　　　　　　　　　日用陶器分期表

期	段	鬲	长颈壶	矮领罐	双耳罐	高领罐
一	一	AⅠ、AⅡ	A	AⅠ、DⅠ		AⅠ、AⅡ、BⅠ、DⅠ、FⅠ
二	二	AⅠ、AⅡ、B	B	AⅠ、AⅡ、AⅣ、BⅠ、BⅡ、CⅠ、E	AⅠ	AⅠ、AⅡ、AⅢ、BⅠ、BⅡ、DⅡ、EⅠ
	三		B	BⅠ、BⅡ、CⅡ、FⅠ	AⅠ、AⅢ、BⅠ、BⅡ	AⅢ、AⅣ、AⅤ、BⅢ、C、DⅢ、EⅡ、FⅡ
三	四			CⅡ、CⅢ、DⅡ、FⅠ、FⅡ、GⅠ、GⅡ、GⅢ、HⅠ、HⅡ	AⅣ、BⅡ、C	AⅤ、DⅢ、DⅣ、EⅡ、G

期	段	双耳壶	小罐、小壶	盂、（簋）	高柄豆	矮柄豆
一	一			AⅠ、AⅡ、AⅢ	BaⅠ、BbⅠ、CⅠ	AaⅠ、AaⅡ、BⅠ
二	二		小罐AⅠ	AⅡ、AⅢ、AⅣ、BⅠ、C；簋A、BⅠ	AⅠ、BaⅠ、BaⅡ、CⅡ、CⅢ	AaⅠ、AaⅡ、AaⅢ、AaⅥ、BⅡ、BⅢ、BⅣ、CⅠ、CⅡ、CⅢ、CⅣ、DⅠ、DⅡ、DⅢ、EⅠ
	三	A、BⅠ	小罐B；小壶A	AⅣ、AⅤ、BⅡ、BⅢ、BⅣ、D；簋A、BⅡ	AⅣ、BaⅢ、CⅢ	AaⅢ、AaⅣ、AaⅤ、AbⅡ、AbⅢ、BⅤ、BⅥ、CⅡ、CⅢ、CⅣ、CⅤ、DⅢ、DⅣ、EⅡ
三	四	BⅡ	小罐AⅢ；小壶A、B	AⅤ、AⅥ、BⅢ、BⅣ、BⅤ		AaⅣ、AaⅤ、AaⅥ、AaⅦ、AbⅢ、AbⅣ、BⅦ、CⅡ、CⅣ、CⅤ、CⅥ、DⅢ、DⅣ、EⅠ、EⅡ

第一期：战国早期；

第二期：战国中期；

第三期：战国晚期；

第四期：秦代。

以上分期显示，黄泥湖楚墓两种组合墓葬的发展演变进程并不同步，这也反映出楚墓中两种主要器物组合形态的客观现象。日用陶器组合墓的第一期在仿铜陶礼器组合墓中不存在，前者第二期和第四期分别对应于后者第一期第一段和第三期第五段，而前者第三期则包含后者第二期的第二、三、四段。

四　各墓区及不同类别墓葬的年代分布

（一）各墓区墓葬年代分布

黄泥湖墓地共有七个墓区，各墓区墓葬数量差异较大，年代也存在一些差异。由于墓葬数量悬殊，其年代分布的差异可能并不完全体现兆域布局的实际情况，但总有一些可供参考分析的因素。下对各墓区随葬仿铜陶礼器和日用陶器墓葬的年代分布情况列表如下（表二七、二八）：

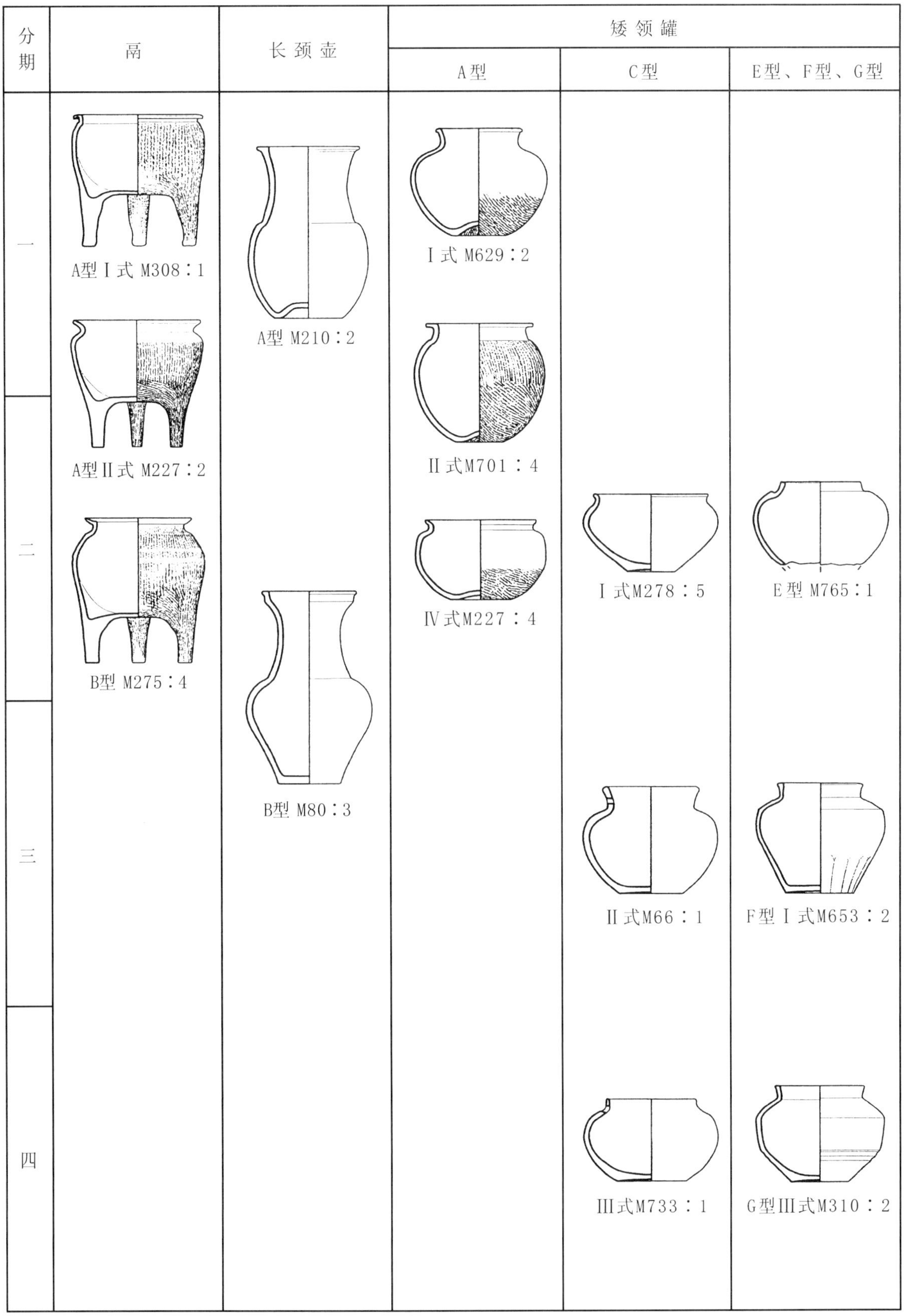

分期	鬲	长颈壶	矮领罐		
			A型	C型	E型、F型、G型
一	A型I式 M308：1	A型 M210：2	I式 M629：2		
二	A型II式 M227：2 B型 M275：4	B型 M80：3	II式 M701：4 IV式 M227：4	I式 M278：5	E型 M765：1
三				II式 M66：1	F型I式 M653：2
四				III式 M733：1	G型III式 M310：2

图七四三　日用陶器分期图（一）

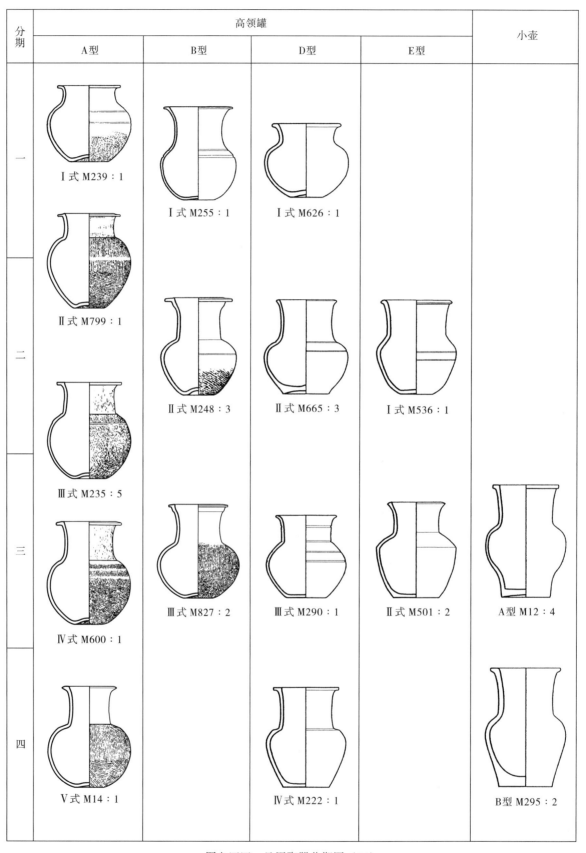

图七四四　日用陶器分期图（二）

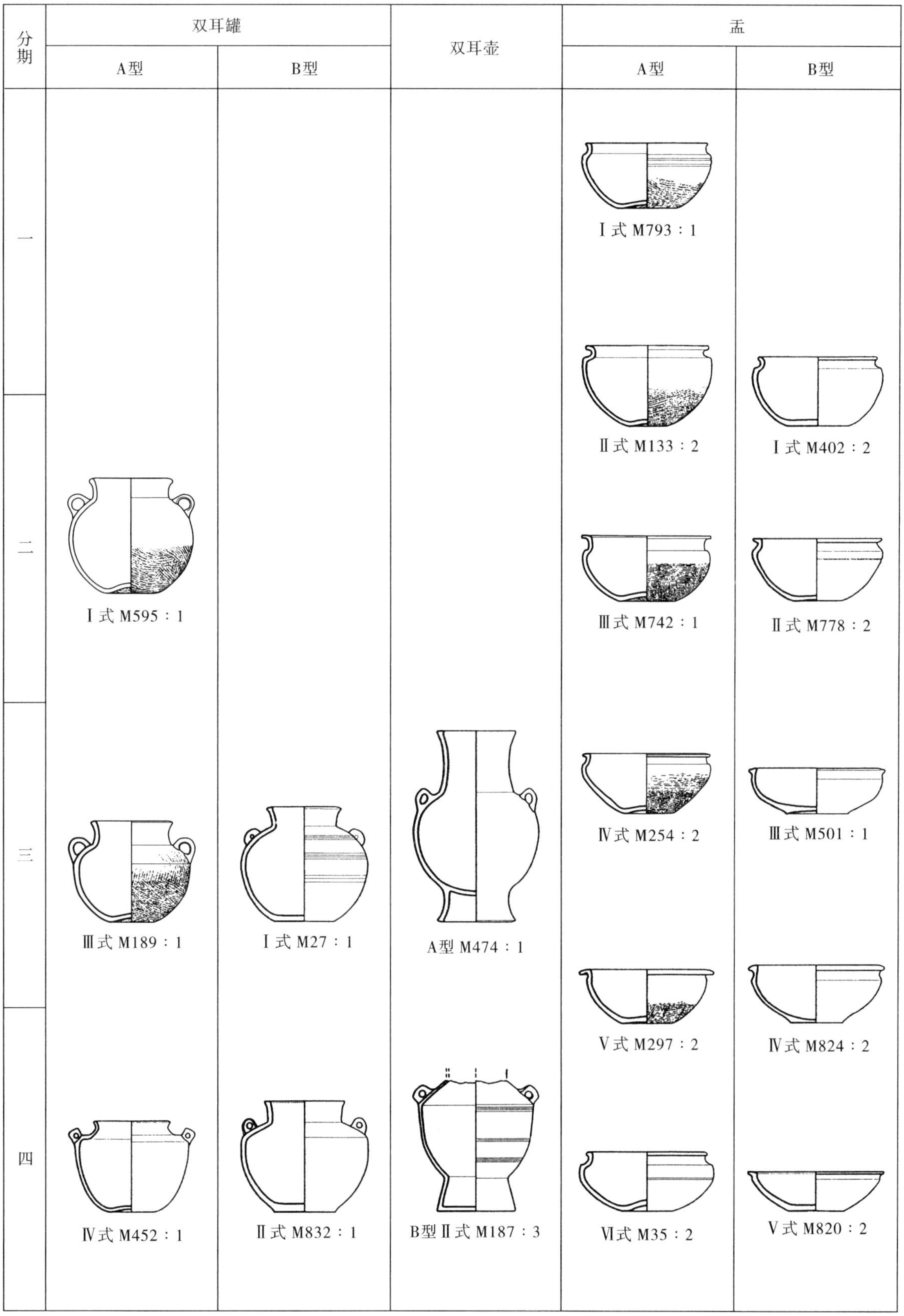

分期	双耳罐		双耳壶	盂	
	A型	B型		A型	B型
一				I式 M793∶1	
二	I式 M595∶1			II式 M133∶2 III式 M742∶1	I式 M402∶2 II式 M778∶2
三	III式 M189∶1	I式 M27∶1	A型 M474∶1	IV式 M254∶2 V式 M297∶2	III式 M501∶1 IV式 M824∶2
四	IV式 M452∶1	II式 M832∶1	B型II式 M187∶3	VI式 M35∶2	V式 M820∶2

图七四五 日用陶器分期图（三）

表二七　　　　　　　　　　各墓区随葬仿铜陶礼器墓葬的年代分布统计表　　　　　　　　单位：座

期	段	A区	B区	D区	E区	F区	G区	H区	小计	%
一	一	5	4			2	1		12	5.7
二	二	8	2	1		1			12	5.7
	三	16	4		1				21	9.9
	四	26	10	5	12	4	5	7	69	32.5
三	五	14	4	10	11	4		1	44	20.8
不　明		19	16	4	4	3	6	2	54	25.5
合　计		88	40	20	28	14	12	10	212	
%		41.5	18.9	9.4	13.2	6.6	5.7	4.7		100

表二八　　　　　　　　　　各墓区随葬日用陶器墓葬的年代分布统计表　　　　　　　　单位：座

分期	A区	B区	D区	E区	F区	G区	H区	小计	%
一	6	3		2	2	7		20	6
二	22	4	2	2		20		50	15
三	43	7	8	21	1	8	6	94	28.1
四	26	4	3	6	2	4	4	49	14.7
不明	41	34	4	10	5	27		121	36.2
合计	138	52	17	41	10	66	10	334	
%	41.3	15.6	5.1	12.2	3	19.7	3		100

（二）不同类别墓葬的年代分布

　　仿铜陶礼器墓葬有两大组五小类，日用陶器墓有一大组三小类，如表所示，各期、段墓葬数大致与各期、段墓葬总数成正比（表二九）。但也有个别墓类例外，如丙A类的一期与四期、二期与三期就与墓葬总数成反比；乙A类的一期与三期也成反比。

表二九　　　　　　　　　　不同类别墓葬的年代分布统计表　　　　　　　　单位：座

		仿铜陶礼器墓							日用陶器墓					
期	段	甲A	甲B	乙A	乙B	乙C	小计	%	分期	丙A	丙B	丙C	小计	%
一	一	2		10			12	5.7	一	8	4	8	20	6
二	二	5	1	4	2		12	5.7	二	25	11	14	50	15
	三	5	1	9	6		21	9.9	三	14	38	42	94	28.1
	四	19	4	20	25	1	69	32.5	四	6	20	23	49	14.7
三	五	11	4	6	20	3	44	20.8	／	／	／	／	／	／
不　明		9	1	37	6	1	54	25.5	不明	37	31	53	121	36.2
合　计		51	11	86	59	5	212		合计	90	104	140	334	
%		24.1	5.2	40.6	27.8	2.4		100	%	26.9	31.1	41.9		100

第四节　关于丁组墓葬的讨论

黄泥湖墓地中共有丁组墓葬49座。这类墓葬以出土铜兵器，铜、铁工具等为主，有的墓中也出一两件仿铜陶礼器或日用陶器或豆，但组合形态和整体面貌与楚墓的基本特征不相类属。丁组墓的一个突出特征就是随葬器物很少而墓坑多较宽大，在49座墓中，宽坑墓（丁组A类）有25座，窄坑墓（丁组B类）有14座，而狭长坑墓（丁组C类）只有10座，宽坑墓的数量超过窄坑墓与狭长坑墓的总数。而楚墓则是墓坑规模大小与随葬器物的多寡成正比。另有六座随葬仿铜陶礼器和日用陶器的墓中也出有铜扁茎剑，以下与丁组墓一并分析讨论。

一　丁组墓随葬品分类

丁组墓随葬品的种类及组合形态有一些差异，我们主要依据有无扁茎剑以及器物用途进行分类，以便下一步分析研究（表三〇）。

表三〇　　　　　　　　　　丁组墓葬分类统计表　　　　　　　　　单位：座

随葬品类别	丁A	丁B	丁C	甲A	乙A	丙A	丙B	小计	%
扁茎剑	4	2	2					8	25.5
仿铜陶礼器+扁茎剑				1	3			4	
日用陶器+扁茎剑						1	1	2	
无扁茎剑兵器	18	11	6					35	63.6
工具、妆饰品	3	1	2					6	10.9
合计	25	14	10	1	3	1	1	55	
%	45.5	25.5	18.2	1.8	5.5	1.8	1.8		100
伴出铜、陶鼎	2								
伴出日用陶器	3								
伴出陶豆		2							
伴出铜、铁及石质工具	3	2	1						

表三〇显示，丁组墓以随葬铜兵器为主，在49座墓中有43座随葬兵器。兵器中多为所谓"楚式"兵器，但有八座墓中出扁茎剑，加上仿铜陶礼器和日用陶器墓中所出6件，共14件。这种形态的剑不是传统意义的"楚式剑"。有六座墓出铁工具和妆饰品。另有二座墓伴出铜、陶鼎；三座墓伴出日用陶器；二座墓伴出陶豆；六座墓伴出铜、铁及石质工具。

二　扁茎剑形制

丁组墓铜兵器中因扁茎剑而凸显特色，此种剑一般剑身及茎均较短，身、茎一体，截刃为茎，茎首端有一孔。有的有活动宽格，然而益阳所出扁茎剑却极少见活动宽格。据目前见于报道的益阳东周墓资料统计，共出土各类形态的扁茎剑64件①，只新桥山墓地出土的一件有活动剑格②，另黄泥湖墓地出土的一件（M486：1），原始墓葬草图上见有活动剑格，但未见实物。而沅水下游的常德出土A型扁茎剑（扁茎剑的基本制式）28件，其中14件都见有活动宽格，还有几件原始墓葬图中也有，只是不见实物或器物残碎太甚。

湖南地区扁茎剑的样式较多，最常见的就是上述带活动宽格或无格的短剑。还有一种剑身狭长的扁茎剑，如M469：1；有一种扁茎短剑基本形制与常形无异，却装有带舌的"凹"字形宽格，如M608：5；又有一种剑身稍长，茎呈菱形，有"一"字形格，这种剑应是空首剑的异化形态。

扁茎剑究系长兵器还是短兵器，不能一概而论，应当是既有长兵器也有短兵器。装"凹"字格的扁茎短剑应属短兵器；桃江腰子仑出土的两件带玉剑首的扁茎短剑也属于短兵器③。这种短剑大致相当于后代所称之"袖剑"。还有一种在剑柄外再装一种花纹繁缛的固定剑柄，这种扁茎短剑在临澧太山庙、保靖四方城、慈利零溪石板、溆浦马田圩（或作"马田坪"）、辰溪米家滩和沅陵窑头都曾有出土，这也属于短兵器④。但这种剑外形美观，制作精良，似乎不是用于实战的兵器，可能是贵族或者军事首领用于赏玩或指挥作战的兵器。也有属于长兵器的扁茎剑，这种剑又称为"铍"，《长沙楚墓》中报道的一件扁茎剑（M315：3）茎上绑缚有积竹柲，柲下端有镈⑤。在《沅水下游楚墓》中也有一件带活动剑格的扁茎短剑，剑格内还残存有木柲，因而它也应是装有木柲的长兵器，而所谓"活动宽格"则是固定木柲的套箍⑥。如此，凡是带有"活动宽格"的扁茎剑都应属长兵器，因木柲朽尽而致剑格松动。作为长兵器的扁茎短剑的功能与矛相同。柲装与不装，与剑茎的形态有一定关系，有的剑茎较长，便于直接用手把握，则柲可装可不装；有的剑茎很短，有的还有脊棱或瓦楞纹，直接把握既不舒适也不易握牢，因而这种剑只有装柲后才好使用。

三　丁组墓的文化属性

（一）扁茎剑的族属

在丁组墓中有八座墓随葬有扁茎剑，可以肯定的是扁茎剑不是楚人的传统兵器，扁茎剑在楚国腹心地带或偶有出土，但楚式剑绝大多数为两种形制的剑——双箍剑和空首剑。扁茎剑与巴蜀式的扁茎柳叶形剑的形态相似，但后者以具有特殊的巴蜀文化符号——手心纹、虎纹等而与前者判然有别。巴蜀式柳叶剑在湖南地区也偶有出土，如里耶麦茶墓地M334：1剑⑦、长沙楚墓中E型剑M1630：1等⑧，但也似乎略有变异。某些剑的形态甚至与夜郎文化、滇文化中的同类器形态略

---

①　其中新桥山2件，天成垸2件，桃江腰子仑35件，《益阳楚墓》报告中10件，罗家嘴墓地1件，黄泥湖墓地14件。
②　湖南省博物馆、益阳县文化馆：《湖南益阳战国两汉墓》，《考古学报》1981年第4期。
③　益阳市文物管理处：《湖南桃江腰子仑春秋墓》，《考古学报》2003年第4期。
④　a. 何介钧、郑元日：《关于湘西、湘西北发现的宽格青铜短剑》，《文物》1993年第2期。b. 高至喜：《湖南出土扁茎铜短剑研究》，《中国历史文物》2007年第3期。
⑤　湖南省博物馆等：《长沙楚墓》，文物出版社，2000年。
⑥　湖南省常德市文物局等：《沅水下游楚墓》，文物出版社，2010年。
⑦　湖南省文物考古研究所：《里耶发掘报告》，岳麓书社，2006年。
⑧　湖南省博物馆等：《长沙楚墓》，文物出版社，2000年。

有联系，但总觉得貌合神离。总而言之，这一形态的扁茎剑以湖南地区出土最多，湖南四水流域均有发现，但以资、沅二水流域发现较多，分布较广。据此我们认为这一带出土的扁茎剑应是楚入主以前土著先民所特有的兵器。

制造和使用扁茎剑的先民属于哪一个民族群体？或曰属于濮人，但所谓"群蛮"、"百濮"是一个较宽泛和模糊的民族概念，历史上谁也没有真正缕清其地域分布范围。高至喜先生认为其为越文化的产物应是较客观的。虽然"百越"也是一个较宽泛的民族概念，但还是有较明确的地域范围。古代一般称长江中下游及以南地区为"百越"，以区别于中原华夏民族和北方的羌、胡、夷等。"百越"也称"百粤"，根据地域差异又有"吴越"、"闽越"、"杨越"、"南越"、"瓯越"、"骆越"之分。"越"之名源于三代于东南地区建立的越国，后衍伸为对南方民族的泛称，甚至带有一定的蔑视成分，认为南方属化外之地，南方人愚昧、文明程度低。今天看来并非如此，"江南出才子"为世所公认。但是南方人后来也认可了这一称谓。汉初，南海郡尉赵佗建立独立王国——南越国，疆域包括今两广、越南及湖南南部地区。湖南在战国以前大致属"杨越"的范畴。南方越族也确实有着与中原及北方迥然有别的文化传统。益阳桃江腰子仑墓地为一处典型而纯粹的春秋越人墓地，其文化内涵与楚墓截然不同。该墓地共清理墓葬114座[①]，其中出土扁茎剑35件，即有将近三分之一的墓中出扁茎剑，而且是剑的唯一形态，这说明扁茎剑在益阳地区楚入主之前是越人的主要兵器。

（二）丁组墓的族属

进入战国，楚入主湖南，并迅速在这一带推行楚国的礼制、习俗及丧葬文化，因此，益阳地区的战国墓基本上秉承楚文化传统。但这一带土著越文化因素及丧葬习俗依然不绝如缕，其中扁茎短剑便是越文化因素的标志物。而且所有丁组墓也都应是本地越人丧葬习俗的载体。虽然多数丁组墓中都没有扁茎剑，或只有"楚式剑"及以惯性思维方式认定的其他楚式器物，但这类墓葬的整体面貌与随葬扁茎剑的丁组墓没有区别，而与楚墓基本特征相悖。如前所述，其墓坑大小与随葬品多寡成反比，随葬品组合规律性不强，也不是楚墓随葬品的基本组合形态。我们认为，丁组墓应是受到楚文化因素影响的越人墓，是越人接纳楚器的变通形态。相反，也有典型楚墓中随葬扁茎剑的现象，这种现象在本墓地即有六例，这是楚人入乡随俗、楚越文化优势互补的产物，体现了民族和谐、团结，文化统一的良好愿景。

第五节　与周边地区楚墓的比较研究

益阳周边主要指沅水中下游及湘江下游地区，而更北的江陵、澧水中下游和岳阳地区在楚、秦、汉时期的历史进程有较大差异，其文化面貌差异也较大。湘南及两广、江西、云贵则更缺乏可比性。且这批墓葬均为小型墓，其区域性质表现相对狭隘，与同时期高等级墓葬也不相类属。因而这里主要将其与常德沅水下游及长沙两地的中小型墓葬进行对比，兼及澧水下游、江陵及沅

---

① 原报告文字叙述为113座，但墓葬登记表中编号至 M115，其中 M114 为空号，实有墓葬114座。

水中游的沅陵窑头和龙山里耶等地楚墓，同时也与益阳地区其他楚墓资料予以参照比较[1]。下从两个方面加以比较。

一　墓葬形制的比较

下面以列表的方式对周边地区楚墓形制与黄泥湖楚墓的形制比较如下（表三一）：江陵楚墓合并《江陵雨台山楚墓》与《江陵九店东周墓》的资料，共有墓葬1155座；《沅水下游楚墓》报道楚墓1592座；《沅陵窑头发掘报告》有楚墓175座；《里耶发掘报告》报道麦茶墓地楚墓资料236座，墓坑结构未统计；《长沙楚墓》收入楚墓2048座[2]；《益阳楚墓》有墓葬653座。

表三一　　　　　　　　　　　　　　墓坑结构的百分率比较表

	项目	益阳黄泥湖	江陵楚墓	沅水下游	沅陵窑头	里耶麦茶	长沙	益阳
	普通长方形竖穴	58.57	83.81	68.54	62.85	74.58	62.99	58.4
墓道	斜坡式	4.55	24.16	4.71	9.71	少	3.66	3.22
	阶梯式			0.06			0.05	0.15
	分段式			0.38				
	墓道+台阶	2.87	0.43		4		0.39	0.46
	墓道+二层台	0.12						
	墓道+壁龛	0.12		0.25				
台阶	台阶	6.58	0.52	0.13	5.14		0.39	0.46
	台阶+二层台	0.24						
壁龛	高头龛	17.13	7.62	6.72	12.57	多	2.2	9.65
	平头龛	4.19		13.37	0.08	少	20	11.49
	低头龛		0.09	0.75			0.05	0.15
	双龛	0.6	0.35	0.38	0.57		0.1	
	三龛						0.34	
	足龛	0.24	0.09	0.13			0.1	
	边龛	0.12	0.44	0.38	1.14		2.93	0.46
二层台	封闭形	3.47	0.69	4.46	6.29	多	1.76	13.48
	半封闭形	1.68		1.7	0.57	少	0.6	0.92
	平行	5.99		1.13	1.14	少	3.2	1.68
	单边	1.2		0.38	0.57	少	0.7	0.31
	两级	0.36						

---

① 与前文出处相同的不予再注。
② 将以前在长沙发现的一座洞室墓也纳入进行比较，该墓未收入《长沙楚墓》报告中。

续表三一

项目	益阳 黄泥湖	江陵 楚墓	沅水 下游	沅陵 窑头	里耶 麦茶	长沙	益阳
二层台＋壁龛	6.11		5.4	5.14	√	3.56	10.41
腰坑（底坑）	0.48	0.43	0.25			0.05	0.15
洞室墓		0.43	0.13	0.57		0.05	

注：百分率为相对于所在墓地所有墓葬的比率。因由某些组合结构重复计数，如二层台＋壁龛又分别计入二层台和壁龛，故各项比率之和大于100%。

以上比较材料中里耶麦茶无统计数字，分类概念也较模糊，墓葬登记表中也不能检索出数量。《长沙楚墓》和《益阳楚墓》也无统计数字，但从墓葬登记表的相关栏目中可以检索出数量。但两部报告都存在称谓混淆的问题，致使检索统计时无所适从，只能根据相关因素进行判断，因此肯定有些误差，这也没有办法。

由以上比较可看出，普通长方形竖穴墓有由北向南比例渐低的趋势，带墓道的墓以江陵楚墓比例最高，其次是沅陵窑头墓，当然这与墓地中高规格墓葬的多寡有关。带台阶的墓以黄泥湖和窑头为多，一部分与墓道共存，窑头墓的共存率很高。壁龛墓则有由北向南渐趋增多的趋势，但各种类别的壁龛分配比例不尽相同，黄泥湖墓与窑头墓高头龛多于平头龛，沅水下游墓、长沙墓和益阳墓则成反比，以长沙墓为甚，江陵墓没有平头龛。二层台及与壁龛的共存现象以资、沅二水楚墓较普遍，长沙次之，二层台形态也多样化。江陵地区楚墓二层台墓很少，且只有封闭式一种，也不与壁龛共存。腰坑和洞室墓均很少，且具有偶然因素，不宜比较。

二　随葬器物的比较

组合方面：沅下仿铜陶礼器基本组合依然以鼎、敦、壶、豆为主，晚期有少量盒与钫。仿铜陶礼器组合的另一大特点就是盘、勺、匜、匕总是与鼎、敦、壶等相伴而出，其共存概率之高为各地区楚墓所不及，约为60%。比较而言，江陵、澧水下游地区出土盘、勺、匜、匕的数量较少，而呈完整组合形态出现的情况就更少。黄泥湖仿铜陶礼器墓较早阶段极少伴出盘、勺、匜、匕等，至战国晚期伴出概率渐高。长沙楚墓和里耶楚墓中伴出频率则较低。另黄泥湖仿铜陶礼器墓中伴出的高柄小壶、杯、斗的数量高于其他地区，且呈稳定的组合形态出现。黄泥湖楚墓极少出簋、缶、罍、小口鼎、盂等则主要是年代较晚和墓葬规格较低的缘故。黄泥湖楚墓日用陶器的组合及器物的形态、类别和比例分配都大致与沅水下游楚墓及长沙楚墓相当，但与里耶麦茶墓地却存在较大差异，在麦茶墓地日用陶器墓中，罐主要为高领罐，双耳罐和矮领罐极少，没有鬲和长颈壶。有较多数量的簋，在组合中取代盂而出现，即簋和盂在同一座墓中只出现一种。江陵楚墓中多鬲、长颈壶（罐），但后者与湖南所出形态有较大差异。

铜礼器与墓葬规格有关，不便比较，主要为兵器，次为装饰器、玺印、衡器等。兵器中的扁茎短剑前文已有论述，此不赘。楚式剑、戈、矛各地出土比例相当。黄泥湖墓地未出玺印，但以前益阳地区也出有玺印，数量不多，沅水下游及长沙都出有一定数量玺印，江陵楚墓中基本不见出玺印。玺印材质有铜，也有玉石、玻璃及角质等。铜镜在澧水下游楚墓中极少见，在沅水下游有所增加，而长沙楚墓中数量尤多。其中铜镜在沅水下游出土 50 件，占墓葬数的 3.58%；窑头出土铜镜的比例较大，在 175 座战国至秦代墓葬中出土铜镜 17 件，将近占墓葬数的 10%；罗家嘴出土 3 件，占楚墓总数的 6.12%，但黄泥湖 835 座墓中只出 9 件，占总墓数的 1.08%；长沙楚墓中出土 485 件，占墓葬总数的 23.49%，即有接近四分之一的墓中都出铜镜。沅水下游出土铜镜的情况和江陵地区约略相当，则墓中随葬铜镜的习俗最盛在长沙。

器形方面：益阳黄泥湖、罗家嘴与沅水下游都有细颈壶，但益阳所出细颈壶大都呈盘状口，而沅水下游楚墓的细颈壶则几乎全为喇叭口。这两种形态的壶都基本不见于江陵及澧水下游楚墓中，窑头和长沙楚墓中也有细颈壶，但颈不如益阳及沅水中下游楚墓中的细颈壶细，以喇叭状口为主，里耶也基本为喇叭口。盘状口壶时代相对要晚，多为战国末期至秦代器形。里耶麦茶所出盂几乎全为凹圜底绳纹盂，不见沅水下游和益阳地区的素面平底浅腹盂。黄泥湖所出高柄小壶、斗与周边地区所出也有较大的形态差异。

第六节　黄泥湖墓葬发掘的主要收获

黄泥湖墓地位于今益阳市区西北部，北临资水，是益阳市区外围一处大型公共墓地。本次共发掘 800 多座墓葬，但可肯定的是，这并不是该墓地墓葬的全部，该墓地墓葬至少应有千座以上乃至更多。该墓地墓葬基本上以小型墓为主，能勉强算得上中型墓的寥寥无几，也基本不见出铜礼器的墓。该墓地时代基本涵盖战国时期至秦代，而以战国晚期至秦墓为主，其延续时间 200 多年，文化内涵以楚墓为主。毫无疑问，这是战国至秦代一处以埋葬楚平民为主的墓地。应当说明的是，在益阳市区及其外围如此规模的墓地并不止此一处，除此墓地之外，益阳市区范围内还曾发掘清理过 2000 座左右的同时期墓葬，诚然，这也只是益阳楚墓埋藏量的冰山一角。述诸此旨在说明，这些地下居民生前生活的行政架构至少应是县城所在。那么，今益阳市区在战国时期为何县所治？"益阳"之名在包山楚简中即有出现（详"附录四"），继后里耶秦简中又多处出现益阳县名，前者为楚国的益阳县，后者则为秦代的益阳县，益阳县治的位置普遍认为即为今益阳市区的铁铺岭遗址。该遗址于 1978 年发现并定为战国至秦汉时期的益阳县城遗址，1997 年益阳市人民政府公布其为市级文物保护单位。可以说，铁铺岭遗址（现更名为"兔子山遗址"）为战国至秦汉益阳县治的认识在当时还只是一种推测，并未获得准确信息。2013 年，在配合基本建设的考古发掘中，在该遗址发掘出 16 口古井，其中 11 口井中出土战国至六朝时期简牍共 13000 余枚。其中 9 号井中所出简牍为战国楚及秦代益阳县的政府文书档案。有 5 枚简中出现"益阳"二字，除一枚为秦简外，余四枚为楚简（详"附录三"）。兔子山简牍的发现，证实该遗址确属战国以降益阳县治所在。

黄泥湖墓地的规模正可与楚秦时期益阳县治所在相匹配，则黄泥湖墓地便是当时生活在县城中的楚国或秦代的部分中、下层居民的归宿之地。从随葬器物所反映的文化面貌分析，秦、楚之间应该是一种平稳过渡，与江陵地区楚、秦墓葬明显分割有别。有学者曾指出："从里耶、长沙等古城的考古情况看，秦灭楚后湖湘一带似乎未经激烈的战争即为秦所有。"① 这一认识符合历史与考古的基本事实。

　　黄泥湖墓地楚墓与秦墓无兆域区隔，而且所谓"秦墓"并非是具有特定文化符号的秦人墓或者秦文化墓，而是属于延续楚文化传统的秦代墓。虽然其中渗入了部分秦文化因素，但并不占主导因素，因而在以前许多报道中甚至未能将秦代墓从战国晚期墓中甄别出来。然而在黄泥湖墓地中基本不见汉代墓，汉是由楚人灭秦以后建立的王朝，秦灭楚更多表现为一种胜利者的得意，而楚灭秦则是不共戴天的复仇。因而前者多少会表现一种奴役者的包容。其实，湖南沅水以南在秦灭楚之前虽然还属楚国版图，即所谓"江旁十五邑"，但已然成为一座孤岛，实际已属秦国的囊中之物②。这一带的楚人也基本认命了，所以秦灭楚后只是顺带将"江旁十五邑"接管下来，此时并不需要再诉诸武力。秦接管之后在江南设立洞庭、苍梧二郡，并未如拔郢之后急于实行文化占领，认为时间一长自然水到渠成。统一之初要改的地方太多，得分轻重缓急，岂料仅仅十余年时间便已夭折。黄泥湖墓地的年代因素与文化面貌再次印证了这一历史事实。

---

① 湖南省文物考古研究所、益阳市文物管理处：《湖南益阳兔子山遗址九号井发掘简报》，《湖南考古辑刊》第 11 集，科学出版社，2015 年。又见本书附录三。
② 谭远辉：《论"江旁十五邑"的孤岛文化》，《楚文化研究论集》第九集，上海古籍出版社，2011 年。

附表一　　　　　　　　　　益阳黄泥湖墓葬墓号检索总表

墓号	类别	组别	期	段	墓号	类别	组别	期	段	墓号	类别	组别	期	段
1	AⅢa	甲A	仿三	五	36	BⅢa	乙B	仿二	四	71	CⅠ	空墓		
2	AⅢa	甲A	仿三	五	37	AⅠ	丁A	不明		72	AⅠ	不明	不明	
3	CⅣa	丙C	不明		38	CⅡa	丙C	日四		73	BⅠ	丙B	日三	
4	CⅣa	丙C	不明		39	CⅣc	丙C	日四		74	CⅢc	丙C	不明	
5	AⅠ	丙A	日三		40	AⅢa	乙A	不明		75	AⅢa	乙A	不明	
6	BⅠ	乙B	仿二	四	41	AⅠ	丙A	日二		76	AⅢa	乙A	仿二	三
7	CⅠ	空墓			42	AⅠ	乙A	仿二	四	77	CⅡa	丙C	日三	
8	AⅡb	甲A	不明		43	AⅢa	乙A	仿一		78	BⅠ	空墓		
9	AⅠ	甲A	仿三	五	44	CⅠ	空墓			79	CⅢc	丙C	日二	
10	AⅠ	乙A	仿二	三	45	AⅠ	丙A	日二		80	CⅢa	丙C	日三	
11	AⅡa	甲A	仿二	三	46	CⅣb	空墓			81	CⅠ	空墓		
12	BⅣa	丙B	日四		47	AⅠ	空墓			82	CⅠ	空墓		
13	AⅠ	丁A	不明		48	CⅠ	丁C	不明		83	AⅥ	丁A	不明	
14	BⅣa	丙B	日四		49	BⅠ	丙B	日三		84	CⅠ	空墓		
15	AⅠ	丙A	日三		50	BⅠ	丙B	日四		85	AⅠ	甲A	不明	
16	BⅠ	丙A	日三		51	CⅠ	空墓			86	BⅠ	空墓		
17	CⅡa	丙C	日四		52	BⅠ	丙B	日三		87	AⅢa	乙A	不明	
18	AⅠ	乙A	仿三	五	53	CⅢa	空墓			88	CⅠ	空墓		
19	AⅠ	空墓			54	AⅠ	丙A	不明		89	BⅣa	丙B	不明	
20	BⅠ	乙B	仿二	三	55	BⅠ	空墓			90	CⅡc	丁C	不明	
21	BⅣa	丙B	日二		56	CⅢc	丙C	不明		91	BⅠ	乙B	不明	
22	CⅡa	丙C	日四		57	BⅠ	空墓			92	CⅠ	空墓		
23	AⅠ	空墓			58	CⅠ	空墓			93	AⅢa	丙A	不明	
24	BⅠ	丙B	日四		59	AⅠ	甲A	仿三	五	94	AⅠ	丙A	不明	
25	CⅡb	丙C	日三		60	AⅢa	甲A	仿三	五	95	AⅢa	乙A	仿二	四
26	CⅣa	丙C	日三		61	AⅦ	甲A	仿二	三	96	AⅠ	乙A	仿二	四
27	BⅠ	丙B	日三		62	AⅠ	丁A	不明		97	AⅢa	丁A	不明	
28	BⅣa	丙B	不明		63	AⅠ	丙A	不明		98	AⅠ	丙A	不明	
29	BⅠ	乙B	仿三	五	64	BⅠ	丙B	日三		99	AⅢa	乙A	不明	
30	AⅠ	乙A	仿二	三	65	BⅠ	丙B	日三		100	AⅢa	乙A	仿一	一
31	BⅣa	丙B	不明		66	BⅣa	丙B	日四		101	AⅠ	甲A	仿二	三
32	CⅢa	丙C	不明		67	AⅡa	甲A	不明		102	AⅠ	丙A	日一	
33	CⅢa	丙C	日三		68	CⅠ	空墓			103	AⅠ	甲A	仿二	四
34	CⅢa	丙C	不明		69	CⅡb	丙C	日四		104	AⅠ	乙A	不明	
35	BⅣa	丙B	日四		70	AⅠ	乙A	仿二	三	105	AⅢa	乙A	不明	

续附表一

墓号	类别	组别	期	段	墓号	类别	组别	期	段	墓号	类别	组别	期	段
106	AⅢa	乙A	仿三	五	141	BⅠ	丙B	不明		176	BⅠ	丙B	日二	
107	CⅢa	丙C	不明		142	AⅠ	甲A	仿二	四	177	AⅠ	丁A	不明	
108	CⅢa	丙C	日二		143	BⅣa	乙B	仿二	四	178	BⅠ	乙B	仿二	三
109	CⅢd	丙C	日三		144	CⅠ	空墓			179	AⅠ	丁A	不明	
110	CⅣa	丙C	日四		145	BⅠ	乙B	仿二	四	180	BⅠ	甲B	仿二	三
111	BⅣa	丁B	不明		146	CⅠ	丁C	不明		181	BⅠ	丙B	日三	
112	CⅢa	丙C	不明		147	AⅡa	甲A	仿二	四	182	CⅣb	丙C	日四	
113	CⅡb	空墓			148	BⅠ	乙B	仿二	四	183	BⅠ	乙B	仿三	五
114	CⅢa	丙C	不明		149	BⅠ	丙B	日三		184	AⅡb	丁A	不明	
115	BⅠ	乙B	仿二	四	150	CⅡa	空墓			185	BⅣa	丙B	不明	
116	CⅠ				151	BⅠ	乙B	不明		186	AⅠ	丙A	仿一	一
117	AⅣa	不明	不明		152	AⅠ	不明	不明		187	BⅠ	丙B	日四	
118	AⅡb	乙A	不明		153	BⅣa	丙B	日三		188	CⅠ	空墓		
119	CⅢa	丙C	不明		154	BⅠ	乙B	仿三	五	189	CⅡa	丙C	日三	
120	BⅠ	空墓			155	CⅡb	丁C	不明		190	CⅠ	空墓		
121	BⅣa	丙B	日三		156	AⅠ	乙A	仿二	四	191	CⅠ	空墓		
122	AⅠ	乙A	不明		157	AⅠ	甲A	仿二	四	192	BⅣa	丙B	日二	
123	AⅠ	丙A	不明		158	BⅠ	乙B	仿三	五	193	AⅠ	空墓		
124	CⅢc	丙C	不明		159	CⅣb	丙C	日三		194	BⅠ	空墓		
125	AⅠ	空墓			160	BⅠ	空墓			195	BⅣb	乙B	仿二	四
126	BⅠ	乙B	仿二	三	161	CⅣa	丙C	日四		196	AⅠ	丁A	不明	
127	BⅣa	丙B	不明		162	AⅠ	乙A	仿二	三	197	AⅠ	空墓		
128	AⅢb	不明	不明		163	CⅠ	空墓			198	AⅠ	乙A	仿三	五
129	AⅢa	丙A	不明		164	CⅣa	丙C	日三		199	AⅠ	丙A	不明	
130	AⅡb	甲A	仿二	二	165	AⅠ	丙A	日三		200	CⅠ	空墓		
131	AⅠ	乙A	不明		166	BⅠ	空墓			201	AⅠ	乙A	仿三	五
132	AⅢa	乙A	不明		167	AⅠ	乙A	仿二	三	202	AⅠ	丁A	不明	
133	CⅢc	丙C	日一		168	AⅡa	丙A	日三		203	BⅠ	空墓		
134	AⅠ	乙A	仿三	五	169	AⅢa	乙A	不明		204	AⅠ	空墓		
135	CⅣa	丙C	日三		170	CⅢa	丙C	不明		205	AⅠ	丙A	日一	
136	CⅢc	丙C	不明		171	CⅠ	空墓			206	BⅠ	乙B	仿二	四
137	AⅠ	乙A	仿二	四	172	AⅠ	乙A	仿一	一	207	AⅠ	丙A	日二	
138	BⅠ	丙B	不明		173	CⅣa	丙C	日三		208	BⅠ	丙B	日三	
139	AⅡb	乙A	不明		174	BⅠ	丙B	日三		209	AⅡa	空墓		
140	CⅢc	丙C	不明		175	BⅣa	丙B	日二		210	AⅡa	丙A	日一	

续附表一

墓号	类别	组别	期	段	墓号	类别	组别	期	段	墓号	类别	组别	期	段
211	A I	丙A	不明		246	A I	甲A	仿二	四	281	A I	丙A	日四	
212	A II a	甲A	仿二	二	247	B IV a	丙B	日三		282	C I	空墓		
213	C III a	丙C	日四		248	A I	丙A	日二		283	A I	乙A	仿一	一
214	B I	丁B	不明		249	A I	甲A	仿二	二	284	B I	丙B	不明	
215	A I	甲A	仿二	四	250	（明墓，空号）				285	A I	丙A	日三	
216	A VII	空墓			251	B I	乙B	仿二	二	286	A I	乙A	仿二	二
217	A I	丙A	不明		252	A II a	乙A	仿二	二	287	C I	空墓		
218	A I	丙A	日三		253	A I	丙A	日二		288	B I	空墓		
219	B I	空墓			254	C I	丙C	日二		289	B I	空墓		
220	B I	空墓			255	A I	丙A	日一		290	B I	丙B	日四	
221	B I	空墓			256	C III a	丙C	日三		291	A I	乙A	仿二	二
222	B I	丙B	日四		257	C III a	丙C	不明		292	B I	丁B	不明	
223	A I	丁A	不明		258	C III a	丙C	不明		293	A I	丁A	不明	
224	B I	空墓			259	C III a	空墓			294	A I	乙A	仿二	三
225	B I	丙B	不明		260	C I	空墓			295	B I	丙B	日四	
226	A II a	丙A	日三		261	C III a	空墓			296	B I	甲B	仿二	四
227	A I	丙A	日二		262	A II a	乙A	仿二	四	297	C II c	丙C	日四	
228	C IV b	丙C	日三		263	A II a	丙A	日二		298	B I	空墓		
229	B I	丙B	日四		264	A II a	丁A	不明		299	A I	乙A	不明	
230	C I	空墓			265	A II a	丙A	不明		300	B IV a	丙B	日三	
231	A II a	丁A	不明		266	B IV a	丙B	日二		301	C II a	丙C	日三	
232	A I	乙A	不明		267	A I	甲A	仿二	三	302	C II a	丙C	日四	
233	A II a	乙A	仿二	四	268	A I	丙A	日三		303	B I	乙B	仿二	二
234	B I	丁B	不明		269	A I	甲A	仿二	四	304	C II b	丙C	日四	
235	C IV a	丙C	日三		270	C I	空墓			305	B I	丙B	日二	
236	B IV a	丙B	日三		271	C III a	空墓			306	B IV b	丙B	不明	
237	C IV c	丙C	日三		272	B I	丁B	不明		307	C IV a	丙C	不明	
238	C I	空墓			273	B IV a	丙B	不明		308	C III a	丙C	日二	
239	A I	丙A	日二		274	A I	乙A	仿二	四	309	C IV b	丙C	日三	
240	B I	空墓			275	A I	丙A	日二		310	C II a	丙C	日四	
241	B IV a	丙B	日三		276	A I	丁A	不明		311	B I	乙B	仿二	四
242	B V	丙B	日四		277	A I	丙A	日二		312	B I	乙B	仿二	三
243	C II c	空墓			278	A I	丙A	日二		313	B I	空墓		
244	C II c	空墓			279	A I	空墓			314	C III a	丙C	日一	
245	B I	乙B	仿二	四	280	A I	丁A	不明		315	B IV a	丙B	不明	

续附表一

墓号	类别	组别	期	段	墓号	类别	组别	期	段	墓号	类别	组别	期	段
316	CⅣa	丙C	不明		351	CⅠ		空墓		386	AⅠ		空墓	
317	AⅠ	丙A	日三		352	AⅠ	甲A	仿二	四	387	BⅣa		空墓	
318	AⅠ	丙A	日二		353	AⅠ	丁A	不明		388	BⅠ		空墓	
319	AⅠ		空墓		354	AⅠ	丙A	不明		389	CⅡa	丙C	日四	
320	AⅡb	丙A	不明		355	CⅠ		空墓		390	CⅠ		空墓	
321	AⅢa	乙A	不明		356	CⅠ		空墓		391	BⅣa		空墓	
322	AⅢa	甲A	仿一	一	357	BⅠ		空墓		392	BⅠ	乙B	仿三	五
323	AⅠ	丙A	日二		358	CⅠ		空墓		393	AⅣb	甲A	仿三	五
324	AⅠ	丙A	不明		359	CⅠ	丁C	不明		394	BⅠ	丙B	不明	
325	CⅠ		空墓		360	CⅠ		空墓		395	CⅠ		空墓	
326	CⅠ		空墓		361	CⅠ		空墓		396	BⅣb		空墓	
327	CⅠ		空墓		362	BⅠ		空墓		397	CⅤ	丁C	不明	
328	CⅠ		空墓		363	BⅠ	丙B	不明		398	BⅠ		空墓	
329	AⅡa	乙A	不明		364	AⅠ	丙A	不明		399	CⅣb	丙C	日三	
330	AⅡa	乙A	仿二	二	365	AⅠ	丙A	不明		400	BⅣc		空墓	
331	AⅠ	丙A	不明		366	AⅠ	乙A	仿一	一	401	CⅠ		空墓	
332	AⅠ	丙A	不明		367	AⅤ	丙A	不明		402	CⅢa	丙C	日二	
333	BⅠ		空墓		368	AⅣa	丙A	日四		403	BⅣa	丁B	不明	
334	AⅠ		空墓		369	BⅠ		空墓		404	AⅢa	甲A	不明	
335	BⅣa	丙B	不明		370	BⅠ		空墓		405	AⅠ	乙A	仿二	四
336	BⅠ		空墓		371	AⅠ	乙A	仿三	五	406	CⅠ	丁C	不明	
337	BⅥ		空墓		372	BⅠ		空墓		407	AⅠ	丙A	不明	
338	BⅠ	丁B	不明		373	BⅠ		空墓		408	AⅢa	丁A	不明	
339	CⅠ		空墓		374	CⅠ		空墓		409	CⅠ		空墓	
340	AⅠ	丙A	日四		375	BⅠ		空墓		410	BⅠ		空墓	
341	BⅣa	丙B	不明		376	CⅢc	丙C	不明		411	BⅠ		空墓	
342	BⅣa	丙B	不明		377	AⅠ	丙A	不明		412	BⅠ		空墓	
343	CⅠ		空墓		378	CⅢb	丙C	不明		413	BⅠ		空墓	
344	BⅠ		空墓		379	CⅢb	乙C	仿二	四	414	CⅠ	丙C	不明	
345	AⅠ	丙A	不明		380	BⅠ	乙B	仿二	三	415	CⅢb	丙C	不明	
346	AⅠ	丙A	不明		381	BⅠ	乙B	不明		416	CⅢb	丙C	日二	
347	AⅠ	丙A	不明		382	CⅠ		空墓		417	CⅣb	丙C	日三	
348	CⅢa	不明	不明		383	CⅠ		空墓		418	AⅠ	乙A	不明	
349	BⅣa	丙B	日一		384	CⅢb	丙C	日三		419	AⅠ	乙A	不明	
350	AⅠ	乙A	仿二	四	385	BⅠ		空墓		420	AⅠ	乙A	仿二	四

续附表一

墓号	类别	组别	期	段	墓号	类别	组别	期	段	墓号	类别	组别	期	段
421	BⅢb	空墓			456	CⅠ	空墓			491	CⅠ	丙C	不明	
422	AⅠ	丙A	日一		457	AⅠ	空墓			492	BⅠ	乙B	仿二	四
423	CⅡa	丙C	不明		458	AⅠ	甲A	仿二	四	493	CⅠ	空墓		
424	AⅠ	甲A	仿一	一	459	AⅢa	丙A	日三		494	CⅢa	丙C	不明	
425	AⅠ	丙A	日二		460	CⅠ	空墓			495	AⅡa	甲A	不明	
426	AⅠ	乙A	仿二	三	461	AⅠ	乙A	不明		496	AⅠ	空墓		
427	AⅠ	丙A	不明		462	AⅠ	空墓			497	AⅡc	甲A	不明	
428	AⅠ	空墓			463	CⅢa	丙C	日三		498	AⅠ	甲A	仿三	五
429	BⅣa	丙B	不明		464	BⅠ	乙B	仿二	四	499	CⅣb	丙C	日三	
430	BⅠ	空墓			465	AⅣb	丙A	不明		500	BⅠ	丙B	日三	
431	AⅡb	乙A	不明		466	BⅠ	丙B	不明		501	BⅠ	丙B	日三	
432	AⅢa	乙A	仿二	四	467	AⅠ	乙A	仿二	三	502	AⅠ	甲A	仿三	五
433	AⅠ	空墓			468	AⅠ	空墓			503	CⅡc	空墓		
434	AⅠ	乙A	不明		469	AⅣb	丙A	不明		504	AⅠ	甲A	仿二	四
435	AⅠ	空墓			470	BⅠ	空墓			505	AⅠ	甲A	仿二	四
436	AⅡb	丁A	不明		471	AⅢa	乙A	不明		506	CⅡa	空墓		
437	CⅠ	空墓			472	CⅠ	空墓			507	BⅠ	丙B	日三	
438	AⅢa	乙A	不明		473	CⅡa	丁C	不明		508	BⅠ	乙B	仿二	四
439	AⅡb	乙A	不明		474	BⅢa	丙B	日三		509	BⅠ	乙B	仿三	五
440	AⅡb	乙A	不明		475	AⅣa	乙A	不明		510	AⅠ	乙A	仿二	四
441	AⅡb	甲A	仿二	二	476	CⅠ	空墓			511	BⅠ	乙B	仿三	五
442	AⅣc	空墓			477	AⅠ	丁A	不明		512	CⅡa	丙C	日三	
443	AⅢa	乙A	仿一		478	AⅢb	丙A	日三		513	CⅡb	丙C	日四	
444	CⅢb	空墓			479	AⅠ	不明	不明		514	CⅣb	丙C	不明	
445	CⅠ	空墓			480	CⅠ	丙C	日一		515	AⅠ	甲A	仿三	五
446	BⅣa	丙B	不明		481	CⅠ	丙C	不明		516	BⅠ	丙B	日三	
447	AⅣb	空墓			482	CⅠ	空墓			517	CⅡb	丙C	不明	
448	CⅠ	丙C	不明		483	AⅠ	空墓			518	CⅡa	丙C	日二	
449	AⅠ	乙A	不明		484	CⅠ	空墓			519	BⅠ	甲B	仿三	五
450	AⅠ	甲A	仿二	三	485	AⅠ	乙A	不明		520	CⅠ	空墓		
451	BⅠ	乙B	仿三	五	486	AⅠ	丁A	不明		521	BⅠ	空墓		
452	BⅠ	丙B	日四		487	AⅠ	空墓			522	CⅠ	空墓		
453	BⅠ	乙B	仿二	四	488	AⅠ	丙A	不明		523	AⅠ	甲A	不明	
454	CⅠ	空墓			489	CⅠ	空墓			524	CⅠ	丙C	不明	
455	BⅠ	空墓			490	BⅠ	空墓			525	BⅠ	乙B	仿二	四

续附表一

墓号	类别	组别	期	段	墓号	类别	组别	期	段	墓号	类别	组别	期	段
526	BⅠ	甲B	仿二	二	561	CⅣb	丙C	日三		596	CⅡa	丙C	不明	
527	CⅡa	丙C	不明		562	CⅣb	丙C	日三		597	BⅠ	乙B	仿三	五
528	CⅣa	乙C	仿三	五	563	CⅣb	丙C	日三		598	BⅠ	乙B	不明	
529	BⅠ	乙B	仿三	五	564	BⅠ	空墓			599	CⅠ	空墓		
530	BⅠ	丙B	日三		565	CⅢa	丙C	日一		600	BⅣa	丙B	日三	
531	BⅠ	丙B	日三		566	BⅠ	丙B	日四		601	BⅠ	空墓		
532	AⅠ	甲A	仿三	五	567	BⅢa	乙B	仿三	五	602	BⅠ	乙B	不明	
533	BⅠ	丙B	日四		568	CⅣa	空墓			603	BⅠ	空墓		
534	CⅡc	乙C	仿三	五	569	BⅣa	丙B	日三		604	BⅠ	丙B	日三	
535	CⅡc	乙C	不明		570	BⅠ	丙B	日三		605	CⅠ	空墓		
536	BⅠ	丙B	日二		571	BⅠ	乙B	仿三	五	606	BⅣa	丙B	日三	
537	BⅠ	丙B	日四		572	BⅠ	甲B	仿二	四	607	CⅣb	丙C	日三	
538	CⅠ	空墓			573	AⅡa	丙A	不明		608	BⅠ	丙B	日三	
539	BⅣa	丙B	不明		574	BⅠ	丙B	日四		609	CⅠ	空墓		
540	BⅠ	甲B	仿三	五	575	BⅠ	甲B	仿三	五	610	CⅣa	丙C	日三	
541	BⅣa	丙B	日三		576	BⅠ	丙B	日三		611	AⅠ	甲A	仿二	四
542	AⅠ	甲A	仿二	四	577	BⅠ	丙B	日三		612	CⅣb	丙C	日三	
543	AⅠ	甲A	仿三	五	578	BⅠ	乙B	仿二	三	613	BⅠ	乙B	仿二	四
544	CⅠ	丙C	不明		579	BⅣa	乙B	不明		614	BⅠ	丙B	日三	
545	CⅣb	丙C	日三		580	AⅠ	甲A	仿二	四	615	CⅣa	丙C	不明	
546	BⅢa	空墓			581	BⅠ	乙B	仿二	四	616	CⅣb	丙C	不明	
547	BⅠ	乙B	仿三	五	582	CⅡa	丙C	日四		617	CⅡa	丙C	日四	
548	BⅠ	乙B	仿二	四	583	CⅣb	丙C	不明		618	CⅡa	丙C	不明	
549	CⅣb	丙C	日二		584	CⅣb	丙C	不明		619	CⅠ	丙C	日四	
550	BⅠ	甲B	仿二	四	585	BⅠ	丙B	日三		620	BⅠ	丙B	日四	
551	BⅠ	甲B	仿三	五	586	AⅠ	丙A	不明		621	BⅠ	空墓		
552	CⅣb	丙C	日三		587	BⅠ	乙B	仿二	四	622	AⅡb	乙A	仿一	一
553	BⅠ	丁B	不明		588	CⅠ	空墓			623	BⅤ	丙B	不明	
554	BⅠ	空墓			589	AⅠ	乙A	不明		624	CⅢa	丙C	日三	
555	CⅣa	丙C	日三		590	BⅠ	乙B	仿三	五	625	AⅡb	甲A	仿二	四
556	BⅣa	丙B	日二		591	BⅠ	乙B	仿三	五	626	BⅣa	丙B	日一	
557	BⅣa	乙B	仿三	五	592	BⅠ	空墓			627	CⅠ	空墓		
558	AⅠ	空墓			593	BⅣa	丙B	日一		628	BⅢa	空墓		
559	BⅠ	乙B	仿二	四	594	BⅠ	乙B	仿二	四	629	AⅠ	丙A	日一	
560	CⅣb	丙C	日三		595	BⅠ	丙B	日三		630	AⅡa	甲A	不明	

续附表一

墓号	类别	组别	期	段	墓号	类别	组别	期	段	墓号	类别	组别	期	段
631	AⅠ	空墓			666	AⅡb	乙A	仿二	四	701	AⅠ	丙A	日二	
632	AⅢa	乙A	仿二	四	667	CⅠ	空墓			702	AⅡb	丙A	不明	
633	AⅢa	丙A	不明		668	AⅡa	丙A	日二		703	AⅡb	丙A	日四	
634	AⅡb	乙A	不明		669	CⅢa	丙C	日二		704	BⅣa	丙B	不明	
635	AⅢa	空墓			670	BⅠ	丁B	不明		705	CⅥ	空墓		
636	AⅡb	乙A	仿一	一	671	AⅠ	空墓			706	CⅠ	空墓		
637	AⅠ	空墓			672	CⅠ	空墓			707	CⅢa	空墓		
638	AⅡa	甲A	仿二	二	673	AⅠ	乙A	不明		708	CⅠ	空墓		
639	BⅣa	乙B	仿三	五	674	CⅠ	空墓			709	BⅠ	空墓		
640	BⅠ	乙B	仿三	五	675	CⅠ	空墓			710	AⅡa	乙A	仿二	四
641	CⅢa	丁C	不明		676	CⅣa	丙C	日一		711	BⅡ	丙B	不明	
642	CⅢa	空墓			677	BⅣa	空墓			712	CⅠ	空墓		
643	AⅡa	不明	不明		678	AⅠ	乙A	不明		713	CⅢa	空墓		
644	AⅡb	甲A	仿二	四	679	AⅠ	丁A	不明		714	AⅡb	空墓		
645	AⅠ	丙A	不明		680	AⅠ	乙A	不明		715	AⅠ	丁A	不明	
646	AⅣa	丙A	不明		681	AⅠ	丙A	日三		716	AⅡa	丙A	日一	
647	AⅠ	丙A	不明		682	CⅠ	空墓			717	CⅠ	空墓		
648	CⅠ	空墓			683	AⅠ	丙A	日二		718	BⅠ	空墓		
649	CⅣb	乙C	仿三	五	684	CⅠ	空墓			719	BⅠ	空墓		
650	CⅠ	空墓			685	BⅠ	空墓			720	CⅠ	空墓		
651	CⅠ	空墓			686	BⅠ	空墓			721	AⅡa	乙A	仿二	四
652	CⅠ	空墓			687	CⅠ	空墓			722	BⅣa	丙B	不明	
653	BⅣa	丙B	日四		688	BⅠ	丁B	不明		723	CⅡa	空墓		
654	CⅣb	丙C	日四		689	CⅢa	空墓			724	CⅢa	丙C	不明	
655	AⅡa	乙A	不明		690	AⅠ	丁A	不明		725	CⅠ	空墓		
656	CⅠ	空墓			691	AⅡb	乙A	不明		726	CⅢa	丙C	日三	
657	BⅣa	空墓			692	CⅢa	丙C	日一		727	AⅠ	乙A	不明	
658	BⅠ	空墓			693	AⅡb	乙A	仿二	四	728	CⅢd	丙C	不明	
659	BⅠ	空墓			694	AⅡa	丙A	日一		729	CⅢa	丙C	不明	
660	BⅠ	空墓			695	AⅠ	丁A	不明		730	CⅢa	空墓		
661	BⅠ	乙B	仿三	五	696	CⅠ	空墓			731	CⅢa	丙C	不明	
662	BⅠ	空墓			697	AⅠ	丙A	不明		732	CⅣa	丙C	不明	
663	AⅠ	乙A	仿二	四	698	CⅠ	空墓			733	CⅢa	丙C	日四	
664	CⅢa	丙C	日二		699	AⅡb	丙A	日四		734	CⅢa	丙C	不明	
665	BⅣa	丙B	日二		700	AⅡa	乙A	仿一	一	735	CⅠ	空墓		

续附表一

墓号	类别	组别	期	段	墓号	类别	组别	期	段	墓号	类别	组别	期	段
736	CⅢa	丙C	不明		770	CⅠ		空墓		804	CⅢa	丙C	日二	
737	CⅠ		空墓		771	BⅣa	丁B	不明		805	BⅣa	丙B	不明	
738	BⅠ		空墓		772	AⅡa	丙A	日二		806	CⅢa	丙C	日三	
739	AⅠ	丙A	日二		773	BⅣa	丁B	不明		807	AⅡa	丙A	日二	
740	CⅢa	丙C	不明		774	CⅠ		空墓		808	BⅠ	丙B	不明	
741	CⅠ	丙C	不明		775	AⅡa	丙A	日二		809	BⅣa	丙B	不明	
742	BⅣa	丙B	日二		776	CⅠ	丁C	不明		810	BⅣa	丙B	日三	
743	AⅠ	丙A	日二		777	CⅢa	丙C	日二		811	CⅠ		空墓	
744	CⅢa	丙C	不明		778	CⅢa	丙C	日二		812	CⅠ		空墓	
745	BⅣa	丙B	不明		779	CⅢa	丙C	日二		813	AⅡa	乙A	仿二	四
746	CⅢa	丙C	日一		780	CⅠ		空墓		814	CⅢa	丙C	不明	
747	CⅢa	丙C	不明		781	CⅢa	丙C	日一		815	AⅡa	丙A	不明	
748	CⅠ		空墓		782	CⅡc		空墓		816	AⅡa	乙A	不明	
749	CⅠ		空墓		783	BⅣa	丙B	不明		817	AⅡa	丙A	日三	
750	CⅠ		空墓		784	BⅠ		空墓		818	BⅠ	乙B	仿二	四
751	CⅠ		空墓		785	BⅠ		空墓		819	AⅠ	丙A	日四	
752	CⅠ		空墓		786	BⅠ		空墓		820	BⅠ	丙B	日四	
753	CⅢa		空墓		787	BⅠ	丁B	不明		821	AⅠ	甲A	不明	
754	BⅠ	丁B	不明		788	BⅣa	丙B	日二		822	CⅣb	丙C	日四	
755	CⅢa	丙C	日四		789	CⅠ		空墓		823	AⅠ	甲A	仿二	四
756	CⅠ		空墓		790	BⅠ	丙B	日三		824	CⅣb	丙C	日三	
757	CⅠ		空墓		791	CⅠ		空墓		825	CⅣb	丙C	日三	
758	BⅠ		空墓		792	CⅠ		空墓		826	BⅠ	乙B	仿二	四
759	AⅠ	丙A	日二		793	BⅣa	丙B	日一		827	CⅡa	丙C	日三	
760	CⅠ		空墓		794	CⅢa		空墓		828	BⅠ	乙B	仿二	四
761	CⅠ		空墓		795	BⅣa	丙B	不明		829	BⅠ	乙B	仿三	五
762	BⅠ		空墓		796	CⅠ		空墓		830	AⅠ	甲A	仿二	四
763	CⅢa	丙C	日三		797	BⅠ		空墓		831	BⅠ	丙B	日三	
764	CⅢa	丙C	不明		798	BⅠ		空墓		832	CⅣb	丙C	日三	
765	CⅢa	丙C	不明		799	CⅢa	丙C	不明		833	CⅣb	丙C	日三	
766	CⅢa		空墓		800		（宋墓，空号）			834	CⅣb	丙C	日四	
767	AⅠ	丙A	日二		801	AⅡa	丙A	日三		835	AⅠ	甲A	仿二	四
768	CⅠ		空墓		802	AⅡa	丙A	日二		836	BⅠ	甲B	仿二	四
769	CⅠ		空墓		803	CⅠ		空墓		837	BⅠ	甲B	不明	

注："仿"为仿铜陶礼器墓分期；"日"为日用陶器墓分期。

附表二　　　　　　　　　　　　益阳黄泥湖墓葬分期检索总表

分期		墓号	墓葬组别	墓坑形制	分期		墓号	墓葬组别	墓坑形制	分期		墓号	墓葬组别	墓坑形制
期	段				期	段				期	段			
仿一	一	M43	乙A	AⅢa	仿二	三	M178	乙B	BⅠ	仿二	四	M311	乙B	BⅠ
仿一	一	M100	乙A	AⅢa	仿二	三	M180	甲B	BⅠ	仿二	四	M350	乙A	AⅠ
仿一	一	M172	乙A	AⅠ	仿二	三	M267	甲A	AⅠ	仿二	四	M352	甲A	AⅠ
仿一	一	M186	乙A	BⅣa	仿二	三	M294	乙A	AⅠ	仿二	四	M379	乙C	CⅢb
仿一	一	M283	乙A	AⅠ	仿二	三	M312	乙B	BⅠ	仿二	四	M405	乙A	AⅠ
仿一	一	M322	甲A	甲A	仿二	三	M380	乙B	BⅠ	仿二	四	M420	乙A	AⅠ
仿一	一	M366	乙A	AⅠ	仿二	三	M426	乙A	AⅠ	仿二	四	M432	乙A	AⅢa
仿一	一	M424	甲A	AⅠ	仿二	三	M450	甲A	AⅠ	仿二	四	M453	乙B	BⅠ
仿一	一	M443	乙A	AⅢa	仿二	三	M467	乙A	AⅠ	仿二	四	M458	甲A	AⅠ
仿一	一	M622	乙A	AⅡb	仿二	三	M578	乙B	BⅠ	仿二	四	M464	乙B	BⅠ
仿一	一	M636	乙A	AⅡb	仿二	四	M6	乙B	BⅠ	仿二	四	M492	乙B	BⅠ
仿一	一	M700	乙A	AⅡa	仿二	四	M36	乙B	BⅢa	仿二	四	M504	甲A	AⅠ
仿二	二	M130	甲A	AⅡb	仿二	四	M42	乙A	AⅠ	仿二	四	M505	甲A	AⅠ
仿二	二	M212	甲A	AⅡa	仿二	四	M95	乙A	AⅢa	仿二	四	M508	乙B	BⅠ
仿二	二	M249	甲A	AⅠ	仿二	四	M96	乙A	AⅠ	仿二	四	M510	乙A	AⅠ
仿二	二	M251	乙B	BⅠ	仿二	四	M103	甲A	AⅠ	仿二	四	M525	乙B	BⅠ
仿二	二	M252	乙A	AⅡa	仿二	四	M115	乙B	BⅠ	仿二	四	M542	甲A	AⅠ
仿二	二	M286	乙A	AⅠ	仿二	四	M137	乙A	AⅠ	仿二	四	M548	乙B	BⅠ
仿二	二	M291	乙A	AⅠ	仿二	四	M142	甲A	AⅠ	仿二	四	M550	甲B	BⅠ
仿二	二	M303	乙B	BⅠ	仿二	四	M143	乙B	BⅣa	仿二	四	M559	乙B	BⅠ
仿二	二	M330	乙A	AⅡa	仿二	四	M145	乙B	BⅠ	仿二	四	M572	甲B	BⅠ
仿二	二	M441	甲A	AⅡb	仿二	四	M147	甲A	AⅡa	仿二	四	M576	乙B	BⅠ
仿二	二	M526	甲B	BⅠ	仿二	四	M148	乙B	BⅠ	仿二	四	M580	甲A	AⅠ
仿二	二	M638	甲A	AⅡa	仿二	四	M156	乙A	AⅠ	仿二	四	M581	乙B	BⅠ
仿二	三	M10	乙A	AⅠ	仿二	四	M157	甲A	AⅠ	仿二	四	M587	乙B	BⅠ
仿二	三	M11	甲A	AⅡa	仿二	四	M195	乙B	BⅣb	仿二	四	M594	乙B	BⅠ
仿二	三	M20	乙B	BⅠ	仿二	四	M206	乙A	AⅠ	仿二	四	M611	甲A	AⅠ
仿二	三	M30	乙A	AⅠ	仿二	四	M215	甲A	AⅠ	仿二	四	M613	乙B	BⅠ
仿二	三	M61	甲A	AⅦ	仿二	四	M233	乙A	AⅡa	仿二	四	M625	甲A	AⅡb
仿二	三	M70	乙A	AⅠ	仿二	四	M245	乙B	BⅠ	仿二	四	M632	乙A	AⅢa
仿二	三	M76	乙A	AⅢa	仿二	四	M246	甲A	AⅠ	仿二	四	M644	甲A	AⅡb
仿二	三	M101	甲A	AⅠ	仿二	四	M262	乙A	AⅡa	仿二	四	M663	乙A	AⅠ
仿二	三	M126	乙B	BⅠ	仿二	四	M269	甲A	AⅠ	仿二	四	M666	乙A	AⅡb
仿二	三	M162	乙A	AⅠ	仿二	四	M274	乙A	AⅠ	仿二	四	M693	乙A	AⅡb
仿二	三	M167	乙A	AⅠ	仿二	四	M296	甲B	BⅠ	仿二	四	M710	乙A	AⅡa

续附表二

分期		墓号	墓葬组别	墓坑形制	分期		墓号	墓葬组别	墓坑形制	分期		墓号	墓葬组别	墓坑形制
期	段				期	段				期	段			
仿二	四	M721	乙A	AⅡa	仿三	五	M532	甲A	AⅠ	日一		M746	丙C	CⅢa
仿二	四	M813	乙A	AⅡa	仿三	五	M534	乙C	CⅡc	日一		M781	丙C	CⅢa
仿二	四	M818	乙B	BⅠ	仿三	五	M540	甲B	BⅠ	日一		M793	丙B	BⅣa
仿二	四	M823	甲A	AⅠ	仿三	五	M543	甲A	AⅠ	日二		M21	丙B	BⅣa
仿二	四	M826	乙B	BⅠ	仿三	五	M547	乙B	BⅠ	日二		M41	丙A	AⅠ
仿二	四	M828	乙B	BⅠ	仿三	五	M551	甲B	BⅠ	日二		M45	丙A	AⅠ
仿二	四	M830	甲A	AⅠ	仿三	五	M557	乙B	BⅣa	日二		M79	丙C	CⅢc
仿二	四	M835	甲A	AⅠ	仿三	五	M567	乙B	BⅢa	日二		M108	丙C	CⅢa
仿二	四	M836	甲B	BⅠ	仿三	五	M571	乙B	BⅠ	日二		M175	丙B	BⅣa
仿三	五	M1	甲A	AⅢa	仿三	五	M575	甲B	BⅠ	日二		M176	丙B	BⅠ
仿三	五	M2	甲A	AⅢa	仿三	五	M590	乙B	BⅠ	日二		M192	丙B	BⅣa
仿三	五	M9	甲A	AⅠ	仿三	五	M591	乙B	BⅠ	日二		M207	丙A	AⅠ
仿三	五	M18	乙A	AⅠ	仿三	五	M597	乙B	BⅠ	日二		M227	丙A	AⅠ
仿三	五	M29	乙B	BⅠ	仿三	五	M639	乙B	BⅣa	日二		M239	丙A	AⅠ
仿三	五	M59	甲A	AⅠ	仿三	五	M640	乙B	BⅠ	日二		M248	丙A	AⅠ
仿三	五	M60	甲A	AⅢa	仿三	五	M649	乙C	CⅣb	日二		M253	丙A	AⅠ
仿三	五	M106	乙A	AⅢa	仿三	五	M661	乙B	BⅠ	日二		M254	丙C	CⅠ
仿三	五	M134	乙A	AⅠ	仿三	五	M829	乙B	BⅠ	日二		M263	丙A	AⅡa
仿三	五	M154	乙B	BⅠ	日一		M102	丙A	AⅠ	日二		M266	丙B	BⅣa
仿三	五	M158	乙B	BⅠ	日一		M133	丙C	CⅢc	日二		M275	丙A	AⅠ
仿三	五	M183	乙B	BⅠ	日一		M205	丙A	AⅠ	日二		M277	丙A	AⅠ
仿三	五	M198	乙A	AⅠ	日一		M210	丙A	AⅡa	日二		M278	丙A	AⅠ
仿三	五	M201	乙A	AⅠ	日一		M255	丙A	AⅠ	日二		M305	丙B	BⅠ
仿三	五	M371	乙A	AⅠ	日一		M314	丙C	CⅢa	日二		M308	丙C	CⅢa
仿三	五	M392	乙B	BⅠ	日一		M349	丙B	BⅣa	日二		M318	丙A	AⅠ
仿三	五	M393	甲A	AⅣb	日一		M422	丙A	AⅠ	日二		M323	丙A	AⅠ
仿三	五	M451	乙B	BⅠ	日一		M480	丙C	CⅠ	日二		M402	丙C	CⅢa
仿三	五	M498	甲A	AⅠ	日一		M565	丙C	CⅢa	日二		M416	丙C	CⅢb
仿三	五	M502	甲A	AⅠ	日一		M593	丙B	BⅣa	日二		M425	丙A	AⅠ
仿三	五	M509	乙B	BⅠ	日一		M626	丙B	BⅣa	日二		M518	丙C	CⅡa
仿三	五	M511	乙B	BⅠ	日一		M629	丙A	AⅠ	日二		M536	丙B	BⅠ
仿三	五	M515	甲A	AⅠ	日一		M676	丙C	CⅣa	日二		M549	丙C	CⅣb
仿三	五	M519	甲B	BⅠ	日一		M692	丙C	CⅢa	日二		M556	丙B	BⅣa
仿三	五	M528	乙C	CⅣa	日一		M694	丙A	AⅡa	日二		M664	丙C	CⅢa
仿三	五	M529	乙B	BⅠ	日一		M716	丙A	AⅡa	日二		M665	丙B	BⅣa

续附表二

分期		墓号	墓葬组别	墓坑形制	分期		墓号	墓葬组别	墓坑形制	分期		墓号	墓葬组别	墓坑形制
期	段				期	段				期	段			
日二		M668	丙A	AⅡa	日三		M149	丙B	BⅠ	日三		M501	丙B	BⅠ
日二		M669	丙C	CⅢa	日三		M153	丙B	BⅣa	日三		M507	丙B	BⅠ
日二		M683	丙A	AⅠ	日三		M159	丙C	CⅣb	日三		M512	丙C	CⅡa
日二		M701	丙A	AⅠ	日三		M164	丙C	CⅣa	日三		M516	丙B	BⅠ
日二		M739	丙A	AⅠ	日三		M165	丙A	AⅠ	日三		M530	丙B	BⅠ
日二		M742	丙B	BⅣa	日三		M168	丙A	AⅡa	日三		M531	丙B	BⅠ
日二		M743	丙A	AⅠ	日三		M173	丙C	CⅣa	日三		M541	丙B	BⅣa
日二		M759	丙A	AⅠ	日三		M174	丙B	BⅠ	日三		M545	丙C	CⅣb
日二		M767	丙A	AⅠ	日三		M181	丙B	BⅠ	日三		M552	丙C	CⅣb
日二		M772	丙A	AⅡa	日三		M189	丙C	CⅡa	日三		M555	丙C	CⅣa
日二		M775	丙A	AⅡa	日三		M208	丙B	BⅠ	日三		M560	丙C	CⅣb
日二		M777	丙C	CⅢa	日三		M218	丙A	AⅠ	日三		M561	丙C	CⅣb
日二		M778	丙C	CⅢa	日三		M226	丙A	AⅡa	日三		M562	丙C	CⅣb
日二		M779	丙C	CⅢa	日三		M228	丙C	CⅣb	日三		M563	丙C	CⅣb
日二		M788	丙B	BⅣa	日三		M235	丙C	CⅣa	日三		M569	丙B	BⅣa
日二		M802	丙A	AⅡa	日三		M236	丙B	BⅣa	日三		M570	丙B	BⅠ
日二		M804	丙C	CⅢa	日三		M237	丙C	CⅣc	日三		M577	丙B	BⅠ
日二		M807	丙A	AⅡa	日三		M241	丙B	BⅣa	日三		M585	丙B	BⅠ
日三		M5	丙A	AⅠ	日三		M247	丙B	BⅣa	日三		M595	丙B	BⅠ
日三		M15	丙A	AⅠ	日三		M256	丙C	CⅢa	日三		M600	丙B	BⅣa
日三		M16	丙B	BⅠ	日三		M268	丙A	AⅠ	日三		M604	丙B	BⅠ
日三		M25	丙C	CⅡb	日三		M285	丙A	AⅠ	日三		M606	丙B	BⅣa
日三		M26	丙C	CⅣa	日三		M300	丙B	BⅣa	日三		M607	丙C	CⅣb
日三		M27	丙B	BⅠ	日三		M301	丙C	CⅡa	日三		M608	丙B	BⅠ
日三		M33	丙C	CⅢa	日三		M309	丙C	CⅣb	日三		M610	丙C	CⅣa
日三		M49	丙B	BⅠ	日三		M317	丙A	AⅠ	日三		M612	丙C	CⅣb
日三		M52	丙B	BⅠ	日三		M384	丙C	CⅢb	日三		M614	丙B	BⅠ
日三		M64	丙B	BⅠ	日三		M399	丙C	CⅣb	日三		M624	丙C	CⅢa
日三		M65	丙B	BⅠ	日三		M417	丙C	CⅣb	日三		M681	丙A	AⅠ
日三		M73	丙B	BⅠ	日三		M459	丙A	AⅢa	日三		M726	丙C	CⅢa
日三		M77	丙C	CⅡa	日三		M463	丙C	CⅢa	日三		M763	丙C	CⅢa
日三		M80	丙C	CⅢa	日三		M474	丙B	BⅢa	日三		M790	丙B	BⅠ
日三		M109	丙C	CⅢd	日三		M478	丙A	AⅢb	日三		M801	丙A	AⅡa
日三		M121	丙B	BⅣa	日三		M499	丙C	CⅣb	日三		M806	丙C	CⅢa
日三		M135	丙C	CⅣa	日三		M500	丙B	BⅠ	日三		M810	丙B	BⅣa

续附表二

分期		墓号	墓葬组别	墓坑形制	分期		墓号	墓葬组别	墓坑形制	分期		墓号	墓葬组别	墓坑形制
期	段				期	段				期	段			
日三		M817	丙A	AⅡa	日四		M389	丙C	CⅡa	不明（仿）		M139	乙A	AⅡb
日三		M824	丙C	CⅣb	日四		M452	丙B	BⅠ	不明（仿）		M151	乙B	BⅠ
日三		M825	丙C	CⅣb	日四		M513	丙C	CⅡb	不明（仿）		M169	乙A	AⅢa
日三		M827	丙C	CⅡa	日四		M533	丙B	BⅠ	不明（仿）		M232	乙A	AⅠ
日三		M831	丙B	BⅠ	日四		M537	丙B	BⅠ	不明（仿）		M299	乙A	AⅠ
日三		M832	丙C	CⅣb	日四		M566	丙B	BⅠ	不明（仿）		M321	乙A	AⅢa
日三		M833	丙C	CⅣb	日四		M574	丙B	BⅠ	不明（仿）		M329	乙A	AⅡa
日四		M12	丙B	BⅣa	日四		M582	丙C	CⅡa	不明（仿）		M381	乙B	BⅠ
日四		M14	丙B	BⅣa	日四		M617	丙C	CⅡa	不明（仿）		M404	甲A	AⅢa
日四		M17	丙C	CⅡa	日四		M619	丙C	CⅠ	不明（仿）		M418	乙A	AⅠ
日四		M22	丙C	CⅡa	日四		M620	丙B	BⅠ	不明（仿）		M419	乙A	AⅠ
日四		M24	丙B	BⅠ	日四		M653	丙B	BⅣa	不明（仿）		M431	乙A	AⅡb
日四		M35	丙B	BⅣa	日四		M654	丙C	CⅣb	不明（仿）		M434	乙A	AⅠ
日四		M38	内C	CⅡa	日四		M699	丙A	AⅡb	不明（仿）		M438	乙A	AⅢa
日四		M39	丙C	CⅣc	日四		M703	丙A	AⅡb	不明（仿）		M439	乙A	AⅡb
日四		M50	丙B	BⅠ	日四		M733	丙C	CⅢa	不明（仿）		M440	乙A	AⅡb
日四		M66	丙B	BⅣa	日四		M755	丙C	CⅢa	不明（仿）		M449	乙A	AⅠ
日四		M69	丙C	CⅡb	日四		M819	丙A	AⅠ	不明（仿）		M461	乙A	AⅠ
日四		M110	丙C	CⅣa	日四		M820	丙B	BⅠ	不明（仿）		M471	乙A	AⅢa
日四		M161	丙C	CⅣa	日四		M822	丙C	CⅣb	不明（仿）		M475	乙A	AⅣa
日四		M182	丙C	CⅣb	日四		M834	丙C	CⅣb	不明（仿）		M485	乙A	AⅠ
日四		M187	丙B	BⅠ	不明（仿）		M8	甲A	AⅡb	不明（仿）		M495	甲A	AⅡa
日四		M213	丙C	CⅢa	不明（仿）		M40	乙A	AⅢa	不明（仿）		M497	甲A	AⅡc
日四		M222	丙B	BⅠ	不明（仿）		M67	甲A	AⅡa	不明（仿）		M523	甲A	AⅠ
日四		M229	丙B	BⅠ	不明（仿）		M75	乙A	AⅢa	不明（仿）		M535	乙C	CⅡc
日四		M242	丙B	BⅤ	不明（仿）		M85	甲A	AⅠ	不明（仿）		M579	乙B	BⅣa
日四		M281	丙A	AⅠ	不明（仿）		M87	乙A	AⅢa	不明（仿）		M589	乙A	AⅠ
日四		M290	丙B	BⅠ	不明（仿）		M91	乙B	BⅠ	不明（仿）		M598	乙B	BⅠ
日四		M295	丙B	BⅠ	不明（仿）		M99	乙A	AⅢa	不明（仿）		M602	乙B	BⅠ
日四		M297	丙C	CⅡc	不明（仿）		M104	乙A	AⅠ	不明（仿）		M630	甲A	AⅡa
日四		M302	丙C	CⅡa	不明（仿）		M105	乙A	AⅢa	不明（仿）		M634	乙A	AⅡb
日四		M304	丙C	CⅡb	不明（仿）		M118	乙A	AⅡb	不明（仿）		M655	乙A	AⅡa
日四		M310	丙C	CⅡa	不明（仿）		M122	乙A	AⅠ	不明（仿）		M673	乙A	AⅠ
日四		M340	丙A	AⅠ	不明（仿）		M131	乙A	AⅠ	不明（仿）		M678	乙A	AⅠ
日四		M368	丙A	AⅣa	不明（仿）		M132	乙A	AⅢa	不明（仿）		M680	乙A	AⅠ

续附表二

分期		墓号	墓葬组别	墓坑形制	分期		墓号	墓葬组别	墓坑形制	分期		墓号	墓葬组别	墓坑形制
期	段				期	段				期	段			
不明（仿）		M691	乙A	AⅡb	不明（日）		M217	丙A	AⅠ	不明（日）		M429	丙B	BⅣa
不明（仿）		M727	乙A	AⅠ	不明（日）		M225	丙B	BⅠ	不明（日）		M446	丙B	BⅣa
不明（仿）		M816	乙A	AⅡa	不明（日）		M257	丙C	CⅢa	不明（日）		M448	丙C	CⅠ
不明（仿）		M821	甲A	AⅠ	不明（日）		M258	丙C	CⅢa	不明（日）		M465	丙A	AⅣb
不明（仿）		M837	甲B	BⅠ	不明（日）		M265	丙A	AⅡa	不明（日）		M466	丙B	BⅠ
不明（日）		M3	丙C	CⅣa	不明（日）		M273	丙B	BⅣa	不明（日）		M469	丙A	AⅣb
不明（日）		M4	丙C	CⅣa	不明（日）		M284	丙B	BⅠ	不明（日）		M481	丙C	CⅠ
不明（日）		M28	丙B	BⅣa	不明（日）		M306	丙B	BⅣb	不明（日）		M488	丙A	AⅠ
不明（日）		M31	丙B	BⅣa	不明（日）		M307	丙C	CⅣa	不明（日）		M491	丙C	CⅠ
不明（日）		M32	丙C	CⅢa	不明（日）		M315	丙B	BⅣa	不明（日）		M494	丙C	CⅢa
不明（日）		M34	丙C	CⅢa	不明（日）		M316	丙C	CⅣa	不明（日）		M514	丙C	CⅣb
不明（日）		M54	丙A	AⅠ	不明（日）		M320	丙A	AⅡb	不明（日）		M517	丙C	CⅡb
不明（日）		M56	丙C	CⅢc	不明（日）		M324	丙A	AⅠ	不明（日）		M524	丙C	CⅠ
不明（日）		M63	丙A	AⅠ	不明（日）		M331	丙A	AⅠ	不明（日）		M527	丙C	CⅡa
不明（日）		M74	丙C	CⅢc	不明（日）		M332	丙A	AⅠ	不明（日）		M539	丙B	BⅣa
不明（日）		M89	丙B	BⅣa	不明（日）		M335	丙B	BⅣa	不明（日）		M544	丙C	CⅠ
不明（日）		M93	丙A	AⅢa	不明（日）		M341	丙B	BⅣa	不明（日）		M573	丙A	AⅡa
不明（日）		M94	丙A	AⅠ	不明（日）		M342	丙B	BⅣa	不明（日）		M583	丙C	CⅣb
不明（日）		M98	丙A	AⅠ	不明（日）		M345	丙A	AⅠ	不明（日）		M584	丙C	CⅣb
不明（日）		M107	丙C	CⅢa	不明（日）		M346	丙A	AⅠ	不明（日）		M586	丙A	AⅠ
不明（日）		M112	丙C	CⅢa	不明（日）		M347	丙A	AⅠ	不明（日）		M596	丙C	CⅡa
不明（日）		M114	丙C	CⅢa	不明（日）		M354	丙A	AⅠ	不明（日）		M615	丙C	CⅣa
不明（日）		M119	丙C	CⅢa	不明（日）		M363	丙B	BⅠ	不明（日）		M616	丙C	CⅣb
不明（日）		M123	丙A	AⅠ	不明（日）		M364	丙A	AⅠ	不明（日）		M618	丙C	CⅡa
不明（日）		M124	丙C	CⅢc	不明（日）		M365	丙A	AⅠ	不明（日）		M623	丙B	BⅤ
不明（日）		M127	丙B	BⅣa	不明（日）		M367	丙A	AⅤ	不明（日）		M633	丙A	AⅢa
不明（日）		M129	丙A	AⅢa	不明（日）		M376	丙C	CⅢc	不明（日）		M645	丙A	AⅠ
不明（日）		M136	丙C	CⅢc	不明（日）		M377	丙A	AⅠ	不明（日）		M646	丙A	AⅣa
不明（日）		M138	丙B	BⅠ	不明（日）		M378	丙C	CⅢb	不明（日）		M647	丙A	AⅠ
不明（日）		M140	丙C	CⅢc	不明（日）		M394	丙B	BⅠ	不明（日）		M697	丙A	AⅠ
不明（日）		M141	丙B	BⅠ	不明（日）		M407	丙A	AⅠ	不明（日）		M702	丙A	AⅡb
不明（日）		M170	丙C	CⅢa	不明（日）		M414	丙C	CⅠ	不明（日）		M704	丙B	BⅣa
不明（日）		M185	丙B	BⅣa	不明（日）		M415	丙C	CⅢb	不明（日）		M711	丙B	BⅡ
不明（日）		M199	丙A	AⅠ	不明（日）		M423	丙C	CⅡa	不明（日）		M722	丙B	BⅣa
不明（日）		M211	丙A	AⅠ	不明（日）		M427	丙A	AⅠ	不明（日）		M724	丙C	CⅢa

续附表二

分期		墓号	墓葬组别	墓坑形制	分期		墓号	墓葬组别	墓坑形制	分期		墓号	墓葬组别	墓坑形制
期	段				期	段				期	段			
不明（日）		M728	丙C	CⅢd	不明（日）		M741	丙C	CⅠ	不明（日）		M795	丙B	BⅣa
不明（日）		M729	丙C	CⅢa	不明（日）		M744	丙C	CⅢa	不明（日）		M799	丙C	CⅢa
不明（日）		M731	丙C	CⅢa	不明（日）		M745	丙B	BⅣa	不明（日）		M805	丙B	BⅣa
不明（日）		M732	丙C	CⅣa	不明（日）		M747	丙C	CⅢa	不明（日）		M808	丙B	BⅠ
不明（日）		M734	丙C	CⅢa	不明（日）		M764	丙C	CⅢa	不明（日）		M809	丙B	BⅣa
不明（日）		M736	丙C	CⅢa	不明（日）		M765	丙C	CⅢa	不明（日）		M814	丙C	CⅢa
不明（日）		M740	丙C	CⅢa	不明（日）		M783	丙B	BⅣa	不明（日）		M815	丙A	AⅡa

注：本表只列仿铜陶礼器和日用陶器两类组合墓葬，不包括"丁组墓葬登记表"、"组别不明墓葬登记表"以及"空墓登记表"中墓葬。"仿"为仿铜陶礼器墓分期；"日"为日用陶器墓分期。

附表三

甲组 A 类墓葬登记表

单位：厘米

墓号	方向	墓葬型式	墓坑尺寸（长×宽-深）	墓坑结构、葬具等（长×宽-高）	出土器物		期	段	备注
					陶器	其他			
1	260°	AⅢa	口：440×380-20 底：325×200-265	墓口有一级台阶，宽30～60，高60	鼎B型Ⅳ式2，敦C型Ⅳ式2，壶Bb型Ⅳ式2，盘B型Ⅳ式1，匜A型Ⅲ式1，匜B型Ⅲ式1，勺A型Ⅲ式1，匕B型Ⅵ式1	铜戈A型1，戈镈1			
2	190°	AⅢa	口：485×335-15 底：300×150-280	墓口有一级台阶，宽72～80，高94	鼎B型Ⅲ式2，敦B型Ⅵ式2，壶Bb型Ⅲ式2，盘E型Ⅲ式1，匜C型Ⅲ式1，勺A型Ⅱ式1，匕B型Ⅳ式1	铜剑C型1			
8	200°	AⅡb	口：468×465-105 底：312×240-490	封土残高105，直径约1200；斜坡墓道16°，600×195-210，距墓底280；墓口一级台阶，宽52～64，高64；残存椁底板4块及枕木	鼎2，敦2，壶2				
9	20°	AⅠ	口：250×140-20 底：262×160-220		鼎D型Ⅲ式2，敦D型Ⅲ式2，壶D型Ⅴ式2，矮柄豆Aa型Ⅳ式2	铜剑B型1，戈A型1，戈1，矛B型2			墓底大于墓口
11	265°	AⅡa	口：314×300-50 底：306×218-430	封土残高50，直径约600；斜坡墓道，20°，300×140-240，距墓底186	鼎C型Ⅱ式2，敦2，壶2，高柄豆4，俑头2	铜剑Aa型1，铜戈A型1，戈镈1			
59	28°	AⅠ	口：302×200 底：274×166-320		鼎B型Ⅳ式2，敦D型Ⅲ式1，壶A型Ⅳ式2，高柄豆C型Ⅲ式2，勺B型Ⅲ式1				

续附表三

墓号	方向	墓葬型式	墓坑尺寸（长×宽－深）	墓坑结构、葬具等（长×宽－高）	出土器物 陶器	出土器物 其他	期	段	备注
60	285°	AⅢa	口：426×370 底：320×210－370	墓口有一级台阶，宽33~53，高80	鼎C型Ⅲ式2、壶Bb型Ⅳ式2、敦D型Ⅲ式2、盘D型Ⅰ式1	铜剑B型1、戈A型1、矛B型1			
61	360°	AⅦ	口：314×220 底：274×170－316	墓底两侧有平行底沟，沟宽20，深8	鼎D型Ⅰ式2、敦C型Ⅰ式2、壶E型Ⅱ式2、高柄豆A型Ⅰ式1、矮柄豆Aa型Ⅲ式1、豆3、璧Ⅰ式1				
67	185°	AⅡa	口：480×420 底：310×270－410	斜坡墓道，坡度21，350×210－205，距墓底205	鼎2、敦2、壶2	铜剑B型1、戈1、矛D型2			
85	260°	AⅠ	口：340×280 底：300×180－280		鼎2、敦2、壶2	铜矛1			
101	260°	AⅠ	口：382×205 底：326×195－290		鼎A型Ⅲ式2、敦B型Ⅲ式2、壶Bb型Ⅲ式2、盘C型Ⅱ式1、匜A型Ⅲ式1				
103	190°	AⅠ	口：306×222－50 底：236×156－420	封土残高50，直径约1400	鼎D型Ⅱ式2、敦E型Ⅰ式2、壶C型Ⅰ式2、高柄豆A型Ⅰ式2、杯Ⅰ式2、盘B型Ⅱ式1、匜A型Ⅴ式1、匕A型Ⅲ式1、斗Ⅰ式2	玻璃珠1			
130	273°	AⅡb	口：590×540 底：412×258－490	斜坡墓道，坡度16°，480×204~220，距墓底204；有一级台阶，宽54~64，高60；残存椁底板、枕木	鼎B型Ⅱ式2、敦2、壶Ba型Ⅱ式2、小口鼎1、盂1、豆2、盘B型Ⅰ式1、匜A型Ⅰ式1	铜鼎1、剑Aa型1、戈A型1、戈1、矛B型2、戈鐏A型Ⅱ式1、矛镦2、箭镞1			
142	180°	AⅠ	口：250×160 底：260×150－440	一椁一棺，盒形方棺，椁：226×104－56，棺：206×50－48	鼎C型Ⅲ式2、敦D型Ⅲ式2、高柄豆2、盘A型Ⅱ式1、匜A型Ⅴ式1、匕B型Ⅲ式1	铜剑Aa型1、壶带钩Ⅱ式1、箭镞1、木剑椟1			

续附表三

墓号	方向	墓葬型式	墓坑尺寸（长×宽-深）	墓坑结构、葬具等（长×宽-高）	出土器物 陶器	出土器物 其他	期	段	备注
147	100°	A Ⅱ a	口：260×200　底：270×152-490	斜坡墓道，坡度34°，450×120-290，距墓底200	鼎D型Ⅱ式2，敦2，壶E型Ⅲ式2，高柄豆A型Ⅲ式5，高柄小壶A型Ⅰ式2，勺1，匜A型Ⅳ式2，匕B型Ⅲ式2				
157	360°	A Ⅰ	口：290×160-60　底：270×146-340	封土残高60	鼎D型Ⅱ式2，壶E型Ⅲ式2，敦C型Ⅰ式2，高柄豆A型Ⅱ式4，高柄小壶A型Ⅰ式2，盘B型Ⅱ式2，勺1，匕1，俑头2	铜剑Aa型1；滑石剑璏1			
212	175°	A Ⅱ a	口：400×400　底：300×210-490	斜坡墓道，坡度25°，560×170-290，距墓底200	鼎2，敦A型Ⅱ式2，壶C型Ⅱ式2	铜剑B型1，戈A型1，矛A型1，B型1			
215	260°	A Ⅰ	口：360×260　底：340×160-340		鼎B型Ⅲ式2，敦1	铜剑B型1，戈A型1，矛C型1，矛1			
246	350°	A Ⅰ	口：260×170　底：240×160-400		鼎D型Ⅱ式2，敦C型Ⅱ式2，壶E型Ⅲ式2，高柄豆A型Ⅲ式4，高柄小壶A型Ⅱ式1，盘B型Ⅱ式1，勺C型Ⅱ式1	铁镢1			
249	354°	A Ⅰ	口：380×220　底：280×160-410		鼎B型Ⅱ式2，敦C型Ⅰ式2，壶C型Ⅲ式4，杯2，高柄豆C型Ⅲ式1，盘A型Ⅱ式2，匜A型Ⅱ式2，匕Ⅰ式2，斗Ⅰ式1				
267	240°	A Ⅰ	口：350×220　底：290×180-400		鼎C型Ⅱ式1，鼎1，敦B型Ⅲ式2，高领罐E型Ⅰ式2，高柄豆C型Ⅲ式2				

续附表三

墓号	方向	墓葬型式	墓坑尺寸（长×宽-深）	墓坑结构、葬具等（长×宽-高）	出土器物 陶器	出土器物 其他	期	段	备注
269	345°	A I	300×150-450		鼎 C 型 IV 式 2,敦 E 型 II 式 2,壶 D 型 III 式 2,高柄豆 A 型 III 式 1,盘 B 型 II 式 1				
322	204°	A III a	口：480×480 底：300×190-350	墓口有一级台阶,宽 56~60,高 40	鼎 A 型 I 式 2,敦 2,壶 2,高柄豆 2				
352	170°	A I	口：400×320 底：280×180-360		鼎 B 型 III 式 2,盒 1,壶 C 型 V 式 2	铜剑 B 型 1,戈 1,矛 1			
393	165°	A IV b	口：290×170 底：220×150-270	墓底有封闭形低台,宽 20~60,高 4	鼎 B 型 IV 式 2,敦 1,壶 D 型 III 式 2,矮柄豆 2,勺 1,匕 1	玻璃璧 A 型 1			墓底大于墓口
404	10°	A III a	口：430×280 底：300×208-300	墓口有一级台阶,宽 50~60,高 60	壶 2				
424	180°	A I	口：360×280-20 底：290×180-260		鼎 2,敦 2,壶 Ba 型 I 式 2,匜 A 型 1	铜剑 B 型 1,矛 2			
441	111°	A II b	口：430×380 底：260×160-（残）340	斜坡墓道,23°,250×150-170,距墓底 170;墓口一级台阶,宽 50~76,高 74	鼎 B 型 I 式 2,敦 D 型 I 式 2,壶 Ba 型 I 式 2,盘 C 型 I 式 1,匜 B 型 I 式 1	铜剑 B 型 1,戈 A 型 1,矛 A 型 1			
450	167°	A I	口：370×290 底：300×200-280		鼎 B 型 II 式 2,壶 2,匜 1				
458	47°	A I	口：450×400 底：300×220-360		鼎 C 型 III 式 2,敦 D 型 I 式 2,高柄豆 2,壶 C 型 IV 式 2,盘 A 型 III 式 1,E 型 III 式 1				
485	310°	A I	口：340×320-20 底：300×160-290		鼎 2,敦 1,壶 1	铜矛 1			

续附表三

墓号	方向	墓葬型式	墓坑尺寸（长×宽-深）	墓坑结构、葬具等（长×宽-高）	出土器物		期	段	备注
					陶器	其他			
495	175°	A Ⅱ a	口：330×275-250 底：320×262-650	封土高260；底径约880；斜坡墓道，40°，400×140-360，距墓底210	鼎2，敦2，壶2，豆1，杯1	铜镜1			
497	353°	A Ⅱ c	口：300×250 底：278×178-500	斜坡墓道，23°，280×130-310，距墓底190；平行二层台，宽18~26，高94	鼎2，敦2，壶2				
498	171°	A Ⅰ	口：280×170 底：270×145-620		鼎2，敦C型Ⅲ式2，壶E型Ⅲ式2，高柄豆2				
502	351°	A Ⅰ	口：260×155 底：250×145-360		鼎C型Ⅲ式2，敦D型Ⅲ式2，壶E型C型Ⅲ式2，高柄豆C型Ⅲ式2，勺1				
504	180°	A Ⅰ	口：304×245 底：270×180-620		鼎C型Ⅳ式2，敦2，壶2，高柄豆2				
505	172°	A Ⅰ	口：290×230 底：250×195-610		鼎C型Ⅳ式2，敦E型Ⅱ式2，壶D型Ⅲ式2，矮柄豆1，盘A型Ⅲ式1				
515	272°	A Ⅰ	250×150-（残）310		鼎2，敦2，壶D型Ⅴ式1，壶D型Ⅳ式1，高柄豆1，矮柄豆2，盘A型Ⅳ式2，勺2，匜1	玻璃璧A型1			
523	174°	A Ⅰ	口：250×125 底：275×150-430		鼎2，敦2，壶2，高柄豆2，勺1，匕B型Ⅲ式1				墓底大于墓口
532	8°	A Ⅰ	256×142-480		鼎2，敦2，壶E型Ⅲ式2，高柄豆A型Ⅲ式3，勺2	铁雨1			

续附表三

墓号	方向	墓葬型式	墓坑尺寸（长×宽-深）	墓坑结构、葬具等（长×宽-高）	出土器物 陶器	出土器物 其他	期	段	备注
542	260°	A I	口：260×165-40 底：255×155-392		鼎2、敦2、壶D型Ⅲ式2、壶Aa型V式2、勺1、匜1、匕C型Ⅱ式2、矮柄豆Aa型Ⅲ式1				
543	70°	A I	口：280×160-30 底：270×150-430		鼎C型Ⅳ式2、敦D型Ⅲ式1、E型Ⅱ式1、壶D型Ⅲ式2、高柄豆A型Ⅲ式1、盘B型Ⅲ式1、匜1、匕C型Ⅱ式1				
580	180°	A I	280×170-480		鼎C型Ⅳ式2、壶2、高柄豆E型Ⅰ式2、壶B型Ⅱ式2、勺B型Ⅰ式1、C型Ⅰ式1	铜剑B型1、戈B型1			
611	5°	A I	280×150-220		鼎C型Ⅳ式2、敦E型Ⅰ式1、E型Ⅰ式1、壶D型Ⅲ式2、高柄豆A型Ⅰ式1、盘B型Ⅰ式1、勺1、匕B型Ⅲ式1				
625	94°	A Ⅱb	口：460×360 底：260×170-350	斜坡墓道，29°，460×180-180，距墓底170；墓口有一级台阶，宽45，高60	鼎B型Ⅳ式2、敦1、壶1、豆1				
630	180°	A Ⅱa	口：330×240 底：300×160-300	斜坡墓道，22°，320×164-140，距墓底160	鼎2、敦2、壶2	铜剑Aa型1、戈1、矛B型1			
638	170°	A Ⅱa	口：350×300 底：300×180-360	斜坡墓道，25°，500×200-210，距墓底150	鼎B型Ⅱ式2、敦A型Ⅰ式1、壶C型Ⅰ式2、高柄豆2	铜剑B型1			
644	260°	A Ⅱb	口：440×340 底：280×180-380	斜坡墓道，20°，340×200-180，距墓底200；墓口一级台阶，宽30，高80	鼎B型Ⅳ式2、敦2、壶2				

续附表三

墓号	方向	墓葬型式	墓坑尺寸（长×宽-深）	墓坑结构、葬具等（长×宽-高）	出土器物		期	段	备注
					陶器	其他			
821	275°	A I	口：290×160-460		鼎2、敦2、壶D型2、豆2				
823	70°	A I	口：270×152-30　底：280×152-400		鼎C型II式2、敦2、壶D型III式2、矮柄豆2、盘A型III式2、勺2、匜A型III式1、匕1				
830	165°	A I	口：270×150　底：290×160-360		鼎2、敦D型I式2、D型II式1、壶D型III式1、矮柄豆V型Aa型式2、勺2、匕C型I式1				墓底大于墓口
835	10°	A I	口：250×135　底：250×145-270		鼎B型IV式2、敦2、壶D型III式2、矮柄豆Aa型V式1、E型II式1				墓底大于墓口

附表四

甲组 B 类墓葬登记表

单位：厘米

墓号	方向	墓葬型式	墓坑尺寸（长×宽-深）	墓坑结构、葬具等（长×宽-高）	出土器物		期	段	备注
					陶器	其他			
180	180°	B I	口：292×180 底：255×135-（残）400		鼎 D 型 I 式 2，敦 C 型 I 式 2，壶 E 型 II 式 2，高柄豆 Ba 型 I 式 1，Bb 型 I 式 3，杯 II 式 1，高柄小壶 C 型 I 式 2，盘 A 型 II 式 2，勺 1，匜 A 型 IV 式 1，匕 B 型 I a 式 1，璧 II 式 1	铜剑 Aa 型 1			
296	270°	B I	口：270×130 底：260×130-（残）270		鼎 C 型 II 式 2，敦 2，壶 E 型 II 式 2，高柄豆 A 型 II 式 4，杯 II 式 1，高柄小壶 C 型 II 式 2，盘 B 型 III 式 2，匜 A 型 II 式 2，匕 B 型 III 式 1				
519	89°	B I	口：280×150-40 底：270×130-400		鼎 D 型 II 式 1，敦 1，壶 E 型 III 式 2，高柄豆 A 型 IV 式 2				
526	84°	B I	270×110-（残）260		鼎 2，敦 D 型 II 式 2，壶 D 型 II 式 2，高柄豆 3，盘 A 型 I 式 2，匜 A 型 II 式 1，匜 1	铜镜 A 型 I 式 1			
540	150°	B I	口：295×190 底：274×131-315		鼎 C 型 IV 式 2，敦 E 型 II 式 2，壶 2，高柄豆 A 型 IV 式 2，盘 B 型 III 式 1，勺 1，匜 B 型 III 式 1，匕 C 型 III 式 1	铜戈 A 型 1			
550	208°	B I	口：286×160-20 底：250×132-380		鼎 C 型 II 式 2，敦 2，壶 D 型 III 式 2，矮柄豆 Aa 型 V 式 1，勺 B 型 III 式 1，匕 1				
551	205°	B I	250×140-（残）370		鼎 C 型 III 式 2，敦 D 型 III 式 2，壶 D 型 III 式 2，矮柄豆 Aa 型 VI 式 2，勺 1，匕 1				
572	250°	B I	口：280×170 底：240×123-340		鼎 B 型 IV 式 2，敦 D 型 II 式 2，壶 E 型 III 式 2，高柄豆 2，勺 B 型 II 式 2				

续附表四

墓号	方向	墓葬型式	墓坑尺寸（长×宽-深）	墓坑结构、葬具等（长×宽-高）	出土器物		期	段	备注
					陶器	其他			
575	360°	B I	口：270×150 底：250×140-350		鼎D型Ⅲ式2，敦2，壶D型Ⅴ式2				
836	210°	B I	口：260×140 底：270×140-390		鼎2，敦D型Ⅱ式2，壶2，矮柄豆Aa型Ⅴ式2，勺1，匜B型Ⅲ式1				墓底大于墓口
837	215°	B I	口：290×160 底：250×140-410		鼎2，敦2，壶2，矮柄豆2，盘F型2，勺B型Ⅱ式2				

附表五

乙组 A 类墓葬登记表

单位：厘米

墓号	方向	墓葬型式	墓坑尺寸（长×宽－深）	墓坑结构、葬具等（长×宽－高）	出土器物 陶器	出土器物 其他	期	段	备注
10	13°	A Ⅰ	口：265×150 底：250×145－235		鼎 C 型 Ⅰ 式 1，敦 E 型 Ⅰ 式 1，壶 E 型 Ⅱ 式 1，高柄豆 A 型 Ⅱ 式 1，盘 1，勺 1	玻璃珠 1			
18	270°	A Ⅰ	口：310×232 底：290×198－130		鼎 C 型 Ⅳ 式 1，敦 1，壶 1	铜剑 Aa 型 1，戈 1，矛 1			被盗
30	265°	A Ⅰ	口：370×240 底：275×160－224		鼎 D 型 Ⅰ 式 1，敦 1，壶 1				
40	263°	A Ⅲ a	口：450×330 底：316×184－346	墓口有一类台阶，宽 60，高 80	鼎 1，敦 1，壶 1	铜剑 B 型 1，戈 A 型 2，矛 B 型 1，带钩 1；铁削刀 1			
42	255°	A Ⅰ	口：330×267 底：290×180－180		鼎 C 型 Ⅱ 式 1，敦 C 型 Ⅲ 式 1，壶 1				
43	285°	A Ⅲ a	口：412×298 底：292×184－320	墓口有一级台阶，宽 34～50，高 40	鼎 B 型 Ⅰ 式 1，敦 1，壶 Bb 型 Ⅰ 式 2				
70	354°	A Ⅰ	口：340×220 底：282×178－390		鼎 D 型 Ⅰ 式 1，敦 C 型 Ⅰ 式 1，壶 D 型 Ⅰ 式 1，高柄豆 A 型 Ⅲ 式 1，高柄小壶 B 型 1，盘 A 型 Ⅱ 式 1，勺 A 型 1，匜 A 型 Ⅱ 式 1，匕 B 型 Ⅱ 式 1	铜戈 A 型 1，带钩 1			
75	283°	A Ⅲ a	口：595×470 底：320×190－（残）410	墓口有两级台阶，宽 40～60，高 46～110	鼎 1，敦 1，壶 1，高柄豆 Bb 型 Ⅰ 式 1，矮柄豆 1，盘 F 型 1，勺 1，匕 B 型 Ⅵ 式 1	铜剑 Aa 型 1，矛 2			

续附表五

墓号	方向	墓葬型式	墓坑尺寸（长×宽－深）	墓坑结构、葬具等（长×宽－高）	出土器物 陶器	出土器物 其他	期	段	备注
76	185°	AⅢa	口：410×355 底：290×170－343	墓口有一级台阶，宽35～50，高60	鼎C型Ⅰ式1，敦1，壶Bb型Ⅱ式1，盘C型Ⅲ式1，匜A型Ⅲ式1	铜剑Aa型1，矛B型1			
87	276°	AⅢa	口：400×364 底：270×190－320	墓口有一级台阶，宽45，高50	鼎1，敦1，壶1				
95	287°	AⅢa	口：478×370 底：315×207－330	墓口有一级台阶，宽47～50，高65	鼎C型Ⅲ式1				
96	168°	AⅠ	口：260×150 底：280×150－486		鼎1，敦1，壶1，豆1，罐1，杯1，勺C型Ⅱ式1，匜C型1，匕1				墓底大于墓口
99	72°	AⅢa	口：490×280 底：280×200－（残）330	墓口有两端平行的一级台阶，宽60，高40	鼎1，壶1	铜剑B型1，戈2，矛B型1，矛1			
100	265°	AⅢa	口：540×420 底：330×200－（残）400	墓口有一级台阶，宽52～60，高120	鼎A型Ⅰ式1，敦1，壶1，高柄豆A型Ⅰ式2	铜剑B型1，戈A型1，戈镡A型1，矛A型1，B型1，箭镞1			
104	90°	AⅠ	口：390×310 底：290×190－370		鼎1，敦1，壶1，矮柄豆B型Ⅱ式1，B型Ⅴ式1	铜剑Aa型1，戈A型1，矛B型1，D型1			
105	280°	AⅢa	口：542×460 底：300×200－330	墓口有一级台阶，宽54～70，高70	鼎1，敦1，壶1	铜剑D型1，戈A型1，B型1，矛B型1，C型1			
106	200°	AⅢa	口：424×325 底：274×150－300	墓口有一级台阶，宽28～33，高58	鼎1，敦1，壶Ba型Ⅲ式1，矮柄豆Aa型Ⅴ式1	铜戈1，矛1			

续附表五

墓号	方向	墓葬型式	墓坑尺寸（长×宽-深）	墓坑结构、葬具等（长×宽-高）	出土器物		期	段	备注
					陶器	其他			
118	287°	AⅡb	口：352×348 底：276×158-（残）350	斜坡墓道，坡度 16°，540×165-180，距墓底 156；墓口有一级台阶，宽 27~40，高 60	鼎 1、敦 1、壶 1	铜剑 B 型 1、矛 C 型 1			
122	180°	AⅠ	口：330×240 底：316×180-270		鼎 1、敦 1、壶 1、高柄豆 4	铜剑 B 型 1、戈 A 型 1、矛 B 型 1、矛 1、矛镦 1			
131	272°	AⅠ	口：350×260 底：310×214-290		鼎 1、敦 1、壶 1、豆 1	铜剑 B 型 1、矛 C 型 1			
132	103°	AⅢa	口：430×390-38 底：350×196-332	墓口有两侧平行的一级台阶，宽 40~55，高 84	鼎 1、敦 1、壶 1、矮柄豆 Aa 型 Ⅵ式 3	铜剑 B 型 1、戈 A 型 1、矛 1、削 1、箭镞 1			
134	10°	AⅠ	270×160-390		鼎 C 型Ⅳ式 1、盒 A 型Ⅱ式 1、壶 E 型Ⅳ式 1、豆 1、盘 B 型 1、匜 1、勺 B 型Ⅱ式 1	金印章 1（未见实物，存疑）			
137	185°	AⅠ	口：280×220 底：270×210-450		鼎 1、敦 1、壶 1、高柄豆 A 型Ⅲ式 2、杯Ⅰ式 1				
139	4°	AⅡb	口：500×440 底：340×230-480	斜坡墓道，坡度 23°，650×184-280，距墓底 200；墓口有一级台阶，宽 50~56，高 110	鼎 1、敦 1、壶 1				
156	318°	AⅠ	口：270×166 底：256×150-（残）260		鼎 D 型Ⅱ式 1、敦 C 型Ⅰ式 1、壶 E 型Ⅱ式 1、高柄豆 C 型Ⅲ式 2				

续附表五

墓号	方向	墓葬型式	墓坑尺寸（长×宽－深）	墓坑结构、葬具等（长×宽－高）	出土器物 陶器	出土器物 其他	期	段	备注
162	120°	A I	口：255×144 底：265×152－350		鼎D型I式1、敦C型I式1、高柄豆A型III式E型II式1、壶B型II式1、高柄小壶C型I式1、盘B型II式1、勺1、匜C型I式1、匕B型II式1	铜镜B型1			墓底大于墓口
167	193°	A I	口：360×240 底：330×220－280		鼎D型I式1、敦1	铜剑Aa型1、矛1			
169	10°	A III a	口：460×350 底：290×180－370	墓口有一级台阶，宽50，高140	敦1	铜剑B型1、矛1、匕首1			被盗
172	291°	A I	口：350×280 底：280×170－330		鼎B型I式1、敦B型I式1、壶1	铜剑1、矛1			
186	85°	A I	口：350×250 底：280×170－290		鼎A型II式1、壶Bb型I式1、盂A型I式1				
198	280°	A I	口：380×310 底：300×180－380		鼎1、敦1、壶Bb型IV式1、矮柄豆Ab型I式1	铜剑Aa型1、戈C型1、矛D型1			
201	270°	A I	口：310×220 底：300×200－350		鼎C型III式1、盒1、壶F型1、矮柄豆Aa型VI式2、匜A型VI式1				
232	190°	A I	口：400×320 底：296×200－350		鼎1、敦1	铜剑B型1、戈A型1、戈1、矛B型1、E型1			

续附表五

墓号	方向	墓葬型式	墓坑尺寸（长×宽-深）	墓坑结构、葬具等（长×宽-高）	出土器物		期	段	备注
					陶器	其他			
233	170°	A Ⅱ a	口：330×220 底：265×160-300	斜坡墓道，坡度21°，350×140-140，距墓底160	鼎C型Ⅱ式1，敦C型Ⅲ式1，壶E型Ⅱ式1，高柄小壶A型Ⅲ式2，杯Ⅱ式1，高柄豆A型Ⅲ式1，盘A型Ⅱ式1，匜A型Ⅱ式1，匕A型Ⅱ式1，斗Ⅰ式1，璧Ⅱ式1				
252	65°	A Ⅱ a	口：310×290 底：265×156-300	斜坡墓道，坡度21°，362×148-150，距墓底134	鼎1，敦B型Ⅱ式1				被M251打破
262	240°	A Ⅱ a	口：320×310 底：280×230-415	斜坡墓道，坡度22°，400×160-195，距墓底高220	鼎C型Ⅱ式1，敦F型1，壶1，盘E型Ⅱ式1，匜A型Ⅲ式1				
274	280°	A Ⅰ	280×160-（残）210		鼎D型Ⅱ式1，敦C型Ⅰ式1，高柄豆A型Ⅰ式1，高柄小壶A型Ⅰ式1，盘A型Ⅲ式1，匜A型Ⅳ式1，匕1，璧Ⅰ式1				
283	100°	A Ⅰ	口：280×190 底：270×180-180		壶A型Ⅰ式1，矮柄豆Ab型Ⅰ式1				
286	185°	A Ⅰ	口：340×250 底：280×170-200		鼎B型Ⅰ式1，敦D型Ⅰ式1，壶C型Ⅲ式1				
291	195°	A Ⅰ	口：310×200 底：290×180-130		鼎B型Ⅰ式1，敦A型Ⅰ式1，壶1				
294	210°	A Ⅰ	口：320×240 底：270×180-340		鼎A型Ⅲ式1，敦B型Ⅳ式1，壶C型Ⅲ式1，盘D型Ⅰ式1	铜戈A型1，矛B型1			

续附表五

墓号	方向	墓葬型式	墓坑尺寸（长×宽-深）	墓坑结构、葬具等（长×宽-高）	出土器物 陶器	出土器物 其他	期	段	备注
299	350°	A I	口：280×155 底：260×155－320		鼎1、敦1、壶1、高柄豆4、盘1				
321	274°	A Ⅲ a	口：526×486 底：350×270－330	墓口有一级台阶，宽56~60，高40	鼎1、敦1、壶1、豆1	铜剑B型1、矛C型1			
329	270°	A Ⅱ a	口：310×250 底：300×215－200	斜坡墓道，坡度20°，200×160－50，距墓底150	鼎1、壶1、矮柄豆1	铜剑B型1、戈1、矛1			
330	180°	A Ⅱ a	口：420×340 底：280×170－320	斜坡墓道，坡度20°，580×160－140，距墓底140	鼎B型Ⅱ式1、敦1、壶C型I式1	铜剑B型1、戈1、矛B型1			
350	110°	A I	300×150－360		鼎1、敦B型Ⅴ式1、壶1、矮柄豆Aa型Ⅴ式1	铜匕1			
366	75°	A I	口：360×260 底：320×160－260		鼎B型I式1、敦1、壶A型Ⅱ式1	铜剑1			
371	270°	A I	口：340×260 底：276×190－－（残）165		鼎C型I式1、盒A型Ⅲ式1、壶F型1	铜剑Aa型1、矛D型1			
405	6°	A I	口：320×230 底：280×210－200		鼎1、敦D型Ⅱ式1、壶1				
418	270°	A I	口：360×280－30 底：280×150－290		壶1	铜戈A型1、矛C型1、矛1			
419	165°	A I	口：330×260－15 底：290×170－265		鼎1、敦1、壶1				

续附表五

墓号	方向	墓葬型式	墓坑尺寸（长×宽-深）	墓坑结构、葬具等（长×宽-高）	出土器物 陶器	出土器物 其他	期	段	备注
420	260°	A I	口：340×280-30 底：274×165-（残）280		鼎 B 型Ⅲ式 1、敦 B 型Ⅳ式 1、壶 Bb 型Ⅱ式 1、豆 1	铜剑 C 型 1、矛 C 型 1			
426	255°	A I	口：390×280-32 底：330×200-250		鼎 C 型Ⅰ式 1、敦 1、壶 1	铜剑 Aa 型 1			
431	108°	A Ⅱ b	口：380×340 底：260×150-350	斜坡墓道，坡度 15°，450×140-130，距墓底 220；墓口有一级台阶，宽 24，高 70	鼎 1、敦 1、壶 1				
432	295°	A Ⅲ a	口：450×400 底：310×190-420	墓口有一级台阶，宽 40，高 120	鼎 1、敦 C 型Ⅱ式 1、壶 1	铜剑 1、戈 A 型 1			
434	270°	A I	口：420×360 底：300×160-330		鼎 1、敦 1、壶 1				
438	282°	A Ⅲ a	口：380×300 底：280×180-280	墓口有一级台阶，宽 30，高 30	鼎 1、敦 1、壶 1	铜剑 B 型 1、戈 1、矛 2			
439	190°	A Ⅱ b	口：550×500 底：320×210-400	斜坡墓道，坡度 20°，360×160-250，距墓底 150；墓口有一级台阶，宽 64，高 120	鼎 1	铜剑 B 型 1、匕首 A 型 1			
440	198°	A Ⅱ b	口：434×432 底：280×170-（残）340	斜坡墓道，坡度 30°，（残）180×164-90，距墓底 250；墓口三方有一级台阶，宽 32~48，高 60~90	鼎 1、壶 1、高柄豆 Ba 型Ⅲ式 2				
443	140°	A Ⅲ a	口：420×360 底：270×160-460	墓口有一级台阶，宽 45，高 70	鼎 A 型Ⅰ式 1、敦 1、壶 Ba 型Ⅰ式 1、高柄豆 1	铜剑 Aa 型 1、矛 1			

续附表五

墓号	方向	墓葬型式	墓坑尺寸（长×宽-深）	墓坑结构、葬具等（长×宽-高）	出土器物		期	段	备注
					陶器	其他			
449	183°	AⅠ	口：360×265 底：320×212-302		鼎1、敦1、壶1	铜剑C型1、戈1、矛B型1			
461	253°	AⅠ	口：400×340 底：300×200-300		鼎1、壶1				
467	78°	AⅠ	290×150-300		鼎1、敦1、壶1、高柄豆2、杯1、高柄小壶C型1、盘Ⅰ式1、勺A型Ⅰ式1、匜1、匕C型Ⅰ式1				
471	41°	AⅢa	口：460×380 底：308×210-375	墓口有一级台阶，宽40~50，高95	鼎1、壶1	铜剑Aa型2、矛B型2			
475	180°	AⅣa	口：320×230 底：300×155-（残）320	平行二层台，宽12~20，高60	鼎1、敦1、壶1	铜剑Aa型1、矛C型1、E型1			
510	95°	AⅠ	275×160-480		鼎1、敦E型Ⅱ式1、壶1、高柄豆A型Ⅳ式1、盘B型Ⅱ式1、勺1、匕1				
589	178°	AⅠ	口：260×190 底：260×150-540		鼎1、敦1、壶1、矮柄豆2、盘E型Ⅱ式1、勺B型Ⅰ式1、匜1				
622	180°	AⅡb	口：460×360 底：300×160-350	斜坡墓道，坡度15°，460×180-190，距墓底160；墓口有一级台阶，宽40~50，高70	鼎1、敦1、壶A型Ⅱ式1、高柄豆2	铜剑B型1			
632	180°	AⅢa	口：440×360 底：260×160-320	墓口有一级台阶，宽50，高60	壶D型Ⅱ式1				

续附表五

墓号	方向	墓葬型式	墓坑尺寸（长×宽-深）	墓坑结构、葬具等（长×宽-高）	出土器物		期	段	备注
					陶器	其他			
634	270°	AⅡb	口：420×380　底：250×150-350	斜坡墓道，坡度15°，320×160-220，距墓底130；墓口宽36~44，高90　有一级台阶	鼎1、敦1、壶1、高柄豆A型Ⅲ式1、高柄豆1				
636	270°	AⅡb	口：410×350　底：260×150-340	斜坡墓道，坡度10°，360×170-170，距墓底170；墓口宽40，高60　有一级台阶	鼎B型Ⅰ式1、敦A型Ⅰ式1、壶C型Ⅰ式1	铜矛1、匕首A型1			
655	245°	AⅡa	口：320×250　底：300×190-350	斜坡墓道，坡度16°，530×150-190，距墓底160	鼎1、敦1、壶1	铜剑B型1、矛2			
663	102°	AⅠ	口：250×140　底：280×160-（残）390		鼎D型Ⅱ式1、敦1、壶1、高柄豆A型Ⅲ式2、高柄小壶C型Ⅱ式1、盘A型Ⅲ式1、勺1、匜A型Ⅰ式1、匕C型Ⅰ式1				墓底大于墓口
666	110°	AⅡb	口：560×500　底：300×180-（残）420	斜坡墓道，坡度38°，180×200-230，距墓底190；墓口宽80，残高40　有一级台阶	鼎1、敦D型Ⅱ式1、壶1	铜剑Aa型1、戈A型1、B型1、矛B型2			
673	270°	AⅠ	口：340×230　底：270×150-240		鼎1、敦1、壶1、高柄豆1、矮柄豆1				
678	290°	AⅠ	口：330×250　底：266×142-200		壶1				
680	200°	AⅠ	口：320×270　底：275×160-270		鼎1、敦1、壶1、矮柄豆C型Ⅵ式1	铁盂1			

续附表五

墓号	方向	墓葬型式	墓坑尺寸（长×宽-深）	墓坑结构、葬具等（长×宽-高）	出土器物 陶器	出土器物 其他	期	段	备注
691	15°	A Ⅱ b	口：480×440 底：290×175-420	斜坡墓道，坡度26°，310×162-230，距墓底190；有一级台阶，宽74~82，高100	鼎1，壶1				
693	12°	A Ⅱ b	口：500×460 底：275×154-470	斜坡墓道，坡度29°，340×160-270，距墓底180；有一级台阶，宽52~66，高130	鼎C型Ⅳ式1，敦C型Ⅰ式1，壶1	铜剑1，矛B型1			
700	275°	A Ⅱ a	口：430×390 底：280×145-415	斜坡墓道，坡度20°，400×140-245，距墓底170	鼎A型Ⅱ式1，敦1，壶1	铜剑Ab型1，戈B型1，矛B型1			
710	100°	A Ⅱ a	口：330×246 底：280×144-410	斜坡墓道，坡度26°，340×150-200，距墓底210	鼎B型Ⅲ式1，矮柄豆2	铜剑B型1，戈B型1，矛B型1，镞1，削1			
721	175°	A Ⅱ a	口：400×320 底：280×155-（残）340	斜坡墓道，坡度24°，220×160-120，距墓底220	鼎C型Ⅱ式1，敦1，壶C型Ⅳ式1	铜矛C型1，匕首A型1			
727	195°	A Ⅰ	口：370×260 底：260×155-360		鼎1，敦1，壶1	铜剑1			
813	95°	A Ⅱ a	口：320×230 底：290×170-410	斜坡墓道，坡度18°，430×150-190，距墓底220	鼎B型Ⅲ式1，敦D型Ⅰ式1，壶1，盘D型Ⅱ式1				
816	185°	A Ⅱ a	口：350×260 底：280×160-270	斜坡墓道，坡度15°，265×130-90，距墓底180	鼎1，敦1，壶1				

附表六

乙组 B 类墓葬登记表

单位：厘米

墓号	方向	墓葬型式	墓坑尺寸（长×宽-深）	墓坑结构、葬具等（长×宽-高）	出土器物 陶器	出土器物 其他	期	段	备注
6	195°	B I	口：268×105 底：275×110-（残）230		鼎 B 型 II 式 1，敦 E 型 II 式 1，壶 D 型 III 式 1，矮柄豆 Aa 型 V 式 1，匕 D 型 1				墓底大于墓口
20	115°	B I	口：320×145 底：320×140-170		壶 Bb 型 II 式 1，矮柄豆 Aa 型 III 式 1，E 型 I 式 1				
29	125°	B I	240×110-208		鼎 D 型 III 式 1，敦 D 型 III 式 1，壶 D 型 V 式 1，矮柄豆 Ab 型 IV 式 1				
36	225°	B III a	口：356×222 底：277×113-305	平行二层台宽 17～19，高 40	鼎 C 型 III 式 1，敦 B 型 V 式 1，壶 C 型 V 式 1，高柄豆 A 型 III 式 1，盘 C 型 III 式 1，杯 I 式 1，盘 D 型 II 式 1，匜 C 型 III 式 1，匕 A 型 IV 式 1，斗 II 式 1				
91	298°	B I	260×130-330		鼎 1，敦 1，豆 1，勺 1	铜戈 B 型 1，戈鐏 B 型 1			
115	112°	B I	280×110-270		鼎 1，敦 C 型 III 式 1，壶 E 型 III 式 1，矮柄豆 1，盘 A 型 II 式 1，勺 B 型 I 式 1，匜 B 型 II 式 1，匕 1				
126	255°	B I	口：260×140 底：250×136-（残）400	椁底板三块及残壁板	壶 E 型 III 式 1，高柄豆 2，盒 A 型 II 式 1，盘 B 型 II 式 1				
143	105°	B IV a	250×125-298	头龛距墓底 80，70×40-47	鼎 C 型 III 式 1，盒 A 型 I 式 1，壶 D 型 IV 式 2，高柄豆 A 型 III 式 2				
145	82°	B I	260×116-200		鼎 C 型 III 式 1，壶 1，矮柄豆 1				

续附表六

墓号	方向	墓葬型式	墓坑尺寸（长×宽－深）	墓坑结构、葬具等（长×宽－高）	出土器物 陶器	出土器物 其他	期	段	备注
148	180°	B I	口：270×150 底：260×140－420		鼎1、敦1、壶E型Ⅲ式1、矮柄豆2、杯B型Ⅱ式1、盘B型Ⅱ式1、匜A型Ⅲ式1、匕B型Ⅲ式1				
151	88°	B I	250×110－300		鼎1、敦1、壶1、盘1	铜箭镞			
154	145°	B I	口：266×140 底：260×110－（残）234		盒B型1、壶C型Ⅶ式1、矮柄豆Ab型Ⅲ式2				
158	356°	B I	口：270×125 底：245×125－（残）340		鼎1、盒A型Ⅲ式1、壶E型Ⅲ式1、高柄豆A型Ⅲ式1、豆1、盘B型Ⅲ式1、勺C型Ⅲ式1、匕1				
178	194°	B I	口：325×220 底：240×135－400		鼎D型Ⅰ式1、敦C型Ⅰ式1、壶E型Ⅰ式1、高柄豆Bb型Ⅱ式1、杯Ⅱ式2、盘A型Ⅳ式1、匜A型Ⅲ式1、匕A型Ⅱ式1、斗Ⅰ式1	铜剑B型1			
183	284°	B I	250×130－400		鼎C型Ⅳ式1、敦E型Ⅱ式1、壶1、高柄豆2、勺1、匕1	铜剑B型1			
195	170°	BⅣb	口：255×110 底：245×90－（残）270	边龛距墓底76，60×20－28	鼎D型Ⅲ式1、敦C型Ⅱ式1、壶E型Ⅱ式1、高柄豆Ⅲ式1、勺1、匕1				
206	215°	B I	口：260×140 底：270×140－310		鼎C型Ⅲ式1、敦1、壶1、高柄豆1、盘E型Ⅱ式1、E型Ⅳ式1、勺1、璧1				

续附表六

墓号	方向	墓葬型式	墓坑尺寸（长×宽-深）	墓坑结构、葬具等（长×宽-高）	出土器物 陶器	出土器物 其他	期	段	备注
245	115°	B Ⅰ	口：280×130 底：265×110-200		鼎C型Ⅲ式1，敦D型Ⅱ式1，壶D型Ⅲ式1，矮柄豆Aa型V式2，盘B型Ⅲ式1，匕B型Ⅰb式1				
251	230°	B Ⅰ	230×136-216		鼎1，敦B型Ⅱ式1，高柄豆Bb型Ⅱ式1，高柄豆1				打破M252
303	265°	B Ⅰ	口：290×200 底：260×140-350		壶C型Ⅰ式1，罐1				
311	75°	B Ⅰ	口：280×180 底：240×140-300		鼎D型Ⅲ式1，敦C型Ⅰ式1，高柄豆C型Ⅲ式2，豆Ab型Ⅱ式1				
312	85°	B Ⅰ	口：300×150 底：300×130-280		壶E型Ⅱ式1，高柄豆2，盘B型Ⅱ式1，匜A型Ⅱ式1，勺1，匜1，匕1				
380	75°	B Ⅰ	300×135-180		鼎B型Ⅱ式1，敦1，壶E型Ⅱ式1，高柄豆2				
381	330°	B Ⅰ	230×136-70		高柄豆2，盘1，勺B型Ⅰ式1，匕1，璧1				推毁殆尽
392	200°	B Ⅰ	270×120-210		鼎1，敦1，长颈壶B型1				
451	170°	B Ⅰ	280×110-340		鼎C型Ⅲ式1，矮柄豆E型Ⅲ式1，盘B型Ⅳ式1				
453	165°	B Ⅰ	280×130-340		鼎1，敦D型Ⅱ式1，壶D型Ⅱ式1，豆1	铜镜A型Ⅱ式1			

续附表六

墓号	方向	墓葬型式	墓坑尺寸（长×宽-深）	墓坑结构、葬具等（长×宽-高）	出土器物 陶器	出土器物 其他	期	段	备注
464	190°	B I	口：260×130 底：270×140-320		鼎C型II式1，敦1，壶D型IV式1，高柄豆1				墓底大于墓口
492	150°	B I	270×130-（残）310		鼎1，敦C型I式1，壶1，高柄豆2，杯II式1，高柄小壶C型I式1，盘A型IV式1，匜A型IV式1，勺1，匕B型Ib式1，俑头2				
508	265°	B I	口：250×160 底：260×135-470		鼎1，敦1，壶E型III式1，薰1，高柄豆1，双耳罐A型I式1，杯III式1，勺1	铜剑首1			墓底大于墓口
509	95°	B I	260×120-400		鼎1，敦D型III式1，壶D型VI式1，矮柄豆Aa型III式1，盘D型III式1，匜B型IV式1，勺1				
511	76°	B I	口：270×100 底：260×100-390		鼎C型III式1，敦C型III式1，壶E型III式1，高柄豆A型III式1，勺1				
525	340°	B I	口：245×115-20 底：270×123-290		鼎B型III式1，敦D型III式1，壶D型III式1，矮柄豆V型1				墓底大于墓口
529	350°	B I	口：266×106 底：250×90-300		鼎B型IV式1，盒A型III式1，壶D型III式1，矮柄豆Aa型VI式1，D型III式1				
547	190°	B I	口：240×130 底：240×120-130		鼎C型III式1，敦1，壶E型III式1，高柄豆C型II式1，盘B型III式1，勺1，匜1，匕B型V式1				

续附表六

墓号	方向	墓葬型式	墓坑尺寸（长×宽-深）	墓坑结构、葬具等（长×宽-高）	出土器物		期	段	备注
					陶器	其他			
548	90°	B Ⅰ	口：250×96 底：264×93-130		鼎1、敦1、壶1、高柄豆A型Ⅲ式1、勺1、匜1、匕1	铜带钩1			
557	247°	BⅣa	240×100-（残）185	头龛距墓底64，62×32-46	鼎D型Ⅲ式1、敦1、壶E型Ⅲ式1、高柄豆A型Ⅲ式1、勺1、匜1、匕1				
559	190°	B Ⅰ	280×140-380		敦D型Ⅰ式1、壶1、矮柄豆1、匕C型Ⅱ式1				
567	200°	BⅢa	口：352×134-80 底：352×116-272	平行二层台宽8，高74	鼎D型Ⅲ式1、敦1、壶E型Ⅲ式1、高柄豆D型Ⅲ式1、勺1、匜C型Ⅴ式1、匕1				
571	90°	B Ⅰ	口：285×114-70 底：275×114-300		鼎D型Ⅲ式1、敦E型Ⅲ式1、壶D型Ⅳ式1、高柄豆D型Ⅲ式1、矮柄豆1、勺2、匕C型Ⅱ式1	铜带钩1			
576	190°	B Ⅰ	口：280×160-30 底：240×124-250		鼎1、敦E型Ⅱ式1、壶E型Ⅱ式1、高柄豆A型Ⅲ式1、盘A型Ⅲ式1、勺1、匜A型Ⅲ式1	铜箭镞1；铁环1			
578	100°	B Ⅰ	280×120-320		鼎C型Ⅱ式1、敦C型Ⅰ式1、壶1、高柄豆A型Ⅲ式1、盘1、勺1				
579	205°	BⅣa	口：280×105 底：260×105-270	头龛距墓底60，60×20-30	壶1、豆1				

续附表六

墓号	方向	墓葬型式	墓坑尺寸（长×宽－深）	墓坑结构、葬具等（长×宽－高）	出土器物 陶器	出土器物 其他	期	段	备注
581	360°	B I	250×126－350		鼎C型IV式1，敦C型I式1，壶E型III式1，高柄豆A型II式1，盘A型III式1，匜A型III式1，勺1，区B型III式1				
587	270°	B I	270×120－335		鼎1，敦C型II式1，壶E型IV式1，高柄豆A型IV式2，杯II式1，高柄小壶C型III式1，勺C型II式1，匜C型IV式1，匕B型III式1				
590	360°	B I	280×128－420		鼎C型III式1，敦1，壶D型III式1				
591	100°	B I	250×100－300		鼎C型IV式1，敦1，壶F型1，矮柄豆D型IV式1				
594	360°	B I	265×125－320		鼎D型I式1，敦1，壶C型IV式1，盘B型II式1，矮柄豆Aa型V式1，勺1				
597	85°	B I	260×120－310		鼎1，敦1，壶D型V式1，豆1				
598	358°	B I	260×110－310		鼎1，敦1，壶1，高柄豆1				
602	80°	B I	口：260×115 底：246×100－180		鼎1，敦1，壶1，矮柄豆1				
613	20°	B I	口：240×100 底：260×110－300		鼎B型IV式1，敦1，壶D型II式1，高柄豆1，勺1				墓底大于墓口
639	175°	BIVa	280×120－260	头龛距墓底56，30×30－40	鼎1，敦D型III式1，壶D型V式1，矮柄豆1，勺B型III式1				

续附表六

墓号	方向	墓葬型式	墓坑尺寸（长×宽-深）	墓坑结构、葬具等（长×宽-高）	出土器物		期	段	备注
					陶器	其他			
640	100°	B I	260×110-280		鼎 C 型Ⅲ式 1、敦 1、壶 D 型Ⅴ式 1、矮柄豆 1				
661	190°	B I	300×110-240		鼎 1、敦 D 型Ⅲ式 1、壶 1、矮柄豆 Aa 型Ⅵ式 1、勺 1、匕 1				
818	10°	B I	口：270×120 底：270×100-（残）210		鼎 C 型Ⅲ式 1、盒 A 型Ⅲ式 1、壶 D 型Ⅲ式 1、高柄豆 A 型Ⅳ式 1、盘 A 型Ⅲ式 1、勺 1、匕 1				
826	340°	B I	口：270×140 底：270×130-340		鼎 C 型Ⅳ式 1、敦 D 型Ⅱ式 1、高柄豆 1、勺 1				
828	190°	B I	口：310×150 底：290×140-290		鼎 1、壶 D 型Ⅲ式 1、豆 1				
829	170°	B I	270×120-320		鼎 C 型Ⅳ式 1、敦 1、壶 C 型Ⅵ式 1、豆 1				

附表七　　　　　　　乙组C类墓葬登记表

单位：厘米

墓号	方向	墓葬型式	墓坑尺寸（长×宽－深）	墓坑结构、葬具等（长×宽－高）	出土器物 陶器	出土器物 其他	期	段	备注
379	85°	CⅢb	214×70－（残）70	头龛与墓底平，52×25－32	敦B型V式1，壶1，豆1				推毁殆尽
528	355°	CⅣa	口：230×84 底：206×60－（残）370	封闭二层台宽12，高70；头龛距墓底70，56×30－50	鼎B型Ⅳ式1，敦D型Ⅲ式1，壶D型Ⅲ式1，矮柄豆E型Ⅱ式1，盘1，勺1，匕1				
534	80°	CⅡc	口：280×90 底：226×60－290	封闭二层台宽15~27，高60	鼎C型Ⅲ式1，敦D型Ⅲ式1，壶D型Ⅲ式1，矮柄豆E型Ⅰ式1，				
535	350°	CⅡc	口：224×84 底：200×60－80	封闭二层台宽12，高65	鼎1				推毁殆尽
649	96°	CⅣb	口：220×80 底：200×60－（残）70	平行二层台宽10，高47；头龛与墓底平，60×20－46	鼎D型Ⅲ式1，敦D型Ⅲ式1，壶D型V式1，矮柄豆Aa型Ⅷ式1，匕1	铜镜A型Ⅲ式1			推毁殆尽

附表八　丙组 A 类墓葬登记表

单位：厘米

墓号	方向	墓葬型式	墓坑尺寸（长×宽-深）	墓坑结构、葬具等（长×宽-高）	出土器物 陶器	出土器物 其他	期	段	备注
5	185°	A I	口：290×190 底：280×150-210		高领罐 D 型 III 式 1，矮柄豆 1	玻璃珠 1			
15	174°	A I	口：280×180 底：280×178-120		矮领罐 C 型 II 式 1，盂 1，矮柄豆 Ab 型 II 式 1，B 型 V 式 1				
41	257°	A I	口：360×250 底：270×170-（残）230		矮领罐 B 型 I 式 1，盂 B 型 I 式 1，高柄豆 Ba 型 I 式 2	玻璃珠 1			
45	360°	A I	口：410×300 底：290×180-（残）285		矮领罐 A 型 I 式 1，盂 A 型 II 式 1，矮柄豆 B 型 II 式 1，C 型 III 式 3				
54	198°	A I	口：290×154 底：270×154-370		小壶 1，矮柄豆 Aa 型 VII 式 1				
63	275°	A I	口：290×232 底：275×200-255		矮柄豆 Aa 型 VI 式 2				
93	265°	A IIIa	口：420×300 底：320×180-340	墓口有一级台阶，宽 40，高 90	高柄豆 1				
94	360°	A I	口：384×316-28 底：265×172-360		高柄豆 Ba 型 I 式 2				
98	185°	A I	口：290×220 底：254×156-224		罐 2				
102	180°	A I	口：330×220 底：270×150-（残）260		高 A 型 I 式 1，高领罐 F 型 I 式 1，盂 A 型 II 式 1，高柄豆 C 型 I 式 1，矮柄豆 Aa 型 I 式 1				

续附表八

墓号	方向	墓葬型式	墓坑尺寸（长×宽－深）	墓坑结构、葬具等（长×宽－高）	出土器物 陶器	出土器物 其他	期	段	备注
123	290°	A I	口：340×236 底：290×150－230		矮柄豆 Aa 型 II 式 2				
129	270°	A III a	口：436×268 底：228×186－235	墓口有一级台阶，宽 22～50，高 15（残）	高柄豆 C 型 III 式 1	铜剑 Aa 型 1			
165	208°	A I	口：310×200 底：270×160－220		高领罐 D 型 III 式 1，矮柄豆 Ab 型 II 式 1，C 型 III 式 1				
168	180°	A II a	口：300×250 底：270×160－320	斜坡墓道，坡度 20°，330×154－120，距墓底 200	高领罐 A 型 III 式 1，盂 A 型 IV 式 1				
199	185°	A I	300×180－100		豆 1				摧毁殆尽
205	80°	A I	口：360×270 底：320×210－（残）270		高领罐 1，盂 A 型 II 式 1，豆 1				
207	228°	A I	口：380×260 底：284×200－250		盂 A 型 IV 式 1，矮柄豆 D 型 II 式 1				
210	240°	A II a	口：320×310 底：310×160－420	斜坡墓道，坡度 24°，750×148－230，距墓底 190	长颈壶 A 型 1	铜剑 B 型 1，矛 B 型 1			
211	276°	A I	口：330×250 底：274×190－280		高柄豆 1				
217	265°	A I	304×176－100		矮柄豆 B 型 VI 式 2				摧毁殆尽
218	195°	A I	口：330×260 底：310×197－270		双耳罐 A 型 I 式 1，盂 D 型 1，高柄豆 Ba 型 III 式 2				

续附表八

墓号	方向	墓葬型式	墓坑尺寸（长×宽-深）	墓坑结构、葬具等（长×宽-高）	出土器物		期	段	备注
					陶器	其他			
226	160°	AⅡa	口：300×220 底：260×150-310	斜坡墓道，坡度30°，420×200-190，距墓底120	高领罐 A 型Ⅲ式 1、盂 A 型Ⅳ式 1、矮柄豆 1	铜剑 1			
227	174°	AⅠ	口：350×250 底：300×200-150		高 A 型Ⅱ式 1、矮领罐 A 型Ⅳ式 1、盂 B 型Ⅰ式 1、高柄豆 C 型Ⅲ式 1、矮柄豆 D 型Ⅰ式 1				
239	360°	AⅠ	口：280×180 底：270×160-（残）180		高领罐 A 型Ⅰ式 1、盂 A 型Ⅳ式 1、矮柄豆 Aa 型Ⅰ式 2				
248	55°	AⅠ	口：320×270 底：280×190-250		高领罐 B 型Ⅱ式 1、矮柄豆 2				
253	60°	AⅠ	口：310×280 底：280×180-240		高领罐 A 型Ⅰ式 1	铁茧 1			
255	240°	AⅠ	口：400×300 底：290×210-250		高领罐 B 型Ⅰ式 1、盂 1				
263	60°	AⅡa	口：350×260 底：260×180-510	斜坡墓道，坡度15°，565×130-284，距墓底高204	高 A 型Ⅰ式 1、高领罐 A 型Ⅱ式 1、盂 1				
265	55°	AⅡa	口：400×330 底：270×145-440	斜坡墓道，坡度15°，575×188-200，距墓底210	罐 1、豆 1				
268	250°	AⅠ	口：330×270 底：250×180-365		高领罐 A 型Ⅴ式 1				
275	93°	AⅠ	口：320×250 底：280×190-180		高 B 型 1、壶 A 型Ⅱ式 1、盂 A 型Ⅳ式 1、矮柄豆 B 型Ⅲ式 1、盘 F 型 1				

续附表八

墓号	方向	墓葬型式	墓坑尺寸（长×宽－深）	墓坑结构、葬具等（长×宽－高）	出土器物 陶器	出土器物 其他	期	段	备注
277	290°	A I	260×200－(残)120		高领罐B型I式1，矮柄豆B型Ⅲ式1				
278	115°	A I	口：310×220 底：300×190－230		矮领罐C型I式1，盂A型Ⅲ式1，高柄豆Bb型Ⅲ式1，C型Ⅱ式1	铜矛B型1			
281	115°	A I	口：330×210 底：320×200－210		高领罐G型1，矮领罐D型Ⅱ式1，矮柄豆E型Ⅱ式1，C型Ⅳ式1				
285	180°	A I	口：280×200 底：270×160－130		高领罐C型1，盂A型Ⅳ式1，高柄豆C型Ⅲ式1				
317	240°	A I	口：330×270 底：270×180－320		双耳罐A型I式1，盂1				
318	220°	A I	口：340×230 底：260×210－365		高领罐A型I式1				
320	170°	A Ⅱb	口：628×528－20 底：365×258－490	斜坡墓道，27°，514×190－320，距墓底高170；墓口有一级台阶，宽64～74，高110	盂1，矮柄豆1				严重被盗
323	280°	A I	口：440×360 底：340×190－340		高领罐1，盂A型Ⅳ式1，高柄豆Bb型Ⅱ式1，矮柄豆B型Ⅲ式1				
324	290°	A I	口：420×320 底：280×208－280		矮领罐1，矮柄豆2	铜剑1，戈A型1，矛B型1			
331	270°	A I	口：320×220 底：280×180－180		矮柄豆1				

续附表八

墓号	方向	墓葬型式	墓坑尺寸（长×宽－深）	墓坑结构、葬具等（长×宽－高）	出土器物 陶器	出土器物 其他	期	段	备注
332	90°	A I	280×180－250		罐 1				
340	270°	A I	口：320×220 底：260×180－280		矮领罐 H 型 II 式 1				
345	87°	A I	口：340×260 底：260×160－240		矮柄豆 B 型 V 式 2				
346	165°	A I	口：300×280 底：250×170－240		小壶 1、盂 1、高柄豆 2	铜矛 1			
347	170°	A I	口：360×280 底：280×150－240		罐 1	残铁器 1			
354	330°	A I	口：360×260 底：280×160－240		罐 1、高柄豆 Bb 型 式 3	铜剑 Aa 型 1			
364	183°	A I	口：320×200 底：270×160－220		高柄豆 1				
365	180°	A I	口：360×300 底：300×180－280		罐 1				
367	80°	A V	280×160－（残）140	头龛距墓底 76，34×18－34	矮柄豆 Aa 型 VI 式 1	铜剑 B 型 1、矛 B 型 1			
368	171°	A IV a	口：340×260 底：290×180－（残）260	平行二层台宽 10～20，高 100	矮领罐 G 型 I 式 1				
377	185°	A I	口：330×280 底：290×190－250		罐 1				

续附表八

墓号	方向	墓葬型式	墓坑尺寸（长×宽-深）	墓坑结构、葬具等（长×宽-高）	出土器物 陶器	出土器物 其他	期	段	备注
407	208°	A I	口：360×350 底：260×160-260		矮柄豆2	铜剑B型1			
422	270°	A I	口：310×250 底：260×145-260		矮领罐A型I式1、盂A型I式1				
425	265°	A I	口：320×220 底：300×165-282		高领罐A型I式1、高柄豆Bb型II式2				
427	260°	A I	口：392×320-44 底：270×163-316		罐1、盂1、矮柄豆2				
459	280°	A Ⅲ a	口：520×410 底：330×230-280	墓口有一级台阶，宽60~64，残高20	高领罐A型Ⅳ式1、豆2				
465	172°	A Ⅳ b	口：400×320 底：270×160-310	封闭二层台，宽14，高80	高柄豆C型Ⅳ式1				
469	282°	A Ⅳ b	口：400×310 底：270×150-260	封闭二层台，宽25~40，高50	罐1	铜剑C型1			
478	110°	A Ⅲ b	口：430×390 底：324×172-380	墓口有一级台阶，宽42~50，高100；墓底有平行二层台，宽20~28，高34	小罐A型II式1				
488	85°	A I	口：360×270 底：290×170-260		矮柄豆1				
573	180°	A Ⅱ a	口：356×290 底：266×146-310	斜坡墓道，坡度18°，380×140-130，距墓底180	罐1、盂1				

续附表八

墓号	方向	墓葬型式	墓坑尺寸（长×宽－深）	墓坑结构、葬具等（长×宽－高）	出土器物		期	段	备注
					陶器	其他			
586	180°	A I	口：250×180　底：230×180－340	残存柈底板一块	矮柄豆 2	铜镜 C 型 1；玻璃璧 B 型 1			
629	270°	A I	口：350×300　底：300×180－260		矮领罐 A 型 I 式 1，盂 1，高柄豆 Bb 型 I 式 3	铜剑 Aa 型 1			
633	180°	A Ⅲ a	口：400×320　底：230×150－280	墓口有一级台阶，宽 50，高 40	罐 1				
645	80°	A I	口：420×300　底：280×150－300		高领罐 1，矮柄豆 Ab 型 Ⅲ 式 1				
646	240°	A Ⅳ a	口：360×300　底：280×160－280	平行二层台宽 30，高 100	矮柄豆 1				
647	250°	A I	口：320×260　底：260×160－260		盂 2，纺轮 1				
668	265°	A Ⅱ a	口：300×245　底：276×155－320	斜坡墓道，坡度 24°，170×155－140，距墓底 180	矮领罐 A 型 I 式 1，盂 1，高柄豆 C 型 Ⅲ 式 1				
681	289°	A I	口：330×290　底：290×170－260		高领罐 A 型 Ⅳ 式 1				
683	200°	A I	口：340×270　底：270×170－290		矮领罐 A 型 Ⅲ 式 1，盂 1				
694	85°	A Ⅱ a	口：350×320　底：250×160－320	斜坡墓道，坡度 10°，330×156－150，距墓底 150	高领罐 A 型 Ⅱ 式 1，盂 A 型 I 式 1				

续附表八

墓号	方向	墓葬型式	墓坑尺寸（长×宽-深）	墓坑结构、葬具等（长×宽-高）	出土器物 陶器	出土器物 其他	期	段	备注
697	265°	A I	口：310×250 底：280×180-270		罐1				
699	275°	A Ⅱ b	口：480×370-50 底：260×150-410	斜坡墓道，坡度30°，390×135-230，距墓底180；有一级台阶，宽42~60，高100	矮领罐C型Ⅲ式1				
701	109°	A I	口：380×300-55 底：270×150-380		矮领罐A型Ⅱ式1、盂A型Ⅲ式1、矮柄豆C型Ⅰ式1、E型Ⅰ式1				
702	100°	A Ⅱ b	口：440×370 底：265×170-400	斜坡墓道，坡度20°，390×150-230，距墓底180；有一级台阶，宽50~60，高130	罐1				该墓被一明代墓挖毁
703	185°	A Ⅱ b	口：490×440 底：285×150-435	斜坡墓道，坡度25°，410×185-260，距墓底170；有一级台阶，宽32~60，高120	高领罐D型Ⅳ式1、盂1	铜戈A型1、匕首A型1			
716	290°	A Ⅱ a	口：364×310 底：260×170-310	斜坡墓道，坡度13°，180×136-80，距墓底175	矮领罐A型Ⅰ式1				
739	205°	A I	口：340×250 底：280×150-（残）245		高领罐E型Ⅰ式1、盂A型Ⅳ式1、高柄豆Bb型Ⅱ式1、C型Ⅲ式1				
743	175°	A I	口：340×260 底：240×148-260		双耳罐A型Ⅰ式1、高柄豆A型Ⅰ式1				
759	185°	A I	口：330×250 底：270×170-240		矮领罐A型Ⅱ式1	铜剑B型1、箭镞1			

续附表八

墓号	方向	墓葬型式	墓坑尺寸（长×宽-深）	墓坑结构、葬具等（长×宽-高）	出土器物		期	段	备注
					陶器	其他			
767	202°	A I	口：370×300 底：270×150-（残）260		壶 Bb 型 I 式 1、盂 A 型 IV 式 1				
772	180°	A II a	口：300×240 底：250×160-310	斜坡墓道，坡度 30°，220×150-140，距墓底 170	盂 A 型 IV 式 1、豆 1	铜带钩 1、铃形器 1（9 枚）			
775	190°	A II a	口：300×230 底：280×160-300	斜坡墓道，坡度 18°，270×140-105，距墓底 175	双耳罐 A 型 I 式 1、盂 A 型 III 式 1、豆 1	铜矛 B 型 1、匕首 B 型 1			
801	90°	A II a	口：260×220 底：200×170-280	斜坡墓道，坡度 13°，260×120-110，距墓底 170	双耳罐 A 型 II 式 1、盂 1				
802	355°	A II a	口：360×340 底：280×160-（残）340	斜坡墓道，坡度 15°，340×160-120，距墓底 220	矮领罐 A 型 I 式 1、盂 A 型 II 式 1、高柄豆 Ba 型 II 式 2、C 型 II 式 1	铜矛 B 型 1、匕首 A 型 1			
807	280°	A II a	口：340×250 底：300×180-390	斜坡墓道，坡度 15°，610×145-150，距墓底 240	壶 1、高领罐 A 型 I 式 1、盂 1	铜剑 B 型 1、矛 C 型 2			
815	95°	A II a	口：320×280 底：300×260-300	斜坡墓道，坡度 27°，210×150-110，距墓底 190	罐 1				
817	80°	A II a	口：350×280 底：260×150-450	斜坡墓道，坡度 21°，450×140-160，距墓底 290	矮领罐 B 型 1、盂 A 型 V 式 1				
819	15°	A I	口：290×140 底：320×150-290		罐 1、盂 B 型 V 式 1				墓底大于墓口

附表九　丙组B类墓葬登记表

单位：厘米

墓号	方向	墓葬型式	墓坑尺寸（长×宽-深）	墓坑结构、葬具等（长×宽-高）	出土器物 陶器	出土器物 其他	期	段	备注
12	268°	BIVa	270×130-370	头龛距墓底高68，62×26-42	小壶A型1，盂1，矮柄豆Aa型VII式1，D型IV式1				墓底大于墓口
14	15°	BIVa	口：250×106 底：272×120-340	头龛距墓底60，90×36-50	高领豆Aa型VII式1，矮柄豆A型V式1，D型IV式1	铜剑格1；铁甬1			墓底大于墓口
16	122°	BI	口：280×114 底：276×106-（残）132		矮领罐F型I式1，盂B型IV式1，矮柄豆C型II式2				
21	105°	BIVa	口：240×100 底：252×100-（残）152	头龛距墓底60，48×28-35	双耳罐A型I式1，D型III式1，矮柄豆D型I式1				墓底大于墓口
24	99°	BI	口：272×132 底：260×117-170		高领罐D型IV式1，盂B型III式1，矮柄豆Aa型V式2	铜剑B型1，矛1，带钩1；残铁器1			
27	35°	BI	口：385×170 底：245×135-260		双耳罐B型I式1，盂B型III式1，矮柄豆Ab型III式1，矮柄豆1				
28	274°	BIVa	口：212×108 底：205×96-165		高柄豆Ba型I式1				
31	277°	BIVa	口：246×120 底：222×88-180		矮柄豆Aa型VI式1				
35	94°	BIVa	口：300×200 底：256×88-140	头龛距墓底17，30×18-24	小壶1，盂A型VI式1	铜矛B型1			
49	185°	BI	口：290×100 底：270×100-340		双耳壶B型I式1，盂A型IV式1，B型IV式1，矮柄豆1				
50	200°	BI	240×110-260		矮领罐G型II式1				打破空墓M51

续附表九

墓号	方向	墓葬型式	墓坑尺寸（长×宽-深）	墓坑结构、葬具等（长×宽-高）	出土器物			期	段	备注
					陶器	其他				
52	113°	B I	口：270×100 底：240×90-280		双耳罐 B 型 I 式 1、豆 1		铜镜 A 型 II 式 1；玻璃环坠 1			
64	182°	B I	口：270×104 底：270×124-340		双耳罐 A 型 I 式 2					墓底大于墓口
65	97°	B I	256×100-（残）230		双耳罐 A 型 III 式 1、盂 B 型 IV 式 1					
66	190°	BIVa	口：270×120 底：240×100-380	头龛距墓底 88，74×22-32	矮领罐 C 型 II 式 1、高领罐 1、盂 B 型 V 式 1、矮柄豆 Aa 型 VI 式 1					
73	235°	B I	250×100-280		高领罐 F 型 II 式 1、矮柄豆 1		铜带钩 1			
89	290°	BIVa	口：250×120 底：230×100-210	头龛距墓底 95，28×15-24	高柄豆 1					
121	265°	BIVa	口：228×108 底：220×100-120	头龛距墓底 70，32×18-26	高领罐 D 型 III 式 1					
127	285°	BIVa	口：255×134 底：220×90-（残）140	头龛距墓底 66，32×20-26	矮柄豆 B 型 VII 式 1					
138	15°	B I	244×126-392		小壶 1、盂 1					
141	10°	B I	口：240×100 底：220×90-100		罐 1、盂 1、矮柄豆 1					
149	80°	B I	280×120-270		高领罐 A 型 III 式 1、盒 B 型 1、高柄豆 A 型 IV 式 1					

续附表九

墓号	方向	墓葬型式	墓坑尺寸（长×宽－深）	墓坑结构、葬具等（长×宽－高）	出土器物		期	段	备注
					陶器	其他			
153	185°	BIVa	250×105－（残）200	头龛距墓底60，70×30－33	矮领罐C型II式2，盂B型III式1				
174	280°	BI	260×100－164		高领罐A型V式1				打破M175
175	10°	BIVa	口：240×120 底：240×110－280	头龛距墓底20，80×15－58	盂A型III式1，矮柄豆C型II式2				被M174打破
176	8°	BI	口：270×120 底：250×100－300		矮领罐B型II式1，簋A型1，矮柄豆D型I式2				
181	148°	BI	口：270×120 底：250×110－320		双耳壶A型1，盂2，矮柄豆Aa型III式1				
185	95°	BIVa	口：260×120 底：250×94－210	头龛距墓底90，50×25－40	罐1，豆1				
187	95°	BI	266×100－240		双耳壶B型II式1，盂B型V式1，矮柄豆D型IV式1				
192	290°	BIVa	口：250×108 底：230×90－（残）180	头龛距墓底56，60×25－30	小罐A型I式1，高柄豆C型III式1				
208	246°	BI	口：400×220 底：300×140－360		高领罐A型III式1	铜矛B型1，匕首1			
222	245°	BI	270×110－140		高领罐D型IV式1，矮柄豆Ab型IV式2				
225	72°	BI	240×100－174		高柄豆Bb型II式1				

续附表九

墓号	方向	墓葬型式	墓坑尺寸（长×宽-深）	墓坑结构、葬具等（长×宽-高）	出土器物 陶器	出土器物 其他	期	段	备注
229	358°	B Ⅰ	260×120-208		高领罐 1，盂 B 型Ⅲ式 1，矮柄豆 C 型Ⅵ式 2				被 M230 打破
236	10°	BⅣa	口：300×130 底：240×110-320	头龛距墓底 60，68×30-40	高领罐 A 型Ⅲ式 1，盂 B 型Ⅳ式 1，矮柄豆 D 型Ⅲ式 1，D 型Ⅳ式 1				
241	270°	BⅣa	口：260×120 底：240×120-（残）180	头龛距墓底 70，70×32-34	双耳罐 A 型Ⅰ式 1，盂 A 型Ⅴ式 1，矮柄豆 D 型Ⅳ式 2，杯Ⅳ式 1				
242	115°	B V	口：245×120 底：220×90-（残）175	封闭二层台宽 12～14，高 60；头龛距墓底 30	高领罐 D 型Ⅳ式 1，盂 1，矮柄豆 1				
247	75°	BⅣa	口：260×140 底：220×90-（残）200	头龛距墓底 60，54×24-42	高领罐 D 型Ⅲ式 1，盂 A 型Ⅳ式 1，矮柄豆 C 型Ⅱ式 1	铜匕首 A 型 1			
266	170°	BⅣa	口：280×120 底：245×92-（残）150	头龛距墓底 74，50×25-28	双耳罐 A 型Ⅰ式 1，盂 A 型Ⅲ式 1，矮柄豆 Aa 型Ⅰ式 1				
273	220°	BⅣa	口：300×150 底：280×130-160	头龛距墓底 80，58×20-30	罐 1，盂 1				
284	104°	B Ⅰ	口：270×140 底：240×110-140		豆 1				
290	30°	B Ⅰ	口：310×240 底：250×140-170		高领罐 D 型Ⅲ式 1，矮柄豆 B 型Ⅶ式 2				
295	170°	B Ⅰ	口：300×180 底：240×120-225		小壶 B 型 1，盂 B 型Ⅲ式 1				

续附表九

墓号	方向	墓葬型式	墓坑尺寸（长×宽－深）	墓坑结构、葬具等（长×宽－高）	出土器物 陶器	出土器物 其他	期	段	备注
300	75°	BⅣa	口：240×105 底：240×115－280	头龛距墓底90，60×25－40	高领罐A型Ⅲ式1、矮柄豆1				
305	95°	BⅠ	口：280×140 底：270×130－290		壶Bb型Ⅰ式1、盂A型Ⅲ式1、C型1				
306	95°	BⅣb	口：250×110 底：240×90－（残）150	边龛距墓底84，40×22－30	矮柄豆Aa型Ⅵ式1				
315	60°	BⅣa	口：260×110 底：230×100－150	头龛距墓底70，45×30－25	罐1、盂1、豆3				
335	193°	BⅣa	222×108－110	头龛距墓底74，42×16－36	盂1、高柄豆2、矮柄豆1				
341	268°	BⅣa	240×100－180	头龛距墓底80，40×18－30	罐1、矮柄豆1				
342	273°	BⅣa	240×100－160	头龛距墓底60，30×14－26	矮柄豆Ab型Ⅳ式1、矮柄豆1				
349	210°	BⅣa	口：260×160 底：220×120－140	头龛距墓底68，48×24－32	盂A型Ⅰ式1				
363	265°	BⅠ	口：300×180 底：280×140－260		矮柄豆1				
394	287°	BⅠ	210×100－35		高柄豆1				摧毁殆尽
429	270°	BⅣa	口：270×170 底：217×112－216	头龛距墓底70，34×20－30	矮柄豆Aa型Ⅶ式1				
446	280°	BⅣa	240×100－220	头龛距墓底80，44×20－38	罐1、盂1、矮柄豆Aa型Ⅵ式1				
452	280°	BⅠ	260×110－260		双耳罐A型Ⅳ式1、矮柄豆2				

续附表九

墓号	方向	墓葬型式	墓坑尺寸（长×宽-深）	墓坑结构、葬具等（长×宽-高）	出土器物		期	段	备注
					陶器	其他			
466	96°	B I	口：360×270 底：270×140-300		罐 1	铜剑 B 型 1，矛 A 型 1			
474	170°	B Ⅲ a	口：280×116 底：280×108-440	平行二层台，宽 4，高 70	双耳壶 A 型 1				
500	169°	B I	口：280×130 底：245×118-480		双耳罐 A 型 I 式 1，盂 B 型 Ⅲ 式 1，矮柄豆 1				
501	90°	B I	270×100-360		高领罐 E 型 Ⅱ 式 1，盂 B 型 Ⅲ 式 1，矮柄豆 D 型 Ⅳ 式 1				
507	5°	B I	265×130-410		高领罐 A 型 V 式 1，盂 B 型 Ⅲ 式 2，矮柄豆 1				
516	90°	B I	口：260×105 底：260×115-290		双耳壶 A 型 1，盂 B 型 Ⅲ 式 1，砣码 1				墓底大于墓口
530	90°	B I	口：280×110 底：250×90-300		高领罐 D 型 Ⅲ 式 1，矮柄豆 D 型 Ⅲ 式 1，矮柄豆 1				
531	165°	B I	口：300×110 底：275×110-（残）280		双耳罐 B 型 I 式 1，盂 B 型 Ⅲ 式 1，矮柄豆 Aa 型 Ⅲ 式 1				
533	76°	B I	口：258×96 底：250×88-260		小壶 A 型 1，小罐 A 型 Ⅲ 式 1，矮柄豆 D 型 Ⅳ 式 1				
536	170°	B I	270×120-50		高领罐 E 型 I 式 1，簋 B 型 I 式 1				摧毁殆尽

续附表九

墓号	方向	墓葬型式	墓坑尺寸（长×宽-深）	墓坑结构、葬具等（长×宽-高）	出土器物 陶器	出土器物 其他	期	段	备注
537	340°	BⅠ	280×120-(残)130		矮领罐 G 型Ⅱ式1、盂 B 型Ⅲ式1、矮柄豆 Aa 型Ⅶ式1，D 型Ⅲ式1				
539	330°	BⅣa	口：238×104 底：240×94-131	头龛距墓底100，46×20-25	罐1、盂1、矮柄豆1	铜镜1			
541	100°	BⅣa	口：250×110 底：247×100-252	头龛距墓底70，92×26-34	双耳罐 A 型Ⅰ式1、盂2、矮柄豆1	玻璃珠1			
556	360°	BⅣa	口：245×120 底：232×90-(残)160	头龛距墓底66，54×22-34	高领罐 A 型Ⅱ式1、矮柄豆 C 型Ⅱ式1，C 型Ⅳ式1				
566	15°	BⅠ	口：264×108-40 底：256×100-260		矮领罐 H 型Ⅰ式1、矮柄豆 C 型Ⅳ式2				
569	15°	BⅣa	240×106-300	头龛距墓底34，54×24-36	高领罐 A 型Ⅳ式1、盂1、豆1				
570	180°	BⅠ	口：280×130 底：280×120-250		高领罐 A 型Ⅳ式1、盂 B 型Ⅲ式1	铜砝码1；铁刮刀1			
574	360°	BⅠ	口：270×110 底：250×110-(残)300		高领罐 A 型Ⅴ式1、盂 B 型Ⅴ式1				
577	195°	BⅠ	口：260×100-40 底：253×90-260		矮领罐 C 型Ⅱ式1				
585	90°	BⅠ	280×110-(残)235		双耳罐 A 型Ⅰ式1、盂 B 型Ⅳ式1				
593	195°	BⅣa	250×100-270	头龛距墓底70，80×20-40	高领罐 B 型Ⅰ式1、矮柄豆1				
595	350°	BⅠ	250×100-130		双耳罐 A 型Ⅰ式1				

续附表九

墓号	方向	墓葬型式	墓坑尺寸（长×宽-深）	墓坑结构、葬具等（长×宽-高）	出土器物 陶器	出土器物 其他	期	段	备注
600	190°	BIVa	口：255×117 底：245×100-180	头龛距墓底 70，48×24-36	高领罐 A 型 IV 式 1、盂 1、矮柄豆 E 型 II 式 1				
604	285°	BI	口：280×120 底：275×115-220		高领罐 E 型 II 式 1、盂 1、矮柄豆 Aa 型 III 式 1				
606	180°	BIVa	235×110-（残）157	头龛距墓底 56，70×26-34	双耳罐 A 型 I 式 1、盂 B 型 IV 式 1、矮柄豆 Aa 型 III 式 1				
608	180°	BI	口：290×140 底：290×128-（残）270		高领罐 A 型 III 式 1、盂 A 型 V 式 1、矮柄豆 C 型 IV 式 1、B 型 VI 式 1	铜剑 C 型 1			墓底大于墓口
614	110°	BI	口：270×105 底：280×120-220		矮领罐 B 型 I 式 1、矮柄豆 D 型 IV 式 1				
620	90°	BI	270×105-（残）240		盂 F 型 1、盂 B 型 III 式 1、矮柄豆 1				推毁殆尽
623	180°	BV	口：240×150 底：200×90-（残）140	半封闭二层台宽 20，高 20；头龛距墓底 50，40×18-26	罐 1				
626	260°	BIVa	口：280×160 底：220×90-（残）160	头龛距墓底 100，34×28-28	高领罐 D 型 I 式 1、盂 A 型 I 式 1				
653	81°	BIVa	口：240×105 底：254×115-260	头龛距墓底 80，84×30-30	矮领罐 F 型 I 式 1、盂 1、矮柄豆 Aa 型 VI 式 1				墓底大于墓口
665	150°	BIVa	口：240×105 底：218×90-（残）160	头龛距墓底 70，42×22-36	高领罐 D 型 II 式 1、盂 A 型 III 式 1	铜剑 Aa 型 1			

续附表九

墓号	方向	墓葬型式	墓坑尺寸（长×宽－深）	墓坑结构、葬具等（长×宽－高）	出土器物		期	段	备注
					陶器	其他			
704	290°	BⅣa	口：270×140 底：230×95－120	头龛距墓底 52，46×20－34	豆 1	铜剑 1			
711	195°	BⅡ	口：300×270 底：230×114－（残）340	斜坡墓道，坡度 20°，340×150－220，距墓底 120；头龛距墓底 56，110×28－34	鬲 1，高领罐 2，盂 1，矮柄豆 2	铜剑 Aa 型 1，戈 1，矛 B 型 1			
722	285°	BⅣa	口：245×110－18 底：235×100－170	头龛距墓底 80，58×28－30	罐 1，盂 1	铜剑 Aa 型 1，矛 B 型 1，矛镦 1			
742	164°	BⅣa	口：290×168 底：225×94－290	头龛距墓底 55，42×24－36	盂 A 型Ⅲ式 1，高柄豆 C 型Ⅱ式 1				
745	175°	BⅣa	口：235×115 底：225×105－120	头龛距墓底 80，45×20－20（残）	矮柄豆 Aa 型Ⅵ式 1				
783	180°	BⅣa	口：220×130 底：180×100－120	头龛距墓底 54，30×24－26（残）	高柄豆 C 型Ⅲ式 1				
788	260°	BⅣa	口：295×200 底：215×105－（残）190	头龛距墓底 90，46×20－24	盂 A 型Ⅱ式 1				
790	308°	BⅠ	口：270×140 底：210×95－180		矮领罐 B 型Ⅱ式 1				
793	190°	BⅣa	口：250×125 底：225×90－（残）120	头龛距墓底 45，52×22－34	高领罐 B 型Ⅰ式 1，盂 A 型Ⅰ式 1	铜剑 Aa 型 1，带钩 1			
795	180°	BⅣa	口：240×130 底：200×90－120	头龛距墓底 70，32×28－30	矮柄豆 Aa 型Ⅲ式 1				

续附表九

墓号	方向	墓葬型式	墓坑尺寸（长×宽-深）	墓坑结构、葬具等（长×宽-高）	出土器物		期	段	备注
					陶器	其他			
805	270°	BⅣa	口：230×100 底：210×90-70	头龛距墓底 56，44×15-（残）12	矮柄豆 Aa 型Ⅵ式 1				摧毁殆尽
808	195°	B I	口：250×110 底：220×100-160		豆 1				
809	95°	BⅣa	口：270×120 底：260×90-200	头龛距墓底 67，36×23-23	高柄豆 Ba 型Ⅱ式 1				
810	170°	BⅣa	口：260×110 底：240×90-230	头龛距墓底 90，30×20-25	盂 A 型Ⅳ式 1，矮柄豆 C 型 V 式 1				打破 M811
820	180°	B I	口：270×140 底：240×130-（残）250		高领罐 A 型 V 式 1，盂 B 型 V 式 1				
831	360°	B I	260×100-280		高领罐 E 型Ⅱ式 1，盂 B 型Ⅳ式 1，矮柄豆 D 型Ⅳ式 1				

附表一〇　丙组 C 类墓葬登记表

单位：厘米

墓号	方向	墓葬型式	墓坑尺寸（长×宽－深）	墓坑结构、葬具等（长×宽－高）	出土器物		期	段	备注
					陶器	其他			
3	5°	C Ⅳ a	口：246×100 底：220×60－（残）130	封闭二层台宽 10～20，高 62；头龛距墓底 23，66×16－36	罐 1、矮柄豆 C 型 Ⅰ 式 1				
4	180°	C Ⅳ a	口：240×105 底：192×64－84	封闭二层台宽 18～28，高 65；头龛距墓底 60，56×22－26（残）	高领罐 1、矮柄豆 Aa 型 Ⅲ 式 1，D 型 Ⅳ 式 1				头龛被破坏
17	128°	C Ⅱ a	口：250×100 底：244×84－172	两侧中间略缩似二层台，距底 70	双耳罐 C 型 1、矮柄豆 C 型 Ⅳ 式 1	铜带钩 Ⅲ 式 1			
22	288°	C Ⅱ a	口：234×90 底：232×60－134	南侧不规则二层台距底 40	高领罐 A 型 Ⅴ 式 1、盂 A 型 Ⅴ 式 1、矮柄豆 Ab 型 Ⅲ 式 1，Ab 型 Ⅳ				北侧壁摧毁
25	82°	C Ⅱ b	口：246×92 底：225×52－（残）128	半封闭二层台宽 20，高 58	高领罐 A 型 Ⅲ 式 1、矮柄豆 D 型 Ⅳ 式 1				
26	207°	C Ⅳ a	口：250×106 底：192×58－300	封闭二层台宽 18，高 54；头龛距墓底高 54，46×23－34	高领罐 A 型 Ⅲ 式 1、盂 A 型 Ⅴ 式 1、矮柄豆 Aa 型 Ⅳ 式 1				
32	209°	C Ⅲ a	口：230×113 底：210×83－136	头龛距墓底 72，30×20－22	高柄豆 Bb 型 Ⅳ 式 1				
33	190°	C Ⅲ a	200×64－132	头龛距墓底 64，18×22－32	高领罐 A 型 Ⅲ 式 1				
34	165°	C Ⅲ a	224×82－100	头龛距墓底 60，22×18－22	矮柄豆 1				
38	202°	C Ⅱ a	口：226×92 底：226×58－214	平行二层台宽 17，高 58	矮领罐 G 型 Ⅲ 式 1、矮柄豆 1				

续附表一〇

墓号	方向	墓葬型式	墓坑尺寸（长×宽－深）	墓坑结构、葬具等（长×宽－高）	出土器物 陶器	出土器物 其他	期	段	备注
39	92°	CⅣc	口：247×87 底：233×46－210	平行二层台宽15，高55；双头龛，一上一下，均为高龛	矮领罐 G 型 I 式 1、矮柄豆 Aa 型 VI 式 1				
56	201°	CⅢc	口：270×120 底：230×72－160	边龛距墓底102，22×13－22	高柄豆 C 型 Ⅱ 式 1				
69	84°	CⅡb	口：255×100 底：230×60－265	半封闭二层台宽20~25，高78	矮领罐 G 型 Ⅲ 式 1、盂 B 型 Ⅱ 式 1、矮柄豆 C 型 V 式 1				被 M68 打破
74	125°	CⅢc	口：236×84 底：210×84－（残）100	边龛距墓底60，50×24－32	盂 1、高柄豆 A 型 Ⅱ 式 1、矮柄豆 1				
77	360°	CⅡa	口：270×110 底：250×60－200	平行二层台宽20，高60	高领罐 A 型 Ⅲ 式 1、A 型 V 式 1				
79	200°	CⅢc	口：250×100 底：210×75－（残）157	边龛距墓底84，60×28－42	高 A 型 I 式 1、盂 A 型 Ⅱ 式 1、矮柄豆 B 型 Ⅳ 式 1、C 型 Ⅲ 式 1				
80	18°	CⅢa	200×70－（残）135	头龛距墓底36，57×25－40	长颈壶 B 型 1、盂 B 型 Ⅳ 式 2				
107	270°	CⅢa	口：250×135 底：200×70－180	头龛距墓底64，48×23－28	高柄豆 Bb 型 Ⅳ 式 1、矮柄豆 Aa 型 Ⅱ 式 1				
108	94°	CⅢa	口：255×110 底：225×70－130	头龛距墓底70，40×16－23	矮领罐 A 型 Ⅱ 式 1				
109	245°	CⅢd	口：260×180 底：220×85－280	头龛距墓底72，35×20－30；足龛距墓底62，34×23－26	高领罐 A 型 Ⅲ 式 1、高柄豆 C 型 Ⅲ 式 1	铜剑 Aa 型 1			

续附表一〇

墓号	方向	墓葬型式	墓坑尺寸（长×宽-深）	墓坑结构、葬具等（长×宽-高）	出土器物		期	段	备注
					陶器	其他			
110	200°	CⅣa	口：216×95-24 底：178×60-190	两级平行二层台，宽6~18，高12~66；头龛距墓底18，50×24-42	矮领罐G型Ⅱ式1，盂B型Ⅴ式1，矮柄豆C型Ⅱ式2	残铁器1			
112	305°	CⅢa	口：240×120 底：200×70-180	头龛距墓底高85，34×18-24	矮柄豆Aa型Ⅱ式1				
114	160°	CⅢa	口：245×108 底：220×70-130	头龛距墓底高65，30×22-33	矮柄豆C型Ⅰ式1				
119	278°	CⅢa	口：250×120 底：210×70-156	头龛距墓底高68，38×22-28	矮柄豆1				
124	260°	CⅢc	口：284×104 底：230×80-160	边龛距墓底高70，34×22-22	器盖1				
133	195°	CⅢc	口：260×90 底：220×65-110	边龛距墓底高70，80×38-32（残）	高A型Ⅱ式1，高领罐1，盂A型Ⅱ式1，矮柄豆B型Ⅰ式1，豆1	铜削1			边龛上部被推毁
135	295°	CⅣa	口：238×124 底：210×64-（残）150	平行二层台宽16，高28；头龛距墓底60，40×20-24	矮领罐F型Ⅰ式1，盂1，豆1				
136	?	CⅢc	口：250×100 底：216×70-130	边龛距墓底高80，28×18-22	矮柄豆Ab型Ⅰ式1				
140	278°	CⅢc	口：290×120 底：240×70-140	边龛距墓底高98，36×22-18	豆1				
159	120°	CⅣb	口：227×90 底：210×56-194	半封闭二层台宽17，高48；头龛与墓底平，56×25-48	高领罐A型Ⅲ式1，矮柄豆Aa型Ⅴ式1				

续附表一〇

墓号	方向	墓葬型式	墓坑尺寸（长×宽-深）	墓坑结构、葬具等（长×宽-高）	出土器物 陶器	其他	期	段	备注
161	277°	CIVa	口：224×88　底：210×60－204	半封闭二层台宽14，高24；头龛距墓底24，47×22－26	矮领罐 G 型 I 式 1，矮柄豆 Ab 型 III 式 1				
164	108°	CIVa	口：250×100　底：200×60－230	封闭二层台宽10，高50；头龛距墓底12，60×24－28	小壶 A 型 1，矮柄豆 Aa 型 IV 式 1				
170	145°	CIIIa	210×63－70	头龛距墓底43，36×18－22	矮柄豆 Aa 型 II 式 1				推毁殆尽
173	75°	CIVa	口：218×84　底：206×60－140	半封闭二层台宽12，高52；头龛距墓底56，60×38－36	高领罐 A 型 III 式 1				
182	265°	CIVb	口：258×100　底：210×70－（残）220	封闭二层台宽15～28，高58；头与墓底平，70×21－46	矮领罐 G 型 III 式 1，盂 B 型 V 式 1，矮柄豆 C 型 VI 式 2				
189	360°	CIIa	口：210×80　底：210×50－（残）270	平行二层台宽15，高50	双耳罐 A 型 III 式 1，矮柄豆 Ab 型 III 式 1，簋 B 型 II 式 1				
213	323°	CIIIa	200×60－200	头龛距墓底50，44×22－30	矮领罐 G 型 III 式 1，矮柄豆 Aa 型 IV 式 1				
228	102°	CIVb	口：220×75　底：220×66－（残）160	一侧二层台宽9，高60；头龛与墓底平，66×26－50	高领罐 A 型 III 式 1，矮柄豆 Aa 型 IV 式 1，D 型 III 式 1				
235	355°	CIVa	口：240×90　底：220×60－（残）140	封闭二层台宽10～20，高48；头龛距墓底46，60×22－30	高领罐 A 型 III 式 1，盂 A 型 V 式 1，矮柄豆 D 型 IV 式 1	铜带钩 2			
237	85°	CIVc	口：230×100　底：220×60－220	平行二层台宽20，高70；双头龛，1.距墓底57，60×14－20；2.距墓底20，60×20－20	高领罐 C 型 1，盂 B 型 IV 式 2				

续附表一〇

墓号	方向	墓葬型式	墓坑尺寸（长×宽-深）	墓坑结构、葬具等（长×宽-高）	出土器物 陶器	出土器物 其他	期	段	备注
254	240°	C Ⅰ	口：240×160 底：210×80-170		盂A型Ⅳ式1，豆1				
256	260°	C Ⅲ a	口：250×110 底：230×70-（残）190	头龛距墓底70，64×24-34	高领罐B型Ⅰ式1，盂B型Ⅳ式1，矮柄豆D型Ⅱ式1				
257	160°	C Ⅲ a	口：240×120 底：200×80-（残）190	头龛距墓底40，40×25-50	高柄豆Aa型Ⅵ式1				
258	55°	C Ⅲ a	口：230×85 底：220×85-160	头龛距墓底56，38×16-30	矮柄豆Ab型Ⅰ式1，B型Ⅱ式1				
297	220°	C Ⅱ c	口：270×120 底：190×50-（残）240	封闭二层台宽11~22，高50	矮领罐G型Ⅰ式1，盂A型Ⅴ式1，矮柄豆1				
301	20°	C Ⅱ a	口：210×90 底：230×70-250	平行二层台宽15，高70	高领罐A型Ⅲ式1，矮柄豆1				墓底大于墓口
302	200°	C Ⅱ a	口：220×90 底：240×70-220	平行二层台宽10，高75	矮领罐C型Ⅱ式1，盂B型Ⅴ式1				墓底大于墓口
304	105°	C Ⅱ b	口：285×115 底：220×57-（残）170	半封闭二层台宽14~20，高60	矮领罐G型Ⅲ式1，盂B型Ⅴ式1，矮柄豆D型Ⅲ式1				
307	175°	C Ⅳ a	口：250×110 底：220×60-220	平行二层台宽13~15，高60；头龛距墓底60，74×25-30	罐1，盂1				
308	65°	C Ⅲ a	口：250×90 底：210×70-（残）210	头龛距墓底50，70×22-35	高A型Ⅰ式1，长颈壶B型1，盂A型Ⅳ式1				

续附表一○

墓号	方向	墓葬型式	墓坑尺寸（长×宽-深）	墓坑结构、葬具等（长×宽-高）	出土器物		期	段	备注
					陶器	其他			
309	185°	CⅣb	口:225×120 底:195×80-170	平行二层台宽20,高50;头龛与墓底平,72×20-26	高领罐A型Ⅲ式1,矮柄豆1				
310	100°	CⅡa	口:250×100 底:230×60-(残)220	平行二层台宽10,高60	矮领罐G型Ⅲ式1,盂B型Ⅴ式1,矮柄豆Aa型Ⅷ式1	铜镜Ⅲ式1			
314	60°	CⅢa	口:250×100 底:240×80-160	头龛距墓底70,30×30-20	矮领罐D型Ⅰ式1,盂A型Ⅱ式1				
316	200°	CⅣa	口:250×90 底:200×60-150	封闭二层台宽5~10,高60;头龛距墓底60,30×24-25	高领罐1,矮柄豆D型Ⅲ式2				
376	5°	CⅢc	220×80-70	边龛距墓底50,36×18-20	盂1,矮柄豆1				龛以上被推毁
378	270°	CⅢb	240×80-(残)110	头龛与墓底平,80×16-36	罐1,矮柄豆1				推毁殆尽
384	190°	CⅢb	220×70-50	头龛与墓底平,70×26-32	高领罐A型Ⅲ式1,豆1				
389	193°	CⅡa	口:225×90 底:225×62-(残)200	平行二层台宽13~15,高60	高领罐G型Ⅱ式1,盂A型Ⅷ式1,矮柄豆Aa型Ⅷ式1				
399	120°	CⅣb	口:215×90 底:208×60-220	封闭二层台宽5~15,高60;头龛与墓底平,60×18-34	双耳罐A型Ⅲ式1,矮柄豆2				
402	186°	CⅢa	口:254×116 底:218×80-136	头龛与墓底平,38×20-22	盂B型Ⅰ式1,矮柄豆1				
414	196°	CⅠ	口:260×120 底:220×75-160		豆1				
415	85°	CⅢb	220×70-100	头龛与墓底平,40×18-28	矮柄豆Aa型Ⅵ式1				

续附表一〇

墓号	方向	墓葬型式	墓坑尺寸 （长×宽－深）	墓坑结构，葬具等 （长×宽－高）	出 土 器 物			期	段	备注
					陶 器	其 他				
416	80°	CⅢb	240×80－（残）164	头龛与墓底平，46×16－34	盂 B 型Ⅱ式 1，矮柄豆 1					
417	60°	CⅣb	口：250×120 底：210×68－290	两级二层台，第一级宽 10～26，高 50；第二级宽 6～10，高 44；头龛与墓底平，64×30－30	高领罐 A 型Ⅳ式 1，高柄豆 1					
423	102°	CⅡa	口：250×160 底：220×60－（残）148	平行二层低台，宽 20，高 10	高柄豆 1	铜剑 B 型 1				
448	185°	CⅠ	口：260×88 底：230×80－160		罐 1，矮柄豆 2					
463	104°	CⅢa	220×70－160	头龛距墓底 4，68×30－50	小壶 A 型 1，矮柄豆 D 型Ⅲ式 1					
480	43°	CⅠ	口：240×110 底：220×85－140		长颈壶 A 型 1					
481	15°	CⅠ	口：260×110－36 底：220×74－136		矮柄豆 1					
491	270°	CⅠ	口：270×110 底：220×60－150		罐 1，高柄豆 1					
494	120°	CⅢa	口：230×80 底：210×58－120	头龛距墓底 34，56×28－26	矮柄豆 2					
499	77°	CⅣb	口：245×90 底：215×60－286	封闭二层台宽 15，高 60；头龛与墓底平，60×26－35	矮领罐 B 型Ⅱ式 1，盂 1					

续附表一〇

墓号	方向	墓葬型式	墓坑尺寸（长×宽-深）	墓坑结构、葬具等（长×宽-高）	出土器物 陶器	出土器物 其他	期	段	备注
512	173°	CⅡa	口：252×92 底：252×56-280	平行二层台宽18，高70	高领罐 A 型Ⅳ式1，盂 B 型Ⅲ式1，豆1				
513	80°	CⅡb	口：230×90 底：220×66-240	半封闭二层台高47	矮领罐 C 型Ⅰ式1，矮柄豆 C 型Ⅳ式1	铁削1，残铁器1			
514	75°	CⅣb	口：210×80-20 底：210×56-210	平行二层台，宽12，高50；头龛与墓底平，50×16-45	罐1，矮柄豆 Aa 型Ⅷ式1				
517	345°	CⅡb	口：210×80-10 底：200×60-170	半封闭二层台，宽10，高54	豆2				
518	90°	CⅡa	口：210×90-25 底：210×60-180	平行二层台，宽15，高60	矮领罐 B 型Ⅰ式1，矮柄豆 Aa 型Ⅲ式2				
524	95°	CⅠ	225×60-120		矮柄豆1				
527	74°	CⅡa	口：220×86 底：220×60-（残）210	平行二层台宽20，高60	罐1，矮柄豆 D 型Ⅳ式2				
544	90°	CⅠ	170×55-26		豆1				摧毁殆尽
545	105°	CⅣb	口：230×84 底：195×50-140	半封闭二层台宽4~10，高57；头龛墓底平，54×22-38	双耳罐 A 型Ⅲ式1，盂 B 型Ⅲ式1，矮柄豆 Aa 型Ⅳ式1				
549	90°	CⅣb	口：215×70 底：197×48-120	封闭二层台宽8~12，高40~50；头龛与墓底平，50×20-40	双耳罐 A 型Ⅰ式1，豆2				
552	215°	CⅣb	口：202×85 底：202×56-240	平行二层台宽6，高50；头龛与墓底平，56×10-38	矮领罐 C 型Ⅱ式1	铁盾1			

续附表一〇

墓号	方向	墓葬型式	墓坑尺寸（长×宽-深）	墓坑结构、葬具等（长×宽-高）	出土器物 陶器	其他	期	段	备注
555	180°	CⅣa	口：230×110 底：212×63-260	平行二层台，宽 10，高 62；头龛距墓底 60，60×22-26	高领罐 F 型 Ⅱ 式 1，盂 A 型 Ⅳ 式 1				
560	15°	CⅣb	口：210×82-40 底：210×58-120	平行二层台宽 10～14，高 56；头龛与墓底平，58×20-42	小壶 A 型 1，盂 B 型 Ⅱ 式 1，矮柄豆 D 型 Ⅲ 式 1				
561	20°	CⅣb	口：220×86-52 底：210×52-213	平行二层台宽 18，高 53；头龛与墓底平，53×10-34	双耳罐 B 型 Ⅱ 式 1，矮柄豆 1				
562	185°	CⅣb	口：205×80 底：205×60-260	平行二层台宽 10，高 45；头龛与墓底平，60×30-42	双耳罐 A 型 Ⅱ 式 1，盂 1，矮柄豆 1				
563	105°	CⅣb	口：246×84 底：222×54-250	封闭二层台宽 10～15，高 60；头龛与墓底平，54×28-44	高领罐 D 型 Ⅲ 式 1，盂 A 型 Ⅳ 式 1，A 型 Ⅴ 式 1				
565	95°	CⅢa	口：230×86-30 底：210×66-106	头龛距墓底 64，54×24-20	盂 A 型 Ⅱ 式 1，矮柄豆 1				
582	360°	CⅡa	口：224×88 底：224×56-190	平行二层台宽 16，高 55	矮领罐 G 型 Ⅱ 式 1				
583	185°	CⅣb	口：260×110 底：200×65-175	半封闭二层台宽 22～60，高 56；头龛与墓底平，32×20-40	盘 1，矮柄豆 1				
584	195°	CⅣb	口：236×100 底：210×60-220	封闭二层台宽 9～20，高 60；头龛与墓底平，60×25-35	矮柄豆 Aa 型 Ⅱ 式 1，矮柄豆 1				
596	185°	CⅡa	口：235×82 底：235×56-135	平行二层台宽 13，高 55	罐 2				

续附表一○

墓号	方向	墓葬型式	墓坑尺寸（长×宽−深）	墓坑结构、葬具等（长×宽−高）	出土器物		期	段	备注
					陶器	其他			
607	183°	CIVb	口：220×85　底：180×55−（残）130	封闭二层台宽14~20，高56；头龛距墓底平，50×30−50	高领罐 A 型Ⅳ式1，盂 B 型Ⅲ式2				
610	180°	CIVa	口：210×90　底：200×54−（残）140	封闭二层台宽5~18，高50；头龛距墓底16，54×20−20	双耳罐 A 型Ⅲ式1，矮柄豆1				
612	90°	CIVb	口：220×80　底：220×60−176	平行二层台宽10，高76；头龛与墓底平，60×24−40	高领罐 A 型Ⅳ式1，簋 A 型1，矮柄豆 Aa 型Ⅲ式2				
615	190°	CIVa	口：210×95　底：210×65−（残）160	平行二层台宽15，高55；头龛距墓底40，50×18−24	高柄豆 A 型Ⅱ式1				
616	78°	CIVb	口：210×75　底：205×55−140	半封闭二层台宽5~10，高50；头龛与墓底平，55×20−30	矮柄豆1				
617	178°	CⅡa	口：210×80　底：210×60−132	平行二层台宽10，高55	矮领罐 G 型Ⅰ式1，盂 B 型Ⅲ式1				
618	180°	CⅡa	口：225×80　底：215×64−118	平行二层台宽8，高60	罐1，盂1				
619	175°	C I	260×85−130		矮领罐 G 型Ⅰ式1，罐1，盂1，矮柄豆 E 型Ⅰ式1				
624	180°	CⅢa	口：260×140　底：210×80−180	头龛距墓底70，40×18−30	高领罐 C 型1，盂1				
654	174°	CIVb	口：230×80　底：222×60−240	半封闭二层台宽8~10，高50；头龛与墓底平，60×30−40	高领罐 E 型Ⅱ式1，盂 B 型Ⅴ式1				

续附表一〇

墓号	方向	墓葬型式	墓坑尺寸（长×宽-深）	墓坑结构、葬具等（长×宽-高）	出土器物		期	段	备注
					陶器	其他			
664	80°	CⅢa	口：240×90-10 底：230×84-（残）150	头龛距墓底70，46×22-28	矮领罐E型1，盂1，矮柄豆Aa型Ⅵ式1				
669	205°	CⅢa	口：300×200-10 底：202×85-200	头龛距墓底70，52×34-30	罐1，盂A型Ⅳ式1，豆2				
676	90°	CⅣa	口：270×130 底：230×85-（残）120	足端二层台宽22，高60；头龛距墓底70，40×22-30	盂A型Ⅱ式1，矮柄豆Aa型Ⅱ式1				
692	185°	CⅢa	口：270×160 底：210×85-230	头龛距墓底60，50×24-32	长颈壶A型1，盂A型Ⅱ式1				
724	191°	CⅢa	口：260×130 底：210×80-190	头龛距墓底70，30×24-26	矮柄豆C型Ⅳ式2				
726	100°	CⅢa	口：235×170-30 底：200×66-230	头龛距墓底70，40×22-30	高领罐A型Ⅲ式1				
728	278°	CⅢd	口：230×110 底：200×70-（残）130	头、足双龛。头龛距墓底60，24×16-28；足龛距墓底60，28×10-20	矮柄豆C型Ⅵ式1				
729	275°	CⅢa	口：230×100 底：210×70-120	头龛距墓底63，26×16-18	罐1				
731	195°	CⅢa	口：240×80 底：190×56-200	头龛距墓底68，30×20-30	高柄豆Bb型Ⅱ式1，矮柄豆D型Ⅳ式1				
732	290°	CⅣa	口：300×140 底：200×70-（残）170	一端二层台宽42，高84；头龛距墓底76，24×24-20	矮柄豆Aa型Ⅱ式1				

续附表一〇

墓号	方向	墓葬型式	墓坑尺寸（长×宽-深）	墓坑结构、葬具等（长×宽-高）	出土器物 陶器	出土器物 其他	期	段	备注
733	277°	CⅢa	口：270×160 底：210×60-（残）240	头龛距墓底86，32×20-26	矮领罐 C 型Ⅲ式 1				
734	200°	CⅢa	口：260×160 底：230×80-230	头龛距墓底80，34×20-30	罐 1				
736	10°	CⅢa	口：240×105 底：190×65-140	头龛距墓底100，30×17-20（残）	壶 1				
740	181°	CⅢa	口：235×130 底：205×78-135	头龛距墓底60，46×20-30	高柄豆 Ba 型Ⅰ式 2，C 型Ⅱ式 1				
741	281°	CⅠ	口：205×80 底：188×66-170		罐 1				打破 M754
744	170°	CⅢa	口：260×100 底：215×80-105	头龛距墓底74，26×14-18（残）	矮柄豆 Aa 型Ⅵ式 1				
746	280°	CⅢa	口：240×100 底：220×75-（残）110	头龛距墓底80，58×22-30（残）	高领罐 A 型Ⅰ式 1，盂 A 型Ⅲ式 1，高柄豆 Ba 型Ⅰ式 1				
747	100°	CⅢa	口：250×110 底：215×85-110	头龛距墓底60，35×25-10（残）	罐 1，盂 1				
755	175°	CⅢa	口：220×100 底：190×80-75	头龛距墓底26，26×16-24	矮领罐 C 型Ⅲ式 1				推毁殆尽
763	194°	CⅢa	口：240×100 底：200×80-100	头龛距墓底75，40×24-20（残）	小罐 A 型Ⅱ式 1				推毁殆尽

续附表一〇

墓号	方向	墓葬型式	墓坑尺寸（长×宽-深）	墓坑结构、葬具等（长×宽-高）	出土器物 陶器	出土器物 其他	期	段	备注
764	193°	CⅢa	口：230×100 底：205×80-100	头龛距墓底 70, 37×24-22（残）	盂1，矮柄豆1				推毁殆尽
765	94°	CⅢa	口：235×110 底：215×85-（残）130	头龛距墓底 58, 48×27-28	矮领罐E型1	铜矛B型1			
777	183°	CⅢa	口：220×90 底：200×75-（残）170	头龛距墓底 70, 50×20-25	矮领罐C型I式1，盂A型Ⅱ式1				
778	22°	CⅢa	口：290×150 底：220×80-260	头龛距墓底 76, 40×26-32	高领罐1，盂B型Ⅱ式1				
779	210°	CⅢa	口：240×90 底：215×70-130	头龛距墓底 57, 54×34-35	高领罐A型Ⅱ式1，盂A型Ⅳ式1				
781	270°	CⅢa	口：260×120 底：210×80-（残）110	头龛距墓底 70, 48×30-30	高领罐B型I式1，盂1，矮柄豆Aa型I式1				
799	78°	CⅢa	口：240×100 底：220×80-110	头龛距墓底 70, 44×24-25	盂1，高柄豆A型Ⅱ式1				
804	100°	CⅢa	口：250×110 底：220×80-（残）140	头龛距墓底 70, 34×18-28	高领罐A型Ⅱ式1，盂A型Ⅱ式1，高柄豆Bb型1				
806	190°	CⅢa	口：280×100-40 底：265×85-（残）210	头龛距墓底 34, 40×16-26	高领罐D型Ⅲ式1，盂A型V式1，高柄豆C型Ⅲ式1				
814	150°	CⅢa	口：240×110 底：220×70-180	头龛距墓底 70, 52×16-40	矮柄豆Aa型Ⅶ式1				

续附表一〇

墓号	方向	墓葬型式	墓坑尺寸（长×宽-深）	墓坑结构、葬具等（长×宽-高）	出土器物 陶器	其他	期	段	备注
822	110°	CIVb	口：230×100 底：206×70-250	半封闭二层台宽12~15，高66；头龛与墓底平，70×23-46	双耳罐 B 型Ⅱ式 1，盂 B 型Ⅴ式 1				
824	360°	CIVb	口：230×90-30 底：190×60-210	封闭二层台宽15~20，高60；头龛与墓底平，40×15-40	高领罐 F 型Ⅱ式 1，盂 B 型Ⅳ式 1，矮柄豆 1				
825	170°	CIVb	口：220×100-30 底：220×60-190	平行二层台宽20，高60；头龛与墓底平，60×26-50	矮领罐 B 型Ⅰ式 1，盂 B 型Ⅲ式 1，矮柄豆 1，豆 1				
827	175°	CⅡa	口：240×90-30 底：240×60-（残）210	平行二层台宽15，高70	高领罐 B 型Ⅲ式 1，盂 B 型Ⅲ式 2				
832	195°	CIVb	口：210×80 底：210×60-165	平行二层台宽10，高54；头龛与墓底平，60×20-46	双耳罐 B 型Ⅱ式 1，盂 B 型Ⅲ式 1，矮柄豆 1				
833	?	CIVb	口：250×90 底：208×46-240	两级封闭二层台宽10~12，高56~60；头龛与墓底平，38×42-52	矮领罐 C 型Ⅱ式 1，矮柄豆 D 型Ⅳ式 1				
834	210°	CIVb	口：220×90 底：200×60-（残）150	封闭二层台宽10~15，高60；头龛与墓底平，60×16-22	矮领罐 F 型Ⅱ式 1，矮柄豆 Aa 型Ⅵ式 1				

1. 方向为 "?" 为原始始记录未标注方向。
2. 墓坑长、宽尺寸有差异者取最小数值，深度则取墓底深度。墓底深度则为墓口至墓底深度。墓口深度为地表至墓口深度；少数墓的墓底宽宽尺寸的最小值如处于分类的节点上，则该墓的墓底宽宽尺寸取中间数值。
3. 墓道长、宽尺寸取墓道口数据。
4. 墓口阶深的高度是距墓口的高度；二层台及墓底台的高度是距墓底的高度。

附表一一　　　　　　　　　　　丁组墓葬登记表　　　　　　　　　　单位：厘米

墓号	方向	墓葬型式	墓坑尺寸（长×宽－深）	墓坑结构（长×宽－高）	出土器物	备注
13	200°	A I	口：292×220 底：272×170－140	墓底两端有枕木沟	铜戈1，矛B型1，匕首A型1	
37	93°	A I	口：350×260 底：290×220－235	墓底两端有枕木沟	铜带钩1	
48	98°	C I	240×75－237		铜剑C型1，矛1，刮刀1	
62	10°	A I	口：390×270 底：300×176－315	墓底两端有枕木沟	铜鼎1，刮刀1	
83	261°	A Ⅵ	口：365×255 底：320×210－（残）260	腰坑，38×30－6；墓底两端有枕木沟	铜戈1，矛1	
90	287°	C Ⅱ c	口：300×258 底：220×80－（残）210	封闭二层台宽20～50，高100	铜剑B型1，矛B型1	
97	180°	A Ⅲ a	口：530×450 底：310×190－（残）430	墓口有一级台阶，宽60，高80；墓底两端有枕木沟	铜剑Aa型1，戈A型1，矛B型1	
111	285°	B Ⅳ a	口：240×125 底：220×90－（残）127	头龛距墓底60，32×22－25	铜剑B型1，矛1	
146	260°	C I	口：240×100 底：220×70－110		玻璃珠2	
155	170°	C Ⅱ b	口：210×80 底：200×60－（残）100	半封闭二层台宽10，高50	铜矛B型1，带钩I式1	
177	85°	A I	口：380×240 底：340×208－300	墓底两端有枕木沟	铜剑C型1，矛B型1，刮刀1	
179	180°	A I	口：410×280 底：290×160－（残）330		铜剑B型1，矛B型2；残陶器1	
184	300°	A Ⅱ b	口：440×380 底：270×190－（残）450	斜坡墓道，坡度26°，400×200－210，距墓底240；墓口有一级台阶，宽34～56，高140	铜剑Aa型1，戈2，矛1	
196	190°	A I	260×150－160		铜带钩1	
202	87°	A I	口：330×260 底：268×160－330		铜戈A型1、戈1，矛C型1；铁臿1	

续附表一一

墓号	方向	墓葬型式	墓坑尺寸（长×宽－深）	墓坑结构（长×宽－高）	出土器物	备注
214	190°	B Ⅰ	口：260×130 底：230×90－240		铜剑 B 型 1	
223	295°	A Ⅰ	口：320×240 底：280×160－260		铜戈 A 型 1，矛 C 型 1；高柄豆 Bb 型 Ⅱ 式 1	
231	175°	A Ⅱa	口：390×340 底：280×175－460	斜坡墓道，坡度 25°，430×170－280，距墓底 180	铜剑 D 型 1，戈 1，矛 B 型 1	
234	120°	B Ⅰ	240×115－120		铜带钩 Ⅰ 式 1	
264	140°	A Ⅱa	口：370×280 底：320×200－（残）440	斜坡墓道，坡度 20°，400×160－270，距墓底 170	铜剑 Aa 型 1，戈 A 型 1、B 型 1，矛 B 型 2；陶小壶 A 型 1	
272	290°	B Ⅰ	220×90－50		铜矛 B 型 1	
276	255°	A Ⅰ	口：310×240 底：310×200－（残）130	墓底两端枕木沟	铜剑 Aa 型 1，戈 A 型 1，矛 B 型 1，箭镞	
280	300°	A Ⅰ	口：300×200 底：280×170－140	墓底两端有枕木沟	铜剑 Aa 型 1，矛 B 型 1	
292	180°	B Ⅰ	230×120－（残）80		铜剑 C 型 1	推毁殆尽
293	180°	A Ⅰ	口：320×205 底：290×170－170	墓底一端有枕木沟	铜剑 Aa 型 1，戈 A 型 1，矛 C 型 1；残铁器 1；残陶器 1	
338	270°	B Ⅰ	口：276×160 底：226×86－150		铜剑 C 型 1，铜矛 1；石器 1	
353	260°	A Ⅰ	口：380×230 底：310×190－（残）300		铜剑 B 型 1，戈 1，矛 1	
359	102°	C Ⅰ	口：240×110 底：220×70－130		铜剑 B 型 1，矛 C 型 1	
397	171°	C Ⅴ	口：220×100 底：220×74－（残）60	墓底一侧有一长方形边坑，82×24－15	铜剑 Aa 型 1，矛 C 型 1	推毁殆尽
403	175°	B Ⅳa	口：290×170 底：212×90－（残）160	头龛距墓底 20，50×20－30	铜剑 B 型 1，矛 B 型 1；陶高柄豆 1	
406	185°	C Ⅰ	口：240×130 底：210×80－120		残铁盉 1	
408	260°	A Ⅲa	口：440×350 底：337×255－（残）300	墓口有一级台阶，宽 30～34，残高 20；墓底有枕木沟	铜剑 C 型 1，铜戈 1	

续附表一一

墓号	方向	墓葬型式	墓坑尺寸 （长×宽-深）	墓坑结构 （长×宽-高）	出土器物	备注
436	192°	A Ⅱ b	口：500×440 底：310×180-（残）380	斜坡墓道，坡度20°，20 81，580×180-200，距墓底180；墓口有一级台阶，宽60，高60	铜剑 Aa 型 1，戈 A 型 1，矛 B 型 1、C 型 1，箭镞 1；陶鼎 1，片状器 1	
473	186°	C Ⅱ a	口：260×120 底：220×60-（残）100	平行二层台宽10，高19	铜剑 B 型 1	
477	273°	A Ⅰ	口：400×334 底：280×180-（残）286		铜剑 B 型 1，戈 1，矛 B 型 1	
486	200°	A Ⅰ	口：380×280 底：280×180-（残）280		铜剑 C 型 1，戈 A 型 1，矛 1	
553	275°	B Ⅰ	口：244×103 底：238×93-72	墓底两端有枕木沟	铜匕首 B 型 1	推毁殆尽
641	280°	C Ⅲ a	口：260×130 底：210×80-（残）140	头龛距墓底 50，40×16-30	铜矛 F 型 1	
670	100°	B Ⅰ	口：300×210 底：220×100-（残）170		铜剑 B 型 1，矛 1，矛镦 1	
679	290°	A Ⅰ	口：340×260 底：255×166-150		矛 B 型 1	
688	180°	B Ⅰ	口：360×260 底：260×135-（残）300		铜剑 B 型 1，矛 B 型 1；残陶器 1	
690	266°	A Ⅰ	口：400×290 底：240×150-340	墓底一端有枕木沟	铜剑 Aa 型 1，矛 1；陶壶 1	
695	88°	A Ⅰ	口：400×320 底：277×160-320		铜剑 B 型 1，戈 A 型 1，矛 B 型 1；陶高领罐 A 型 Ⅰ式 1	
715	205°	A Ⅰ	口：320×260 底：290×160-330	墓底两端有枕木沟	铜剑 Aa 型 1，矛 B 型 1；陶盂 1	
754	99°	B Ⅰ	口：250×150 底：220×110-250		铜矛 B 型 1	被 M741 打破
771	200°	B Ⅳ a	口：240×140 底：210×100-160	头龛距墓底 70，30×18-18	铜矛 B 型 1，残铜器 1；陶矮柄豆 Aa 型 Ⅱ式 1	
773	90°	B Ⅳ a	口：280×140 底：240×110-（残）200	头龛距墓底 90，40×22-26	铜匕首 A 型 1；残铁器 1	
776	126°	C Ⅰ	口：230×130 底：200×80-140		铜剑 C 型 1	
787	92°	B Ⅰ	口：270×140 底：230×100-175		铜剑 Aa 型 1	

墓号	方向	墓葬型式	墓坑尺寸（长×宽－深）	墓坑结构（长×宽－高）	出土器物	备注
72	100°	AⅠ	口：380×320 底：240×220－260		残陶器1	
117	90°	AⅣa	口：410×346 底：280×154－250	平行二层台，宽20，高125		墓底东端有漆器残迹
128	95°	AⅢb	口：400×290 底：244×156－270	墓口一级台阶，宽36，高50；墓底有低台，15～30，高10		墓底南侧有漆器残迹
152	180°	AⅠ	240×150－380		残陶器1	
348	255°	CⅢa	口：250×100 底：210×80－160	头龛距墓底高74，40×16－20	残陶器1	
479	180°	AⅠ	口：330×310－25 底：280×180－246		残陶器1	
643	90°	AⅡa	口：400×280 底：280×160－360	斜坡墓道，20°，400×180－190，距墓底高170	残陶器1	

附表一二　　　　组别不明墓葬登记表　　　　单位：厘米

附表一三　　　　　　　　　　　　　　　空墓登记表　　　　　　　　　　　　　　单位：厘米

墓号	方向	型式	墓坑尺寸 （长 × 宽 – 深）	壁龛、二层台、墓道等尺寸 （长 × 宽 – 高）	备注
7	（15°）	C I	口：220 × 86 底：212 × 80 – 225		
19	（25°）	A I	口：290 × 190 底：286 × 178 – 100	墓底两端有枕木沟	
23	（93°）	A I	口：340 × 290 底：293 × 222 – 140		
44	（340°）	C I	286 × 84 – 225		
46	72°	C Ⅳ b	口：226 × 92 底：226 × 66 – 226	平行二层台宽 22，高 66；头龛与墓底平，40 × 30 – 38	
47	（11°）	A I	口：375 × 260 底：310 × 190 – 215		
51	（20°）	C I	口：222 × 98 底：200 × 75 – 175		被 M50 打破
53	94°	C Ⅲ a	口：240 × 114 底：215 × 70 – 142	头龛距墓底 50，22 × 10 – 24	
55	（330°）	B I	口：300 × 150 底：210 × 110 – 160		
57	（55°）	B I	口：260 × 120 底：220 × 91 – 175		
58	（86°）	C I	口：276 × 130 底：246 × 80 – 210		
68	（77°）	C I	275 × 80 – 87		打破 M69
71	（90°）	C I	口：248 × 150 底：216 × 68 – 160		
78	（90°）	B I	口：290 × 150 底：230 × 90 – 160		
81	（85°）	C I	口：250 × 80 底：220 × 65 – 90		
82	（90°）	C I	口：250 × 100 底：200 × 75 – 110		

续附表一三

墓号	方向	型式	墓坑尺寸（长×宽 - 深）	壁龛、二层台、墓道等尺寸（长×宽 - 高）	备注
84	（93°）	C I	口：270×100 底：230×80 - 100		
86	（310°）	B I	口：280×140 底：220×100 - 150		
88	（295°）	C I	口：250×105 底：220×85 - 270		
92	（75°）	C I	口：270×100 底：226×74 - 90		
113	（100°）	C Ⅱ b	口：260×104 底：190×80 - 110	一端有二层台，宽54，高24	
116	（110°）	C I	口：240×100 底：220×75 - 80		
120	（78°）	B I	口：240×150 底：220×130 - 45		推毁殆尽
125	（103°）	A I	口：300×240 底：270×190 - 310	墓底两端有枕木沟	
144	（296°）	C I	口：275×120 底：234×80 - 140		
150	（32°）	C Ⅱ a	口：222×90 底：220×57 - 200	平行二层台宽14，高50	
160	（30°）	B I	210×100 - 140		
163	（30°）	C I	口：300×140 底：230×80 - 156		
166	（20°）	B I	口：250×120 底：230×100 - 140		
171	（360°）	C I	口：260×92 底：220×75 - 160		
188	（360°）	C I	口：220×80 底：210×70 - 110		
190	（102°）	C I	220×70 - 50		推毁殆尽
191	（30°）	C I	190×80 - 40		推毁殆尽
193	（85°）	A I	200×160 - 100		推毁殆尽
194	（10°）	B I	260×105 - 60		推毁殆尽

续附表一三

墓号	方向	型式	墓坑尺寸（长×宽-深）	壁龛、二层台、墓道等尺寸（长×宽-高）	备注
197	(10°)	AⅠ	口：420×360 底：280×160-380		
200	(360°)	CⅠ	口：220×90 底：210×80-150		
203	(18°)	BⅠ	220×100-190		
204	(90°)	AⅠ	口：350×250 底：280×180-220		
209	235°	AⅡa	口：340×280 底：270×180-300	斜坡墓道，坡度30°，480×130-170，距墓底130	
216	(100°)	AⅦ	305×190-60	一端有底沟，宽30，深20	推毁殆尽
219	(90°)	BⅠ	300×120-200		
220	(100°)	BⅠ	240×90-80		推毁殆尽
221	(68°)	BⅠ	260×120-180		
224	(75°)	BⅠ	240×100-180		
230	(88°)	CⅠ	200×80-268		打破 M229
238	(2°)	CⅠ	口：240×100 底：220×80-130		
240	(345°)	BⅠ	口：240×110 底：220×90-140		
243	(3°)	CⅡc	口：240×100 底：200×60-190	封闭二层台宽20，高60	
244	(55°)	CⅡc	口：240×100 底：220×64-40	封闭二层台宽10~18，高10	推毁殆尽
259	225°	CⅢa	口：240×140 底：190×80-200	头龛距墓底20，40×20-40	
260	(80°)	CⅠ	口：230×110 底：200×80-110		
261	60°	CⅢa	口：230×80 底：210×70-160	头龛距墓底48，28×16-26	
270	(300°)	CⅠ	220×80-100		
271	270°	CⅢa	口：250×130 底：210×85-130	头龛距墓底74，40×12-20	

续附表一三

墓号	方向	型式	墓坑尺寸（长×宽 – 深）	壁龛、二层台、墓道等尺寸（长×宽 – 高）	备注
279	（110°）	A Ⅰ	口：290×210 底：280×170 – 260		
282	（70°）	C Ⅰ	210×70 – 35		推毁殆尽
287	（110°）	C Ⅰ	口：220×90 底：210×80 – 80		推毁殆尽
288	（10°）	B Ⅰ	口：220×120 底：200×100 – 70		推毁殆尽
289	（10°）	B Ⅰ	口：230×115 底：200×95 – 70		推毁殆尽
298	（305°）	B Ⅰ	口：330×110 底：310×90 – 150		
313	（110°）	B Ⅰ	口：270×130 底：230×90 – 100		
319	（70°）	A Ⅰ	口：360×330 底：300×180 – 400		
325	（80°）	C Ⅰ	口：250×130 底：210×85 – 98		推毁殆尽
326	（20°）	C Ⅰ	口：190×72 底：184×66 – 22		推毁殆尽
327	（310°）	C Ⅰ	口：220×90 底：216×72 – 64		推毁殆尽
328	（85°）	C Ⅰ	口：120×95 底：118×82 – 120		
333	（90°）	B Ⅰ	口：260×110 底：220×90 – 110		
334	（90°）	A Ⅰ	口：310×210 底：260×160 – 260		
336	（80°）	B Ⅰ	口：240×180 底：200×100 – 140		
337	（80°）	B Ⅵ	口：300×180 底：224×104 – 160	墓口有曲尺形台阶，宽36，高30	
339	（90°）	C Ⅰ	口：275×100 底：228×85 – 140		

续附表一三

墓号	方向	型式	墓坑尺寸（长×宽－深）	壁龛、二层台、墓道等尺寸（长×宽－高）	备注
343	（90°）	C I	口：240×120 底：200×80－120		
344	（360°）	B I	口：260×120 底：210×100－150		
351	（20°）	C I	口：210×70 底：200×60－110		
355	（100°）	C I	口：220×90 底：210×80－90		
356	（100°）	C I	口：210×90 底：200×80－140		
357	（108°）	B I	口：300×240 底：270×110－260	墓底两端有枕木沟	
358	（90°）	C I	口：220×100 底：210×84－110		
360	（10°）	C I	口：220×90 底：212×76－90		
361	（10°）	C I	口：210×100 底：190×80－130		
362	（83°）	B I	口：260×120 底：200×90－200		
369	（81°）	B I	245×90－85		推毁殆尽
370	（78°）	B I	口：245×110 底：245×90－90		推毁殆尽
372	（90°）	B I	口：230×136 底：230×120－105		
373	（360°）	B I	220×110－30		推毁殆尽
374	（100°）	C I	210×85－30		推毁殆尽
375	（75°）	B I	220×110－40		推毁殆尽
382	（95°）	C I	口：220×90 底：220×66－70		推毁殆尽
383	（70°）	C I	口：210×80 底：200×70－80		推毁殆尽
385	（340°）	B I	210×120－20		推毁殆尽
386	（90°）	A I	260×180－50		推毁殆尽

续附表一三

墓号	方向	型式	墓坑尺寸（长×宽－深）	壁龛、二层台、墓道等尺寸（长×宽－高）	备注
387	185°	BⅣa	250×115－130	头龛距墓底60，35×14－26	
388	(360°)	BⅠ	230×90－70		推毁殆尽
390	(355°)	CⅠ	口：230×86 底：210×60－80		推毁殆尽
391	270°	BⅣa	口：260×110 底：240×90－70	头龛距墓底30，26×12－18	推毁殆尽
395	(35°)	CⅠ	口：246×110 底：206×70－130		
396	87°	BⅣb	口：250×140 底：214×90－160	边龛距墓底108，64×24－30；墓底四角有浅方洞	
398	(80°)	BⅠ	240×95－45		推毁殆尽
400	(20°)	BⅣc	口：280×190 底：226×120－（残）170	头、足双龛，1. 距墓底90，34×20－30；2. 距墓底80，30×16－20	
401	(81°)	CⅠ	口：240×100 底：180×80－140		
409	(355°)	CⅠ	口：220×100 底：192×70－120		
410	(6°)	BⅠ	口：280×110 底：210×90－170		
411	(330°)	BⅠ	口：250×130 底：210×95－120		
412	(90°)	BⅠ	口：270×160 底：210×100－210		
413	(90°)	BⅠ	口：280×185 底：235×95－180		
421	(354°)	BⅢb	口：250×110 底：230×90－（残）120	封闭二层台宽10，高16	
428	(105°)	AⅠ	口：310×228 底：295×160－270		
430	(354°)	BⅠ	口：235×135 底：220×95－140		

续附表一三

墓号	方向	型式	墓坑尺寸（长×宽－深）	壁龛、二层台、墓道等尺寸（长×宽－高）	备注
433	（90°）	AⅠ	口：430×395 底：260×162－360	墓底两端有枕木沟	
435	（90°）	AⅠ	口：330×290 底：300×210－300		
437	（90°）	CⅠ	口：250×130 底：230×80－160		
442	（90°）	AⅣc	口：350×300 底：270×210－（残）240	墓底一侧有低台，宽48、高40	
444	115°	CⅢb	口：240×120 底：225×80－150	头龛与墓底平，40×20－30	
445	（108°）	CⅠ	口：190×90 底：180×75－115		
447	（75°）	AⅣb	口：380×280 底：315×230－280	墓底有封闭形低台，宽5～12、高22	
454	（65°）	CⅠ	口：280×124－20 底：204×70－170		
455	（12°）	BⅠ	口：240×135 底：200×90－180		
456	（96°）	CⅠ	口：240×100 底：220×80－160		
457	（108°）	AⅠ	口：370×330 底：260×170－340		
460	（90°）	CⅠ	口：240×105 底：210×70－160		
462	（70°）	AⅠ	口：290×210 底：280×180－240		
468	（72°）	AⅠ	口：380×320 底：250×150－320		
470	（10°）	BⅠ	口：216×130 底：216×96－170		
472	（84°）	CⅠ	口：245×120 底：210×80－160		

续附表一三

墓号	方向	型式	墓坑尺寸（长×宽－深）	壁龛、二层台、墓道等尺寸（长×宽－高）	备注
476	（102°）	C I	口：230×100 底：180×60－120		
482	（80°）	C I	口：210×100 底：180×80－150		
483	（80°）	A I	口：330×200－20 底：268×154－220	墓底两端有枕木沟	
484	（72°）	C I	口：280×120 底：230×84－160		
487	（90°）	A I	口：350×230 底：325×150－250		
489	（352°）	C I	口：230×100 底：220×80－160		
490	（30°）	B I	250×140－280		
493	（360°）	C I	口：250×140 底：200×85－200		
496	（90°）	A I	口：370×230 底：330×190－140		
503	（90°）	C II c	口：230×85 底：200×55－290	封闭二层台宽15、高22	
506	（90°）	C II a	口：216×150 底：216×60－155	平行二层台45、高18	
520	（350°）	C I	口：230×90－35 底：210×70－125		
521	（35°）	B I	190×100－125		被 M522 打破
522	（35°）	C I	210×70－110		打破 M521
538	（340°）	C I	口：230×73 底：225×66－80		
546	（20°）	B III a	（残）190×100－170	平行二层台宽15、高60	
554	（60°）	B I	口：280×160 底：260×140－360	墓底两侧壁有枕木槽	
558	（310°）	A I	口：240×110 底：280×190－420		墓底大于墓口

续附表一三

墓号	方向	型式	墓坑尺寸（长×宽－深）	壁龛、二层台、墓道等尺寸（长×宽－高）	备注
564	（105°）	B Ⅰ	口：270×120 底：230×100－170		
568	280°	C Ⅳa	口：230×84 底：214×66－120	封闭二层台，宽8～12、高60；头龛距墓底88，60×30－34	
588	（90°）	C Ⅰ	口：240×110 底：205×70－144		
592	（308°）	B Ⅰ	口：260×120 底：240×100－170		
599	（60°）	C Ⅰ	190×55－50		推毁殆尽
601	（90°）	B Ⅰ	270×100－230		
603	（360°）	B Ⅰ	口：250×110 底：240×90－250		
605	（95°）	C Ⅰ	200×70－80		推毁殆尽
609	（352°）	C Ⅰ	口：240×90 底：230×70－60		推毁殆尽
621	（360°）	B Ⅰ	口：240×140 底：220×100－160		
627	（360°）	C Ⅰ	口：220×120 底：160×60－120		
628	（85°）	B Ⅲa	口：280×200 底：220×90－160	平行二层台宽20、高40	
631	（84°）	A Ⅰ	口：340×300 底：260×180－280		
635	（355°）	A Ⅲa	口：420×360 底：240×160－260	墓口一级台阶，宽50、高40	
637	（80°）	A Ⅰ	口：340×280 底：240×160－260		
642	88°	C Ⅲa	口：240×160 底：180×70－160	头龛距墓底高60，40×22－40	
648	（80°）	C Ⅰ	口：230×110 底：200×80－160		
650	（75°）	C Ⅰ	230×30（残）－120		半边被推毁
651	（90°）	C Ⅰ	220×50（残）－150		半边被推毁

续附表一三

墓号	方向	型式	墓坑尺寸（长×宽－深）	壁龛、二层台、墓道等尺寸（长×宽－高）	备注
652	（73°）	C Ⅰ	口：250×114 底：226×74－85		推毁殆尽
656	（330°）	C Ⅰ	200×80－40		推毁殆尽
657	175°	B Ⅳa	口：220×110 底：220×90－110	头龛距墓底44，28×17－26	
658	（85°）	B Ⅰ	口：220×130 底：210×120－70		推毁殆尽
659	（90°）	B Ⅰ	口：240×100 底：230×90－70		推毁殆尽
660	（95°）	B Ⅰ	口：240×140 底：220×90－100		
662	（25°）	B Ⅰ	口：250×140 底：210×120－120		
667	（360°）	C Ⅰ	口：240×110 底：200×80－90		
671	（94°）	A Ⅰ	口：330×280 底：255×147－220		
672	（74°）	C Ⅰ	口：280×110 底：260×80－70		推毁殆尽
674	（15°）	C Ⅰ	口：240×110 底：210×75－125		
675	（10°）	C Ⅰ	口：220×80 底：196×60－100		
677	275°	B Ⅳa	口：260×140 底：200×90－160	头龛距墓底40，40×16－30	
682	（102°）	C Ⅰ	口：260×150 底：208×55－170		
684	（305°）	C Ⅰ	口：210×80 底：200×68－100		
685	（305°）	B Ⅰ	口：236×130 底：210×100－110		
686	（105°）	B Ⅰ	口：220×115 底：200×90－110		

续附表一三

墓号	方向	型式	墓坑尺寸（长×宽－深）	壁龛、二层台、墓道等尺寸（长×宽－高）	备注
687	（97°）	C I	口：240×100 底：195×72－100		
689	100°	C Ⅲ a	口：230×136 底：200×80－180	头龛距墓底50，24×18－14	
696	（70°）	C I	口：250×100 底：230×80－180		
698	（20°）	C I	口：240×130 底：210×80－120		
705	280°	C Ⅵ	口：330×310 底：245×83－（残）310	斜坡墓道，坡度24°，（残）245×146－185，距墓底125；墓口两侧平行一级台阶，宽45~48、高110	
706	（20°）	C I	口：250×140 底：190×80－260		
707	108°	C Ⅲ a	口：260×120 底：200×70－200	头龛距墓底60，30×16－26	
708	（55°）	C I	口：240×80 底：190×65－180		
709	（13°）	B I	口：280×138 底：244×110－190		
712	（105°）	C I	口：250×140 底：210×80－180		
713	300°	C Ⅲ a	口：275×185 底：195×80－260	头龛距墓底64，40×20－36	
714	277°	A Ⅱ b	口：540×470 底：300×190－520	斜坡墓道，坡度26°，560×230－340，距墓底180；墓口一级有台阶，宽90、高80	严重毁坏
717	（95°）	C I	口：230×80 底：190×65－80		推毁殆尽
718	（100°）	B I	口：240×100 底：225×90－80		推毁殆尽
719	（105°）	B I	口：220×105 底：200×90－95		推毁殆尽

续附表一三

墓号	方向	型式	墓坑尺寸（长×宽－深）	壁龛、二层台、墓道等尺寸（长×宽－高）	备注
720	（360°）	C I	口：220×90 底：200×60－80		推毁殆尽
723	（100°）	C Ⅱ a	口：300×110 底：200×80－130	两端平行二层台宽26、高40	
725	（97°）	C I	口：280×100 底：240×55－170		
730	17°	C Ⅲ a	口：270×140 底：195×85－230	头龛距墓底高56，20×15－20	
735	（11°）	C I	口：280×120 底：220×75－170		
737	（20°）	C I	口：225×110 底：200×75－140		
738	（87°）	B I	口：280×140 底：230×90－140		
748	（95°）	C I	口：230×70 底：210×66－80		推毁殆尽
749	（5°）	C I	口：230×100 底：200×60－100		
750	（93°）	C I	口：210×75 底：170×55－80		推毁殆尽
751	（98°）	C I	口：230×100 底：190×75－70		推毁殆尽
752	（91°）	C I	口：230×90 底：210×70－130		
753	295°	C Ⅲ a	口：240×110 底：210×80－110	头龛距墓底60，30×18－20	
756	（5°）	C I	口：210×100 底：180×70－70		推毁殆尽
757	（107°）	C I	口：180×70 底：148×50－75		推毁殆尽
758	（94°）	B I	口：280×150 底：240×100－200		

续附表一三

墓号	方向	型式	墓坑尺寸（长×宽－深）	壁龛、二层台、墓道等尺寸（长×宽－高）	备注
760	（355°）	C I	口：190×90 底：170×70－55		推毁殆尽
761	（320°）	C I	口：200×110 底：180×80－100		推毁殆尽
762	（78°）	B I	口：250×125 底：207×100－95		推毁殆尽
766	273°	C Ⅲ a	口：230×100 底：200×65－135	头龛距墓底70，50×20－28	
768	（332°）	C I	口：220×105 底：190×85－70		推毁殆尽
769	（10°）	C I	口：250×110 底：200×80－140		
770	（90°）	C I	口：230×110 底：200×70－195		
774	（100°）	C I	口：250×135 底：215×85－220		
780	（295°）	C I	口：220×100 底：210×60－110		
782	（300°）	C Ⅱ c	口：205×65 底：185×50－98	封闭二层台宽8～10、高28	
784	（28°）	B I	口：250×130 底：210×100－110		
785	（298°）	B I	口：270×120 底：220×90－100		
786	（315°）	B I	口：260×120 底：220×90－82		推毁殆尽
789	（90°）	C I	口：250×120 底：230×80－200		
791	（100°）	C I	口：210×90 底：170×60－60		推毁殆尽
792	（20°）	C I	口：240×90 底：200×80－130		
794	200°	C Ⅲ a	口：250×150 底：210×80－110	头龛距墓底60，56×22－25	

续附表一三

墓号	方向	型式	墓坑尺寸（长×宽－深）	壁龛、二层台、墓道等尺寸（长×宽－高）	备注
796	（110°）	C I	口：210×90 底：190×80－90		推毁殆尽
797	（95°）	B I	口：220×110 底：200×90－90		推毁殆尽
798	（90°）	B I	240×100－30		推毁殆尽
803	（350°）	C I	口：220×90 底：200×80－100		
811	（83°）	C I	口：250×85 底：230×65－（残）160		被 M810 打破
812	（325°）	C I	口：230×90 底：220×80－120		被 M811 打破

注：除带墓道和头龛的墓以外，方向的数值不代表确切的头向，只是一个参考值，以括弧区别之。东西向者取东端数值；南北向者取北端数值；西北—东南向者取西北端数值；东北—西南向者取东北端数值。无括弧者为实际头向。

附录一

益阳黄泥湖楚墓群部分出土器物的科学分析

肖　亚

一　样品及分析方法

　　本次分析的样品共36件，包括青铜器32件、铁器3件和玉石器1件。青铜器及铁器腐蚀严重，多为残件，玉石器则保存完整。青铜器和铁器以兵器为主，如剑、匕首、戈、矛、箭镞等，其他为生活用品及饰品，如铜镜、带钩、镦、刮刀、铃、斧等。为最大限度的保护文物，仅对已破损而器形可辨的青铜器和铁器残片进行取样，玉石器及完整器形的金属器则采用无损分析的方法。样品的详细信息及分析检测项目情况如表一所示。

表一 样品基本情况表

实验室编号	器物编号	器物名称	取样部位	检测项目	备注
YH01	M310:3	铜四山镜	缘部	①②③⑤	
YH02	M67:1	铜剑	前锋	①②③	完全腐蚀
YH03	M177	铜扁茎剑	剑茎	①②③	完全腐蚀
YH04	M215:1	铜剑	剑首、剑茎	①②③	完全腐蚀
YH05	M208:3	铜匕首	首、格	①②③⑤	
YH06	M247:1	铜匕首	刃部	①②③⑤	
YH07	M106:6	铜匕首	刃部	①②③	完全腐蚀
YH08	M67	铜戈	援部	①②③⑤	
YH09	M105:7	铜戈	援部	①②③⑤	
YH10	M215:3	铜戈	胡部	①②③⑤	

续表一

实验室编号	器物编号	器物名称	取样部位	检测项目	备注
YH11	M90:2	铜矛	骹部	①②③⑤	
YH12	M122	铜矛镦	残片	①②③⑤	
YH13	M132:2	铜银斑戈	胡部、援部	①②③⑤	
YH14	M136:4	铜箭镞	镞头	①②③⑤	严重腐蚀
YH15	M100:2	铜箭镞	铤部	①②③⑤	
YH16	M441:2	铜戈	胡部	①②③⑤	严重腐蚀
YH17	M477:3	铜戈	内部	①②③⑤	
YH18	M330:1	铜矛	骹部	①②③⑤	严重腐蚀
YH19	M397:2	铜矛	骹部	①②③⑤	
YH20	M404:2	铜矛	刃部	①②③	完全腐蚀
YH21	M441:3	铜矛	刃部	①②③⑤	
YH22	M449:1	铜矛	刃部	①②③⑤	
YH23	M608:5	铜扁茎剑	剑格	①②③⑤	
YH24	M715:2	铜匕首	首、茎、刃	①②③⑤	
YH25	M772:3	铜铃	残片	①②③⑤	严重腐蚀
YH26	M11:14	铜剑	剑首	①②③⑤	完全腐蚀
YH27	M14:4	铜剑	剑格	①②③⑤	
YH28	M48:2	铜刮刀		①	完整器物
YH29	M70:5	铜带钩		①	完整器物
YH30	M142:2	铜带钩		①	完整器物
YH31	M91:4	铜镈		①	完整器物
YH32	M177	铜刮刀		①	完整器物
YH33	M406:1	铁斧	残片	①②③⑤	
YH34	M759:3	铁箭镞	铤部	①②③⑤	
YH35	M773	铁刮刀	残片	①②③⑤	
YH36	M157:13	剑珌		①②④	完整器物

注：①X 射线荧光光谱分析；②X 射线衍射分析；③扫描电镜 – 能谱分析；④激光拉曼光谱分析；⑤金相分析。

二　实验仪器与条件

（1）X 射线荧光光谱（XRF）分析

采用牛津 X – Met 7500 手持式 X 射线荧光光谱仪进行样品表面化学元素组成分析。样品测试前，完整器物用酒精对测试面进行简单的擦拭，残块样品则采用酒精丙酮溶液进行超声清洗。金属样品测试方法为 Alloy_LE_FP，测试时间 40s；玉石器测试方法为 Mining_LE_FP，测试时间为 60s。

（2）金相观察

采用德国卡尔蔡司 Axio Observer A1 型研究级倒置万能材料显微镜进行金相观察。样品经切割、冷镶、研磨、抛光等程序后，青铜器用 3% 的 $FeCl_3$ 盐酸水溶液浸蚀，铁器用 4% 的硝酸酒精溶液浸蚀。

（3）扫描电镜能谱（SEM – EDS）分析

采用日立 TM 3000 台式扫描电子显微镜和布鲁克 Quantax70 能谱仪进行 SEM – EDS 分析金属样品截面的微观结构及金属基体的化学成分组成。样品为金相观察所制样品，在金相分析后，进行喷金，进一步进行扫描电镜能谱分析。

（4）X 射线衍射（XRD）分析

采用日本理学 Rigaku Ultima – IVX 射线多晶粉末衍射仪进行样品的物相组成分析。测试电压为 40kv，电流 40mA，步长 0.02，狭缝 10mm，测试速度为 5°/min。

（5）激光拉曼光谱（Raman）分析

采用法国 JY 公司 LabRAM Aramis 型显微共聚焦激光拉曼光谱仪分析玉石器的石质。所选激光器波长为 532nm，曝光时间 10 秒，Hole（小孔）100um，光栅刻度 1800gr/mm，功率 10mw（Filter D0.3）。分析时直接将玉石器放置在显微镜载物台上，进行无损分析。

三　实验结果与分析讨论

3.1　化学成分分析

为了解金属文物的基本化学元素组成，采用荧光光谱仪和扫描电镜能谱仪相结合的方法。其中，XRF 为无损分析，能快速、无损地分析金属文物表面的化学成分；SEM – EDS 为微损分析，需一定的取样制样程序，但能避开表面腐蚀层，得到样品内部基体的化学成分。XRF 与 SEM – EDS 所得结果分别见表二、表三、表四。

根据 XRF 所得分析结果可知，青铜表面化学成分较为复杂，除铜、锡、铅外，还有少量及微量的铝、硅、磷、铁、砷、银、锑等元素。结合 SEM – EDS 的分析结果可知，益阳黄泥湖楚墓群出土的青铜文物材质种类[①]较为丰富。在对金属基体保存较好的 15 件青铜残片的分析结果中，有锡青铜 2 件、砷铅锡青铜 3 件、铅锡青铜 11 件，且铅锡青铜中三件含砷，一件含锑砷。总体来看，青铜中 Sn 含量较高，属于高锡青铜[②]的有 12 件。

结合 XRF 和 SEM – EDS 分析结果（图一、二）可知，青铜表面 Cu 和 Sn 的分布范围分别为 1% ~30% 和 42% ~82%，而青铜基体 Cu 和 Sn 的分布范围则分别为 66% ~83% 和 14% ~31%。可见，青铜文物表面化学成分组成与内部基体有着明显的区别，其 Sn 含量高于青铜内部金属基体，而 Cu 含量则较基体显著减少。

表二

青铜器样品表面 XRF 分析结果

实验室编号	出土编号	器物名称	部位	表面描述	元素（wt.%）												
					Al	Si	P	Fe	Cu	Sn	Pb	As	Ag	Cd	Au	Bi	Sb
YH01	M310：3	铜镜（四山镜）	缘部	漆黑色	4.71	5.01	0.79	1.56	20.74	64.24	1.79	0.57	0.14	0.09	0.16	0.03	---
YH02	M67：1	铜剑	前锋	灰色	15.34	24.11	0.19	5.84	2.97	46.89	2.43	0.86	0.16	0.07	0.16	0.1	---
YH03	M177	铜扁茎剑	剑茎	灰绿色	6.71	7.64	1.57	1.25	7.9	70.89	2.35	1.27	0.05	0.11	0.15	0.09	0.15
YH04	M215：1	铜剑	剑首	灰黑色	4.95	8.06	0.41	0.84	12.76	64.46	6.91	1.06	0.27	0.11	0.12	0.04	---
			剑茎	灰黑色	3.57	7.28	0.21	1.13	13.7	62.53	7.74	3.06	0.36	--	0.13	0.15	---
YH05	M208：3	铜匕首	首	黑色	9.65	10.57	0.26	0.92	6.65	64.14	5.04	0.86	1.5	0.16	0.12	0.18	---
			格	黑色	3.59	4.57	0.13	1.34	7.64	73.68	5.91	1.16	1.61	---	0.16	0.21	---
YH06	M247：1	铜匕首	刃部	灰绿色	7.37	7.68	3.65	2.02	10.39	63.54	3.99	0.94	0.13	0.13	0.12	0.04	---
YH07	M106：6	铜匕首	刃部	黑色	9.05	10.83	0.5	3.08	4.97	67.91	2.12	0.97	0.28	0.08	0.14	0.07	---
YH08	M67	铜戈	援部	黑色	6.46	7.16	0.59	3.26	10.09	68.66	2.7	0.53	0.1	0.11	0.14	0.07	---
YH09	M105：7	铜戈	援部	黑色	3.26	4.69	0.41	0.75	9.34	78.45	2.31	0.45	0	0.11	0.16	0.07	---
YH10	M215：3	铜戈	胡部	灰绿色	5.42	6.92	2.28	1.18	11.28	66.09	4.91	1.23	0.09	0.11	0.13	0.08	---
YH11	M90：2	铜矛	骹部	黑色	4.38	4.16	0.54	1.56	12.53	68.91	4.97	2.08	0.29	0.1	0.14	0.26	---
YH12	M122	铜矛镦		灰绿色	7.2	6.09	0.08	2.25	5.17	71.74	3.97	2.04	0.36	0.12	0.15	0.18	0.6
YH13	M132：2	铜银斑戈	胡部	青灰色带银灰斑点	4.23	4.35	1.28	9.63	9.8	64.71	3.47	1.26	0.36	0.08	0.13	0.16	---
			援部	青灰色带银灰斑点	3.74	3.21	1.02	6.43	15.27	64.9	3.76	0.97	0.28	0.09	0.16	0.17	---
YH14	M136：4	铜箭镞	镞头	青灰色	4.57	3.51	2.04	8.67	1.22	77.12	2.03	0.52	0	0.11	0.16	0.05	---
YH15	M100：2	铜箭镞	铤部	灰绿色	7.55	8.54	0.24	0.8	6.37	70.09	4.75	1.03	0.14	0.11	0.15	0.21	---
YH16	M441：2	铜戈	胡部	灰绿色	4.71	2.86	0.38	1.11	5.82	82.1	0.54	2.1	0	0.15	0.2	0.03	---
YH17	M477：3	铜戈	内部	灰绿色	5.08	3.34	0.4	0.65	8.68	74.28	3.22	1.89	0.43	0.12	0.16	0.1	1.65
YH18	M330：1	铜矛	骹部	黑色	9.24	8.41	0.82	3.34	11.35	62.6	2.76	0.56	0.43	0.07	0.15	0.17	---

续表二

实验室编号	出土编号	器物名称	部位	表面描述	元素（wt.%）												
					Al	Si	P	Fe	Cu	Sn	Pb	As	Ag	Cd	Au	Bi	Sb
YH19	M397:2	铜矛	骹部	黑色	8.9	5.29	0.64	0.51	13.39	61.79	4.26	4.74	0.11	0.08	0.15	0.02	---
YH20	M404:2	铜矛	刃部	青灰色	15.5	23.29	0.47	10.25	1.85	42.97	3.17	1.13	0.49	0	0.08	0.17	---
YH21	M441:3	铜矛	刃部	灰绿色	6.01	5.45	0.39	2.84	2.3	78.53	2.59	1.14	0.13	0.12	0.16	0.15	0.18
YH22	M449:1	铜矛	刃部	灰绿色	11.2	10.54	0.37	1.65	4.18	67	3.52	1.17	0.09	0.08	0.15	0.03	---
YH24	M715:2	铜匕首	首	青绿色	3.2	2.69	1.26	6.75	1.68	81.33	2.18	0.53	0	0.13	0.15	0.08	---
			茎	青绿色	3.5	2.91	1.44	6.74	1.6	80.99	2.07	0.44	0	0.09	0.15	0.07	---
			刃	青绿色	3.29	4.37	1.01	7.46	2.29	78.21	2.39	0.57	0	0.11	0.15	0.07	---
YH25	M772:3	铜铃		青黑色	5.74	8	0.32	1.14	5.53	73.27	5.35	0.3	0	0.15	0.14	0.06	---
YH26	M11:14	铜剑	剑首	青灰色	4.12	4.47	1.1	8.51	0.91	74.84	3.23	1.33	0.11	0.09	0.14	0.16	---
YH27	M14:4	铜剑	剑格	黄灰色	7.94	11.35	0.64	6.75	6.65	62.05	3.43	0.67	0.26	0.1	0.14	0.07	---
YH28	M48:2	铜刮刀			12.64	17.92	4	3.45	5.8	46.93	7.43	1.14	0.24	0.08	0.1	0.05	---
YH29	M70:5	铜带钩			4.44	4.97	0.29	0.99	8.91	71.99	5.46	1.44	1.16	0.09	0.12	0.11	---
YH30	M142:2	铜带钩			6.63	6.65	0.4	2.37	30.35	50.06	2.38	0.19	0.28	0.07	0.11	0.09	---
YH31	M91:4	铜镦	外表面	黄灰色	4.16	5.41	0.58	1.79	11.25	66.4	8.02	1.44	0.6	0.09	0.13	0.09	---
			内表面	灰黑色	6.12	9.81	0.68	1	14.73	56.27	9.26	1.22	0.57	0.09	0.11	0.07	---
YH32	M177	铜刮刀			5.6	7.12	1.69	0.57	12.48	57.53	10.94	2.93	0.63	0.13	0.13	0.11	---

表三　　　　　　　　　　　　　　　铁器样品表面 XRF 分析结果

实验室编号	出土编号	器物名称	部位	元素（wt. %）							
				Al	Si	P	Fe	Cu	Sn	Pb	Ti
YH33	M406：1	铁斧	残片	3.99	4.13	0.14	91.58	0.04	0	0	0.1
YH34	M759：3	铁箭镞	铤部	1.73	2.97	0.58	92.74	0.66	0.08	1.13	0.05
YH35	M773	铁刮刀	残片	10.73	22.12	0.11	66.15	0.04	0.05	0.44	0.36

表四　　　　　　　　　　　样品截面基体 SEM – EDS 成分分析结果（wt. %）

实验室编号	器物编号	器物名称	取样部位	Cu	Sn	Pb	As	Sb	合金类型
YH01	M310：3	铜镜	缘部	68.2	27.1	4.7	- - -	- - -	Cu Sn Pb
YH05	M208：3	铜匕首	首	78.8	18.2	3	- - -	- - -	Cu Sn Pb
			格	76.6	14.7	8.8	- - -	- - -	Cu Sn Pb
YH06	M247：1	铜匕首	刃部	82.6	16.1	- - -			Cu Sn
YH08	M67	铜戈	援部	74.6	19.0	6.5	- - -	- - -	Cu Sn Pb
YH09	M105：7	铜戈	援部	70.7	27.3	2.0	- - -	- - -	Cu Sn Pb
YH10	M215：3	铜戈	胡部	81.7	16.4	1.9	- - -	- - -	Cu Sn（Pb）
YH11	M90：2	铜矛	骹部	67.9	19.0	10.7	2.5		Cu Sn Pb As
YH12	M122	铜矛镦		69.6	20.4	7.3	2.7		Cu Sn Pb As
YH13	M132：2	铜银斑戈	胡部	71.0	21.9	5.6	1.5	- - -	Cu Sn Pb（As）
YH15	M100：2	铜箭镞	铤部	68.7	20.7	10.1	1.2	- - -	Cu Sn Pb（As）
YH17	M477：3	铜戈	内部	69.9	22.3	6.2	1.6	1.3	Cu Sn Pb（As）（Sb）
YH19	M397：2	铜矛	骹部	67.4	15.0	12.5	5.0	- - -	Cu Sn Pb As
YH24	M715：2	铜匕首	刃部	66.5	30.9	2.6	- - -	- - -	Cu Sn Pb
YH25	M772：3	铜铃		71.5	25.9	2.6	- - -	- - -	Cu Sn Pb
YH27	M14：4	铜剑	剑格	72.0	18.2	8.6	1.1	- - -	Cu Sn Pb（As）

注："– – – –"表示仪器未检测到该元素。

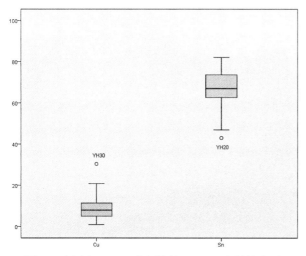

图一　青铜表面 XRF 分析结果 Cu、Sn 含量箱式图

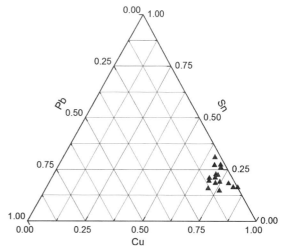

图二　青铜内部基体铜锡铅元素三元图

3.2　金属文物金相分析

利用金相显微镜对金属样品的组织、均匀度、铅分布、石墨形态等微观形貌特征进行观察与研究，以了解金属器的制作工艺。由于部分青铜器已完全腐蚀，金相观察时得不到准确有用的金相组织信息，因此，着重对其中的 18 件金属器进行了金相分析。金相显微照片见图三，部分典型样品的扫描电镜显微观察结果见图四，金相分析结果见表五。

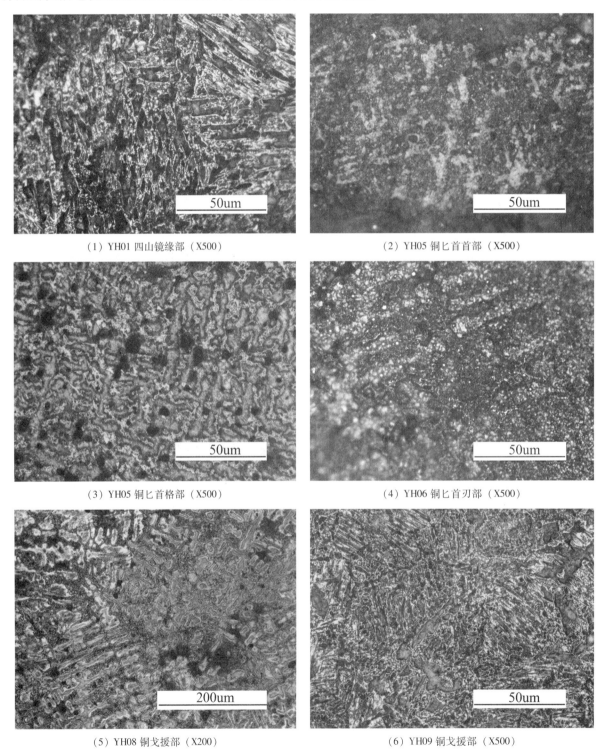

（1）YH01 四山镜缘部（X500）　　　　　　　（2）YH05 铜匕首首部（X500）

（3）YH05 铜匕首格部（X500）　　　　　　　（4）YH06 铜匕首刃部（X500）

（5）YH08 铜戈援部（X200）　　　　　　　（6）YH09 铜戈援部（X500）

（7）YH10 铜戈胡部（X500）　　　　　　　　　（8）YH11 铜矛骹部（X500）

（9）YH12 铜矛镦（X500）　　　　　　　　　　（10）YH13 铜银斑戈胡部（X500）

（11）YH14 铜箭镞镞头（X200 偏光）　　　　　　（12）YH15 铜箭镞铤部（X500）

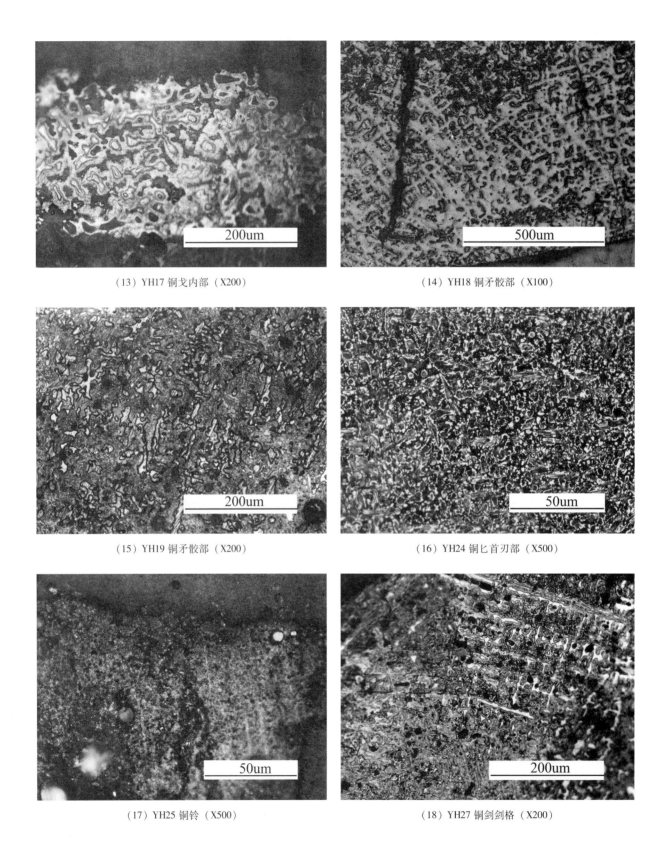

（13）YH17 铜戈内部（X200）

（14）YH18 铜矛骹部（X100）

（15）YH19 铜矛骹部（X200）

（16）YH24 铜匕首刃部（X500）

（17）YH25 铜铃（X500）

（18）YH27 铜剑剑格（X200）

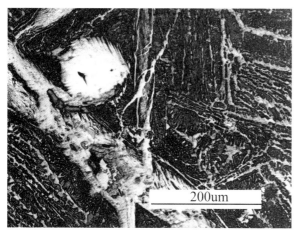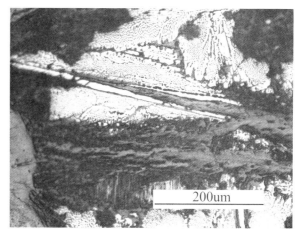

（19）YH33 铁斧（左 X200，右 X200）

图三 益阳黄泥湖楚墓群出土金属器物金相显微图

18 件金属器的金相组织中，未见等轴晶、孪晶和滑移线等，表明这些金属器未进行热锻和冷加工等工艺处理，而是直接铸造而成。含锡量较低（Sn＜23％）的青铜多呈现出较明显的树枝晶，其中一件青铜器（YH10 铜戈胡部）出现退火均匀化组织，而三件高锡青铜（YH01 铜镜，YH09 铜戈，YH24 铜匕首）金相组织则明显不同。YH01 铜镜和 YH09 铜戈室温下金相组织均为条块状、针状的 α 富铜相分布在（α＋δ）共析体上，YH24 铜匕首的室温组织为短小树枝状的 δ 相分布在（α＋δ）共析组织基体上，铅呈颗粒状均匀分散分布，部分铅颗粒周围环绕分布有 δ 相。

此外，YH05 铜匕首的首部和格部呈现不同的腐蚀程度及不同的金相组织，结合 SEM－EDS 的分析结果来看，其首部腐蚀较为严重，金属基体中 Sn 含量高，Pb 含量低，而格部腐蚀程度较轻，Sn 含量较低，但 Pb 含量明显高于首部。

三件铁器锈蚀程度都很严重，铁器（YH33 铁斧）基体断面灰白相间，灰色区域是由条状渗碳体及珠光体组成的，基体中可见大斑块的三元共晶磷化物，白色区域为过共晶白口铁组织，主要金相组织为一次渗碳体和低温莱氏体，石墨呈 F 型[③]，中心大块状为初晶石墨，周围生长着许多较小的共晶石墨，是过共晶成分的铁液在较大过冷度下形成的[④]。

3.3 部分青铜样品的特殊结构与工艺分析

（1）YH01 铜镜表面"黑漆古"及热处理工艺

YH01 铜镜表面存在一层漆黑发亮的"黑漆古"，已有研究表明，这层黑漆古的形成与埋藏环境相关，是铜镜在长期接触埋藏环境中的腐殖酸与之发生自然腐蚀形成的，多出现于江浙、湖南、湖北一带[⑤]。从 YH01 铜镜截面的扫描电镜观察结果（图五）中可以看出，铜镜表面存在一层厚度不均匀的腐蚀层，这层腐蚀层由铜镜的两个表面向中心基体延伸，与金属基体间无明显的界限。且可观察到腐蚀层在靠近表面的区域腐蚀更为严重，呈现矿化的状态，而与金属基体相接近的腐蚀层，腐蚀程度较轻，仍保留有原金属基体组织的"痕像"。

根据铜镜截面的 Cu/Sn/Pb 元素面分布结果（彩版五三，1），铜镜表面腐蚀层中 Cu 含量明显低于金属基体，而 Sn 含量则高于金属基体，Pb 含量变化不明显。XRD 分析结果（图六）表明，YH01 铜镜表面"黑漆古"主要物相为锡石（SnO_2）和铜锡金属间化合物 δ 相（$Cu_{81}Sn_{22}$），为 α

表五

益阳黄泥湖出土金属器金相分析结果

实验室编号	考古出土编号	名称	取样部位	显微组织特征	制作工艺	图示
YH01	M310：3	四山镜	缘部	大量（α+δ）共析体连成一片呈基体状，富铜的α相呈针片状和两端尖锐的条状岛状分布于基体上，部分α相已发生腐蚀。高锡铅青铜铸造组织。	铸造	图三（1）
YH05	M208：3	铜匕首	首	α固溶体树枝晶偏析明显，晶间大量（α+δ）共析体，基体腐蚀严重。高锡铅青铜铸造组织。	铸造	图三（2）
			格	α固溶体树枝晶偏析明显，晶间大量（α+δ）共析体，铅呈球状、颗粒状弥散分布。铅锡青铜铸造组织。	铸造	图三（3）
YH06	M247：1	铜匕首	刃部	晶粒粗大，α固溶体树枝晶偏析明显，晶间大量（α+δ）共析组织，少量纯铜晶粒。锡青铜晶粒。	铸造	图三（4）
YH08	M67	铜戈	援部	α固溶体树枝晶偏析明显，晶间大量（α+δ）共析组织，铅呈颗粒状、团块状均匀分布。铅锡青铜铸造组织。	铸造	图三（5）
YH09	M105：7	铜戈	援部	大量（α+δ）共析组织连成一片呈基体状，α固溶体呈细小的针片状和两端尖锐的条状分布在基体中。高锡铅青铜铸造组织。	铸造	图三（6）
YH10	M215：3	铜戈	胡部	α固溶体，晶间腐蚀严重，晶间大量（α+δ）共析组织。锡青铜铸造后退火受热均匀化的结果。	铸造后退火	图三（7）
YH11	M90：2	铜矛	骹部	α固溶体呈基体状，晶间大量（α+δ）共析组织，呈网状分布，为铸造后退火。	铸造	图三（8）
YH12	M122	铜矛镦		α固溶体偏析明显，枝间析出白色相为铜锡砷化合物，晶间大量（α+δ）共析组织，铅呈团块状分布，呈网状分布。砷铜锡青铜腐蚀较为严重。砷铜锡青铜铸造组织。	铸造	图三（9）
YH13	M132：2	铜银斑戈	援部	α固溶体偏析明显，枝晶边缘析出少量铜锡砷化合物，晶间大量（α+δ）共析组织，呈网状分布，铅呈团块状分布。α固溶体腐蚀较为严重。铅锡青铜铸造组织。	铸造	图三（10）
YH14	M136：4	铜箭镞	镞头	完全腐蚀，腐蚀产物保留明显的铸造树枝晶"痕像"。	铸造	图三（11）

续表五

实验室编号	考古出土编号	名称	取样部位	显微组织特征	制作工艺	图示
YH15	M100：2	铜箭镞	铤部	α固溶体树枝晶偏析明显，晶间大量（α＋δ）共析组织，呈网状分布。铅呈不均匀的颗粒状，团块状分布。铅锡青铜铸造组织。	铸造	图三（12）
YH17	M477：3	铜戈	内部	α固溶体树枝晶，晶内偏析明显，晶界铸蚀严重，晶间间隙分布较多浅色不规则形状铜锡砷析出相。铅锡（铅砷）青铜铸造组织。	铸造	图三（13）
YH18	M330：1	铜矛	骹部	完全腐蚀，腐蚀产物保留明显的铸造树枝晶"痕像"。	铸造	图三（14）
YH19	M397：2	铜矛	骹部	铜锡砷α固溶体树枝晶偏析明显，红棕色基体为富铜相，枝间亮白析出相为铜锡砷化合物，大量铅呈球状、团块状，颗粒状分布于枝晶间隙。砷铅锡青铜铸造组织。	铸造	图三（15）
YH24	M715：2	铜匕首	刃部	基体为（α＋δ）共析组织，大量δ相呈短小树枝状，铅呈颗粒状均匀分散分布，部分铅颗粒周围环绕分布有δ相。高锡铅青铜铸造组织。	铸造	图三（16）
YH25	M772：3	铜铃		α固溶体为主，存在少量（α＋δ）共析组织，腐蚀严重。	铸造	图三（17）
YH27	M14：4	铜剑	剑格	α固溶体树枝晶偏析明显，枝间分布少量白色铜锡砷化合物，晶间大量铅呈不均匀的颗粒状弥散分布。铅锡青铜铸造组织。	铸造	图三（18）
YH33	M406：1	铁斧		灰口铁和白口铁组织共存的麻口铸铁，局部为一次渗碳体和低温莱氏体组成的过共晶白口铁组织，局部为条状渗碳体及珠光体组成的灰口铁组织，基体中可见大斑块状的三元共晶磷化物。石墨呈F型（星状或蜘蛛网状）分布。	铸造	图三（19）

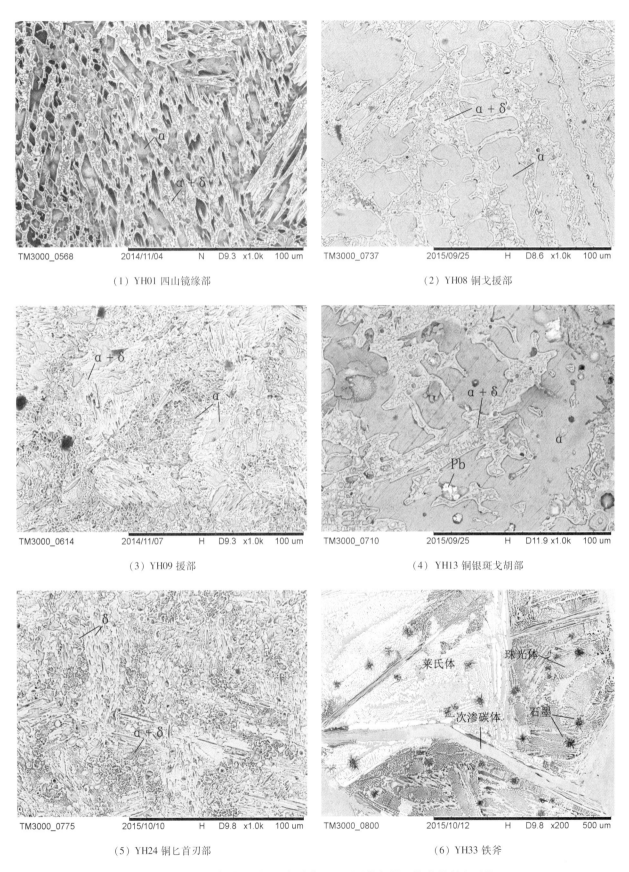

（1）YH01 四山镜缘部   （2）YH08 铜戈援部

（3）YH09 援部   （4）YH13 铜银斑戈胡部

（5）YH24 铜匕首刃部   （6）YH33 铁斧

图四　益阳黄泥湖楚墓群出土部分典型金属器物扫描电镜背散射电子像

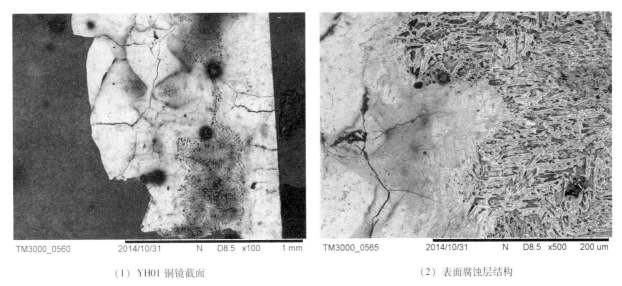

（1）YH01 铜镜截面 （2）表面腐蚀层结构

图五 YH01 铜镜扫描电镜图像

富铜相选择性腐蚀[⑥]的结果。其中，锡石的衍射峰出现明显的宽化现象，表明 SnO_2 衍射峰所对应的晶面间距偏小，反映出 SnO_2 晶体出现晶格畸变[⑦]，呈超微晶颗粒状态存在[⑧]。这层致密的 SnO_2 在铜镜表面形成保护膜，能有效的阻碍埋藏环境中的腐植酸对铜镜的进一步腐蚀[⑨]。

关于青铜镜的热处理工艺问题，研究者的观点存在较大争议。何堂坤先生在对大量的铜镜进行科学分析时，认为从战国到五代，大约 80% 以上的青铜镜都曾淬火，今见组织多为回火态[⑩]。孙淑云、N. F. Kennon 先生则持不同意见，通过对大量古代铜镜成分和组织的研究，认为铜镜并未经过淬火，组织为 α 固溶体、（α + δ）共析体及颗粒状铅（Pb）组成，未见 β' 等热处理相存

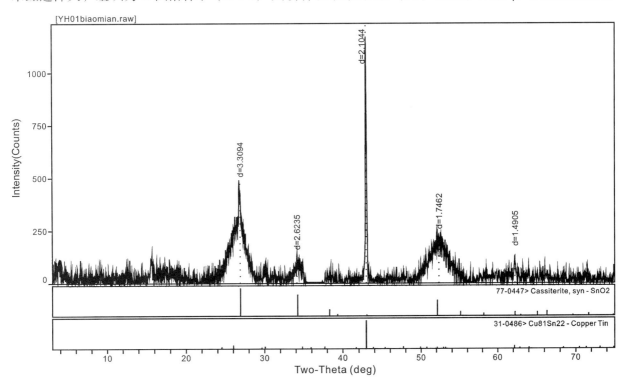

图六 YH01 铜镜表面"黑漆鼓"XRD 分析结果

在，对相应古铜镜成分青铜进行铸造及热处理模拟实验，也证实了这一结论⑪。笔者认为，青铜镜中出现的这种均匀细小的金相组织，是高锡青铜由液态冷却至室温过程中，发生包晶反应的结果，而并非淬火处理产生的晶粒细化的结果。相同的组织，在本次分析的其他两件高锡青铜（YH09铜戈，YH24铜匕首）中也得到。因此，我们认为，三件高锡青铜均为铸造而成，未经过淬火、回火等工艺处理。

（2）YH05铜匕首格部表面富锡层

SEM – EDS结果显示，样品YH05铜匕首格部表面存在富锡层，且Cu、Sn、Pb三种合金元素的含量在富锡层和内部合金基体之间存在明显的区别；如彩版五三，2、3所示。已有研究表明，古代青铜文物表面产生富锡层的主要途径有三种⑫：（1）青铜的选择性腐蚀；（2）"锡汗"，即低锡青铜铸造时发生反偏析；（3）人工镀锡，包括传统的热涂镀锡、热浸镀锡、锡石还原镀锡、锡汞齐镀锡等。该青铜残片与其他样品（如图五所示YH01铜镜）明显不同，其腐蚀层与合金基体间存在明显界限，外层富锡层腐蚀严重，但内层合金基体仍保存良好，表明富锡层对内部合金基体起到了一定的保护作用。因此，可排除该富锡层是青铜选择性腐蚀的结果。锡反偏析和镀锡的最大区别是镀锡会产生镀锡层，而反偏析形成的客观条件为高锡青铜（含锡量高于15.8%），且反偏析青铜器中的含锡量会呈现出由表及里逐渐递减的状态，不会产生表面与基体之间的分界层⑬。从青铜残片的化学成分和微观结构来看，该青铜残片合金基体主要化学组成：Cu 76.6wt.%、Sn 14.7wt.%、Pb 8.8wt.%，不属于高锡青铜，且富锡层与合金基体之间存在明显的界限，因此，可初步判定其富锡层为表面镀锡的结果。

已有的大量研究表明，我国镀锡青铜器集中分布于三大区域：一、北方和西北的古代草原文化区，流行的时代集中在公元前7世纪至前4世纪的春秋早期至战国中期；二、四川盆地及峡江流域的晚期巴蜀文化区，集中于公元前4世纪至前3世纪的战国中、晚期；三、云南的古滇文化区，时代集中在公元前3世纪至前1世纪的战国晚期至西汉时期⑭。何堂坤先生在对江陵战国青铜器进行科学分析时，发现至迟战国时代，江陵青铜合金技术便达到了较高水平，为了满足不同的需求，人们对许多青铜器都进行了镀锡处理，部分还做了渗硫处理和特殊的花纹工艺⑮。这件镀锡青铜器的发现，在一定程度上反映了当时青铜技术的发展状况。

（3）YH13银斑戈的分析及制作工艺

YH13银斑戈，基底呈灰黄色，表面存在形状不规则、排列无序且光泽度高的银灰色和黑色斑纹，统称为银斑。通过光学显微镜（图七），能清楚地看到银斑戈表面存在很明显的划痕，这些划痕较为细密，且方向整齐，主要分布于相互垂直的两个方向，为人工打磨的痕迹，应该与银斑戈的制作工艺有关。

采用扫描电子显微镜及能谱仪对YH13银斑戈表面、截面的微观形貌及表面银斑处和非银斑处的基本化学元素组成进行了分析，结果见图八和表六所示。从SEM分析结果中可以看出，银斑戈表面银斑处与非银斑处界面存在一定的斜坡，银斑处要略高于非银斑处，且从截面可以看出，银斑处与截面基体有明显的界限，截面金属基体已完全腐蚀，而银斑处仍保留较好的铸造组织特征。从化学成分来看，银斑处的Cu、Sn含量明显高于非银斑处，而非银斑处则由于受埋藏环境中腐蚀物的影响，Al、Si、Fe含量高于银斑处，且与戈的金属基体化学成分相比，银斑处不含Pb，但Sn含量明显高于金属基体。

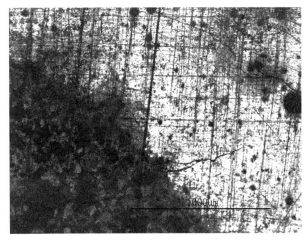

图七　YH13 银斑戈照片（左）及显微照片（右）

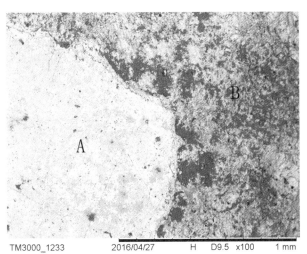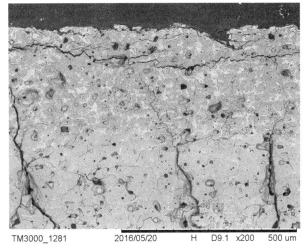

图八　YH13 银斑戈表面（左）及截面（右）SEM 图

表六　　　　　　　　　　YH13 银斑戈表面 SEM – EDS 成分分析结果（wt. %）

器物名称	检测部位	Cu	Sn	O	Al	Si	Fe
YH13（银斑戈）	A（银斑处）	27.5	55.3	12.0	2.2	1.7	1.3
	B（非银斑处）	0.3	38.0	37.7	8.3	9.3	6.5

　　关于表面带斑纹青铜器的铸造工艺，一直以来都是考古学者较为关注和感兴趣的问题[16]。马承源在《中国青铜器》一书中提到虎斑纹的形成时指出，经分析银色亮斑是低铜、高锡的合金，其制作过程是按不同的设计形状，先将合金固定在范上，然后浇筑融合在一起。姚智辉结合模拟实验，在对战国中晚期成都平原和峡江流域大量带有虎斑纹的青铜器进行充分研究后认为，青铜表面的斑纹可能是由人工进行热镀锡及镀锡后进行退火处理得到的[17]。曾中懋通过对一把战国晚期的巴蜀式虎斑纹青铜剑的分析，认为虎斑纹青铜剑的铸造工艺是这样的：首先，通过在剑的外范上做凸起来铸造表面有凹坑的青铜剑；然后将铸成的青铜剑在未完全冷却前投入铅锡液中进行热浸镀，此时熔融的铅锡液便存留在凹坑里，形成凸起的斑纹；最后，待剑冷却后，对剑面进行打磨，

便可得到表面带银白色、光滑、反光的斑纹⑩。本次分析的银斑戈的斑纹部分保存状况较好，与内部金属基体相比，为低铜高锡合金，且斑纹部分与非斑纹部分结合为一体，无脱落现象，推测斑纹部分应是经过热镀形成的。此外，银斑戈戈身都存在明显的打磨痕迹，表明热镀后进行了人工打磨。因此，笔者认为本次分析的这件银斑戈，其制作工艺过程与曾中懋先生描述的较为吻合，其关键工序中存在热镀和打磨的制作工艺。

3.4　剑珌质地分析

剑珌（M157：13）保存状况完好，呈灰白色，表面光滑。根据 XRF 分析结果（表七）可知，其主要成分为 Mg（Wt.）=19.56%，Si（Wt.）=24.93%，Ca（Wt.）=4.83%。拉曼分析结果如图九所示，剑珌在 126、182、227、398、678、934、1031、1064cm^{-1} 处存在拉曼频移峰，与透闪石［化学结构式为 $Ca_2Mg_5Si_8O_{22}(OH)_2$］的拉曼频移峰相对应。可知，该剑珌为透闪石型玉。

表七　　　　　　　　　　　　剑珌表面 XRF 分析结果

实验室编号	器物编号	器物名称	元素（wt.%）							
			Mg	Si	Al	Ca	Fe	Cu	S	Ti
YH36	M157：13	剑珌	19.56	24.93	1.16	4.83	0.31	0.06	0.04	0.02

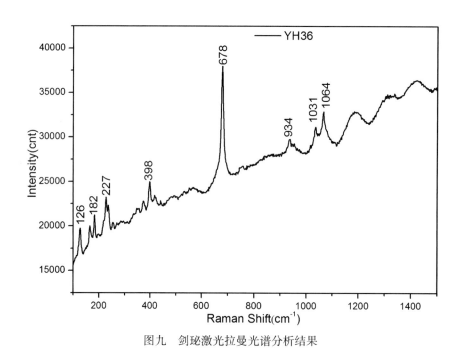

图九　剑珌激光拉曼光谱分析结果

四　结　论

对益阳黄泥湖楚墓群出土的 36 件青铜器、铁器、玉石器标本的科学研究表明：

（1）在对青铜文物合金成分较为复杂、材质种类丰富、金属基体保存较好的 15 件青铜残片的分析结果中，有锡青铜2件、砷铅锡青铜3件、铅锡青铜11件，且铅锡青铜中三件含砷，一件含锑砷，此外，这批青铜总体而言Sn含量较高。

（2）18件金属器的金相分析结果表明，除一件铜戈胡部出现铸造后退火均匀化组织外，其他的均为典型的铸造组织，这些金属器均未进行热锻和冷加工等工艺处理，亦未经淬火、回火等热处理工艺，而是直接铸造而成。

（3）从化学成分看，青铜文物表面化学成分组成与金属基体有着明显的区别，其表面Sn含量高于青铜内部金属基体，而Cu含量则较基体显著减少。这一现象的发生，是青铜文物在酸性埋藏环境中自然腐蚀、基体中Cu流失、表面形成锡石（SnO_2）的结果。但一件青铜剑格样品除外，其表面富锡层与金属基体间存在明显的界限，应为镀锡处理。

（4）所分析的青铜文物中有一件银斑戈，其银斑处为低熔点高锡铜合金，且该处合金与非银斑处结合为一体，整个表面均存在人工打磨的痕迹，表明在该银斑戈的制作工艺中，应存在先热镀后打磨的两个关键工序。

（5）激光拉曼光谱分析结果表明，剑珌（M157∶13）为透闪石型玉。

注　释

① 崔剑锋、吴小红等：《四川凉山州盐源县出土青铜器分析报告》，《南方民族考古》第六辑，2010年，第217～234页。

② Scott D A. Mettallography and microstructure of ancient and historic metals. The J Paul Getty Trust, Published in association with Archetype Books wich acknowledge a grant from the Commission of European Communities. Printed in Singapore. 1991.

③ 国标GB/T 7216-1987《灰铸铁金相》。

④ 李炯辉：《金属材料金相图谱》，机械工业出版社，2006年，第58～61页。

⑤ 孙淑云、韩汝玢等：《中国古代金属材料显微组织图谱（有色金属卷）》，科学出版社，2011年，第165～169页。

⑥ L. Robbiola, J. - M. Blengino, et al. Morphology and Mechanisms of Formation of Natural Patinas on Archaeological Cu - Sn Alloys. Corrosion Science, 1998, Vol. 40, No. 12, pp. 2083 - 2111.

⑦ 王昌燧、陆斌等：《古代黑镜表层SnO2结构成分研究》，《中国科学A辑》1994年第24卷第8期，第840～843页。

⑧ 范崇正、铃木稔等：《黑漆古青铜镜的结构成分剖析及表面层形成过程的探讨》，《中国科学B辑》1994年第24卷第1期，第29～34页。

⑨ 金韬、王昌燧等：《青铜表面SnO2保护膜的制备及其防护性能研究》，《中国腐蚀与防护学报》1997年第17卷第2期，第111～114页。

⑩ 何堂坤：《中国古代高锡青铜熔炼和制作技术初步研究》，《"亚洲高锡青铜：制作技术和地域特征"国际会议论文集》，日本学术振兴会，2010年，第81～90页；《从科学分析看我国古代的青铜热处理技术》，《金属热处理学报》，1987年，第8卷第1期，第1～4页。

⑪ 孙淑云、N. F. Kennon：《中国古代铜镜显微组织的研究》，《自然科学史研究》第11卷第1期，1992年，第54～67页。

⑫ 何康、李洋等：《湖北出土战国青铜剑表面富锡层的材料学特征》，《材料保护》，2012年，第45卷第11期，第50～54页。

⑬ 吴炜：《滇国青铜器的镀锡工艺》，《云南民族大学学报（哲学社会科学版）》，2008年，第25卷第4期，第121～123页。

⑭ 孙淑云、李晓岑等：《中国青铜器表面镀锡技术研究》，《文物保护与考古科学》，2008年，第20卷增刊，第41～52页。

⑮ 何堂坤、陈跃钧：《江陵战国青铜器科学分析》，《自然科学史研究》，1999年，第18卷第2期，第158～167页。

⑯ 唐诗琴：《巴蜀"虎斑纹"技术研究综述》，《艺术品鉴》2016年01期，第105页。

⑰ 姚智斌、孙淑云：《巴蜀青铜兵器热镀锡工艺》，《北京科技大学学报》，2007年，第29卷第10期，1005～1009页。

⑱ 曾中懋：《巴蜀式青铜剑虎斑纹的铸造工艺》，《四川文物》1993年05期，第72～74页。

附录二

益阳电厂 M215 出土植物种子分析

顾海滨

1997 年湖南省文物考古研究所在对益阳市黄泥湖古墓群的抢救性考古发掘中，在战国中晚期墓葬 M215 的一个陶鼎中，发现 120 粒植物种子。种子圆形，直径约 4 ~ 6.5 毫米，出土时颜色为黑—棕黄色，表面光滑，最大直径处有一圈细棱，经鉴定其为山苍子 Litsea cubeba（Lour）pers（图一；彩版五四，1）。

图一　M215 出土的山苍子种子

山苍子，隶属樟科，木姜子属，别名山鸡椒、木姜子、山胡椒等，为落叶灌木或小乔木，是我国特有的芳香类植物资源。其主要分布在长江以南低山丘陵区，尤以湖南分布最多，且大部为野生，花期 4 ~ 5 月，果期 8 ~ 9 月（彩版五四，2）。

由于山苍子的果中富含芳香油——柠檬醛和香茅醛等成分，因此碾碎会后散发出一种非常独特的辛香气，目前主要用于工业提香料用，民间的价值主要体现在其药用和食用方面。在医药方面，2010 年版的《中国药典》将山苍子称为"荜澄茄"，称其性"辛，温"，具有"温中散寒，行气止痛"之功效，主要用于"胃寒呕逆，脘腹冷痛，寒疝腹痛，寒湿郁滞，小便浑浊"。荜澄茄在古代很多医书中有记载，《本草纲目》称其为"毕澄茄"，描述其气味"辛、温、无毒"，主治"脾胃虚弱"；在日常饮食上，山苍子能除腥增味，因此在南方很多地方，人们喜欢将其果实直接凉拌，或将其鲜果捣烂或制成山苍子油，用于汤、面食、豆花、凉粉、米线等食品中，是风味独特的天然调味品。

在该墓战国中晚期陶鼎中发现数量较多的山苍子，说明距今 2000 多年的湖南人就有使用山苍子的习俗，这也是目前我国考古出土最早的山苍子的实物资料。陶鼎是炊器，其功能就是用于煮食物，因而推测该墓葬出土的山苍子可能是用于食用或者药用。

参 考 文 献

1. 中国科学院植物研究所主编：《中国植物图鉴》第一册，科学出版社，1987 年。

2. 黄光文、卢向阳：《我国山苍子油研究概况》，《湖南科技学院学报》第 26 卷第 11 期，2005 年。

3. 刘晓棠、张卫明等：《山苍子资源开发利用的研究》，《中国野生植物资源》第 27 卷第 4 期，2008 年。

4. 国家药典委员会主编：《中华人民共和国药典》第一部，中国医药科技出版社，2010 年。

5. （明）李时珍：《本草纲目》，线装书局，2010 年。

6. 肖正春、张广伦等：《山苍子民族植物学的初步研究》，《中国野生植物资源》第 33 卷第 4 期，2014 年。

7. 李铭、陈晓麟：《山苍子油的食用特点及氧化稳定性研究》，《重庆教育学院学报》第 20 卷第 6 期，2007 年。

附录三

湖南益阳兔子山遗址 9 号井发掘报告（节录）

湖南省文物考古研究所　益阳市文物管理处

一　前言

兔子山遗址位于湖南省益阳市赫山区三里桥铁铺岭社区，遗址所在地是一条东北—西南走向的山冈，位于资水与兰溪河交汇处。山冈名铁铺岭，兔子山位于岗地东北部，海拔最高 45 米（图一）。遗址于 1978 年发现，当时称为铁铺岭城址。嗣后，益阳的文物部门对遗址多次调查、试掘，收集的文物有东周时期的夹砂灰陶和夹砂红陶钵、罐残片，汉代的方格纹陶罐、绳纹筒瓦、板瓦、瓦当等，认定该遗址为战国秦汉时期益阳县城遗址，1997 年益阳市人民政府将其公布为益阳市重点文物保护单位。遗址因近年城市基本建设破坏严重。

铁铺岭城址高出周围 5～10 米，地表为现代建筑覆盖，通过艰苦细致的勘探，明确城址平面呈长方形，东西宽 400、南北长（现存）300 米。

2013 年春，长沙易盛达置业有限公司获得铁铺岭地段的开发权，该地段小地名为"兔子山"，为铁铺岭城址的中心。为配合建设工程，益阳市文物管理处对开发区域进行抢救性的考古勘探和发掘，5 月 28 日在 3 号井中发现简牍。益阳市文物管理处将此情况上报湖南省文物局和湖南省文物考古研究所，湖南省文物局报告国家文物局，而后得到继续工作的许可和发掘执照，湖南省文物考古研究所和益阳市文物管理处组成考古队，发掘工作持续至 2013 年 11 月。

共布设 5 米×5 米探方 38 个，其中有数口井在考古队进场时已被推去 2～3 米直接暴露在生土面，故未布探方直接发掘。共完成发掘面积 1000 平方米，共清理古井 16 口、灰坑 56 个、灰沟 7 条、房屋建筑遗存 9 处（图二）。古井出土了大量板瓦、筒瓦、瓦当、空心砖、长条砖、陶瓷器、漆木器、铁器、铜器、动植物标本，其中 11 口井出土有简牍。

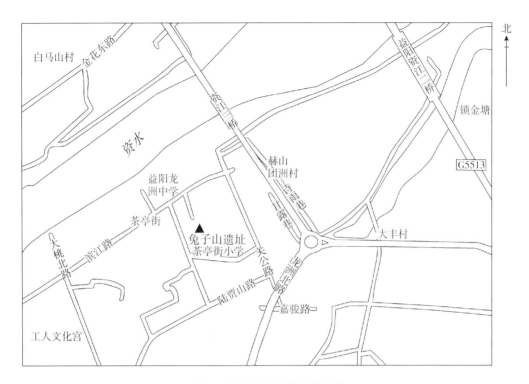

图一　兔子山遗址位置示意图

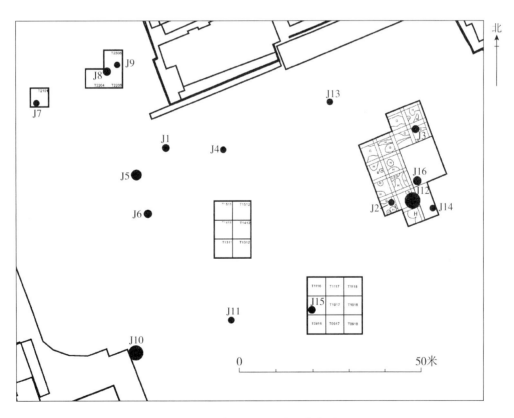

图二　兔子山遗址遗迹分布图

二 9 号井（J9）概况

J9 位于遗址北部偏西，发掘时，井口堆积已被工程机械挖去 3 米多，现存井口平面形状为圆形，井的结构为圆筒形土坑，直壁，直径 1.2 米，东西向略宽，井底直径 1、残余深度 7.3 米。井内堆积可分为九层（图三），出土遗物有陶器、陶砖、陶瓦、陶瓦当、铜器、铁器、石器、漆木器、简牍及动植物遗骸。

第 1 层：黑灰色黏土。深 0~0.4 米，含烧土、漆木器残片、陶片。经浮选采集有大量炭化谷物颗粒与少量植物果核。陶器以灰色绳纹瓦片与云纹瓦当为主。

第 2 层：灰黑色黏土。深 0.41~0.75 米，含有陶瓦片、瓦当，较第 1 层泥土含量增多。另有一双棕、麻编织的鞋，保存不太好。瓦当多饰云纹。

第 3 层：浅灰黑色黏土。深 0.76~1.5 米，包含大量绳纹瓦片、回文空心砖残块、陶器、铁釜、铁锯、木篦、砺石及动物骨骼、植物果核，以及简牍。陶器多为泥质灰陶，饰绳纹、弦纹、附加堆纹等，可辨器形有钵、甑、罐、碗等。

第 4 层：暗灰色黏土。深 1.51~2.45 米，与第 3 层相比文化遗物在土层中的比例更大，约为 60%，以瓦片为主，另有长方形回纹空心砖、陶罐、瓦当、筒瓦片等。

第 5 层：灰色黏土。深 2.46~3.7 米，出土有筒瓦、陶器残片、空心砖及植物果核。

第 6 层：灰黑色黏土。深 3.71~4.5 米，出土遗物丰富，有木弩臂、铁釜、空心砖、陶瓦片、动植物标本、木质建筑构件、木碾槽等。

第 7 层：青灰色黏土。深 4.51~5.5 米，黑色炭化物明显减少，文化遗物也相对少，有木篦、甲胄漆皮、木构件、竹简，陶瓦明显减少。

第 8 层：灰褐色沙性黏土。深 5.51~6.6 米，出有瓦当、陶片、建筑构件、砖块、陶罐和竹简等。

第 9 层：青灰色沙土。深 6.61~7.3 米，包含物少，出少量陶片、竹条及砖瓦等。

第 9 层以下是青灰色沙石层（渗水层）。

J9 第 3~6 层出土遗物种类和数量相对丰富，第 7~9 层出土遗物比例相对少，各层出土遗物种类大致相同，以瓦片为主。从瓦片形态看，上下各层间隔时间不长，在拼对修复期间，底层瓦片往往可与其上相隔数层的瓦片拼接起来，第 8 层中汲水罐与砖瓦等建筑废弃物共存，这也说明 J9 废弃后被填埋的时间较短，因而我们可以把 J9 各层出土物视为一组共存遗存，数量统计时也不再分层统计。

三 简牍

（一）简牍的收集和前期处理

1. 现场处理

在发掘过程中认真收集各类金属、陶、石质地文物的同时，我们特别留意堆积包含物中

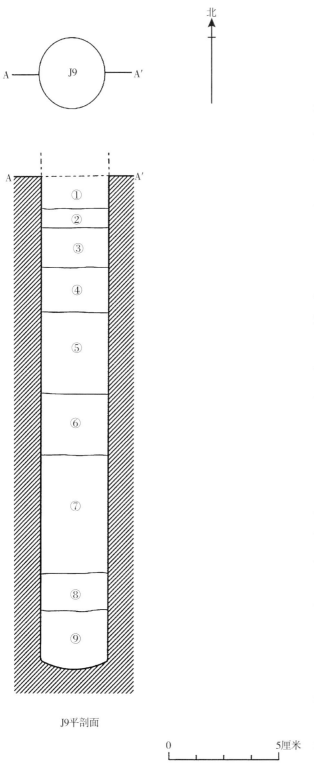

北

J9平剖面

0   5厘米

图三 J9 平、剖面图

竹木材质的文物，其呈长条状的竹条等物，我们悉数收集，以待室内仔细甄别，虽然它们可能是竹篮、竹筐等竹编器具破败后的遗留。竹简出土时有两种情况，有成组出现和零星分散出现两种情况，长条状竹质物中如有竹简，归入零星散乱一类，收集包装时分别对待。成组的简牍以彩条布承托出井，裹以窗纱，移入包装箱中，箱内垫以海绵，加蒸馏水和灭菌药剂（药剂种类和用量咨询文物保护专家）。第 7 层简牍多系古人一次投入井中，但漂散且混杂在淤泥和生活垃圾中，现场清理时分四组提取，编号为⑦壹、⑦贰、⑦叁、⑦肆，散乱者则按出土顺序编为⑦1～26。零星出现的简牍，详细记录，在包装箱中垫以海绵和保鲜膜，一层简牍一层海绵和保鲜膜，据层位和出土时序依次摆放。保鲜膜既可保持简牍原有水分，也避免磨损简牍的文字墨迹。

2. 室内清理

当下多称这一步骤为室内发掘，我们综合以往工作经验，拟定工作程序。前面提到简牍有成组出现和零星出现两种情形，现场已对其做了有针对性的分别处理，室内发掘同样区别对待。成组的简牍自箱中取出，置于工作台面上，小心揭去包装，清除表面淤泥、杂物，拍摄照片，设置参照坐标点，绘图，编号，揭剥，按编号装入塑料盘中，压上玻璃条以免漂动错位，进入清洗阶段。每一组简牍重复上述程序，逐层清理，直至完成该组简牍的揭剥。零星散乱出土的，因为现场装箱时依据出土顺序，此刻按出土顺序逆序装盘，其中非简牍占很大比例，需要边清洗边甄别，选出的简牍装盘顺序与出土时相反，其余步骤与成组简牍相同。

（二）简牍概况

经过清洗、红外扫描和目验甄别，J9 第 3、5、7、8 层保存有简牍，其他各层竹木材质遗物不是简牍。其中第 7 层简牍一次性投入井中，第 3、8 层简牍分散出现在填土中。保存情况不好，尤其是竹简，槽朽、降解严重，多折断和纵向开裂的情况，槽朽严重者几乎形如一束纤维。具体情况如下。

有字简牍：第 3 层木简 2 枚，第 7 层竹简 567 枚，第 8 层竹简 10 枚，共 579 枚。无字简牍：第 5 层木简 7 枚、第 7 层竹简 154 枚、木简 2 枚，第 8 层竹简 38 枚，共 201 枚。有字简与无字简合计 780 枚（以材质计，木简 11 枚，竹简 769 枚）。

第 3、7、8 层简牍保存情况不好，简文多模糊、漫漶，这里介绍的是有文字可以辨识的简的大部分。

第 3 层木简 2 枚，其一长 23、宽 2.4 厘米，重 10.8 克；其二长 46.2、宽 2.5 厘米，重 47 克。

第 7、8 层竹简长度多在 22.7 ~ 23 厘米，略有参差，一般不超出 22 ~ 24 厘米的范围，宽度多为 0.7 ~ 0.9 厘米，厚 0.1 厘米。

饱水状态时完整简重 2 ~ 2.4 克，最重 3.6 克。

两道编绳，无法分辨先编联后书写还是先书写后编联。

简文内容是簿籍类文书，多数单面书写，人口登记的簿籍部分分栏书写。书写时一支简记一人或一事，简面大部分留白，断裂后下半段无字，但因错位而难于缀合，统计时会有同一支简有字残段归入有字简，无字残段计入无字简的现象。

简文均毛笔墨书。

释文附于 J9 报告之后，以繁体字保留其字形信息。

（三）简牍内容述略

简三·一（简的编号为"层位号·序号"）是秦二世胡亥继位第一个月发布的诏书，"朕奉遗诏"，强调继位政治的正确性；"尽为解除流罪"是司法改革；"分县赋援黔首"，有经济改革、赈济平民之意；"毋以细物苛刻县吏"则是吏治的变化。看来二世虽然年少，未必如历史文献所记载的糊涂，也和臣属一道看到了始皇政策的诸多弊端，流罪在当时是极为严重的法律惩罚，有流罪重于死刑的说法，这一做法一直延续到明清。"尽为解除流罪"应当是一件非常大的事件，可惜二世享国日短，这一法规未能影响到后世。诏书短短的 104 个字，内容丰富，超过秦泰山、琅玡刻石和铜版秦二世诏书等。

缀合、复原文档难度非常大，我们根据简文内容调整了第 7 层竹简顺序。简七·一上端虽略有残断，文字似乎未受影响，简文较完整，为"事卒凡五十四人，远之月乙亥之日，□□□□不□将卒……"，我们以之为据并参照其他简文，知道这些竹简应是一种簿籍，其记录书写顺序为："事卒"之数量、事件发生之时间、"将（率领）"事卒之官吏姓名（监某人、事某人）、所执行之任务"行（进行某种活动或出发）"，然后分别记录"事卒"的姓名、居住地点的"里"名、参与其事的其他官吏的姓名和职位。

具体年名未录，记月以楚国独有的月名"远栾"、"刑栾"等，以干支记日。

记录事卒和吏员的格式：（州、邑、里）＋人名、县名＋职位＋人名、身份（或爵位）＋人名＋所居之里名，参与"行"的官员官职与姓名。

简文中卒、倅并出，为同一字无疑，是行役、从事某种工作的平民的专称。　"事"读如

"使"，有安排、差遣之意。

　　地名和官名有益阳□□大官首、絫易刲、芊州公、世冀溪公、□易公、魯公、下佰令、上佰司马等，"大府"则可能是负责某些专门工作如钱物的部门。因简文残泐过甚，无法探讨里之上的行政单位名称。郊或、絫易、芊州、曾、宜处、襄邑、蔡等，它们未必是益阳县所辖，可能是与益阳平级的单位。简文所载里名也无从还原到具体的县、或、州、邑之中。

　　由此看来，第 7 层的竹简大多数是益阳县（益阳也作 [賹] 易）县署记录"事卒"的簿籍。简文未见题名，且缺乏传世文献和同时期的出土文献可资对比，时代稍晚的里耶秦简中有"吏员簿"、"作徒簿"，更晚的居延汉简有"劳作簿"，考虑到简七·一至八多有"事卒"一名，我们径称之为"事卒簿"。

　　简文大多数以楚国文字书写，七·一四五至一五〇简的文字风格更接近秦代隶书。比较费解的是简七·一五一，它长仅 3 厘米，双面书写，一面是楚文字，一面是秦文字"郡县"，以此推测，虽竹简记事未载具体年份，但离秦国势力的到来，"天下为郡县"已是时日无多了。

四　结语

　　通过本年度的工作，我们首先明确了该遗址作为历史上益阳县县城遗址的性质及其历史价值。益阳是湖南境内最早设置的县之一，兔子山遗址是益阳城市文化之根。二是大批量简牍面世。简牍内容丰富，弥补了文献记载的不足，是研究战国秦汉至三国时期益阳历史的珍贵实物资料。三是以 J9 为代表的遗迹单位内与简牍共出的砖瓦、陶瓷等其他材质的文物十分丰富，共存关系明确，参照简牍文书具体的年月记载，这些文物是建立益阳及临近地区物质文化历史序列极其难得的实物标本。

　　（一）关于益阳古城

　　遗址所在地理环境较优越，两千多年以来人类在此处的生产生活活动极为频繁，留下众多不同时期的遗迹、遗物，在这漫长的过程中，建设和破坏并存，经过多次建造和修整，兔子山遗址早期的面貌已经不能复原。湖北省荆门包山 2 号墓出土之简 83 有"益阳公"的字样，是楚国益阳县之县公无疑，说明楚怀王之时已有益阳县之设[①]。本次发掘在兔子山遗址古井内出土的楚简进一步证实了楚国益阳县城的存在。

　　秦汉益阳县治所在何处，谭其骧先生主编的《中国历史地图集》将其定在今益阳市东赫山区一带[②]。20 世纪七八十年代文物工作者推测位于今赫山区的铁铺岭城址即为秦汉益阳县城。兔子山遗址现存规模约 400 米见方，这也是秦汉时期县治通则。该城西南一带有大量东周两汉墓葬分布，隋唐及以后的墓葬也时有发现，墓群如此集中的分布与城址的存在正相契合[③]。北魏郦道元《水经注》："荼荑江又东径益阳县北，又谓之资水。应劭曰：县在益水之阳。今无益水，亦或资水之殊目矣。"可知益阳县城北魏时尚在资水南岸，益阳之名得于益水，但益水在郦道元生活的年代即已无法探究，今铁铺岭城址东有小河名兰溪河，或与益水有关。综合简牍、有关文献和考古资料来看，铁铺岭城址为楚秦、两汉、六朝益阳县城已无疑义。

兔子山遗址发掘区上层文化堆积已遭受严重破坏，本次发掘在该城址隋唐时期文化遗物发现较少，仅在 J12 及探方地层之内发现少量长沙铜官窑瓷片。《元和郡县图志》卷二十九《江南道五》载："濱水，一名茱萸江，南自邵州流入，经县南三十步。……益水，出县东南益山，东北流入濱。"这说明益阳县城在唐代已迁至资水北岸。但在残余的文化堆积中仍发现大量砖瓦、瓦当、麻石建筑基址等建筑遗存，此外还有定窑、耀州窑、建窑及本地的羊舞岭窑等窑址烧造的瓷器残片，说明该区域宋元时期虽然已不是县城遗址，但仍是一处重要的居址。

（二）简牍的价值

秦二世诏书可与北京大学藏西汉简牍中的《赵正书》互相印证，对于研究秦二世其人和秦代历史具有十分重要的价值。"事卒簿"则是考古工作中首次发现的战国时期县级衙署的档案文书，是探讨楚国基层政府行政运作非常有趣的资料，可资研究楚的县、乡、里等设置和官制、人口管理、历史地理等。

（三）关于 J9

J9 内出土的釜、甑、盆、瓮和大口罐这一套日用炊器及空心砖等砖瓦建筑材料是秦文化的代表性物质遗存[④]，同出楚、秦简牍，而不见汉代及以后的遗物，其废弃时间当在秦末，大量残破建筑砖瓦及生活器具被丢弃于井内可能与秦末战乱之后汉初重建衙署的工程有关。高领圜底的汲水罐特征明显，是楚地所特有，这些遗物都与秦代遗物共存，从里耶、长沙等古城的考古情况看，秦灭楚后湖湘一带似乎未经激烈的战争即为秦所有[⑤]。基于以上理由，我们认为，J9 开凿于楚治时期，秦代沿用。

陶器，特别是陶釜、盆、罐、瓮、甑，个体很大，蒸煮炖焖等种类齐备，这些大型日用生活器具应该是当时益阳县衙署厨房专用器具。空心砖、方砖、条砖、板瓦、筒瓦、瓦当等建筑材料为研究秦代县衙建筑提供了难得的实物资料。由于秦代统治时间短暂，湖南秦代考古资料较贫乏，秦代墓的识别也有相当的难度，这就更显出 J9 出土文物的珍贵，它有益于深入探讨秦代的统治对湖南地区文明进程的实际影响。

附记：发掘领队为张春龙，参加发掘人员有张兴国、周创华、曹伟、邓建强、阳承良、熊有志、谈国鸣、潘茂辉、罗斌香、盛东波、张朝辉、唐钊轲、盛亚中、臧国良、曹建宏、徐建光、蒋乐平、刘其军、匡立球、吴丽华、夏蕊、文逸。湖南城市学院 16 位同学参加了分拣填土中文物的工作。测量由徐佳林完成；器物修复为易万春、杜林慧、汪华英、朱元妹、龚辉群、付林英；绘图为段欣、罗斯奇、罗希、李静；摄影为杨盯；揭剥绘图为陆翼捷、段欣；简牍室内整理、揭剥、清洗、红外扫描、测量、称重由周西璧、刘娜、屈凤、周西黛完成；释文由张春龙、赵路路完成。

荆州文物保护中心吴顺清先生、方北松先生到现场指导竹木器和简牍的保护处理，谨致谢忱。

执笔：张兴国　张春龙

注　释

① 徐少华：《包山楚简释地八则》，《中国历史地理论丛》1996 年第 4 期。

② 谭其骧主编：《中国历史地图集》第 22～23 页，西汉 "荆州刺史部"；第 49～50 页，东汉 "荆州刺史部" 诸幅。地图出版社，1982 年。

③ a. 益阳市文物管理处、益阳市博物馆：《益阳楚墓》，文物出版社，2008 年。b. 湖南省博物馆、益阳县文化馆：《湖南益阳战国两汉墓》，《考古学报》1981 年第 4 期。c. 益阳县文化馆：《湖南益阳县赫山庙唐墓》，《考古》1981 年第 4 期。d. 益阳地区博物馆：《湖南益阳市大海圹唐宋墓》，《考古》1994 年第 9 期。

④ a. 贺刚：《论湖南秦墓、秦代墓与秦文化因素》，《湖南考古辑刊》第 5 集，《求索》增刊，1989 年。b. 秦都咸阳考古工作站：《秦都咸阳第一号宫殿建筑遗址简报》，《文物》1976 年第 11 期。

⑤ a. 湖南省文物考古研究所：《里耶发掘报告》第 238 页，文物出版社，2006 年。b. 黄纲正、周英、周翰陶：《湘城沧桑之变》第 44～46 页，湖南文艺出版社，1997 年。

J9 简牍释文

凡例：

一、编号"层位号·序号"是根据简文内容调整后生成，图版附调整后号码与出土登记号对应表。

二、释文取消原来的行序，保留原有标点符号，酌加标点。重文符号取消，以括号注出所重文字。模糊不能辨识者以"□"表示，一字一"□"。字数不能确定者以"……"表示。残断处以"☑"表示。

三、简文至末端残断处留有空白，以断碴符号"☑"前空两个字位表示。

四、简文原留有字空，均空一个字位表示，分栏书写者，释文不分栏，空两个字位表示。

五、释文从宽式，不严格遵守原偏旁部首位置，如"紮"径释为"袂"，等等。

六、图版采用 IR6000 红外扫描仪扫描的图片，受版面限制，图片较简牍原大略有缩小（图版A1～A18）。

释文：

三·一：天下失始皇帝，皆遽恐悲哀甚，朕奉遗诏，今宗廟吏及筶以明至治大功德者具矣，律令當除定者畢矣。元年與黔首更始，盡為解除流罪，今皆已下矣，朕將自撫天下（正）

吏、黔首，其具行事已，分縣賦援黔首，毋以細物苛劾縣吏，亟布。

以元年十月甲午下，十一月戊午到守府。（背）

三·二：十月己酉，劾曰：女子尊擇不取行錢，問辭（辭）如劾，鞫審·己未，益陽守起、丞章、史完論刑飯尊市，即棄死市，盈十日，令徒徙棄冢間。

七·一：☑事俀凡卆（五十）四人赎栾肯（之月）乙亥旹（之日）□□□𥹄不售辻傺☑

七·二：☑人赎栾肯（之月）丙申旹（之日）行□監□辻事俀百一人留屛肯（之月）

七·三：☑凡□人赎栾肯（之月）丙子旹（之日）行事黃□辻事俀凡卅二人赎栾肯（之月）☑

七·四：☑俀凡一人，栾肯（之月）甲寅旹（之日）行□□☑

七·五：☑事黃乏辻事□□☑

七·六：☑肯（之月）庚寅旹（之日）

七·七：☑肭辻事俀凡五☑

七·八：☑□卬□黃卆（五十）筭

七·九：益陽都□□大官首□☑

七·一〇：益陽□□大官首樂☑

七·一一：餤亓□☑

七·一二：☑俀止兵笃☑

七·一三：☑□□各自□□□□☑

七·一四：☑□止

七·一五：☑□顁

七·一六：☑□□士□□□☑

七·一七：☑以遺中也☑

七・一八：☐夋☐☒

七・一九：☐命☐公四☐☐☐☒（背）

　　　　　　従絑士☐壿亓高不☒（正）

七・二〇：☒复見☐☒

七・二一：☐易☐☒

七・二二：㡉☐☒

七・二三：☒生☒

七・二四：算易☐☐☒

七・二五：☒☐大官首行☒

七・二六：福易　☐☐☐起

七・二七：☒☐☐志☒

七・二八：公絑贏

七・二九：☒☐壴☐蓝壴

七・三〇：益陽☐☐大官首☐☒

七・三一：市里　☐☐攻☒

七・三二：☐里　☐☒

七・三三：渠里☐☐☒

七・三四：☐里☒

七・三五：☐里☒

七・三六：☒五袁☐☒

七・三七：☒☐☐☐易

七・三八：☒告

七・三九：☐☐

七・四〇：☒郐彧

七・四一：絮易剢四赀芋

七・四二：右讠差赀倚

七・四三：曽夫＝宋癸

七・四四：芋州公苛☐

七・四五：☐谿公㡉癸☒

七・四六：冀谿公宋☐

七・四七：易事笛

七・四八：・☐☐

七・四九：☐☐畐☐

七・五〇：黄湴

七・五一：宋魁

七・五二：☐陲伺

七・五三：旹公☐笝

七·五四：▨□公□□

七·五五：□□

七·五六：▨五忠

七·五七：□□□□□

七·五八：仳公番□

七·五九：□□呵□

七·六〇：意

七·六一：▨員

七·六二：▨□墜㘉

七·六三：·士□

七·六四：▨□□ □

七·六五：▨刂 叴戰

七·六六：▨□顋

七·六七：壴迸戰

七·六八：▨夫（大夫）侶占

七·六九：□□令□㠯（五十）□

七·七〇：笓□□□叴□□□

七·七一：▨易公□

七·七二：鄝卯

七·七三：□喈公□□

七·七四：笓□

七·七五：倈□新里王㛒▨

七·七六：□□公王□ □□□

七·七七：·貢公▨

七·七八：▨□□□鄝命爲□□□□▨（正）
　　　　　　▨□□□□旹 － ＝□……▨（背）

七·七九：▨□士事昌良▨（正）
　　　　　　▨易□□□□▨（背）

七·八〇：李□□

七·八一：□刂□□昌公和

七·八二：□□□□□□軍 □□▨

七·八三：□□

七·八四：□甲□左馬臣

七·八五：左□四十釣□

七·八六：□□

七·八七：□吱

七·八八：□□ □□□□

七・八九：□□□□□

七・九〇：計事苟□

七・九一：□□舟節

七・九二：□畀

七・九三：黃□□

七・九四：□陽□□　□□

七・九五：◪□□翌而□忑□□□◩（正）

　　　　　　◪公毋迣亯草命□◩（背）

七・九六：長孃或叀臀

七・九七：□事□

七・九八：登仴　□□給攻計

七・九九：大府周婺

七・一〇〇：㕻□

七・一〇一：□宰□

七・一〇二：惢事□快

七・一〇三：□□

七・一〇四：・□習

七・一〇五：黃□

七・一〇六：黃□□

七・一〇七：□□公鄰印

七・一〇八：□鄰人栖

七・一〇九：右□黃□

七・一一〇：◪□□坐大女子□人◩

七・一一一：◪□里人敉□□利里人鄝䄅□□◩

七・一一二：卒□祿　居在□里

七・一一三：◪□□迍攴◩

七・一一四：卒公㖨吉◩

七・一一五：□□□　居……

七・一一六：□□□□　居在□里　……

七・一一七：□□□□□□　居在□里

七・一一八：斿□畜□□□　……

七・一一九：望□思

七・一二〇：齎里陽里

七・一二一：柬□□　＝

七・一二二：卒陽□　居在□□

七・一二三：卒宋□　□□□……

七·一二四：卒朱□ ……見在□□

七·一二五：下佰令□□ 居在□□

七·一二六：成名臣

七·一二七：㠯

七·一二八：宜處賜

七·一二九：宜處裏

七·一三〇：卒公纾杊□□□□

七·一三一：傺□□ 居在□昌行

七·一三二：傺□起 居在□里 行

七·一三三：傺黄軍 居在 □里 行

七·一三四：□□惑 居在 贏昌行

七·一三五：鄉里 隋

七·一三六：平宜□

七·一三七：上佰司馬揚州□□□□ ……

七·一三八：下佰□□□ 居……

七·一三九：上佰銜徐朝

七·一四〇：卒蘇齒 □□□□ □□□

七·一四一：卒王慶忌 居在工里 見在□

七·一四二：□□邦窋□

七·一四三：命于苟庚

七·一四四：☑快

七·一四五：至兵疏吏□致中立吏主卒者□□☑（正）
　　　　　□□□□□□□可得敬造衯之□☑（背）

七·一四六：☑□□左一複

七·一四七：工里□布☑

七·一四八：襄邑宛里□☑

七·一四九：□□里□□☑

七·一五〇：☑·男子籍□☑

七·一五一：☑郡縣☑（正）
　　　　　☑莫竽☑（背）

八·一：毋□兑□□□□田□僉☑
　　　思□□者從止□□□☑
　　　□□□□☑

（原載《湖南考古辑刊》第 12 集，科学出版社，2016 年。经作者同意，附录于本书时主要节录了简牍部分，其他如遗物描述、插图及彩版等部分略去，特此说明。）

附录四

包山楚简释地（节录）

徐 少 华

1987年1月，湖北荆门发掘的包山2号楚墓，出土了一大批竹简，是近年来楚文化考古工作的一次重大收获。竹简内容丰富，纪年明确，为研究战国时期楚国乃至其他列国以及秦汉时期的政治、经济、法律和历史地理提供了十分珍贵的资料。对于这批竹简，报告整理者作了较全面的释文和考订①，为学术界的进一步研究提供了基础和方便。然由于简文数量大、内容复杂、涉及面广，还有许多问题值得讨论，需要进一步深入。这里就简文所涉及的部分地理问题陈述个人的看法，以就教于学界同仁。

十四　长沙

简59：九月戊午之日，长沙正龚昊受期……。

简61：……十月辛未之日不行代阳厩尹郚之人斗戢于长沙公之军，升门又败。

简78：……长沙之旦阳倚受期，甲辰之日不将长沙正差□思以廷，升门又败。

以上三简均涉及长沙一地的司法案情，长沙之"沙"，原报告隶作"尾"，后来黄锡全先生从郭沫若《金文丛考》之说改释为"沙"，汤余惠先生亦作此说②。今按，"长尾"地望无解，而"长沙"则文通义明，黄、汤二位先生所释应是。从简文所载"长沙公"、"长沙正"以及"长沙之旦"诸官的情形来看，"长沙"为当时楚国的一个县级政区单位，"长沙公"即楚长沙县之县公，与文献所载的"期思公"、"鲁阳公"以及简文之"安陵公"（简117）、"阳城公"（简120）之例类似，"长沙正"、"长沙之旦"等皆其属吏。

简文之"长沙"，当即秦汉长沙郡所在，今湖南省长沙市一带。据《史记》卷四十一《越王句践世家》载：齐威王使人说越王曰："复仇、庞、长沙，楚之粟也。"《索隐》曰："则仇、庞、长沙是三邑也。"说明战国中期"长沙"已经存在，并是楚国有名的城邑和粮仓。《汉书》卷二十八下《地理志》"长沙国"。班固原注："秦郡，高帝五年为国"。《续汉书·郡国四》"长沙郡"

司马彪原注亦说是"秦置"，即秦代始于长沙置郡，汉代因之。《史记》卷七《项羽本纪》载项羽于楚汉之时（前206年）"乃使使徙义帝长沙郴县"，即秦之长沙郡郴县，与《汉书·地理志》和《续汉书·郡国志》之说相一致。结合简文和《史记》所载，战国中期的楚怀王前后，"长沙"不仅是当时有名的粮仓，还是地位重要的楚县，从而将"长沙"地方政区的设置提早了若干年，可补文献记载之阙如。秦汉的"长沙郡"，当是在楚长沙县的基础上扩充设置的。

秦汉长沙郡，均治于当时的"临湘"县，即今湖南省长沙市一带[③]，当是因"长沙"作为郡称之后，为免混淆而改原之长沙县为临湘。隋初又改临湘为"长沙"县，一直为州、府、省之驻地[④]，简文所载的楚"长沙"县，亦当在此。

从考古资料来看，20世纪三四十年代，长沙一带即有大量楚墓和楚文物被发现，新中国成立后，考古工作者在长沙一带清理和发掘的楚墓数以千计，居整个湖南省之首[⑤]。就墓葬年代分析，其上限可到春秋晚期，下限至战国末年。由此可见，楚人势力于春秋晚期即达长沙一带，战国时一直是其开拓、经营长江以南广大地区的重要基地和中心，"长沙"之名的出现以及相应政区机构的设置，可能还在战国中期的楚怀王以前。

十五　罗·益阳

简83：罗之观里人湘痀，讼罗之庑域之□者邑人疋女，谓杀益阳公合，伤之妾吂举。

这是有关楚之罗地属民涉及一件杀人命案而被起诉的档案记录。简文之"益"，原报告释"衰"，后黄锡全先生根据古玺文与侯马盟书等字例改释为益阳之"益"[⑥]，可从。"益阳公"，从上文有关"长沙公"的分析来看，应是楚益阳县之县公，说明战国中期楚怀王之时已有益阳县之设。而"罗"，从其下属有"观里"、"庑域"诸基层管理单位的情况来看，亦应是一个县级政区单位，且与益阳相邻近，以致疋女在益阳作案杀人后受到其同境知情人的起诉。

楚之罗与益阳所在，简文整理者未作说明，我们认为当是同为秦汉长沙郡（国）属县的罗与益阳二县的前身。《汉书》卷二十八下《地理志》长沙国"罗"县下颜师古注引应劭曰："楚文王徙罗子自枝江居此"，又引《荆州记》云："县北带汨水，水原出豫章艾县界，西流注湘。"而同栏内"益阳"县班固原注云："湘山在北"，颜注又引应劭曰："在益水之阳"[⑦]。秦汉"罗"县，魏晋至南朝前期一直属长沙郡不变，隋属巴陵郡[⑧]，唐初省入湘阴县。其地望，据上引颜注引《荆州记》说"县北带汨水"，即在汨罗水之南。对此，《水经注》卷三十八《湘水篇》有更为详细的描写：

　　湘水又北，汨水注之，水东出豫章艾县桓山，西南迳吴昌县北，……汨水又西迳罗县北，本罗子国也，故在襄阳宜城县西，楚文王移之于此，秦立长沙郡，因以为县，水亦谓之罗水。汨水又西，迳玉笥山，……又西为屈潭，……又西迳汨罗戍南，西流注于湘。

古汨水（又称罗水）即流通今湖南平江县、汨罗市（原属湘阴县，1966年2月由湘阴县分出设县，治汨罗镇，后改为县级市）[⑨]，而西北注于湘江之汨罗江（下游河道当有改道或摆动现象），则位于汨罗水注湘之前下游南岸、玉笥山附近之故罗城、秦汉罗县，当不出今湖南省汨罗市附近地带。

据考古工作者调查，在原汨罗县（今汨罗市）城西北不远的汨罗江南岸，有一处"皇城故址"，地面有方形土城见存，东西长 490 米，南北宽 400 米，城址内包含有春秋战国以来的各类遗物，在城址东北不远的汨罗江北岸，就是有名的玉笥山[⑩]。这座古城的地理位置，与《水经注》所载的古罗城、罗县正好吻合。1983 年，湖南省博物馆在汨罗江北岸的汨罗山一带发掘出东周至南朝墓葬 100 余座，出土了大批珍贵文物[⑪]。这批墓葬位于古罗城东北不远处、玉笥山近东，其年代跨度与罗城、罗县的建置时间大致相合，其间必有密切的内在联系，考古材料与文献记载相互印证。简文所载战国中期的楚罗县（罗邑）即应在此。

1984 年，湖南省博物馆收集到一件楚国量器，即燕客铜量，有铭文 6 行 59 字：

> 燕客臧嘉问王于戚郢之岁，宫月己酉之日，罗莫嚣（敖）臧无，连嚣（敖）屈上，以命攻（工）尹穆丙，工差（佐）竟之，集尹陈夏，少集尹龚赐，少工差（佐）孝癸，铸廿金剂，以贝益和□[⑫]。

铭载楚于"罗"地置有莫敖、连敖、工尹、工差、集尹诸官吏，应是楚县无疑，即包山楚简所载，位于今湖南汨罗市境之楚罗县。该器物时代约在战国中晚之际，与包山楚墓的时代接近，两批材料正好互相印证，说明罗县当时的地位。

秦汉益阳县所在，据《水经注》卷三十八《资水篇》记载，位于资水注入洞庭湖之前的下游南岸，然具体位置无从论定。《旧唐书》卷四十《地理三》江南西道潭州"益阳"县条曰："故城在今县东八十里"，即唐代益阳县东 80 里处；清代成书的《读史方舆纪要》等亦作此说[⑬]。今按，唐至清代益阳县即今湖南省益阳市，位于唐至清代益阳县东 80 里的益阳故城当在今湘阴县西境的湘水西岸地带。这里去资水较远，与南朝初新置的湘阴县十分迩近，与《水经注》益阳城位于资水南岸的记载以及当时益阳与湘阴二县并立的形势不合。谭其骧先生主编的《中国历史地图集》不以《旧唐书》等为本，而将古益阳城定于今益阳市以东不远，约今益阳县所治的赫山镇一带[⑭]，较为合理。一是这里位于资水南岸，与《水经注》的记载相合；二是这一带有大量东周两汉墓葬分布。1977 至 1978 年间，湖南省博物馆曾在附近的赫山庙一带发掘战国与西汉墓 130 余座，出土有越王州勾铜剑和"兑作楚王戟"等大批文物[⑮]。如此集中的墓葬分布和重要文物的出土，说明附近应有同期相应规模的城址存在，结合有关文献和当时的政区建置来看，这座城址当非古益阳城莫属。

古益阳在今湖南益阳县所在的赫山镇一带，与位于今汨罗市西北不远的古罗城、罗县相距 100 多里，均位于洞庭湖区的南缘，同属秦汉长沙郡辖县，又互相邻近，与简文所载罗与益阳均为楚县、且相互邻近的形势相合。若此说不误，则战国中期或更早，楚国已在洞庭湖南缘的今汨罗、益阳一带设县治民，以加强对江南地区的管理和开发。这一带众多楚墓的存在，就是有力的物证。秦汉之罗、益阳诸县，实仍楚县旧制而来；尤其是秦汉长沙郡的设置，并成为江南地区的政治、经济中心，当与此前数百年楚人在这一地区的长期开发所奠定的有利基础密切相关。

注　释

①② 参阅黄锡全：《湖北出土商周文字辑证》附录四《〈包山楚简〉部分释文校释》第 187、194 页。汤余惠：《〈包山楚简〉读

后记》，《考古与文物》1993 年第 2 期。

③ 参阅《水经》卷三十八《湘水篇》；《大清一统志》卷三百五十五，长沙府古迹"临湘故城"条。

④ 参阅《隋书》卷三十一《地理下》长沙郡"长沙"县原注；《元和郡县图志》卷二十九《江南道五》潭州"长沙"县条；《大清一统志》卷三百五十四，长沙府建置沿革"长沙县"条。

⑤ 参阅黄纲正：《楚文化在湖南的发展历程》，载楚文化研究会编《楚文化研究论集》第 1 辑，荆楚书社，1987 年，第 83～93 页。

⑥ 参阅黄锡全：《湖北出土商周文字辑证》附录四《〈包山楚简〉部分释文校释》第 187、195 页。

⑦ 参阅《晋书》卷十五《地理下》长沙郡"罗"县；《南齐书》卷十五《州郡下》长沙郡"罗"县；《隋书》卷三十一《地理下》巴陵郡"罗"县诸条。

⑧ 参阅《汉书》卷二十八下《地理志》，第 1639 页。

⑨ 参阅史为乐：《中华人民共和国政区沿革》湖南省，4"岳阳地区"栏，江苏人民出版社，1981 年，第 209 页。

⑩ 参阅湖南省文物管理委员会：《湖南湘阴古罗城的调查及试掘》，《考古通讯》1958 年第 2 期。湖南省测绘局编：《湖南省地图册》"湘阴县、汨罗市"幅及文字说明，湖南地图出版社，1987 年，第 25、26 页。

⑪ 参阅湖南省博物馆：《汨罗县东周、秦、西汉、南朝墓发掘报告》，载《湖南考古辑刊》第 3 辑，岳麓书社，1986 年，第 45～86 页。

⑫ 参阅周世荣：《楚邧客铜量铭文试释》，《江汉考古》1987 年第 2 期。李零：《楚燕客铜量铭文补正》，何琳仪：《长沙铜量铭文补释》，并载《江汉考古》1988 年第 4 期。

⑬ 参阅《读史方舆纪要》卷八十《湖广六》长沙府益阳县"益阳故城"条。

⑭ 参阅《中国历史地图集》，第二册西汉"荆州刺史部"，东汉"荆州刺史部"，第 22、23、49、50 页。

⑮ 参阅湖南省博物馆：《湖南益阳战国两汉墓》，《考古学报》1981 年第 4 期。

原载于徐少华《荆楚历史地理与考古探研》，商务印书馆，2010 年

后　记

黄泥湖楚墓发掘于 1997 年，至今已将近 20 年。至此湖南省文物考古研究所成立三十周年之际，这部报告终于编写完成了。这是集体劳动的成果，与领导的决策、编写团队的努力都密不可分。

所领导出于所内年度工作安排等方面的考虑，决定本报告与另一部报告——《益阳罗家嘴楚汉墓葬》同时编写，两部报告都以谭远辉为主进行。资料整理工作从 2014 年 2 月底开始，整理队伍一行四人进驻石门考古工作站，首先对存放于此的出土器物突击绘图。由于本年度下半年将对石门考古工作站进行全面整修，到时所有文物都要装箱、搬迁，留给整理小组的绘图时间只有四个月，在这期间必须完成两处墓地共 3500 多件出土器物的绘图、统计及制卡工作，任务非常艰巨。郭伟民所长、高成林先生等领导对资料整理工作给予了高度重视和大力支持，致使工作进展很顺利，加上整理人员的努力，如期如质如量地完成了实物资料的录入工作。6 月 30 日，整理队伍准时撤离石门考古工作站。

历经两年半时间的整理与编写，两部报告几乎同时杀青付梓，作为一个考古人，总算没有辜负领导的信任，同仁的期待，聊可获得一些心理慰藉。

本报告正文编写由谭远辉完成；附录中获允收有肖亚、顾海滨、张春龙、张兴国及徐少华的文章（排名以附录先后为序）；绘图：谭远辉、罗斯奇、罗希、胡重、向树青；拓片：罗斯奇、罗希、谭何易；照相：黎春林、杨盯；器物修复：向开进、汪华英、龚辉群、朱元妹、付林英、龚永红、龚秋菊、杜林慧、易万春。英文提要由王音翻译，曹楠审校。

编　者

2016 年 9 月 4 日

The Chu Tombs of Huangnihu in Yiyang City

(Abstract)

The cemetery of Huangnihu is located in the northwestern part of Heshan District, Yiyang City, south of Zishui River. The thermal power plant of Yiyang was constructed in Heshan District in 1997. In order to cooperate with the construction project, Hu'nan Provincial Institute of Cultural Relics and Archaeology, together with Yiyang Municipal Administration of Cultural Relics, conducted an archaeological excavation within the scope of the project, and excavated 835 tombs in total. As the excavation area is relatively large, the whole excavation area is divided into seven cemetery areas according to the distribution of tombs, which spread over seven adjacent hills.

602 tombs with burial objects are classified into A, B, C and D four groups according to the combinations of burial objects. In Groups A and B, burial objects are mainly pottery ritual vessels (imitated the bronze ritual vessels). In Group A there are two sets of pottery ritual vessels, while in Group B there is only one set. In Group C burial objects are mainly domestic pottery, while in group D there are mainly bronze weapons and wares. As for tomb shapes, the tombs are first classified into three types as wide pit tombs (A type), narrow pit tombs (B type), as well as long and narrow pit tombs (C type) according to the width of the tomb bottom, and then classified into several patterns according to the differences in the additional structures of each type. The additional structures include tomb passages, stairs, second – tier platforms, alcoves, and so on. Few tombs have burial furniture left. These tombs are mainly small – sized ones, part of which are small – and – medium – sized, but bigger ones are hardly seen.

Objects unearthed reach the number of 2513 pieces in total, which are mainly pottery, with a total of 2101 pieces. Pottery ritual vessels (imitated the bronze ritual vessels) and domestic pottery wares constitute the major. Pottery types include *ding* – tripod, *dun* – tripod, box, kettle, small – mouthed *ding*, *he* – vessel, censer, high – handled small kettle, cup, plate, *yi* – ewer, spoon, dagger, *dou* – ladle, *li* – tripod, long – necked kettle, short – necked pot, double – eared pot, high – necked pot, double – eared kettle, small pot, small kettle, *yu* – jar, *gui* – food vessel, high – stemmed *dou* – dish, *bi* – disc, as well as heads of figurine. Second are bronze objects, with a total of 377 pieces, which are mainly weapons, including swords, dagger – axes, spears, ferrules of dagger – axes and spears, daggers, darts, arrowheads, sword guards, mirrors, belt hooks, scrapers, *xiao* – knife, bell – shaped articles, and so on. The number of iron objects and others is 35 piece.

Through analysis and research on the evolution of object shapes as well as the combinations of pottery ritual vessels and domestic pottery wares, the development of pottery ritual vessels (imitated bronze ritual vessels) can be divided into 3 periods and 5 stages, and the corresponding time is listed as below:

Stage 1 of Period 1: the middle Warring States Period;

Stage 2 of Period 2: the early stage of the late Warring States Period;

Stage 3 of Period 2: the middle stage of the late Warring States Period;

Stage 4 of Period 2: the late stage of the late Warring States Period;

Stage 5 of Period 3: the Qin Dynasty.

The development of domestic pottery wares can be divided into 4 periods, and the corresponding time is listed as below:

Period 1: the early Warring States Period;

Period 2: the middle Warring States Period;

Period 3: the late Warring States Period;

Period 4: the Qin Dynasty.

We also make some discussions about the tombs in Group D, and come to the conclusion that this kind of tombs are quite different from the Chu tombs no matter in the combinations or the overall features of the burial objects. The most prominent feature of this kind of tombs is that there are rarely any burial objects while the tomb pit is quite large. The burial objects unearthed are mainly bronze weapons along with bronze and iron tools, while pottery is rarely seen and has no combination rule. A major feature of burial objects in this kind of tombs is that short swords with flat stems are seen in some of the tombs, which do not belong to the Chu culture and should be the weapon of local people. Through comprehensive analysis, this kind of tombs follow burial customs of the local Yue people who lived there before the Chu people came.

During the archaeological excavation which cooperated with the capital construction of Tuzishan, Yiyang City of 2013, 16 ancient wells were found, with a total of more than 13000 pieces of bamboo and wooden slips unearthed in 11 wells dating back from the Warring States Period to the Six Dynasties. The bamboo and wooden slips of Well No. 9 were government archives of Yiyang County which was governed by Kingdom Chu of the Warring States Period and the Qin Dynasty. On five slips the characters of *Yi Yang* can be seen. The discovery of the bamboo and wooden slips of Tuzishan confirmed that this site was the government of Yiyang County since the Warring States Period. The time of the Cemetery of Huangnihu was from the Warring States Period to the Qin Dynasty, and the cultural connotation was dominated by the Chu culture. There is no doubt that the Cemetery of Huangnihu was the burial place of the middle – and lower – class residents who were living in Yiyang County at that time of the Kingdom Chu of the Warring States Period and the Qin Dynasty.

益阳黄泥湖楚墓 （下）

湖南省文物考古研究所 编著

文物出版社

北京·2017

益阳黄泥湖楚墓 （下）

湖南省文物考古研究所 编著

文物出版社

北京·2017

The Chu Tombs of Huangnihu in Yiyang City

(Ⅲ)

(With an English Abstract)

by

Hu'nan Provincial Institute of Cultural Relics and Archaeology

Cultural Relics Press

Beijing · 2017

The Chu Tombs of Huangnihu in Yiyang City

(Ⅲ)

(With an English Abstract)

by

Hu'nan Provincial Institute of Cultural Relics and Archaeology

Cultural Relics Press

Beijing · 2017

彩 版 目 录

彩 版 目 录

图 版 目 录

资水两岸的益阳城（东—西）

1. M103出土陶器

2. M142出土陶器

M103、M142出土陶器

1. M157出土陶器

2. 陶俑头（M157：2、M157：3）

M157出土陶器

1. M147出土陶器

2. M441出土陶器

M147、M441出土陶器

1. M1出土陶器

2. M2出土陶器

M1、M2出土陶器

1. M61出土陶器

2. M180出土陶器

M61、M180出土陶器

1. M371出土陶器

2. M233出土陶器

M371、M233出土陶器

1. M6出土陶器

2. M154出土陶器

M6、M154出土陶器

1. M178出土陶器

2. M36出土陶器

M178、M36出土陶器

1. M45出土陶器

2. M102出土陶器

M45、M102出土陶器

1. M16出土陶器

2. M149出土陶器

M16、M149出土陶器

1. M66出土陶器

2. M236出土陶器

M66、M236出土陶器

1. M241出土陶器

2. M266出土陶器

M241、M266出土陶器

1. M189出土陶器

2. M304出土陶器

M189、M304出土陶器

1. M308出土陶器

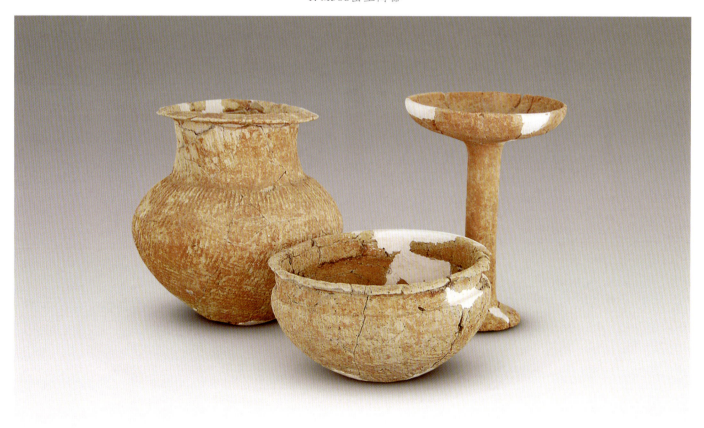

2. M746出土陶器

M308、M746出土陶器

1. M804出土陶器

2. M79出土陶器

M804、M79出土陶器

1. M26出土陶器

2. M235出土陶器

M26、M235出土陶器

1. M612出土陶器

2. M69出土陶器

M612、M69出土陶器

1. M294出土陶器

2. M227出土陶器

M294、M227出土陶器

1. M275出土陶器

2. A型Ⅰ式陶鼎（M322：5）

3. A型Ⅲ式陶鼎（M294：3）

M275出土陶器；陶鼎

1. C型Ⅲ式鼎（M36：1）

2. D型Ⅱ式鼎（M311：1）

3. D型Ⅲ式鼎（M29：4）

4. A型Ⅱ式敦（M212：11）

陶鼎、敦

1. A 型 I 式（M291：3）

2. A 型 I 式（M291：3）局部

3. B 型 III 式（M101：3）

4. B 型 IV 式（M294：6）

陶敦

1. B型Ⅵ式（M2：6）

2. C型Ⅰ式（M103：14）

3. C型Ⅱ式（M246：5）

4. C型Ⅲ式（M233：6）

陶敦

1. D型Ⅰ式（M286：3）

2. D型Ⅰ式（M458：7）

3. D型Ⅱ式（M142：7）

4. E型Ⅱ式（M540：5）

陶敦

1. F型敦（M262：1）

2. A型Ⅱ式盒（M134：1）

3. A型Ⅲ式盒（M371：5）

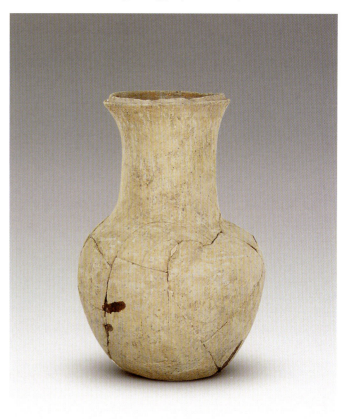

4. A型Ⅱ式壶（M275：2）

陶敦、盒、壶

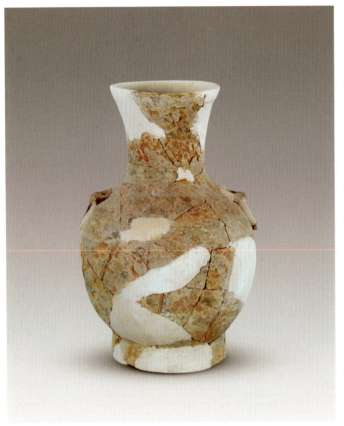

1. Ba型Ⅱ式（M130：9）

2. Bb型Ⅱ式（M20：1）

3. C型Ⅰ式（M638：2）

4. C型Ⅱ式（M212：6）

陶壶

1. C型Ⅲ式（M286：1）

2. C型Ⅳ式（M594：3）

3. D型Ⅲ式（M6：3）

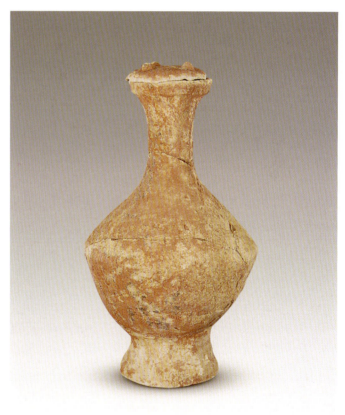

4. D型Ⅴ式（M9：5）

陶壶

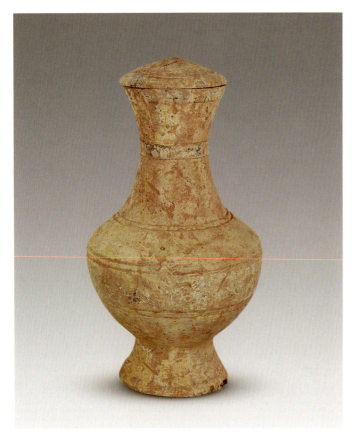

1. E型Ⅱ式壶（M103：2）　　　　　　　　　　2. E型Ⅱ式壶（M162：3）

3. A型Ⅰ式高柄小壶（M157：10）　　　　　　4. A型Ⅲ式高柄小壶（M233：8）

陶壶、高柄小壶

1. C型 Ⅱ 式高柄小壶（M296：19）

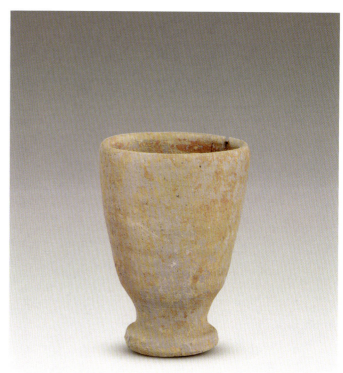

2. Ⅱ 式杯（M147：20）

3. Ⅰ 式斗（M178：4）

4. Ⅱ 式斗（M36：6）

陶高柄小壶、杯、斗

1. A型 I 式（M102：1）

2. A型 I 式（M308：1）

3. A型 II 式（M227：2）

4. B型（M275：4）

陶鬲

1. A型长颈壶（M210：2）

2. B型长颈壶（M80：3）

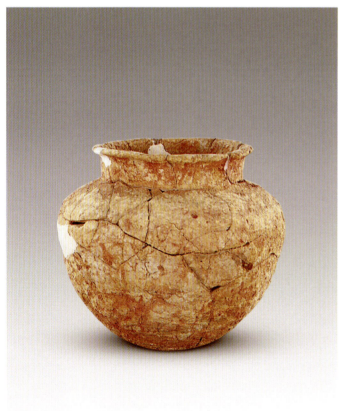

3. A型Ⅲ式矮领罐（M683：1）

4. A型Ⅳ式矮领罐（M227：4）

陶长颈壶、矮领罐

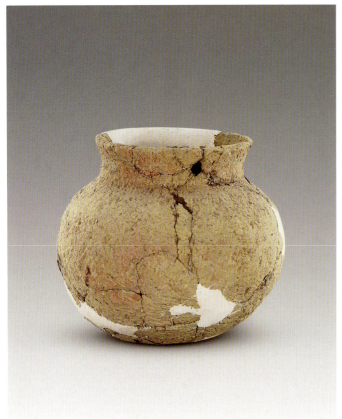

1. B型Ⅱ式（M499：2）

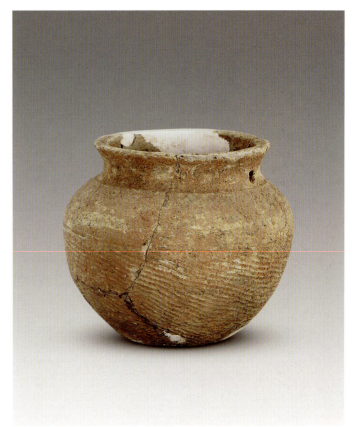

2. B型Ⅱ式（M790：1）

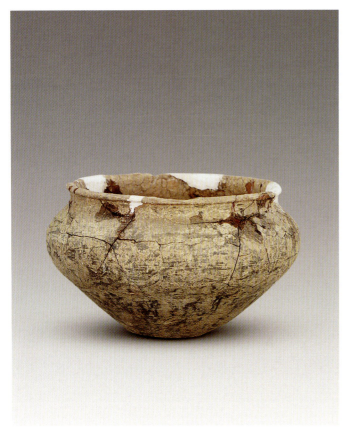

3. C型Ⅰ式（M278：5）

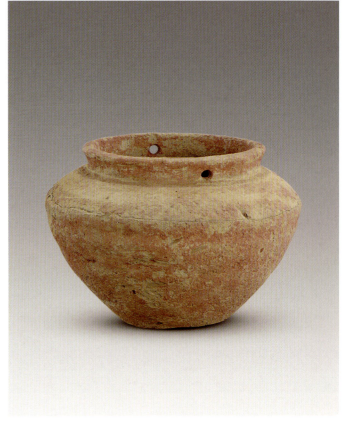

4. F型Ⅰ式（M135：3）

陶矮领罐

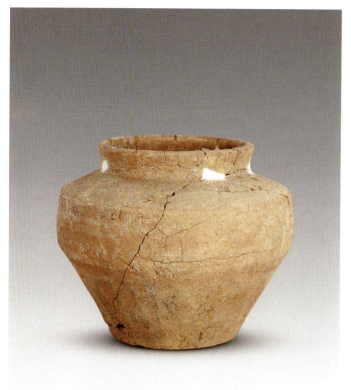

1. F型 I 式（M653：2）

2. G型 Ⅲ 式（M69：1）

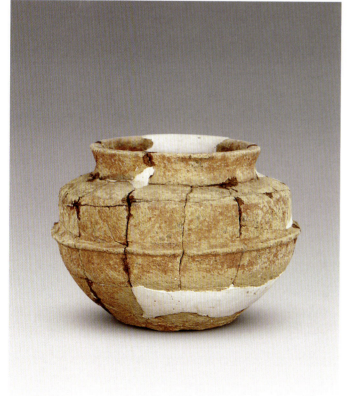

3. G型 Ⅲ 式（M213：1）

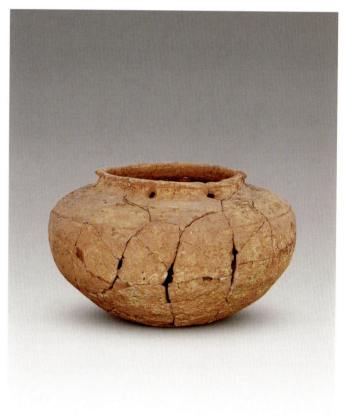

4. H型 Ⅱ 式（M340：1）

陶矮领罐

1. A型 I 式双耳罐（M266：1）

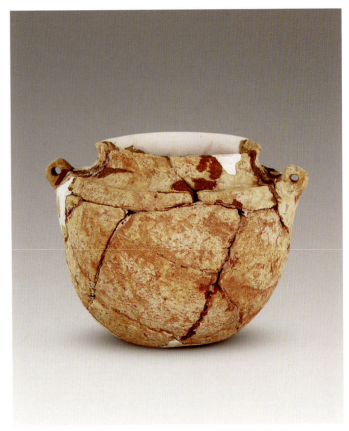

2. A型 IV 式双耳罐（M452：1）

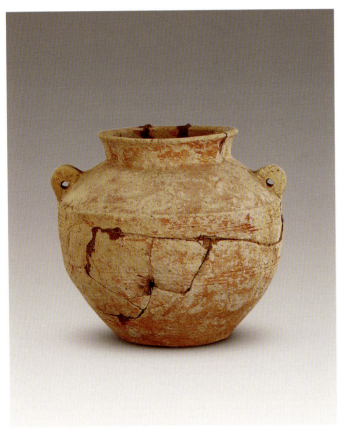

3. B型 II 式双耳罐（M561：1）

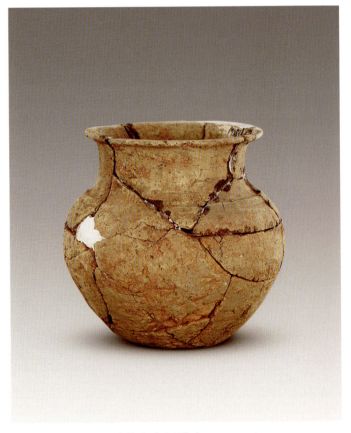

4. A型 I 式高领罐（M253：1）

陶双耳罐、高领罐

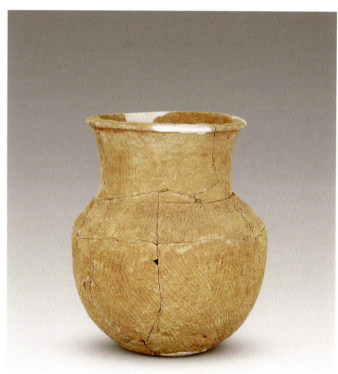

1. A型Ⅰ式（M746：3）

2. A型Ⅱ式（M804：1）

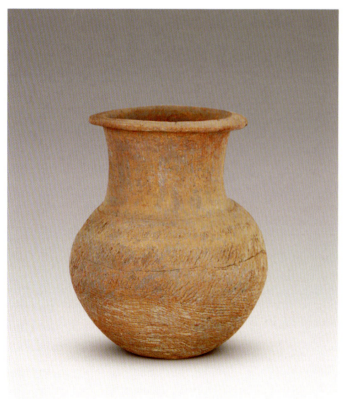

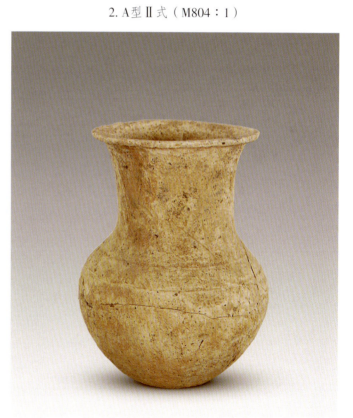

3. A型Ⅳ式（M600：1）

4. B型Ⅰ式（M277：1）

陶高领罐

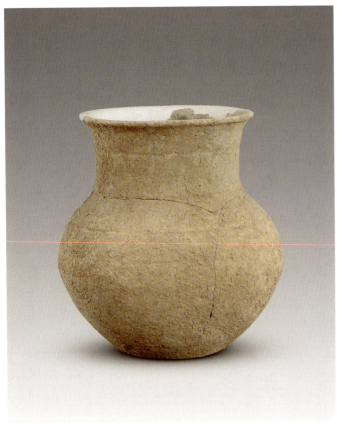

1. D型Ⅲ式（M290：1）

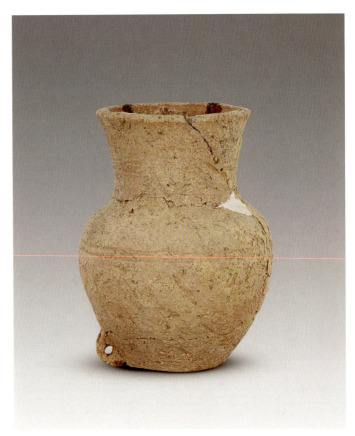

2. D型Ⅳ式（M242：3）

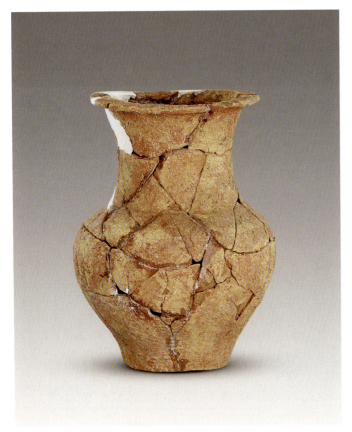

3. F型Ⅱ式（M73：1）

4. F型Ⅱ式（M824：1）

陶高领罐

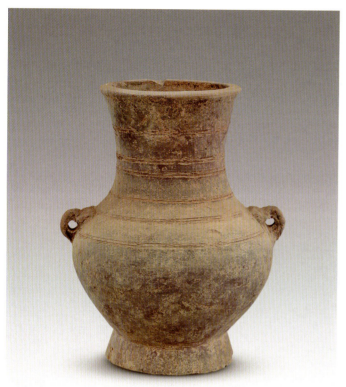

1. B型 I 式双耳壶（M49：3）

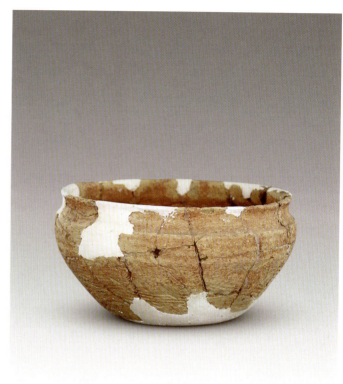

2. A型 I 式盂（M793：1）

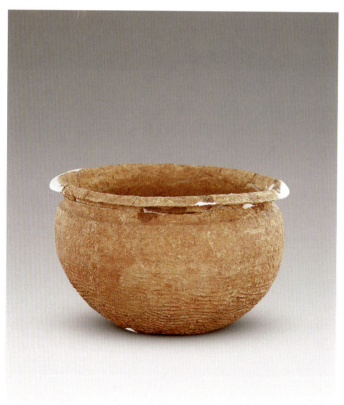

3. A型 II 式盂（M676：1）

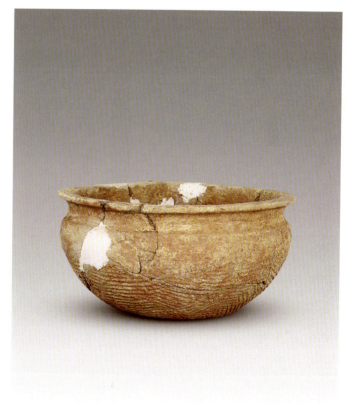

4. A型 III 式盂（M742：1）

陶双耳壶、盂

1. A型Ⅴ式（M563：1）

2. A型Ⅴ式（M817：2）

3. B型Ⅲ式（M501：1）

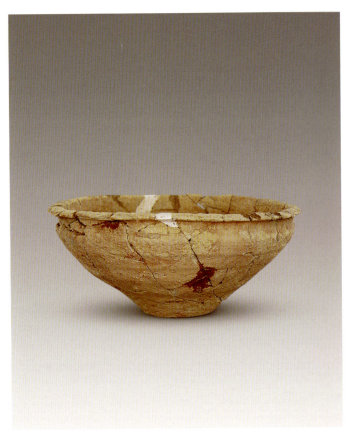

4. B型Ⅳ式（M16：1）

陶盂

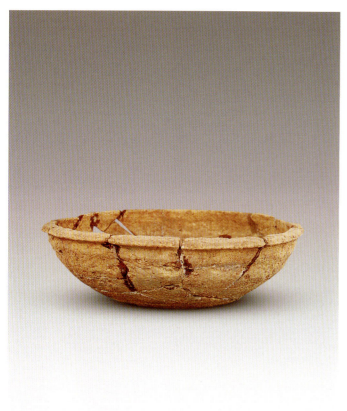

1. B 型 V 式盂（M304：2）

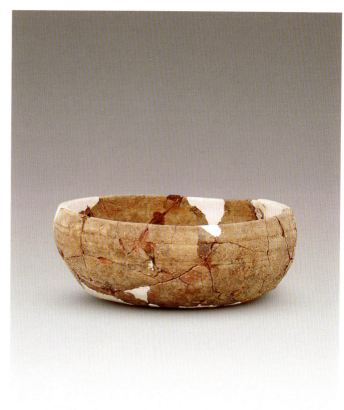

2. D 型盂（M218：1）

3. A 型簋（M176：2）

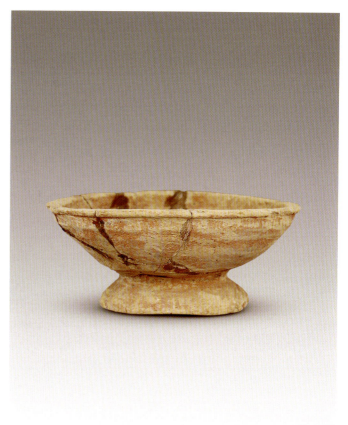

4. B 型 II 式簋（M189：3）

陶盂、簋

1. 侧面

2. 背面

陶俑头（M11：3）

1. 陶璧（M233：1）

2. Aa型铜剑（M157：21）

3. Aa型铜剑（M264：2）

陶璧，铜剑

Ab型铜剑（M700：3）

1. M24：1   2. M580：3

B型铜剑

1. A型（M486：3）

2. B型（M666：1）

3. M666：1铜戈铭文

铜戈

A型铜矛（M212∶4）

铜矛

1. B型（M276∶4）　　　　　2. B型（M700∶1）　　　　　3. C型（M223∶1）

铜矛

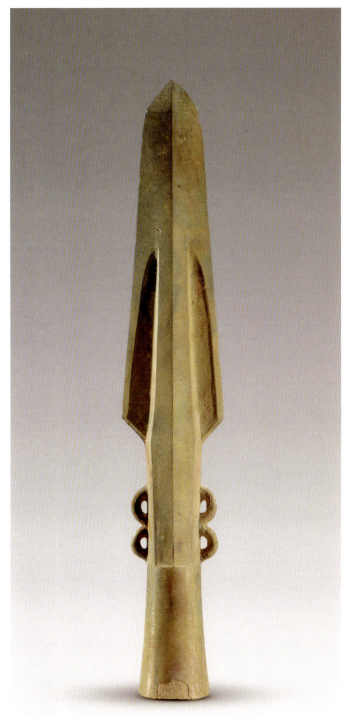

1..C型矛（M721：1）

2.A型Ⅰ式戈鐏（M100：2）

铜矛、戈鐏

1. 矛镦（M130：18）　　2. A型匕首（M721：2）　　3. B型匕首（M553：1）　　4. 镖（M710：2）

铜矛镦、匕首、镖

A型 I 式铜镜（M526：10）

A型Ⅲ式铜镜（M649：5）

C型铜镜（M586：1）

1. A型璧正面（M515∶9）

2. B型璧正面（M586∶2）

3. 环坠背面（M52∶4）

玻璃璧、环坠

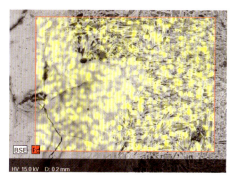 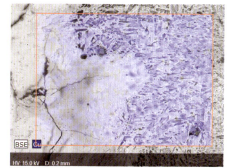 

1. YH01铜镜截面Cu/Sn/Pb元素面分布图

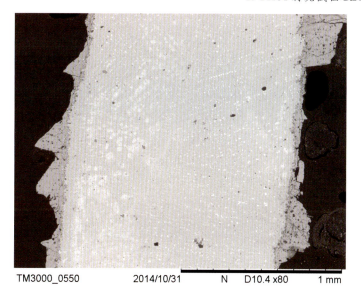 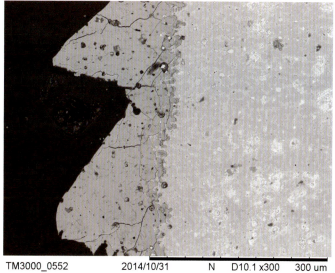

2. YH05铜匕首格部腐蚀层

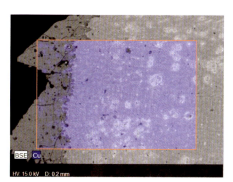 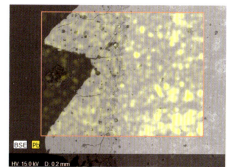 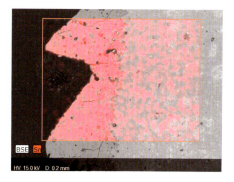

3. YH05铜匕首格部截面Cu/Sn/Pb元素面分布图

YH01铜镜、YH05铜匕首格部截面Cu/Sn/Pb元素面分布图及YH05格部腐蚀层显微图

1. 山苍子果实

2. 山苍子树（摄于长沙铜官窑）

现代山苍子果实及树株

1. M101出土陶器

2. M103出土陶器

M101、M103出土陶器

1. M142出土陶器

2. M157出土陶器

M142、M157出土陶器

1. 铜剑（M142：1-1）

2. 木剑椟（M142：1-2）

3. 木剑椟挡边（M142：1-2）

M142出土器物

1. 陶璧（M157：4）

2. 滑石剑璏正视（M157：13）

3. 滑石剑璏俯视（M157：13）

M157出土器物

1. 陶俑头（M157：2、M157：3）

2. M246出土陶器

M157、M246出土陶器

1. M611出土陶器

2. M823出土陶器

M611、M823出土陶器

1. M830出土陶器

2. M147出土陶器

M830、M147出土陶器

1. M212出土陶器

2. M130出土陶器

M212、M130出土陶器

1. M441出土陶器

2. M1出土陶器

M441、M1出土陶器

1. M2出土陶器

2. M61出土陶器

M2、M61出土陶器

1. M180出土陶器

2. 陶璧（M180：2）

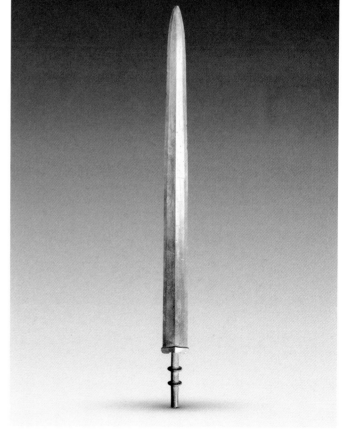

3. 铜剑（M180：1）

M180出土器物

1. M296出土陶器

2. M526出土陶器

M296、M526出土陶器

1. M551出土陶器

2. M134出土陶器

M551、M134出土陶器

1. M156出土陶器

2. M274出土陶器

M156、M274出土陶器

1. 陶璧（M274：2）

2. M371出土陶器

3. M420出土陶器

M274、M371、M420出土陶器

1. M233出土陶器

2. M262出土陶器

M233、M262出土陶器

1. 铜剑（M118：2）　　2. 铜矛（M118：1）　　3. 铜剑（M666：5）　　4. 铜剑（M75：1）

M118、M666、M75出土铜器

1. 铜剑（M99：3）

2. 铜戈（M100：6）

M99、M100出土铜器

1. M6出土陶器

2. M154出土陶器

M6、M154出土陶器

1. M178出土陶器

2. M492出土陶器

M178、M492出土陶器

1. 陶俑头（M492：3）

2. M509出土陶器

M492、M509出土陶器

1. M529出土陶器

2. M571出土陶器

M529、M571出土陶器

1. M581出土陶器

2. M587出土陶器

M581、M587出土陶器

1. M818出土陶器

2. M36出土陶器

M818、M36出土陶器

1. M195出土陶器

2. M534出土陶器

M195、M534出土陶器

1. M528出土陶器

2. M41出土陶器

M528、M41出土陶器

1. M45出土陶器

2. M102出土陶器

M45、M102出土陶器

1. M239出土陶器

2. M277出土陶器

3. 陶纺轮（M647：1）

M239、M277、M647出土陶器

1. M739出土陶器

2. M767出土陶器

3. M263出土陶器

M739、M767、M263出土陶器

1. M802出土陶器

2. M817出土陶器

3. M16出土陶器

M802、M817、M16出土陶器

1. M65出土陶器

2. M149出土陶器

3. M290出土陶器

M65、M149、M290出土陶器

1. M531出土陶器

2. M537出土陶器

M531、M537出土陶器

1. M574出土陶器

2. M585出土陶器

3. M820出土陶器

M574、M585、M820出土陶器

1. M608出土陶器

2. M620出土陶器

M608、M620出土陶器

1. M831出土陶器

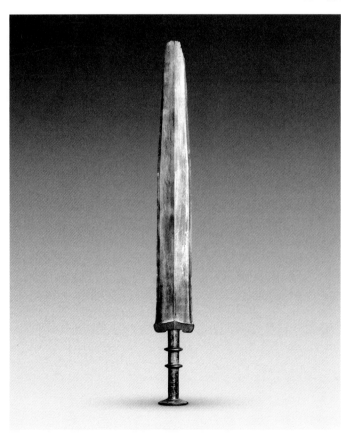

2. 铜剑（M711：9）

3. 陶壶（M474：1）

M831、M711、M474出土器物

1. M21出土陶器

2. M66出土陶器

3. M153出土陶器

M21、M66、M153出土陶器

1. M192出土陶器

2. M247出土陶器

3. M266出土陶器

M192、M247、M266出土陶器

1. M236出土陶器

2. M241出土陶器

M236、M241出土陶器

1. M606出土陶器

2. M626出土陶器

3. M665出土陶器

M606、M626、M665出土陶器

1. 铜剑（M665：1）

2. M742出土陶器

3. M793出土陶器

M665、M742、M793出土器物

1. 铜剑（M793：2）

2. M189出土陶器

3. M310出土陶器

M793、M189、M310出土器物

1. M389出土陶器

2. 铜剑（M423：1）

3. M827出土陶器

M389、M423、M827出土器物

1. M25出土陶器

2. M304出土陶器

3. M297出土陶器

M25、M304、M297出土陶器

1. M80出土陶器

2. M256出土陶器

3. M308出土陶器

M80、M256、M308出土陶器

1. M314出土陶器

2. M746出土陶器

3. M777出土陶器

M314、M746、M777出土陶器

1. M781出土陶器

2. M804出土陶器

3. M806出土陶器

M781、M804、M806出土陶器

1. M416出土陶器

2. M79出土陶器

3. M109出土陶器

M416、M79、M109出土陶器

1. M26出土陶器

2. M110出土陶器

3. M135出土陶器

M26、M110、M135出土陶器

1. M161出土陶器

2. M164出土陶器

3. M235出土陶器

M161、M164、M235出土陶器

1. M555出土陶器

2. M676出土陶器

3. M159出土陶器

M555、M676、M159出土陶器

1. M182出土陶器

2. M228出土陶器

3. M560出土陶器

M182、M228、M560出土陶器

1. M607出土陶器

2. M612出土陶器

3. M654出土陶器

M607、M612、M654出土陶器

1. M824出土陶器

2. M825出土陶器

3. M833出土陶器

M824、M825、M833出土陶器

1. M834出土陶器

2. M39出土陶器

3. M810出土陶器

M834、M39、M810出土陶器

1. M237出土陶器

2. M69出土陶器

M237、M69出土陶器

1. 铜剑（M8∶7）

2. M59出土陶器

M8、M59出土器物

1. 陶鼎（M215：6）

3. 铜矛（M215：2）

2. 陶鼎内山苍子（M215：6）

M215出土器物及山苍子

1. M458出土陶器

2. M543出土陶器

M458、M543出土陶器

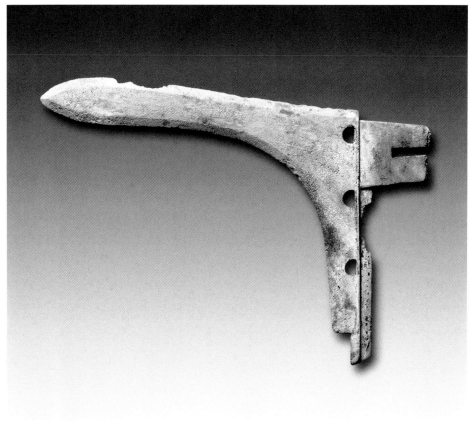

1. 铜戈（M580：1）

2. 铜剑（M638：1）

M580、M638出土铜器

1. M540出土陶器

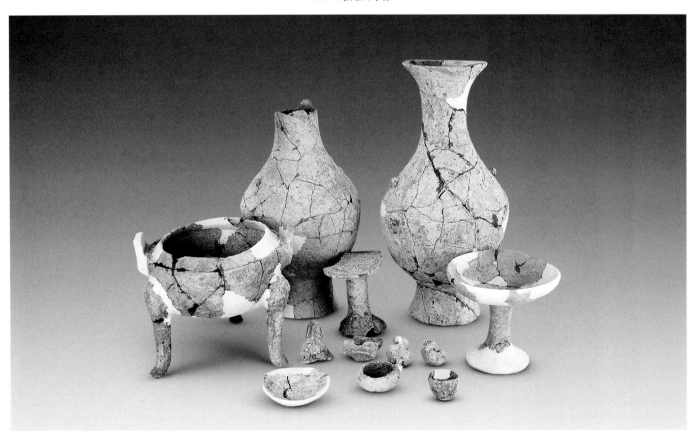

2. M550出土陶器

M540、M550出土陶器

1. 戈（M40：3）

2. 戈（M40：5）

3. 矛（M40：2）

4. 矛（M40：6）

M40出土铜器

1. M70出土陶器

2. 铜戈（M70：1）

M70出土器物

2. 铜戈（M104：3）

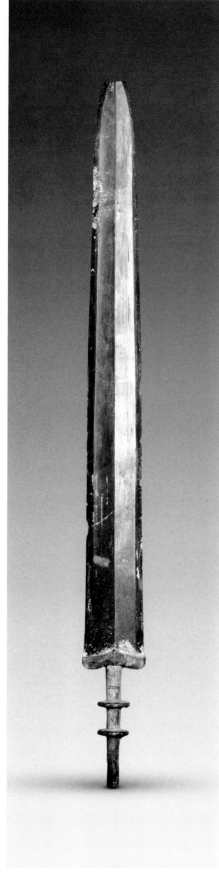

1. 铜剑（M76：1）　　　　3. 铜矛（M76：2）　　　　4. 铜矛（M105：6）

M76、M104、M105出土铜器

1. 戈（M122：9）

2. 戈局部（M122：9）

3. 矛（M122：3）

M122出土铜器

1. M162出土器物

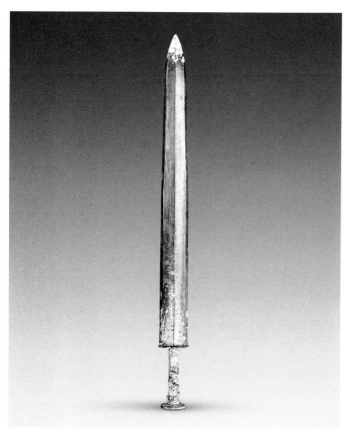

2. 铜剑（M232：4）

3. 铜矛（M232：1）

M162、M232出土器物

1. M294出土陶器

2. 铜戈（M294：1）

3. 铜匕（M636：2）

M294、M636出土器物

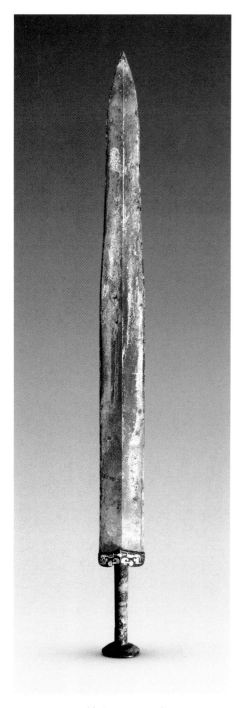

1. 剑（M700：3）

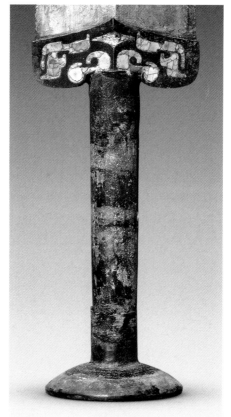

2. 剑格花纹之一（M700：3）

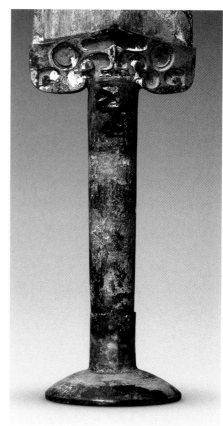

3. 剑格花纹之二（M700：3）

4. 矛镦（M710：7）

M700、M710出土铜器

1. M245出土陶器

2. 铜镜（M453：1）

M245、M453出土器物

1. M511出土陶器

2. M576出土陶器

M511、M576出土陶器

1. M594出土陶器

2. 铜剑（M210：3）

3. 铜矛（M210：1）

M594、M210出土器物

1. M218出土陶器

2. M227出土陶器

M218、M227出土陶器

1. M275出土陶器

2. M278出土陶器

M275、M278出土陶器

1. M285出土陶器

2. M323出土陶器

M285、M323出土陶器

1. 铜矛（M775∶4）

3. 铜矛（M35∶3）

2. M24出土陶器

M775、M35、M24出土器物

1. M176出土陶器

2. M305出土陶器

M176、M305出土陶器

1. M500出土陶器

2. M501出土陶器

M500、M501出土陶器

1. M507出土陶器

2. M516出土陶器

M507、M516出土陶器

1. M22出土陶器

2. M77出土陶罐

M22、M77出土陶器

1. M545出土陶器

2. M832出土陶器

M545、M832出土陶器

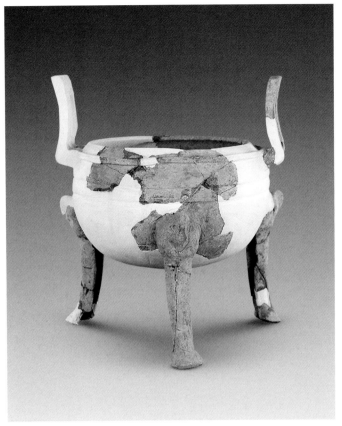

1. A型Ⅰ式（M322：5）

2. A型Ⅱ式（M700：4）

3. A型Ⅲ式（M101：1）

4. A型Ⅲ式（M294：3）

陶鼎

1. B型 I 式（M286：2）

2. B型 I 式（M366：4）

3. B型 I 式（M441：9）

4. B型 II 式（M130：12）

陶鼎

1. B型Ⅱ式（M291：2）

2. B型Ⅱ式（M380：1）

3. B型Ⅲ式（M2：9）

4. B型Ⅲ式（M6：4）

陶鼎

1. B型Ⅲ式（M352：6）

2. B型Ⅲ式（M420：5）

3. B型Ⅲ式（M710：8）

4. B型Ⅳ式（M1：7）

陶鼎

1. M59：3

2. M528：4

3. M529：4

4. M572：8

B型Ⅳ式陶鼎

1. C型Ⅰ式（M10∶4）

2. C型Ⅰ式（M76∶3）

3. C型Ⅰ式（M426∶3）

4. C型Ⅱ式（M11∶1）

陶鼎

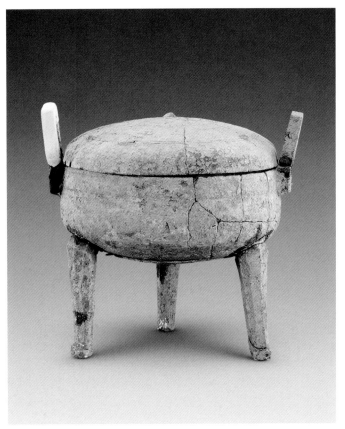

1. M42：2

2. M233：5

3. M267：5

4. M550：1

C型Ⅱ式陶鼎

1. C型Ⅱ式（M578∶1）

2. C型Ⅱ式（M580∶2）

3. C型Ⅱ式（M721∶4）

4. C型Ⅲ式（M36∶1）

陶鼎

1. M262：2

2. M371：3

3. M458：5

4. M534：1

C型 III 式陶鼎

1. C型Ⅲ式（M547：4）

2. C型Ⅳ式（M134：2）

3. C型Ⅳ式（M183：1）

4. C型Ⅳ式（M505：3）

陶鼎

1. C型Ⅳ式（M540∶9）

2. C型Ⅳ式（M581∶1）

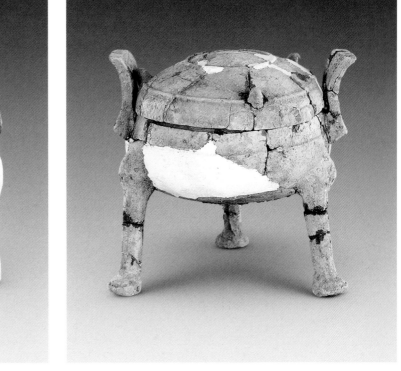

3. C型Ⅳ式（M611∶6）

4. D型Ⅰ式（M61∶6）

陶鼎

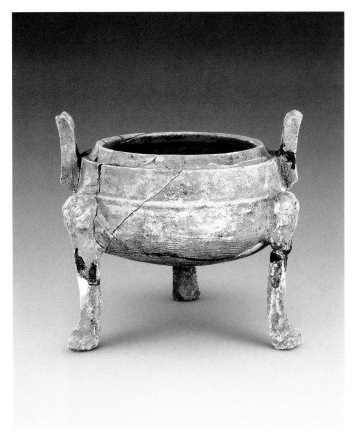

1. M70：6

2. M162：6

3. M178：2

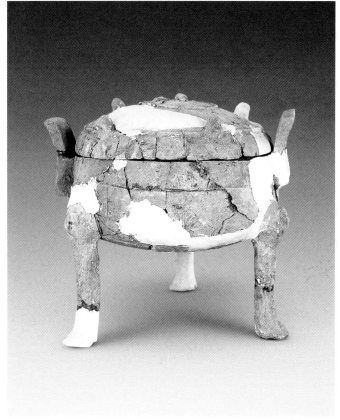

4. M180：12

D型 I 式陶鼎

1. D型Ⅰ式（M594：1）

2. D型Ⅱ式（M157：14）

3. D型Ⅱ式（M246：4）

4. D型Ⅱ式（M274：1）

陶鼎

1. D型Ⅱ式（M311：1）

2. D型Ⅱ式（M663：1）

3. D型Ⅲ式（M29：4）

4. D型Ⅲ式（M557：3）

陶鼎

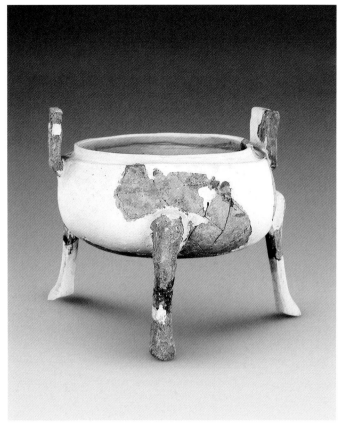

1. D型Ⅲ式鼎（M567：1）

2. D型Ⅲ式鼎（M571：2）

3. A型Ⅰ式敦（M291：3）

4. A型Ⅰ式敦（M291：3）局部

陶鼎、敦

1. A型Ⅱ式（M212：11）

2. B型Ⅱ式（M252：1）

3. B型Ⅲ式（M101：3）

4. B型Ⅲ式（M267：4）

陶敦

1. B型Ⅳ式（M294：6）

2. B型Ⅳ式（M420：4）

3. B型Ⅴ式（M36：8）

4. B型Ⅴ式（M350：4）

陶敦

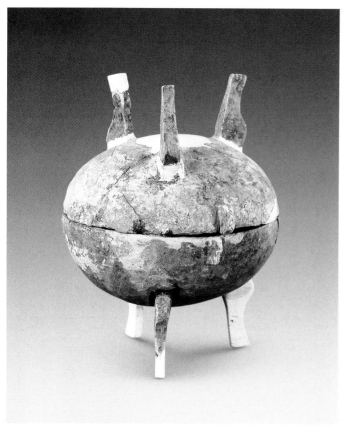

1. B型Ⅵ式（M2：6）

2. C型Ⅰ式（M70：10）

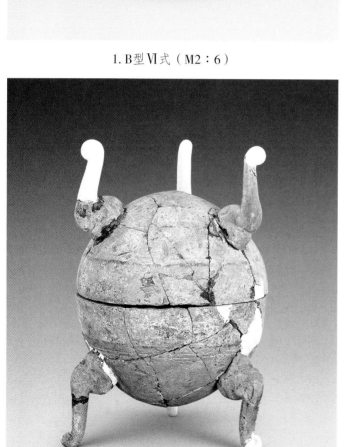

3. C型Ⅰ式（M103：14）

4. C型Ⅰ式（M162：1）

陶敦

1. C型 I 式（M180：5）

2. C型 I 式（M249：2）

3. C型 I 式（M274：4）

4. C型 II 式（M246：5）

陶敦

1. C型Ⅱ式（M576：2）

2. C型Ⅱ式（M587：2）

3. C型Ⅲ式（M42：1）

4. C型Ⅲ式（M233：6）

陶敦

1. C型Ⅲ式（M511：4）

2. C型Ⅳ式（M1：6）

3. D型Ⅰ式（M286：3）

4. D型Ⅰ式（M458：7）

陶敦

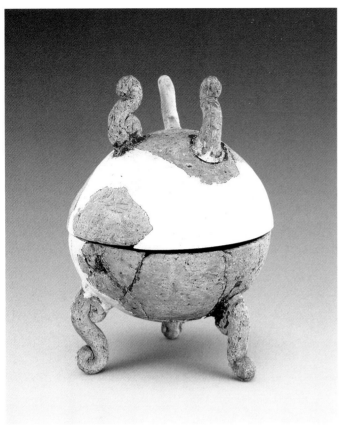

1. D型Ⅰ式（M559：1）

2. D型Ⅰ式（M813：3）

3. D型Ⅱ式（M142：7）

4. D型Ⅱ式（M245：2）

陶敦

1. D型Ⅱ式（M453：5）

2. D型Ⅱ式（M572：6）

3. D型Ⅲ式（M502：1）

4. D型Ⅲ式（M509：5）

陶敦

1. D型Ⅲ式（M528：2）

2. D型Ⅲ式（M543：8）

3. D型Ⅲ式（M661：3）

4. E型Ⅰ式（M10：7）

陶敦

1. E型Ⅰ式（M611：4）

2. E型Ⅱ式（M183：2）

3. E型Ⅱ式（M269：6）

4. E型Ⅱ式（M510：2）

陶敦

1. E型Ⅱ式敦（M540：5）

2. E型Ⅱ式敦（M611：5）

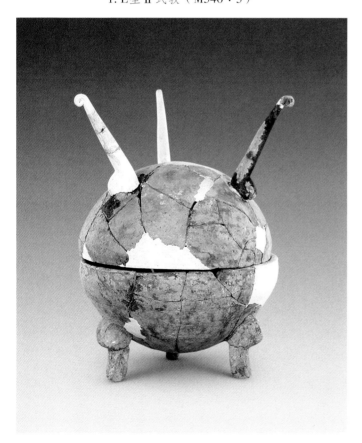

3. F型敦（M262：1）

4. A型Ⅱ式盒（M134：1）

陶敦、盒

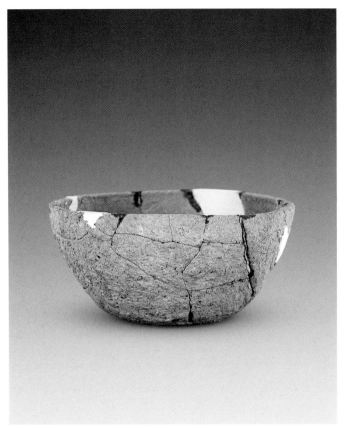

1. A型Ⅲ式（M158：4）

2. A型Ⅲ式（M371：5）

3. B型（M149：2）

4. B型（M154：4）

陶盒

1. A型Ⅰ式（M283：2）

2. A型Ⅱ式（M275：2）

3. Ba型Ⅰ式（M441：4）

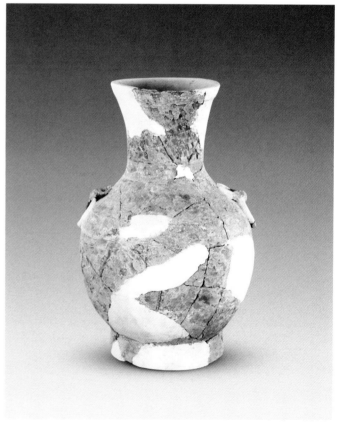

4. Ba型Ⅱ式（M130：9）

陶壶

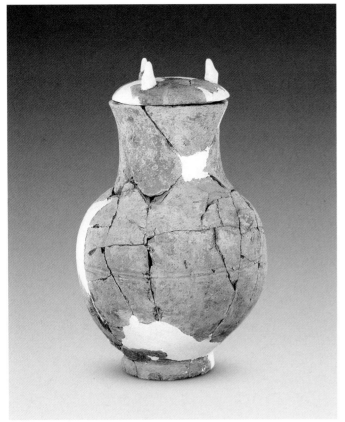

1. Bb型 I 式（M43：3）

2. Bb型 II 式（M20：1）

3. Bb型 II 式（M76：7）

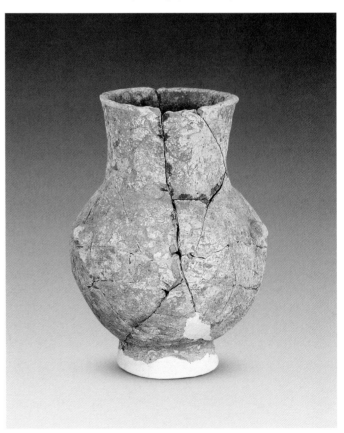

4. Bb型 II 式（M420：3）

陶壶

1. Bb型Ⅲ式（M2：11）

2. Bb型Ⅳ式（M1：3）

3. Bb型Ⅳ式（M198：5）

4. C型Ⅰ式（M330：5）

陶壶

1. C型Ⅰ式（M638：2）

2. C型Ⅱ式（M212：6）

3. C型Ⅲ式（M294：4）

4. C型Ⅲ式（M286：1）

陶壶

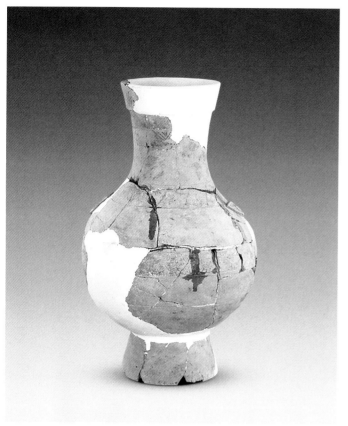

1. C型IV式（M458：1）

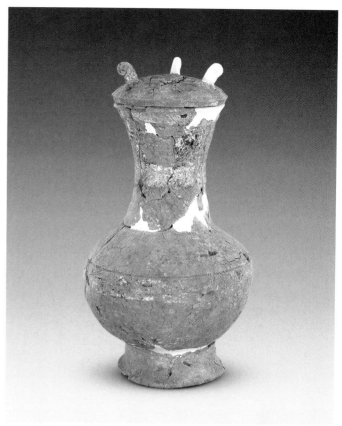

2. C型IV式（M594：3）

3. C型IV式（M721：3）

4. C型V式（M36：4）

陶壶

1. C型Ⅵ式（M829：3）

2. C型Ⅶ式（M154：3）

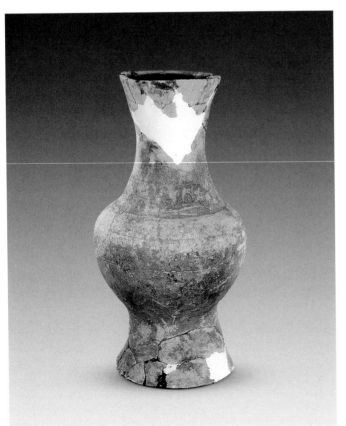

3. D型Ⅰ式（M70：11）

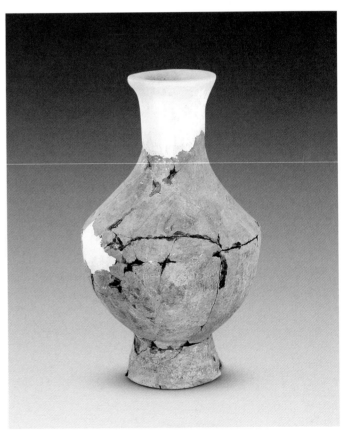

4. D型Ⅰ式（M526：5）

陶壶

1. M245：1

2. M453：2

3. M613：1

4. M632：1

D型Ⅱ式陶壶

1. M6：3

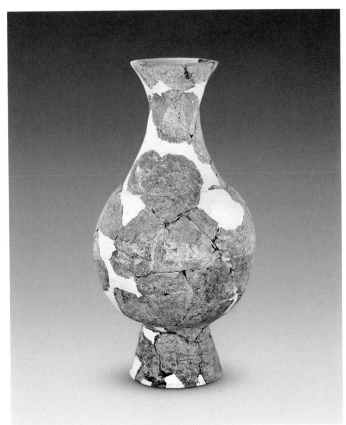

2. M269：3

3. M451：3

4. M529：1

D型Ⅲ式陶壶

1. M534：3

2. M542：1

3. M550：9

4. M590：2

D型Ⅲ式陶壶

1. M823：2

2. M828：2

3. M830：8

4. M835：1

D型 III 式陶壶

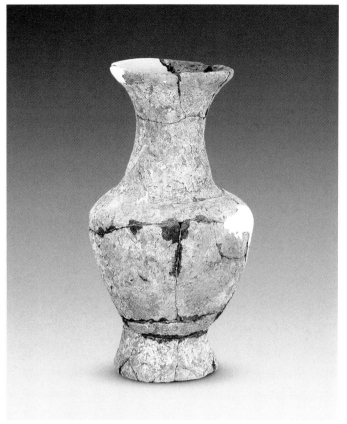

1. D型Ⅳ式（M143：2）

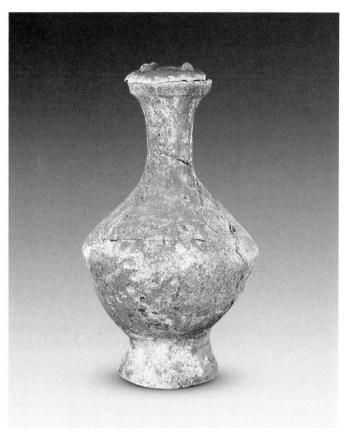

2. D型Ⅳ式（M571：1）

3. D型Ⅴ式（M9：5）

4. D型Ⅴ式（M515：2）（不含盖）

陶壶

1. D型Ⅴ式（M575：3）

2. D型Ⅴ式（M649：3）

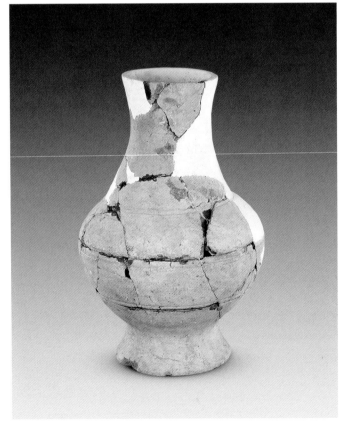

3. E型Ⅰ式（M178：1）

4. E型Ⅱ式（M103：2）

陶壶

1. M126：1

2. M162：3

3. M180：8

4. M380：3

E型 II 式陶壶

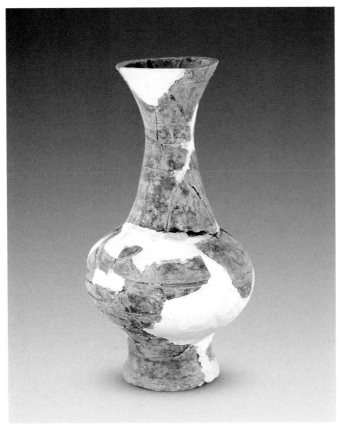

1. E型Ⅲ式（M246：6）

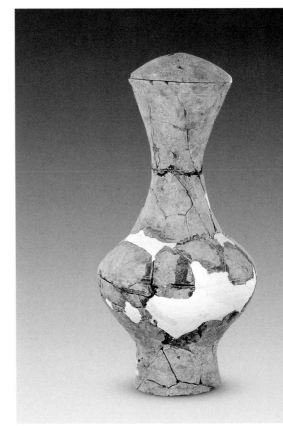

2. E型Ⅲ式（M587：1）

3. E型Ⅳ式（M134：4）

4. F型（M591：3）

陶壶

1. F型壶（M371：4）

2. A型Ⅰ式高柄小壶（M103：8）

3. A型Ⅰ式高柄小壶（M147：8）

4. A型Ⅰ式高柄小壶（M157：10）

陶壶、高柄小壶

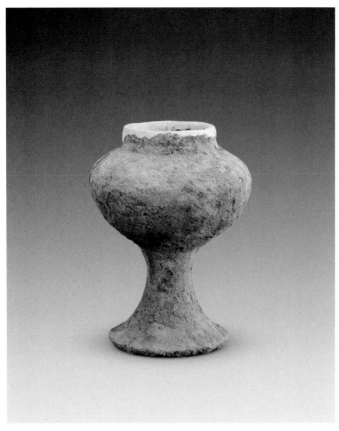

1. A型 I 式（M249：10）

2. A型 I 式（M274：8）

3. A型 III 式（M233：8）

4. C型 I 式（M162：9）

陶高柄小壶

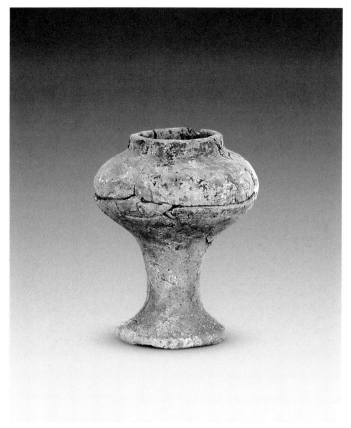

1. C型 I 式（M180：4）

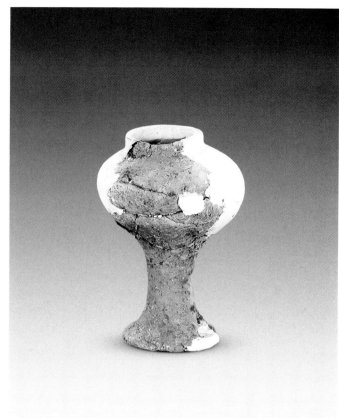

2. C型 I 式（M180：7）

3. C型 I 式（M492：8）

4. C型 II 式（M296：19）

陶高柄小壶

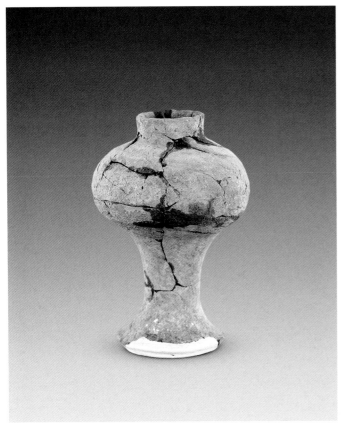

1. C型Ⅱ式高柄小壶（M547∶1）

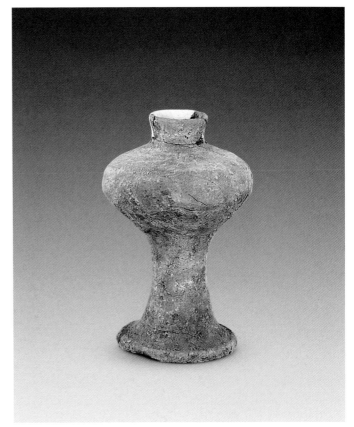

2. C型Ⅱ式高柄小壶（M587∶7）

3. Ⅰ式杯（M36∶5）

4. Ⅰ式杯（M70∶12）

陶高柄小壶、杯

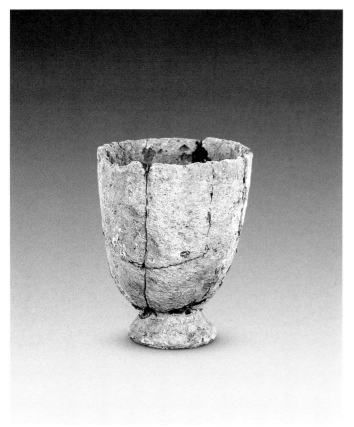

1. Ⅰ式（M103：13）

2. Ⅱ式（M147：20）

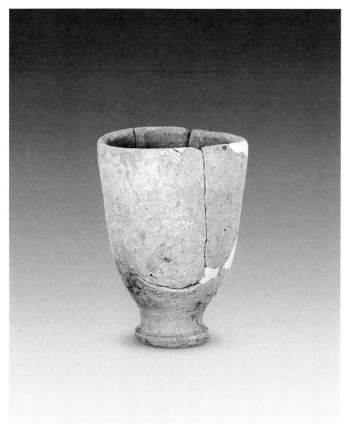

3. Ⅱ式（M148：3）

4. Ⅱ式（M162：10）

陶杯

1. Ⅱ式（M180∶16）

2. Ⅱ式（M492∶7）

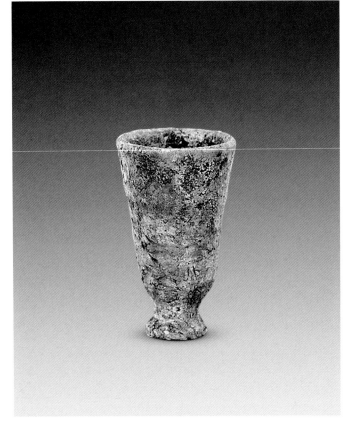

3. Ⅱ式（M587∶9）

4. Ⅲ式（M508∶8）

陶杯

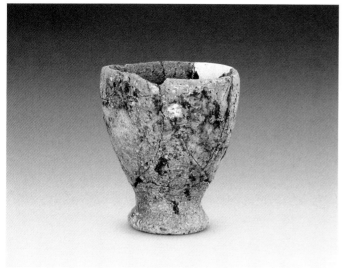

1. Ⅳ式杯（M241：5）

2. A型Ⅰ式盘（M526：9）

3. A型Ⅱ式盘（M249：14）

4. A型Ⅱ式盘（M178：10）

5. A型Ⅱ式盘（M180：3）

6. A型Ⅲ式盘（M274：11）

陶杯、盘

1. M505：4

2. M576：9

3. M581：5

4. M663：7

5. M818：2

6. M823：10

A型 III 式陶盘

1. A型Ⅳ式（M515：11）

2. A型Ⅳ式（M557：7）

3. B型Ⅰ式（M130：19）

4. B型Ⅰ式（M611：9）

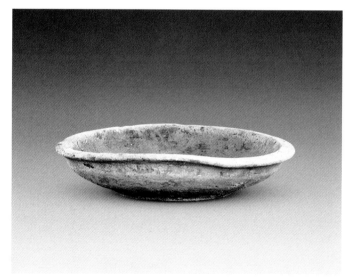

5. B型Ⅱ式（M148：2）

6. B型Ⅱ式（M157：16）

陶盘

1. B型Ⅱ式（M162：5）

2. B型Ⅱ式（M246：14）

3. B型Ⅱ式（M269：8）

4. B型Ⅱ式（M312：4）

5. B型Ⅱ式（M594：5）

6. B型Ⅲ式（M245：3）

陶盘

1. B型Ⅲ式（M296：18）

2. B型Ⅲ式（M540：7）

3. B型Ⅲ式（M543：10）

4. B型Ⅲ式（M547：2）

5. B型Ⅳ式（M1：10）

6. B型Ⅳ式（M134：3）

陶盘

1. B型Ⅳ式（M451：4）

2. B型Ⅳ式（M509：6）

3. C型Ⅰ式（M441：11）

4. C型Ⅱ式（M101：8）

5. C型Ⅲ式（M76：4）

6. D型Ⅰ式（M294：5）

陶盘

1. D型Ⅱ式（M36：7）

2. D型Ⅲ式（M60：10）

3. E型Ⅰ式（M589：1）

4. E型Ⅱ式（M262：5）

5. E型Ⅲ式（M2：2）

6. E型Ⅲ式（M458：8）

陶盘

1. E型Ⅳ式盘（M206：6）

2. F型盘（M75：6）

3. F型盘（M275：5）

4. A型Ⅰ式勺（M70：9）

5. A型Ⅱ式勺（M2：1）

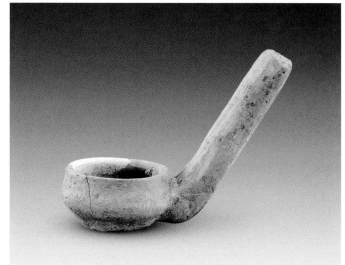

6. A型Ⅲ式勺（M1：9）

陶盘、勺

1. B型Ⅰ式（M115：7）

2. B型Ⅱ式（M134：5）

3. B型Ⅱ式（M572：3）

4. B型Ⅱ式（M580：7）

5. B型Ⅲ式（M59：8）

6. B型Ⅲ式（M550：3）

陶勺

1. B型Ⅲ式（M576：4）

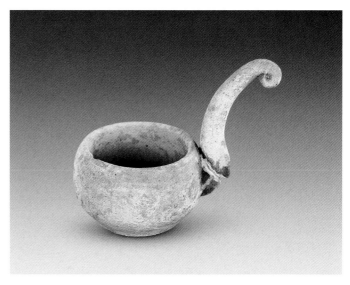

2. C型Ⅰ式（M296：9）

3. C型Ⅱ式（M96：5）

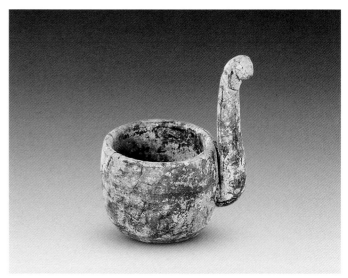

4. C型Ⅱ式（M246：9）

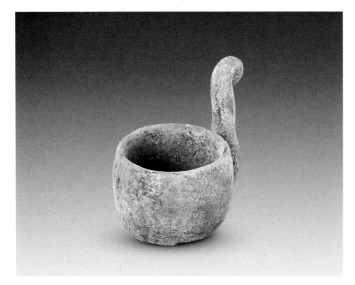

5. C型Ⅱ式（M587：6）

6. C型Ⅲ式（M158：1）

陶勺

1. A型Ⅰ式（M130：20）

2. A型Ⅱ式（M195：5）

3. A型Ⅱ式（M233：4）

4. A型Ⅱ式（M249：7）

5. A型Ⅱ式（M296：13）

6. A型Ⅱ式（M526：12）

陶匜

1. A型Ⅲ式（M76：5）

2. A型Ⅲ式（M101：7）

3. A型Ⅲ式（M576：5）

4. A型Ⅳ式（M147：17）

5. A型Ⅳ式（M178：3）

6. A型Ⅴ式（M103：19）

陶匜

1. A型Ⅴ式（M142：5）

2. A型Ⅵ式（M201：1）

3. B型Ⅰ式（M441：10）

4. B型Ⅱ式（M115：4）

5. B型Ⅲ式（M1：11）

6. C型Ⅰ式（M162：4）

陶匜

1. C型Ⅱ式匜（M36∶10）

2. C型Ⅲ式匜（M2∶3）

3. C型Ⅳ式匜（M587∶8）

4. A型Ⅰ式匕（M249∶15）

5. A型Ⅱ式匕（M233∶2）

6. A型Ⅲ式匕（M103∶15）

陶匜、匕

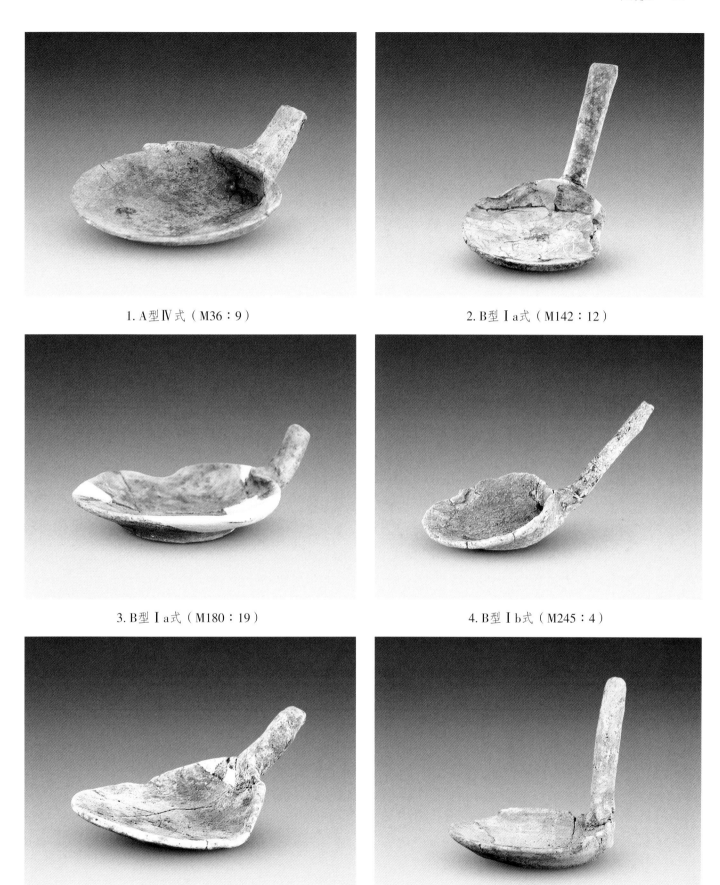

1. A型Ⅳ式（M36：9）

2. B型Ⅰa式（M142：12）

3. B型Ⅰa式（M180：19）

4. B型Ⅰb式（M245：4）

5. B型Ⅰb式（M492：10）

6. B型Ⅱ式（M70：2）

陶匕

1. B型Ⅲ式（M147：13）

2. B型Ⅳ式（M2：4）

3. B型Ⅵ式（M1：12）

4. B型Ⅵ式（M75：7）

5. C型Ⅰ式（M580：14）

6. C型Ⅰ式（M663：8）

陶匕

1. C型Ⅱ式匕（M580：13）

2. C型Ⅲ式匕（M540：13）

3. D型匕（M6：5）

4. Ⅰ式斗（M103：10）

5. Ⅰ式斗（M178：4）

陶匕、斗

1. I式斗侧视（M249：8）

2. I式斗正视（M249：8）

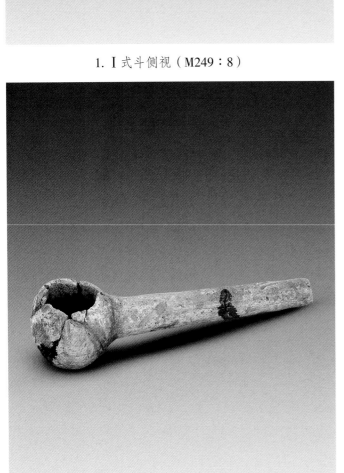

3. II式斗（M36：6）

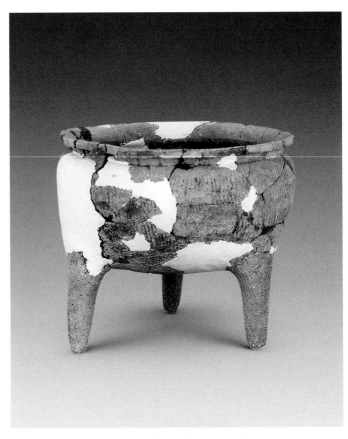

4. A型 I式鬲（M102：1）

陶斗、鬲

1. A型 I 式（M308：1）

2. A型 I 式（M263：3）

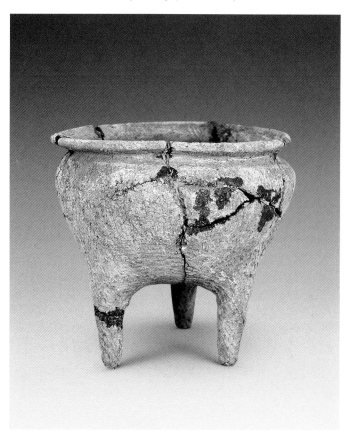

3. A型 II 式（M227：2）

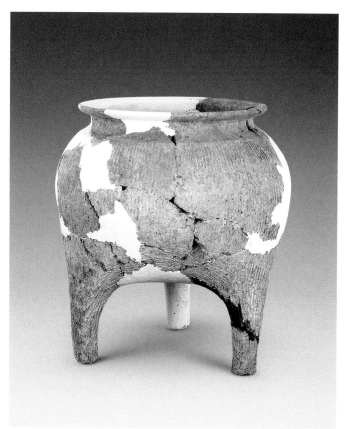

4. B型（M275：4）

陶鬲

1. A型（M210：2）

3. B型（M80：3）

2. A型（M692：1）

4. B型（M392：1）

陶长颈壶

1. A型Ⅰ式（M422：1）

2. A型Ⅰ式（M629：2）

3. A型Ⅱ式（M701：4）

4. A型Ⅱ式（M759：1）

陶矮领罐

1. A型Ⅲ式（M683：1）

2. A型Ⅳ式（M227：4）

3. B型Ⅰ式（M41：1）

4. B型Ⅰ式（M614：1）

陶矮领罐

1. B型Ⅰ式（M825：1）

2. B型Ⅱ式（M176：1）

3. B型Ⅱ式（M499：2）

4. B型Ⅱ式（M790：1）

陶矮领罐

1. C型Ⅰ式（M278：5）

3. C型Ⅱ式（M15：2）

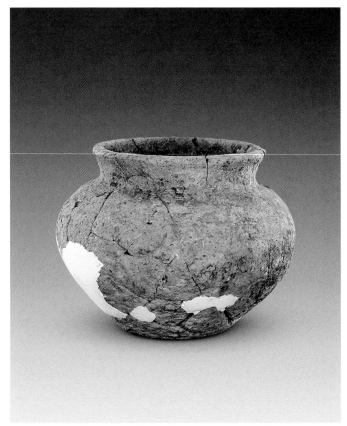

2. C型Ⅰ式（M777：1）

4. C型Ⅱ式（M66：1）

陶矮领罐

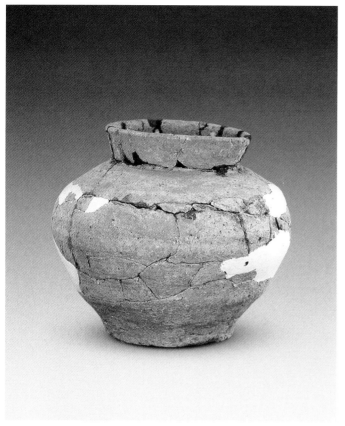

1. C型Ⅱ式（M153：3）

2. C型Ⅲ式（M699：1）

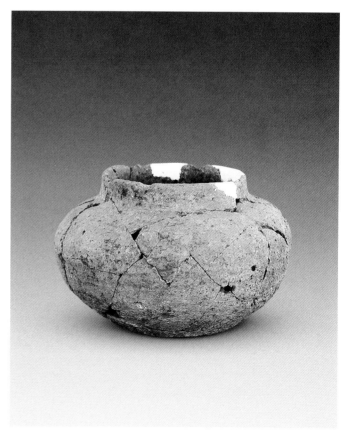

3. C型Ⅲ式（M733：1）

4. C型Ⅲ式（M755：1）

陶矮领罐

1. D型 I 式（M314:1）

2. D型 II 式（M281:5）

3. E型（M765:1.）

4. F型 I 式（M135:3）

陶矮领罐

1. F型Ⅰ式（M653：2）

2. F型Ⅱ式（M834：1）

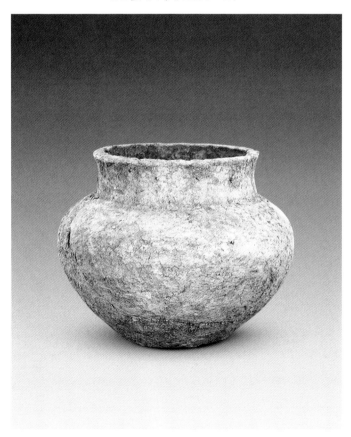

3. G型Ⅰ式（M161：2）

4. G型Ⅰ式（M297：1）

陶矮领罐

1. G型 I 式（M617：1）

3. G型 II 式（M537：1）

2. G型 II 式（M110：1）

4. G型 II 式（M582：1）

陶矮领罐

1. M69：1

2. M182：2

3. M213：1

4. M310：2

G型Ⅲ式陶矮领罐

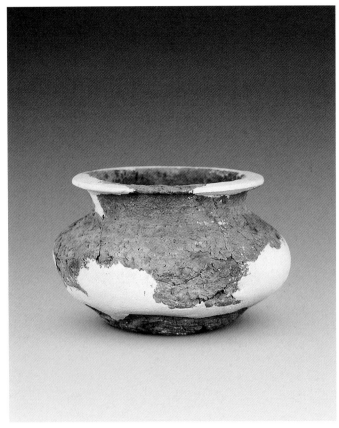

1. H型Ⅰ式矮领罐（M566：1）

2. H型Ⅱ式矮领罐（M340：1）

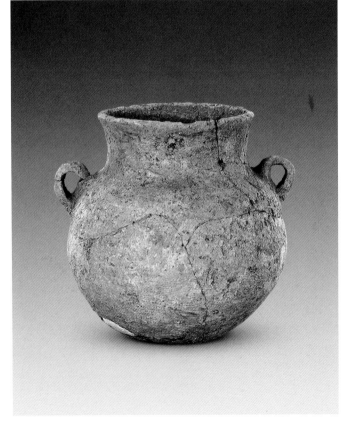

3. A型Ⅰ式双耳罐（M241：2）

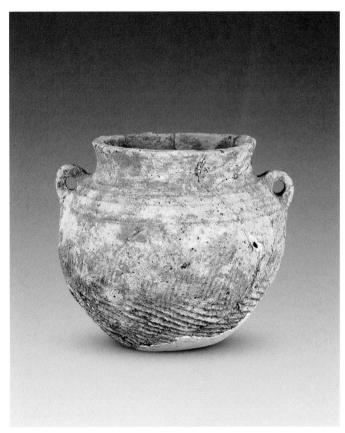

4. A型Ⅰ式双耳罐（M266：1）

陶矮领罐、双耳罐

1. A型 I 式（M541：2）

2. A型 I 式（M595：1）

3. A型 I 式（M743：2）

4. A型 II 式（M562：1）

陶双耳罐

1. A型Ⅲ式（M189∶1）

2. A型Ⅲ式（M545∶2）

3. A型Ⅲ式（M610∶2）

4. A型Ⅳ式（M452∶1）

陶双耳罐

1. B型Ⅰ式（M27：1）

2. B型Ⅰ式（M531：1）

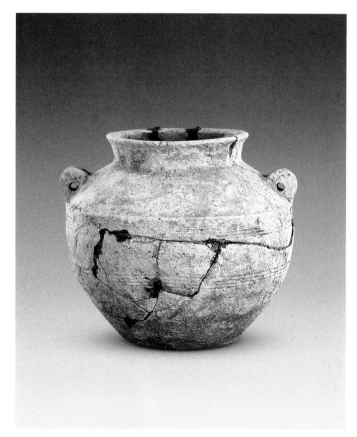

3. B型Ⅱ式（M561：1）

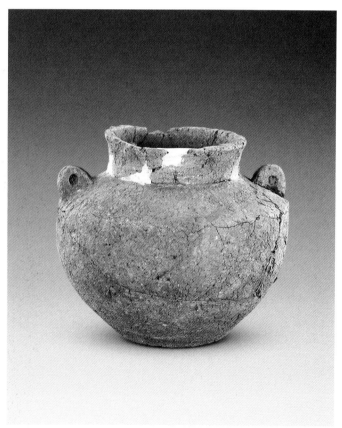

4. B型Ⅱ式（M832：1）

陶双耳罐

1. C型双耳罐（M17：2）

2. A型 I 式高领罐（M239：1）

3. A型 I 式高领罐（M253：1）

4. A型 I 式高领罐（M746：3）

陶双耳罐、高领罐

1. A型Ⅰ式（M807：3）

2. A型Ⅱ式（M694：2）

3. A型Ⅱ式（M804：1）

4. A型Ⅲ式（M235：5）

陶高领罐

1. A型Ⅲ式（M236：4）

2. A型Ⅲ式（M263：1）

3. A型Ⅳ式（M570：1）

4. A型Ⅳ式（M600：1）

陶高领罐

1. A型Ⅳ式（M612：4）

2. A型Ⅴ式（M14：1）

3. A型Ⅴ式（M22：1）

4. A型Ⅴ式（M268：1）

陶高领罐

1. B型 I 式（M255：1）

2. B型 I 式（M277：1）

3. B型 I 式（M781：1）

4. B型 II 式（M248：3）

陶高领罐

1. B型Ⅲ式（M827：2）

2. C型（M237：1）

3. C型（M285：1）

4. D型Ⅰ式（M626：1）

陶高领罐

1. D型Ⅱ式（M665：1）

2. D型Ⅲ式（M5：2）

3. D型Ⅲ式（M165：3）

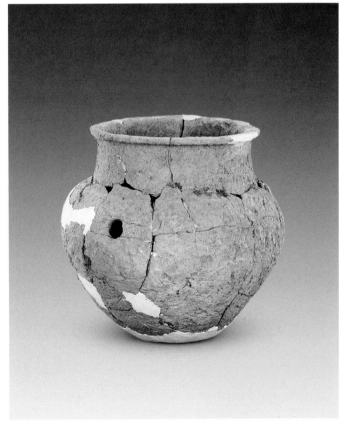

4. D型Ⅲ式（M247：4）

陶高领罐

1. D型Ⅲ式（M290：1）

2. D型Ⅳ式（M222：1）

3. D型Ⅳ式（M242：3）

4. D型Ⅳ式（M703：3）

陶高领罐

1. E型Ⅰ式（M267：7）

2. E型Ⅰ式（M536：1）

3. E型Ⅱ式（M501：2）

4. F型Ⅰ式（M102：2）

陶高领罐

1. F型Ⅱ式（M73∶1）

2. F型Ⅱ式（M555∶2）

3. F型Ⅱ式（M824∶1）

4. G型（M281∶1）

陶高领罐

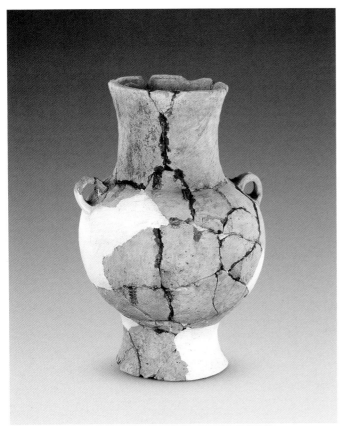

1. A型（M474：1）

3. B型Ⅰ式（M49：3）

2. A型（M516：2）

4. B型Ⅱ式（M187：3）

陶双耳壶

1. A型Ⅰ式（M192：2）

2. A型Ⅱ式（M478：1）

3. A型Ⅱ式（M763：1）

4. A型Ⅲ式（M533：2）

陶小罐

1. B型小罐（M817：1）

2. A型小壶（M12：4）

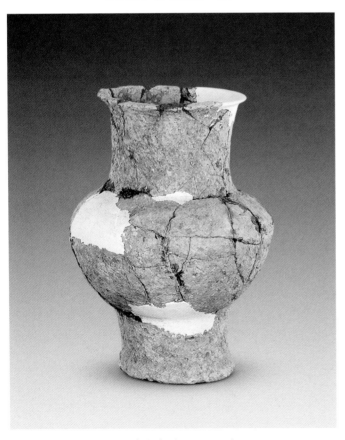

3. A型小壶（M463：2）

4. A型小壶（M560：1）

陶小罐、小壶

1. B型小壶（M295：2）

2. A型 I 式盂（M186：2）

3. A型 I 式盂（M626：2）

4. A型 I 式盂（M793：1）

陶小壶、盂

1. M45：6

2. M133：1

3. M205：1

4. M676：1

A型Ⅱ式陶盂

1. A型Ⅱ式（M804：3）

2. A型Ⅲ式（M175：1）

3. A型Ⅲ式（M665：2）

4. A型Ⅲ式（M742：1）

陶盂

1. M207：2

2. M226：2

3. M254：2

4. M275：3

A型Ⅳ式陶盂

1. A型Ⅳ式（M308：2）

2. A型Ⅴ式（M22：4）

3. A型Ⅴ式（M241：3）

4. A型Ⅴ式（M297：2）

陶盂

1. A型V式（M563：1）

2. A型V式（M608：1）

3. A型V式（M817：2）

4. A型VI式（M35：2）

陶盂

1. B型Ⅰ式（M41：4）

2. B型Ⅰ式（M227：1）

3. B型Ⅰ式（M402：2）

4. B型Ⅱ式（M416：2）

陶盂

1. B型Ⅱ式（M560：3）

2. B型Ⅱ式（M778：2）

3. B型Ⅲ式（M69：3）

4. B型Ⅲ式（M153：2）

陶盂

1. M501：1

2. M512：1

3. M537：4

4. M607：3

B型Ⅲ式陶盂

1. B型Ⅲ式（M825：2）

2. B型Ⅲ式（M832：2）

3. B型Ⅳ式（M16：1）

4. B型Ⅳ式（M65：2）

1. B型Ⅳ式（M237：3）

2. B型Ⅳ式（M389：2）

3. B型Ⅳ式（M824：2）

4. B型Ⅴ式（M304：2）

陶盂

1. B型 V 式（M654：2）

2. B型 V 式（M820：2）

3. C型（M305：2）

4. D型（M218：1）

陶盂

1. A型（M176：2）

2. A型（M612：1）

3. B型Ⅰ式（M536：2）

4. B型Ⅱ式（M189：3）

陶簋

1. A型Ⅰ式（M100：9）

2. A型Ⅰ式（M743：1）

3. A型Ⅱ式（M10：2）

4. A型Ⅱ式（M61：8）

陶高柄豆

1. A型Ⅱ式（M157：7）

2. A型Ⅱ式（M157：18）

3. A型Ⅱ式（M233：7）

4. A型Ⅲ式（M36：2）

陶高柄豆

1. M143：4

2. M162：2

3. M246：1

4. M532：10

A型Ⅲ式陶高柄豆

1. A型Ⅲ式（M557：2）

2. A型Ⅳ式（M510：1）

3. A型Ⅳ式（M540：2）

4. A型Ⅳ式（M587：4）

陶高柄豆

图版一九〇

1. A型Ⅳ式（M818：7）

2. Ba型Ⅰ式（M41：2）

3. Ba型Ⅰ式（M746：2）

4. Ba型Ⅱ式（M802：4）

陶高柄豆

1. Ba型Ⅱ式（M809：1）

3. Ba型Ⅲ式（M218：4）

2. Ba型Ⅲ式（M218：3）

4. Bb型Ⅰ式（M629：5）

陶高柄豆

1. Bb型Ⅱ式（M278：3）

2. Bb型Ⅱ式（M425：3）

3. Bb型Ⅱ式（M739：3）

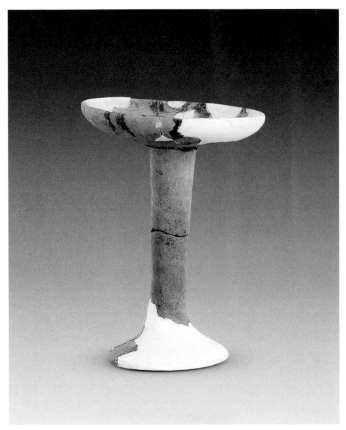

4. Bb型Ⅲ式（M458：3）

陶高柄豆

1. Bb型Ⅳ式（M32：1）

2. Bb型Ⅳ式（M107：1）

3. C型Ⅰ式（M102：4）

4. C型Ⅱ式（M278：4）

陶高柄豆

1. C型Ⅱ式（M802∶3）

2. C型Ⅲ式（M109∶3）

3. C型Ⅲ式（M227∶3）

4. C型Ⅲ式（M285∶3）

陶高柄豆

1. C型Ⅲ式高柄豆（M739：2）

2. Aa型Ⅰ式矮柄豆（M266：3）

3. Aa型Ⅰ式矮柄豆（M781：2）

4. Aa型Ⅱ式矮柄豆（M239：4）

陶高柄豆、矮柄豆

1. Aa型Ⅲ式（M181：1）

2. Aa型Ⅲ式（M604：1）

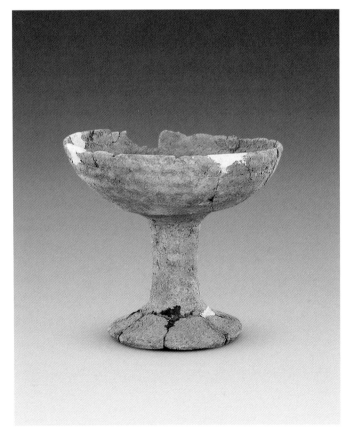

3. Aa型Ⅳ式（M164：1）

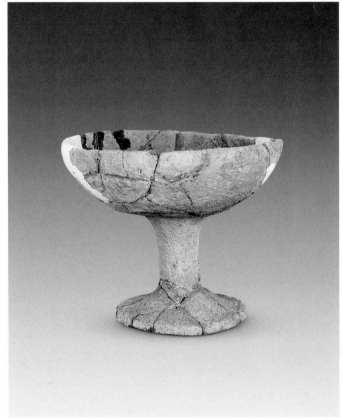

4. Aa型Ⅳ式（M228：2）

陶矮柄豆

1. Aa型 V 式（M24：2）

2. Aa型 V 式（M159：2）

3. Aa型 Ⅵ式（M834：2）

4. Aa型 Ⅶ式（M12：1）

陶矮柄豆

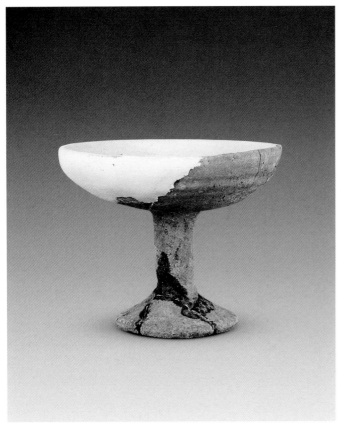

1. Aa型Ⅶ式（M310：4）

3. Ab型Ⅱ式（M15：1）

2. Ab型Ⅰ式（M283：1）

4. Ab型Ⅱ式（M165：2）

陶矮柄豆

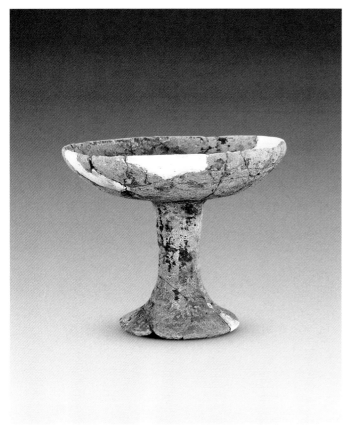

1. Ab型Ⅲ式（M22：2）

2. Ab型Ⅲ式（M27：2）

3. Ab型Ⅲ式（M189：2）

4. Ab型Ⅳ式（M22：3）

陶矮柄豆

1. Ab型Ⅳ式（M222：3）

2. B型Ⅰ式（M133：5）

3. B型Ⅲ式（M275：1）

4. B型Ⅲ式（M277：2）

陶矮柄豆

1. B型Ⅲ式（M323：4）

2. B型Ⅳ式（M79：4）

3. B型Ⅴ式（M15：3）

4. B型Ⅵ式（M608：2）

陶矮柄豆

1. B型Ⅷ式（M290∶3）

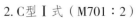

2. C型Ⅰ式（M701∶2）

3. C型Ⅱ式（M16∶2）

4. C型Ⅱ式（M556∶2）

陶矮柄豆

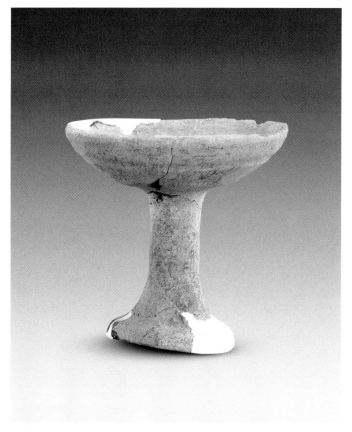

1. C型Ⅲ式（M79：3）

3. C型Ⅳ式（M17：1）

2. C型Ⅲ式（M165：1）

4. C型Ⅳ式（M566：3）

陶矮柄豆

1. C型 V 式（M69：2）

2. C型 V 式（M810：1）

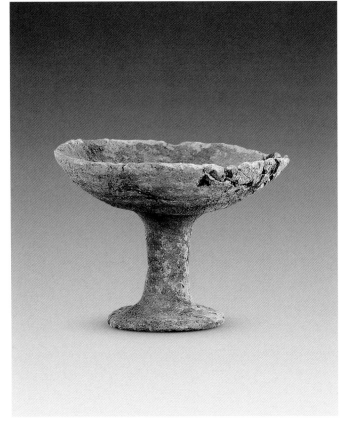

3. C型 VI 式（M182：3）

4. C型 VI 式（M229：2）

陶矮柄豆

1. D型Ⅰ式（M21：3）

2. D型Ⅰ式（M176：3）

3. D型Ⅰ式（M227：5）

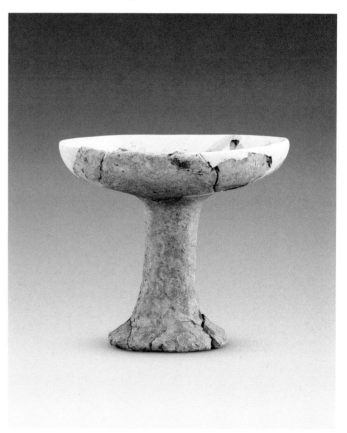

4. D型Ⅱ式（M207：1）

陶矮柄豆

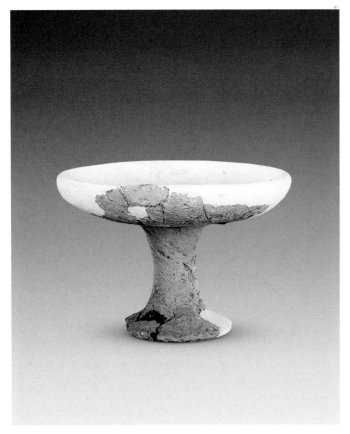

1. D型Ⅱ式（M256：3）

2. D型Ⅲ式（M530：2）

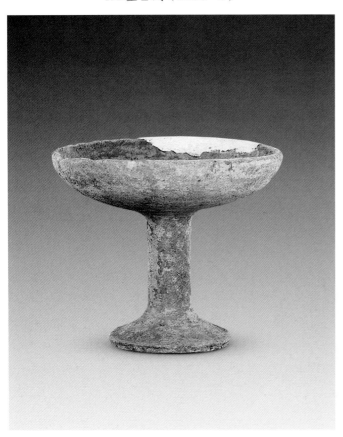

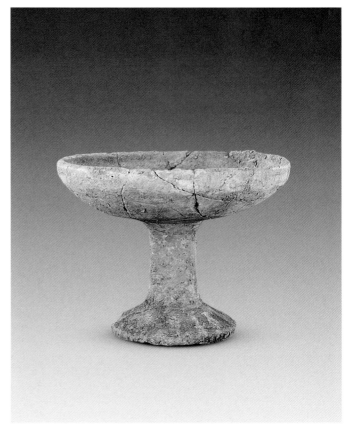

3. D型Ⅳ式（M12：2）

4. D型Ⅳ式（M236：1）

陶矮柄豆

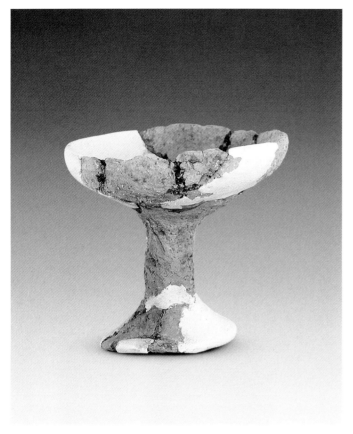

1. D型Ⅳ式（M533：3）

2. E型Ⅰ式（M20：3）

3. E型Ⅰ式（M534：4）

4. E型Ⅰ式（M580：4）

陶矮柄豆

1. E型Ⅱ式矮柄豆（M451：2）

2. E型Ⅱ式矮柄豆（M528：3）

3. 小口鼎（M130：22）

4. 盉（M130：21）

陶矮柄豆、小口鼎、盉

1. 熏（M508：6）

2. 俑头（M492：3）

3. 俑头侧面（M11：3）

4. 俑头背面（M11：3）

陶熏、俑头

1. 正面

2. 侧面

陶俑头（M157：2）

1. M61：12

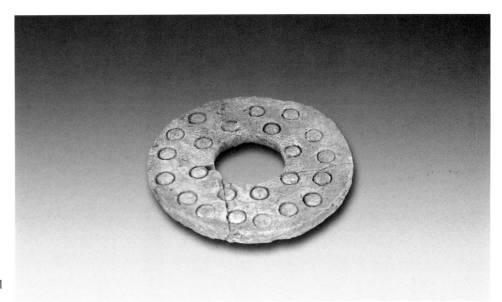

2. M233：1

3. M296：17

陶璧

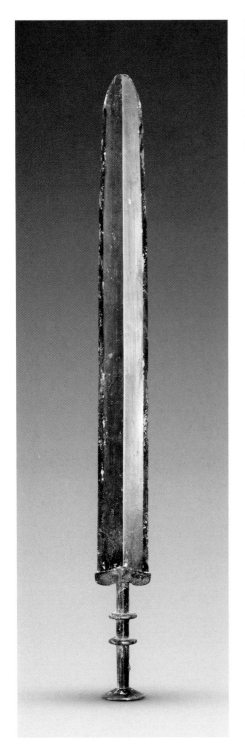

1. M18：1　　　　　　　　2. M104：1　　　　　　　　3. M130：5

Aa型铜剑

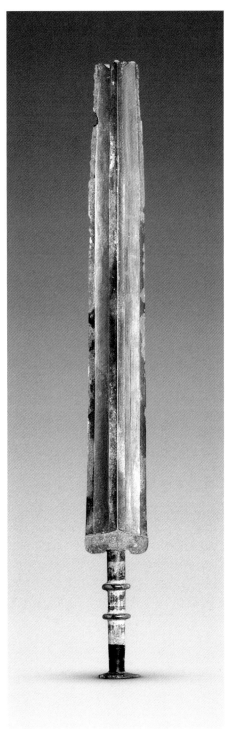

1. M157：21

2. M264：2

3. M293：2

Aa型铜剑

 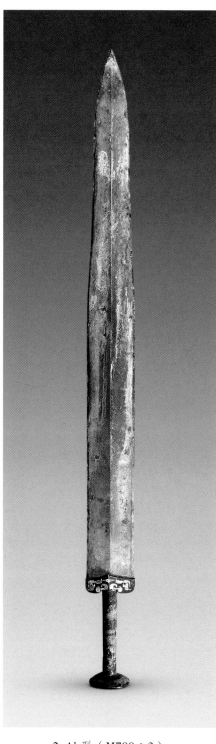 

1. Aa型（M793：2）　　　　　2. Ab型（M700：3）　　　　　3. B型（M24：1）

铜剑

1. M214：1　　　　　　　2. M403：2　　　　　　　3. M580：3

B型铜剑

1. M2：7   2. M177：1   3. M292：1

C型铜剑

1. M1：1

2. M11：15

3. M60：2

4. M100：7

A型铜戈

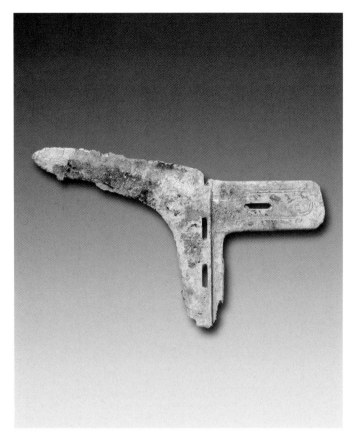

1. M232：3

2. M232：3局部

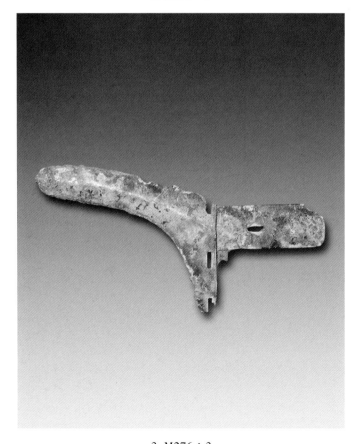

3. M276：3

4. M475：3

A型铜戈

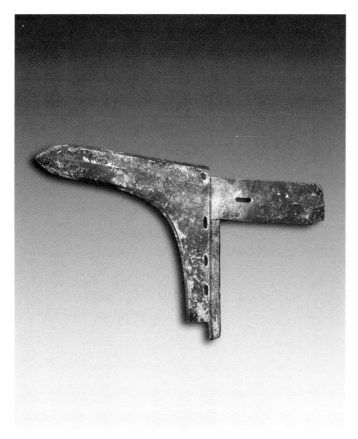

1. A型（M486：3）

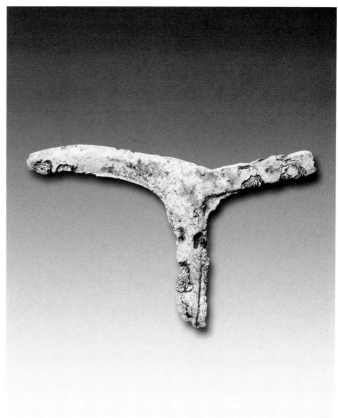

2. C型（M198：2）

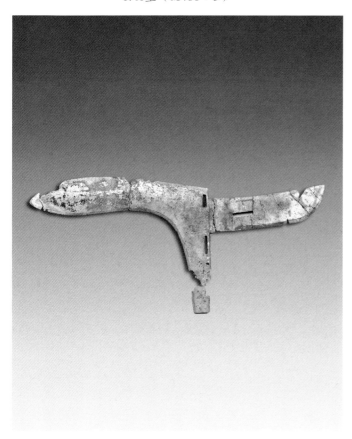

3. B型（M666：1）

4. B型（M666：1）铭文

铜戈

A型铜矛（M212：4）

1. M8：9

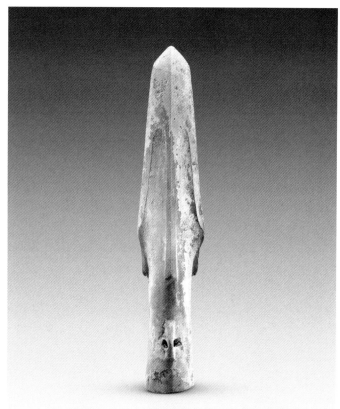

2. M8：10

3. M60：3.

4. M100：8

B型铜矛

1. M130：3

2. M264：5

3. M276：4

4. M294：2

B型铜矛

1. B型（M666：2）

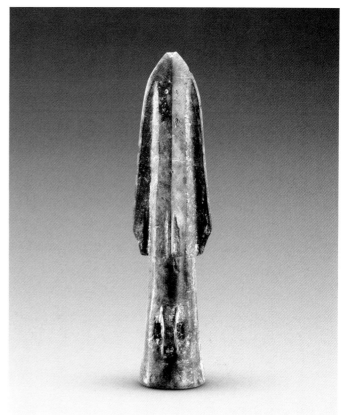

2. B型（M688：2）

3. B型（M700：1）

4. C型（M105：5）

铜矛

1. C型（M118∶1）

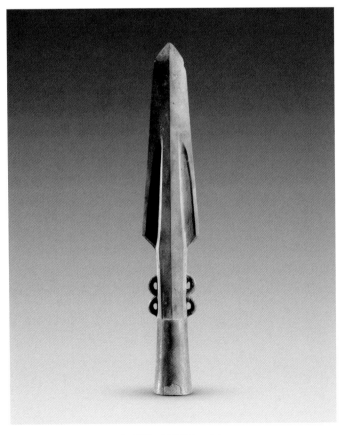

2. C型（M223∶1）

3. C型（M721∶1）

4. D型（M67∶2）

铜矛

1. D型（M371：2）

2. E型（M40：6）

3. E型（M232：1）

4. E型（M475：2）

铜矛

1. A型 I 式（M100：2）

2. A型 II 式（M130：16）　　　　　　　　　3. B型（M91：4）

铜戈鐏

1. 矛镦（M130∶17）

2. 矛镦（M130∶18）

3. A型匕首（M721∶2）

4. B型匕首（M553∶1）

铜矛镦、匕首

A型Ⅰ式铜镜（M526∶10）

A 型 Ⅱ 式铜镜（M52∶3）

1. A型Ⅲ式（M649：5）

2. B型（M162：11）

铜镜

C型铜镜（M586：1）

1. II式（M142：2）侧视

2. II式（M142：2）俯视

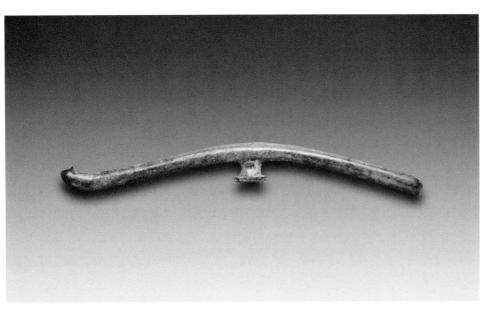

3. III式（M17：3）

铜带钩

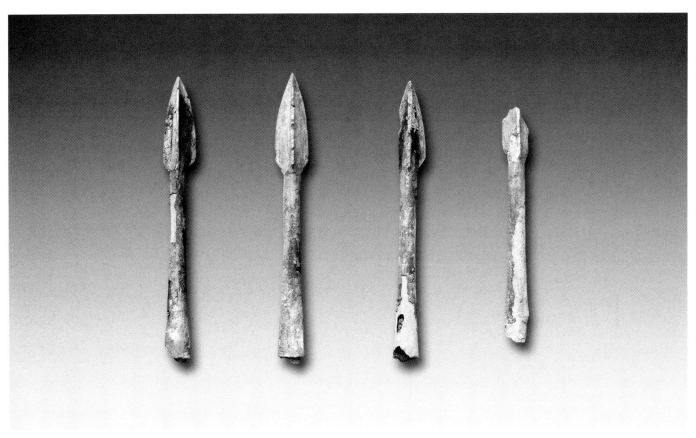

1. 箭镞（M142：15）

2. 镖（M710：2）

3. 刮刀正面（M177：3）

4. 刮刀背面（M177：3）

铜箭镞、镖、刮刀

1. 正面

2. 背面

A型玻璃璧（M393：8）

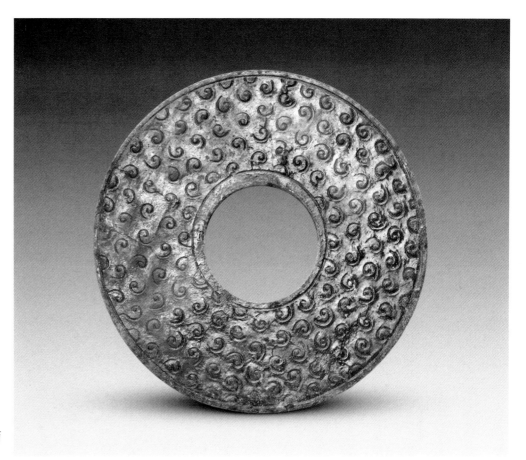

1. 正面

2. 背面

A型玻璃璧（M515：9）

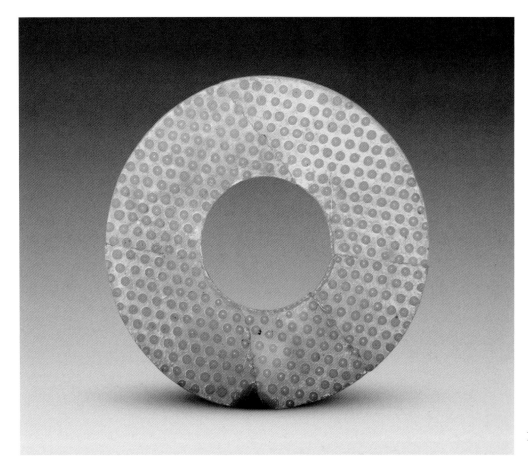

1. 正面

2. 背面

B型玻璃璧（M586：2）

1. 环坠正面（M52：4）

2. 环坠背面（M52：4）

3. 珠（M5：1）

4. 珠（M103：1）

5. 珠（M541：1）

玻璃环坠、珠